建築基礎構造設計指針

Recommendations

for

Design of Building Foundations

2019 改定

日本建築学会

本書のご利用にあたって

　本書は，作成時点での最新の学術的知見をもとに，技術者の判断に資する技術の考え方や可能性を示したものであり，法令等の補完や根拠を示すものではありません．また，本書の数値は推奨値であり，それを満足しないことが直ちに建築物の安全性を脅かすものでもありません．ご利用に際しては，本書が最新版であることをご確認ください．本会は，本書に起因する損害に対しては一切の責任を有しません．

ご案内

　本書の著作権・出版権は(一社)日本建築学会にあります．本書より著書・論文等への引用・転載にあたっては必ず本会の許諾を得てください．
Ⓡ〈学術著作権協会委託出版物〉
　本書の無断複写は，著作権法上での例外を除き禁じられています．本書を複写される場合は，学術著作権協会（03-3475-5618）の許諾を受けてください．

一般社団法人　日本建築学会

序

「建築基礎構造設計指針」は，1952年11月にその初版が「建築基礎構造設計規準・同解説」として出版されて以来，4回の改定を経て現在まで67年余にわたって建築基礎構造に関する学術・技術の発展に貢献してきた．この間1988年の改定で，書名が現在の「建築基礎構造設計指針（第1版）」に変更された．その理由は，基礎構造・地盤に関する設計では，設計者の判断に委ねられる部分が多いため，その拠り所となる「考え方」「指標」を示すものとしての本書の位置付けを明確にするためであった．

その間，時代の変遷とともに，建物の安全性や機能性に対する社会のニーズが高度化・多様化し，建築基準法を満足しているという単一の性能評価だけでは指針としての役割を果たすことが難しくなってきた．これに呼応して，2001年改定版（第2版）では基礎構造に性能設計の考え方が取り入れられ，使用限界，損傷限界，終局限界状態が定義され，対応する要求性能が基礎構造種別ごとに設定された．しかし，安全性の検証方法，あるいはその検討に用いる荷重・耐力係数法における安全係数（耐力係数，荷重係数）や限界値について直接言及されていない部分があり，分かりにくいとの指摘をいただいていた．また，大地震に対する設計（二次設計）が必須となっている上部構造と同様に，それを支持する基礎構造についても建物重要度や継続使用の必要性（性能グレード）を考慮した二次設計の道筋が示されるべきとの指摘もあった．さらに，改定から10年が経過し，その間に発生した施工管理の不備に起因すると推察された基礎の不具合や地震被害による新たな教訓の蓄積と，それに基づく基礎構造と地盤に関する様々な学術・技術の進展を指針に反映させることが必須となった．

以上の背景より，基礎構造運営委員会では，2011年より建築基礎構造設計指針改定小委員会を設置し，最新の知見と社会ニーズを適切に反映させ，分かりやすくより有用な指針（第3版）の作成を目指して，改定作業に取り組んだ．

改定の主要点をまとめると以下のとおりである．

（1）　上部構造に合わせて基礎構造に対してレベル2荷重時の設計を行うことを基本方針としてその道筋を示し，建物の重要度を考慮した基礎構造の性能グレード（安全性のレベル）を設定した．これに直接関連する4章の地震荷重と地盤変位による荷重，ならびに5〜9章の地震荷重に対する設計に関係する節については大幅な改定となった．

（2）　同時にこれまで不明瞭な部分があった，常時からレベル2荷重時に対する安全性の検証方法，検証に用いる荷重・耐力係数法の設計用限界値を可能な限り明確にした．ただし，レベル2荷重時に対応する性能グレードではSとAについての検証法を示すにとどめ，それ以下のグレードについては今後の学術・技術の向上を待つこととした．

（3）　直接基礎の鉛直支持力における地下階部分の排土荷重の考え方，荷重の傾斜による支持力低減の考え方について，最近の知見を反映させて見直した．

（4）　章構成は旧指針を踏襲しているが，2〜4章の内容・順番を入れ替え，旧指針7章「併

用基礎」は，7章「パイルド・ラフト基礎」と8章「異種基礎」に分割し，全10章と付録，計算例となった．なお，旧指針の6.7節「杭体の断面設計」，6.8節「基礎スラブおよび杭頭接合部」は，本会「鉄筋コンクリート基礎構造部材の耐震設計指針（案）・同解説」と重複することから省略した．またいずれの指針にも記載のなかった鋼管杭の変形性能に関する最新の知見は，暫定的に付録に盛り込んだ．

　本指針の改定作業は，建築基礎構造設計指針改定小委員会・関連する小委員会・ワーキンググループの下で行った．構造本委員会，基礎構造運営委員会，近畿支部基礎構造部会の関係諸氏からは多くの建設的な意見をいただいた．ここに，本改定作業にご尽力，ご協力いただいた方々に深く謝意を表する．

2019年11月

日本建築学会

2001 年版　序

　本会の「建築基礎構造設計指針」は，1988 年の改定以来，10 年以上が経過した．前回の改定において，それまでの「建築基礎設計基準・同解説」から「建築基礎構造設計指針」へと書名および内容を大幅に変更し，行政・審査的な取扱いとは区別する方向が示された．今回の改定においても，その基本的な考え方は十分に踏襲するとともに，基礎構造の設計で要求されることの多い過去の経験に基づく知見もできる限り受け継ぐことも考慮した．また，最近の学術的な成果で実用的な検証が十分に行われているものは，指針として取り入れたつもりである．

　改訂の背景には 1995 年の阪神大震災がある．この地震での基礎被害の調査結果が従来と比較できないほど多数公表された．新潟地震以来の大規模な液状化現象の発生，それに伴う地盤の側方流動の発生，地震力による杭頭の破壊，あるいは地震の地盤変形による杭体の破壊等，基礎構造にも多くの被害が明らかになり地盤あるいは基礎における大地震時の設計法の必要性が痛感させられた．それらの結果を踏まえた研究成果，あるいは調査研究結果に基づいた新たな設計の考え方は，なるべく本指針に反映するよう心掛けた．

　構造設計の考え方も，仕様設計から性能設計へと大きくその方向を変えつつある．基礎構造の設計に際しても，要求性能を明確にすることは，設計の手順として当然のことであり，その性能を満足させるためにどのような考え方で，どのような根拠に基づいて，どのような検討を行っているのかがわかれば，設計の説得力は増大し，信頼の向上等もはかられることになる．このために本指針では基礎構造における限界状態を，終局限界状態・損傷限界状態・使用限界状態に分類した．そのうえで基礎構造種別ごとに各限界状態の要求性能の設定，具体的な検討項目そして確認方法を明示した．また，各基礎の設計においては，沈下（変形）を求めることを原則とした．これまでの指針での支持力と沈下から地耐力を決めるという考え方を 1 歩進めたものであり，設計者が基礎あるいは地盤の変形に対して十分な検討を行い，基礎の性能がより明確になるものと期待される．

　結果として，今回の改定は，設計者の自主的判断をより促すかたちになっている．例えば，従来の長期許容支持力に安全率 3 を無条件に使っていたが，今回の改定においては，それを強制しないこととした．理由としては，基礎の沈下計算を行うため，その値が要求性能を満足していれば，あえて安全率が低くても，その基礎は十分に機能する場合もあると判断したためである．このように性能を明確にして，それが満足される範囲で，基礎構造をより合理的に設計するという視点に立った内容を目指したつもりである．

　前回までには記述がなかったもので，今回新しく加わったものに，7 章「併用基礎」と 9 章「施工管理」がある．7 章「併用基礎」においては，特に異種基礎の設計を記述している．従来，本会としては異種基礎の採用を推奨していなかったが，実施例も増加してきたこと，また，傾斜地あるいは複雑な地層が多い日本の国土の特徴を考えたときに，一律に禁止するよりも何を検討すべきかを明確に示すことが，より必要との判断からである．

基礎構造の性能は設計と共に施工で品質が保証されて，初めて効果を発揮する物である．ところが基礎構造の特殊性から，直接的に施工結果を確認できないことが多く，自然地盤を対象としているため，施工品質に地盤の違いによる影響が現れやすいという特徴を持っている．このため必要とする性能を保証する手段として間接的な方法も含めて施工管理の方法が考えられている．本指針においては各章で述べられている設計の背景には，9章に述べられている施工管理を前提としていることを明確にした．

　本指針において，地盤調査の詳細は「建築基礎設計のための地盤調査計画指針」（1995）にゆだねている．また，旧指針（1988）においては根切り計画に関する留意事項の章が設けられていたが，今回はその内容が「山留め指針」（2002 年改定予定）に十分に盛り込まれると判断して本指針からは除外した．

　本指針の全体構成と考え方は，建築基礎構造設計指針改定小委員会において議論した．その後，各章ごとにワーキンググループを編成して，本文および解説を執筆した．よってその内容は各章ごとに十分議論されたものであるが，最終的には全体としての整合を図る目的から，小委員会で議論して，各章の内容の調整を図っている．

　2001 年 10 月

日本建築学会

1988年版　序

　本会の「建築基礎構造設計規準・同解説」は，1952年11月に最初の出版がなされて以来，1960年11月と1974年11月の2回の改訂を経て，今日まで35年余にわたって建築基礎構造に関する学術・技術の発展に大きく貢献してきたことは周知のとおりである．とくに，前回（1974年）の大改訂からは，13年余が経過し，この間，地盤工学・基礎工学の分野では，学問的にも技術的にも長足の進歩があり，その成果に基づいて多くの技術書が描かれ，関連学協会からは多くの資料が出版されてきている．また，一方では，各種の基礎構造の設計に関する行政諸基準の整備も進められてきた．

　このような背景のもとに，本会基礎構造運営委員会および基礎構造設計基準改定小委員会では，規準のあり方の検討およびその改定作業を8年ほど前から始め，地盤調査の計画に関する事項と，基礎構造の設計に関する事項とを分け，さらに後者については，小規模建築物の場合，1960年版のC規準の発展的継承として，一般の建築物の場合とは別に上梓する必要性が生じてきたため，これらを3部作の書物に分け，相互の関連を密接に保つよう改定することを検討してきた．前者は，すでに本会の「建築基礎設計のための地盤調査計画指針」（1985）として世に出されているが，今回，これに引き続いて本会の「小規模建築物基礎設計の手引き」（1988）および本書として上梓することにした．一般の建築物の基礎設計を対象とした本書を上梓するにあたっては，書名を「建築基礎構造設計規準・同解説」から「建築基礎構造設計指針」に変更して内容もそれに相応しく改定することにした．その主要な理由の概略は以下のとおりである．

（1）　従来の経過として，規準は事実上，建築基準法および行政諸基準と表裏一体の形で，技術の発展に貢献してきたという背景があり，初期の段階では，学術の発展が，そのまま建築行政に反映されるという関係が予盾なく保たれていたが，技術の進歩とともに，ある問題に対する解釈の自由度が増加するようになり，学術・技術的な取扱いと，行政・審査的な取扱いとは区別する必要性が生じてきている．

（2）　規準の中に，学術・技術的な内容と，実務・行政への配慮を加えた内容とが混然と同居しており，これらを可能な限り整理し，本来的に学術・技術的な内容を中心にするべきで，あわせて表現法もそれに相応しくする必要がある．実務への配慮をしないことは学会の成果物として適切ではないが，一方で実務・行政への配慮を重視しすぎると，学術的な成果を取り込むことが犠牲となって，学会としての役割を失う場合も生じうる．また，「規準第何条」という言い方自体が，永年の伝統のイメージにより，行政諸基準の一つであるかのような印象をもたせているという現実を考慮すると，書名自体の変更の可能性も考えておく必要がある．

（3）　基礎構造・地盤に関する設計には，本来的に設計者の哲学・思想に委ねられる要素が多く，機械的に計算する方法を示す「規準」よりは「考え方」，「指標」といった総合的，工学的判断のよりどころとなる「指針」が求められているといえる．このことは，上部構造の場合と比較して，基礎構造において，より顕著であり，以前から構造計算という言葉を使わず，構造

設計と呼んでいたものと同じ理由による.

　永年親しんできた書名に対する愛着を捨て難い面もあるが,基本的方針としては,規準の内容を継承しているもので,本来的に学術・技術的な内容を中心に置いて,基礎構造設計のあるべき方向を思索することを目標として,内容の書き改めを意図した.その意味で,実務規準や行政審査基準にとっても,そのよりどころとなるようなものになれば幸いであると考えている.

　指針の構成は,基本精神や用語の定義などに言及した総則と,基礎の計画・設計の流れおよび必要検討項目を示した第Ⅰ編,考え方や根拠を解説した第Ⅱ編からなっており,さらに応用としての例示のために計算例を付した.指針の第Ⅱ編は,従来の規準の本文と解説の形式を,そのまま継承した形となっているが,従来のように,本文の優位性を意図しているものではなく,解説も本文と同等に扱っている.そのため,原案執筆の担当者は別記のとおりであるが,解説内容についても,委員全員の審議を通じて一応の見解の一致をみるように努めた.

　また,以上の改定骨子については,1987 年 6 月の建築雑誌に掲載して,会員各位のご意見を伺ったところ,多数の貴重なご意見が寄せられ,その多くを指針の内容に反映させることができた.本会として厚く御礼申し上げたい.

　今回の改定にあたっては,前記基礎構造運営委員会基礎構造設計規準改定小委員会が母体となって作業を進めてきたが,とくに耐震性に関する事項については,同基礎構造耐震設計小委員会の協力を得て多くの審議をしていただいた.また,山留めの設計に関連する事項については,本会仮設構造運営委員会山留小委員会の協力を得て,数名の委員の参加をいただき,原案作成の審議および執筆の一部を担当していただいた.これら 2 つの小委員会委員で,上記基礎構造設計規準改定小委員会委員に重複しない方々については,とくに改定原案審議に協力願った方として名を記し,深く謝意を表する次第である.また,末筆ながら,改定作業の全期間にわたって主査を務められた吉見吉昭博士,終始とりまとめ役として献身された井上嘉信・杉村義広両幹事をはじめ,委員各位には多大な献身的なご協力をいただいたことを記し,深く謝意を表する次第である.

　　1988 年 1 月

日本建築学会

1974年版　序（規準改定について）

本会の「建築基礎構造設計規準」は，1960年に大改定されて以来，すでに10数年を経過した．この間において，わが国の基礎構造技術が目をみはるばかりに発展してきたことは，まことに同慶の至りであるが，また一面，そのことについて本会の規準が果たしてきた功績の極めて大きかったことを自負している次第である．

この10数年間における特に著しい傾向としては，地盤調査技術の普及，建築敷地の軟弱地盤地域への進出，地業および根切り工事の大型化，各種の新しいくい基礎工法の出現などがあげられ，一方，基礎構造に関連ある災害としては，1964年の新潟地震による震害が注目を浴びた．また軟弱地盤地域の地盤沈下に起因して起こる長大なくいの負の摩擦力による障害も，最近になって現われ始めた新しい問題である．

1960年版の旧基準は，A・B・Cの3規準に分割する構成をとっていた．この構成は実状に則したものとして，一部では好評を得られたが，厳密な地盤調査と土質試験に基づいた設計を推奨する高度なA規準は，なお一般には採用しにくい状態にあると判断して，内容的には平易なB・C規準を併立した構成としたのが，当時に考え方であった．

しかし，最近における一般建築技術者の土質・基礎の諸問題に対する関心の向上，地盤調査技術の一般への普及などにより，このような懸念は既に一掃されたものと考え，今回の改定では全編をほぼ旧A規準のレベルに統一，1本化した．しかし旧B・C規準の内容にも，啓蒙的な意味でなお捨てがたい多数の特長があるので，これらはできるだけこの改定規準中に吸収して存続するように努めた．

最近における研究・技術・開発それぞれの面での成果の蓄積がきわめて膨大にのぼるため，今回の改定は規準のほぼ全面におよぶものとなったが，前記の諸問題点については特に留意したつもりである．

今回の改定作業は既に8年ほど前から始め，昭和48年11月の建築雑誌上に一応の改定案を掲載して，会員各位の意見を伺ったところ，多数の貴重な御批判を寄せられ，成案の作成に対してたいへん参考になったことを，本会として厚く御礼申しあげたい．この間，本会の構造標準委員会基礎構造分科会にあっては，特に解説部分の執筆に力を注ぎ，第3読案まで検討を続けて，このため約3年を費やした．解説原案執筆の担当委員は別記のとおりであるが，その内容の細目については，なお必ずしも委員全員の一致した見解に到達できなかった点も若干あり，解説はやはり執筆者個人の意見として受け取られることを希望したい．

なお，日本建築学会が昭和38年に発行した「建築鋼ぐい基礎設計施工規準」と本規準とは本質的には互いにあい補い合うものであるが，同規準の改定が行われるまでは，互いに矛盾する部分に関しては本規準の記述の方が優先するものと了解されたい．

今回の改定にあたっては，全期間にわたって大崎順彦博士が主査をつとめ，委員各位には多くのご協力をいただいた．特に遠藤正明・岸田英明両氏は，終始幹事として，規準改定のとりまとめに献身されたことを記し，深く謝意を表する次第である．

1974年11月

日本建築学会

1960年版　序（規準改定について）

　本会の「建築基礎構造設計規準」が，南博士を主査とする構造標準委員会基礎構造分科会で，はじめて作成されたのは昭和27年のことである．当時わが国の建築界では基礎構造の研究者はきわめて限られており，地盤の科学的調査や地質力学の普及も微々たるものであったので，その規準も主として諸外国のそれを基とし，それまでのわが国の慣習や経験とさらに若干の研究の結果を加味した程度に止まらざるを得なかった．

　ところが，その後建設工事の増加とともに，基礎構造や根切り工事の合理的設計に対する要望も非常に増してきた一方，この方面の研究者も急激に増し，わが国独自の研究も急速に蓄積されたので，この間もっぱら研究の推進に力を注いでいた基礎構造分科会では昭和30年から規準の改定に着手し，約5年の検討を経て，今回一応の改定規準をまとめあげることができた．

　改定のおもな点は，まずなによりも最近急速に進歩した地質調査法に基づく土質力学ならびに基礎構造理論をとり入れ，基礎構造施工の合理化に対する要望にこたえようとしたことである．しかしまた一方これらに対する一般技術水準の実状も考え，規準をA・B・Cの3種類に分け，A規準はできるだけ進んだ基礎構造理論ならびに技術をとり入れたものとして，ある程度以上の規模の建物，あるいは地盤条件の特に悪い場合などに適用するものとした．またB規準は在来の規準を若干近代化した程度とし建物の規模も中級，地盤条件も普通の場合などに適用し，C規準は木造その他の軽微な建物を対象として基礎構造または地業に対する一般的注意を述べたものである．本会としては，できうる限り上位の規準が一般に普及されることを望むものであるが，技術水準の実状を考え，規準の選択は設計者にまかせる方針をとった．なお最近，根切り工事は建設工事上重要な意味をもってきたし，その技術も非常に進歩したので，今回の改定では特にこのための1章を設けることとした．そして，35年4月号の建築雑誌上に規準案を提示して各方面の御意見をうかがったところ，多数の貴重な御批判をよせられ，最後の成案に対し大きな参考となったことを付記し，本会としてあつく御礼を申し上げたい．

　解説の執筆は別記の委員が担当した．その原案については委員会において種々検討を加えたが，その細目の内容については必ずしも委員全体の合致した見解というわけでもないので，この点解説はあくまでも執筆者個人の意見として取り扱われることを希望する．なお，今回の規準改定にあたっては，大内二男氏が昭和31年より34年まで，竹山謙三郎博士がその前後の主査をつとめ，委員の皆さんには多大の御協力をいただいた．特に大崎順彦博士は終始幹事として，実質上のとりまとめをされたことを記して深く謝意を表する．

　1960年11月1日

日本建築学会

1952 年版　序

　臨時規格建築物の荷重および建築物強度計算の基本は終戦後再検討され，「JES 建築 3001 建築物の構造計算」と改められた．この調査に当った本委員会は，規格の細則ともなる各種構造計算規準の再検討を進めた結果，昭和 22 年 11 月には「木構造」「鋼構造」「鋼筋コンクリート構造」の 3 つの計算規準の成案をあげて刊行したものである．基礎構造についても調査に着手したのであるが，なにぶんにも専門研究者が無に等しい状態であったため組織的な研究の取扱いがなされていないので未解決の問題が多く，ために作業の進捗ははばまれがちとなっていた．

　したがって建築基準法がでても，基礎構造に関する規定は，規格で決められている範囲をでていない状態であったが，ビル建築の続出に伴って基礎構造設計の規準が各方面から要望されるに至った．たまたま基準法制定後に学会が原案調査を担当した構造関係の諸規準の成案をあげ速かに普及を計るべく講習会の計画が進められていて，その科目の 1 つに本規準を加えることに決ったので，規準案を急速にまとめあげなければならない事情に迫られ鋭意この立案に当ったのである．しかしながら，この規準の影響するところの大なることを思い委員のほか関係委員会における経験者などにも参加願い，慎重な反覆審議を願ったが，さらに慎重を期して，ひとまず（案）として発表し，各方面の実施検討を経たうえ本決定に運ぶこととした．

　よって規準の趣旨を詳説し，その運用の誤りを防ぐと同時に検討の資料とも願うため，この規準をほとんどひとりでまとめあげられた南主査を煩わし，同君の責任において解説の執筆ならびに資料の選定を願ったものであるが，いま，ここに本書を上梓するに当って，南主査の非常な御努力はもちろんのこと，分科会委員をはじめ長期にわたって，規準案の審議に尽力された委員および委員外の協力者に対して深甚なる謝意を表するものである．

　なお，解説執筆をたすけられた早大大学院の加藤孝次，田中弥寿雄，高田十治の 3 君に対して本欄をかりあわせて尽力を謝すものである．

　1952 年 11 月

日本建築学会

指針作成関係委員
—— （五十音順・敬称略） ——

構造委員会

委員長	塩 原 　 等
幹 事	五十田 　 博 　　久 田 嘉 章 　　山 田 　 哲
委 員	（省略）

基礎構造運営委員会

主 査	土 方 勝一郎			
幹 事	鈴 木 比呂子	田 村 修 次		
委 員	青 木 雅 路	浅 井 陽 一	浅 香 美 治	新 井 　 洋
	飯 場 正 紀	鬼 丸 貞 友	郡 　 幸 雄	下 村 修 一
	鈴 木 康 嗣	関 口 　 徹	土 屋 　 勉	時 松 孝 次
	長 尾 俊 昌	西 山 高 士	平 出 　 務	細 野 久 幸
	三 町 直 志	山 本 春 行		

建築基礎構造設計指針改定小委員会

（2016.4～2019.3）

主 査	時 松 孝 次			
幹 事	鈴 木 康 嗣	田 村 修 次		
委 員	青 木 雅 路	安 達 俊 夫	新 井 　 洋	内 田 明 彦
	金 子 　 治	桑 原 文 夫	佐 原 　 守	関 口 　 徹
	土 屋 　 勉	土 屋 富 男	長 尾 俊 昌	三 町 直 志
オブザーバー	中 井 正 一			

（2011.4～2016.3）

主 査	中 井 正 一			
幹 事	金 子 　 治			
委 員	青 木 雅 路	安 達 俊 夫	新 井 　 洋	井 上 波 彦
	加倉井 正 昭	桑 原 文 夫	佐 原 　 守	鈴 木 康 嗣
	田 村 修 次	土 屋 富 男	時 松 孝 次	長 尾 俊 昌
	三 町 直 志			

執筆担当

全体調整 　　　時　松　孝　次　　鈴　木　康　嗣　　田　村　修　次

1章　序　　論・2章　基礎構造の計画
基礎構造の計画ワーキンググループ
（2016.4～2019.3）

主　査	時　松　孝　次			
幹　事	内　田　明　彦	鈴　木　康　嗣		
委　員	青　木　雅　路	安　達　俊　夫	新　井　　　洋	阪　上　浩　二
	田　村　修　次	長　尾　俊　昌	土　方　勝一郎	
協力委員	関　口　　　徹	鈴　木　比呂子		
協力者	神　田　　　順			

（2015.4～2016.3）

主　査	中　井　正　一			
幹　事	金　子　　　治			
委　員	井　上　波　彦	加倉井　正　昭	阪　上　浩　二	武　居　幸次郎
	長　尾　俊　昌	若　林　　　博		

（2013.4～2015.3）

主　査	加倉井　正　昭			
幹　事	金　子　　　治			
委　員	井　上　波　彦	阪　上　浩　二	武　居　幸次郎	中　井　正　一
	長　尾　俊　昌	若　林　　　博		

3章　敷地地盤の安全性
液状化地盤における基礎設計小委員会

主　査	鈴　木　康　嗣			
幹　事	田　村　修　次			
委　員	安　達　俊　夫	阿　部　秋　男	新　井　　　洋	内　田　明　彦
	鈴　木　比呂子	関　口　　　徹	時　松　孝　次	松　下　克　也

4章　荷　　重
（4.1節，4.2節，4.4節，4.5節）
基礎構造の地震力評価ワーキンググループ

主　査	新　井　　　洋

幹　事	金　子　　　治	林　　　康　裕		
委　員	内　田　明　彦	柏　　　尚　稔	木　原　幸　紀	木　村　　　匠
	久　世　直　哉	酒　向　裕　司	関　　　崇　夫	関　口　　　徹
	藤　森　健　史	船　原　英　樹		

（4.3 節）

地震時土圧ワーキンググループ

主　査	田　村　修　次			
幹　事	眞　野　英　之			
委　員	石　﨑　定　幸	古　山　田　耕　司	勝　二　理　智	本　田　周　二
	本　多　　　剛			

5章　直接基礎

直接基礎ワーキンググループ

主　査	青　木　雅　路			
幹　事	眞　野　英　之			
委　員	浅　香　美　治	安　達　直　人	新　井　　　洋	大　石　　　昌
	倉　持　博　之	鈴　木　直　子	関　口　　　徹	田　屋　裕　司
	富　田　菜都美	長　尾　俊　昌		

6章　杭　基　礎

（6.1 節〜6.5 節）

杭基礎の鉛直挙動検討小委員会

主　査	長　尾　俊　昌			
幹　事	武　居　幸次郎			
委　員	小　椋　仁　志	木　谷　好　伸	桑　原　文　夫	郡　　　幸　雄
	土　屋　　　勉	廣　瀬　智　治	眞　野　英　之	宮　本　和　徹
	山　崎　雅　弘			

杭鉛直ワーキンググループ

主　査	桑　原　文　夫			
幹　事	眞　野　英　之			
委　員	小　椋　仁　志	木　谷　好　伸	郡　　　幸　雄	武　居　幸次郎
	土　屋　　　勉	廣　瀬　智　治	堀　井　良　浩	宮　本　和　徹
	山　崎　雅　弘			

（6.1 節，6.6 節）

杭の耐震設計小委員会

主　査	田　村　修　次			

幹 事	鈴 木 康 嗣			
委 員	石 﨑 定 幸	木 村 祥 裕	河 野 　 進	小 林 勝 已
	阪 上 浩 二	下 村 修 一	濱 田 純 次	土 方 勝一郎
	藤 森 健 史	細 野 久 幸	間 瀬 辰 也	眞 野 英 之
	三 町 直 志			
協力者	木 谷 好 伸	増 田 敏 聡	宮 本 和 徹	柳 　 悦 孝

水平地盤反力ワーキンググループ

主 査	土 方 勝一郎			
幹 事	下 村 修 一			
委 員	鬼 丸 貞 友	柏 　 尚 稔	鈴 木 康 嗣	濱 田 純 次
	藤 森 健 史	船 原 英 樹	間 瀬 辰 也	眞 野 英 之

杭基礎の終局状態ワーキンググループ

主 査	三 町 直 志			
幹 事	阪 上 浩 二			
委 員	池 田 隼 人	石 﨑 定 幸	金 子 　 治	郡 　 幸 雄

コンクリート杭の耐震性能ワーキンググループ

主 査	小 林 勝 已			
幹 事	濱 田 純 次			
委 員	浅 井 陽 一	石 川 一 真	木 谷 好 伸	河 野 　 進
	長 澤 和 彦	林 　 和 宏	船 田 一 彦	水 上 大 樹
協力者	平 尾 一 樹	奥 村 貴 史	長谷川 　 秀	

場所打ち鋼管コンクリート杭の耐震性能ワーキンググループ

主 査	金 子 　 治			
幹 事	土佐内 優 介	福 田 　 健		
委 員	今 井 康 幸	大 坪 順一郎	荻 田 成 也	河 野 　 進
	田 中 昌 史	田 中 幸 芳	林 　 和 宏	堀 川 　 剛
	宮 本 和 徹	矢 田 哲 也		

7章　パイルド・ラフト基礎

パイルド・ラフト基礎の支持力検討小委員会

主 査	土 屋 　 勉			
幹 事	長 尾 俊 昌			
委 員	池 田 隼 人	伊 藤 　 仁	金 子 　 治	佐 原 　 守
	中 沢 楓 太	西 山 高 士	濱 田 純 次	眞 野 英 之
	山 下 　 清	山 本 春 行		

8章　異種基礎

異種基礎ワーキンググループ

主　査	佐　原　　　守				
幹　事	濱　田　純　次				
委　員	池　田　隼　人	成　田　修　英	西　山　高　士	古垣内　　　靖	
	渡　邊　　　徹				

9章　地下外壁と擁壁

擁壁ワーキンググループ

主　査	安　達　俊　夫			
幹　事	平　出　　　務			
委　員	近　藤　和　仁	實　松　俊　明	杉　本　年　也	濱　中　聡　生
	松　下　克　也	三　辻　和　弥		

10章　施工管理

基礎構造の施工管理ワーキンググループ

主　査	土　屋　富　男			
幹　事	林　　　隆　浩			
委　員	木　谷　好　伸	久　世　直　哉	野　田　和　政	廣　瀬　智　治
	細　田　光　美	堀　田　洋　之	溝　口　栄二郎	宮　田　　　章
	宮　本　和　徹	山　田　雅　一	渡　邊　　　徹	

付　　録

鋼管杭性能評価ワーキンググループ

主　査	木　村　祥　裕			
幹　事	廣　瀬　智　治			
委　員	市　川　和　臣	高　野　公　寿	増　田　敏　聡	柳　　　悦　孝

計　算　例

基礎構造設計例作成ワーキンググループ

主　査	新　井　　　洋			
幹　事	柏　　　尚　稔			
委　員	池　田　隼　人	木　原　幸　紀	倉　持　博　之	郡　　　幸　雄
	田　村　修　次	田　屋　裕　司	古垣内　　　靖	細　野　久　幸
	堀　井　良　浩	間　瀬　辰　也		

旧指針作成関係委員

（2001 年第 2 版）

構造委員会

委員長	西 川 孝 夫			
幹 事	久 保 哲 夫	松 崎 育 弘	緑 川 光 正	
委 員	（省略）			

基礎構造運営委員会

主 査	桑 原 文 夫			
幹 事	茶 谷 文 雄	時 松 孝 次		
委 員	安 達 俊 夫	梅 野 岳	加 倉 井 正 昭	許 斐 信 三
	小 林 勝 已	杉 村 義 広	玉 置 克 之	田 村 昌 仁
	冨 永 晃 司	永 井 興 史 郎	長 岡 弘 明	藤 井 衛
	真 島 正 人	持 田 悟	矢 島 淳 二	

建築基礎構造設計指針改定小委員会

主 査	加 倉 井 正 昭			
幹 事	青 木 雅 路	梅 野 岳	桑 原 文 夫	茶 谷 文 雄
委 員	安 達 俊 夫	神 田 順	岸 田 英 明	玉 置 克 之
	時 松 孝 次	冨 永 晃 司	中 澤 瑤 子	二 木 幹 夫
	渡 辺 一 弘			

（1988 年第 1 版）

構造委員会

委員長	加 藤 勉			
幹 事	狩 野 芳 一	岸 田 英 明	平 野 道 勝	
委 員	（省略）			

基礎構造運営委員会および基礎構造設計規準改定小委員会

主 査	吉 見 吉 昭			
幹 事	井 上 嘉 信	杉 村 義 広		
委 員	安 達 俊 夫	石 井 武 則	大 岡 弘	大 杉 文 哉
	風 間 了	神 田 順	岸 田 英 明	小 林 幸 男
	阪 口 理	茶 谷 文 雄	伴 野 松 次 郎	芳 賀 保 夫

萩 原 庸 嘉 　福 井 　實 　藤 井 　衛 　光 成 高 志
八 尾 眞太郎 　山 本 稜威夫

建築基礎構造設計指針

目　　　次

1章　序　　論
1.1節　指針の基本方針 ……………………………………………………… 1
1.2節　指針の位置付け ……………………………………………………… 2
1.3節　用　　　語 …………………………………………………………… 3
1.4節　記　　　号 …………………………………………………………… 9

2章　基礎構造の計画
2.1節　設計方針と手順 ………………………………………………………13
2.2節　想定する荷重 …………………………………………………………16
2.3節　限 界 状 態 …………………………………………………………16
2.4節　要 求 性 能 …………………………………………………………19
2.5節　要求性能の確認方法 …………………………………………………21
2.6節　地 盤 調 査 …………………………………………………………23
2.7節　地 盤 定 数 …………………………………………………………27
2.8節　支持地盤および基礎形式の選定 ……………………………………34

3章　敷地地盤の安全性
3.1節　地 盤 沈 下 …………………………………………………………39
3.2節　地盤の液状化 …………………………………………………………49
3.3節　傾 斜 地 盤 …………………………………………………………62
3.4節　土 壌 汚 染 …………………………………………………………66
3.5節　地 盤 改 良 …………………………………………………………68

4章　荷　　重
4.1節　荷重の種類と組合せ …………………………………………………75
4.2節　水　　　圧 …………………………………………………………80
4.3節　土　　　圧 …………………………………………………………82
4.4節　地 震 荷 重 …………………………………………………………95
4.5節　地盤の水平変位による荷重 ……………………………………… 106

5章　直 接 基 礎
5.1節　基 本 事 項 ……………………………………………………… 112

5.2節　鉛直支持力 ……………………………………………… 123

　　5.3節　沈　　　下 ……………………………………………… 136

　　5.4節　水 平 抵 抗 ……………………………………………… 157

　　5.5節　地 盤 改 良 ……………………………………………… 162

　　5.6節　基礎部材の設計 ………………………………………… 172

6章　杭　基　礎

　　6.1節　基 本 事 項 ……………………………………………… 178

　　6.2節　鉛直支持力 ……………………………………………… 194

　　6.3節　沈　　　下 ……………………………………………… 222

　　6.4節　負の摩擦力 ……………………………………………… 234

　　6.5節　引抜き抵抗力と引抜き量 ……………………………… 243

　　6.6節　水平抵抗および基礎部材の設計 ……………………… 255

7章　パイルド・ラフト基礎

　　7.1節　基 本 事 項 ……………………………………………… 284

　　7.2節　鉛直支持力 ……………………………………………… 292

　　7.3節　沈　　　下 ……………………………………………… 297

　　7.4節　水 平 抵 抗 ……………………………………………… 307

8章　異 種 基 礎

　　8.1節　基 本 事 項 ……………………………………………… 319

　　8.2節　鉛直支持力と沈下 ……………………………………… 326

　　8.3節　水 平 抵 抗 ……………………………………………… 329

9章　地下外壁と擁壁

　　9.1節　地 下 外 壁 ……………………………………………… 335

　　9.2節　擁　　　壁 ……………………………………………… 340

10章　施 工 管 理

　　10.1節　基 本 事 項 …………………………………………… 362

　　10.2節　施 工 計 画 …………………………………………… 366

　　10.3節　施工品質管理 ………………………………………… 369

　　10.4節　施 工 記 録 …………………………………………… 407

付録　鋼管杭の保有性能·· 421

計算例

［計算例1］　3.2節　液状化危険度，地盤変形量と液状化程度の予測······························· 445

［計算例2］　4.4節，4.5節　レベル2地震荷重と地盤の水平変位（1）······················· 448

［計算例3］　4.4節，4.5節　レベル2地震荷重と地盤の水平変位（2）······················· 454

［計算例4］　5.2節，5.4節　直接基礎の鉛直支持力··· 459

［計算例5］　5.3節　直接基礎の即時沈下量·· 462

［計算例6］　5.3節　直接基礎の圧密沈下量·· 468

［計算例7］　6.2節，6.5節　杭の限界鉛直支持力および限界引抜き抵抗力·················· 471

［計算例8］　6.3節，6.5節　単杭の鉛直荷重-沈下量曲線

　　　　　　　　　および引抜き荷重-引抜き量曲線と杭の即時沈下量······························· 477

［計算例9］　6.6節　地下室の影響を考慮した杭の地震時水平抵抗································· 481

［計算例10］　6.6節　液状化の可能性がある場所打ち杭の水平抵抗································· 488

［計算例11］　7.2節，7.3節　パイルド・ラフト基礎の沈下量と鉛直荷重分担率··········· 495

［計算例12］　7.4節　パイルド・ラフト基礎の水平抵抗·· 499

［計算例13］　8.3節　異種基礎における直接基礎の水平地盤ばね···································· 502

［計算例14］　9.1節　免震ピットの立上り壁の応力·· 504

建築基礎構造設計指針

建築基礎構造設計指針

1章　序　　論

1.1 節　指針の基本方針

> 本指針は基礎構造の設計を行うために，基本方針や適用範囲および基礎形式ごとの設計方法を示したものである．

　上部構造に対する設計は，時代とともに許容応力度設計法から終局強度設計法，荷重抵抗係数設計法，限界状態設計法へと発展している．これに対して，2001 年版の本指針では基礎構造に限界状態設計法を提案したが，現在においてもその考え方が十分に浸透しているとはいい難い．

　基礎構造の設計に関して，建築基準法施行令第 93 条の規定に基づいた国土交通省告示第 1113 号（平成 13 年 7 月 2 日）では，地盤の許容支持力度および基礎杭の許容支持力を求める方法の記述しかなく，また，施行令第 38 条の規定に基づいた建設省告示第 1347 号第 2 項（平成 12 年 5 月 23 日）では，許容応力度計算を行えばよいと記述がある．上部構造ではごく稀に発生する大地震に対して，限界耐力計算を用いて建物の地上部分が倒壊・崩壊しないことを確かめるが，基礎構造では中程度の地震に対して損傷を受けないことに対応する方法が示されている[1.1.1)]にすぎない．

　一方，1995 年の兵庫県南部地震や 2011 年の東北地方太平洋沖地震において，基礎が被災し建物の機能を維持できなくなったものがある．これらの多くは基礎の耐震設計が導入される以前に設計されたものであるが，基礎の耐震設計が導入された以降に設計された建物も含まれている．これら過去の地震では，基礎の被害が直接的に人命に影響しないと考えられてきた．しかし，基礎の修復・修繕は困難を伴ううえに，多額の費用が必要となるケースが多い．

　そこで本指針では，基礎構造に対してレベル 2 荷重時の設計を行うことを基本方針とし，上部構造の設計とのレベルを合わせることとする．また，建物の重要性などを考慮し，基礎構造に安全性のレベル（性能グレード）を設定する．設計者は上部構造に対する要求を満足させるために基礎構造の性能を選択することで，レベル 2 荷重に対して上部構造と基礎構造のバランスを確保した設計を行うことが可能となる．

　本指針の対象となる基礎形式は以下のとおりである．2001 年版の指針ではパイルド・ラフト基礎と異種基礎を合わせて併用基礎としていたが，両者は設計の考え方が異なるため，本指針で

は分けて示すこととする．

① 直接基礎（独立基礎，複合基礎，連続基礎（布基礎），べた基礎）
② 杭基礎
③ パイルド・ラフト基礎
④ 異種基礎

本指針では，上記の基礎形式ごとに地盤の評価，基礎構造部材設計のための要求性能（限界値）や荷重の評価，応力解析方法（応答値の算定方法）等を示している．なお，パイルド・ラフト基礎と異種基礎の要求性能（限界値）は，直接基礎と杭基礎のそれに準じる．

参 考 文 献
1.1.1) 国土交通省国土技術政策総合研究所，国立研究開発法人建築研究所監修：2015年版建築物の構造関係技術基準解説書，2015

1.2節　指針の位置付け

> 基礎構造の設計に関しては原則として本指針に示された設計方法に従うこととし，必要に応じて関連指針類を参照する．

　本指針では，地盤から伝わる荷重の設定方法と応力を算定する方法，地盤の評価方法について示しているが，このうち地下部分を除く上部構造から基礎構造に伝わる荷重の算定方法や基礎部材の断面設計の方法は「建築物荷重指針・同解説」[1.2.1)]や構造種ごとの規準・指針類を参照する．
　「小規模建築物基礎設計指針」[1.2.2)]，「建築基礎のための地盤改良設計指針案」[1.2.3)]（以下，地盤改良設計指針案と略す），「建築基礎設計のための地盤調査計画指針」[1.2.4)]は戸建て住宅などの小規模建築物の基礎，地盤改良，地盤調査計画について本指針を補完するための指針である．図1.2.1に示すように関連指針の上位に位置付けられる本指針の考え方が優先されるが，本指針に記述のない事項については関連指針を参照できる．
　さらに，本指針では本設地盤アンカーによる地盤反力や，地下外壁の仮設時応力についても荷重として考慮することとしている．それぞれの荷重の評価や設計時に配慮すべき事項については「建築地盤アンカー設計施工指針・同解説」[1.2.5)]（以下，地盤アンカー設計施工指針と略す），「山留め設計指針」[1.2.6)]を参照する．

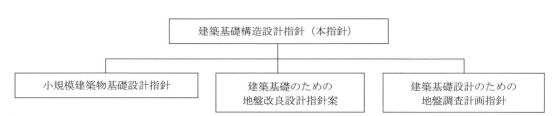

図1.2.1　本指針と関連する指針との関係

1章 序　論　—3—

　10章では，設計において設定された要求性能を満足させるために施工計画や施工管理などを記述している．「建築工事標準仕様書・同解説 JASS 3 土工事および山留め工事・JASS 4 杭・地業および基礎工事」[1.2.7)]では，施工順序や安全管理などの詳細が紹介されているので併せて参照されたい.

―――――――

参 考 文 献

1.2.1)　日本建築学会：建築物荷重指針・同解説，2015
1.2.2)　日本建築学会：小規模建築物基礎設計指針，2008
1.2.3)　日本建築学会：建築基礎のための地盤改良設計指針案，2006
1.2.4)　日本建築学会：建築基礎設計のための地盤調査計画指針，2009
1.2.5)　日本建築学会：建築地盤アンカー設計施工指針・同解説，2018
1.2.6)　日本建築学会：山留め設計指針，2017
1.2.7)　日本建築学会：建築工事標準仕様書・同解説 JASS 3 土工事および山留め工事・JASS 4 杭・地業および基礎工事，2009

1.3 節　用　　　語

1.　設計対象に関する基本用語

上部構造：基礎梁または基礎スラブよりも上の構造.

基礎構造：基礎梁，基礎スラブ，パイルキャップ，杭，地下外壁，地下立上り壁，本設地盤アンカー，擁壁の総称.「基礎」と略して用いることもある. 基礎梁，基礎スラブ，地下外壁，地下立上り壁は上部構造，基礎構造の両方に含まれる. 改良地盤も含めて本指針で設計対象として扱うものを「基礎構造等」という.

基礎部材：基礎梁，基礎スラブ，パイルキャップ，杭など基礎構造を構成する構造部材.

基礎梁：柱下の基礎をつなぐ水平部材. 柱脚の変位や回転を拘束するために設ける. また，基礎の不同沈下を防ぎ，建物全体の剛性を高める役割ももつ.

基礎スラブ：上部構造からの荷重を地盤に伝えるために設ける直接基礎（パイルド・ラフト基礎，異種基礎含む）の構造部分. フーチング基礎ではフーチング部分，べた基礎ではスラブ部分を指す. べた基礎で基礎梁を有しない場合は「マットスラブ」ともいう.

耐圧版：べた基礎のスラブ部分ならびに杭基礎またはフーチング基礎において地盤からの土圧・水圧を受けるために設けるスラブ.「耐圧盤」ともいう.

パイルキャップ：上部構造からの荷重を杭によって地盤に伝えるために設ける杭頭より上の構造体.

杭：パイルキャップからの荷重を地盤に伝えるため，地盤中に設ける柱状の構造部材.

地下外壁：地下階にある壁のうち，その片面が直接地盤に接し，面外方向に地盤からの土圧・水圧が作用する鉄筋コンクリート造の壁体.

地下立上り壁：地下外壁のうち，免震装置のクリアランスやドライエリア確保の目的で設け，上部端が梁やスラブで拘束されていない壁体. 免震構造においては「免震ピットの立上り壁」という.

— 4 —　　建築基礎構造設計指針

本設地盤アンカー：地盤アンカーのうち，建物や擁壁などの本設構造物に加わる浮力や地震荷重・風荷重などによる引抜き力，土圧による水平力などを負担するために設けるアンカー.

擁壁：盛土などの安定を図るために，土圧に抵抗する壁体構造物.

地盤改良：地盤の強度の増大ならびに沈下の抑制などのために，土に締固め・脱水・固結・置換などの処理を施すこと．処理を施した地盤を「改良地盤」という.

2.　地盤に関する用語

沖積層：工学的地層区分の一つで，約2万年前の最終氷河期最盛期以降に堆積した地層．地質学的には更新世の一部と完新世に堆積した層が含まれる.

洪積層：工学的地層区分の一つで，沖積層より前に堆積した地層．地質学的には更新世に堆積した層が含まれる.

支持層：構造物を支持する能力があり，かつ沈下に対しても安全である地層.「支持地盤」ともいう.

工学的基盤：耐震設計のための設計用入力地震動を入力する基盤で，一般には一定の厚さがあって水平方向にも連続したせん断波速度 V_S＝300〜700 m/s の層とされているが，建築物の設計においては便宜的に V_S＝400 m/s 程度以上を目安とすることが多い.

地下水位：地下水がもつ水頭．ボーリング孔などの孔内水面の位置から測定する.

液状化：地震などの繰返しせん断によって，水で飽和した砂質土中の間隙水圧が上昇し，有効応力がゼロの状態となり，地盤が液体状に変化する現象.

圧密沈下：土が間隙水の排出を伴いながら徐々に圧縮（沈下）していく現象．一般に飽和粘性土で生じ，沈下終了までに長い時間を要する.

即時沈下：建物建設に伴う地盤内応力や地下水位の変化などにより，短時間に生じる沈下.

全応力：拘束圧などによって土粒子と間隙水に働く応力の和.

間隙水圧：間隙水に働く応力.

有効応力：土の骨格構造だけに働く応力．全応力と間隙水圧との差.

単位体積重量：土の単位体積あたりの重量で，乾燥単位体積重量，湿潤単位体積重量，飽和単位体積重量，水中単位体積重量などがある.

内部摩擦角：土のせん断強さのうち，拘束圧に比例する摩擦抵抗成分を表す指標.「せん断抵抗角」ともいう.

粘着力：拘束圧に無関係な土のせん断強さ．本指針では，非排水せん断強さ c_u のことをいい，単に c で表すこともある．一軸圧縮強さの 1/2 としてよい.

一軸圧縮強さ：一軸圧縮試験における軸応力度の最大値.「一軸圧縮強度」ともいう.

変形係数：一軸圧縮試験や三軸圧縮試験で得られる応力-ひずみ関係の勾配．荷重を受けた地盤の変形量を求める時に地盤を弾性体と仮定した係数として用いる.

せん断剛性：せん断応力とせん断ひずみの関係の勾配.「せん断弾性係数」ともいう．微小ひ

ずみレベルのせん断剛性は「初期せん断剛性」として区別することがある.

減衰定数：振動系の減衰量を臨界減衰量との比で表わしたものをいい，「減衰比」ともいう.

せん断ひずみ：土要素の両端に作用するせん断力によって生じる変位を要素の厚さで除したもの.

ポアソン比：一軸状態での垂直応力による水平方向のひずみと垂直方向のひずみの比.

動的変形特性：地震時における土の非線形性を表したもので，地盤のせん断剛性または剛性比，および減衰定数を 10^{-6}～10^{-2} 程度のひずみに対して整理したもの. 主として繰返し三軸試験などによって求める.「G-γ, h-γ 関係」や「G/G_0-γ, h-γ 関係」の総称として用いる.

3. 設計に関する用語

常時荷重：日常的に作用する固定荷重と積載荷重の和.

レベル1荷重：短時間に作用する荷重のうち，建物の供用期間中に1回から数回遭遇する荷重. 地震荷重を基本とするが，風荷重や雪荷重も含む.

レベル2荷重：短時間に作用する荷重のうち，設定した再現期間中に想定される最大級の荷重. 地震荷重を基本とするが，風荷重や雪荷重も含む.

性能グレード：レベル2荷重に対する設計において，建物の重要度などを考慮して基礎構造に要求される構造性能のレベル.

設計用応答値：想定する荷重が構造物に作用するときの応答値に荷重係数を乗じた値.

設計用限界値：限界状態を表す構造物の耐力や変位の限界値に耐力係数を乗じた値.

荷重係数：応答値算定における不確定要素を考慮するための係数.

耐力係数：物性のばらつきなどの不確定要素を考慮するための係数.

地盤変位：主に地震動によって生じる地盤の応答変位.

接地圧：上部構造からの荷重が基礎スラブや耐圧版の底面を介して地盤に作用するときの圧力.

極限［鉛直］支持力：構造物を支持しうる最大の鉛直方向抵抗力. 基礎形式に応じて，直接基礎の極限［鉛直］支持力，杭の極限［鉛直］支持力などという. 杭の極限［鉛直］支持力を載荷試験より求める場合には，杭先端径の10%の沈下量を生じるときの支持力を指すこともある.

負の摩擦力：周囲の地盤が沈下することにより，杭周面に下向きに作用する摩擦力.

応答変位法：地盤変位から杭の応力と変形を算定する方法. 杭頭に慣性力を同時に与える方法も含めて応答変位法ということがある.

地盤反力：基礎構造に荷重が作用したときに地盤から受ける抵抗力.

水平地盤反力係数：地盤に単位変位量を生じさせる単位面積あたりの水平方向力.

動的相互作用：地震動による建物と地盤の動き（応答）が相互に影響を受けて増減する現象.

群杭効果：杭間隔がある限度以内に狭くなると，杭1本あたりの抵抗や変形が単杭とは異な

― 6 ―　建築基礎構造設計指針

る挙動を示す現象.

滑動抵抗：直接基礎，ラフト，擁壁の底面部での滑りに対する抵抗.

主働土圧：地下壁や擁壁が地盤から離れる方向に変位するときに，最終的に一定値に落ち着いた状態で発揮される土圧.

受働土圧：地下壁や擁壁が地盤を押す方向に変位するときに，最終的に一定値に落ち着いた状態で発揮される土圧.

静止土圧：壁と地盤の間に相対変位が生じない状態で発揮される土圧.

地震時土圧：地震時に作用する土圧.主に地盤の加速度（慣性力）によって変化する.

根入れ深さ：地表面から地下部分下端までの長さ.支持層上面から杭先端までの長さ.

4. 基礎形式に関する用語

直接基礎：基礎スラブを介して上部構造からの荷重を地盤に伝える形式の基礎.

杭基礎：杭を介して上部構造からの荷重を地盤に伝える形式の基礎.

異種基礎：支持層が傾斜しているまたは基礎の深さが同一建物でも異なる場合などで，一つの上部構造に対して直接基礎と杭基礎を組み合わせて支持させる基礎.

パイルド・ラフト基礎：直接基礎（ラフト）と杭基礎が複合して，両者で上部構造を支持する基礎.

ラフト：パイルド・ラフト基礎において，上部からの荷重を地盤に伝えるために設ける基礎スラブ.

5. 直接基礎に関する用語

独立基礎：単一柱からの荷重を独立したフーチングによって支持する基礎.「独立フーチング基礎」ともいう.

複合基礎：2本あるいはそれ以上の柱からの荷重を一つのフーチングによって支持する基礎.「複合フーチング基礎」ともいう.

連続基礎：一連の柱や壁からの荷重を帯状のフーチングによって支持する基礎.「布基礎」，「連続フーチング基礎」ともいう.

べた基礎：上部構造の広範囲な面積内の荷重を基礎スラブで地盤に伝える基礎.

6. 杭基礎に関する用語

既製杭：工場などであらかじめ製作する杭.既製コンクリート杭と鋼管杭の総称.

既製コンクリート杭：既製杭のうち，工場などでコンクリートを主材料として製作する杭.PHC杭，PRC杭，SC杭などが含まれる.

PHC杭：遠心力成形された中空形状の高強度コンクリート杭で，軸方向にPC鋼棒がありプレテンション方式によるプレストレスが与えられている杭.「プレストレスト高強度コンクリート杭」，「遠心力高強度プレストレストコンクリート杭」あるいは「プレテンション方

式遠心力高強度プレストレストコンクリート杭」ともいう.

PRC 杭：PHC 杭のさらなる補強として異形鉄筋または平鋼を配置し，せん断補強筋を付与した杭. PHC 杭と区別して「プレストレスト鉄筋高強度コンクリート杭」ともいう.

SC 杭：鋼管とその内側に遠心力成形された中空形状の高強度コンクリートが合成された杭.「外殻鋼管付コンクリート杭」ともいう.

鋼管杭：中空円形断面をした鋼製の杭.

場所打ち鉄筋コンクリート杭：孔壁を保護したうえで地盤を削孔し，孔内に鉄筋かごを挿入したのち，コンクリートを打設することによって，現場において造成される杭.「場所打ちコンクリート杭」,「場所打ち杭」ともいう.

場所打ち鋼管コンクリート杭：場所打ち鉄筋コンクリート杭の頭部に鋼管を巻いた杭で，鋼管内に鉄筋を配する場合と配さない場合がある.「鋼管巻き場所打ちコンクリート杭」,「鋼管巻き場所打ち杭」ともいう.

埋込み杭：掘削した地盤中に既製杭を埋め込むことによって設置する杭. あらかじめ掘削した孔に既製杭を建て込む工法や既製杭の中空部を利用して地盤を掘削しながら同時に杭を設置する工法などがある.

打込み杭：地盤中に既製杭を打ち込むことによって設置する杭.

回転貫入杭：主に鋼管杭のうち，らせん状や羽根状の突起を先端あるいは杭全長に設け，回転力を加えることにより地盤に貫入させる杭. 貫入には圧入力を併用する場合もある.

摩擦杭：主として杭周面の摩擦抵抗で支持させる杭.

支持杭：杭先端を支持層に定着させ，主としてその先端抵抗で支持させる杭.

薄層支持杭：支持層厚が薄い層に先端を定着させる杭. 下部層の地盤の支持力や沈下の検討が必要になることが多い.

杭頭半剛接合：杭とパイルキャップの接合部に回転剛性を制御する仕組みを取り入れた接合方式. 変形や軸力等に応じて杭頭部や基礎梁の曲げモーメントを低減できる.

7. 地盤改良工法に関する用語

締固め工法：緩い地盤に何らかの方法で力を加えて地盤の密度を増加させることにより地盤の支持力やせん断強度を上げる工法.

固化工法：セメントまたはセメント系固化材を用いて地盤を固化する工法. 薬液や熱的処理によって地盤を固結する工法も含む.

深層混合処理工法：地盤の深部までを対象として機械撹拌あるいは高圧噴射撹拌により地盤とセメント系固化材などを混合し，柱状やブロック状などの改良体を築造する工法.

浅層混合処理工法：地盤の浅層部分で行う地盤改良工法. 固化材と地盤の混合方法として原位置混合方式と事前混合方式がある.

本指針で使用する主要な用語は文献 1.3.1), 1.3.2) を参照し定義している. このうち，基礎に

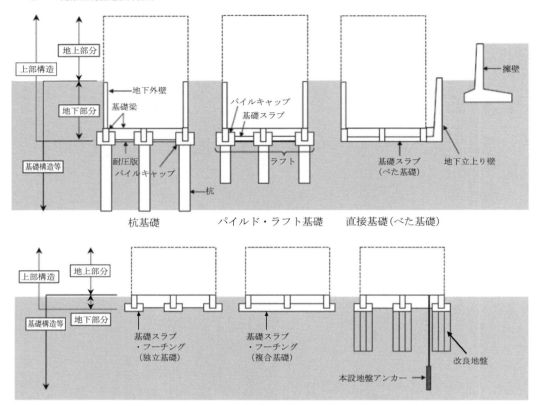

図 1.3.1 本指針で扱う設計対象

関する名称を解説する．図 1.3.1 に示すように，通常最下階柱脚部分を境界として，それより上の部分を上部構造，それより下の部分を基礎または基礎構造という．したがって，本来地下外壁や基礎梁は基礎構造に含まれない．しかし，基礎スラブと基礎梁が一体化され，区別が明確でないことがある．また，上部構造からの力の伝達を考えた場合，基礎梁を基礎に含めた方が評価しやすい．地下外壁については側圧などと密接な関係があることから，設計上，基礎構造と合わせて検討することが通例である．改良地盤も厳密には基礎構造ではないが，基礎構造と合わせて設計することが多い．

以上より，本指針で扱う設計対象は以下とする．これらを総称して基礎構造等とする．

① 基礎梁
② 基礎スラブ
③ 耐圧版
④ パイルキャップ
⑤ 杭
⑥ 地下外壁および地下立上り壁
⑦ 本設地盤アンカー

⑧　擁壁

⑨　改良地盤（本指針で対象とするのは，支持力・沈下対策としての利用および水平地盤反力
　　増大を含む液状化対策としての利用に限定する．）

本設地盤アンカーと改良地盤の設計については，地盤アンカー設計施工指針[1.3.3)]，地盤改良設計指針案[1.3.4)]による．

___

参 考 文 献

1.3.1)　地盤工学会：地盤工学用語辞典，2006
1.3.2)　総合土木研究所：図解　基礎工・土木用語辞典，2016
1.3.3)　日本建築学会：建築地盤アンカー設計施工指針・同解説，2018
1.3.4)　日本建築学会：建築基礎のための地盤改良設計指針案，2006

1.4節　記　　　　号

> 本指針で使用する各種の記号は，建築分野で慣用されているものを中心に設定する．

本指針で使用している記号は，建築分野で慣用されているものを中心に設定している．記号の意味は，出現する箇所ごとに説明している．次に列挙する記号は複数の章で共通して使用されるものである．なお，（　）内の単位は通常使用するものを示す．

A　　　　　　：面積（m²），基礎の底面積（m²）

A_p　　　　　：杭の先端断面積（m²）

B　　　　　　：長方形基礎の短辺長さ（m），杭幅（m）

C_c　　　　　：圧縮指数

C_r　　　　　：再圧縮指数

c　　　　　　：（土の）粘着力（kN/m²）

c_u　　　　　：（非排水）せん断強さ（kN/m²）

c_v　　　　　：圧密係数（m²/s）

D_{cy}　　　　：液状化による地表変位（m）

D_f　　　　　：基礎の根入れ深さ（m）

D_{max}　　　：側方流動地盤の限界残留水平変位（m），地表変位（m）

d　　　　　　：杭径（m），根固め部径（m），羽根径（m）

d_p　　　　　：杭先端直径（m）

E_0　　　　　：基準水平地盤反力係数を評価するために用いる変形係数（kN/m²）

E_c　　　　　：コンクリートのヤング係数（kN/m²）

E_p　　　　　：杭体のヤング係数（kN/m²）

E_s　　　　　：地盤の変形係数（kN/m²）

e　　　　　　：偏心量（m），間隙比，群杭効率（水平）

F_{bf}　　　　：地下水位以深にある上部構造の地下部分に作用する浮力（kN）

F_{bp}	：地下水位以深にある杭に作用する浮力（kN）
F_c	：細粒分含有率（%），設計基準強度（kN/m²）
F_L	：液状化発生に対する安全率
G	：せん断剛性（せん断弾性係数）（kN/m²）
G_0	：初期せん断剛性（初期せん断弾性係数）（kN/m²）
G_s	：地盤増幅率
g	：重力加速度（m/s²）
H	：高さ（m），層厚（m），水平力（kN）
h	：減衰定数
I_s	：基礎底盤の形状と剛性によって決まる係数
i_c, i_r, i_q	：荷重の傾斜に対する補正係数
K_A	：主働土圧係数
K_E	：地震時土圧係数
K_0	：静止土圧係数
K_P	：受働土圧係数
K_r	：ラフトの平均鉛直ばね定数（kN/m）
K_{pr}	：パイルド・ラフト基礎の平均鉛直ばね定数（kN/m）
K_p	：群杭の平均鉛直ばね定数（kN/m）
k_h	：水平地盤反力係数（kN/m³），設計水平震度
k_{h0}	：基準水平地盤反力係数（kN/m³）
k_0	：標準設計水平震度
L	：長方形基礎の長辺長さ（m），杭の長さ（m），基礎スラブの長さ（m）
M	：地震のマグニチュード，曲げモーメント（kNm）
M_1	：浮上り限界モーメント（kNm）
M_0	：杭頭曲げモーメント（kNm）
M_{max}	：杭の地中部最大曲げモーメント（kNm）
m_v	：体積圧縮係数（m²/kN）
N	：標準貫入試験打撃回数（N値），軸力（kN）
N_a	：補正N値
N_1	：換算N値
N_c, N_r, N_q	：支持力係数
P_A	：主働土圧（合力）（kN）
P_{EA}	：地震時主働土圧（合力）（kN）
P_0	：静止土圧（合力）（kN）
P_P	：受働土圧（合力）（kN），群杭の分担荷重（kN）
P_r	：ラフトの分担荷重（kN）

p_w	：水の圧力（kN/m²）
$_hp_w$	：地下外壁に作用する水圧（kN/m²）
p	：水平地盤反力度（kN/m²）
p_c	：圧密降伏応力（kN/m²）
p_y	：塑性水平地盤反力度（kN/m²）
Q	：せん断力（kN）
Q_u	：極限水平抵抗力（kN），杭材のせん断強度（kN）
q	：等分布荷重（kN/m²），基礎の平均荷重度（kN/m²）
q_t	：コーン貫入抵抗（kN/m²）
q_{ta}	：補正コーン貫入抵抗（kN/m²）
q_p	：極限先端支持力度（kN/m²）
q_u	：極限鉛直支持力度（kN/m²），一軸圧縮強さ（kN/m²）
R	：液状化抵抗比，杭中心間隔（m）
R_d	：設計用限界値
R_f	：基礎底面の摩擦抵抗（kN），杭の極限周面抵抗力（kN）
R_p	：杭の極限先端支持力（kN）
R_n	：限界値
R_u	：杭の極限鉛直支持力（kN），直接基礎の極限鉛直支持力（kN）
R_T	：杭の最大引抜き抵抗力（kN）
S	：沈下量（m），圧密沈下量（m）
S_d	：設計用応答値
S_E	：即時沈下量（m）
S_p	：杭先端沈下量（m）
T_b	：基礎固定時の建物固有周期（s）
T_g	：地表面での地盤の卓越周期（s）
T_v	：時間係数
t	：時間（s），厚さ（m）
U	：圧密度（%）
V	：鉛直力（kN）
V_S	：せん断波速度（m/s）
y	：杭の水平変位（m）
y_0	：杭の基準水平変位（m）
y_r	：杭と地盤の相対変位（m）
α	：地表面と水平面のなす角度（°），基礎の形状係数
α_L	：液状化による塑性地盤反力の低減係数
$\alpha_{\max}$	：地表面最大水平加速度（m/s²）

β	：杭周面摩擦力度の低減係数，杭の特性値（1/m），基礎の形状係数
β_L	：液状化による地盤反力係数の低減率
γ	：単位体積重量（kN/m³），せん断ひずみ
γ'	：水中単位体積重量（kN/m³）
γ_i	：荷重係数
γ_w	：水の単位体積重量（kN/m³）
δ	：壁背面と土との間の壁面摩擦角（°），杭と土との間の摩擦角（°）
ε_v	：体積ひずみ
η	：基礎の寸法効果による補正係数，群杭効率（鉛直），開端杭の閉塞効率
θ	：壁背面と鉛直面とのなす角度（°），荷重の傾斜角（°），変形角（°）
θ_k	：地震合成角（°）
μ	：基礎底面と地盤の摩擦係数，塑性率
ν_s	：地盤のポアソン比
ξ	：水平地盤に群杭の影響を考慮する係数
σ_z	：全土被り圧（鉛直全応力）（kN/m²）
$\sigma_z{}'$	：有効土被り圧（鉛直有効応力）（kN/m²）
τ_c	：粘性土の最大周面抵抗力度（kN/m²）
τ_s	：砂質土の最大周面抵抗力度（kN/m²）
τ_d	：水平面に生じる等価な一定繰返しせん断応力振幅（kN/m²）
τ_L	：水平面における液状化抵抗（kN/m²）
ϕ	：内部摩擦角（°），曲率（1/m）
ϕ_R	：耐力係数
ψ	：杭周長（m），パイルド・ラフト基礎の杭頭荷重分担率

2章　基礎構造の計画

2.1 節　設計方針と手順

> 1. 基礎構造の設計では，設定した外力に対して基礎構造や上部構造がそれぞれの限界状態を超えないように要求性能を満足させる.
> 2. 基礎構造の計画では，事前調査および本調査を通じて敷地地盤の安全性検討を行い，適用可能な基礎形式を選定する.

1. 基礎構造の役割と設計方針

基礎構造は上部構造の性能確保のために以下に示す役割が求められる.

① 地盤および基礎部材の支持性能の喪失による建物の転倒・崩壊防止

② 地盤および基礎部材に起因する建物の継続使用性または耐久性の低下防止

③ 地下外壁，擁壁を含む抗土圧・水圧構造物としての機能保持

基礎構造がこれらの役割を果たすためには，基礎部材だけでなくそれを支持する地盤の評価や性能確保も必要である. 本指針では以下のような基礎部材の設計，地盤の評価および地盤改良の設計を総称して基礎構造の設計という.

① 基礎部材の設計：要求性能を満足するように部材の寸法や断面などの仕様を決める

② 地盤の評価　　：地盤の支持性能が要求性能を満足するかを確認する

③ 地盤改良の設計：要求性能を満足するように改良の仕様を決める

本指針の設計方針は，設定する外力（荷重）に対して基礎構造の要求性能を満足させることとしている. 基礎構造の設計において想定する荷重は 2.2 節で述べるが，その大きさとしていくつかのレベルが考えられる. また，建物の重要度によって求められる性能も異なる. したがって，荷重のレベルや建物の重要度を明確にして，それぞれの組合せにおいて要求される性能を満足させる.

限界状態は基礎構造が満足すべき要求を工学的な表現に直したものであり，その状態を超えると上部構造の要求性能を満足できないことを意味している. 詳細は 2.3 節に示す.

上部構造はレベル 2 荷重に対する設計が実施されている. 本指針では上部構造とのバランスを確保するため，建物の重要度や継続使用の必要性を考慮した性能グレードを設定し，レベル 2 荷重に対して基礎構造の設計を行うことを原則とする.

2. 基礎構造計画の手順

本指針で想定される基礎構造計画の手順を図 2.1.1 に，また表 2.1.1 には各段階におけるチェック項目を示す.

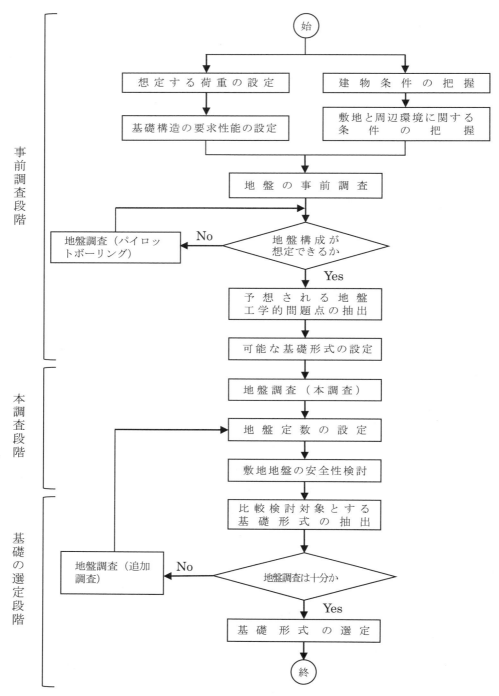

図 2.1.1 基礎構造の計画フローチャート

　事前調査段階では，基礎構造の設計で想定する荷重および要求性能を設定する．それと平行して建物や敷地地盤および周辺環境に関する条件を把握し，事前調査で収集した地盤情報から敷地地盤の地盤構成を想定する．更に，予想される地盤工学的問題点を抽出して，適用可能な基礎形

表 2.1.1　基礎構造の計画段階での主なチェック項目

検討項目	関連章節	チェック項目
想定する荷重の設定	2.2 節, 4 章	荷重の大きさと組合せ, 作用位置
基礎構造の要求性能の設定	2.3 節, 2.4 節	限界状態を想定し, 後述の表 2.1 を参照して設定
建物条件の把握	2.6 節	建物規模, 形状, 用途, 平面計画, 配置計画, 重要度, 耐用年数, 基礎構造の要求性能
敷地と周辺環境に関する条件の把握	2.6 節	地形・地質, 地域, 周辺状況 (周辺構造物, 護岸, 河川など), 敷地状況 (面積, 形状, 高低差など), 既存建物 (地下躯体, 杭など), 周辺環境 (騒音, 振動規制, 工事規制など), 周辺道路 (道路幅員, 交通規制など), 近隣工事 (規模, 根切り深さ, 工法, 工程, 近接距離)
地盤の事前調査	2.6 節	地盤図・周辺地形図, 地形分類図, 文献調査, 近隣の地盤調査結果を入手し, 地盤構成を想定, パイロットボーリングの必要性の確認
予想される地盤工学的問題点の抽出	2.6 節	敷地地盤の安全性の概略検討 (液状化, 支持地盤の連続性・層厚・深さ・傾斜・不陸, 凍結深度, 地盤沈下, 傾斜地・崖の安定性, 地滑り地帯, 地下水の影響等), 周辺環境への影響 (騒音・振動, 有毒ガスの発生の有無, 掘削土砂, 産廃の搬出・処分方法, 地下水の影響, 掘削等に伴う近隣構造物への影響), 施工性 (敷地の作業性, 杭および掘削の施工性, 湧水量, 地中障害), 経済性 (工期, 工事費, 建設費用全体に対する比率)
可能な基礎形式の設定	2.6 節, 2.8 節	基礎形式 (直接基礎, 杭基礎, パイルド・ラフト基礎, 異種基礎) および工法を複数抽出, 地盤改良適用の有無と適用工法, 根切り山留め工法, 地下躯体構築工法 (順打ち, 逆打ち)
地盤調査 (本調査)	2.6 節	ボーリングや原位置試験および試料採取や土質試験等の位置・深さ・数量の決定, 地盤調査の実施, 敷地地盤の地盤工学上の特徴把握
地盤定数の設定	2.7 節	地盤モデルの作成, 支持層位置の設定, 設計用地盤定数の設定
敷地地盤の安全性検討	3 章	地盤沈下, 液状化判定, 傾斜地・盛土造成地等の安全性の検討, 土壌汚染に配慮した施工法の検討, 地盤改良工法の検討
比較検討対象とする基礎形式の抽出	2.8 節	支持地盤の選定, 設定した基礎形式から適用性が高いものを一つ以上抽出, 検討項目に関する概略設計 (支持力, 沈下など), 追加調査の必要性の確認
基礎形式の選定	2.8 節	基礎工法比較 (構造性能, 施工性, 施工確実性, 工期, 経済性等) により基礎形式を選定, 支持層傾斜, 既存基礎再利用への対応

式を設定したうえで地盤調査 (本調査) を計画する.

　本調査段階では, 地盤調査結果に基づき地盤モデルを作成し, 基礎構造の設計に用いる地盤定数の設定および地盤の圧密沈下や液状化などの敷地地盤の安全性の検討を行う.

　基礎の選定段階では, 地盤調査結果を踏まえ, 設定した複数の基礎形式から適用性の高い基礎工法の抽出, 例えば杭工法の選定など数種の工法の比較を行い, 概略設計を実施して基礎の支持力や沈下量などが要求性能を満足できるかを確認する. 同時に耐久性, 施工性, 工期, 経済性など多角的な面から比較検討を行い, 地盤調査の不足の有無を確認した後に適切な基礎形式を選定する.

— 16 —　建築基礎構造設計指針

2.2節　想定する荷重

基礎構造の設計においては，次のように想定する荷重を設定する．

（1）　常時作用する荷重（常時荷重）

基礎構造に日常的に作用する荷重とする．

（2）　短時間に作用する荷重

短時間に作用する荷重は，供用期間中に1回から数回遭遇する荷重（レベル1荷重）と想定される最大級の荷重（レベル2荷重）の2段階とする．

基礎構造の設計および地盤の安全性検討のための荷重は，原則として上部構造の設計と合わせ「建築物荷重指針・同解説」[2.2.1]（以下，荷重指針と略す）に準じて設定する．上部構造に作用する荷重には日常的に作用する固定荷重，積載荷重のほか短時間に作用する地震荷重，風荷重，雪荷重がある．また，基礎に直接作用する土圧・水圧や地盤変状に伴う荷重がある．基礎構造の設計ではこれらの荷重を対象とし，表2.2.1に示すように荷重のレベルごとに想定する荷重を設定する．基礎に直接作用する荷重および地盤変状に伴う荷重は本指針に示された考え方により設定することを基本とする．荷重の詳細や設定方法は4章に示すが，地震荷重であれば荷重指針での再現期間換算係数を用いて評価するか，これに対応する静的荷重を採用することも可能である．

表 2.2.1　基礎構造の設計で想定する荷重

荷重のレベル		想定する荷重
常時作用する荷重（常時荷重）＊		日常的に作用する荷重
短時間に作用する荷重	レベル1荷重	供用期間中に1回から数回遭遇する荷重
	レベル2荷重	想定される最大級の荷重

［注］　＊：多雪地域では雪荷重を常時荷重として扱う

参 考 文 献

2.2.1)　日本建築学会：建築物荷重指針・同解説，2015

2.3節　限 界 状 態

1. 使用限界状態

地盤・基礎部材の沈下・変形が原因で，上部構造に使用性の不備が生じ始める状態

2. 損傷限界状態

地盤・基礎部材の沈下・変形が原因で，上部構造あるいは基礎部材に補修・補強が必要となり始める状態

3. 終局限界状態
地盤・基礎部材の破壊・変形により上部構造を支持できなくなり始める状態，あるいは基礎部材の補修・補強が極めて困難となり始める状態

3つの限界状態を直接基礎の荷重-沈下関係を例にとって図示すると図 2.3.1 のようになる．それぞれの限界状態について以下に概説する．

1. 使用限界状態

使用限界状態は，地盤の変形などにより基礎が不同沈下を起こし，基礎部材に被害が生じ始めるか上部構造に使用上の問題が生じ始める状態をいう．通常の建物使用では，変位や変形から決まる制限値により構造上あるいは強度上の損傷がない状態を想定している．基礎部材そのものに直接使用性を求めることはないので，ここでの使用限界状態は上部構造から決まるものである．実用上は基礎の不同沈下量で規定する．なお，耐久性はただちに強度上の問題を起こすことはないが，例えばコンクリートのひび割れのように，その状態が長期的に続く場合は強度低下を生じる可能性があることから，使用限界状態に含める．

2. 損傷限界状態

損傷限界状態は構造上何らかの被害が生じ始める状態であり，建物を継続使用するために上部構造または基礎部材に補修・補強などが必要となる状態と定義している．この状態は基礎部材が部分的に非線形領域に達したことを意味する．本指針では，具体的な運用として基礎部材が弾性

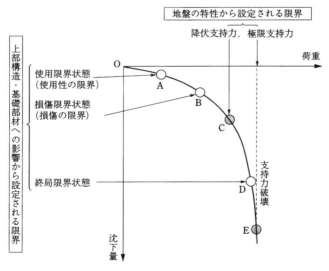

図 2.3.1　直接基礎の荷重-沈下関係と限界状態の対応

限界（鋼材の場合，降伏開始時点）を超えた状態を損傷限界状態とする．この理由は，基礎部材の被害を外部から観察することが困難なこと，修復が上部構造に比べて困難なこと，またそれが経済的に高額なことからである．なお，地盤に弾性限界はないため，弾性限界の考え方は適用しない．

損傷限界状態を具体的に列挙すると，以下のようになる．

① 基礎部材に降伏程度の損傷が生じる状態

② 基礎部材の過大な変位・変形によって，上部構造に降伏程度の損傷が生じる状態

③ 地盤の過大な変位・変形あるいは破壊などを原状復帰または補強する必要がある状態（ただし，この場合は基礎部材や上部構造に構造上の損傷は生じない）

①は上部構造に構造的な損傷や沈下・傾斜などが見られなくても，基礎部材が降伏に達した状態を指している．基礎部材が損傷限界状態に達しても上部構造の使用性に支障がなければ建物は継続使用可能と判断されがちであるが，建物全体として安全性を確保できている状態とはいえない．そこで，基礎部材だけが降伏する状態も損傷限界状態とみなす．

②は基礎部材が変位することによって上部構造が損傷限界状態に達するものであるから，その判断基準は本来上部構造に委ねられるものである．しかし，地盤の変位・変形から上部構造の損傷を推定できる場合は，便宜的にこれを損傷限界状態とする．

③は基礎部材や上部構造に構造上の損傷は生じていないが，地盤に過大な変形や破壊が生じて耐力が低下し，建物を継続使用するには地盤を原状復帰または補強する必要がある状態を指している．地盤の変位・変形には幅があると考えられるが，基礎部材あるいは上部構造に損傷が生じないことを判断の基準とする．

3. 終局限界状態

終局限界状態は，地盤の破壊や基礎部材の変形により，上部構造を支持できず「安全」が確保できなくなり始める状態と定義している．また，基礎部材の修復が困難なため上部構造が継続使用できない状態も終局限界状態に達したものと判断する．ただし，外周部の基礎梁や杭頭部などに損傷が限定され，被害箇所の補修・補強が可能であり，上部構造が安全限界状態に達していないことが確かめられた場合は，基礎構造が終局限界状態に達していないと判断される．

終局限界状態を具体的に列挙すると，以下のようになる．

① 地盤の安定性の喪失

② 地盤の支持力の喪失

③ 基礎部材の破壊

④ 基礎部材の過大な変位・変形によって，上部構造が安全限界に達した状態

①は基礎の検討以前の前提条件である．地盤が崩壊または動き出す場合は，上部構造の安全が確保できないので終局限界状態となる．②は直接基礎や杭基礎を支える地盤がその支持力を失う状態である．通常，上部構造から基礎に作用する鉛直力および水平力による地盤の極限支持力問題として扱う．③は杭基礎，フーチング，基礎スラブ，基礎梁などの基礎部材に関して，修復が

不可能と判断される状態である．基礎部材の破壊は地盤の破壊と同時に生じることがある．④は地盤の変形が大きくなり基礎が過大に変形することによって，基礎部材が終局限界状態に達しなくても上部構造が安全限界状態に達した状態を指す．

上部構造では，建物の崩壊が人命保護に関わる「安全」に直結するため「安全限界状態」の用語が使われるが，基礎構造では基礎部材の破壊・変形がただちに上部構造の「安全」の喪失につながらないこともあるため，「終局限界状態」の用語を使用する．

2.4節　要求性能

1. 想定する荷重に対して，上部構造の性能を満足するように基礎構造の要求性能を表2.1のように設定する．

（1）　常時作用する荷重に対しては，基礎構造が使用限界状態を超えないことを要求性能とし，上部構造の使用性，耐久性に障害が生じないようにする．

（2）　短時間に作用する荷重のうち，レベル1荷重に対しては，基礎構造が損傷限界状態を超えないことを要求性能とし，上部構造の補修・補強が必要とならないようにする．

（3）　短時間に作用する荷重のうち，レベル2荷重に対しては，性能グレードごとに基礎構造の要求性能を設定し，それぞれに合わせた上部構造の性能を満足させる．

2. 建物に求められる社会的な重要度などを考慮し，より高い要求性能を別途に定めてもよい．

表2.1　想定荷重に対する要求性能

想定荷重	性能グレード	要求性能のレベル（限界状態）	要　求　性　能		
			上部構造に対する影響	基礎部材	地盤
常時荷重	—	使用限界状態	使用性・耐久性に支障が生じない．	耐久性に支障が生じない． 有害なひび割れが生じない．	使用上有害な沈下・変形が生じない．
レベル1荷重	—	損傷限界状態	過大な傾斜あるいは構造上の補修・補強を必要とするような損傷が生じない．	構造上の補修・補強を必要とするような損傷が生じない．	過大な沈下・残留変形が生じない．
	S				
レベル2荷重	A	終局限界状態	転倒・崩壊しない．	脆性的な破壊を生じない．また，変形性能の限界に達して，耐力低下を生じない．	地盤（改良地盤）が鉛直支持力を喪失しない．
	C	上部構造の安全限界状態	転倒・崩壊しない．	部分的な損傷を許容する．	地盤（改良地盤）が鉛直支持力を喪失しない．

1. 要求性能の設定の考え方

基礎構造の要求性能は，本来，基礎構造全体もしくは個々の部材に対して，上部構造における層間変形角のように基礎部材の変形量（鉛直・水平，相対・絶対，最大・残留）に関して，上部構造への影響を判断基準として示すことが望ましい．しかし，基礎部材の変形量については過去の地盤沈下と構造的被害の関係に基づく閾値や機能上の要求としての制限値が示されることはあるが，上部構造からの要求により基礎部材の設計用限界値が示されることはほとんどない．また，上部構造の設計において基礎位置は固定条件（変形しない）として応答値を算定することが一般的に実施されている．これらのことから，地盤・基礎部材に適切な性能を設定して設計を行うことで，上部構造の性能が満足されたと見なすこととする．なお，基礎部材の補修の困難さや地盤の不確実性を考え，基礎構造の破壊は上部構造より先行させないことが原則である．

建築基準法に代表される構造規定・耐震基準において，これまで基礎構造にはレベル2荷重時の設計は求められなかった．しかし，近年の地震において以下のような基礎構造特有の被害が報告され，レベル2荷重に対する基礎構造の設計の必要性が議論されるようになった．

① 基礎部材の破壊が人命に直結しないとしても，それが原因で建物全体の継続使用が不可能になった地震被害が多数生じている．

② 基礎部材は地盤中に設置されるために，破壊したとしても上部構造に被害が認められなければ被害は顕在化しない．

③ 基礎部材の被害調査および補修・補強は多大な労力を要する．

そこで，本指針ではレベル2荷重に対する設計法を示すとともに，建物の重要度などに応じた「性能グレード」を設定し，性能グレードごとに要求性能を設定する．基礎構造の性能グレードは上部構造の性能グレードとは対応せず，基礎構造の機能および要求性能を考慮して，上部構造とは別に設定する．

（1） 常時作用する荷重に対する要求性能

常時作用する荷重に対しては，基礎構造が使用限界状態を超えないことを要求性能とする．この要求性能を満足させるために，基礎部材には耐久性に影響する損傷が生じないこと，たとえば有害なひび割れが生じないこと，地盤には上部構造の使用性・耐久性に障害となる沈下・残留変形が生じないことが求められる．

（2） レベル1荷重に対する要求性能

レベル1荷重に対しては，基礎構造が損傷限界状態を超えないことを要求性能とする．この要求性能を満足させるために，基礎部材には構造上の補修・補強が必要となる損傷が生じないこと，過大な沈下・残留変形によって，地盤や改良地盤に補修・補強を必要とする損傷が生じないことが求められる．

（3） レベル2荷重に対する要求性能

レベル2荷重に対しては，3段階の性能グレードから建物の重要度などを考慮して要求性能を設定する．

性能グレードSでは，レベル2荷重に対して基礎構造が損傷限界状態を超えないことを要求

性能とする．これは，レベル1荷重に対する要求性能と同じ性能を要求したものである．

　性能グレードAでは，レベル2荷重に対して基礎構造が終局限界状態を超えないことを要求性能とする．この要求性能を満足させるために，基礎部材には脆性的な破壊を生じないこと，また変形性能の限界に達して耐力低下を生じないことが求められる．また，地盤や改良地盤は崩壊せず，鉛直支持力を喪失しないことが求められる．

　性能グレードCでは，レベル2荷重に対して基礎構造の損傷や破壊が原因となり，上部構造が崩壊し人命保護を危うくする安全限界状態を超えないことを要求性能とする．この要求性能を満足させるために，基礎部材には部分的な損傷を許容するが，上部構造の荷重を地盤に伝える役割は確保する．一方，地盤には上部構造の転倒・崩壊につながる鉛直支持力喪失が発生しないことが求められる．なお，現時点では性能グレードCの具体的な性能確認方法が確立されていないため，本指針ではグレードCは定義のみの提示にとどめ，具体的な設計法に関する記述はしていない．ただし，本グレードはより高度な限界状態設計を目指すために必要であり，今後の研究や知見の集積が望まれる．

　また，性能グレードAとCの間に基礎構造の修復性を考慮した損傷の許容範囲を変えた性能グレードBを検討したが，現在の技術レベルでは対応が難しいとの判断から，本指針では設定を見送っている．

2. 高い要求性能（目標性能）の設定

　本指針では基礎構造に対する標準的な要求性能を示しているが，更に高い要求性能として，別途に目標性能を設定してもよい．例えば，レベル1荷重に対して基礎構造が損傷限界状態を超えないという要求性能ではなく，基礎構造が使用限界状態を超えないとするより高い目標性能を定めることも可能である．このような目標性能は，建物が社会的に重要な場合，地下が深く杭の修復が困難な場合などに設定する．設計者は，表2.1の要求性能を参考にして，これをそのまま目標性能とするか，あるいはそれを上回るような目標性能を設定してよい．

2.5節　要求性能の確認方法

> 　設定した要求性能を満足させるために，想定した荷重に対する設計用応答値 S_d が，限界状態を表す設計用限界値 R_d（$=\phi_R R_n$）を超えないことを確認する．
>
> $$S_d \leqq \phi_R R_n = R_d \tag{2.1}$$
>
> ここに，S_d：設計用応答値，ϕ_R：耐力係数，R_n：限界値，R_d：設計用限界値

　構造物の安全性の検証は，一般に荷重や荷重の作用によって生じる応力が構造物の耐力や部材の強度以下となることを確認することである．

$$S_d \leqq R_d \tag{2.5.1}$$

　式2.5.1はこの考えを表したもので，式中の設計用の値 S_d，R_d は構造物や地盤の耐力，および

荷重に対する応答を求めるときの不確定性を考慮し，安全の余裕を付与している．設計用応答値 S_d は想定する荷重が構造物に作用したときの構造物の応答値を割り増して，設計用限界値 R_d は限界状態を表す構造物の耐力や変位の限界値を割り引いて求める．安全の確認はこの両者の比較によって行う．

　具体的な検証方法は，荷重・耐力係数法（Load and Resistance Factor Design, LRFD）を利用する．荷重と耐力の不確定性に基づく変動性を考慮しつつ所定の安全性を確保するために，応答値 S_i（荷重効果）と限界値 R_n（耐力）に別々の安全係数を乗じる．

$$\Sigma\gamma_i S_i \leq \phi_R R_n \tag{2.5.2}$$

ここに，γ_i：荷重係数，S_i：応答値

　式 2.5.2 の中で，荷重係数は応答値（応力や変形）を求める際の不確定要素を，また，耐力係数は構造物や地盤の耐力を求める際に生じる物性のばらつきなどを考慮するための係数である．したがって，荷重係数および耐力係数は検討する限界状態により異なるのはもちろん，同じ限界状態でも応答を求める手法，使う変数の種類によって異なる値となる．限界値は検討する限界状態に対応する物理量（例えば，杭の鉛直支持力，破壊曲げモーメント，基礎の沈下量など）であり，強度の検討のみならず，変形に関しても同様の扱いができる．この手法は目標とする安全性の程度（信頼性指標）に基づいて，荷重と耐力のそれぞれの係数を別々に設定できる合理的な手法である．

　2001 年版の本指針において荷重・耐力係数法の考え方が紹介されたにもかかわらず，耐力の変動性についての定量化が十分に取りまとめられていないことにより，この考え方は基礎構造の設計に浸透しているとは言えない．そこで，例えば式 2.5.2 を地震荷重にあてはめた場合，応答値としてごく稀に生じる値に対して荷重係数を 1.0 とし，従来の設計で用いている安全率の逆数を耐力係数とすることにより，本設計法の枠組みに沿った設計式を与えることができる．ISO 3010 の付録[2.5.1]では荷重係数を 1.0 とする考え方が示されている．以上の考え方に基づき，本指針では式 2.1 によって要求性能を確認することとする．

　地盤および基礎部材で考える使用限界・損傷限界状態の設計用限界値は，上部構造への影響に準じて基礎部材の載荷時および残留時の変形量もしくは変形角とすることが原則である．また，基礎構造の終局限界状態は，一義的には支持性能あるいは軸力保持性能を失って建物が転倒・崩壊し始める状態であるが，過去に基礎構造に起因する転倒・崩壊の例はほとんどなく，これを基礎構造の崩壊メカニズムとして統一的に限界値を示すことは困難である．そのため，現時点では極限鉛直支持力および部材の終局強度を終局限界状態の限界値とみなすこととする．

　本来の信頼性設計法では，限界状態に達する確率に基づいて要求される信頼度から耐力係数を設定するが，本方法はその考え方を目指す第一歩である．

参 考 文 献

2.5.1)　ISO 3010 : 2017 Bases for design of structures – Seismic actions on structures, Annex A ; Load factors as related to the reliability of the structure, seismic hazard zoning factor and representative values of earthquake ground motion intensity–Table A1, 2017

2章 基礎構造の計画 — 23 —

2.6節 地盤調査

> 1. 事前調査は，現地踏査を含めて建物条件や敷地条件を把握するために行う．これらの情報より予想される地盤工学的問題を抽出し，適用可能な基礎形式を設定する．
> 2. 本調査は，基礎構造の設計に必要な地盤特性および敷地地盤の地盤工学上の特徴を得るために行う．地盤調査計画の立案にあたっては，設定する基礎形式を踏まえて，調査項目・数量・規模を設定する．

1. 事前調査

（1）建物および敷地条件の把握

　地盤の情報を定量的に求めることは基礎構造の設計を行ううえで必要なことである．しかし，その項目は計画時に想定した建物条件や敷地条件によって異なる．表 2.6.1 は建物条件と敷地条件で考慮すべき項目の候補を示したものである．地盤調査の計画にあたり，建物条件や敷地条件について，これらの中から重要な項目を抽出し把握する．

　建物条件において，建物規模・形状は調査の範囲や深さに関係する．また，基礎構造への要求性能は調査や試験の項目に影響を与える．

　敷地条件では，地形・地質，地域，周辺状況などの把握が必要となる．これらは，関連資料だけでなく，現地踏査によりその状況を確認することが望まれる．

　地形・地質の調査では地形図等の資料から，地層構成，堆積環境，土質区分などを把握する．

　地域特性は建設計画にも関係するが，杭の施工法や地下階施工に対する制約条件ともなる．特に地下工事での揚水などが周辺地域の水環境に影響を及ぼす場合，事前検討を求められることがある．

　周辺状況の調査では，近接した建物基礎の種類，隣接敷地の改変，建替えの予定などを把握する．それによっては計画建物の荷重条件を含む検討条件や施工計画まで影響があることも考えられる．海岸近くでの建設では，敷地自体の安定が護岸構造物の安定に支配されることがある．また，活断層が近傍にある場合は，建物計画の成立自体が問題になることもある．

　敷地状況の調査では，面積や形状，敷地内の高低差に加えて造成履歴など過去の土地利用状況

表 2.6.1　地盤調査の計画において考慮すべき項目

条　件		考慮すべき項目
建物条件		建物規模，形状（平面形，高さ，地下深さ），用途，基礎の要求性能
敷地条件	地形・地質	山地，丘陵地，台地，低地，沖積，埋立，粘土，砂等
	地域特性	市街地，海岸地帯，工場地帯
	周辺状況	周辺構造物，護岸，河川，湖沼，擁壁等，断層，地すべり等
	敷地状況	面積，形状，高低差，土地履歴，造成履歴，地中障害，勾配，土壌汚染
	既存建物	地下躯体，杭

を把握する．これにより，地中障害の有無や土壌汚染の可能性などが把握できる．なお，土壌汚染に対する確認事項について3.4節で解説しているので参照されたい．

既存建物の調査では，主に市街地において既存建物を解体してその跡地に新設建物を建設することがあるため，既存基礎（躯体，杭）や解体条件を考慮する．例えば，計画地に既存基礎が残っている場合には，地盤調査の実施時期や調査場所が制約を受けるため，解体後または建物の建設に合わせて追加調査を実施することがある．一方で，既存基礎を新設建物の一部として利用することもあり，その場合は地盤調査に合わせて既存基礎に対する調査を実施する．具体的な調査内容・項目は「建築基礎設計のための地盤調査計画指針」[2.6.1]（以下，地盤調査計画指針と略す）を参照されたい．

（2）　敷地地盤の状況把握

地盤調査計画を立案する前に既往の資料等から敷地地盤の地盤性状をあらかじめ把握できれば，その後の調査計画が合理的になる．この情報によって基礎形式を概略設定できることもある．地盤性状の概略評価には，地域別の地形図，地盤分類図，地質地盤図などが公開・出版されているところであれば，調査計画の参考とする．

大都市圏では地盤情報データベースが作成され，ボーリング柱状図やPS検層結果，土質試験結果などが公開されている[2.6.2]．これらは敷地において予想される地盤工学的問題の検討や基礎形式の設定にとって有益な情報である．そのなかで液状化の可能性については，国土交通省[2.6.3]や地方自治体で発行されているハザードマップや過去の地震による液状化履歴[2.6.4]などが参考になる．また，地盤沈下については環境省[2.6.5]や地方自治体が公表している観測結果，土砂災害や地滑りについては，国土交通省[2.6.6]や地方自治体が過去の災害に基づいて設定している危険箇所が参考になる．このような敷地地盤の特徴を調べておけば，地盤調査計画に反映できる．ただし，事前調査により敷地地盤の特徴が十分に把握できない場合は，パイロットボーリングを実施し，地層の概要を確認する．なお，敷地内で地層の傾斜が疑われる場合は，既存資料でその可能性を調査し，本調査において十分なボーリングデータ数を確保するように計画する．

（3）　予想される地盤工学的問題の抽出と可能な基礎形式の設定

事前調査で入手した地盤情報に基づき，敷地地盤の安全性について概略の検討を行い，予想される地盤工学的問題を抽出する．特に圧密沈下や液状化の発生が予想される場合には，地盤改良などの対策も視野に入れて問題解決を図るのか，基礎形式で対応するかの大方針を決めておくと，その後の地盤調査や基礎形式の検討における選択肢をある程度絞ることができる．これらを踏まえて建物規模を考慮し，基礎形式の候補を抽出する．その際，基礎形式は一つに限定せず複数の選択肢を挙げ，それらの比較・検討が行えるように地盤調査を計画する．

2. 地盤調査（本調査）

（1）　地盤調査の項目

事前調査や基礎形式の想定を踏まえて，地盤調査（本調査）計画を立案する．主な原位置試験および室内試験と得られる地盤定数・情報は表2.6.2のようになる．各原位置試験や室内試験の

表 2.6.2　主な原位置試験・室内試験と得られる地盤定数・情報

調査方法		調査目的	地盤定数・情報
原位置試験	ボーリング	地層構成	土質分類，柱状図
	標準貫入試験	硬さ，試料採取	N値，土質
	孔内水平載荷試験	変形特性	水平地盤反力係数
	PS検層	変形特性 地盤の振動特性	せん断波速度
	サンプリング	室内土質試験に用いる 試料採取	—
	平板載荷試験	変形特性 地盤の支持特性	変形係数，支持力
	地下水位調査	水圧，浮上り， 液状化，排水計画	地下水位，透水性
室内試験	物理試験	物理特性	土粒子の密度，含水比， 湿潤密度，単位体積重量， 粒度，細粒分含有率， 塑性指数，液性指数， 液性限界，塑性限界
	一軸圧縮試験 三軸圧縮試験	強度特性 変形特性	一軸圧縮強さ，変形係数， ポアソン比， 粘着力，内部摩擦角
	圧密試験	圧密特性	圧密降伏応力，圧密係数， 圧縮指数，再圧縮指数， 体積圧縮係数
	液状化試験	液状化特性	液状化強度
	動的変形試験	地盤の振動特性	動的変形特性

詳細や利用上の留意点については，地盤調査計画指針[2.6.1]および関連図書[2.6.7),2.6.8)]を参照されたい．表に示す調査項目は基礎形式の決定に重要な要素となるので，本調査ではこれらの調査項目を精度よく評価できるように，できる限り多くの調査・試験を計画に盛り込む．一つの調査項目に対して複数の試験方法が候補になるが，対象とする土質や利用目的に応じて適切な試験方法を選定する．

　基礎構造の設計以外に施工計画のために必要な調査項目もある．根切り山留め工事および地下水処理などは施工時の検討事項であり，根切りに伴うリバウンドや沈下，山留め架構の設計，地下水の揚水などを検討するための地盤調査を本調査の計画に盛り込んでおく．また，杭基礎の工法選定にあたり，施工の障害となる玉石・転石や地中障害，孔壁の崩壊しやすい伏流水の有無を確認するための調査を本調査計画に盛り込んでおく．

（2）　地盤調査の規模・数量

　地盤調査の本数の目安については，地盤調査計画指針の中で，建築面積や敷地内での地層の変

化に応じたボーリング本数が提案されている[2.6.1]．調査本数は建築面積が小さい場合でも2本以上を原則（敷地内や近隣における信頼性の高い既存ボーリングデータを含めてもよい）とし，調査位置は建物の端部および内部に配置する．

　地盤調査の深さは基礎形式によって異なる．直接基礎の場合，支持層として想定される地層を確認するとともに，基礎の沈下検討のため，調査深さは基礎底面から基礎スラブ短辺長さの2倍以上または建物幅の1.5〜2倍程度までとする．杭基礎の場合，最近の場所打ち杭の拡底径の拡大や高支持力杭の普及を考慮し，杭先端から杭先端径の5倍程度の深さまでとする[2.6.9]．群杭の沈下を6.4節の等価荷重面法や等価ピア法のように直接基礎の考え方に沿って検討する場合は，杭先端から建物幅の1.5〜2倍程度の深さまでとする．地下外壁や山留め壁を計画する場合には，その設置深度までとする．

　支持層は敷地内で実施されるすべてのボーリングで確認することが望ましいが，支持層より深い地盤性状の確認は少なくとも1本以上のボーリングで実施する．これには，信頼できる既存のデータを参照してもよい．支持層の目安は砂質土，礫質土ではN値50（または60）以上，粘性土では20〜30以上であるが，建物の要求性能などを考慮して設計者が適切に設定する．薄層支持を検討する場合，詳細設計時に支持層位置が変更になる可能性に配慮し，薄層支持層の下部にある支持層候補となる深さまで複数本のボーリング調査を計画しておく．地震応答解析を行う場合は，工学的基盤を確認できる深さまで調査を行う．工学的基盤は一般にせん断波速度V_S＝300〜700 m/s の層とされているが，V_S＝400 m/s 以上で，厚さ5 m 以上の層とする文献[2.6.9]もある．

　地盤調査の数量を決定するうえでは，地盤のばらつきの評価が重要である．地盤の層序や性状を求めるためにサウンディングやサンプリングを行うが，その結果にはばらつきが含まれている．このため，できるだけ多くのデータを求め，地盤の性状を総合的に判断する．可能ならば，調査データから平均値と標準偏差などを求め，調査データの信頼性の度合いを明らかにするとよい．

（3）　敷地地盤の地盤工学上の特徴把握

　地盤調査や現地踏査の結果を分析し，敷地地盤の地盤工学的諸条件として次の事項を把握する．

①　地盤の諸定数の設定に関する事項

②　敷地地盤の安全性検討に関する事項

③　基礎形式や施工法の選定に関する事項

　①は，地盤調査として実施した原位置試験および室内試験に基づき，基礎構造の設計に必要な地盤定数を設定する．詳細は2.7節に示す．

　②は，設定した地盤定数に基づき，地盤沈下発生の可能性，地震時における液状化や側方流動発生の可能性，傾斜地における敷地を含む斜面の崩壊や変状の可能性，土壌汚染への対応など，敷地地盤の安全性を検討する．これらの具体的な検討方法は3章に示す．この検討により，あらかじめ設定した基礎形式が適用可能か，地盤改良などの対策を行う必要があるか，あるいは建築計画の見直しが必要かなどを判断する．大きな方針転換が必要な場合は，地盤調査の不足がない

かなど地盤調査計画までさかのぼって再検討を行う.

③は,敷地の高低差,周辺敷地や道路との高低差など,敷地地盤の条件のほかに,地下水位,地下水の流速,方向や周辺井戸の分布と使用状況,あるいは地下水排水上の制約等,施工時の地下水処理に関する事項や地中障害物の有無と近隣構造物との位置関係や近隣構造物からの変状等に関する工事上の制約,残土や産業廃棄物の処理上の制約や処分地の問題などが挙げられる.また,近隣敷地の改変や近隣構造物の建替えなどが事前に把握できる場合は,それらが基礎構造に与える影響を考慮する.これらの項目は,基礎形式や施工法の選定における参考情報となる.

参 考 文 献

2.6.1) 日本建築学会:建築基礎設計のための地盤調査計画指針,2009
2.6.2) 国土交通省:国土地盤情報検索サイト(KuniJiban),http://www.kunijiban.pwri.go.jp/(2019 年 11 月参照)
2.6.3) 国土交通省:わがまちハザードマップ,http://disaportal.gsi.go.jp/hazardmap/(2019 年 11 月参照)
2.6.4) 若松加寿江:日本の地盤液状化履歴図,東海大学出版会,1991
2.6.5) 環境省:全国地盤環境情報ディレクトリ,http://www.env.go.jp/water/jiban/directory/(2019 年 11 月参照)
2.6.6) 国土交通省:ハザードマップポータルサイト,http://disaportal.gsi.go.jp/(2019 年 11 月参照)
2.6.7) 地盤工学会:地盤調査の方法と解説,2013
2.6.8) 地盤工学会:地盤材料試験の方法と解説,2009
2.6.9) 国土交通省国土技術政策総合研究所,国立研究開発法人建築研究所監修:2015 年版建築物の構造関係技術基準解説書,2015

2.7 節　地 盤 定 数

地盤調査結果に基づき,基礎構造の設計に用いる地盤モデルおよび地盤定数を設定する.

基礎構造の設計において,地盤モデルと地盤定数は設計の仕様を決めるために欠かせない情報である.地盤モデルは地盤の状態や工学的性質ごとに深度方向の地盤定数をあてはめたものである.地盤定数は地盤の物理特性や強度定数などの工学的性質を土質や深さごとに設定したものである.地盤モデルに利用される主な地盤情報・定数を表 2.7.1,2.7.2 に示す.まず,地盤の状態として,地層構成,堆積環境,土質分類,地下水などをボーリングデータより整理し,地層の連続性や傾斜,地下水の状態を把握する.これらの情報により,敷地内の地盤を一次元あるいは一

表 2.7.1　基礎設計に必要となる主な地盤情報

地盤の状態	地盤情報
地層構成	N 値,層序,層厚,地層の傾斜
堆積環境	埋立,沖積,洪積
土質区分	粘土,シルト,砂,礫
応力履歴	正規圧密,過圧密,圧密未了
地下水	地下水位,被圧状況

— 28 —　建築基礎構造設計指針

表 2.7.2　基礎設計に必要となる主な地盤定数

地盤の工学的性質	地盤定数
物理特性	土粒子の密度，含水比，湿潤密度，単位体積重量，粒度，細粒分含有率，液性指数，塑性指数
強度特性	一軸圧縮強さ，粘着力，内部摩擦角，液状化強度
変形特性	せん断波速度，せん断剛性，減衰定数，変形係数，地盤反力係数，ポアソン比
圧密特性	圧密降伏応力，圧密係数，圧縮指数，再圧縮指数，体積圧縮係数，初期間隙比

つのモデルで代表させてよいか，多次元あるいは複数のモデルを設定すべきかを判断する．次に，粘土，シルト，砂，礫などの土質区分ごとに土の工学的性質として物理特性，強度特性，変形特性，圧密特性に関する地盤定数を原位置試験および室内試験結果より設定する．なお，地盤定数が適切に設定できないと判断される場合は，必要に応じて原位置試験結果との関係式を利用する．地盤モデルおよび地盤定数の設定は設計者が行うことが原則である．

（1）　地盤モデルの設定

複数のボーリング柱状図を用いて作成された敷地の地盤断面図から，地層の連続性や傾斜などを推測し地盤モデルを作成する．敷地内のボーリングデータが少ないと，敷地内の地層と周辺地盤の地層とが整合しないことがある．これは敷地内の地盤情報が不足して地層の変化を見逃している可能性があり，追加調査を行い地層の変化を把握する．なお，地層が水平方向に連続的でない場合や明らかに地層が傾斜している場合は，二次元または三次元地盤モデルもしくは平面的な位置ごとに地盤モデルを設定するなどの対応を行う．

基礎構造として支持杭を選定する場合は，支持層の傾斜が杭長の設定に大きな影響を与える．敷地内のボーリングデータ数が少なくボーリング間の距離が長くなると，その間の地盤断面の予測精度は低下する．ボーリングを実施した地点のみが確実な支持層位置となることを認識したうえで，ボーリング間の支持層位置の設定の根拠（土質区分や硬さなど）を明確にする．

（2）　地 下 水 位

地盤調査結果から，宙水位（たまり水）・不圧地下水位・被圧地下水位など各土層の地下水位を把握する．地下水位の種別や調査方法については地盤調査計画指針[2.7.1)]を参照する．調査には測定誤差があり，その大小は調査方法によって異なる．地盤に孔を掘って測定する地下水位調査では，一般に孔径が大きいほど誤差が小さい．また，地下水位は井戸の孔壁仕上げや測定方法によっても差が生じることがあるので適切な方法を採用する．

土層には砂質土層など透水性が高い層と粘性土層など透水性が低い層があり，これらが互層となっている場合がある．宙水・不圧地下水・被圧地下水のどれが構造物に大きな影響を与えるかを判断する．地下水位を特定したら次に変動幅を把握する．変動の要因としては自然環境によるものと人為的なものとがある．自然環境によるものには降雨，雪解け，潮の干満，洪水および高潮などがある．人為的な変動には井戸や近隣の地下工事による揚水などがある．

設計用の地下水位は想定する荷重条件に合わせて設定する．常時作用する荷重に対しては年平

均水位程度とする．また，短時間に作用する地震荷重に対しては年平均水位に変動幅を考慮した値または月平均の最高値から設定する[2.7.2)]．これは，地震時の液状化検討などにおいて地下水位を高く設定することが設計上安全側となるためである．なお，浮力および地下外壁に作用する水圧などの検討でも設計上安全側とするために高めの水位を設定することが望ましい．

（3）　地盤定数の設定

地盤モデルを作成したら，各土層の工学的性質である地盤定数を設定する．地盤定数は堆積環境や土質区分ごとに設定することが基本であるが，深さ方向に同一の地層が数 m にわたって続く場合には，物理特性が同じであっても強度特性は変化することがあるため，それらを考慮して地盤定数を設定する．

設計用の地盤定数は，一般に平均値あるいは下限値を用いることが多いが，試験数が少ないと下限値や平均値が安全側の値になるとは限らない．ばらつきを定量的に評価できるだけの調査箇所数・試験数を確保し，統計的な処理を行って平均値や変動係数を算出したうえで地盤定数を設定することが望ましい．なお，特殊土であるしらす，ローム，まさ土，泥炭などの地盤定数を原位置試験結果から推定する場合には，地域ごとに示されている特殊土の知見を参照する．また，軟弱な粘性土は N 値が小さく地盤定数との相関が高くないことから，一軸圧縮強さや粘着力と内部摩擦角を用いて地盤定数を設定する．

以下に，物理特性，強度特性，変形特性に関する地盤定数設定の考え方を示す．なお，圧密特性については 3.1 節を，おのおのの試験方法の概要は地盤調査計画指針[2.7.1)]を参照されたい．

a）　物　理　特　性

物理特性は土の工学的分類を判断する際に必要な情報であるとともに，力学特性を関係式などから推定するときにも必要となる．通常，表 2.7.2 に示した物理特性のうち湿潤密度以外は標準貫入試験用サンプラーで採取した試料による室内試験から求める．これらの物理特性は深度および地層ごとに変化するので，できるだけ N 値と同じ測定間隔で把握する．

土の単位体積重量には乾燥単位体積重量，湿潤単位体積重量，飽和単位体積重量，水中単位体積重量などがある．地下水位以浅の地盤の応力算定・応答解析には主として湿潤単位体積重量を用いるが，地下水位以深での応力算定には水中単位体積重量，応答解析には飽和単位体積重量を用いる．土の単位体積重量は土質試験結果から求めることが基本である．試験結果がない場合，本指針では表 2.7.3 に示す自然地盤を対象とした単位体積重量を参照してよい．なお，盛土や埋戻し土などの単位体積重量を設定する場合は，転圧などの締固め具合を考慮する．試験結果がない場合，本指針では表 2.7.3 に示す自然地盤を対象とした単位体積重量を参照してよい．なお，盛土や埋戻し土などの単位体積重量を設定する場合は，その締固め具合を考慮する．

— 30 —　建築基礎構造設計指針

表 2.7.3　土の単位体積重量（kN/m³）

土質	湿潤単位体積重量 （地下水位以浅）		飽和単位体積重量 （地下水位以深）		水中単位体積重量 （地下水位以深）	
	ゆるい （やわらかい）	密な （かたい）	ゆるい （やわらかい）	密な （かたい）	ゆるい （やわらかい）	密な （かたい）
礫	18	20	19	21	9	11
砂	16	18	17	19	7	9
シルト	14	16	15	17	5	7
粘土	13	15	14	16	4	6
関東ローム	12	14	13	15	3	5
高有機質土	9	12	10	13	0	3

b)　強 度 特 性

　強度特性は主に地盤の支持力や液状化判定などに用いられる．ここでは，粘着力，内部摩擦角について述べる．なお，液状化強度は 3.2 節を参照されたい．

　粘性土の強度特性である粘着力は，原位置で採取した乱さないサンプリング試料を用いた一軸圧縮試験や三軸圧縮試験から求めることが基本である．粘性土の一軸圧縮強さと N 値の関係に関する経験式[2.7.3] も提案されているが，N 値が小さいところで信頼性が低いため，用いるべきではない．一方，砂質土の内部摩擦角については，圧密排水（CD）三軸圧縮試験から求めることが基本であるが，事前調査段階などの概略検討では N 値による関係式から推定してもよい．一般には式 2.7.1 の大崎の提案式[2.7.4]が広く利用されているが，当時の実験値にはかなりのばらつきが含まれている．これに対して畑中ら[2.7.5]は細粒分含有率 20 ％以下の砂質土について，凍結サンプリング試料などの試験結果に基づいた実験式である式 2.7.2 を提案している〔図 2.7.1 参照〕．

$$\phi_d = \sqrt{20N} + 15 \tag{2.7.1}$$

$$\phi_d = \sqrt{20N_1} + 20 \ (3.5 \leqq N_1 \leqq 20), \ \ \phi_d = 40 \ (N_1 > 20) \tag{2.7.2}$$

$$N_1 = \frac{N}{\sqrt{\dfrac{\sigma_z'}{100}}} \tag{2.7.3}$$

ここに，ϕ_d (°)：内部摩擦角，N_1：N 値を有効上載圧で補正した換算 N 値，σ_z' (kN/m²)：有効上載圧

　なお，根入れの小さい直接基礎の支持力では，有効上載圧が小さい地表面付近において大きな N_1 値となり支持力を過大評価する可能性がある．畑中らの提案式の基になったデータの範囲は $\sigma_z' \geqq 40$ kN/m² であるが，根入れの小さい直接基礎の支持力に対する安全性を考慮し，原則として $\sigma_z' \geqq 100$ kN/m² とするのがよい．

c)　変 形 特 性

　変形特性は地盤沈下や地盤の水平変位，振動特性を評価するために用いられる．地盤は比較的

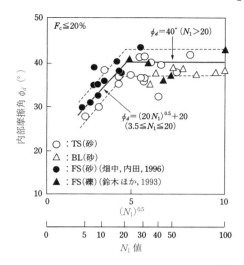

図 2.7.1 N_1 値と内部摩擦角 ϕ_d の関係[2.7.5]

小さいひずみレベルから非線形性を示すため，変形特性の評価にあたっては，検討する項目ごとに対象とするひずみレベルを想定し，その範囲に合った設定方法を選択する．以下に，せん断波速度，せん断剛性，減衰定数，変形係数，地盤反力係数，ポアソン比の定数設定の考え方について述べる．

　せん断波速度 V_S はせん断剛性や変形係数を導く定数として広く利用され，振動特性評価にも必要な定数であり，PS 検層から求めることが基本である．ただし，事前調査段階などの概略検討では N 値による関係式から V_S を推定してもよい．一般には，太田・後藤による提案式[2.7.6]や今井・殿内による提案式[2.7.7]が広く知られているが，最近の実測値に基づき太田・後藤および今井・殿内の提案式を修正した式[2.7.8]が提案され，V_S は式 2.7.4 および式 2.7.5 で表される．

$$V_S = 69 N^{0.17} (H/H_0)^{0.2} Y_g S_t \tag{2.7.4}$$

ここに，V_S（m/s）：せん断波速度，N：層の平均 N 値，H（m）：地表面から層の中心までの深度，H_0（m）：基準深度（1 m），Y_g：地質年代係数（沖積層 1.1，洪積層 1.3），S_t：土質

表 2.7.4 式 2.7.5 の係数[2.7.8]

土質区分		係数		
		a	b	c
沖積層	粘性土	50	0.42	80
	砂質土	90	0.30	
	礫質土	80	0.38	
洪積層	粘性土	130	0.29	0
	砂質土	110	0.30	
	礫質土	140	0.26	

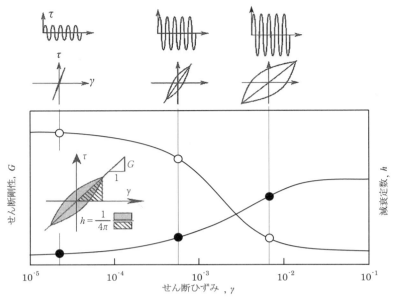

図 2.7.2 動的変形特性の模式図[2.7.9)に加筆・修正]

に応じた係数（粘性土・砂質土 1.0, ・砂礫土 1.1, 礫質土 1.4）

$$V_S = aN^b + c \tag{2.7.5}$$

ここに，a, b, c：表 2.7.4 に示す係数

上記のほかにも文献 2.7.2) では対象地域を絞って提案された式が示されている．

せん断剛性 G，減衰定数 h は主に地盤の振動特性評価に用いられる．これらの定数は，サンプリング試料により三軸試験装置や中空ねじり試験装置を用いた繰返し変形試験によって，図 2.7.2 に示すように微小から大ひずみまでの関係をせん断ひずみ γ で整理した G-γ，h-γ 関係（動的変形特性）として求める．さらに，サンプリング試料の乱れの影響を排除する目的で，V_S から求めた初期せん断剛性 G_0 を利用して G/G_0-γ 関係として用いることもある．なお，動的変形特性を繰返し変形試験以外から推定する方法として様々な関係式が提案されている[2.7.10)~2.7.12)]．図 2.7.3 はその一例である．提案された関係式はばらつきのある試験結果の平均値を示しており，利用は概略検討を基本とする．

変形係数は地盤の沈下と水平変位の検討などに用いられる．これらの変形係数が対象とする変位のオーダーは数 mm から数 cm 程度となり，G-γ 曲線では 0.1 % を超えるひずみレベルに対応する．変形係数を原位置試験および室内試験から求める方法として，平板載荷試験，孔内水平載荷試験，一軸・三軸圧縮試験などがある．一軸・三軸圧縮試験から求めた E_{50} は軸ひずみ 0.3~2 %，孔内水平載荷試験による E は軸ひずみ 1~6 % の範囲にあると想定され，ひずみレベルに違いがあることから，変形係数の値にも差がある[2.7.2)]．したがって，変形係数は想定するひずみレベルに合った値を設定する必要がある．なお，地下水位以浅の砂質土に対して沈下量を求める場合の変形係数として，標準貫入試験の N 値から推定する次式が用いられている．

2章 基礎構造の計画 — 33 —

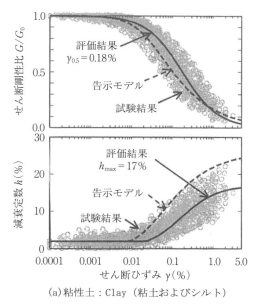
(a) 粘性土：Clay（粘土およびシルト）

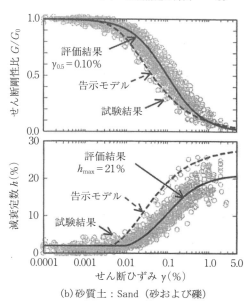
(b) 砂質土：Sand（砂および礫）

図 2.7.3 試験結果から評価した動的変形特性[2.7.10), 2.7.11)]

沖積砂質土（正規圧密砂質土） $E=1.4N$（MN/m²） (2.7.6)

洪積砂質土（過圧密砂質土） $E=2.8N$（MN/m²） (2.7.7)

この関係式における変形係数のひずみレベルは1％程度を想定している[2.7.2)]．

　平板載荷試験は地盤の支持力と変形特性を直接的に求めることができるが，試験には直径300 mmの載荷板を用いることが多いため，直径の1.5〜2.0倍に相当する地盤深さまでの変形係数を評価していることを認識する必要がある．なお，せん断波速度 V_S と繰返し変形試験で求めた G/G_0-γ 関係を用いて，ひずみレベルを考慮した変形係数の設定も可能である．

　地盤反力係数は杭基礎の水平抵抗や沈下検討に用いるが，変形係数を介して求める．地盤反力係数用の変形係数は孔内水平載荷試験や一軸・三軸圧縮試験など複数の方法で求めることができるが，対象となる土質性状に合わせて適切な方法を選択する．なお，孔内水平載荷試験による変形係数を N 値から推定する方法として，$E=700N$（kN/m²）が広く利用されてきた．最近の調査で孔内水平載荷試験と N 値の関係を見直したところ，$E=700N$ の関係式は土質分類や堆積環境に応じて相関が異なるという報告がある[2.7.2)]．したがって，変形係数を N 値から推定する場合には，土質区分や堆積環境の影響にも配慮することが必要である．

　ポアソン比は室内試験より求めることができるが，通常の試験項目とは別に行う必要があるので，理論値または経験値が採用されることが多い．一般には，排水条件か非排水条件によってポアソン比を変え，排水条件（砂質土地盤で常時の沈下を検討する場合など）に対しては0.3程度，非排水条件（粘性土地盤で常時の沈下を検討する場合や地震時の検討など）に対しては0.4〜0.5程度とする．また，ポアソン比はPS検層結果のS波速度 V_S とP波速度 V_P の値からも算定できる．この値は非排水条件での値であり，飽和した土であれば0.5に近い値となる．

－34－　建築基礎構造設計指針

参 考 文 献

2.7.1)　日本建築学会：建築基礎設計のための地盤調査計画指針，2009
2.7.2)　日本建築学会：建築基礎構造設計のための地盤評価 Q & A，2015
2.7.3)　地盤工学会：地盤調査の方法と解説，2013
2.7.4)　北沢五郎・竹山謙三郎・鈴木好一・大河原春雄・大崎順彦：東京地盤図，技報堂出版，1959
2.7.5)　畑中宗憲・内田明彦・加倉井正昭・青木雅路：砂質地盤の内部摩擦角 ϕ_d と標準貫入試験の N 値の関係についての一考察，日本建築学会構造系論文集，Vol. 63，No. 506，pp. 125～129，1998.4
2.7.6)　太田　裕・後藤典俊：S 波速度を他の土質諸指標から推定する試み，物理探鉱，第 29 巻，第 4 号，pp. 31～41，1976.8
2.7.7)　今井常雄・殿内啓司：N 値と S 波速度の関係およびその利用例，基礎工，Vol. 16，No. 6，pp. 70～76，1982.6
2.7.8)　内田明彦・時松孝次・辻本勝彦：N 値による S 波速度の推定に関する一考察，日本建築学会技術報告集，Vol. 25，No. 59，pp. 119～122，2019.2
2.7.9)　日本建築学会構造委員会基礎構造運営委員会：建築基礎の設計施工に関する研究資料 4 液状化地盤における基礎設計の考え方，1998
2.7.10)　日本建築学会：建物と地盤の動的相互作用を考慮した応答解析と耐震設計，2006
2.7.11)　古山田耕司・宮本裕司・三浦賢治：多地点での原位置採取試料から評価した表層地盤の非線形特性，第 38 回地盤工学会研究発表会，pp. 2077～2078，2003.7
2.7.12)　今津雅紀・福武毅芳：砂礫材料の動的変形特性，第 21 回土質工学研究発表会，pp. 509～512，1986.6

2.8 節　支持地盤および基礎形式の選定

　1.　支持地盤と基礎形式の選定にあたっては，その構造性能や施工性，経済性等に関する比較検討を行ったうえで，支持層までの深さを考慮し要求性能を満足する組合せを選定する．

　2.　支持層が傾斜している地盤では，基礎の沈下剛性や地震時の杭応力などが基礎の位置により異なることに留意する．

　3.　敷地内に既存基礎がある場合は，それらが新設の基礎構造に与える影響を検討する．

1.　支持地盤と基礎形式

（1）　支持地盤の深さと可能な基礎形式の抽出

　基礎構造はその支持形式により，直接基礎，杭基礎，パイルド・ラフト基礎，異種基礎に分類され，直接基礎では基礎スラブの形式，杭基礎では杭の設置工法と支持形式等により更に細かく分類される．これらの基礎を支持する地盤に注目すると，地表付近に硬い支持地盤が出現する場合から，軟弱な沖積層が堆積した沿岸河口部等では，建物を支持可能な地層の出現深度が 50 m を超えることもあり，それに至る中間部に層厚の薄い支持層が存在することもある．図 2.8.1 には支持地盤の深さに合わせた基礎形式の例を，表 2.8.1 には基礎形式ごとの主な検討事項を示す．

　図 2.8.1 に示したように，基礎形式と支持地盤の深度は密接な関係にあり，それぞれの組合せとして（a）から（h）の基礎形式が選定される．支持地盤が深くなるにつれて，適用可能な基礎形式が複数候補になる．それらの中から建物の要求性能を満たす最適な基礎形式を選定することが基礎構造計画の重要な役割である．直接基礎は，基礎床付けレベル付近に硬い支持層が出現する場合が基本であるが，ラップルコンクリート地業を含む支持力増強系の地盤改良工法の採用により，支持層がやや深い場合でも適用可能である．ラップルコンクリートは基礎底面の地盤を

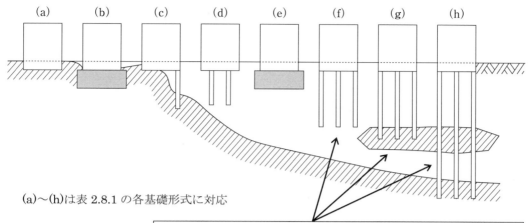

図 2.8.1 支持地盤の深度と適用可能な基礎形式

表 2.8.1 基礎形式ごとの主な検討事項

基礎形式	基礎部材	検討事項	本文該当章
（a）直接基礎	基礎スラブ（べた基礎），フーチング（連続基礎，独立基礎），基礎梁	地盤の鉛直支持力，滑動抵抗力，即時沈下，圧密沈下，液状化，凍結深度，地下水位	5章
（b），（e）直接基礎＋地盤改良（ラップルコンクリート地業を含む）	同上	改良地盤の鉛直（水平）支持力，改良地盤の滑動抵抗力，支持地盤の鉛直支持力，即時沈下，圧密沈下，液状化，凍結深度，地下水位	5章
（c）異種基礎	基礎スラブ（べた基礎），フーチング（連続基礎，独立基礎），基礎梁，杭基礎（摩擦杭，薄層支持杭，支持杭）	直接基礎，杭基礎の検討事項，境界部応力，基礎のねじれ	8章
（d）パイルド・ラフト基礎	基礎スラブ，基礎梁，杭体	直接基礎，杭基礎の検討事項，杭とラフトの（鉛直・水平）荷重分担	7章
（f）杭基礎（摩擦杭）	パイルキャップ，杭頭接合部，基礎梁，杭体，杭体継手部	杭の鉛直支持力，引抜き抵抗力，水平抵抗力，負の摩擦力，即時沈下，圧密沈下，液状化，杭体（軸力，曲げ，せん断）応力，杭頭接合部応力，杭体継手部応力	6章
（g）杭基礎（薄層支持杭）			
（h）杭基礎（支持杭）			

貧配合のコンクリートに置換することによって支持力確保を期待するものである．

杭基礎は，深い支持層まで達する杭先端支持力に期待する杭基礎（支持杭）から，層厚の薄い支持層に支持させる杭基礎（薄層支持杭），あるいは周面摩擦力に期待する杭基礎（摩擦杭）が

選択肢となる．なお，薄層支持杭や摩擦杭を選択する場合には，杭先端より下部層の沈下（即時沈下，圧密沈下）や液状化に対しても検討する．更に，支持地盤の出現深度に応じて，建物の平面位置によって直接基礎と杭基礎を使い分ける異種基礎や，直接基礎に沈下低減のための杭を併用するパイルド・ラフト基礎も選択肢の一つである．

（2）　基礎形式選定の留意点

基礎形式を選定するうえでの基本原則は次のようになる．

①　建物の要求性能を満たす（鉛直・水平）支持性能と沈下・変形性能が確保できること

②　施工性に優れ，施工品質に対する信頼性が高いこと

③　敷地周辺への環境保全上の影響が小さいこと

④　合理性があること

以下，それぞれに関連する留意点を示す．

　a）　要求性能を満たす許容沈下量・変形量の確保

基礎に要求される構造性能は，基礎に生じる沈下量を上部構造の許容変形量以内に収め，上部構造に損傷や機能障害を生じさせないことである．上部構造の要求性能を満足できる基礎の許容沈下量や許容変形量を検討し，それに見合う基礎形式を選定する．

　b）　施工性への配慮

杭工事で発生したトラブルの原因を調査・分析した報告において，深い支持層に杭を根入れさせた計画が原因で杭体の破損や高止まり，掘削不能に陥り，施工方法の見直しを行った事例が報告されている[2.8.1)]．こうした事態を避けるためには，地盤改良を用いた直接基礎やパイルド・ラフト基礎，あるいは摩擦杭の選定の可能性を検討する．やむを得ず長尺の杭基礎となる場合には，地盤調査結果を吟味し無理のない施工法を選択する．

　c）　敷地周辺への環境保全上の影響

敷地周辺環境保全の観点から，基礎工法や杭工法および地盤改良工法の選定にあたっては，基礎構築に伴う泥土廃棄物の処分，根切りに伴う水処理対策の周辺への影響，ソイルセメント柱列山留め壁工法や埋込み杭および場所打ち杭等で使用するセメントミルクや安定液の周辺への流出等に注意する．

　d）　合　理　性

基礎構造の使命は上部構造を安全に支持することであるが，設計ではしばしば合理的な基礎形式の選定を求められることがある．一般に，基礎の支持性能（沈下）は安全余裕度の大きさとトレードオフの関係にあり，同一の基礎形式で沈下量を小さくするためには，大きな安全余裕度が必要になる．このため，対象とする建物の用途や重要度と地盤特性に配慮し，施工性や工期も含めて経済的にもバランスのよい基礎形式を選定・設計するように心がける．

2．支持層が傾斜している地盤

敷地内で支持層の傾斜が大きい場合や建物の基礎が支持層と軟弱層の両方にわたって位置する場合は，図 2.8.2 に示すように長い杭と短い杭の併用または直接基礎と杭基礎を併用した異種基

2章 基礎構造の計画 — 37 —

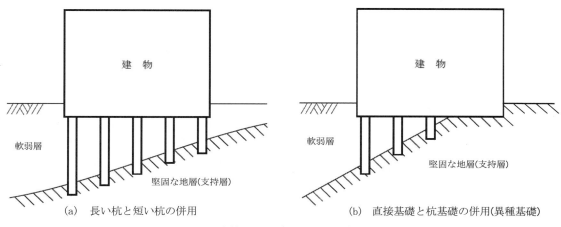

(a) 長い杭と短い杭の併用　　　(b) 直接基礎と杭基礎の併用(異種基礎)

図 2.8.2　支持層が傾斜している場合の基礎

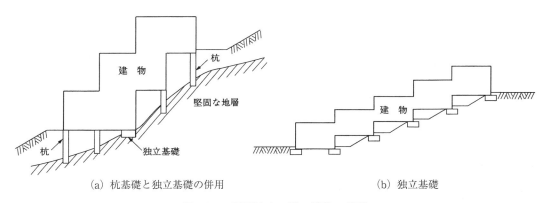

(a) 杭基礎と独立基礎の併用　　　(b) 独立基礎

図 2.8.3　斜面途中に建つ建物の基礎

礎の採用を検討する．支持層だけでなく地表も傾斜している斜面地の場合は，図 2.8.3 のように斜面の傾斜に応じて基礎を階段状とすることも考えられる．

図 2.8.2, 2.8.3 に示すような基礎形式の採用にあたっては，基礎の位置によって沈下剛性が異なるため常時荷重に対する不同沈下の検討を行う．また，地震時に各基礎の水平抵抗力の差異に伴う負担水平力の差異，および基礎全体のねじれの影響を考慮した検討を行う．更に，建物の位置によって工学的基盤からの地震入力が異なることが予想されるため，その影響を考慮する．詳細は 8 章を参照されたい．

支持層の傾斜は地表面の状況からではわからず，地盤調査の結果から判明することもある．そのような地盤で支持杭基礎を計画する場合は，杭長を設定するのに十分な地盤調査結果があるかを見極め，場合によっては追加地盤調査を実施する．また，施工時には各杭の打設位置において支持層の出現深さを確認し，杭の支持層到達を確実に行う．

3. 既存基礎の利用

　近年の市街地再開発をはじめとする建物の建替えでは，既存の基礎（杭基礎や直接基礎の基礎底版等）が存在するケースが多く，環境負荷低減の面からも再利用を検討することがある．既存基礎の利用は基礎形式の選定だけでなく，基礎の施工法や施工手順にも影響を与える．こうした再利用の事例の中には，地下躯体を丸ごと利用する場合もあるが，旧建物と新設建物との平面計画の違い等から，一部の既存杭が利用されることがある．その場合，新設建物は新旧2種類の杭で支持されるため，常時の沈下や地震時の水平荷重の分担など，既存杭の利用が基礎構造全体に与える影響を検討する．既存基礎を利用するうえで必要な調査や検討については，文献 2.8.2)，2.8.3) を参照されたい．

　新設杭の位置が既存杭と干渉する場合は既存杭を除去することがある．既存杭を除去すると周辺地盤が緩む可能性があるので，周辺地盤の緩みを抑える杭撤去方法を選択するとともに，杭撤去後の杭孔は原地盤と同等以上の強度を確保するため流動化処理土などで埋め戻す．周辺地盤の緩みについては，ボーリング調査などを行い除去前と地盤性状を比較することで確認する．

　既存杭を支持部材として利用しないが，杭頭などをカットして敷地内に存置することもある．その場合，産業廃棄物の不法投棄と判断される可能性があるため，既存躯体を存置する理由を明確にし，建築主の了承を受けたうえで，地方自治体などに説明する必要がある．また，既存躯体の撤去箇所を図面化したもの，存置した既存躯体が示された旧設計図書または竣工図書などの記録を残すことも重要である[2.8.4]．

参 考 文 献

2.8.1)　地盤工学会：杭基礎のトラブルとその対策［第一回改訂版］，2014
2.8.2)　日本建築学会：建築基礎設計のための地盤調査計画指針，2009
2.8.3)　構造法令研究会：既存杭等再使用の設計マニュアル（案），共立出版，2008
2.8.4)　日本建築学会：山留め設計指針，2017

3章　敷地地盤の安全性

3.1節　地盤沈下

> 1. 建設地周辺において，建物の建設によらない地盤沈下が予想される場合には，その大き
>   さ，将来への影響等を既往の資料や地盤調査結果から予測し，建物に及ぼす影響を検討す
>   る．
> 2. 建設地における地盤沈下には，即時沈下，圧密沈下，液状化による沈下があり，これら
>   の沈下が建物に及ぼす影響を検討するとともに，必要に応じて適切な対策を講じる．
> 3. 建物の建設に伴って地盤沈下が予想される場合は，それらに対して建物の安全性を確保
>   するとともに，使用性に不備を来たさないように，基礎構造の計画段階から十分に検討す
>   る．

1. 地盤沈下の概要

　絶対標高を維持する必要がない建物については，直接基礎や摩擦杭基礎においても，周辺の地
盤が沈下すると同時に建物も水平を保ったまま沈下すれば，構造的に大きな問題にはならない．
例えば，池田[3.1)]によると，東京都江東区の地盤沈下では，年間10 cm程度の大きな沈下を生じ
ても地域全体の年間の不同沈下量は1 000 m間隔で2〜5 cm程度であり，この沈下量が30年続
いても地表面の傾斜は1/1 000程度となって，ほとんど問題にならない．しかし，若齢の埋立地
盤のように過大な沈下量が想定される場合，台地に接する沖積地盤のように圧縮層厚が変化する
場合，および地盤の性質が不均一な場合などでは，それぞれの要因による地盤沈下が建物に与え
る影響を検討する必要がある．

（1）　建物の建設によらない地盤沈下

建物荷重以外の要因で地盤沈下が生じる原因として以下のものが考えられる．

① 　盛土（プレロード）

② 　圧密未了な埋立地盤の圧縮

③ 　地下水の過剰な揚水

④ 　地下資源（石油，天然ガスなど）の採掘

　これらのうち，①と②はやや狭い範囲が対象となるが，③と④は広域地盤沈下と呼ばれるもの
で広い範囲が対象となる．いずれも，建物荷重により地盤が沈下するのではなく，①〜④を原因
とする沈下が生じる．

　①の盛土による沈下は，比較的狭い範囲で生じるもので，一定厚さの盛土であれば盛土重量を
用いて後述の本節2.（3）の地盤の圧密沈下の算定法に従い，比較的容易に沈下量を評価でき
る．

　②の埋立地盤の沈下は，埋立土の重量によりそれより下位の地盤が圧縮することによるもの

と，埋立土そのものの圧縮によるものがある．新たに埋立てを行った場合には，下位の地盤の圧密沈下量は①の盛土の場合と同様に埋立土の重量を用いて後述の本節2．（3）の算定法で評価できる．一方，過去に埋立てが行われている敷地では，既に圧密が進んでいるが未了の場合も多い．この場合には，後述の本節1．（2）に示すように，これまでの沈下履歴や過剰間隙水圧分布を考慮した詳細な検討が必要である．

　埋立ては海底の軟弱な地盤上で行うことが多く，埋立て面積が広いため，地盤の圧縮する範囲が深部にまで及ぶ．埋立層の下位に存在する軟弱層は，一般に海方向に向かって層厚が増加し，河川の変遷などによる堆積時の海岸地形や海底地形の影響を受けるため，平面的な層厚の変化が激しく，不同沈下に結びつきやすい．このため，圧縮量の推定には，軟弱層の層厚変化に注意が必要である．埋立地盤の土質は不均質な場合が多く，圧縮の予測精度は高くない．また，埋立層の圧縮量算定に関する情報が不足する場合が多く，明確な予測は困難である．このため，予測以上の沈下に対応できるような構法の採用や，安全に十分な余裕を持たせる必要がある．

　③の地下水の揚水は広域地盤沈下のもっとも大きな原因と考えられており，現在でも全国の何か所かで発生している．最新の情報は，環境省から毎年公表されている「全国の地盤沈下地域の概況」[3.1.2)]が参考になる．しかし，地下水の揚水規制により近年では都市部の地盤沈下量が急激に減少している．1956年に「工業用水法」が，1962年に「建築物用地下水の採取の規制に関する法律」が制定され，その後，数回の改正を経て現在に至っている．このほかにも，各都道府県公害防止条例による地下水規制がある．これらの規制により，都市部では地下水位が上昇し，地盤沈下は減少している．なお，積雪地帯では，消雪用地下水の揚水による地盤沈下が山間部の谷底平野で生じている場合があり注意が必要である．

　④の天然ガス採取による地盤沈下は，東京湾北部沿岸地域，千葉県北部から中部や新潟平野に見られる．天然ガスは地下水に封入されているため，採取には地下水の揚水を伴う．地下水は第四紀更新世の地層（地下500〜2 000 mの深さ）からくみ上げられる．各層の単位厚さあたりの圧縮量は小さいが，圧縮する層厚が大きいので地表での累積沈下量を無視できないことがある．

（2）　沈下予測に関する留意事項

　地盤沈下地帯に建物を建設する場合，地盤沈下の将来予測をするうえで把握しておく必要がある事項は次のようなものである．

①　地盤特性
②　間隙水圧分布
③　沈下の原因

　①に関しては，圧縮する可能性のある軟弱層の水平方向と鉛直方向の分布，および圧縮特性などを把握することが重要である．特に軟弱層下端深度の確認が必要である．また，水平方向の地盤の不均一性は不同沈下の原因になりやすい．

　②に関しては，現在の地盤が圧密未了の場合，今後の圧密沈下を予測するうえで間隙水圧分布の把握が必要である．この場合，現在の状態だけでなく，過去および将来の地下水位の変動から，間隙水圧分布が今後どのように変化するかを予測することも重要である．地下水位が周期的

に変動する場合にはそれらの情報も入手しておく必要がある．

③に関しては，原因を特定することにより，地盤沈下が広域的か局所的か，圧縮層の深さなどの予測に役立つ．深い地層が圧縮する場合には，広範囲の地盤が沈下するが建物と地盤との相対沈下量は小さいので，絶対標高を維持する必要がなければあまり問題にならない．しかし，浅い地層が圧縮する場合には，建物の不同沈下への影響を考慮しなければならない．

一般的に地盤全体が一様に沈下すれば直接基礎で支持されている建物に生じる問題は小さいと考えられるが，絶対沈下量が大きくなると相対沈下量も大きくなる傾向があるため，0.1 m オーダー以上の過大な沈下量が予想される場合には，不同沈下の影響を考慮する必要がある．

2．建設地の地盤沈下
（1） 地盤沈下の種類と基礎への影響

地盤沈下は，鉛直方向の地盤変形を意味し，特に建物基礎に対して相対変形を与える不同沈下や杭基礎に加わる負の摩擦力を引き起こす原因となるため，その評価は建物の構造安全性を検討するうえで重要である．地盤沈下には，荷重が加わった直後に生じる即時沈下，粘性土特有の圧密沈下および砂質土特有の地震時の液状化による沈下があり，この三者は性格の異なる変形現象なので，基礎形式の選定にあたりそれぞれの特性に応じた影響を検討しておく必要がある．

基礎構造を設計するうえで重要な粘性土の特徴は，図 3.1.1 に示すように，土の骨格の変形が，地盤が既に経験した荷重（圧密降伏応力 p_c）までの過圧密領域では沈下量が小さく弾性的な挙動を示すが，圧密降伏応力を超える荷重が加わり正規圧密状態になると沈下量が急激に大きくなり，塑性的な変形を起こすことである．すなわち，建物重量による応力増分によって地盤に加わる応力が正規圧密領域になると，沈下量が大きくなるだけでなく，時間遅れを伴う圧密沈下が懸

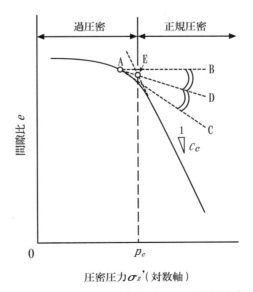

図 3.1.1　土の骨格の圧縮特性（e-log σ' 曲線）[3.1.3]に加筆

－42－　建築基礎構造設計指針

念されるため，基礎形式の選定では地盤沈下の詳細な評価を行い基礎の沈下が上部構造に与える影響を検討する必要がある．また，圧密沈下には，数年から数十年という長い時間をかけて進行する一次圧密沈下と，一次圧密が終了した後，更に長い時間をかけて進行する地盤のクリープ的な変形による二次圧密沈下がある．なお，圧密現象や圧密試験結果から図 3.1.1 に示す圧密降伏応力 p_c を算定する方法などについては，文献 3.1.3)，3.1.4) を参照されたい．

　直接基礎の沈下に関する具体的な設計法は 5.3 節で述べる．杭基礎の場合には，支持杭であれば建物荷重は杭基礎が受け持つため，建物荷重による周辺地盤の沈下を考慮する必要はないが，粘性土で圧密が未了の場合や建物周辺に盛土を行う場合等では，杭基礎建設後も圧密による地盤沈下が継続するため，圧密地盤と杭の間に働く負の摩擦力（ネガティブフリクション）が支持力や沈下に与える影響を考慮する必要がある．負の摩擦力に関する具体的な設計法は 6.4 節で述べる．また，杭支持建物の周辺地盤が沈下すると建物との間に相対的な高低差ができるので，ガス，水道などの配管取付部に支障をきたすおそれがあり，注意が必要である．

（2）　地盤の即時沈下

　地盤の即時沈下は，建物の建設などによって地盤に荷重が加わった場合に短時間で地盤が変形する現象である．直接基礎の即時沈下の具体的な算定手法は，5.3 節を参照されたい．

（3）　地盤の圧密沈下

　建物を建設する敷地地盤に軟弱な粘性土層がある場合，圧密沈下による建物への影響を考慮する必要がある．以下に，圧密沈下量算定の手順を示す．

①　建設前の敷地地盤の鉛直有効応力 $\sigma_{1z}{}'$ の深度分布を算定する．

②　建物荷重や盛土荷重，ならびに地下水位の変化に伴う，建設後の敷地地盤の鉛直有効応力 $\sigma_{2z}{}'$ の深度分布を算定する．

③　上記①および②から，建設後に変化する鉛直有効応力に対する一次圧密による沈下量，および必要であれば二次圧密による沈下量を算定する．

④　圧密沈下量の時間的な変化が必要な場合には，敷地地盤の排水距離を算定し，任意の時間経過後の圧密時間係数 T_v を介して圧密度 U を求めることにより，経時的な圧密沈下量を算定する．

　地盤の圧密沈下量は，基本的に圧密理論を用いた沈下予測 3.1.3)，3.1.4) で求められるが，非常に深い地層や埋立層のようなばらつきの大きい人工地盤で物性値を予測することが困難な場合や，消雪用の揚水のように季節変動の影響を厳密に評価することが困難な場合には，観測値に基づいた将来予測が有効なことも多い．具体的には，地盤調査や室内試験から地盤定数を設定し，沈下予測式 3.1.3)，3.1.4) や有限要素法 3.1.5) などによる数値解析により沈下量を予測する方法と，原位置での沈下観測結果から双曲線法 3.1.6)，3.1.7) や $\sqrt{t}$ 法 3.1.3)，3.1.4) を用いて地盤沈下の傾向を予測したり，逆解析により沈下予測を行う方法 3.1.8) である．

　a）　圧密沈下算定用荷重

　圧密沈下算定用の荷重には，盛土荷重や建物建設に伴う増加荷重とともに，地下水位低下に伴う有効応力の増加による荷重がある．また，地下階を有する建物などで地盤を掘削する場合に

は，上記の荷重から排土重量（湿潤重量）を差し引いた値を用いる必要がある．

　b） 鉛直有効応力の算定

　建物建設前の鉛直有効応力 σ_{1z}'（kN/m²）は，一般には鉛直全応力と間隙水圧との差で表せる．盛土や建物建設に伴う荷重の増加ならびに地下水位変動による鉛直有効応力増分 $\Delta\sigma_z'$（kN/m²）は，集中荷重によるブーシネスク（Boussinesq）の式[3.1.9]や，その式を積分し分布荷重とした式 3.1.1[3.1.10]で求められる．図 3.1.2[3.1.10]のように，地表面にある幅 B（m），長さ L（m）の長方形面に荷重 q（kN/m²）が作用したとき，この長方形の隅角下で深さ z（m）における鉛直有効応力増分 $\Delta\sigma_z'$（kN/m²）は，次式で与えられる．

$$\Delta\sigma_z' = \frac{q}{2\pi}\left\{\frac{mn}{\sqrt{m^2+n^2+1}}\frac{m^2+n^2+2}{(m^2+1)(n^2+1)} + \sin^{-1}\frac{mn}{\sqrt{(m^2+1)(n^2+1)}}\right\} \tag{3.1.1}$$

ここに，$m:B/z$, $n:L/z$

　なお，$\sin^{-1}$ の項の単位はラジアンであり，式 3.1.1 は次式に書き直すことができる．

$$\Delta\sigma_z' = q f_B(m, n) \tag{3.1.2}$$

ここに，$f_B(m, n)$：地中応力を求めるための関数で，図 3.1.2 より算定

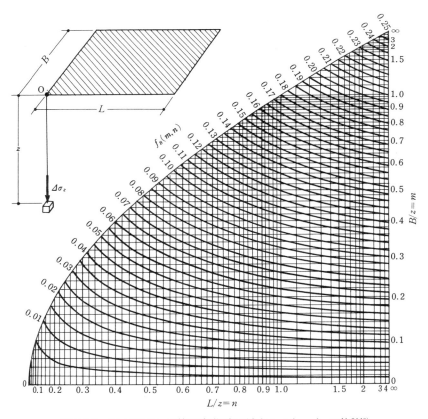

図 3.1.2　長方形面上の等分布荷重に対する $f_b(m, n)$ の値[3.1.10]

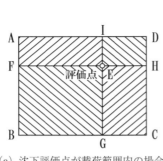 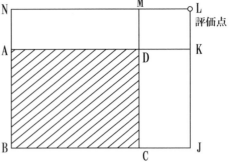

(a) 沈下評価点が載荷範囲内の場合 　　　(b) 沈下評価点が載荷範囲外の場合

図 3.1.3　長方形分割法

長方形荷重面の隅角下の地中応力は以上の方法で求められるが，隅角下以外の任意点における地中応力は，長方形分割法により求めることができる．図 3.1.3（a）のように長方形 ABCD 面に等分布荷重が作用する場合，長方形内の任意点 E の直下で深さ z における鉛直応力増分を求めるには，長方形 ABCD を 4 個の長方形 EIAF，EFBG，EGCH，EHDI に分割し，各長方形内の分布荷重によって E 点直下の深さ z に生じる鉛直応力増分を算出し，足し合わせれば良い．また，図 3.1.3（b）のように長方形 ABCD 外にある任意点 L の直下における鉛直応力増分は，長方形 LNBJ による鉛直応力増分から荷重のない 3 面の鉛直応力増分の和（LNAK＋LMCJ－LMDK）を差し引けばよい．荷重作用面の形がさらに複雑な場合でも，上述の方法を組み合せることで任意点直下の鉛直応力増分を算出できる．

　c）　一次圧密沈下量の算定

一次圧密沈下量の算定には，図 3.1.1 に示すような粘性土の圧密試験結果が必要であり，信頼できる試験結果を得るためには，乱さない試料のサンプリングが重要である．また，圧密試験は段階載荷試験[3.1.3]によることが基本である．最近は，定ひずみ速度載荷試験[3.1.3]も試験時間を短縮できることから硬質粘性土を中心に採用されることがある．しかし，圧密降伏応力 p_c はひずみ速度が速いほど大きくなるとの報告があり[3.1.11]，定ひずみ速度載荷試験のひずみ速度は実地盤で想定される載荷速度をかなり上回り p_c を危険側に評価することから，定ひずみ速度載荷試験は推奨できない．

圧密沈下量 S (m) の計算は，次式の圧縮曲線法（$e \sim \log \sigma$ 法）[3.1.4]により表 3.1.1 に示すように層分割して算定することを原則とする．

$$S = \Sigma \left\{ \frac{\Delta e_i}{1+e_{0i}} H_i \right\} \tag{3.1.3}$$

ここに，Δe_i：i 層中心において盛土や建物建設などによる鉛直有効応力増分 $\Delta \sigma_z{}'$ (kN/m^2)（$=\sigma_{2z}{}'-\sigma_{1z}{}'$）により生じる間隙比の変化量で，$e \sim \log \sigma$ 曲線から読み取った値，e_{0i}：i 層中心での建設前の鉛直有効応力 $\sigma_{1zi}{}'$ における間隙比，H_i (m)：i 層の層厚

また，正規圧密または圧密未了状態の粘性土の場合には，次式に示す C_c 法[3.1.4]を用いてもよい

表 3.1.1　圧密計算における層分割

土層		多層地盤（式 3.1.3, 式 3.1.4）					単一層置換（式 3.1.6）	
砂質土／粘性土	圧密／非圧密	層厚 (m)	圧密係数 (m^2/s)	圧縮指数	鉛直有効応力 (kN/m^2)	間隙比	換算層厚 (m)	単一層の圧密係数 (m^2/s)
砂質土層 1（排水層）	非圧密層	—	—	—	—	—		
粘性土層 1	圧密層	H_1	c_{v1}	C_{c1}	$\sigma_{1z1}', \sigma_{2z1}'$	$e_{01}, \Delta e_1$	H_e	c_{ve}
粘性土層 2		H_2	c_{v2}	C_{c2}	$\sigma_{1z2}', \sigma_{2z2}'$	$e_{02}, \Delta e_2$		
粘性土層 i		$\sim$ H_i $\sim$	$\sim$ c_{vi} $\sim$	$\sim$ C_{ci} $\sim$	$\sim$ $\sigma_{1zi}', \sigma_{2zi}'$ $\sim$	$\sim$ $e_{0i}, \Delta e_i$ $\sim$		
粘性土層 N		H_N	c_{vN}	C_{cN}	$\sigma_{1zN}', \sigma_{2zN}'$	$e_{0N}, \Delta e_N$		
砂質土層 2（排水層）	非圧密層	—	—	—	—	—		

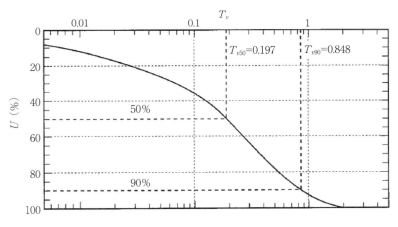

図 3.1.4　時間係数と圧密度の理論解の関係[3.1.4)]

表 3.1.2　時間係数と圧密度の理論解[3.1.4)]

T_v	U (%)	T_v	U (%)
0.006	8.7	0.15	43.7
0.008	10.1	0.2	50.4
0.01	11.3	0.3	61.3
0.015	13.8	0.4	69.8
0.02	16.0	0.5	76.4
0.03	19.5	0.6	81.6
0.04	22.6	0.8	88.7
0.06	27.6	1.0	93.1
0.08	31.9	1.5	98.0
0.1	35.7	2.0	99.4

〔表 3.1.1 参照〕．

$$S = \sum \left\{ \frac{C_{ci} H_i}{1+e_{0i}} \log_{10} \frac{\sigma_{2zi}'}{p_c} \right\} \tag{3.1.4}$$

ここに，C_{ci}：i 層の圧縮指数，p_c（kN/m^2）：圧密降伏応力，σ_{2zi}'（kN/m^2）：i 層中心での建設後の鉛直有効応力

d) 圧密沈下量の経時変化

　ある圧密度 U（一次圧密終了時の圧密沈下に対する時間 T_v までの圧密沈下の比）に至るまでに要する時間 t（s）は，広域な盛土のように粘性土層の過剰間隙水圧が一様と見なせる場合には，次式と図 3.1.4[3.1.4)]，表 3.1.2[3.1.4)] から推定できる．

$$t = \frac{H^2 T_v}{c_v} \tag{3.1.5}$$

ここに，H (m)：圧密層の排水距離（片面排水の場合は圧密層の厚さ，両面排水の場合はその1/2），T_v：時間係数，c_v (m^2/s)：圧密係数

粘性土が多層の場合には，任意の地層の c_v を圧密層全体の代表値 c_{ve} とし，多層地盤を c_{ve} を有する単一層に換算して計算する方法[3.1.12]がある．c_{ve} を有する単一層としての換算層厚 H_e (m) は次式で表される〔表3.1.1 参照〕．

$$H_e = \Sigma \left\{ H_i \sqrt{\frac{c_{ve}}{c_{vi}}} \right\} \tag{3.1.6}$$

ここに，H_i (m)：i 層の層厚，c_{vi} (m^2/s)：i 層の圧密係数，c_{ve} (m^2/s)：圧密層全体を代表する圧密係数

換算した単一層の圧密過程は，H_e と c_{ve} を用いて式3.1.5 より算定する．ただし，この方法では層順の影響は考慮されないことに注意する．実際には，圧密係数 c_v が大きな地層が排水層に近いほど圧密時間は早くなり，逆の場合は遅くなる．

e) 二次圧密

一次圧密終了後も図3.1.5 に示すように二次圧密と呼ばれるクリープ的な塑性沈下が進行する．二次圧密量は，時間の対数に対してほぼ直線的に増加する．厚い粘性土では，一次圧密の終了に長い時間を要し，二次圧密の大部分が一次圧密に包含されてしまって顕著に現れないことが多い．図3.1.5 の例では，載荷後50年までを考えても二次圧密による沈下量は一次圧密による沈下

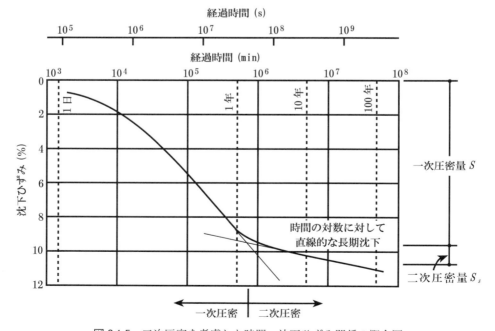

図3.1.5 二次圧密を考慮した時間―沈下ひずみ関係の概念図

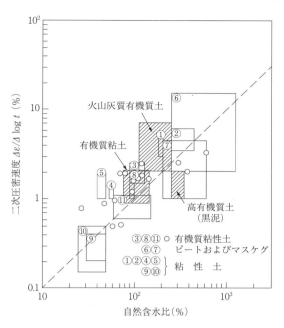

図 3.1.6 二次圧密係数と自然含水比の関係[3.1.13]

量の 10 % 以内と小さい．しかし，図 3.1.6[3.1.13] に示すように有機質土など含水比が 100 % を超えるような地盤では，二次圧密量が非常に大きくなる可能性があるので注意を要する．建設地の二次圧密量が一次圧密量に比べて無視できない大きさの場合には，二次圧密量を算定し，建物に対する影響を把握する必要がある．二次圧密量の算定が必要な場合は，文献 3.1.12)，3.1.14) を参照されたい．

（4） 液状化による沈下

液状化による沈下量の算定手法は，3.2 節を参照されたい．なお，液状化による直接基礎の沈下量予測は即時沈下や圧密沈下に比べて難度が高く，特に不同沈下量は噴砂の発生状況によるところも大きい．また，建物の継続使用を考えると絶対沈下量よりも不同沈下量に基づく直接基礎の傾斜の評価が重要である．大地震時に液状化を許容する設計を行う場合には，予測精度と沈下量限界値や傾斜角限界値との対応に配慮した検討が必要である．

3. 基礎形式選択における地盤沈下の留意点

圧密沈下の可能性がある粘性土上に建物基礎を設計するうえでもっとも重要な点は，盛土や地下水位の変化，更に建設する建物荷重による地中応力の増加によって，地盤が正規圧密領域に達するかどうかである．前述したように，地盤に上載荷重が加わると，地中の鉛直有効応力が圧密降伏応力 p_c に達するまでは過圧密領域であり，地盤は弾性的な挙動をする．一方，p_c を超えて正規圧密領域に入ると地盤は塑性的な変形を起こし，過圧密領域よりも $e\sim\log\sigma$ 曲線の勾配は大きくなり，沈下量が急増するとともに，沈下現象が完了するまでの時間も 10～20 年以上と極

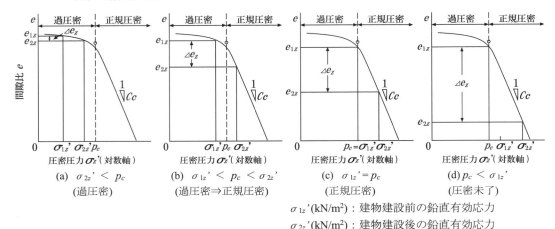

図 3.1.7　鉛直有効応力，圧密降伏応力と沈下検討の関係

めて長くなることがある．このような地盤の変形を建物の安全性を保障するレベルで予測することは難しいので，直接基礎を選定する場合には特別な対応[3.1.15),3.1.16)]が必要である．

　建物建設前後の鉛直有効応力 σ_{1z}'，σ_{2z}' と圧密降伏応力 p_c の関係から，圧密沈下量の算定は図3.1.7 のように4つの領域に分けられる．図3.1.7（a）は建設前後ともに鉛直有効応力が p_c より小さい場合であり，圧密沈下は比較的小さく沈下対策を必要とせずに基礎設計ができる可能性が高い．図3.1.7（c）は建設前の鉛直有効応力が p_c と一致している場合，図3.1.7（d）は p_c よりも大きい場合であり，いずれも大きな圧密沈下が予想されるため基礎構造の設計において圧密沈下対策が必須である．このような地盤では，例えば，直接基礎では圧密による沈下量や不同沈下量を低減する対策の併用や，基礎形式そのものの変更が必要となる場合がある．摩擦杭や薄層支持杭では，杭先端以深の粘性土層の圧密沈下への注意も必要となる．また，支持杭とする場合，図3.1.7（d）では建設による増加荷重がなくても負の摩擦力が生じるため，その影響を設計において適切に考慮する必要がある．詳しくは6.4節を参照されたい．図3.1.7（b）は建設前後の鉛直有効応力が p_c の両側にあるため，過圧密領域から正規圧密領域に移った後に大きな沈下が発生する可能性があり，図3.1.7（d）と同様に基礎構造の設計において圧密沈下対策が必須である．

　建物の不同沈下をあらかじめ予測できない場合，あるいは事前の有効な対策がない場合には，建設後の建物で沈下観測を行い，発生した不同沈下量を修正する方法が考えられる．この代表的な方法としてジャッキアップ工法[3.1.17)]がある．これは地盤に直接接する基礎スラブ（基礎梁も含む）と一階床との間にジャッキアップ機構をあらかじめ設けておき，基礎スラブの不同沈下による変形に対応させて1階床を水平に保つ方法である．

　なお，即時沈下に対する直接基礎の検討は5.3節を，液状化による沈下に対する検討は3.2節を参照されたい．

参 考 文 献

3.1.1) 池田俊雄：地盤沈下と構造物，土と基礎，Vol. 25，No. 6，pp. 7～12，1977.6

3.1.2) 環境省水・大気環境局：平成 28 年度全国の地盤沈下地域の概況，2018

3.1.3) 地盤工学会：地盤材料試験の方法と解説，2009

3.1.4) 土質工学会：入門シリーズ 18　土の圧密入門，1993

3.1.5) 土屋　勉・大築和夫・木幡　守：軟弱地盤における建築構造物の即時沈下および圧密沈下の三次元有限要素法解析，日本建築学会構造系論文報告集，第 361 号，pp. 123～131，1986.3

3.1.6) Yamaguchi, H.：Behaviour of foundations and structures, Panel Discussion, Proceedings of the 9th International Conference on Soil Mechanics and Foundation Engineering, Vol. 3, pp. 382～384, 1977.1

3.1.7) 青木雅路・二木幹夫・長尾俊昌・小林勝已：平板載荷試験結果に基づく支持地盤の荷重～沈下関係の評価，日本建築学会大会学術講演梗概集，構造Ⅰ，pp. 629～630，1998.9

3.1.8) Asaoka, A.：Observational procedure of settlement prediction, Soils and Foundations, Vol. 18, No. 4, pp. 87～101, 1978

3.1.9) 日下部治：土木系大学講義シリーズ 7　土質力学，コロナ社，2004

3.1.10) 大崎順彦：基礎構造，コロナ社，1961

3.1.11) 日本建築学会：建築基礎構造設計のための地盤評価・Q & A，2015

3.1.12) 日本道路協会：道路土工　軟弱地盤対策工指針（平成 24 年度版），2012

3.1.13) 安原一哉・山内豊聡：二次圧密を考慮した軟弱地盤の圧密沈下計算法，土と基礎，Vol. 25，No. 3，pp. 9～12，1977.3

3.1.14) 土木研究所寒地土木研究所：泥炭性軟弱地盤対策工マニュアル，2017

3.1.15) 加倉井正昭：フローティング基礎，土と基礎，Vol. 40，No. 4，pp. 57～58，1992.4

3.1.16) 佐原　守・窪田　久・鈴木直子・茶谷文雄：有楽町粘土層上にフローティング基礎で支持させた中層工場の沈下性状（その 1　リバウンド量・沈下量および基礎梁の鉄筋応力の実測結果），日本建築学会大会学術講演梗概集，構造Ⅰ，pp. 509～510，2003.9

3.1.17) 神田勝己・鈴木慎也：沖合空港の建設技術─沈下対策を中心として，土木学会論文集，No. 510/Ⅵ-26，pp. 1～12，1995.3

3.2 節　地盤の液状化

> 1. 飽和地盤においては，地震時における液状化発生の可能性を適切な方法により評価する．
> 2. 液状化の可能性が高いと判断された地盤においては，液状化の程度，液状化後の地盤変形，変状の程度と地盤剛性，地盤強度，地盤反力の低下などを適切な方法により評価する．
> 3. 液状化の可能性が高いと判断された地盤における基礎構造設計の際には，液状化による影響を考慮して基礎形式の選定を行うとともに，必要に応じて適切な対策を講じるようにする．

　液状化した地盤は支持力を完全に失ったり，見かけの剛性や強度が低下することで，直接基礎の沈下と傾斜を引き起こす．また，液状化，側方流動地盤で生じる動的および残留水平変位と沈下は杭基礎の被害につながることがある．擁壁，地下構造物については液状化により土圧が増加し，これに伴う被害の可能性もある．更に，液状化した土は水の約 2 倍の単位体積重量をもつ液体のようにふるまうため，これより単位体積重量が小さい地中埋設物は，浮力の増加と摩擦力の減少により浮き上がる．このような被害を防止するため，液状化地盤の基礎設計においては，液状化発生の可能性予測に加え，それに伴う地盤剛性，地盤強度や地盤反力の低下，地盤変形の増加，土圧，浮力や摩擦力の変化などを把握して，その影響を適切に考慮し，必要に応じて適切な対策を施すことが望まれる．

液状化の程度およびその被害程度は土の密度によって大きく異なる．緩い砂質土では，強度や剛性が小さいまま変形が進行し，甚大な被害に繋がるのに対し，密な砂質土では変形がある程度生じると地盤強度が回復するため，被害も相対的に軽微となる．このような現象を，液状化と区別してサイクリックモビリティと呼ぶ．液状化の被害程度は，液状化層の厚さによっても異なると考えられる．本指針では，このような液状化の程度の違いを評価する指標として，液状化層のせん断変形により生じる地表の動的最大水平変位を用いる．なお，近年の地震において液状化に起因して生じた構造物基礎の被害は，概ね埋立地盤等の造成地盤で生じており[3.2.1),3.3.2)]，造成地盤における基礎設計では特に注意が必要である．

液状化地盤における基礎構造の設計の流れは，①液状化判定と地盤変形予測，②液状化を考慮した基礎の設計に分けられる．以下，液状化判定，地盤変形予測，地盤反力と剛性，強度の評価，基礎設計の考え方について解説する．

1．液状化判定

（1）　対象とすべき土層

液状化の判定を行う必要がある飽和土層は，原則的に地表面から 20 m 程度以浅の土層で，考慮すべき土の種類は，細粒分含有率が 35 % 以下の土とする．ただし，埋立地盤等の造成地盤で地表面から 20 m 程度以深まで連続している場合には，造成地盤の下端まで以下の（2）の手順などにより液状化判定を行う必要がある．また，埋立地盤等の造成地盤では，細粒分含有率が 35 % 以上の低塑性シルト，液性限界に近い含水比を持ったシルトなどが液状化した事例も報告されているので，粘土分（0.005 mm 以下の粒径を持つ土粒子）含有率が 10 % 以下，または塑性指数が 15 以下の埋立地盤あるいは盛土地盤については液状化の検討を行う．ただし，20 m 以深に関しては，（2）の液状化危険度予測の精度が悪くなるので，地盤応答解析[3.2.3)]を用いることが推奨される．また，細粒分を含む礫や透水性の低い土層に囲まれた礫，洪積層でも N 値が小さな土層では液状化の可能性が否定できないので，そのような場合にも液状化の検討を行う．

（2）　液状化危険度予測

液状化判定は図 3.2.1，図 3.2.2 を用い，以下の手順[3.2.4)]により行ってよい．図 3.2.1 は，液状化の実被害と室内試験による液状化抵抗比の関係から限界値を示すものであり，図 3.2.2 は，細粒分含有率が増えると液状化抵抗比が増加する影響を N 値増分の形式で評価するものである．

①　検討地点の地盤内の各深さに発生する等価な繰返しせん断応力比を次式から求める．

$$\frac{\tau_d}{\sigma_z'} = r_n \frac{\alpha_{\max}}{g} \frac{\sigma_z}{\sigma_z'} r_d \tag{3.2.1}$$

$$r_n = 0.1(M-1) \tag{3.2.2}$$

$$r_d = 1 - 0.015z \tag{3.2.3}$$

ここに，τ_d（kN/m²）：水平面に生じる等価な一定繰返しせん断応力振幅，σ_z'（kN/m²）：検討深さにおける有効土被り圧（鉛直有効応力），r_n：等価な繰返し回数に関する補正係数，M：地震のマグニチュードで通常は 7.5，$\alpha_{\max}$（m/s²）：地表面における設計用水平加速

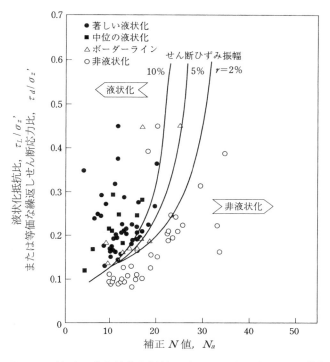

図 3.2.1　補正 N 値と液状化抵抗,動的せん断ひずみの関係[3.2.4]

度,g (m/s²):重力加速度(9.8 m/s²),σ_z (kN/m²):検討深さにおける全土被り圧(鉛直全応力),r_d:地盤が剛体でないことによる低減係数,z (m):地表面からの検討深さ

② 対応する深度の補正 N 値 N_a を,次式から求める.

$$N_a = N_1 + \Delta N_f \tag{3.2.4}$$

$$N_1 = C_N N \tag{3.2.5}$$

$$C_N = \sqrt{\frac{100}{\sigma_z'}} \tag{3.2.6}$$

ここに,N_1:換算 N 値,C_N:拘束圧に関する換算係数,ΔN_f:細粒分含有率 F_c に応じた補正 N 値増分で図 3.2.2 による,N:自動落下法による実測 N 値

③ 図 3.2.1 中のせん断ひずみ 5 % の曲線を用いて,補正 N 値 N_a に対応する飽和土層の液状化抵抗比 R を次式から求める.

$$R = \frac{\tau_L}{\sigma_z'} \tag{3.2.7}$$

ここに,τ_L (kN/m²):水平面における液状化抵抗

④ 各深さにおける液状化発生に対する安全率 F_L を次式により算定する.

$$F_L = \frac{\tau_L/\sigma_z'}{\tau_d/\sigma_z'} \tag{3.2.8}$$

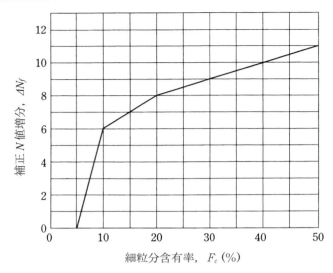

図 3.2.2　細粒分含有率と N 値の補正係数[3.2.5]

　式 3.2.8 から求めた F_L 値が 1 より大きくなる土層については液状化発生の可能性はないものと判定し，逆に 1 以下となる場合はその可能性があり，値が小さくなるほど液状化発生危険度が高く，また，F_L 値が 1 以下となる土層が厚くなるほど危険度が高くなるものと判断する．

　上記手順中，繰返しせん断応力比 τ_d/σ_z' の算定における地表面水平加速度値は，本来，地盤応答の結果であり，地盤特性の影響を強く受ける．しかし，以下では，レベル 1 荷重検討用として 1.5〜2.0 m/s^2，レベル 2 荷重検討用として 3.5 m/s^2 程度を推奨する．3.5 m/s^2 は，1995 年兵庫県南部地震などの際，液状化した地盤上で観測された最大値にほぼ対応している．より適切にせん断応力を求めたい場合，工学的基盤に対する入力地震動を最大速度やスペクトルで定義し，①応答解析を行ってせん断応力の深度分布を求める，②地表面加速度を推定した後，上記①の方法によりせん断応力比を求めるなどの方法をとることができる．なお，式 3.2.3 の r_d の精度は，深度が深くなるほど悪くなるため，特に深度 20 m 以深の検討が予想される場合も，応答解析を用いることが推奨される．これらの解析は等価線形解析でも良いものと考えられる．この場合，解析により求められた最大せん断応力比に式 3.2.2 の r_n を乗じて τ_d/σ_z' とし，以下本節の手順に従うことができる．また，等価な繰返し回数に関する補正係数 r_n は，長時間の揺れが続いた東日本大震災でも有効であることが確認されている[3.2.6]．

　洪積層は沖積層に比べて地質年代の幅が広く，堆積期間が様々である．年代の古い沖積層[3.2.7]や洪積層[3.2.8]が液状化した事例も報告されていることから，洪積層というだけで液状化のおそれがないとするのではなく，地質年代や当該地の過去の液状化履歴などを含めて総合的に判断することが妥当である．洪積層では沖積層に比べて，N 値が小さくても応力履歴等の影響で S 波速度や粘着力が大きくなること，更に正のダイレイタンシーの影響でコーン貫入試験時の間隙水圧が負になることなどが知られている．このような特性を評価可能な地盤調査法や推定法，ならび

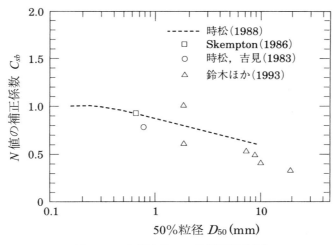

図 3.2.3　砂礫地盤の N 値補正係数[3.2.9]

にサンプリング試料による液状化試験を実施して直接液状化強度を確認するなど，総合的に検討することが望まれる．

　N 値が大きくなりやすい礫質土に対しては，その 50％粒径 D_{50} により図 3.2.3 のような N 値補正係数 C_{sb} を N 値に乗じて N 値を低減することができる[3.2.9]．しかし，その信頼性に鑑み，大型貫入試験による推定法[3.2.10]，S波速度を用いた推定法[3.2.11],[3.2.12]などにより総合的に検討することが望まれる．また，細粒分含有率が比較的高く，N 値の信頼性が低いと考えられる土に対しては N 値を用いた推定法に頼らず，例えばコーン貫入試験を用いた推定法[3.2.13]または不撹乱試料に対する室内試験法[3.2.14]を用いて液状化抵抗を求めることが望ましい．

　図 3.2.4 はコーン貫入抵抗と液状化強度の関係を示したものである．拘束圧と粒度の影響を補正した補正コーン貫入抵抗 q_{ta} (kN/m²) を次式で求めることで，図 3.2.4 より液状化抵抗比 $\tau_L/\sigma_z{}'$ を推定し，式 3.2.8 から液状化に対する安全率 F_L が推定できる．

$$q_{ta}=C_N q_t F(I_c) \tag{3.2.9}$$

$$I_c=\sqrt{(3.47-\log Q_t)^2+(\log F_R+1.22)^2} \tag{3.2.10}$$

$$Q_t=\frac{q_t-\sigma_z}{\sigma_z{}'} \tag{3.2.11}$$

$$F_R=100\frac{f_s}{q_t-\sigma_z} \tag{3.2.12}$$

ここに，C_N：式 3.2.6 と同じ値で拘束圧に関する換算係数，q_t (kN/m²)：原位置で測定されたコーン貫入抵抗，$F(I_c)$：図 3.2.5 から求められる粒度（土の挙動特性）に関する補正係数，I_c：土の挙動特性指標，Q_t：基準化先端抵抗，F_R (％)：基準化摩擦比，f_s (kN/m²)：周面摩擦抵抗

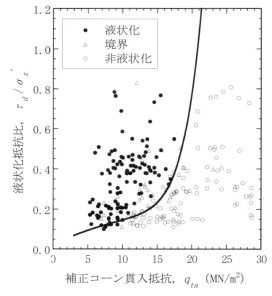
図 3.2.4 コーン貫入抵抗と液状化強度の関係[3.2.13]

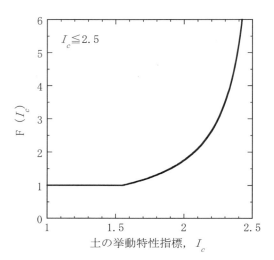
図 3.2.5 細粒分含有率とコーン貫入抵抗の補正係数[3.2.13]

2. 液状化に伴う地盤物性と地盤変形量の予測

　液状化発生の可能性が高いと判断された地盤においては，対象とする建物の基礎設計に必要な情報を，下記の方法により評価するものとする．

（1） 液状化の程度と液状化・側方流動に伴う地盤変位の予測

a） 水平成層地盤における地盤変位の予測

　水平成層地盤における動的水平変位，残留水平変位，沈下量などの液状化の程度の予測は，地盤応答解析[3.2.3]によるほか，液状化判定の後，以下の手順によることができる．

① 図 3.2.6 から i 層の N_{ai}，$(\tau_d/\sigma_z')_i$ に対応する繰返しせん断ひずみ γ_{cyi}（%）を推定する．

② 各層のせん断ひずみが同一方向に発生すると仮定し，次式により下層から鉛直方向に積分して振動中の地表最大水平変位 D_{cy}（m）を算定する．

$$D_{cy}=\sum\left(\frac{\gamma_{cyi}H_i}{100}\right) \tag{3.2.13}$$

ここに，γ_{cyi}（%）：i 層の繰返しせん断ひずみ，H_i（m）：i 層の層厚

③ 地表最大水平変位 D_{cy} を液状化程度の指標とする．液状化の程度は，D_{cy} の値により表 3.2.1 のように評価する．

　同様に，沈下量 S（m）を求める場合，図 3.2.6 をそのまま使い，γ_{cy} を体積ひずみ ε_v と読み換えればよい[3.2.9]．これは，室内液状化試験結果[3.2.15]や地震時の地表面沈下量の実測値[3.2.16]から，地震時に液状化地盤に生じる最大せん断ひずみと鉛直ひずみがほぼ一致することに基づいている．

　例えば，応力比 $\tau_d/\sigma_z'=0.35$ の場合，液状化層厚さ $H=8$ m，$N_a=10$ の地盤が液状化すると，図 3.2.6 より $\gamma_{cy}=3$ ％なので，$S=D_{cy}=0.24$ m となり，$H=5$ m，$N_a=20$ の地盤が液状化すると，

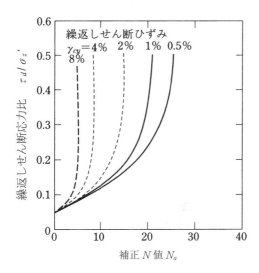

図 3.2.6　補正 N 値と繰返しせん断ひずみの関係[3.2.9]に加筆

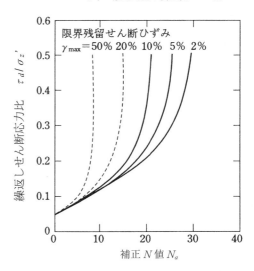

図 3.2.7　補正 N 値と限界残留せん断ひずみの関係[3.2.9]

表 3.2.1　D_{cy} と液状化の程度の関係

D_{cy} (m)	液状化の程度
0	なし
～0.05	軽微
0.05～0.10	小
0.10～0.20	中
0.20～0.40	大
0.40～	甚大

$\gamma_{cy}=1\%$ なので $S=D_{cy}=0.05\,\mathrm{m}$ となる．

b)　側方流動地盤における地盤変位の予測

　敷地地盤で側方流動が予測される場合には，側方流動を発生させないように地盤改良等の対策を行うことが基本であるが，地盤変位を用いて杭などの設計を行う場合には，以下の方法で推定して良い．側方流動の可能性と流動量，側方流動量の平面分布，護岸付近や緩斜面で液状化に伴う側方流動が生じる場合の地盤変位の予測は，残留変形がある程度の精度で予測できる有効応力解析より直接推定する方法[3.2.17]，有効応力解析を行い地盤剛性の低下を予測した後，地盤剛性の低下を考慮した静的変形解析から推定する方法[3.2.18]などのほか，護岸近傍においては以下の方法によることができる．次式から，護岸近傍地盤地表の水平変位 D_0 (m) を予測する．

$$D_0 = \min(D_w, D_{\max}) \tag{3.2.14}$$

ここに，D_w (m)：護岸変位，$D_{\max}$ (m)：地震後の側方流動地盤の限界残留水平変位

　なお，$D_{\max}$ は図 3.2.6 における繰返しせん断ひずみ γ_{cy} (%) を，図 3.2.7 における限界残留せん

断ひずみ γ_{max}（％）と読み換えて求める．D_w は，別途適当な方法により推定するものとするが，護岸の耐震性がきわめて低く大きな地震動を想定する場合は，$D_0 = D_{max}$ として差し支えない．

護岸付近の地盤変位 D_0 と側方流動の影響範囲 L (m) の関係は，液状化層厚 H (m) がほぼ均一な地盤については図 3.2.8 のような関係があり，次式で与えられる．

$$L \fallingdotseq 50 D_0 \tag{3.2.15}$$

また，護岸からの距離 x (m) における側方流動量 $D(x)$ (m) は，図 3.2.9 のように無次元化して次式で表せる．

$$\frac{D(x)}{D_0} = \left(\frac{1}{2}\right)^{5x/L} \tag{3.2.16}$$

例えば，$H = 10$ m，$\gamma_{max} = 20\%$ の液状化地盤を考えると，護岸近傍地盤の移動量 D_0，影響範囲 L は，護岸変位 4 m（$D_w = 4$ m）に対して $D_{max} = 2$ m の場合には，式 3.2.14 より $D_0 = 2$ m，$L = 100$ m 程度，一方，護岸変位 1m（$D_w = 1$ m）に対して $D_{max} = 2$ m の場合には，$D_0 = 1$m，$L = 50$ m 程度と推定される．なお，深度 z (m) における水平変位の深度方向分布 $f(z, x)$ は，次式で近似できる．

$z < z_w$ の時　　$f(z, x) = D(x)$ \hfill (3.2.17)

$z \geqq z_w$ の時　　$f(z, x) = D(x) \cos\left(\dfrac{\pi(z - z_w)}{2H}\right)$ \hfill (3.2.18)

または，　　$f(z, x) = D(x)\left(1 - \dfrac{z - z_w}{H}\right)$ \hfill (3.2.19)

ここに，z_w (m)：液状化層上端の深度

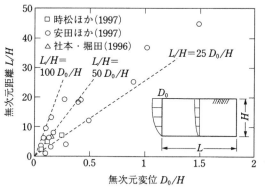

図 3.2.8 護岸近傍地盤の水平変位と側方流動の影響範囲[3.2.9]

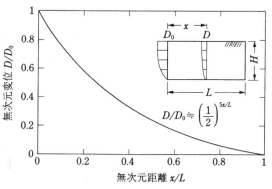

図 3.2.9 側方流動量と護岸からの距離[3.2.9]

（2） 地盤物性の変化

a） 地盤剛性の低下

液状化した水平地盤における直接基礎の概略の沈下量予測や等価線形応答解析による地盤変形予測に必要な地盤剛性の評価は，以下の方法によることができる．なお，直接基礎の詳細な沈下量予測は，下記e）による．

① 図3.2.10の剛性低下率G/G_0とせん断ひずみの関係から各層のせん断ひずみに適合した等価剛性を推定する．

② 液状化に対する安全率F_Lが1以上で，有効応力低下の影響を評価したい場合は，図3.2.11[3.2.19)]または次式により過剰間隙水圧比r_uを求め，剛性が有効応力の平方根に比例すると考えて等価剛性を推定する．なお，図3.2.10は，その影響を考慮している．

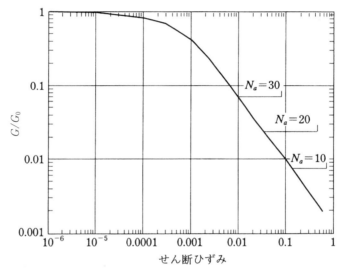

図3.2.10　補正N値と剛性低下率の関係

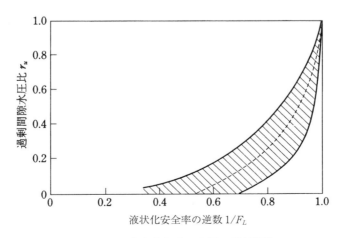

図3.2.11　安全率と水圧上昇の関係[3.2.19)]

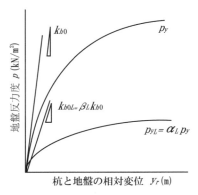
図 3.2.12 杭の水平地盤反力—変位関係のモデル化

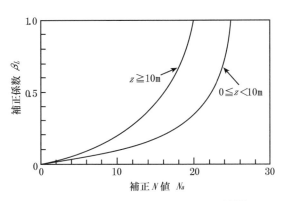
図 3.2.13 地盤反力係数の低減率[3.2.20)]を修正

$$r_u = F_L^{-7} \tag{3.2.20}$$

たとえば，$F_L=1.2$ の場合，等価剛性は式 3.2.20 より $\sqrt{1-1.2^{-7}}=0.85$ 倍となる．

b） 水平地盤反力係数の低減

液状化地盤における杭の水平抵抗の検討では，水平地盤反力係数 k_{hL}（kN/m³）および塑性水平地盤反力 p_{yL}（kN/m²）を次式により求める〔図 3.2.12 参照〕．

$$k_{hL} = \frac{k_{h0L}}{\sqrt{\dfrac{y_r}{0.01}}} = \frac{\beta_L k_{h0}}{\sqrt{\dfrac{y_r}{0.01}}} \tag{3.2.21}$$

$$p_{yL} = \alpha_L p_y \tag{3.2.22}$$

ここに，α_L：補正係数，β_L：補正係数〔図 3.2.13〕，k_{h0L}（kN/m³）：液状化した地盤における基準水平地盤反力係数，k_{h0}（kN/m³）：基準水平地盤反力係数〔式 6.6.12〕，y_r（m）：液状化を考慮した杭と地盤の相対変位，p_y（kN/m²）：砂質土の塑性水平地盤反力度〔式 6.6.18〕

塑性水平地盤反力度の補正係数 α_L については，杭基礎の測定変形モードの逆算から 0.05～0.2 程度の値が推定されている[3.2.21]．したがって，本指針では暫定的に $\alpha_L=\beta_L$ とする．これは，液状化地盤の最大地盤反力が全上載圧の 0.2～1 倍程度になっていることに対応する．なお，図 3.2.13 の関係はサイクリックモビリティの影響を考慮している．

c） 摩擦力の低減と浮力の考慮

建物側面，底面，杭周面の摩擦力は液状化が生じた部分では基本的に無視することとする．また，液状化が生じない場合でも，図 3.2.11 や式 3.2.20 により過剰間隙水圧の上昇が予想される場合は，その度合いにより摩擦力を低減することが望ましい．なお，液状化した地盤には図 3.2.6 から算出した沈下量 S が生じるため，液状化層より浅部の非液状化層の沈下がネガティブフリクションとして杭に働くことも考えられるので注意が必要である．

一方，地盤が液状化すると，見かけの比重が 2 程度以下の地中構造物や埋設物は自重だけでは浮力に抵抗できず浮き上がる可能性がある．このような事態が予想される場合には浮上りに対す

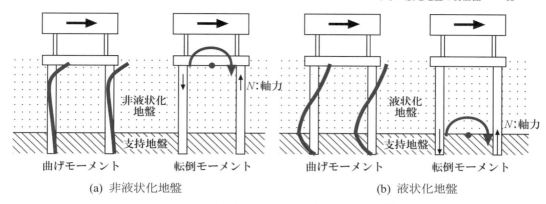

図 3.2.14 液状化が杭応力に与える影響[3.2.22)に加筆]

る対策を立てておく必要がある．

d) 杭の軸力変動に及ぼす影響

非液状化地盤では，図 3.2.14（a）[3.2.22)]に示すように上部構造物の慣性力に対して表層地盤が抵抗するため，転倒モーメントは基礎下端付近を中心に生じる．一方，液状化地盤では図 3.2.14（b）に示すように根入れ部や杭に加力側の土圧が働くケースがあり，その場合の転倒モーメントは液状化層下端付近を中心として生じることになる．この場合，上部構造物の慣性力との距離が増大して転倒モーメントが大きくなるとともに，地盤変形によって杭に働く水平力も転倒モーメントに寄与するため，杭の軸力変動はさらに大きくなる可能性がある．杭の変形性能は軸力に大きく依存するため，軸力変動が大きくなる液状化地盤ではその考慮が更に重要である．

e) 直接基礎の支持力と沈下・傾斜の予測

直接基礎底面直下で液状化が生じるような地盤における直接基礎は，支持力を失って傾斜・転倒等の被害が生じる可能性が高いため避けるべきである．一方，ある程度の層厚で直接基礎直下の地盤が液状化せず，深部の地盤のみが液状化すると予想される場合には，側方流動が生じないことを確認したうえで，図 5.2.7 に示す層状地盤の支持力の考え方を適用することが考えられる．戸建て住宅のような軽量な建物では，表層非液状化層の影響で被害を免れた例がある[3.2.2)]．図 5.2.7 は，表層が砂質土，下部層が粘性土の場合であるが，下部層が液状化地盤の場合には，下部液状化層の強度を適切に評価する必要があるため，非常に難しい．したがって，沈下・傾斜の検討を行うことで，支持力の検討を省略することも考えられる．

ある程度の層厚で直接基礎直下の地盤が液状化しておらず，深部の地盤のみが液状化した場合には，地震時に生じる建物荷重や転倒モーメントと，液状化後における表層の非液状化地盤や深部液状化地盤の抵抗力から，文献 3.2.23)の方法に従って直接基礎の相対沈下量と傾斜角の安全率を求め，安全性を評価する方法が考えられる．

また，直接基礎直下の地盤は液状化しなくても過剰間隙水圧の上昇で強度が減少している可能性があるので，図 3.2.11 や式 3.2.20 に従って過剰間隙水圧比を求め，強度が有効応力に比例すると考えて地盤の強度を推定する等の考慮が必要である．

3. 液状化地盤における基礎構造の計画

液状化の危険性が予測されれば，a）地盤改良＋直接基礎，b）地盤改良＋杭基礎，c）地盤改良なし＋構造的対策などの選択を行う．基本的に地盤を液状化させないとする考え方のほか，レベル1荷重に対しては液状化させないが，レベル2荷重に対しては液状化の発生をある程度許して，構造的対策をとるなどの考え方もある．構造的対策は基礎剛性によって，地盤変形追従型（鋼管杭など）と地盤変形抵抗型（壁杭，連壁など）に分けられる．護岸部付近で地盤の側方流動の可能性があり，その影響を考慮することが適切であると考えられれば，地盤変形抵抗型の対策をとるのが確実である．ただし，液状化を防止する目的で地盤改良を行ったり，剛性の高い基礎を採用すると，上部構造や基礎構造への地震荷重が大きくなる可能性があることに留意する必要がある．

液状化地盤の地震時応答特性は強い非線形性を示すため，基礎の変位や応力の評価は，各種の応答解析によることが望ましい．また応答解析のかわりに応答変位法によることもできる．この際，以下に示す液状化に伴う地盤─建物系の相互作用の変化を考慮するものとする〔図3.2.15参照〕．また，地盤の水平変位の深度分布は，本節2.（1）から求めたものを用いることができる．

① 液状化前の地盤変位が小さい状態で上部構造からの外力が杭頭に働く場合
② 液状化後，地盤変位と上部構造からの外力が杭に働く場合
③ 主要動の後半または終了後，地盤の残留変形により杭が土圧を受ける場合

杭頭回転拘束条件が満たされる杭基礎では，①の場合，杭頭でせん断力と曲げモーメントが最大となるが，②，③の場合，杭頭付近に加え，液状化層上端部と下端部でも，せん断力と曲げモ

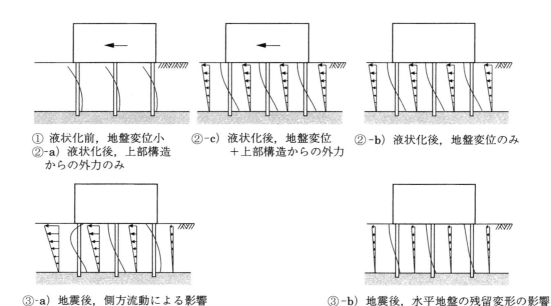

図3.2.15 液状化地盤における地盤変形と杭・建物の相互作用の模式図[3.2.24]

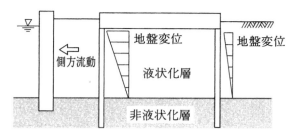

図 3.2.16 杭基礎，建物一体系に対する側方流動解析モデル例[3.2.24]

ーメントが大きくなる．③の場合，水平地盤の残留変位は，通常地震時の動的変位より小さいが，側方流動が生じるとそのせん断変形は振動成分を上回るものと考えられる．したがって，側方流動の可能性がない水平地盤では①，②のケース，側方流動が生じる地盤では更に③-a）のケースの杭の安全性について検討することが望ましい．ただし，側方流動量は建設敷地外の護岸の耐震性により決まるので，敷地地盤の安全性を担保するためには，地盤改良などの対策を施すことが基本である．また，側方流動量は護岸からの距離により変化するので，図3.2.16のようなモデル化を行うことが必要となる．この際の側方流動量は本節2.（1）などから求めるものとする．

直接基礎の場合，地盤改良との併用がまず考えられる．木造家屋などで地盤改良を行えない場合は，鉄筋コンクリート造の連続基礎またはべた基礎を採用し，基礎に十分な剛性と強度をもたせることで，液状化後の上部構造の被害を軽減することになる．ただし，建物が偏心していたり，地盤が不均一であれば，上部構造に傾斜が生じる可能性もある．このような事態になった場合も，基礎剛性が大きいほうが，ジャッキアップなどの補修に有利である．

基礎の沈下量を予測する場合，通常の直接基礎の沈下式に本節2.（2）a）の地盤剛性低下を考慮して基礎の沈下量の概略を，本節2.（2）e）の予測手法でより詳細な相対沈下量や傾斜角を推定することができる．このような基礎設計にあたっては，建物の偏心荷重を極小にし，建物のアスペクト比を小さくし，更に不同沈下に耐える剛性の高い基礎とし，不同沈下が生じた場合の復旧対策に配慮しておくことが必要である．また，基礎底面直下に極度に緩い地盤が存在する場合や地盤剛性が不均質な場合は，地盤改良を行うなどの配慮が必要である．地盤締固め後の地盤の液状化判定，変形予測は，それぞれ本節1.（2）および本節2.（1）によることができる．

参考文献

3.2.1) 阪神・淡路大震災調査報告編集委員会：阪神・淡路大震災調査報告，建築編—4 木造建築物／建築基礎構造，日本建築学会，地盤工学会，土木学会，日本機械学会，日本地震学会，1998

3.2.2) 東日本大震災合同調査報告書編集委員会：東日本大震災合同調査報告，建築編5，建築基礎構造／津波の特性と被害，日本建築学会，2015

3.2.3) 地盤工学会：地盤の動的解析—基礎理論から応用まで—，地盤工学・基礎理論シリーズ2，丸善，2007

3.2.4) Tokimatsu, K. and Yoshimi, Y.: Empirical correlation of soil liquefaction based on SPT N-value and fines content, Soils and Foundations, Vol. 23, No. 4, pp. 56～74, 1983.12

3.2.5) 吉見吉昭・時松孝次：細粒分含有率とＮ値を用いた液状化判定法と液状化対策，建築技術，No. 420，pp. 109〜114，1986.8

3.2.6) 新井　洋：東北地方太平洋沖地震における東京湾岸の液状化に関する等価繰返し回数と有効継続時間，日本建築学会大会学術講演梗概集，構造Ⅰ，pp. 79〜80，2012.9

3.2.7) 陶野郁雄・桑原　徹・遠藤邦彦・社本康広・千葉達朗：日本海中部地震災害地域調査—富范における巨大噴砂孔—，第 20 回土質工学研究発表会，pp. 123〜124，1985.6

3.2.8) 森伸一郎・池田悦夫：東京層砂層の液状化痕跡調査と一考察，土木学会論文集，No. 582/Ⅲ-41，pp. 247〜263，1997.12

3.2.9) 時松孝次：耐震設計とＮ値（建築），基礎工，Vol. 25，No. 12，pp. 61〜66，1997.12

3.2.10) Suzuki, Y., Goto, S., Hatanaka, M. and Tokimatsu, K.：Correlation between strength of gravelly soils and penetration resistances, Soils and Foundations, Vol. 33, No. 1, pp. 92〜101, 1993.3

3.2.11) Tokimatsu, K. and Uchida, A.：Correlation between liquefaction resistance and shear wave velocity, Soils and Foundations, Vol. 30, No. 2, pp. 33〜42, 1990.6

3.2.12) 鈴木康嗣・時松孝次：地震時の液状化事例とせん断波速度の関係，日本建築学会構造系論文集，第 578 号，pp. 67〜74，2004.4

3.2.13) 鈴木康嗣・時松孝次・古山田耕司：地震時の液状化事例とコーン貫入試験結果の関係，日本建築学会構造系論文集，第 571 号，pp. 95〜102，2003.9

3.2.14) 地盤工学会：地盤材料試験の方法と解説，2009

3.2.15) Shamoto, Y., Zhang, J.-M. and Tokimatsu, K.：Methods for evaluating residual post-liquefaction ground settlement and horizontal displacement, Soils and Foundations, Special Issue on Geotechnical Aspects of the January 17 1995 Hyogoken-Nambu Earthquake, Vol. 2, pp. 69〜83, 1998.9

3.2.16) 時松孝次・多田公平・庭野淳子：地震時の液状化および側方流動に伴う地盤変形量の評価，第 33 回地盤工学研究発表会講演集，pp. 971〜972，1998.7

3.2.17) 仙頭紀明・大岡　弘：護岸近傍に位置する建物基礎杭被害のケーススタディ，第 10 回日本地震工学シンポジウム論文集，Vol. 1，pp. 383〜388，1998.11

3.2.18) Shamoto, Y., Zhang, J.-M. and Tokimatsu, K.：Horizontal residual post-liquefaction deformation of level ground, The Special Publication on Review of ASCE Geotechnical Earthquake Engineering and Soil Dynamics, pp. 373〜384, 1998.9

3.2.19) Tokimatsu, K. and Seed, H.B.：Evaluation of settlements in sands due to earthquake shaking, Journal of Geotechnical Engineering, Vo. 113, No. 8, ASCE, pp. 861〜878, 1987.8

3.2.20) 日本建築学会：建築耐震設計における保有耐力と変形性能（1990），1990

3.2.21) 建築基礎における液状化・側方流動対策検討委員会（BTL 委員会）：兵庫県南部地震における液状化・側方流動に関する研究，建築研究報告，No. 138，2000

3.2.22) 鈴木比呂子・時松孝次・毛利栄征：水平 2 方向入力の振動台実験に基づく地盤—杭—構造物系動的相互作用評価，第 41 回地盤工学研究発表会講演集，pp. 1521〜1522，2006.7

3.2.23) Tokimatsu, K., Hino, K., Suzuki, H., Ohno, K., Tamura, S. and Suzuki, Y.：Liquefaction-induced settlement and tilting of building with shallow foundations based on field and laboratory observation, Soil Dynamics and Earthquake Engineering, Vol. 124, pp. 268〜279, 2019.9

3.2.24) 時松孝次：液状化側方流動に関する基礎構造設計の可能性，建築技術，No. 564，pp. 126〜131，1997.3

3.3節　傾斜地盤

斜面を有する傾斜地盤では，以下の点に注意する．

1. 建物の建設前後および建設中における斜面の安定性

2. 斜面特有の地盤状況と建物への作用荷重，および地盤の支持力，杭の水平抵抗等への斜面の影響

1. 斜面安定

地表面が傾斜した斜面を有する地盤（以下，傾斜地盤）に建物を計画する際，建物を含む斜面全体の安定性を確保することがもっとも重要である．建物の建設は，釣合い状態にある現況の斜

面に対して，切土や盛土，建物の設置等によって安定性に影響を与えることになる．

図 3.3.1 の例では，斜面の一部をカットしてその部分に建物を建設している．切土によって除去された土の重量と建物の重量がほぼ等しければ，斜面全体の安定性は大局的に切土前とさほど変化しないが，建物の重量が大きいと安定性が低下すると考えられる．なお，切土によって切土部より上部の局部的な斜面の安定性は低下する．また，同図においてすべり土塊の末端部に盛土すると，盛土の重量が斜面のすべりに対する押さえ荷重として作用するので，安定性は増加する．建物の計画にあたっては，このように建設が斜面全体に与える影響を概略把握し，斜面の安定性の低下を可能な限り小さくするような計画を立案することが望ましい．

斜面上，斜面途中に建物を建設する場合，あるいは斜面下で建物を構築するための根切り工事を行う場合，建設の影響は敷地周辺の既設建物を含む斜面全体に及ぶことがあるので，建設敷地外の斜面状況にも留意して設計する必要がある〔図 3.3.2 参照〕．

斜面の安定性は，豪雨時や地震時に損なわれることが多い．谷底地形には雨水や地下水が集まりやすく，地下水位が上昇すると，地盤の有効応力が低下するとともにせん断抵抗力が低下するなどして，斜面崩壊や地すべりの原因となる．特に，表層の未固結の地盤と基盤との境界は，地下水の水みちとなり，その境界面に沿って地すべりや崩壊を起こしやすい．斜面途中や斜面下に施工した建物の地下壁あるいは盛土が，地下水の流れを阻害し，地下水が滞留して大きな水圧が

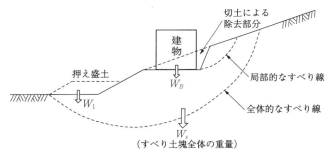

図 3.3.1　建物の建設と斜面の安定

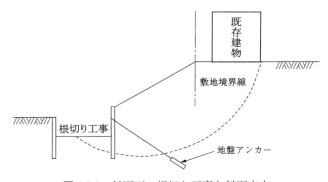

図 3.3.2　斜面下の根切り工事と斜面安定

－64－　建築基礎構造設計指針

作用したり，地下水位の上昇によって上記のような種々の影響を与えたりすることもある．また，砂質土法面が豪雨時における雨水の浸透によって表層崩壊する例も多い．したがって，斜面上，斜面途中，斜面下を含む傾斜地盤全体および建物周囲の排水処理が重要である．

　地震時には，慣性力の作用で斜面の安定性が低下するため，その影響を検討し必要に応じて対策をとる必要がある．特に，地震時に液状化した地盤では，わずかな地表面の勾配であっても大きな水平変位を生じていた事例が日本海中部地震などで報告されている[3.3.1)]．よって，液状化を生じる可能性がある斜面を有する地盤では液状化対策が必要である．

　基礎形式の選定にあたっては，建物の建設が斜面の安定性に与える影響を考慮する．斜面上または斜面途中に計画される建物で，直接基礎を採用することにより，建物の荷重が作用し斜面の安定性が確保できない場合は，杭基礎を採用し，杭先端を安定性の高い地層まで根入れする．なお，斜面安定対策として抑止杭を採用する場合は，建物基礎としての杭の性能を明快にするため，杭基礎と抑止杭の兼用は避けることが望ましい．

　具体的な斜面安定の検討法や斜面安定対策については文献 3.3.2)～3.3.6)を参照されたい．

2.　地盤条件と作用する荷重

　傾斜地盤においては，斜面・段差の存在，地層の傾斜，崖錐層の存在，盛土部と切土部の混在等，一般的に地形や地層構成が水平地盤と比較して複雑である．基礎形式の選定にあたっては，建物の規模，形状，構造に加えて，このような傾斜地盤特有の地形および地盤の状況を考慮する必要がある．

　斜面下に計画される建物で斜面からの偏土圧の処理が必要な場合，偏土圧を擁壁で支持し，建物への偏土圧の作用を避ける計画が構造的に明快である〔図 3.3.3（a）参照〕が，建物の外壁で偏土圧を受け，この荷重を最終的に基礎に負担させる計画も考えられる〔図 3.3.3（b），（c）参照〕．また，偏土圧が大きい場合，地盤アンカーを利用する方法も考えられる〔図 3.3.3（d）参照〕．

　建物の外壁に偏土圧が作用する場合，基礎には建物の自重に加えて，水平力および建物の転倒モーメントに伴う押込み力と浮上り力が常時荷重として作用する．このような偏土圧の影響は，地震時にはさらに増大するため，直接基礎については滑動，浮上りおよび転倒の検討，杭基礎については，水平抵抗，引抜きおよび転倒の検討が重要なポイントとなる．

　また，直接基礎の場合，基礎底面に作用する荷重が，偏心・傾斜荷重となることに留意する必要がある．

　階段状建物の外壁に作用する偏土圧の評価にあたっては，上部の建物および地盤による荷重の影響を考慮する．具体的な評価方法については，4.3 節を参照されたい．

　斜面近傍における，直接基礎の鉛直支持力や，杭の鉛直支持力・水平抵抗は，斜面の影響を受けるため，地表面が水平な地盤に設置された基礎と比較して低下し，沈下や水平変位も大きくなる傾向がある〔図 3.3.4 参照〕．したがって，これらの評価にあたっては斜面の影響を考慮する必要がある．更に図 3.3.5 に示すように，斜面近傍の建物を支持する杭基礎に斜面方向の水平力が

3章　敷地地盤の安全性　— 65 —

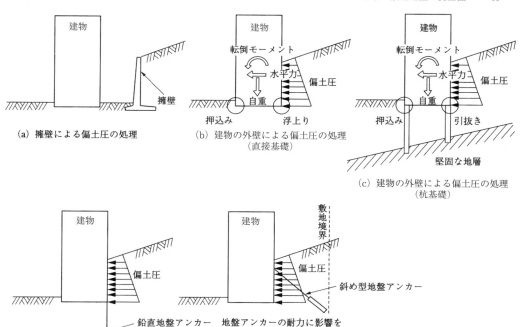

図 3.3.3　偏土圧の対処法

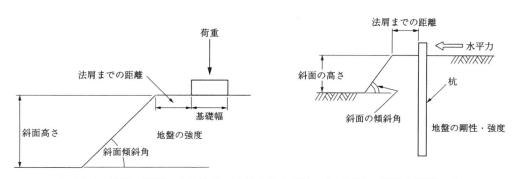

図 3.3.4　斜面の影響による地盤の支持力および杭の水平抵抗の低減と影響因子

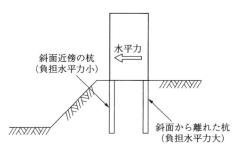

図 3.3.5　斜面近傍の杭と斜面から離れた杭の負担水平力の差異

— 66 —　建築基礎構造設計指針

作用すると，剛床仮定によって斜面から離れた位置の杭の負担水平力が大きくなる．地震時における杭基礎の検討にあたっては，このような負担水平力の差異を考慮する必要がある．具体的な評価方法については，5章，6章を参照されたい．

　傾斜地盤においては，一般的に地形，地盤，および地下水の状況が水平地盤と比較して複雑であるが，基礎検討用の解析モデルの作成にあたっては多くの簡略化が図られる．また，基礎に作用する荷重，およびそれらの荷重に対する基礎構造の抵抗力の評価に明快でない点も多く，安全性評価の精度は高くない．したがって，傾斜地盤に建物基礎を計画する場合は，設計に余裕を持たせ，十分な安全性を確保することが望ましい．

参 考 文 献

3.3.1)　浜田政則・安田　進・磯山龍二・恵本克利：液状化による地盤の永久変位と地震被害に関する研究，土木学会論文集，第 376 号/Ⅲ-6，pp.221～229，1986.12
3.3.2)　地盤工学会：斜面の安定・変形解析入門—基礎から実例まで—，2006
3.3.3)　土質工学会傾斜地と構造物編集委員会：傾斜地と構造物—その調査・設計および維持管理—，1990
3.3.4)　横浜市建築局：横浜市斜面地建築物技術指針，1992
3.3.5)　神戸市住宅局：神戸市斜面地建築物技術指針・同解説，2000
3.3.6)　川崎市建築局：川崎市斜面地建築物技術指針，1993

3.4節　土 壌 汚 染

> 1. 敷地地盤に土壌汚染のないこと，あるいは土壌汚染調査および対策が終了していることを地盤調査計画の段階で確認する．
> 2. 敷地地盤に土壌汚染対策が実施されている場合，あるいは対策が継続中で完了していない場合には，対策の状況を踏まえた基礎構造計画を行う．

1. 土壌汚染が基礎構造計画に及ぼす影響

　土壌汚染対策法[3.4.1)]は 2002 年 5 月に初めて成立し，2009 年 4 月の改正において，一定規模以上（3 000 m²）の土地の形質の変更に際して土壌汚染のおそれがあると都道府県知事が認めた場合には土壌汚染調査が必要となった．また，工場などで有害物質を使用していた施設が廃止される場合でも土壌汚染調査が必要となる．土壌の汚染状態が指定基準を超過した場合は，要措置区域や形質変更時要届出区域として指定され，何らかの対策が実施されないと実質的に工事が不可能となる．自主的に土壌汚染調査を実施して汚染が明らかとなった場合でも，土地所有者等が都道府県知事に区域の指定を申請することが求められる．これらの確認は地盤調査計画の段階で実施されるものである．そのため，本会「地盤調査計画指針」[3.4.2)]では，地盤調査計画段階で事前に土壌汚染のないこと，あるいは土壌汚染対策が終了していることを確認する必要があるとしている．

　土壌汚染の原因となる有害物質には，揮発性有機化合物，重金属類，農薬，ダイオキシン類，油などがある．土壌汚染対策法では人の健康被害のおそれのある 26 の特定有害物質（揮発性有機化合物，重金属，農薬等）を定め，土壌中の基準，地下水基準や物質ごとに行うべき調査を定

めている．また，ダイオキシン類については「ダイオキシン類対策特別措置法（平成11年（1999年）法律第105号）」[3.4.3]に基づき，主に廃棄物の埋立地を対象に土壌の環境基準が定められている．油について環境基準は設定されていないが，油汚染対策ガイドライン[3.4.4]において土壌や地下水の油汚染に対する対応方法を紹介している．

土壌汚染のおそれがあるのは都市部や工場地帯が主であるが，埋立地では人為的な土地の改変による汚染物質混入の可能性がある．また，有害物質の中には自然由来のものもあるため新規の造成地でも検出されることがある．このような地盤で基礎構造を計画する場合は，土壌汚染がないこと，または対策が十分であることを見極めておく．なお，土壌汚染対策を実施した地盤でモニタリング調査を継続していたが，基礎の計画段階で基準値を超えた場合は，追加の汚染対策に加えて基礎構造計画の見直しを行う可能性も含めて検討する．また，土壌汚染が疑われる地盤において，基礎構造の計画段階で追加の地盤調査が必要になった場合は，ボーリング調査などで汚染を拡散させないように配慮する．

2. 土壌汚染の状況を踏まえた基礎構造の計画

土壌汚染対策として，浄化・除去・封じ込めなどの汚染対策が実施されている場合は，対策の実施に影響を受けない基礎構造の計画とする．特に，対策の実施から完了までに時間を要する浄化や封じ込めの対策では，基礎工事の段階でも土壌汚染対策が完了していない場合があるので，土壌汚染対策の状況を踏まえた基礎工事計画を立てる．必要に応じて掘削土の処分方法に関する検討などを行い，基礎構造上の防護措置や建築的な防護対策を計画に折り込む．

例えば，図3.4.1に示すような封じ込めの土壌汚染対策が実施された地盤で対策工を貫いて杭基礎を計画する場合は，杭の施工により深さ方向へ汚染物質を拡散させるおそれがあるので，汚

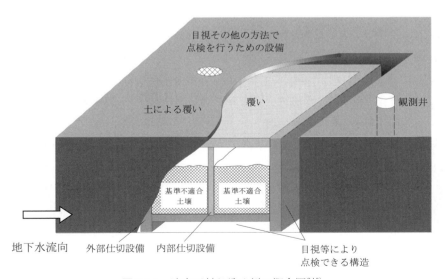

図3.4.1　遮水工封じ込め例の概念図[3.4.5]

― 68 ―　建築基礎構造設計指針

染の拡散を抑制する杭工法の選定や基礎形式の見直しを行う．また，地下水流動があるような地盤では汚染物質の拡散が生じやすいので，拡散防止のための対策を計画に盛り込む．

参 考 文 献
3.4.1)　環境省：土壌汚染対策法，最終改正，2014
3.4.2)　日本建築学会：建築基礎設計のための地盤調査計画指針，2009
3.4.3)　環境省：ダイオキシン類対策特別措置法，2000
3.4.4)　環境省：油汚染対策ガイドライン，2006
3.4.5)　環境省水・大気環境局土壌環境課：土壌汚染対策法に基づく調査及び措置に関するガイドライン（改訂第3版），2019

3.5 節　地 盤 改 良

> 　地盤改良工法の選定にあたっては，地盤条件・設計条件に応じて確実に期待できる改良効果と施工性を考慮する．また，周辺地盤・既設構造物や環境への影響に十分配慮する．

（1）　地盤改良の計画

　地盤改良の計画では，目標とする基礎構造の性能に対し，予想される問題点を抽出し，基礎構造の形式とともに検討を行う．問題点の抽出にあたっては，対象となる地盤の種類，層構成を把握し，かつ，地盤の性質を適切に評価することが重要であり，検討が必要となる深さや範囲は建物の規模によって異なる．生じうる問題点としては，支持力や剛性の不足，液状化，圧密沈下などがあげられる．それぞれの検討にあたっては，3.1節～3.3節，5章，6章を参照されたい．検討の結果，地盤改良が必要となれば，改良の目的，工法に応じて地盤の追加調査，周辺環境調査を実施する．調査では，地盤改良の設計に必要となる地盤情報を収集し，それらの値に基づき，設計強度，改良範囲等を設定する．

（2）　改良原理による工法の分類

　地盤改良工法は，改良原理によって置換，固化，締固め，脱・排水，補強および荷重軽減の6群に大別される．建築工事での適用例の多い固化，締固め，脱・排水について，工法とともに示したものが図 3.5.1 である．

　固化工法は，固化材混合，薬液注入，もしくは，熱的処理によって地盤を固結する方法である．このうち，固化材混合は，深層混合処理工法，浅層混合処理工法，流動化処理工法に大別され，セメント系固化材が用いられることが多い．①浅層混合処理工法は，固化材を粉体状態で地盤に散布して撹拌する方法，②深層混合処理工法は，地盤中にスラリー状，または，粉体状の固化材を吐出・噴射して原地盤と混合撹拌する方法，③流動化処理工法は，事前にプラントで固化材を混合してスラリー状態にしたものを打設する方法である．いずれも，支持力の増大，沈下量の低減，地盤の変形抑制，液状化防止等を目的としている．薬液注入は，時間が経過すると固まる性質を持つ薬液を注入して，地盤の強度を高める工法であり，熱的処理は，主には地盤を冷却することで地中の水を凍らせる工法であり，詳細は文献 3.5.1) に示されている．

　締固め工法には，①浅層に振動や衝撃を直接与える方法，②深層に砂・砂利などを強制圧入す

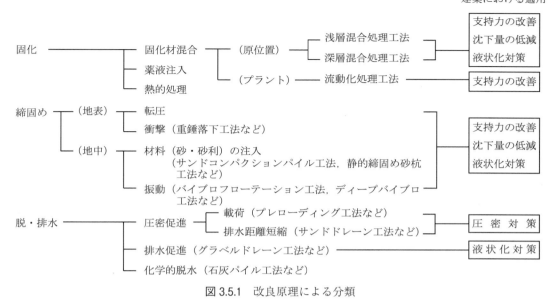

図 3.5.1 改良原理による分類

る方法，③棒状の固形を介して振動エネルギーを与える（補給材も伴う）方法がある．いずれも，地盤の密度を増加させることで，支持地盤の造成，もしくは，液状化対策を目的としている．

脱・排水工法には，①地中に各種ドレーンを設置し，排水距離を短くして圧密を促進する方法（盛土などの荷重を与えて効果増大を計ることが多い），②砂質土に砕石の柱や透水性の良いパイプを設置して，その排水促進効果により液状化を防止する方法，③生石灰などを柱状に打設し，その化学的変化によって軟弱粘性土の強度を増加させる方法がある．

（3） 建築における地盤改良の適用

地盤条件・設計条件に応じて，確実に改良効果が期待できるように工法を選定する〔図3.5.2〕．各基礎形式において地盤改良を併用する場合の設計の考え方は 5 章を，また，各工法の詳細は専門書[3.5.1]〜[3.5.5]を参照されたい．

　a） 支持地盤の造成

想定される荷重に対し，地盤の支持力，剛性が不足した場合は，地盤の強度増加を検討する必要がある．地盤条件や設計条件に応じて，主に締固め工法，固化工法から選定する．

　b） 液状化対策

液状化の防止としては，地盤密度の増大，地盤固結など土の性質を変化させて建物を支持させる方法と，過剰間隙水圧の消散，せん断変形の抑制などの応力変形条件を変える方法に分けられる．密度増大を目的とした締固め工法は，液状化対策として従来から用いられており，1964 年の新潟地震でその効果が認められている[3.5.6]．しかし，従来からの締固め工法は，騒音・振動を伴う場合があるため，都市部では静的締固め砂杭工法，排水促進型の工法や固化工法の適用が増えている．固化工法のうち，深層混合処理改良体の格子状配置は，地盤のせん断変形の抑制を目

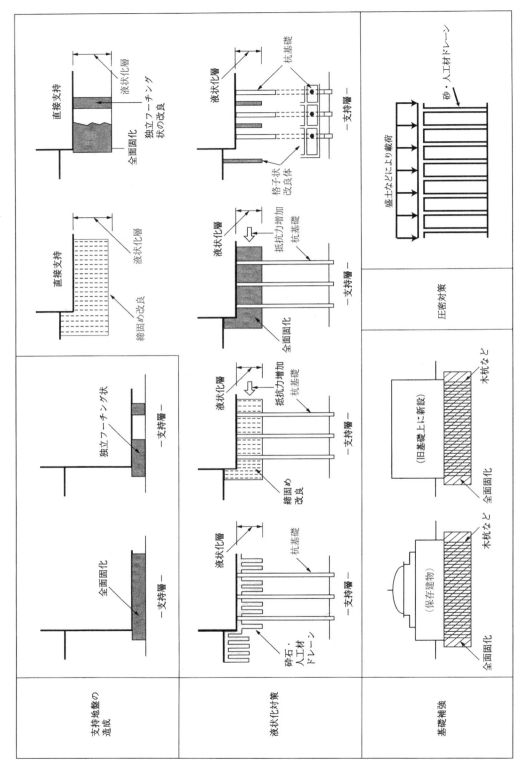

図 3.5.2　建築基礎への適用イメージ

的としており，1995 年の兵庫県南部地震でその効果が認められている[3.5.7]．深層混合処理の柱状固化改良は，建物荷重を固化体に支持させることで，液状化による沈下・傾斜防止を目的としている．液状化に対する各工法の設計の考え方は，文献 3.5.4) に詳しく示されている．

　c） 基礎周辺地盤の補強

　固化工法，締固め工法等は，杭の水平抵抗の増大，既設基礎周辺地盤の補強に適用された例がある．杭の水平抵抗の増大は，液状化地盤，側方流動地盤や軟弱地盤等で適用されることが多い．また，既設基礎周辺地盤の補強は，重要な文化財などへの適用のほか，既存基礎を残したまま新たに建物を新設する際に適用する場合もある．

　d） 圧 密 対 策

　臨海部の若齢造成地盤など，圧密が終了していない地盤や計画建物の荷重によって新たな圧密が発生する可能性のある地盤は，基礎の不同沈下の原因になるとともに，杭の抜上りに伴う水平抵抗力の低下や設備の機能障害が生じることも多い．これらを防止するために，鉛直ドレーン（排水工法）と盛土荷重などを組み合わせて圧密時間を短縮する方法が効果的である．

（4） 設計上の注意点

　a） 地盤改良の効果

　地盤改良の効果は，改良対象土の物性値や施工条件によって少なからず影響を受ける．例えば，固化工法では，機械撹拌系の深層混合処理工法によって粘性土を改良する場合，砂質土の改良に比べて改良体強度のばらつきが大きくなる傾向があること，噴射撹拌系の工法では改良径の把握精度が低いことも考慮しておく必要がある．締固め工法のサンドコンパクションパイル工法は原地盤の細粒分含有率 F_c が 15〜20 % を超えると効果が上がりにくいことが報告されている[3.5.8]．また，振動や衝撃により地盤を締め固める工法は，粘性土地盤には適さない．

　地盤改良の効果は，N 値の変化や採取コアの圧縮強度に置き換えて確認されることが多い．圧密促進の場合，実測沈下量の解析によって目標達成の度合いを把握できる．液状化対策として用いられた工法は，表 3.5.1 に示すように，過去の地震での実績が多く報告されている[3.5.6)〜3.5.12]．

表 3.5.1　効果が確認されている液状化対策工法

工法	効果確認が報告された地震
バイブロフローテーション工法	新潟地震（1964 年），十勝沖地震（1968 年），兵庫県南部地震（1995 年）など
サンドコンパクションパイル工法	宮城県沖地震（1978 年），日本海中部地震（1983 年），釧路沖地震（1993 年），兵庫県南部地震（1995 年）など
置換表層締固め工法	日本海中部地震（1983 年）など
重錘落下締固め工法	兵庫県南部地震（1995 年）など
静的締固め砂杭工法	東北地方太平洋沖地震（2011 年）など
グラベルドレーン工法	釧路沖地震（1993 年），三陸はるか沖地震（1994 年），兵庫県南部地震（1995 年），東北地方太平洋沖地震（2011 年）など
深層混合処理工法	兵庫県南部地震（1995 年），東北地方太平洋沖地震（2011 年）など

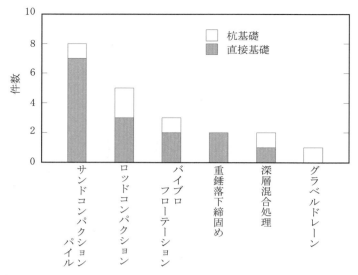

図 3.5.3 兵庫県南部地震後の調査において効果が確認されている対策工法別の件数[3.5.10)を一部修正]

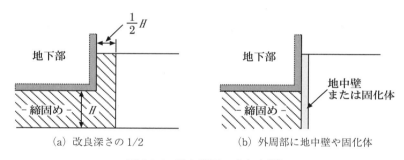

図 3.5.4 改良範囲の考え方[3.5.8)]

古くは，締固め工法の事例が多かったが，固化工法，排水工法等の報告例も増えている．図3.5.3 は，1995 年兵庫県南部地震で，神戸地区において，調査報告書等より収集した効果が確認された工法を件数ごとに示したものである[3.5.10)]．また，2011 年東北地方太平洋沖地震においても，液状化に対する対策工法の有効性が実証されている[3.5.11),3.5.12)]．

b）改良範囲の考え方

例えば，液状化対策としてサンドコンパクションパイル工法等の締固め工法による地盤改良を行う場合，改良は建物直下だけでなく建物の安定性を支配するより広い範囲が対象となる．深さ方向には液状化すると予測される最深部まで改良することを原則とするが，石原[3.5.13)]は軽微な建物の場合，浅い深度のみの改良でも効果があることを報告している．改良範囲に関する系統だった研究は少なく，設計者の工学的判断にゆだねられているのが現状である．敷地に余裕のある土木構造物を対象とした設計では，改良深さに応じた改良範囲が提案されている[3.5.14)〜3.5.16)]が，建物の場合では「旧基礎構造設計指針」[3.5.8)]に示されている「改良深さの 1/2 に相当する範囲」〔図 3.5.4（a）〕すら適用できないことが多い．敷地境界までの余裕がない場合は，図 3.5.4（b）に

表 3.5.2　配慮すべき項目

周辺環境への影響	要因
地盤変状	沈下，側方変形
騒音・振動	機械の操業
水質汚濁・土壌汚染	排水，廃液処理，薬液，固化材
悪臭	悪臭物質（アンモニア，硫化水素など） 廃棄物地盤等の改良を行う際の臭気
粉塵	固化材

示すように外周部に RC 連続壁や固化工法を採用するのも有効な方法である．一方，セメント系の固化工法では，建物直下（基礎幅）を改良範囲とすることが多い．

（5）　施工上の注意点

工法の選定においては，対象となる地盤の条件をよく把握し，対策効果を検討するとともに，施工性を考慮する必要がある〔10 章参照〕．また，地盤改良の施工は，周辺の地盤，既設構造物や環境に影響を及ぼすことが多く，表 3.5.2 に示す要因に配慮すべきである．

締固め工法のサンドコンパクションパイル工法は，騒音・振動の問題以外に，比較的広い作業ヤードが必要となり，市街地などでの規模の小さい敷地には適さない場合もある．一方，近年開発された静的締固め砂杭工法の中には，比較的小さい機械でも施工可能な場合もある．既存建物に対する地盤改良では，新設建物に対する地盤改良より，施工機材の選定，ヤードの確保等がより厳しい条件となる．

周辺環境への影響は，騒音・振動，水質汚濁・土壌汚染，悪臭，粉塵も考えられる．セメント系固化材を用いる地盤改良の場合は，必要に応じて六価クロム溶出試験を実施し，六価クロム溶出量が土壌環境基準値以下であることを確認する．浅層混合処理工法では固化材の粉塵飛散対策も必要になる．施工にあたっては，規制・基準を守るべく，適切な対策を講じる必要がある．

参 考 文 献

3.5.1)　地盤工学会：地盤改良の調査・設計と施工，2013
3.5.2)　日本材料学会土質安定材料委員会：地盤改良工法便覧，1991
3.5.3)　日本建築学会：建築基礎のための地盤改良設計指針案，2006
3.5.4)　地盤工学会：液状化対策工法，2004
3.5.5)　日本建築センター，ベターリビング：2018 年版　建築物のための改良地盤の設計及び品質管理指針―セメント系固化材を用いた深層・浅層混合処理工法―，2018.11
3.5.6)　建設省建築研究所：新潟地震による建築物の被害，建築研究報告，No. 42，1965
3.5.7)　鈴木吉夫・斉藤　聡・木村　玄・木林長仁・細見尚史：格子状地盤改良による液状化対策を施した建築基礎の調査報告，基礎工，Vol. 23，No. 10，pp. 54～58，1995.10
3.5.8)　日本建築学会：建築基礎構造設計指針，2001
3.5.9)　地震予知総合研究振興会：軟弱地盤の地震時挙動とライフライン施設の耐震性に関する研究，1996
3.5.10)　建築基礎における液状化・側方流動対策検討委員会（BTL 委員会）：兵庫県南部地震における液状化・側方流動に関する研究，建築研究報告，No. 138，2000

3.5.11）　内田明彦・小田島暢之・山下　清：東北地方太平洋沖地震における格子状改良を施した建物基礎の挙動，日本建築学会技術報告集，Vol. 19，No. 42，pp. 481〜484，2013.6

3.5.12）　原田健二・大林　淳：宅地地盤の液状化対策工法における改良効果の評価事例，土と基礎，Vol. 62，No. 6，pp. 10〜13，2014.6

3.5.13）　Ishihara, K.：Stability of natural deposit during earthquakes, Proceedings of the 11th International Conference on Soil Mechanics and Foundation Engineering, Vol. 1, pp. 321〜376, 1985.8

3.5.14）　総務省消防庁：危険物の規制に関する技術上の基準の細目を定める告示，2014

3.5.15）　岩崎俊男・常田賢一・木全俊雄・近藤益央：地盤液状化の対策範囲に関する模型振動台実験，第17回土質工学研究発表会，pp. 1945〜1948，1982.6

3.5.16）　井合　進・小泉勝彦・倉田栄一：液状化対策としての地盤締固め範囲，土と基礎，Vol. 39，No. 2，pp. 35〜40，1991.2

4章 荷 重

4.1節 荷重の種類と組合せ

> 1. 基礎構造の設計で想定する荷重は，以下とする．
> （1） 上部構造に作用し基礎に伝達される荷重
> （2） 基礎に直接作用する荷重
> （3） 地盤変状に伴う荷重
> （4） その他の荷重
> 2. 想定する荷重の大きさは，基礎構造に求められる要求性能や再現期間などを適切に評価して設定する．
> 3. 想定する荷重に対する設計にあたっては，各荷重の組合せを適切に考慮する．

　基礎構造の設計で想定する荷重の種類や大きさおよびその組合せに関しては，本会「建築物荷重指針・同解説[4.1.1)]」（以下「荷重指針」と呼ぶ）を参照することを原則とする．

　設計実務上は，建築基準法および関連する政令等に定められた設計用荷重に関する諸規定を最低限満足することが求められるが，本指針では現時点で法的な要求事項とされていない基礎のレベル2荷重に対する設計を行うことを基本方針とすることから，設計用荷重を設定することも設計行為の一部であることを今まで以上に認識し，設計条件や社会的要請を勘案したうえで，採用する荷重の大きさと組合せを吟味する必要がある．

　荷重指針[4.1.1)]では地震荷重を「工学的基盤」で設定する考え方を採用しているが，一方で，許容応力度等計算や保有水平耐力計算のように建物に作用する地震荷重を直接評価する設計法も広く用いられている．この地震荷重あるいは新耐震設計法の地震荷重を，本指針では「地表面」で設定する地震荷重と呼ぶ．本指針では，基礎構造についても上部構造の二次設計に相当する設計を行うことを基本方針とすることから，「地表面」，「工学的基盤」で設定するいずれかの地震荷重を用いて上部構造を設計する建物に対して基礎のレベル2荷重に対する設計を行うための考え方を示している．これに伴い，地震荷重を「地表面」と「工学的基盤」のどちらで設定するかが基礎の設計荷重の設定にかかわるため，上部構造に作用し基礎に伝達される荷重の考え方も本章で取り扱う．また，基礎の設計で考慮する荷重として，新たに本設地盤アンカーの荷重を取り扱う．

　なお，本節では荷重の種類や大きさ，組合せに関する基本的な考え方を示すに留めている．具体的な設計上の取扱いについては各基礎構造の章を参照されたい．

1. 荷重の種類

　荷重指針[4.1.1)]では，建物に想定する荷重として固定荷重（G），積載荷重（QもしくはP），雪

― 76 ―　建築基礎構造設計指針

荷重（S），風荷重（W），地震荷重（EもしくはK），温度荷重（T），水圧と土圧（H），津波荷重（T_u），衝撃荷重（I），その他の荷重を挙げており，原則として本指針もこれによる．ただし，津波荷重については，後述の理由により，本指針では想定する荷重から除外する．加えて本指針では，荷重指針[4.1.1)]では扱われていない基礎の設計で想定する荷重として，地盤変状に伴う荷重（地盤の水平変位による荷重，地盤沈下により杭に生じる負の摩擦力および不同沈下による強制変形力）を取り扱う．その他の荷重としては上記に含まれない荷重として本設地盤アンカーの荷重，機械類の荷重，土間スラブの自重などを取り扱う．なお，積載荷重と地震荷重の荷重記号は荷重指針[4.1.1)]で用いられるものと，建築基準法施行令第82条で用いられるものを併記している．

本指針では基礎構造の設計で想定する荷重を次のように分類する．

（1）　上部構造に作用し基礎に伝達される荷重

（2）　基礎に直接作用する荷重

（3）　地盤変状に伴う荷重

（4）　その他の荷重

2.2節の常時作用する荷重，短時間に作用する荷重として，上記（1）～（4）が想定する荷重を表4.1.1に示す．本指針に記述のある荷重については，関連する節を（　）内に示し，それ以外のものは荷重指針[4.1.1)]による．短時間に作用する荷重については，地震荷重と地震荷重以外に分けて示している．通常，基礎の設計において雪荷重や風荷重を短時間に作用する荷重として扱うことは少ないが，上部構造に作用する短時間に作用する荷重として地震荷重以外の荷重に分類している．地震荷重は，前述のように，上部構造の設計方針によって設定位置を「工学的基盤」もしくは「地表面」のどちらかを選択することに留意されたい〔4.4節参照〕．

表4.1.1　基礎構造の設計で想定する荷重

		（1）上部構造に作用し基礎に伝達される荷重	（2）基礎に直接作用する荷重	（3）地盤変状に伴う荷重	（4）その他の荷重
常時作用する荷重		・固定荷重 ・積載荷重 ・雪荷重 （多雪地域の場合）	・固定荷重 ・積載荷重 ・水圧と土圧 （4.2，4.3節）	・地盤沈下により杭に生じる負の摩擦力（6.4節） ・不同沈下による強制変形力（直接基礎5.3節，パイルド・ラフト基礎7.3節，異種基礎8.2節）	・本設地盤アンカーの荷重 ・積載荷重に含まれない機械類の荷重 ・土間コンクリートの自重
短時間に作用する荷重	地震荷重	・地震荷重（4.4節）	・水圧と土圧 （4.2，4.3節） ・地震荷重（4.4節）	・地盤の水平変位による荷重（4.5節）	―
	地震荷重以外	・雪荷重 ・風荷重	―	―	

〔注〕　本指針において対象外としているもの：斜面崩壊，護岸や擁壁などの崩壊および土石流による荷重，建設に伴う仮設時の荷重，津波荷重．

地盤変状に伴う荷重として，斜面崩壊，護岸や擁壁などの崩壊および土石流による荷重が考えられる．本来，これらに対しても基礎を設計するべきところであるが，検討建物の敷地外部の地盤変状等に伴う荷重については，本指針では想定する荷重から除外する．建設地の実状と建物の要求性能に応じて設計上の取扱いを判断されたい．

荷重指針[4.1.1)]では，建設に伴う仮設時の荷重なども，建物の建設地，規模，用途，工法によっては考慮する必要がある，としている．建設に伴う仮設時の荷重としては，仮設地盤アンカーの荷重，杭施工時に作用する荷重，クレーン荷重の反力や構真柱軸力などが挙げられる．杭施工時に作用する荷重については，杭の施工方法に応じて，押込み力，回転力，把持力，打撃力が杭に作用する．これらの荷重は施工検討上必要となるが，一般的には基礎の設計で考慮する荷重ではないため，本指針では想定する荷重から除外する．

津波荷重に対する基礎の設計の考え方としては，現時点で文献 4.1.2) が挙げられる．しかし，指針としては暫定的な扱いとなっており，設計法としては検討の余地が残されていることから，本指針では，津波荷重を想定する荷重から除外する．

（1）上部構造に作用し基礎に伝達される荷重

上部構造（地上部分と地下部分）〔1.3 節参照〕に作用する荷重のうち地震荷重を除く固定荷重，積載荷重，雪荷重，風荷重については，荷重指針[4.1.1)]に従って考慮することを原則とする．

地震荷重については，上部構造の設計方法によって，「地表面」で設定される計算方法か「工学的基盤」で設定される計算方法のいずれかを選択する．前者については「保有耐力計算等に基づく方法」，後者については「限界耐力計算に基づく方法」や「地震応答計算に基づく方法」として 4.4 節に示している．なお，地震荷重が「工学的基盤」で設定される場合は，それ以浅の地盤による地震動増幅の評価とともに建物と地盤の動的相互作用による入力低減効果を考慮することを許容するが，地震荷重が「地表面」で設定される場合は，地盤による地震動増幅の評価を行わないため，入力低減効果を考慮しない．

上部構造の応力解析と基礎の応力解析を分離して行う場合，上部構造に作用し基礎に伝達される荷重は，上部構造の応力解析結果として得られる支点反力（鉛直力と水平力，基礎梁がない構造形式ではこれらにモーメントが加わる）を基礎の設計で考慮する．一方，上部構造と基礎を一体でモデル化して応力解析を行う場合，モデル化の中で考慮される．

（2）基礎に直接作用する荷重

基礎に直接作用する荷重は，固定荷重，積載荷重，地震荷重，水圧と土圧を考慮する．

固定荷重については，基礎構造各部の自重のほか，基礎スラブ上部の土被り重量を考慮する必要がある．従来から，基礎の土被り厚が極端に小さい場合などを除き，基礎スラブ重量と土被り重量の平均値を $20\,\mathrm{kN/m^3}$ とみなす簡略法も慣用されているが，原則として，設計で用いる単位体積重量〔2.7 節〕と基礎スラブの体積から重量を算出することを基本とする〔図 4.1.1 参照〕．

積載荷重については，荷重指針[4.1.1)]を参照し適切に考慮する．建物用途（例えば倉庫等）によっては，積載荷重の変動を考慮する必要があるので注意されたい．

地震荷重については，上部構造の地下部分に作用する慣性力と同じ値とする〔4.4 節参照〕．

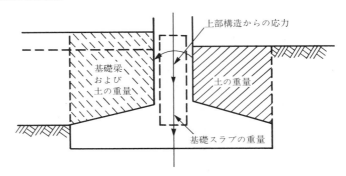

図 4.1.1 基礎スラブ上部の土被り重量

　水圧については，鉛直方向の水圧である浮力も含め，4.2 節に示している．土圧に関しては，上部構造の一部である地下外壁に作用する場合と擁壁に作用する場合とに分けて，4.3 節に示している．地下外壁の断面設計に用いる土圧には，地表面載荷がある場合，基礎が階段状の形状である場合，基礎および建物の地下部分の両側に加わる土圧が異なる場合，その影響を考慮する．擁壁に作用する土圧には，地表面載荷がある場合，地震動によって土圧が著しく増大する場合，その影響を考慮する．地震時の水圧と土圧の算定においては，液状化の影響を適切に考慮する．

（3）地盤変状に伴う荷重

　地盤変状に伴う荷重については，地盤の水平変位による荷重，地盤沈下により杭に生じる負の摩擦力および不同沈下による強制変形力を考慮する．

　地盤の水平変位による荷重は，地震動に起因して生じる荷重であるので，上部構造の地震荷重と同様に上部構造の設計方法に応じて「地表面」で設定される場合と「工学的基盤」で設定される場合のいずれかの評価方法を選択する．それぞれの評価方法は 4.5 節に示されている．

　杭に生じる負の摩擦力〔6.4 節〕は，鉛直支持力と沈下および水平抵抗の検討で考慮される．不同沈下による強制変形力は，直接基礎〔5.3 節〕やパイルド・ラフト基礎〔7.3 節〕，異種基礎〔8.2 節〕などの解析モデルにおいて沈下差を適切に与えて算定することで考慮される．

（4）その他の荷重

　荷重指針[4.1.1)]では，「その他の荷重」として，積載荷重に含まれない機械設備やそれに伴う振動，衝撃，その他偶発的荷重，建設に伴う仮設時の荷重などが示されている．

　基礎の設計で想定するその他の荷重としては，本設地盤アンカーの荷重，モーター等機械類の基礎に加わる荷重や，土間コンクリートの自重が挙げられる．本設地盤アンカーの荷重については，緊張力の反力が荷重として作用することを考慮する必要がある．本設地盤アンカーは，本設の部材として常時作用する荷重として扱う．具体的な地盤アンカーの荷重や設計方法については，本会「建築地盤アンカー設計施工指針・同解説[4.1.3)]」を参照されたい．モーター等機械類の基礎のように，振動を生じる基礎の荷重評価については，動的な影響を考慮したうえで静的荷重として評価することが必要であり，常時作用する荷重に含めている．具体的な荷重については，適宜振動実験などを行って評価することが望ましい．また，土間コンクリートの自重を基礎の設

計に見込む場合もある.

なお，直接基礎の基礎梁に作用する地反力や，基礎梁に杭頭から作用するモーメントについては，基礎に直接作用する荷重とも考えられるが，旧指針（2001）と同様に，部材に生じる応力や変形として扱う.

2. 荷重の大きさ

想定する荷重の大きさは，2.4 節の要求性能に示されているように，常時作用する荷重と短時間に作用する荷重として設定する. 短時間に作用する荷重は，供用期間中に 1 回から数回遭遇する荷重と想定される最大級の荷重の 2 段階とする. 短時間に作用する荷重のうち，前者を「レベル 1 荷重」，後者を「レベル 2 荷重」と呼ぶ. ただし，レベル 1，レベル 2 は短時間に作用する荷重（雪荷重，風荷重，地震荷重）それぞれに使用する用語であるため，本指針においては「レベル 1 荷重」，「レベル 2 荷重」は短時間に作用する荷重をすべて含んだ総称として使用し，個別に使用する場合は「レベル 1 風荷重」，「レベル 2 地震荷重」のように呼ぶ.

荷重指針[4.1.1)]では，荷重ごとに基本値を設定し，それに基づいて設計値を設定しており，本指針でもこの考え方を踏襲して荷重を設定する. 固定荷重，積載荷重に関しては，荷重指針[4.1.1)]の基本値を常時検討用荷重に，また雪荷重，風荷重についても，荷重指針[4.1.1)]により再現期間に応じてレベル 1 荷重時ならびにレベル 2 荷重時の要求性能の検討用荷重を設定する.

地震荷重を「工学的基盤」で設定する場合は，原則として荷重指針[4.1.1)]によるが，「地表面」で設定する場合は，許容応力度等計算による一次設計ならびに保有水平耐力計算による二次設計で想定する荷重をレベル 1 およびレベル 2 検討用荷重として用いる.

地盤変状に伴う荷重のうち，地震動に起因して生じる地盤の水平変位による荷重については，地震荷重の設定位置ならびに大きさと整合させて算出した荷重をそれぞれのレベルの検討に用いる. その他の荷重については実況に応じて適切に設定する.

3. 荷重の組合せ

荷重指針[4.1.1)]では，荷重の組合せは対象とする建物あるいは各部分の要求性能に応じて定めること，およびどのような荷重を組合せとして考えるかはそれらが同時に作用する可能性を検討すべきである，としている.

以下に，一般的な建物における荷重の組合せを示す. 基礎の設計では水圧と土圧が常時作用する. 雪荷重，風荷重は，上部構造に作用し基礎に伝達される荷重として考慮する場合を想定している. 地震荷重は，上部構造に作用し基礎に伝達される荷重と基礎に直接作用する荷重を合わせて示している.

（a） 積載荷重 $Q(P)$ が主の荷重の場合：$G + Q(P) + H$

（b） 雪荷重 S が主の荷重の場合　　：$G + Q(P) + H + S$

（c） 風荷重 W が主の荷重の場合　　：$G + Q(P) + H + W$（一般地域），

$G + Q(P) + H + S + W$（多雪地域）

― 80 ―　建築基礎構造設計指針

（d）　地震荷重 $E(K)$ が主の荷重の場合：$G+Q(P)+H+E(K)$（一般地域），

$$G+Q(P)+H+S+E(K)（多雪地域）$$

ここに，記号 G は固定荷重，H は水圧と土圧を意味する．

上記に加えて地盤変状に伴う荷重やその他の荷重の組合せを考慮する．

杭に生じる負の摩擦力や不同沈下による強制変形力は，（a）〜（d）のすべての組合せに対して考慮する必要があるが，地震動に起因して生じる地盤の水平変位による荷重や水圧と土圧，ならびに地盤の液状化の影響については，（d）の組合せのみ考慮すればよい．ただし，側方流動のように地震動の最大値の発生と同時に最大値が発生する可能性が低いものについては，（d）の地震荷重を側方流動の荷重に置き換えて組み合わせることも考えられる．

（e）　側方流動の荷重が主の荷重の場合：$G+Q(P)+H+$側方流動の荷重（一般地域），

$$G+Q(P)+H+S+側方流動の荷重（多雪地域）$$

その他の荷重として，常時作用する荷重に含めるものは（a）の組合せを用いるほか，地盤アンカーの荷重の組合せは本会「建築地盤アンカー設計施工指針・同解説」[4.1.3]による．

以上は基本的な考え方であり，特殊な荷重条件下では，ここで設定しない荷重の組合せが設計上もっとも厳しい条件となることもあるので，個々の設計で適宜判断することが肝要である．また，具体的な組合せに関する設計上の取扱いは各章に記述するので，そちらを参照されたい．

――――――――――――

参 考 文 献

4.1.1)　日本建築学会：建築物荷重指針・同解説，2015
4.1.2)　国土交通省住宅局長：津波に対し構造耐力上安全な建築物の設計法に係る追加的知見について（技術的助言），2011.11
4.1.3)　日本建築学会：建築地盤アンカー設計施工指針・同解説，2018

4.2節　水　　　圧

1. 地下水位以深にある地下外壁などは常時の水圧を考慮する．また，地震時および液状化時には必要に応じて過剰間隙水圧を考慮する．

2. 地下水位以深にある上部構造の地下部分は常時の浮力を考慮する．地下水位以深にある杭は必要に応じて浮力を考慮する．また，いずれも液状化時には必要に応じて泥水による浮力を考慮する．

1. 水　　　圧

常時作用する荷重として，地下外壁に作用する水圧 $_hp_w$（kN/m²）は，図4.2.1（a）に示すように地下水位からの三角形分布（静水圧分布）とし，次式により求める．

$$_hp_w＝\gamma_w(z-z_w) \quad ただし \quad z≧z_w \tag{4.2.1}$$

ここに，z（m）：地表面から水圧を求める位置までの深さ

z_w（m）：地表面から地下水位までの深さ（設計用地下水位）

なお，z_w の設定については，2.7節を参照されたい．

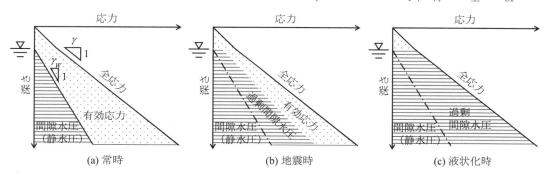

図 4.2.1　液状化の可能性がある地盤における水圧の変化

地下水位以深の砂質土など，液状化の可能性がある地盤においては，地震時に過剰間隙水圧が発生し〔図 4.2.1（b）参照〕，液状化時の水圧は地盤の全応力と同程度となる〔図 4.2.1（c）参照〕．地震時の過剰間隙水圧については，3.2 節を参照されたい．

2. 浮　　力

地下水位より深くに上部構造の地下部分や杭がある場合，これらは地下水から鉛直上向きの浮力を受ける．その大きさは地下水位以深にある上部構造の地下部分や杭と同じ体積の水の重量に等しい．このうち，地下水位以深にある上部構造の地下部分に作用する浮力 F_{bf}（kN）は，常時作用する荷重として考慮する場合が多く，次式により求める．

$$F_{bf} = \gamma_w V_f \tag{4.2.2}$$

ここに，V_f（m³）：地下水位以深にある上部構造の地下部分の体積

また，地下水位以深の杭に作用する浮力 F_{bp}（kN）を考慮する場合は，これを次式により求める．

$$F_{bp} = \gamma_w V_p \tag{4.2.3}$$

ここに，V_p（m³）：地下水位以深にある杭の体積

液状化時には，泥水中で浮力を受けることになるため，式 4.2.2 および式 4.2.3 において，液状化層における水の単位体積重量 γ_w を泥水の値（水の約 2 倍の値）に置き換えて算定する．

基礎の設計において浮力が主たる荷重になる場合として，短時間に発生する高潮などの異常水位による浮上りがある．異常水位による浮上りに対しては，建物重量以外の有効な抵抗要素として上部構造の地下部分の側面摩擦，杭の周面摩擦，鉛直地盤アンカーなどを考慮することが多い．

基礎の設計において浮力が不利に働くときもあれば有利に働くときもある．直接基礎においては，基礎の水平抵抗の検討の際に，上部構造の重量として基礎底面から下方の地盤へ作用する鉛直力が浮力によって減少し，摩擦抵抗も減少する．杭基礎においては，杭頭に鉛直下向きの荷重が作用する場合は浮力によってそれが減少し，杭頭に引抜き荷重が作用する場合はそれが増加する．よって，基礎の設計において浮力が有利に働く場合はその影響を無視した検討をするなど，危険側の設計とならないよう配慮する．

— 82 —　建築基礎構造設計指針

4.3 節　土　　圧

---

1. 地下外壁や擁壁などに作用する土圧は，構造物と地盤の相対変位に応じて，主働状態から受働状態まで変化する．地震時には地盤の加速度の影響を考慮した地震時土圧を用いる．

2. 地下外壁の断面設計に用いる土圧は，一般に静止土圧を用いて常時のみ検討すれば良い．ただし，下記の場合は，その影響を考慮する．

（1）　地表面載荷がある場合

（2）　基礎が階段状の形式である場合

（3）　基礎および建物地下部分の両側に加わる土圧が異なる場合

3. 免震ピットの立上がり壁の断面設計に用いる土圧は，地下外壁と同じとする．ただし，レベル2地震荷重時は地震時土圧を考慮する．

4. 擁壁に作用する土圧は，一般に主働土圧とする．ただし，下記の場合はその影響を考慮する．

（1）　地表面載荷がある場合

（2）　地震動によって土圧が著しく増大する場合

5. 地震時の杭頭水平力を評価する際に用いる土圧は，基礎または地下階における受働面の土圧合力増分（基礎根入れ部の土圧合力）とする．

---

1. 土圧の種類と算定法

　地下外壁や擁壁など土に接する構造体には，側圧として図 4.3.1 に示す土圧と水圧が作用する．土圧はその深度の鉛直有効応力 $\sigma_z{'}$（有効土被り圧＋地表面載荷の荷重度）に土圧係数 K を乗じて求められる．土圧は図 4.3.2 に示すように壁と地盤の相対変位に応じて変化する．

　壁と地盤の相対変位がゼロの状態を「静止状態」と呼び，その際の土圧を静止土圧 p_0 と呼ぶ（静止状態の土圧係数を静止土圧係数 K_0 と呼ぶ）．地表面からの深さ z（m）における静止土圧 p_0（kN/m²）は次式で求められる．

$$p_0 = K_0 \sigma_z{'}$$

$$= K_0 \left(\int_0^z \gamma dz + q \right) = K_0 \left(\sum_{i=1}^n (\gamma_i H_i) + q \right) \tag{4.3.1}$$

ここに，K_0：常時の静止土圧係数，γ（kN/m³）：深さ z 以浅の地盤の単位体積重量（地下水位以浅は湿潤単位体積重量 γ_t，地下水位以深は水中単位体積重量 $\gamma{'}$ を用いる．），γ_i（kN/m³）：地表から深さ z までの地盤を n 層に分割した場合の i 層の単位体積重量，H_i（m）：地盤の i 層の厚さ，q（kN/m²）：地表面載荷の荷重度（地表面全面に載荷される荷重度）

　壁が地盤から離れる方向（主働側）に変位すると，図 4.3.2 に示すように土圧は減少し，最終的に主働土圧 p_A に収束する．主働土圧と静止土圧の間の土圧を，主働側土圧と呼ぶ．逆に壁が地盤を押す方向（受働側）に変位すると土圧は増加し，最終的に受働土圧 p_P に収束する．受働

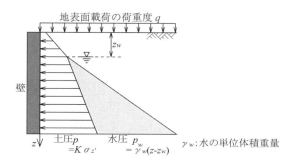

図 4.3.1 壁に作用する土圧・水圧の模式図

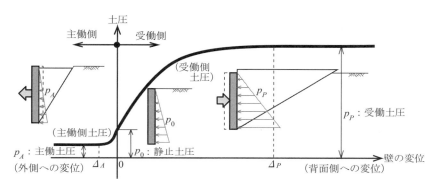

図 4.3.2 壁の変位と土圧の関係の模式図

土圧と静止土圧の間の土圧を，受働側土圧と呼ぶ．主働土圧に至る相対変位 Δ_A は比較的小さいが，受働土圧が発揮されるのに必要な相対変位 Δ_P は一般に壁面高さの数 % とかなり大きい．設計では，設計荷重における壁と地盤との相対変位を想定し，これに対応する土圧を考慮する必要がある．

地震時には，地盤の加速度（慣性力）によって土圧が変化する．地震時に作用する土圧を地震時土圧（地震時主働土圧，地震時受働土圧など）と呼ぶ．設計で地震時土圧を考慮する場合，地盤の加速度の向きを設計上安全側に設定する必要がある．

2. 地下外壁の断面設計に用いる土圧

地下外壁の断面設計に用いる土圧は以下のとおりとする．

常時荷重に対する設計では，静止土圧係数 K_0 を 0.5 として式 4.3.1 により静止土圧を求める．ただし，岩や非常に硬い粘性土など自立高さが高い地盤で，実測結果などに基づいて静止土圧係数が定められる場合は，それによることができる．静止土圧係数の評価式としてはヤーキー（Jaky）の式[4.3.1] などが提案されているが，静止土圧係数 K_0 は計測が難しく，既往の実測値[4.3.2],[4.3.3] や実験値[4.3.4] によれば，土質ごとにばらつきや長期的な変動があるとされており，正確な値の設定が難しい定数の一つである．このため試験により信頼性の高い結果が得られる場合などを除き，静止土圧係数は土質によらず 0.5 とする．

地下外壁の断面設計の検討は，地震で建物の地下外壁が破壊した事例がないことから，通常は常時の検討のみ行えば良い．常時土圧で地下外壁が弾性状態にあることを確認すれば，設計用の地震時土圧による壁応力は，通常，部材の降伏応力以下となる．よって，受働側の土圧抵抗に大きく期待する設計を行う場合などを除いて地震時の地下外壁の断面検討は省略することができる．地震時土圧を考慮した設計が必要と判断した場合は，液状化しない層では地震時土圧係数 K_E を次式により設定する．

$$K_E = K_0(1+k_h) \tag{4.3.2}$$

ここに，K_0：静止土圧係数，k_h：地震時の地下部分の設計震度

　地震時土圧は，式 4.3.1 の K_0 を K_E に置き換えて求める．例えば，静止土圧係数 K_0 が 0.5 で，地下部分の設計震度 k_h が後述の表 4.4.1 の 1（1）b）に示されている地表面最大加速度に基づきレベル 1 荷重で 0.1（地表面最大加速度 $1\,\mathrm{m/s^2}$ 相当），レベル 2 荷重で 0.4（同 $4\,\mathrm{m/s^2}$ 相当）とした場合には，式 4.3.2 より求まる地震時土圧係数 K_E はそれぞれ 0.55，0.7 となる．なお，液状化層の場合は，液状化層内の遮水壁に作用した側圧の計測結果などから K_E を 1.0 とする[4.3.5]．

　地下水位以深の部分には別途水圧を考慮する．地下水位面（常水面）の位置は，地下外壁の設計に非常に大きな影響を与えることから危険側の設定にならないように十分注意する必要がある．なお，地下水位の設定に関しては 4.2 節，地下外壁の設計に関しては 9.1 節を参照されたい．

（1）　地表面載荷がある場合

　a）　地表面全面に載荷が行われる場合

　地表面の用途については不確定な要素が多いので，式 4.3.1 の q として地表面載荷の荷重度をある程度見込んでおくことが望ましい．その値は，建物の規模・配置・用途，常時と地震時などによって異なるので，実状を考慮して設定する．なお，地盤内に伝達される鉛直応力は，壁面と土との間の摩擦によって深さとともに減少するが，通常はこれを考慮しない．

　b）　地表面載荷が部分的に作用する場合

　地下外壁に隣接して直接基礎の建物がある場合や施工時に重量の大きい重機が置かれる場合など，荷重域が地表面全面でない場合には，その影響による鉛直有効応力増分 $\Delta\sigma_z'$（$\mathrm{kN/m^2}$）を考慮して，静止土圧を評価する．$\Delta\sigma_z'$ は弾性論により求められ，荷重域が幅 B（m），長さ L（m）の長方形面である場合は式 3.1.1 と長方形分割法を用いて算出する．その際の静止土圧増分 Δp_{0b}（$\mathrm{kN/m^2}$）は，鏡像の原理を考慮して，次式により求める．

$$\Delta p_{0b} = 2K_0\Delta\sigma_z' \tag{4.3.3}$$

Δp_{0b} を式 4.3.1 に加えることにより，壁面に作用する静止土圧を評価する．

（2）　基礎が階段状の形状を有する場合

　図 4.3.3 に示すように階段状の基礎を有する場合の地下外壁（上段，下段）に作用する常時の土圧 p_{01}，p_{02}（$\mathrm{kN/m^2}$）は，当該地下外壁に接する地盤の鉛直有効応力 σ_{z1}'，σ_{z2}'（$\mathrm{kN/m^2}$）を算出し，これに静止土圧係数 K_0 を乗じた $p_{01}=K_0\sigma_{z1}'$，$p_{02}=K_0\sigma_{z2}'$ とする．

　地表面に接する地下外壁（上段）に接する地盤の鉛直有効応力 σ_{z1}'（$\mathrm{kN/m^2}$）は，階段状でない地下外壁と同様に次式で求める．

4 章 荷　　重　— 85 —

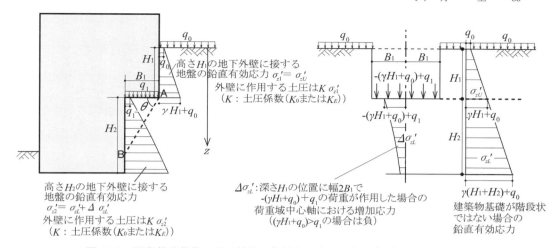

図 4.3.3　階段状建築物の地下外壁に作用する土圧の求め方（γが一定の場合）

$$\sigma_{z1}' = \int_0^z \gamma dz + q_0 \tag{4.3.4}$$

ここに，z（m）：当該地下外壁が接する地表面からの深さ，q_0（kN/m²）：地表面載荷の荷重度，γ（kN/m³）：上段地下外壁に接する深さz以浅の地盤の単位体積重量（地下水位以浅は湿潤単位体積重量γ_t（kN/m³），地下水位以深は水中単位体積重量γ'（kN/m³）を用いる）

なお，γが一定の場合は，$\sigma_{z1}' = \gamma z + q_0$となる．

地表面に接しない地下外壁（図 4.3.3 では下段の地下外壁）に作用する鉛直有効応力σ_{z2}'の算定は以下のとおりとする．

下段の地下外壁に作用する土圧を算定する場合，上段地下外壁に接する土の重量と地表面載荷の荷重度q_0が与える影響を考慮する必要がある．建物の奥行きが十分大きい場合の下段の地下外壁に接する地盤の鉛直有効応力σ_{z2}'（kN/m²）は，図 4.3.3 に示すように長方形分割法と鏡像原理[4.3.6]を用いて式 4.3.5〜式 4.3.7 より求まる．以下では式を簡単にし，理解しやすくするため地盤の単位体積重量はγで一定とした場合について示す．

$$\begin{aligned}\sigma_{z2}' &= \gamma z + q_0 + \Delta\sigma_{zL}'(z) \\ &= \gamma z + q_0 + \frac{2}{\pi}\left[\frac{m}{1+m^2} + \sin^{-1}\frac{m}{\sqrt{1+m^2}}\right]p_1 \\ &= \gamma z + q_0 + K_s p_1 \end{aligned} \tag{4.3.5}$$

$$m = \frac{B_1}{z - H_1} \tag{4.3.6}$$

$$p_1 = -(\gamma H_1 + q_0) + q_1 \tag{4.3.7}$$

ここに，q_1（kN/m²）　　：上段（基礎幅B_1）の建物荷重度（杭基礎の場合には，建物荷重は杭で支持するので0とする）

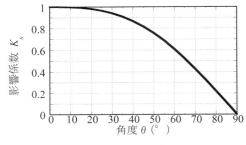

図 4.3.4 影響係数 K_s

$\Delta\sigma_{zL}'(z)$ (kN/m²) ：上段地下外壁に接する土の重量と地表面載荷および上段の建物荷重度による下段の地下壁に接する地盤の鉛直有効応力増分

H_1 (m) ：上段の地下外壁高さ

B_1 (m) ：上段の基礎幅

K_s ：上段基礎底面における増加応力（$-\gamma H_1 - q_0 + q_1$）が下段地下外壁に接する地盤の鉛直有効応力に与える影響係数

上段の基礎端点 A〔図 4.3.3 参照〕と任意の応力算出点 B とを結ぶ線〔図 4.3.3 左図の破線〕の水平からの角度 θ（°）と K_s との関係を図 4.3.4 に示す．

以上の記述は長い建物の中央付近を対象としており，建物端部では基礎が階段状であることの影響が減るので，建物形状と応力算出点の平面位置を考慮して同様の方法で鉛直有効応力を求める．

（3） 基礎および建物地下部分の両側に加わる土圧が異なる場合

敷地の地表面高さに差があり建物地下部分の両側に加わる土圧が異なる場合の地下外壁に作用する土圧は，常時およびレベル 1 地震荷重時には滑動（直接基礎）や大きな水平変位（杭基礎）が生じないように設計されることから，地下外壁の設計に用いる土圧としては，各外壁が面する地表面からの鉛直有効応力に静止土圧係数を乗じた土圧としてよい．地震時土圧を考慮する必要があると判断した場合は，式 4.3.2 から求まる地震時土圧係数を乗じた土圧を用いる．レベル 2 地震荷重時も通常の地下外壁と同じ扱いで良いが，水平力を処理するために受働側の土圧に大きく期待する場合は，その土圧を見込んだ断面設計を推奨する．また，受働土圧の発揮には大きな変位を要するので，許容できる変位を考慮して設計で用いる受働側土圧の設定を行う必要がある．

3．免震ピットの立上がり壁の断面設計

免震ピットの立上がり壁の断面設計に用いる土圧は，地下外壁と同じとする．ただし，レベル 2 地震荷重時は，地震時土圧係数を 1.0 として検討することを推奨する．これは性能評価や実設計で用いられてきた土圧係数は 0.7〜1.0 程度であること[4.3.7]，これまでに地震による被害事例は報告されていないこと，地震時土圧の試算例[4.3.8]において，地盤水平加速度の影響を考慮しても大地震時の土圧係数は最大で 1.0 程度であることから，総合的に判断して定めた．

4. 擁　　壁

　通常の擁壁では，裏込め土の性質によって相違はあるが，砂質土の場合，擁壁上端が前面に向かって壁高さの 0.5％ 程度の微少な水平移動であっても静止土圧から主働土圧に移行する．このことから，擁壁の設計用土圧としてはクーロンの主働土圧が適当である．なお，擁壁背面の地下水位は擁壁の安定性を著しく低下させるため，排水層を設けるなどの十分な排水措置を行うことを原則として，通常の場合水圧を考慮しない．擁壁の設計は，9.2 節を参照されたい．

（1）　主働土圧の算定式

　クーロンの土圧理論によれば，擁壁背面と背面土中のすべり面および地表面で囲まれたくさび状の土塊を一体として考えるから，この理論は土質が一様であると同時に，擁壁がその底面端部を中心として前面側に回転するか，前面に向かって平行移動することを前提としている．擁壁の上下端が支持された壁と土の間に相対変位が起こらない場合には，静止土圧によるべきである．

　クーロンの主働土圧は擁壁背面の土圧合力として求められるが，土圧分布を図 4.3.5 のように三角形分布と仮定すると，深さ z (m) における単位面積あたりの主働土圧 p_A (kN/m²) は式 4.3.8 および式 4.3.9 で表される．

$$p_A = K_A \gamma z - 2c\sqrt{K_A} \tag{4.3.8}$$

$$K_A = \frac{\cos^2(\phi-\theta)}{\cos^2\theta\cos(\theta+\delta)\left\{1+\sqrt{\dfrac{\sin(\phi+\delta)\sin(\phi-\alpha)}{\cos(\theta+\delta)\cos(\theta-\alpha)}}\right\}^2} \tag{4.3.9}$$

ここに，γ (kN/m³)：土の単位体積重量，p_A (kN/m²)：深さ z における単位面積あたりの主働土圧　K_A：主働土圧係数，z (m)：擁壁天端からの深さ，c (kN/m²)：土の粘着力，ϕ (°)：背面土の内部摩擦角，α (°)：地表面と水平面のなす角，θ (°)：壁背面と鉛直面のなす角　δ (°)：壁背面と土の間の壁面摩擦角

　なお，式中の角度は図 4.3.5 による．

　式 4.3.9 の壁面摩擦角 δ は，常時の主働土圧では背面土の内部摩擦角 ϕ の 2/3 とすることが一

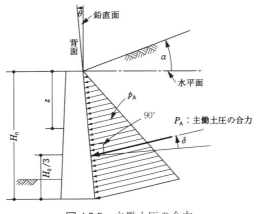

図 4.3.5　主働土圧の合力

－88－　建築基礎構造設計指針

般的である．一方，地震時主働土圧の検討に用いる場合はδを背面土の内部摩擦角ϕの1/2に抑えることが望ましい．また，裏込めが粘性土の場合には$\delta=0°$とみなすのが一般的である．なお，粘性土では，すべり面に沿って内部摩擦角のほかに粘着力によるすべり抵抗が作用するので土圧が減少するため擁壁上部では計算上土圧が負となるが，背面土自体の引張強さは期待できないのでこの負の土圧は設計上通常考慮しない．

（2）　土の諸定数

擁壁の安定性の検討に必要な土の諸定数は，自然斜面に切土によって設ける場合と，盛土斜面に設ける場合で大きく異なる．切土によって設けた擁壁の土圧算定には，裏込め土と自然土のうち不利な諸定数を採用するのが原則である．

盛土斜面に設けられる擁壁の土圧の算定には，一般に盛土の諸定数を用いるが，背面土が盛土と自然地山にまたがる場合は，両者の境界や自然土層中がすべり面となることもあるので状況に応じてこれらの部分の力学的性質を調査することが必要である．盛土材料には，斜面の切取りによるものやほかの現場での建設発生土などを用いるため，力学的性質は多様かつ不明瞭なことが多い．しかしながら，現場の実状になるべく近い状態となるように所定の密度に締め固めて，調査・試験を行えば，土圧の算定に用いる諸定数を適切に評価することができる[4.3.9]．

擁壁の背面に接する排水層や裏込め土については，使用材料の特性ばかりでなく施工条件によっても力学的性質が左右されることから，特に入念な施工を行う必要がある．また，切土部分に設ける擁壁については自然地盤による土圧，盛土部分に設ける擁壁では盛土による土圧よりも，裏込め材料による土圧が大きくならないようにしなければならない．具体的には，裏込め部に背面地盤より内部摩擦角の大きい良質な材料を用いることや，セメント系固化材によって改良することで土圧を低減させる．

擁壁の設計では排水設備を設けることが原則であるが，集中豪雨や梅雨期などの長期間の降雨時には，排水設備の機能が追いつかず背面土が飽和状態に近づくことがある．したがって，自然地山・盛土とも土の単位体積重量としては飽和状態の値を採用し，また盛土および裏込め土については内部摩擦角や粘着力を求めるためのせん断試験も，飽和状態を再現して実施することが望ましい．切土部である擁壁の背面土は不飽和状態であることが多く，不撹乱試料であっても試料採取時および試験室への運搬中の乱れによる強度変化の影響は避けられない．このため，できるだけ数多くの試料で試験を実施することや，粘性土ではコーン貫入試験などの原位置試験と比較することで，採用値の妥当性を検証することが望ましい．盛土による背面土（裏込め土）に対する土の諸定数として表4.3.1に参考値を示す．この参考値は，過去のRC擁壁の被災事例の検証結果より，後述する設計水平震度と組合せでその妥当性が示されている．このため，地盤物性が十分に求められていない場合には表4.3.1に示される単位体積重量と土の強度定数（c，ϕ）の組合せを推奨する．擁壁の高さに異なる層がある場合には，特に大規模なものを除き各層の厚さを考慮した平均値をとり，一様な土質定数を用いて土圧を算定する．あるいは，各層ごとの土質諸定数を用いて主働土圧係数を求め，土圧分布を折線分布とすることもある．この場合，下層の土圧の算定にあたっては，その層より上の層の土は表面載荷として取り扱うことができる．

表 4.3.1　裏込め土の諸定数の参考値[4.3.9), 4.3.10)]

裏込め土の種類	内部摩擦角 ϕ (°)	粘着力 c (kN/m²)	単位体積重量 γ (kN/m³)
き れ い な 砂 ま た は 砂 利	35	—	18
シルトまたは粘土を含む透水性の低い砂質土	30	—	18
粘 土 を 多 量 に 含 む 砂 質 土	24	—	17.5
硬 質 粘 土	0	12	17

（3）　地表面載荷がある場合

　ごく小規模な擁壁を除いて，擁壁背面側の地表面の利用のされ方は，地下外壁の場合以上に不確定な場合が多く，また大規模な場合には，特に土圧として影響を受ける範囲も広がるので，ある程度の（例えば，5 kN/m²）表面載荷を常に見込んでおくことが望ましい．

　擁壁背面の地表面に等分布荷重が加わる場合には，任意の深さの鉛直応力がその荷重分だけ増加する．したがって，土圧は，この鉛直応力の増加分に土圧係数を乗じただけ増加すると考え，土圧増分 Δp_A を式 4.3.8 に加える．

$$\Delta p_A = K_A q \tag{4.3.10}$$

ここに，q（kN/m²）：等分布荷重

　式 4.3.10 は，土圧を求めようとする深さに対して，影響する範囲に荷重が分布している場合のものである．この考え方は，表面載荷が，擁壁背面で，少なくともすべり面の上端より前方のすべての部分にわたって，加わっていることを前提としている．

（4）　地震動によって土圧が著しく増大するおそれのある場合

　擁壁に作用する地震時の土圧に関しては，地下外壁に作用する土圧と同様に今のところその実測資料が少なく，特に破壊的な地震時の状態はまだよくわかっていない．しかし，土圧は壁体と土の間の相対的な変位によって影響を受けるものであるから，地層の状態や壁体の支持条件，地震動の状態などによって，地震時に土圧が変化することも十分考えられる．また，鋭敏比の大きな粘土や，大きな間隙比を持つ飽和砂では，地震動によって一時的に液状化してせん断強さが 0 に近くなるおそれがあり，それによって急激に土圧が増大することも考えられる．また，背面土にこのような層を含んでいる場合には，その土層に沿ってすべり面が生じるおそれがあるから注意を要する．

　擁壁に作用する地震時土圧の算定方法は震度法によることとする．一般に鉛直震度は無視し水平震度が設計震度として用いられている．以下に地震時主働土圧に関する二つの算定方法を示す．

　a）　物部・岡部の式[4.3.11), 4.3.12)]による地震時主働土圧の算定法

　地震時主働土圧の評価は，物部・岡部の式によるのが一般的である．擁壁の単位幅あたりに作用する地震時主働土圧合力 P_{EA}（kN/m）は，式 4.3.11 および式 4.3.12 で求められる．

$$P_{EA} = \frac{1}{2} K_{EA} \gamma H^2 \tag{4.3.11}$$

$$K_{EA} = \frac{\cos^2(\phi - \theta - \theta_k)}{\cos\theta_k \cos^2\theta \cos(\delta + \theta + \theta_k)\left\{1 + \sqrt{\dfrac{\sin(\phi + \delta)\sin(\phi - \alpha - \theta_k)}{\cos(\theta - \alpha)\cos(\delta + \theta + \theta_k)}}\right\}^2} \tag{4.3.12}$$

ここに，P_{EA}（kN/m）：地震時主働土圧合力，γ（kN/m³）：擁壁背面土の単位体積重量　ϕ（°）：背面土の内部摩擦角，α（°）：地表面と水平面のなす角，θ（°）：壁壁面と鉛直面のなす角，δ（°）：壁背面と土の間の壁面摩擦角，H（m）：擁壁高さ（ただし，仮想背面を考える場合はその高さ），θ_k（°）：地震合成角 θ_k（$=\tan^{-1} k_h$），k_h：設計水平震度，ただし，$\phi < \alpha + \theta_k$ のとき，$\sin(\phi - \alpha - \theta_k)$ は 0 とする．

b） 試行くさび法による地震時土圧の算定法

擁壁背面地盤の状況によっては，以下に示す試行くさび法〔文献 4.3.13）の Ⅷ．3.2.2〕による地震時主働土圧を用いてもよい．地震時においては，図 4.3.6（a）に示すように土くさびの重心に慣性力（$=k_h W$）が作用すると考え，示力図は図 4.3.6（b）のように描き，地震時の主働土圧合力 P_{EA}（kN/m）を次式で求める．

$$P_{EA} = \frac{\sin(\omega_{EA} - \phi + \theta_k) W}{\cos(\omega_{EA} - \phi - \theta - \delta)\cos\theta_k} \tag{4.3.13}$$

ここに，P_{EA}（kN/m）：地震時の主働土圧合力，ϕ（°）：土の内部摩擦角，θ（°）：擁壁背面と鉛直面のなす角，θ_k（°）：地震合成角 θ_k（$=\tan^{-1} k_h$），W（kN/m）：土くさびの重量，ω_{EA}（°）：地震時の主働すべり角，δ（°）：壁面摩擦角

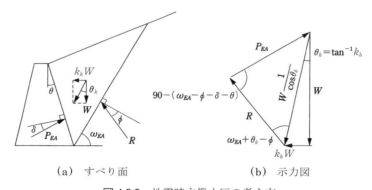

(a) すべり面　　　(b) 示力図

図 4.3.6　地震時主働土圧の考え方

土圧合力の作用位置は土圧分布の重心位置とする．通常の三角形分布と仮定する場合では，分布下端より分布高さの 1/3 の点とする．なお，裏込め部の粘着力を考慮する場合は，すべり面・示力図は図 4.3.7 になり地震時の主働土圧合力 P_{EA}（kN/m）を次式で求める．

$$P_{EA} = \frac{W \sec\theta_k \sin(\omega_{EA} - \phi + \theta_k) - cl\cos\phi}{\cos(\omega_{EA} - \phi - \theta - \delta)} \tag{4.3.14}$$

ここに，P_{EA}（kN/m）：粘着力を考慮した地震時主働土圧合力，c（kN/m²）：裏込め土の粘着力，l（m）：主働すべり面の長さ

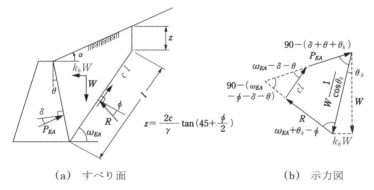

(a) すべり面　　　　　　　(b) 示力図

図 4.3.7　裏込め土が粘着力を有する場合の地震時主働土圧

なお，a) 物部・岡部の式および b) 試行くさび法による地震時土圧の算定法に必要な設計水平震度 k_h は，文献 4.3.13) の第Ⅳ章 3 にならい次式で与えることとする．

$$k_h = c_z k_0 \tag{4.3.15}$$

ここに，c_z：地域別補正係数（建築基準法施行令第 88 条第 1 項に規定する Z の数値）

k_0：擁壁設計用水平震度（レベル 1 地震荷重で 0.2，レベル 2 地震荷重で 0.25）

擁壁設計用水平震度 k_0 は，レベル 1 地震荷重時においては旧指針に示されている 0.2 程度とし，レベル 2 地震荷重時ではほかの耐震設計基準類および阪神・淡路大震災における宅地擁壁，法面等の被災調査結果を参考に 0.25 を採用しており，これらを損傷限界状態および終局限界状態検討用の水平震度としてよい．ただし，地域別補正係数については地震発生確率の小さい地域においても大地震が発生していることから 1.0 とすることが望ましい．

5. 杭基礎の杭頭水平力評価に用いる土圧

（1）地震時において基礎根入れ部に作用する土圧

地震時には基礎と地盤の水平変位が異なるため，基礎の左右で土圧が異なる．一般的な地盤では上部構造の慣性力の影響で，上部構造の地下部分の変位（以下，基礎部変位と呼ぶ）は地盤変位より大きい．この場合，図 4.3.8（a）に示すように上部構造の地下部分（以下，基礎根入れ部）が地盤を押す側（図の基礎根入れ部右側）の土圧が常時（静止土圧）より大きくなり（受働側），基礎根入れ部が地盤から遠ざかる側（図の基礎根入れ部左側）の土圧が常時（静止土圧）より小さくなる（主働側）．基礎根入れ部の土圧合力は両者の差であり，図 4.3.8（b）に示すように基礎部変位と逆方向（図では左方向）で基礎根入れ部に作用する．上部構造の固有周期（T_b）が地盤の卓越周期（T_g）より短い場合，上部構造の慣性力は基礎部変位と同じ方向となり，上部構造の慣性力と基礎根入れ部の土圧合力は逆方向の傾向を示す．杭頭水平力は基礎根入れ部の土圧合力によって減少する[4.3.14]．上部構造の固有周期が地盤の卓越周期より長い場合，上部構造の慣性力は基礎部変位と逆方向となるケースもあると考えられる．

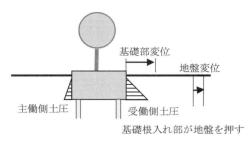
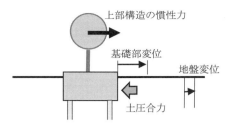

(a) 基礎根入れ部に作用する主働側土圧と受働側土圧　　(b) 基礎根入れ部に作用する土圧合力（$T_b<T_g$）

図 4.3.8 地震時において基礎根入れ部に作用する土圧（基礎部変位が地盤変位より大きいケース）

　液状化地盤等では，地盤変位が基礎部変位より大きくなることがある．この場合，図 4.3.9 （a）に示すように地盤が基礎根入れ部を押す側（図の基礎根入れ部左側）の土圧が大きく，地盤が基礎から遠ざかる側（図の基礎根入れ部右側）の土圧が小さくなる．図 4.3.9（b）に示すように基礎根入れ部の土圧合力は基礎部変位と同方向（図では右方向）で基礎根入れ部に作用する．上部構造の固有周期が地盤の卓越周期より短い場合，上部構造の慣性力は基礎部変位と同方向となり，上部構造の慣性力と基礎根入れ部の土圧合力は同方向の傾向を示す．杭頭水平力は基礎根入れ部の土圧合力によって増加する[4.3.14]．上部構造の固有周期が地盤の卓越周期より長い場合，上部構造の慣性力は基礎部変位と逆方向となり，上部構造の慣性力と基礎根入れ部の土圧合力は逆方向になるケースもある．このように，杭頭水平力は，基礎根入れ部に作用する土圧の影響を受ける．

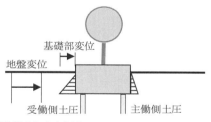

(a) 基礎根入れ部に作用する主働側土圧と受働側土圧　　(b) 基礎根入れ部に作用する土圧合力（$T_b<T_g$）

図 4.3.9 地震時において基礎根入れ部に作用する土圧（基礎部変位が地盤変位より小さいケース）

（2）杭基礎の杭頭水平力評価に用いる基礎根入れ部の土圧合力の算定法

　基礎根入れ部の土圧合力により杭頭水平力が増加するか減少するかは，基礎部変位と地盤変位の大小関係，上部構造の慣性力と地盤の非線形性状，杭の種類や杭頭接合条件の影響を受ける[4.3.15],[4.3.16]．6.6 節の杭応力評価モデルにおいて，基礎根入れ部と地盤の間に土圧合力ばねを組み込むことにより，これらの影響を直接評価することができる[4.3.15]．

　基礎根入れ部の土圧合力は，前述のように受働側土圧と主働側土圧の差である．ただし，基礎根入れ部の土圧合力における主働側の寄与は小さいこと，および設計の簡便さを考慮し，本指針

では受働側のみを考慮し，基礎根入れ部の土圧合力を受働側土圧合力と静止土圧合力の差とする．これは，受働側の地下外壁の土圧合力の増分に対応する．なお，地震時の受働土圧は地盤加速度の大きさと向きに依存するが，地盤加速度の向きは不確実性が高い．そこで，本指針では地盤加速度の影響を無視した．杭基礎の杭頭水平力を評価するのに用いる基礎根入れ部の土圧合力 P_{Et} を次式[4.3.17]に示す．

$$y < \Delta_p \text{ の場合}：P_{Et} = \frac{(P_p - P_0)(\Delta_p - y_{sp})y}{2\Delta_p y_{sp} + (\Delta_p - 3y_{sp})|y|} \tag{4.3.16}$$

$$y \geqq \Delta_p \text{ の場合}：P_{Et} = P_p - P_0 \tag{4.3.17}$$

$$P_0 = \frac{1}{2}\gamma B z^2 K_0 \tag{4.3.18}$$

$$P_p = 2czB\sqrt{K_P} + \frac{1}{2}\gamma B z^2 K_p \tag{4.3.19}$$

ここに，y (m)：地下外壁と地盤の相対変位（地盤変位－地下外壁変位），Δ_p (m)：受働土圧に至る相対変位，y_{sp} (m)：基準相対変位，P_0 (kN)：静止土圧合力，P_p (kN)：受働土圧合力，B (m)：基礎幅

地盤変位は 4.5 節，地下外壁の変位は 6.6 節の地盤変位を考慮した梁ばねモデルや群杭フレームモデルで評価する．基礎部変位が地盤変位より大きいケースでは，土圧合力の向きは基礎部変位と逆方向〔図 4.3.8〕，地盤変位が基礎部変位より大きいケースでは，土圧合力の向きは地盤変位と同方向〔図 4.3.9〕となる．図 4.3.10 に示すように基準相対変位 y_{sp} は受働土圧と静止土圧の差の 1/3 倍における相対変位であり，張ら（Zhang et al.）の土圧理論[4.3.18]から $y_{sp} = 0.1\Delta_p$ とした．受働土圧に至る相対変位 Δ_p は，既往の実験では基礎の根入れ深さの 3 %～5 % 程度である[4.3.18), 4.3.19)]．本指針では，Δ_p として，根入れ深さの 5 % を推奨する．

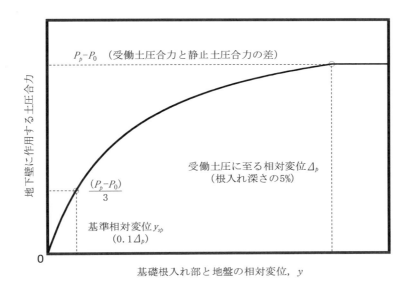

図 4.3.10 相対変位と基礎根入れ部の土圧合力の関係

静止土圧係数 K_0 は 0.5 とする．受働土圧係数 K_P は，ランキン土圧理論に基づき次式で評価する．

$$K_P = \tan^2\left(45° + \frac{\phi}{2}\right) \tag{4.3.20}$$

基礎の根入れが深い場合，基礎根入れ部と地盤の相対変位が深度によって著しく異なるケースがある．この場合，深さ2～3mごとに分割して基礎根入れ部の土圧合力を評価[4.3.20]することを推奨する．受働土圧は三角形分布と仮定する．図4.3.11に示すように，ある深度（深さ z_a～z_b m）の基礎根入れ部の土圧合力 P_{Et} は，式4.3.18の静止土圧合力 P_0，式4.3.19の受働土圧合力 P_p を次式に差し替えて，$(z_a+z_b)/2$ における地下外壁と地盤の相対変位 y との関係から算定する．受働土圧に至る相対変位 Δ_p は，基礎の根入れ深さ z_{total} の5％とする．

$$P_0 = \frac{1}{2}\gamma B(z_b^2 - z_a^2)K_0 \tag{4.3.21}$$

$$P_p = 2c(z_b - z_a)B\sqrt{K_p} + \frac{1}{2}\gamma B(z_b^2 - z_a^2)K_p \tag{4.3.22}$$

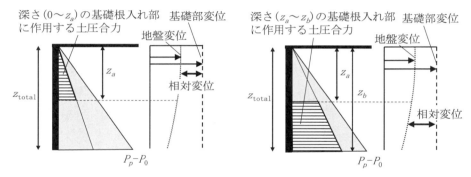

図4.3.11　深い基礎根入れ部に作用する受働土圧と相対変位

地下階または基礎が液状化地盤中にある場合，受働土圧は大幅に低減すると推測されるが，液状化地盤の土圧は不明な点が多い．そこで，3.2節2.の液状化地盤における杭の水平地盤反力係数の低減を準用し，基礎根入れ部の土圧合力 P_{Et} に塑性地盤反力の低減値 α_L（図3.2.13の β_L と等しいとする）を乗じることとする．なお，都市部などで地下室を有する建物が密集しているケースの土圧に関する知見は極めて少ない．土くさびの範囲が自由地盤（自由地盤の領域が根入れ深さの概ね $\sqrt{3}$ 倍以上）であれば，自由地盤の土圧理論を準用できるものとする．一方，自由地盤の領域が根入れ深さの $\sqrt{3}$ 倍以下の場合，基礎根入れ部の土圧合力を考慮しないことにする．

基礎根入れ部の土圧合力は，杭基礎の杭頭水平力を評価するためのものである．地下外壁の断面設計に用いる土圧係数は，過去の大地震で地下外壁の被害事例が報告されていないことから，本節2.に基づいて良いこととする．なお，基礎根入れ部側面の摩擦力は，土圧に比べて杭頭水平力に及ぼす影響が小さいことから[4.3.15]，本指針では考慮しないこととする．

4 章 荷　重 — 95 —

参 考 文 献

4.3.1) Jaky, J. : Pressure in soils, Proc., 2nd International conference on Soil Mechanics and Foundation Engineering, Vol. 1, pp. 103〜107, 1948

4.3.2) 金谷祐二・宮崎祐助：RC 山留め壁にかかる側圧，土と基礎，Vol. 21，No. 1，pp. 19〜24，1973.1

4.3.3) 古藤田喜久雄・青木雄二郎・新海淳一：土質による側圧係数値の分類，第 10 回土質工学研究発表会，pp. 859〜860, 1975.6

4.3.4) 松尾　稔・富永真生：土圧，鹿島出版会，1975

4.3.5) 浜田信彦・後藤　茂・真野英之・大西有三：遮水壁を用いた地中構造物の液状化時浮き上がり対策の定量化，土木学会論文集，C，Vol. 62，No. 1，pp. 12〜21，2006.3

4.3.6) 伴野松次郎・加倉井正昭・山下　清・佐藤光宏：杭基礎の沈下評価法に関する研究—解析方法および入力定数について—，竹中技術研究報告，第 34 号，pp. 21〜34，1985

4.3.7) 日本建築センター：評定・評価を踏まえた高層建築物の構造設計実務—中高層・高層建築物の構造設計者が実際に行ってきた検討と判断を集大成—，2002

4.3.8) 社本康広：地下外壁に加わる地震時土圧の算定法，日本建築学会大会学術講演梗概集，構造Ⅰ，pp. 563〜564，2015.9

4.3.9) 日本道路協会：道路土工—擁壁工指針（平成 24 年度版）—，2012

4.3.10) Terzhagi, K. and Peck, R.B. : Soil Mechanics in Engineering Practice, Jhon Wiley & Sons. Inc., pp. 314〜320, 1948

4.3.11) 物部長穂：地震上下動に関する考察並びに震動雑論，土木学会誌，Vol. 10，No. 5，pp. 1063〜1094，1924

4.3.12) Okabe, S. : General theory on earth pressure and seismic stability of retaining wall and dam, 土木学会誌，Vol. 10, No. 6, pp. 1277〜1323, 1924

4.3.13) 宅地防災研究会：宅地防災マニュアルの解説〈第二次改訂版〉［Ⅰ］，2007.12

4.3.14) 田村修次・時松孝次・内田明彦・船原英樹・阿部秋男：大型せん断土槽を用いた液状化実験における基礎根入れ部に加わる土圧合力と構造物慣性力の関係，日本建築学会構造系論文集，第 67 巻，第 559 号，pp. 29〜134，2002.9

4.3.15) 田村修次・肥田剛典：地震時土圧と側面摩擦力を考慮した応答変位法による杭応力評価—液状化地盤上に乾燥砂層が存在するケース—，日本建築学会構造系論文集，第 76 巻，第 670 号，pp. 2115〜2121，2011.12

4.3.16) 石﨑定幸・時松孝次・長尾俊昌：液状化地盤において杭頭半剛接合構法を採用した杭基礎の耐震性能，日本建築学会構造系論文集，第 78 巻，第 692 号，pp. 1749〜1758，2013.10

4.3.17) 田村修次・尾高大介：基礎の根入れ部に作用する地震時土圧の簡易評価法，第 51 回地盤工学研究発表会，pp. 1333〜1334，2016.9

4.3.18) Zhang, J.-M., Shamoto, Y. and Tokimatsu, K. : Evaluation of earth pressure under any lateral deformation, Soils and Foundations, Vol. 38, No. 1, pp. 15〜33, 1998.3

4.3.19) Rollins, Kyle M. and Ryan T. Cole. : Cyclic lateral load behavior of a pile cap and backfill, Journal of geotechnical and geoenvironmental engineering, ASCE, Vol. 132,, Issue 9, pp. 1143〜1153, 2006.9

4.3.20) 川上綾太・田村修次・奥村豪悠：深い根入れの直接基礎に作用する地震時土圧に関する検討，日本建築学会学術講演梗概集，構造Ⅰ，pp. 403〜404，2017.9

4.4 節　地 震 荷 重

　基礎に作用する地震荷重を静的に評価する場合は，これを上部構造の地上部分および地下部分の重心位置に作用する慣性力として扱う．上部構造の地上部分の慣性力は，建築基準法による地震荷重に相応する．上部構造の地下部分の慣性力は，建物と地盤の動的相互作用の影響を適切に考慮して求める．

　基礎に作用する地震荷重を動的解析に基づき評価する場合は，工学的基盤での地震動の応答スペクトル，地盤による地震動の増幅効果および建物と地盤の動的相互作用の影響を適切に考慮する．

建築基礎設計に用いる荷重のうち，地震荷重がもっとも大きな影響を及ぼす基礎形式は杭基礎と考えられる．本指針で推奨する杭基礎の地震時応力評価法（応答変位法）では，上部構造の地下部分と周辺地盤との相互作用を考慮した側面地盤ばね（土圧合力ばね）を用い，地震時土圧を考慮することを前提としている．上部構造の地下部分および周辺地盤の水平変位の大小関係や位相差，杭剛性などの影響により，周辺地盤は抵抗側に作用したり，加力側に作用したりする[4.4.1]．地盤が抵抗側に作用する場合，杭頭に伝わる水平力は慣性力より小さくなるが，加力側に作用する場合，杭頭水平力は慣性力より大きくなる．土圧合力ばねを用いた応答変位法によれば，このような相互作用の影響は算定の過程で考慮される[4.4.2]．

そこで，杭基礎の設計に用いる地震荷重として，上部構造の地上部分および地下部分に作用する慣性力，ならびに地震時土圧，地盤の水平変位による荷重を考慮する．本節では，これらのうち，上部構造の地上部分および地下部分の慣性力について記述する．地震時土圧については，4.3 節で定義される土圧合力ばね（式 4.3.16〜4.3.19 に基づく土圧合力―相対変位関係）により，その影響が考慮される．地盤の水平変位による荷重については，4.5 節に記述する．また，杭基礎以外の基礎形式に対する地震荷重については，上記の荷重の中から必要なものを選択して用いる．

上部構造の地上部分の慣性力の評価は，現行の建築基準法で定められている上部構造の設計における 2 通りの地震荷重の評価法のうち，いずれかとする．すなわち，（1）保有水平耐力計算等の構造計算による方法（地震荷重を地表面で設定する場合），あるいは，（2）限界耐力計算による方法（地震荷重を工学的基盤で設定する場合）のいずれかにより行う．

上部構造の地下部分の慣性力は，地下部分の重心位置に発生する最大加速度に対応する水平力であり，地下部分の重量に地盤の最大加速度／重力加速度を乗じて求める．

建物に地下階がある場合や杭基礎などの場合，建物と地盤の動的相互作用の影響の一つとして，地表面地震動に比べて建物への入力地震動が低減する現象（以下，入力低減）が知られている．特に，地震動増幅の大きい地盤の固有周期付近や，基礎底面位置から地表面にかけて地震動が増幅する周期付近では，入力低減の効果が大きい．逆に，地震動増幅が小さい周期付近では，更なる入力低減が生じるとは考えにくい．したがって，入力低減の効果を考慮する場合，地震動の増幅が大きい周期において，その増幅程度を抑えるように設定することが望ましい．そこで，表層地盤の特性を把握したうえで地震動の増幅が評価され，それが地震荷重に反映されている場合には，入力低減を考慮し，地盤による地震動増幅特性の影響が明確でない地震荷重を用いる場合には，入力低減は考慮しないこととする．前者は，地盤による地震動増幅を考慮して建物への入力地震動を設定する場合，すなわち，地震荷重を工学的基盤で設定する場合（（2）限界耐力計算による方法）に相当する．一方，後者は，地震荷重を地表面で設定する場合（（1）保有水平耐力計算等の構造計算による方法）に相当する．

ただし，現時点では，建物と地盤の動的相互作用の影響を，従来の通常の設計で用いられる静的な地震荷重の枠組みの中で十分に考慮することは容易でない．特に，建物の地下階数が多い場合や大径の杭基礎を用いる場合，連壁で支持された建物などの場合には，動的相互作用が建物の

表 4.4.1　基礎に作用する地震荷重の評価方法

基礎に作用する地震荷重を静的に評価する場合	
（1）保有水平耐力計算等に基づく方法	（2）限界耐力計算に基づく方法
a）「建築物の構造関係技術基準解説書」[4.4.3]（以下，基準解説書）に基づき，上部構造の許容応力度等計算における地震層せん断力係数（供用期間中に1回から数回遭遇する地震荷重：レベル1地震荷重に対する設計）および必要保有水平耐力ないし保有水平耐力（設定した再現期間での最大地震荷重：レベル2地震荷重に対する設計）を評価する．これに基づき，上部構造の地上部分の慣性力を算定する． b）a）における建物1階の標準層せん断力係数 C_0 ＝0.2（レベル1地震荷重）および C_0＝1（レベル2地震荷重）に対応する地震動の地表面最大加速度を $1\,\mathrm{m/s}^2 \times Z$（レベル1地震荷重）および $4\,\mathrm{m/s}^2 \times Z$（レベル2地震荷重）とする．これに基づき，上部構造の地下部分の慣性力を算定する．なお，Z は地域係数で，その値は設計者判断とし，建築基準法に抵触しないこと．	a）基準解説書等の方法に基づき，工学的基盤における設計用地震動の加速度応答スペクトル（減衰定数5％）をレベル1地震荷重およびレベル2地震荷重について評価する． b）文献 4.4.6)～4.4.8) の方法に基づき，表層地盤による地震動増幅率 G_s [4.4.5] を評価する． c）基準解説書等の方法に基づき，動的相互作用効果による入力低減係数 β [4.4.5] を評価する． d）a）～c）より評価した基礎入力動の加速度応答スペクトルの最短周期の値から基礎入力動の最大加速度および，それによる上部構造の地下部分の慣性力を評価する． e）d）より評価した基礎入力動を用いて，基準解説書等あるいは荷重指針[4.4.4]の方法に基づき，上部構造の地上部分の慣性力を評価する．

基礎に作用する地震荷重を動的解析に基づき評価する場合
（3）時刻歴の地震応答解析に基づく方法
a）（2）a）で設定した工学的基盤の加速度応答スペクトルに相応する模擬地震動（加速度時刻歴）を設定する．   b）（2）b）と同様の自由地盤の解析モデルを設定し，a）の加速度時刻歴を入力とした地震応答解析を行って，地表や基礎底深さなどの地震動を評価する．   c）建物と地盤の動的相互作用を考慮できる上部構造-基礎-地盤連成系の解析モデルを設定し，a）の工学的基盤の地震動やb）の地盤応答解析結果に基づく地震動を入力として，逐次非線形地震応答解析を行って，上部構造の地下部分の慣性力を評価する．

応答に与える影響が大きく，上部構造の地下部分の慣性力を静的な地震荷重により適切に評価することが難しい．このような場合には，上部構造—基礎—地盤の連成系を模擬したスウェイ・ロッキングモデルやペンツェン（Penzien）型モデルなどを用いた（3）時刻歴の地震応答解析に基づく方法により，動的相互作用の影響を含めた上部構造の地下部分の慣性力を評価することが望ましい．

　以上の考え方に基づき，基礎に作用する地震荷重の評価方法を整理すると，表 4.4.1 のようになる．本指針では，まず，原則として，設計に用いる地震荷重は静的荷重として扱い（基礎に作用する地震荷重を静的に評価する場合），これを算定する方法として，地震荷重の設定位置（地表面か工学的基盤か）によって，（1）保有水平耐力計算等に基づく方法と（2）限界耐力計算に基づく方法のいずれかを推奨する．ただし，動的相互作用の影響が大きいと考えられる場合（基礎に作用する地震荷重を動的解析に基づき評価する場合）には，（3）時刻歴の地震応答解析に基づく方法によって，その影響を考慮した上部構造の地下部分の慣性力を改めて評価することを推奨する．

― 98 ―　　建築基礎構造設計指針

表 4.4.2　地震荷重と地表変位の概略値（（1）保有水平耐力計算等に基づく方法）

計算順序	計算項目	供用期間中に1回から数回遭遇する荷重 （レベル1地震荷重）	設定した再現期間での最大荷重 （レベル2地震荷重）
1 [a]	上部構造の地上部分の慣性力	$C_0=0.2$ に対応する1階の地震層せん断力係数 $C_{Bd}×$上部構造の地上部分の重量 $C_{Bd}=Z×R_t×C_0$ ここに，Z：地域係数，R_t：振動特性係数 ただし，Zの値は，設計者判断とし，建築基準法に抵触しないこと．	$C_0=1$ に対応する必要保有水平耐力 Q_{un} または保有水平耐力 Q_u $Q_{un}=D_s×F_{es}×Z×R_t×C_0×$上部構造の地上部分の重量 $Q_u≧Q_{un}$ ここに，D_s：構造特性係数，F_{es}：形状係数，Z：地域係数，R_t：振動特性係数 ただし，Zの値は，設計者判断とし，建築基準法に抵触しないこと．
2 [b]	上部構造の地下部分の慣性力	上部構造の地下部分の重量×地表面地震動の最大加速度（$1\,\mathrm{m/s^2}×Z$：$C_0=0.2$ に対応する想定値）／重力加速度（$9.8\,\mathrm{m/s^2}$） 深さ方向の低減は，建築基準法の地下震度の規定に抵触しない範囲で行ってよい．	上部構造の地下部分の重量×地表面地震動の最大加速度（$4\,\mathrm{m/s^2}×Z$：$C_0=1$ に対応する想定値）／重力加速度（$9.8\,\mathrm{m/s^2}$） 深さ方向の低減は，行わない．
3	地表変位	4.5節の簡易法による 地表変位の目安：$0.03\,\alpha_d T_0$（m） 　T_0：地盤の初期固有周期（s） 　α_d：レベル1地震時の地盤周期の延び（1～1.3程度）	4.5節の簡易法による 地表変位の目安：$0.1\,\alpha_s T_0$（m） 　T_0：地盤の初期固有周期（s） 　α_s：レベル2地震時の地盤周期の延び（1.2～2.4程度）

[注]　計算順序の欄における記号 [a]［b］は，表4.4.1の（1）の欄における記号 a）b）と対応している．

　また，参考のため，本指針で推奨する（1）保有水平耐力計算等に基づく方法，および（2）限界耐力計算に基づく方法により算定される地震荷重の概略の値を表4.4.2および表4.4.3に示す．これらの表では，4.5節で算定される地表変位の目安の値（安全側の設計となるよう評価した概略値）も示されている．

　なお，従来の杭応力評価においては，上部構造の地下部分の周辺地盤が抵抗側に働くと期待して建物慣性力を低減し，杭頭水平力として用いることが多かったが，本指針では，このような慣性力の低減措置は行わない．

　基礎に作用する地震荷重の評価方法を以下に解説する．

（1）　保有水平耐力計算等に基づく方法

　a）　上部構造の地上部分の慣性力の評価

「建築物の構造関係技術基準解説書」[4.4.3]（以下，基準解説書）の保有水平耐力計算等の構造計算では，損傷限界状態に相応する上部構造の地上部分の慣性力として短期許容応力度設計で想定した地震力が定められている．同様に，終局限界状態に相応する上部構造の地上部分の慣性力として保有水平耐力計算で想定した地震力（必要保有水平耐力）が定められている．これらを，本指針におけるレベル1およびレベル2の地震荷重に相応する上部構造の地上部分の慣性力とする．

4章 荷 重 ― 99 ―

表 4.4.3 地震荷重と地表変位の概略値（（2）限界耐力計算に基づく方法）

計算順序	計算項目	供用期間中に1回から数回遭遇する荷重（レベル1地震荷重）	設定した再現期間での最大荷重（レベル2地震荷重）
1 [a]	工学的基盤の地震動（加速度応答スペクトル）	限界耐力計算[4.4.5]における損傷限界時の加速度応答スペクトル S_{ad} 　地震動の最大加速度 $0.64\,\mathrm{m/s^2}\times Z$ 　系の最大応答加速度 $1.6\,\mathrm{m/s^2}\times Z$ 　系の最大応答速度 $0.16\,\mathrm{m/s}\times Z$ ここに，Z：地域係数 ただし，Zの値は，設計者判断とし，建築基準法に抵触しないこと． 荷重指針[4.4.4]との関係：地震の再現期間100年程度に相当	限界耐力計算[4.4.5]における安全限界時の加速度応答スペクトル S_{as} 　地震動の最大加速度 $3.2\,\mathrm{m/s^2}\times Z$ 　系の最大応答加速度 $8\,\mathrm{m/s^2}\times Z$ 　系の最大応答速度 $0.8\,\mathrm{m/s}\times Z$ ここに，Z：地域係数 ただし，Zの値は，設計者判断とし，建築基準法に抵触しないこと． 荷重指針[4.4.4]との関係：地震の再現期間500年程度に相当
2 [b]	地表面地震動（加速度応答スペクトル）	$S_{ad}\times$ 限界耐力計算[4.4.5]の G_S の改良法など（文献 4.4.6)～4.4.8)） 地震動の最大加速度は応答スペクトルの最短周期側の値とする．	$S_{as}\times$ 限界耐力計算[4.4.5]の G_S の改良法など（文献 4.4.6)～4.4.8)） 地震動の最大加速度は応答スペクトルの最短周期側の値とする．
3 [c]	基礎入力動（加速度応答スペクトル）	地表面地震動×限界耐力計算[4.4.5]の相互作用係数	同左
4 [d]	上部構造の地下部分の慣性力	上部構造の地下部分の重量×基礎入力動（推奨値 $1\,\mathrm{m/s^2}\times Z$）/重力加速度（$9.8\,\mathrm{m/s^2}$） 深さ方向の低減は，建築基準法の地下震度の規定に抵触しない範囲で行ってよい．	上部構造の地下部分の重量×基礎入力動（推奨値 $4\,\mathrm{m/s^2}\times Z$）/重力加速度（$9.8\,\mathrm{m/s^2}$） 深さ方向の低減は，行わない．
5 [e]	上部構造の地上部分の慣性力	基礎入力動に基づき限界耐力計算[4.4.5]または荷重指針[4.4.4]による	同左
6	地表変位	表 4.4.2 の計算順序3に同じ	表 4.4.2 の計算順序3に同じ

[注] 計算順序の欄における記号 [a]～[e] は，表 4.4.1 の（2）の欄における記号 a)～e) と対応している．

　なお，上部構造の地上部分の保有水平耐力計算において，必要保有水平耐力を上回る保有水平耐力を確保するクライテリアが設定されている場合，これに対応させて，基礎構造にも，より高い耐震性能を持たせることが望ましい．この場合，レベル2地震荷重に相応する上部構造の地上部分の慣性力を，必要保有水平耐力ではなく，保有水平耐力により定めることを推奨する．

　b）　上部構造の地下部分の慣性力の評価

　上部構造の地下部分の慣性力は，地下部分の重心位置に発生する最大加速度に対応する水平力であり，基本的に，地下部分の重量に地盤の最大加速度／重力加速度を乗じて求める．

　上部構造の地下部分の慣性力を特別な検討によらずに定める場合，旧指針（2001）の考え方を踏襲し，保有水平耐力計算等の構造計算で想定している地表面地震動の最大加速度に対応する値，すなわち，レベル1地震荷重として $1\,\mathrm{m/s^2}\times Z$，レベル2地震荷重として $4\,\mathrm{m/s^2}\times Z$ を用いることを原則とする．ここに，Z は地域係数で，その値は設計者判断とし，建築基準法に抵触し

ないこととする．ただし，これとは別に想定した設計用地震動がある場合には，その最大加速度に対応する値を用いることが望ましい．

なお，前述のとおり，この評価方法は地盤による地震動増幅特性の影響が明確でない地震荷重を用いる場合に該当することから，上部構造の地下部分の埋込みや杭基礎の拘束効果による地震動の入力低減は考慮しないことを基本とする．また，同様の理由から，地盤の液状化の影響も地震荷重の設定において考慮しない．

（2） 限界耐力計算に基づく方法

a） 工学的基盤における地震動の加速度応答スペクトル

限界耐力計算など表層地盤による地震動増幅を評価して上部構造の地上部分および地下部分の慣性力を算定する場合，設計用地震動は，工学的基盤より浅い表層地盤を仮想的に剥ぎ取った解放工学的基盤の上面における露頭波として設定される．この際，工学的基盤は，建物基礎の支持地盤よりも深く十分な剛性を有する地層を選定する必要がある．特に，工学的基盤と基礎の支持層とは，必ずしも同一とはならないことに留意する必要がある．ここで，十分な剛性を持つ地層とは，実用的には，せん断波（S波）速度が400 m/s程度以上の地層とする場合が多い．

荷重指針[4.4.4]によると，工学的基盤における設計用地震動の加速度応答スペクトル（減衰定数5％）は，一様ハザードスペクトルまたは基準化加速度応答スペクトルと建物の要求性能（あるいは限界状態）に応じた地震動の再現期間に基づいて設定される．しかし，現時点では，地震動の再現期間をハザード評価などにより適切に設定することは容易でない．一方で，建物の基礎構造の主な役割は上部構造の鉛直支持であるから，基礎構造の設計における地震荷重の大きさは上部構造の設計で用いられているレベルと整合させるべきである．これらの観点を総合すると，現在，上部構造の耐震設計で想定される場合の多い2種類の限界状態（損傷限界状態と安全限界状態）に対応する地震荷重として，建築基準法により定められている限界耐力計算[4.4.5]における設計用地震動の加速度応答スペクトルを採用することが考えられる．すなわち，レベル1地震荷重に対応する地震動として，およそ50～100年に1回程度遭遇する可能性のある地震動（いわゆる稀に発生する地震動）を，レベル2地震荷重に対応する地震動として，およそ500年に1回程度遭遇する可能性のある地震動（いわゆる極めて稀に発生する地震動）を想定する．レベル1およびレベル2の地震荷重に対応する設計用地震動の加速度応答スペクトルS_{ad}（m/s²）およびS_{as}（m/s²）は，周期T（s）に対して，式4.4.1および式4.4.2で表される[4.4.5]．

$$S_{ad}=\begin{cases} 0.64+6T & (T<0.16) \\ 1.6 & (0.16 \leq T<0.64) \\ 1.024/T & (0.64 \leq T) \end{cases} \qquad (4.4.1)$$

$$S_{as}=\begin{cases} 3.2+30T & (T<0.16) \\ 8 & (0.16 \leq T<0.64) \\ 5.12/T & (0.64 \leq T) \end{cases} \qquad (4.4.2)$$

式4.4.1によるレベル1の地震荷重に対応する設計用地震動の加速度応答スペクトルS_{ad}を図4.4.1に示す．

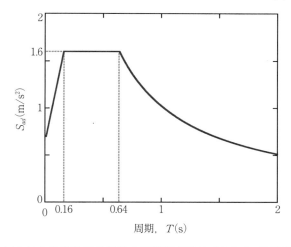

図 4.4.1 式 4.4.1 による設計用地震動の加速度応答スペクトル（減衰定数 5 %）[4.4.5]

b） 表層地盤による地震動増幅の評価

表層地盤による地震動増幅の評価は，基本的に，工学的基盤で設定した設計用地震動の加速度応答スペクトルに，設定した地盤モデルに基づき周波数領域で算定した地震動増幅率を乗じて，地表面地震動の加速度応答スペクトルを求めることにより行う．そのための具体的な計算方法として，荷重指針[4.4.4]の方法や限界耐力計算[4.4.5]の方法が示されている．いずれも，地盤を水平多層構造にモデル化し，鉛直下方から入射される地震動をせん断波（S 波）に見立てた地盤応答を重複反射理論あるいはその簡易計算法に基づいて評価する方法である．また，これらの方法に，地盤の固有周期や地表変位の推定等に関して改良を加えた方法[4.4.6]～[4.4.8]も提案されており，より無理のない現実的な地震動増幅の評価が可能である．よって，本指針では，表層地盤による地震動増幅の評価法として，文献 4.4.6）～4.4.8) の計算法を推奨する．

いずれの計算法においても，地盤構造モデルの設定のための地盤情報として，地盤各層の単位体積重量，せん断波（S 波）速度および動的変形特性（せん断剛性と減衰定数のせん断ひずみ依存性）が不可欠であり，これらは地盤調査や室内試験等のデータに基づいて適切に設定する必要がある．地盤調査や室内試験の詳細は，2.6 節，2.7 節を参照されたい．

また，これらの計算法では，地盤の動的変形特性に基づいて，等価線形化手法（繰返し収束計算）により，地盤の非線形性の影響を近似的に扱うことができる．その場合，適用可能な最大せん断ひずみは大きくても 1～2 % 程度までで，これを超える場合には，後述の時刻歴解析など別の計算法が必要となる．

なお，地盤が液状化する場合の扱いについては，等価線形解析を利用した簡易液状化解析の提案などいくつかあるが，現時点では，地表地震動の加速度応答スペクトルの評価に不確実性が大きく，地震荷重の過小評価に繋がる可能性がある．一方で，液状化地盤における実現象として，液状化の発生する時刻より前に建物応答の慣性力が最大となる場合もあるが，その予測には大きな不確実性が伴う．このため，液状化する地盤では，簡易液状化解析の実施の有無に関わらず，

液状化しないと仮定した地盤の地震動増幅評価も行い，より地震荷重が大きくなる場合を選択する．

c) 入力低減効果の評価

限界耐力計算などを用いる場合や表層地盤の地震動増幅特性が評価されている場合には，上部構造の地下部分の根入れ効果による慣性力の低減係数 β' を次式[4.4.5)]で考慮してもよい．

$$\beta' = \frac{K_{hb}\left\{1-\left(1-\dfrac{1}{G_s}\right)\dfrac{D_e}{\sum H_i}\right\}+K_{he}}{K_{hb}+K_{he}} \qquad (4.4.3)$$

ここに，K_{hb} (kN/m)：地下部分の底面の水平地盤ばね

　　　　K_{he} (kN/m)：地下部分の側面の水平地盤ばね

　　　　G_s　　　　　：表層地盤の地震動増幅率

　　　　D_e (m)　　　：地下部分の根入れ深さ

　　　　$\sum H_i$ (m)　：表層地盤の厚さ〔図 4.4.2 参照〕

なお，水平地盤ばね K_{hb}，K_{he} の算定方法は，文献 4.4.5) を参照されたい．

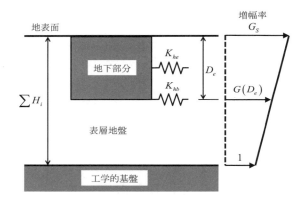

図 4.4.2　限界耐力計算[4.4.5)]における入力低減効果の考え方

d) 上部構造の地下部分の慣性力の評価

前述の保有水平耐力計算等に基づく方法では，上部構造の地下部分の慣性力に対応する地表面地震動の最大加速度の概略値として，レベル 1 地震荷重 $1\,\mathrm{m/s^2}\times Z$，レベル 2 地震荷重 $4\,\mathrm{m/s^2}\times Z$ を定めている（Z は地域係数）．一方，限界耐力計算に基づく方法では，限界耐力計算における工学的基盤地震動の最大加速度（レベル 1 地震荷重 $0.64\,\mathrm{m/s^2}\times Z$，レベル 2 地震荷重 $3.2\,\mathrm{m/s^2}\times Z$）に対応する地表面地震動の最大加速度として，b) で求まる地表面地震動の加速度応答スペクトルの最短周期側の値を用いる．これに c) で求めた上部構造の地下部分の根入れ効果による低減係数 β' を乗じ，上部構造の地下部分の慣性力に対応する基礎入力動を評価する．このとき，近年，大加速度の地震観測例があるものの，本指針では，今までに経験した最大の地震動を設計用の地震荷重とする考えではないことから，設計に用いる基礎入力動の最大加速度の値として，文献 4.4.9)，4.4.10) を参考に，レベル 1 地震荷重 $1\,\mathrm{m/s^2}\times Z$，レベル 2 地震荷重 $4\,\mathrm{m/s^2}$

×Z を推奨する.

e） 上部構造の地上部分の慣性力の評価

基準解説書[443]では，許容応力度等計算とは根本的に異なる限界耐力計算が説明されている．限界耐力計算は，地震動による建物の応答を，応答スペクトル法を基本として求め，その応力または変形が建物の限界値以下になっていることを確認する計算方法である．本指針では，基準解説書[443]あるいは荷重指針[444]の方法に基づき，c）で求めた基礎入力動に対する上部構造の地上部分の応答を算定し，各階の層せん断力から上部構造の地上部分の慣性力を評価することを基本とする．ただし，(1) 保有水平耐力計算等に基づく方法と同様の観点から，高い耐震性能を基礎構造にも持たせたい場合は，上部構造の地上部分の静的荷重増分解析（プッシュオーバー解析）を行って得られる損傷限界耐力時および安全限界耐力時の各階の層せん断力から，レベル1地震荷重およびレベル2地震荷重に相応する上部構造の地上部分の慣性力を評価してもよい．

（3） 時刻歴の地震応答解析に基づく方法

本項では，動的解析により基礎に作用する地震荷重（上部構造の地下部分の慣性力）を評価する方法を示す．この動的解析は，a）工学的基盤における地震動の設定，b）表層地盤による地震動増幅の評価，c）地盤と建物の動的相互作用の影響を考慮した上部構造の地下部分の慣性力の評価，の手順で実施される．以下，各手順a）b）c）について概説する．

なお，手順b）とc）では，地震動レベルによっては，地盤と建物の非線形性状や連成挙動を考慮した応答解析法が必要とされ，相当に複雑な計算となる場合も少なくない．

a） 工学的基盤における地震動

荷重指針[444]によると，動的解析に基づいて建物の地震荷重を評価するための地震動は，1）設定した目標加速度応答スペクトルに適合するよう作成した模擬地震動，2）建設地と建物の条件に応じた想定地震に基づいて強震動シミュレーション等により作成した地震動（いわゆるサイト波）のいずれかを用いることとされている．前者については，目標加速度応答スペクトルとして本節（2）a）項で設定したものを用いる．後者については，荷重指針[444]を参照されたい．

b） 表層地盤による地震動増幅の評価

地表面の地震動，もしくは上部構造の地下部分や基礎に入力される地震動は，表層地盤の地震応答解析により評価する．地震応答解析は，標準貫入試験やPS検層などの原位置試験およびサンプリングした土試料の各種室内試験などの結果に基づいて地盤モデルを作成し，適切な応答解析法を選択して実施する．地盤モデルは，主として空間離散化の必要性に応じて，水平多層構造モデル，多質点系モデル，格子型モデル，有限要素法（FEM）モデルなどが用いられる．また，応答解析法は，主として地盤に生じる最大ひずみレベルに応じて，線形解析，等価線形解析，逐次非線形解析が用いられる．また，地盤内応力の扱い方の違いにより，地盤中の土骨格と間隙水を一体として扱う全応力解析と，両者を個別に扱う有効応力解析とに大別される．前者では過剰間隙水圧を評価できないため，液状化の問題では後者を用いる必要がある．すなわち，適切な応答解析法は，設計対象の地盤条件や地震動の大きさなどに応じて選択する必要がある．例えば，液状化の可能性がない地盤で中地震（レベル1地震荷重）程度であれば，その地震動増幅の評価

には，SHAKE[4.4.11)]に代表される一次元重複反射理論に基づく全応力等価線形解析プログラムが多用される．その他の応答解析法に関しては，文献4.4.12)，4.4.13)などが参考になる．

ただし，有効応力解析の適用にあたっては，解析に必要なパラメータを得るための地盤調査や室内試験が行われているか，解析者に十分な経験や技量が備わっているかなど，いくつかの条件が必要とされる．場合によっては，有効応力解析の結果には大きな不確実性が伴うことも少なくない．そのため，不確実性の大きなパラメータを変化させた複数の地盤モデルおよび解析条件に対する検討を行い，地震荷重がもっとも大きくなる場合を選択する．

　　c）　地盤と建物の動的相互作用の影響を考慮した上部構造の地下部分の慣性力の評価方法

建物と地盤の動的相互作用を考慮できる上部構造-基礎-地盤連成系の解析モデルを設定し，a）の工学的基盤の地震動やb）の地盤応答解析結果に基づく地震動を入力として，逐次非線形地震応答解析を行い，上部構造の地下部分の慣性力を評価する．建物と地盤の動的相互作用を考慮できる解析モデルでは，建物の基礎とその周辺地盤を動的地盤ばねにモデル化すること（慣性の相互作用の考慮），ならびに表層地盤による増幅効果を考慮した地震動が基礎を介して建物に伝わる影響をモデル化すること（入力の相互作用の考慮，入力損失や基礎入力動とも呼ぶ）が必要である．すなわち，建物の上部構造-基礎-地盤連成系を模擬した動的解析モデル（動的相互作用解析モデル）が不可欠である．その代表的な例を図4.4.3に示す．

スウェイ・ロッキングモデルでは，周辺地盤（と杭）をスウェイばねとロッキングばねにモデル化し，基礎底深さの自由地盤応答を基礎入力動として考慮することが一般的である．

質点系モデル（ペンツェン（Penzien）型モデル）では，杭を1本ないし複数本の梁要素でモデル化し，周辺地盤を質点系でモデル化して，杭周地盤ばねを介して自由地盤の応答を杭に作用させることで基礎入力動を考慮する．また，ロッキングばねを用いて回転動に対する杭と地盤の抵抗をモデル化する場合もある．ペンツェン型モデルにおいて地上部分を取り去り地下部分の質量を無視したモデルの応答をスウェイ・ロッキングモデルの基礎入力動とすることもできる．

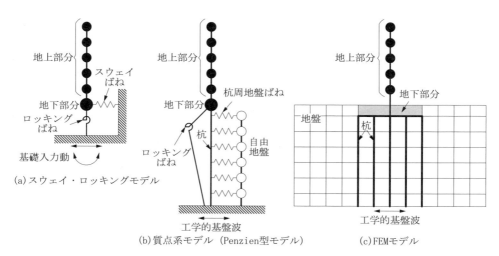

図4.4.3　動的相互作用解析モデルの代表的な例

FEM モデルは，地盤と基礎および上部構造系を一体としてモデル化したものであり，スウェイ・ロッキングモデルやペンツェン型モデルに比べ，地下部分の形状や杭配置を考慮した評価が可能である．

これらの動的相互作用解析モデルの時刻歴応答から，上部構造の地下部分の慣性力を直接求めることができる．すなわち，杭頭の応答せん断力から上部構造の地上部分の最下層（地下がない場合は基礎の直上層）の層せん断力を時刻歴で差し引いた値が，上部構造の地下部分に直接作用する慣性力に相当する．スウェイ・ロッキングモデルではスウェイばねの応答値（根入れ部側面の地盤ばねの寄与が大きい場合はこれを除く），ペンツェン型モデルでは 1 本に集約した梁要素の杭頭せん断力，FEM モデルでは群杭のせん断力の総和が杭頭の応答せん断力に相当する．

なお，群杭の剛性と減衰は杭 1 本の値を杭本数倍したものとはならないことが指摘されており，これを群杭効果と呼んでいる．スウェイ・ロッキングモデルやペンツェン型モデルでは群杭効果を適切にモデル化に取り入れることが必要である．

また，地下階がある場合は根入れ部側面の地盤をモデル化に考慮するとともに，根入れ部側面からの入力を考慮することも必要である．この際，根入れ部側面の地盤ばねはノヴァク（Novak）ばね[4.4.14]を用いてモデル化することが多い．

以上に示したモデル化の具体的な評価法については，文献 4.4.15)～4.4.17) などを参照されたい．

ここで，本節で示した上部構造の地下部分の慣性力を評価するための動的相互作用解析モデルにおける杭周地盤ばねの適用範囲に関して，注意すべき事項を補足する．

ペンツェン型モデルによる上部構造-基礎-地盤連成系の動的解析に用いる杭周地盤ばねは，弾性波動論に基づき評価されることが多い．この評価方法は，起振機実験などで検証されており[4.4.18),4.4.19)]，信頼性が確認されている．一方，6.6 節で示されている杭応力の静的な評価に用いられる杭周地盤ばね（水平地盤反力係数）は，杭の静的加力実験に基づいて検証されている．一般に，弾性波動論によって評価された動的解析用の杭周地盤ばねは，静的解析用の杭周地盤ばねに比べて硬く評価されることが多い．

このように，杭周地盤ばね評価については課題が残されているが，本節で示した上部構造の地下部分の慣性力を動的に評価する場合には，杭周地盤ばねを硬くするほど動的相互作用効果は小さくなるため，弾性波動論によって評価した杭周地盤ばねを用いることを基本とする．

一方，杭応力の静的な評価方法については，6.6 節を参照されたい．

参 考 文 献

4.4.1) 田村修次：遠心載荷実験における基礎の根入れ効果が杭頭水平力に及ぼす影響と液状化層厚，日本建築学会構造系論文集，第 73 巻，第 625 号，pp. 409～415，2008.3

4.4.2) 田村修次・肥田剛典：地震時土圧と側面摩擦力を考慮した応答変位法による杭応力評価，日本建築学会構造系論文集，第 76 巻，第 670 号，pp. 2115～2121，2011.12

4.4.3) 国土交通省国土技術政策総合研究所，国立研究開発法人建築研究所監修：2015 年版 建築物の構造関係技術基準解説書，全国官報販売共同組合発行，2015

4.4.4) 日本建築学会：建築物荷重指針・同解説，2015

4.4.5) 国土交通省建築研究所：改正建築基準法の構造関係規定の技術的背景，ぎょうせい，2001

4.4.6) 石田　寛・源栄正人：地盤増幅を考慮した一様ハザードスペクトルに基づく建築構造物の地震リスク評価手法，日本建築学会構造系論文集，第 69 巻，第 583 号，pp. 23〜30，2004.9

4.4.7) 井上和歌子・林　康裕・新井　洋・中井正一・飯場正紀：表層地盤による地震動増幅率評価法に関する研究，日本建築学会技術報告集，第 16 巻，第 32 号，pp. 107〜112，2010.2

4.4.8) 岡野　創・酒向裕司：表層地盤による応答スペクトルの増幅率の評価法の提案，日本建築学会技術報告集，第 19 巻，第 41 号，pp. 47〜52，2013.2

4.4.9) 宮本裕司：基礎の地震荷重と相互作用，日本建築学会大会構造部門（振動）パネルディスカッション「地震動と地震荷重を繋ぐ―現状と将来の課題―」，pp. 36〜46，2002.8

4.4.10) 藤森健史・勝二理智・藤井　達：二次設計用地下震度に関する研究（その 1〜3），日本建築学会大会学術講演梗概集，構造 I，pp. 457〜462，2016.8

4.4.11) Schnabel, P.B., Lysmer, J. and Seed, H.B.：SHAKE-A Computer Program for Earthquake Response Analysis of Horizontally Layered Sites, Report No. EERC72-12, Earthquake Engineering Research Center, University of California, Berkeley, 1972.12

4.4.12) 地盤工学会：地盤の動的解析―基礎理論から応用まで―，地盤工学・基礎理論シリーズ 2，丸善，2007

4.4.13) 吉田　望：地盤の地震応答解析，鹿島出版会，2010

4.4.14) Novak, M., Nogami, T. and Aboul-Ella, F.：Dynamic soil reactions for plane strain case, J. Engineering Mechanics, ASCE, Vol. 104, No. EM4, pp. 953〜959, 1978.4

4.4.15) 日本建築学会：入門・建物と地盤の動的相互作用，1996

4.4.16) 日本建築学会：建物と地盤の動的相互作用を考慮した応答解析と耐震設計，2006

4.4.17) 日本建築学会振動運営委員会：大地震おける地盤-基礎-建物系の応答評価の現状と課題―兵庫県南部地震から 20 年を迎えるにあたって―，日本建築学会大会構造部門（振動）パネルディスカッション資料，pp. 33〜54，2014.9

4.4.18) 土方勝一郎・三浦賢治・宮本裕司・諸井孝文：群杭基礎の振動特性に関する研究（杭基礎試験体の強制加振実験と解析的検討），日本建築学会構造系論文集，第 408 号，pp. 89〜98，1990.2

4.4.19) 宮本裕司・増田　潔：群杭基礎の振動特性に関する研究（実大杭基礎の強制加振実験と解析的研究），日本建築学会構造系論文集，第 433 号，pp. 121〜130，1992.3

4.5 節　地盤の水平変位による荷重

　杭の設計に用いる地盤の水平変位による荷重は，表層地盤の振動特性と液状化の影響を適切に考慮して算定した水平変位に 6.6 節記載の地盤反力係数を乗じて求める．

　本節で扱う地盤の水平変位は，6.6 節において，応答変位法により杭の水平抵抗を評価する際に，地盤の水平変位により杭に働く荷重を算定するときに必要となる．

　地盤の水平変位の算定方法は，液状化の可能性の有無により異なるため，それぞれの場合に分けて示す．その際の地震動の設定位置は，4.4 節の地震荷重の評価方法と対応させ，「（1）保有水平耐力計算等に基づく方法」については地表面で，「（2）限界耐力計算に基づく方法」や「（3）時刻歴の地震応答解析に基づく方法」については工学的基盤とする．

　なお，地震動の設定位置が工学的基盤の場合で，杭の支持層が工学的基盤より浅い場合は工学的基盤まで，工学的基盤中に杭先端がある場合はその深度を工学的基盤として地盤をモデル化する．

（1）　地盤が液状化しない場合

液状化しない地盤では，表 4.5.1 に示す算定法のいずれかにより地盤の水平変位を算定する．

　算定法 a1 は，現行の建築基準法で設計される中低層建物を対象とし，地表面で設定された上部構造の慣性力に対応する加速度応答スペクトルに対して，応答スペクトル法により地盤の水平

4 章　荷　　重　－107－

表 4.5.1　液状化しない地盤における水平変位の算定法

算定法	地震動の 設定位置	地震動の形態	解析手法	応答値	参考文献
a1	地表面	加速度応答スペクトル	応答スペクトル法	最大地盤変位	4.5.1), 4.5.2)
a2	工学的基盤	加速度応答スペクトル	応答スペクトル法	最大地盤変位	4.5.1), 4.5.2), 4.5.3), 4.5.4), 4.5.5)
a3	工学的基盤	加速度時刻歴波形	等価線形解析	時刻歴波形	4.5.6)
a4	工学的基盤	加速度時刻歴波形	逐次非線形解析	時刻歴波形	4.5.7), 4.5.8)

変位を算定する方法である．すなわち，任意の地震荷重レベルにおける地表の水平変位を単純な計算により求め，地盤の水平変位の深さ方向の分布を多質点系の一次振動モードに見立てた略算により定める方法[4.5.1), 4.5.2)]である．

　算定法 a2 は，工学的基盤で設計用地震動が加速度応答スペクトルで設定されている場合に，応答スペクトル法により地盤の水平変位を求める方法である．この計算法として，4.4 節において表層地盤による地震動増幅の評価法として推奨した文献 4.4.6)〜4.4.8) の手法（文献 4.5.3)〜4.5.5) として再掲）が挙げられる．いずれの手法も，その計算の過程で地盤の水平変位を求めることができる．このほか，前述した文献 4.5.1), 4.5.2) の方法も推奨できる．

　算定法 a3，a4 には，地盤を一次元成層地盤としてモデル化する重複反射モデルと質点と地盤ばねでモデル化する多質点モデルがある．地盤の水平変位は，工学的基盤に設計用地震動を与え，地盤の非線形性を考慮した等価線形解析（例えば SHAKE[4.5.6)]）や逐次非線形解析（例えば文献 4.5.7), 4.5.8)）により算定する．地盤の深さ方向の水平変位分布を求める方法としては，各深度の最大変位分布とする方法，地表面変位が最大となる時刻の変位分布とする方法が考えられる．

　なお，地震動が地表面で設定される場合については，算定法 a3 の手法（等価線形解析）により地盤の水平変位を算定できる場合がある．しかし，この場合は地震動の逆増幅地盤応答解析を行うため，地盤モデルや地震動特性によっては収束計算が発散し，解が得られない場合もあり，適用にあたっては注意が必要である．

　上述した地盤の水平変位の算定法の特徴と実用性を考慮したうえで，本指針においては，液状化しない地盤の水平変位の算定法として，算定法 a1，a2 の応答スペクトル法に基づく方法を推奨する．以下に，文献 4.5.1), 4.5.2) を参考に，地震動の設定位置（工学的基盤か地表面か）に応じて地盤の水平変位を算定する方法を示す．

　図 4.5.1 に示すように，地盤は表層と工学的基盤から成る水平多層構造とし，表層の層数 N，地表から第 i 番目の層の厚さ H_i (m)，単位体積重量 γ_i (kN/m³)，初期 S 波速度 V_{S0i} (m/s)，地震時の等価 S 波速度 V_{SEi} (m/s)，表層の厚さ $\sum H_i$ (m)，工学的基盤の単位体積重量 γ_B (kN/m³)，S 波速度 V_{SB} (m/s) とする．表層の土質は粘性土か砂質土のいずれかに区分し，地盤は液状化しないものとする．

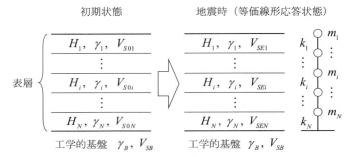

図 4.5.1 水平多層地盤と多質点−等価せん断ばね系への置換

地盤の水平変位は，次の手順 a)，b) により算定する．

a) 地表変位 D_{max} の算定

地震動の設定位置（工学的基盤か地表面か）に応じて，地表変位 D_{max} （m）を式 4.5.1 または式 4.5.2 により算定する．

① 地震荷重（設計用地震動）を工学的基盤で設定する場合

$$D_{max} = C_1(\alpha^2 - 1) f_A \sum H_i \tag{4.5.1}$$

② 地震荷重（設計用地震動）を地表で設定する場合

$$D_{max} = C_1(\alpha^2 - 1) f_A \sum H_i \left\{ C_2 \left(1 - \frac{1}{\alpha^2}\right) + \frac{2R_{Z0}}{\alpha} \right\} \tag{4.5.2}$$

ここに，C_1 ：表層の土質の G-γ 関係から決まる定数（粘性土で 0.0028，砂質土で 0.0015）
C_2 ：表層の土質の減衰特性から決まる定数（粘性土で 0.53，砂質土で 0.66）
α ：地盤の地震時の固有周期の延び
f_A ：地震荷重の加速度一定領域の影響を考慮する補正係数
R_{Z0} ：地盤の表層と工学的基盤の初期インピーダンス比

α，f_A，R_{Z0} は，それぞれ式 4.5.3，4.5.4，4.5.5 で与えられる．

$$\alpha = 1 + \frac{LZC_\alpha T_0}{\sum H_i} \quad \text{ただし} \quad \alpha \leq 4 \tag{4.5.3}$$

$$f_A = \min(1.6\alpha T_0, 1) \tag{4.5.4}$$

$$R_{Z0} = \frac{\sum \gamma_i V_{S0i} H_i}{\gamma_B V_{SB} \sum H_i} \tag{4.5.5}$$

ここに，L ：地震荷重レベルにより決まる定数（レベル 1 で 0.2，レベル 2 で 1.0）
Z ：地域係数
C_α ：表層の土質の動的変形特性から決まる定数（粘性土で 25，砂質土で 40）
T_0 (s)：地盤の初期固有周期

T_0 は，次式により求めてもよい．

$$T_0 = 4 \sum \frac{H_i}{V_{S0i}} \tag{4.5.6}$$

なお，表層の土質を粘性土か砂質土のいずれかに明確に区分できない場合，両方の土質を仮定した計算を行い，D_{max} の値が大きい方の結果を採用する．

b）　地盤の水平変位の深さ方向分布の算定

地震動の設定位置（工学的基盤か地表面か）によらず，次の方法により地盤の水平変位の深さ方向分布を算定する．

図 4.5.1 に示すように，水平多層地盤を，単位面積土柱に対応する多質点-等価せん断ばね系（質点数 N，工学的基盤の上面で基礎固定条件）に置換する．この系の地表から第 i 番目の質点（質量 m_i（Mg＝10^3 kg）の水平変位の深さ方向分布 $\{u_i\}$ を，式 4.5.7 の漸化式を用いて，D_{max} で無次元化した地表における変位 u_1＝1 から工学的基盤の上面における変位 u_{N+1} まで順次計算する．

$$u_{i+1}=u_i-\frac{40}{k_i(\alpha T_0)^2}\sum_{j=1}^{i}m_j u_j \tag{4.5.7}$$

ここに，α　　　　　：地盤の地震時の固有周期の延び〔式 4.5.3〕（前掲）

T_0（s）　　　：地盤の初期固有周期〔式 4.5.6〕（前掲）

k_i（kN/m）：地表から第 i 番目の等価せん断ばね剛性

k_i は，対応する地層の地震時の等価 S 波速度 V_{SEi} を用いて $k_i=(\gamma_i/g)V_{SEi}{}^2/H_i$（$g$ は重力加速度）と表され，V_{SEi} は，次式により求める．

$$V_{SEi}=\left(\frac{\gamma_i V_{S0i}}{\gamma_B V_{SB}}\right)^{\beta}V_{S0i} \tag{4.5.8}$$

ただし，

$$\beta=\frac{3}{4}\left(1-\frac{1}{2^{\alpha-1}}\right)\frac{1}{1-R_{z0}} \tag{4.5.9}$$

ここに，α および R_{z0} は，それぞれ前掲の式 4.5.3 および式 4.5.5 で与えられる．

式 4.5.7 により得られる u_{N+1} の値は，式 4.5.8 の近似精度などに起因して，一般にゼロとはならない．そのため，無次元化水平変位が地表で 1，工学的基盤の上面でゼロとなるよう，各質点の水平変位を式 4.5.10 により調整して，その深さ方向分布 $\{u_i^*\}$ を採用する．

$$u_i^*=\frac{u_i-u_{N+1}}{1-u_{N+1}} \tag{4.5.10}$$

以上の手順 a），b）より，地盤の水平変位 $D_{max}\{u_i^*\}$（m）を算定できる．この方法[4.5.1), 4.5.2)]では，地盤の地震時の等価線形応答状態を想定していることから，その適用条件は，等価線形化法による地震応答解析と同等と考えられる．すなわち，地盤の最大せん断ひずみの値が 1 ％ 程度以下の場合に，この方法は適用可能である．なお，具体的な地盤の水平変位の計算例は，巻末の計算例 2 に示されているので参照されたい．

（2）　地盤が液状化する可能性がある場合

液状化する可能性がある地盤では，表 4.5.2 に示す算定法のいずれかにより地盤の水平変位を算定する．

算定法 b1 および b2 は，地盤が液状化しないと仮定して算定法 a1 および a2 により求めた地

— 110 —　建築基礎構造設計指針

表 4.5.2　液状化地盤における水平変位の算定法

算定法	地震動の設定位置	地震動の形態	解析手法	応答値	参考文献と参照節
b1	地表面	加速度応答スペクトル	応答スペクトル法＋液状化判定	最大地盤変位（液状化しない場合の地盤変位＋液状化層の動的水平変位 D_{cy} を求める過程で得られる各層の水平変位）	4.5.1), 4.5.2), 3.2 節
b2	工学的基盤	加速度応答スペクトル	応答スペクトル法＋液状化判定		4.5.1), 4.5.2), 4.5.3), 4.5.4), 4.5.5), 3.2 節
b3	工学的基盤	加速度時刻歴波形	等価線形解析（解析結果の利用）	時刻歴波形	4.5.6), 4.5.9), 4.5.10), 4.5.11), 4.5.12), 4.5.13)
b4	工学的基盤	加速度時刻歴波形	有効応力解析	時刻歴波形	4.5.7), 4.5.14)

盤の水平変位に，3.2 節の液状化判定による液状化層の動的水平変位 D_{cy} を求める過程で得られる各層の水平変位を加算し，その結果を地盤の水平変位とする方法である．算定法 b1 は，算定法 a1 と同様に地震荷重が地表面で設定される場合に用いられる．一方，算定法 b2 は，算定法 a2 と同様に地震荷重が工学的基盤で設定される場合に用いられる．

　算定法 b3 は，一次元の等価線形解析結果を利用した簡易液状化解析手法で，以下の a)〜c) の手順により，液状化地盤の応答を近似的に求める手法である．

　a)　全応力の一次元等価線形解析（繰返し収束計算）を行う．

　b)　a) の解析結果（地盤の各層の最大せん断応力など）に基づいて，液状化の発生および液状化層の等価物性（せん断剛性と減衰定数）を算定する．

　c)　b) の等価地盤物性を用いて，一次元線形解析を行う．

　手順 b) の液状化判定と液状化層の等価地盤物性の算定方法には，以下の方法が挙げられる．具体的な内容は文献 4.5.9)〜4.5.13) に詳しく紹介されているので参照されたい．

　①　杭の水平地盤反力係数の低減率 β_L 〔3.2 節〕を用いる方法[4.5.9]

　②　等価有効応力の評価に基づくせん断剛性比を用いる方法[4.5.10), 4.5.11]

　③　液状化地盤の強震記録を説明できるせん断剛性比を用いる方法[4.5.12), 4.5.13]

　算定法 b4 は，過剰間隙水圧の上昇に伴う地盤の有効応力やせん断剛性の低下を考慮できる有効応力解析[4.5.7), 4.5.14]による方法が望ましい．この方法によれば，地盤の地表面最大変位が地震継続時間中に発生する場合や地震終了後に発生する場合のどちらについても適切に評価できる．有効応力解析の適用にあたっては，解析手法に習熟していることや，解析に用いるパラメータの設定根拠となる室内試験（液状化強度試験）が行われていることなどが不可欠である．

　これらの算定法 b1，b2，b3，b4 は計算方法が異なるため，得られる地盤の水平変位は必ずしも一致しないが，上記の特徴と実用性を勘案して，本指針においては，液状化する可能性がある地盤の水平変位の算定法として，算定法 b1，b2 の方法を推奨する．

　以上は，地盤が水平成層地盤の場合を前提としているが，傾斜地や側方流動など地盤の多次元

的な影響や挙動を無視できない場合には，有限差分法（FDM），有限要素法（FEM），境界要素法（BEM）などによる空間離散化に基づく多次元解析を行って地盤の水平変位を算定する．この場合，敷地内だけでなく，敷地外の周辺地盤の地形や地盤定数を適切に評価する必要がある．しかし，それらのデータの入手が難しいことが多く，適用には十分な事前調査を実施して判断する必要がある．特に，液状化後の地盤の流体的な挙動を表現するためのパラメータについては，慎重な扱いが重要である．

参 考 文 献

4.5.1) 新井　洋：建築基礎設計に用いる動的地盤変位の簡易評価法，日本建築学会大会学術講演梗概集，構造Ⅰ，pp. 455～456，2016.8

4.5.2) 大村早紀・新井　洋・柏　尚稔：杭基礎の設計に対する動的地盤変位の簡易算定法の適用性，日本建築学会大会学術講演梗概集，構造Ⅰ，pp. 631～632，2018.9

4.5.3) 石田　寛・源栄正人：地盤増幅を考慮した一様ハザードスペクトルに基づく建築構造物の地震リスク評価手法，日本建築学会構造系論文集，第 69 巻，第 583 号，pp. 23～30，2004.9

4.5.4) 井上和歌子・林　康裕・新井　洋・中井正一・飯場正紀：表層地盤による地震動増幅率評価法に関する研究，日本建築学会技術報告集，第 16 巻，第 32 号，pp. 107～112，2010.2

4.5.5) 岡野　創・酒向裕司：表層地盤による応答スペクトルの増幅率の評価法の提案，日本建築学会技術報告集，第 19 巻，第 41 号，pp. 47～52，2013.2

4.5.6) Schnabel, P.B., Lysmer, J. and Seed, H.B.：SHAKE-A computer program for earthquake response analysis of horizontally layered sites, Report No. EERC72-12, Earthquake Engineering Research Center, University of California, Berkeley, 1972.12

4.5.7) 地盤工学会：地盤の動的解析—基礎理論から応用まで—，地盤工学・基礎理論シリーズ 2，丸善，2007

4.5.8) 吉田　望：地盤の地震応答解析，鹿島出版会，2010

4.5.9) 古山田耕司・宮本裕司・時松孝次・三浦賢治：応答スペクトル法を用いた液状化地盤の応答解析と杭応力評価，日本建築学会技術報告集，第 10 巻，第 19 号，pp. 67～72，2004.6

4.5.10) 社本康広：サイクリックモビリティを考慮できる等価有効応力解析法，日本建築学会大会学術講演梗概集，構造Ⅰ，pp. 569～570，1998.9

4.5.11) 淵本正樹・社本康広：等価有効応力解析の液状化地盤に対する適用性，構造工学論文集，Vol. 51B，pp. 135～140，2005.3

4.5.12) 三輪　滋：液状化地盤における杭基礎構造物系の耐震解析法，京都大学博士論文，2004

4.5.13) 小林素直・林　康裕・新井　洋：1 次元等価線形解析による簡易液状化解析法の提案，日本建築学会技術報告集，第 21 巻，第 48 号，pp. 563～568，2015.6

4.5.14) 日本建築学会基礎構造運営委員会：液状化地盤における基礎設計の考え方，建築基礎の設計施工に関する研究資料 4，1998.9

5章　直接基礎

5.1節　基本事項

1. 要求性能

想定する荷重と各限界状態に対応する直接基礎の要求性能は表 2.1 による．なお，想定する最大級の荷重に対する要求性能は，建物の継続使用の観点から性能グレードに応じて設定する．

2. 検討項目および要求性能の確認方法

（1）直接基礎の要求性能の確認においては，地盤の鉛直支持力，沈下量，水平抵抗および基礎部材，上部構造への影響が，各限界状態に応じて表 5.1 に示す設計用限界値以内であることを確認する．検討にあたっては，直接基礎の鉛直荷重-沈下量関係を設定する．また，地震時の液状化が予想される場合には，その影響を考慮する．これらの項目以外の検討が必要とされる場合は，別途要求性能に応じた検討項目を設定し検討する．

表 5.1　要求性能の確認方法

想定荷重	性能グレード	要求性能のレベル（限界状態）	要求性能の確認方法		
			上部構造に対する影響	基礎部材	地盤（改良地盤を含む）
常時荷重	―	使用限界状態	基礎の傾斜角・変形角が，構造別の使用限界状態以下	基礎部材の各応力が設定されたひび割れ幅以下，または想定されるひび割れ幅に対応した応力以下	鉛直荷重が長期的なクリープ沈下が生じない使用限界の支持力以下，沈下量が使用限界状態の限界値以下，水平荷重が滑動抵抗の使用限界状態の限界値以下
レベル1荷重	―	損傷限界状態	基礎の傾斜角・変形角が，構造別の損傷限界状態以下	基礎部材の各応力が降伏応力以下	鉛直荷重が基礎の過大な不同沈下量が生じない損傷限界の支持力以下，沈下量が損傷限界状態の限界値以下，水平荷重が滑動抵抗の損傷限界状態の限界値以下，地盤は液状化しない
	S				
レベル2荷重	A	終局限界状態	（基礎の傾斜角・変形角が，構造別の転倒・崩壊に繋がる値以下）[1]	基礎部材が終局強度を用いた終局限界強度以下，または限界変形角および限界変形量以下	鉛直荷重が終局限界の支持力以下，沈下量が終局限界状態の限界値以下，転倒しない，液状化発生を伴う場合は，液状化に伴う沈下量が限界値以下 [1,2]，（滑動抵抗力が限界値以下）[1]

[注]　*1：（　）内の項目については，必要に応じて検討する．
　　　*2：液状化は深い位置の軽微なものに限定し，基礎直下は液状化しないことを前提とする．

（2）　直接基礎の鉛直荷重-沈下量関係の設定においては，支持地盤の特性，基礎形式および地下躯体の構造，荷重の偏心・傾斜等を考慮する．

3.　直接基礎下の地盤改良

　直接基礎下の地盤改良を行う場合は，目的とする各限界状態における要求性能と具体的な検討項目を明確に設定して行う．

4.　直接基礎の底面深さ

　直接基礎の底面は，乾燥・凍結などによって土が体積変化を起こすおそれがなく，かつ雨水などによって洗掘されるおそれがない深さまで下げる．

1.　要求性能

（1）　直接基礎の設計フローと検討内容

　直接基礎の設計フローと主な検討内容を図5.1.1に示す．建物条件，敷地とその周辺環境条件，地盤条件などにより基礎の選定上の難易度や必要な検討レベルも異なるが，検討内容は基本的にフローの各項目となる．上部構造の設計条件から基礎に求められる要求性能を確認して，基礎形式を選定する．この段階で建物荷重を考慮した場合の圧密沈下や想定する地震荷重条件での液状化の可能性を考慮して，基礎深さの設定を行う．

　仮定した直接基礎形式に応じて，基礎直下の荷重条件を設定し，使用限界，損傷限界，終局限界の各限界状態に対する鉛直支持力，沈下，滑動の検討を行い，要求性能から設定される設計用限界値と比較し，基礎スラブの配筋設計や設計上の余裕度も踏まえて，総合判定を行う．再度の検討が必要との判断がなされれば，基礎形状・寸法・基礎深さ，場合によっては地盤改良の併用も考慮してより適切な基礎形式を設定し，同様の検討を行う．

（2）　直接基礎の限界状態

　各限界状態の基本的な考え方は，表2.1のとおりである．想定すべき各限界状態に対する要求性能を満たすように適切な支持地盤および基礎の形式・形状を選定する．なお，基礎下に地盤改良を行う場合は，改良地盤に対しても同様な要求性能を満足することを確認する．

　想定される最大級の荷重に対する要求性能は，性能グレードに応じて設定される．直接基礎で特に注意すべき事項は，液状化に対する考え方に関するものである．性能グレードＳでは，支持地盤が液状化しないことを前提に基礎部材，上部構造への影響を確認する．性能グレードＡは，基礎直下は液状化しないことを前提に，深い位置の部分的な地層の軽微な液状化を許容するものである．

（3）　直接基礎の荷重-変位関係と各限界状態との対応

　直接基礎の鉛直荷重-沈下量関係と各限界状態との対応の概念図を図5.1.2に示す．直接基礎の限界状態との対応は，個々の基礎（柱位置）の沈下量と基礎全体の傾斜角や基礎部材の応力から設定されるものがあり，両方を考慮して設定する必要がある．また，地盤の特性から設定される限界状態と，上部構造への影響から設定される限界状態の両者を考える必要がある．

　地盤の特性から設定される限界状態は，鉛直支持力の限界値（極限支持力）を意味する終局限

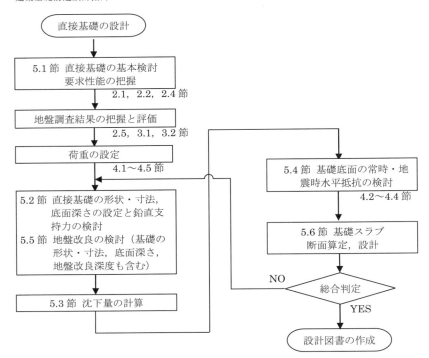

図 5.1.1　直接基礎の設計フロー

界状態と，沈下量が急増しない限界値（降伏支持力）である損傷限界状態があり，それぞれ図 5.1.2 中の E_i 点および D_i 点で示される．上部構造や基礎部材に対する影響から設定される限界状態は，地盤の沈下量に対して，それぞれ A_i 点（使用限界状態），B_i 点（損傷限界状態），C_i 点（終局限界状態）の限界値が設定される．地盤の特性から設定される D_i 点や E_i 点は，地盤特性，基礎幅や基礎の根入れ深さにより異なる．一方，上部構造への影響から選定される A_i 点，B_i 点，C_i 点は，基本的に建物の設計条件により異なる値であることに注意が必要である．同図には，基礎幅を変えた 2 例を併記している．基礎幅が狭い基礎 1（独立フーチング）のように極限支持力が発揮される沈下量が小さい場合，地盤の特性から損傷限界状態や終局限界状態の荷重が設定されるが，基礎幅が広い基礎 2（べた基礎）のように極限支持力が発揮される沈下量が大きい場合，地盤の降伏支持力以下で上部構造から決まる使用限界状態や損傷限界状態となる場合もあるので注意する．

　図 5.1.2 は主として砂質土の即時沈下に関するものであるが，粘性土においては他に圧密沈下も考慮する必要がある．特に，建設後の地中の有効鉛直応力が圧密降伏応力より大きくなる正規圧密状態の粘性土においては，即時沈下量よりも圧密沈下量の方が大きい場合が多くまた長期的に圧密沈下が進行することになる．ただし，建物に発生する不同沈下量は必ずしも圧密沈下量によるものが大きいとは限らないため，即時沈下量と圧密沈下量両者の計算を行い，両方の沈下量をあわせて要求性能の確認を行う必要がある〔例えば文献 5.1.1），5.1.2）〕．

5章 直接基礎 — 115 —

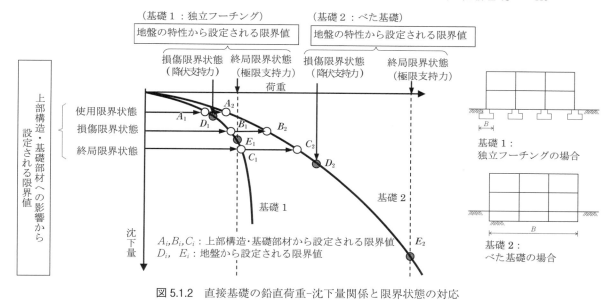

図 5.1.2 直接基礎の鉛直荷重-沈下量関係と限界状態の対応

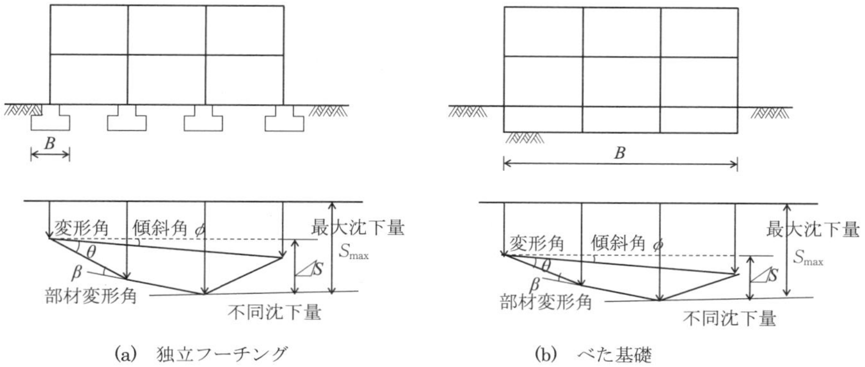

図 5.1.3 直接基礎の各種沈下量，傾斜角，変形角

　上部構造や基礎部材に対する影響から設定される限界状態は，図 5.1.3 に示すように建物基礎全体の傾斜角や基礎部材の応力により設定される．建物が一様に変位（沈下）すれば上部構造には変形が起こらない．沈下量に差がある場合に，その不同沈下に対して上部構造は傾斜や変形を起こし，ひび割れの発生等の障害を生じる．なお，基礎の不同沈下量 ΔS，傾斜角 ϕ，変形角 θ，部材変形角 β とは，直接基礎の基礎形式が独立フーチング（図 5.1.3（a））の場合では各基礎間の値であり，べた基礎の場合（図 5.1.3（b））では基礎内の上部構造の支点間の値である．基礎全体の各限界状態の検討においては，個々の基礎の沈下量よりもむしろ基礎の部材応力やひび割れ耐力やひび割れ幅が問題となる．その参考指標として，基礎の不同沈下量 ΔS，傾斜角 ϕ，変

— 116 —　建築基礎構造設計指針

形角 θ, 部材変形角 β の評価が重要である. そのためには, 基礎形式と地下躯体の剛性を適切に考慮して検討することが合理的である. また, 基礎形式と地下躯体の剛性を考慮して得られる沈下量に対して, 基礎および上部構造への影響を検討する. このように, 直接基礎の各限界状態の検討には, 地盤の鉛直支持力の他に地盤の変形, 特に沈下量の算定が非常に重要である. 沈下量の評価に関しては 5.3 節を参照されたい.

基礎の滑動抵抗および水平変位量については, 基礎スラブ等の剛性が十分大きく, 基礎底面の水平変位が一定となると考えられる場合には, 基礎全体を剛体と考えて評価することも可能である.

2. 検討項目および要求性能の確認方法

（1） 各限界状態における検討項目と確認方法

表 5.1 は, 各限界状態における設計用限界値を示したものである. 各検討項目は, それぞれ独立して検討する内容ではなく, 基礎の鉛直荷重-沈下量関係および水平荷重に対する滑動抵抗, 転倒抵抗を設定して, 総合的に評価すべき事項である. いずれの限界状態においても上部構造に対する検討項目に, 基礎の変形角や傾斜角を挙げているが, これらの不同沈下量に関する定義とその限界値については 5.3 節を参照されたい.

表 5.1.1 に直接基礎の鉛直支持力・沈下量, 滑動抵抗, 転倒抵抗, 浮力に対する抵抗に関する設計用限界値の概要を示す. 直接基礎の設計においては, 基礎の鉛直変位すなわち想定する荷重

表 5.1.1　各限界状態での地盤の設計用限界値

要求性能レベル	設計用限界値			
	鉛直荷重に対する鉛直支持力・沈下	水平荷重に対する滑動抵抗	転倒モーメントに対する抵抗値	浮力に対する浮上り抵抗値
使用限界状態	5.2 節に示す使用限界支持力および 5.3 節に示す沈下の使用限界値	5.4 節に示す使用限界状態の滑動抵抗の限界値	5.4 節に示す使用限界状態の限界値	原則として建物自重で基礎の浮き上がりが生じない抵抗の限界値
損傷限界状態	5.2 節に示す損傷限界支持力および 5.3 節に示す沈下の損傷限界値	5.4 節に示す損傷限界状態の滑動抵抗の限界値	5.4 節に示す損傷限界状態の限界値	原則として浮き上がりが生じない抵抗の限界値
終局限界状態	5.2 節に示す終局限界支持力および 5.3 節に示す沈下の終局限界値	—	転倒しない限界値	建物全体として浮き上がりが生じない抵抗の限界値

に対する沈下量の評価が重要である．ただし，鉛直支持力の検討では，荷重の傾斜や偏心に応じて鉛直支持力の低減を考慮する〔5.2節〕．また，浮力による基礎の浮き上がりの設計用限界値としては，表5.1.1中に示す値とする．設計用限界値を超える場合は，別途検討する必要がある．

各限界状態における検討において，上部構造との一体解析を行ない，上部構造の応力や変形等を直接評価する場合には，それらの指標を用いて性能の確認をすることが望ましい．たとえば，上部構造のひび割れや応力・変形等は，基礎の変形角よりも直接的でかつ有効な性能指標である．

　a）　使用限界状態

直接基礎の設計に用いる使用限界状態として以下を想定する．

①　基礎の沈下および傾斜が，使用上・機能上許容できない状態

②　基礎の変位・変形の影響で，上部構造に有害なひび割れ等が生じる状態

③　所定の耐力係数を確保して，基礎が滑動しない，基礎の浮上りが生じない状態

上記①は基礎の沈下と傾斜の影響によって，構造上以外の問題で，たとえば設備機器の使用上や配管との取合いの問題等が生じる状態である．上記②は基礎の変位・変形に起因して，建物に構造上有害な，あるいは美観を損なうようなひび割れが生じる等の状態である．使用限界状態における検討項目は，作用する荷重に対する沈下量の評価が重要である．使用限界状態においては，建物周辺の設備配管との取合いの問題もあるため，不同沈下量のほかに建物と周辺地盤との沈下量差についても検討する．

常時荷重を極限支持力の1/3とすることによって沈下量の評価を省略することが多かったが，これは多分に経験的な判断であり，基礎の変位や上部構造への影響に対する要求性能の確認がなされていないことに留意すべきである．検討レベルの差はあっても沈下の検討は必ず行い，上部構造に使用上有害な状態が生じないことを確認する必要がある．

上記③の滑動抵抗は，傾斜地盤等のように長期的に大きな水平荷重が作用する場合には十分な検討が必要である．ただし，損傷限界状態において検討がなされることを前提として，使用限界状態における検討を省略してもよい．

なお，使用限界状態においては，変形以外の性能が要求されることもある．たとえば，過度の振動障害や微振動等が問題となる場合には，実況に応じて性能指標を設定して検討を行う必要がある．

　b）　損傷限界状態

直接基礎の設計に用いる損傷限界状態として以下を想定する．

①　地盤の過大な変位・変形が生じる状態

②　基礎部材のいずれかに構造上の補修・補強をせずに再利用できなくなる損傷が生じる状態

③　基礎の変位・変形の影響で，上部構造が損傷の限界を超える状態

④　基礎が滑動しない，基礎の浮上りが生じない状態

上記①は地盤に過大な変位・変形が生じる状態であり，②③は基礎の変位・変形によって，基礎部材または上部構造に構造上放置できない有害な損傷が生じる状態である．損傷限界状態の限

－118－　建築基礎構造設計指針

界値は，主として上部構造および基礎部材の損傷の限界から設定されるものであり，地盤の鉛直荷重-沈下量関係を用いて評価を行なうことが重要である．

なお，地震時の液状化は地盤の破壊現象であることから，直接基礎直下の地盤は液状化しないことを確認する必要がある．損傷限界状態においては，地盤の降伏支持力を超えないこと，基礎部材が損傷の限界値を超えないこと，上部構造に対する影響から設定される沈下量の限界値以下であること，滑動・転倒の限界値以下であることを確認する．地盤の降伏支持力とは，クリープを含む沈下量が急増しない支持力を便宜的に設定するものであり，また有害な残留沈下量が生じないことを保証するためのものでもある．降伏支持力は平板載荷試験の荷重度-沈下量関係等から設定しても良い．

基礎の沈下に対する限界値は，建物の重要度・構造種別・荷重の頻度あるいは継続時間等の要因によって異なるため，個々の建物に応じて設定するものである．本指針では，5.3節に限界値の目安を示しているが，それらを参考にするなどして個別に適切な値を設定するのが良い．

上記④の水平荷重に対しては，想定される水平力や転倒モーメントに対して5.4節で示す設計限界値以下であることを確認する．本体建物に付属する軽微な部分は，基礎部材などが片持ち梁になっても障害が生じないことを確認した場合は浮き上がりを許容することができる．また，基礎部材に関しては，各応力が降伏耐力あるいはそれに準じる部材耐力以下であることを確認する．

　c）　終局限界状態

直接基礎の設計に用いる終局限界状態として以下を想定する．

①　斜面崩壊・地盤の液状化や側方流動に伴う敷地地盤全体の安定性の喪失

②　鉛直支持力の限界値（極限支持力）

③　基礎部材（基礎スラブ・基礎梁・フーチング）の破壊

④　基礎の過大な変位・変形による上部構造の破壊

上記①〜③は，地盤あるいは基礎の破壊が生じる状態であり，それによって上部構造の破壊や転倒が生じる状態である．④は地盤あるいは基礎が破壊しなくても，基礎の過大な変位・変形によって上部構造の破壊が生じる状態である．基礎の変位・変形とは，沈下あるいは不同沈下・水平移動（滑動）である．ただし，滑動が生じた後も鉛直支持性能が確保されていることが多いことから，地震時の直接基礎全体の滑動については，傾斜地などで基礎の移動により支持力の喪失や背面地盤の崩壊などが懸念される場合を除き，検討を省略してもよい．

なお，地震時の液状化に関しては，液状化の程度を示す地表変位 D_{cy} や液状化後の沈下量 S（＝地表面変位 D_{cv}）の推定式が3.2節に示されているが，液状化時の直接基礎の沈下量，傾斜，不同沈下量を精度良く算定する方法は未だ確立されていない．そのため，過去の地震被害調査において D_{cy} が小さい地域の被害が比較的軽微であったことから，性能グレードによっては，深部地盤の軽微な液状化は許容するものとした．

終局限界状態においては，想定される外力に対して基礎および上部構造の破壊や転倒が生じないように，まず支持地盤の鉛直支持性能を確認する．すなわち，転倒モーメントに対する抵抗の

確保とともに各基礎に作用する鉛直荷重が5.2節で示す終局限界状態の設計用限界値以下であることを確認する．また，部分的に極限支持力に達しても，基礎全体が支持性能を喪失しないことを確認すれば良いこともある．ただしそのような場合には，基礎の剛性と地盤の変形特性を考慮して，上部構造に対する影響を検討しておく必要がある．なお，基礎幅が大きいべた基礎や軸力変動の大きなフーチング基礎などにおいては，極限支持力に達する時の沈下量が大きくなりすぎて設計上許容できないことが多い〔図5.1.2参照〕．このような場合には，終局限界状態の検討においても，沈下量の評価が必要である．

基礎の滑動に関しては，鉛直支持性能が確保されていることを前提にして，通常の建物の場合には検討を省略しても良い．ただし傾斜地盤の基礎や擁壁の基礎のように，基礎の過大な水平変位が敷地地盤の安定に関わるような場合には注意が必要である．

基礎部材に対しては，各基礎部材に生じる軸力・曲げモーメント・せん断力が終局耐力以下であること，あるいは部材の変形が限界値以下であることを確認する．それらの部材の応力および変形は，原則として基礎の剛性と地盤の荷重-変位関係を考慮して算定する．

　d）　想定される最大級の荷重に対する性能グレード

想定される最大級の荷重に対する性能グレードに応じた要求性能の確認フローを，図5.1.4に示す．液状化の有無や液状化後の沈下量S（＝地表最大水平変位D_{cy}）による液状化の程度を用いた検討が必要である．液状化に伴う沈下量の算定方法は5.3節（または3.2節）を参照されたい．

Sグレードの建物での要求性能は，地盤・基礎部材・上部構造に対する影響として，損傷限界状態に至らないレベルである．液状化する層があるとの判定が出た場合に液状化させないように地盤改良を実施する，または非液状化層まで基礎を下げる，杭基礎に変更するなどの対策，あるいはこれらを併用した対策を講じる．そのうえで鉛直支持力・沈下量の検討を行い，地盤と基礎部材が損傷限界状態に至らないことを確認する．液状化対策としての地盤改良に関しては，5.5節を参照されたい．

Aグレードの建物での要求性能は，地盤・基礎部材・上部構造に対する影響として，終局限界状態に至らないレベル（修復を行うことで継続使用が可能なレベル）である．液状化に関しては，液状化する層があるとの判定が出た場合でも，基礎直下を液状化させない配慮をすることを前提として，最大地表面変位（D_{cy}）による液状化程度の判定方法を用いて基礎直下以深でのD_{cy}により沈下量を求め，液状化の程度として「軽微」なレベルに抑える．深い位置での液状化が避けられない場合にはできるだけ建物基礎における鉛直荷重の均等化を図る，剛性の高いべた基礎を採用して極力不同沈下を防止する等の対策を講じる．そのような対策を講じたうえで，支持力・沈下の検討を行い地盤と基礎部材が終局限界状態に至らないことを確認する．特に，アスペクト比が大きい建物（例えば3以上等）や塔状建物の場合，考慮すべきであろう．液状化地盤の沈下量の検討に関しては，5.3節および3.2節を参照されたい．

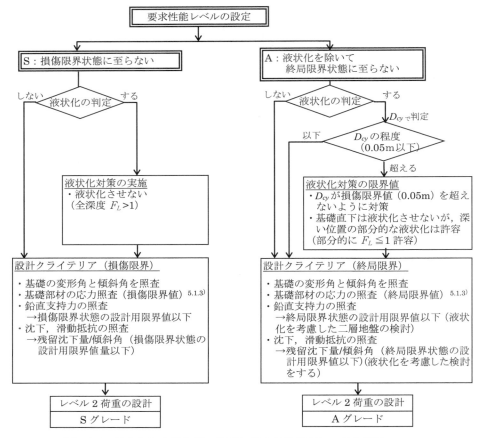

図 5.1.4 想定される最大級の荷重に対する性能グレードと設計フロー

(2) 直接基礎の鉛直荷重−沈下量関係の設定

a) 基礎の鉛直荷重による沈下量

直接基礎の沈下は，載荷とほぼ同時に短時間に起きる即時沈下と地盤内の間隙水が徐々に排水される圧密現象により生じる圧密沈下を考慮する．砂質土層および粘性土層で必要な即時沈下量の検討では，ひずみレベルで異なる地盤の非線形性を考慮する．粘性土層で必要な圧密沈下量の検討では，建設後の地中有効鉛直応力が圧密降伏応力 p_c より大きい正規圧密状態となる場合に沈下量が大きくなるので注意する．なお，圧密完了と見なすまでに要する時間は，地盤の透水性や層厚，地層構成に依存する．即時沈下量および圧密沈下量の具体的な計算方法は，3.1 節および 5.3 節を参照されたい．なお，即時沈下量や圧密沈下量の検討は，地盤の鉛直支持力が確保されていることが前提である．

損傷限界状態や終局限界状態の対象となる地震荷重・風荷重が作用する時には，長期的に生じている沈下量あるいは構造物・基礎の部材応力に，変動荷重の作用によって生じる沈下量あるいは部材応力を加えた値を用いて，要求性能の確認を行う．

b) 荷重の偏心・傾斜による接地圧分布への影響

基礎梁がない独立フーチング基礎や擁壁の基礎等において，モーメント（偏心荷重）が作用すると鉛直支持力が低下する〔5.2節参照〕とともに，基礎の接地圧分布も，5.4節の図5.4.2に示すように変化する．したがって設計における接地圧分布は，図5.1.5（a），（b），（c）の一点鎖線に示すような分布を想定する必要がある．この際基礎の縁部分においては，局部的に大きな接地圧となることに留意して設計を行なう．すなわち使用限界状態の検討では，長期的クリープを防止するという意味から，縁接地圧 q_{dmax} を損傷限界支持力度 q_y 以下とし〔図5.1.5（a）〕，損傷限界状態の検討では，想定以上の沈下量が生じないように縁接地圧 q_{dmax} を終局限界支持力度 q_u 以下に抑えるような配慮が必要である〔図5.1.5（b）〕．終局限界状態の検討では，有効幅 B_e の等分布の接地圧分布を仮定して転倒モーメント M より求まる接地圧 q_d が終局限界支持力度 q_u 以下であることを確認する〔図5.1.5（c），5.4節参照〕．

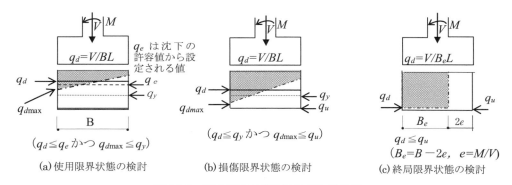

図 5.1.5 偏心荷重の接地圧分布と限界値

3. 直接基礎下の地盤改良

直接基礎の要求性能の高度化と地盤改良工法の進歩に伴い，要求性能を満たす基礎工法として，地盤改良を併用した直接基礎工法が選択される事例が増加している．3.5節「地盤改良」では，建築における地盤改良の目的として，①支持地盤の造成，②液状化の対策，③基礎の補強，④圧密沈下の促進の4項目が挙げられている．直接基礎として直接用いられるのは①支持地盤の造成，②液状化の対策が挙げられる．直接基礎に適用される地盤改良の例を表5.1.2に示す．

地盤改良工法の選定では，計画・設計・施工管理の信頼性も重要となる．本会「建築基礎のための地盤改良設計指針案（2006）」[5.1.4)]では，兵庫県南部地震でのセメント系固化材（深層混合処理工法）による改良地盤上の建物にはほとんど被害が認められなかったこと，締固め杭工法による改良地盤上の上部構造物に致命的な被害がほとんどなかったことから，両工法を用いた液状化対策・支持力増加・沈下抑制についての計画・設計・施工管理について示している．

地盤改良を用いた直接基礎では，建物の要求性能と限界値に基づいて直接基礎および地盤改良のそれぞれの要求性能と限界値を設定し，設計する必要がある．目的とする各限界状態における要求性能と関連する地盤改良工法の検討項目は，セメント系固化材を用いた地盤改良工法と締固めによる地盤改良工法を中心に，支持力増加・沈下抑制・液状化対策について5.5節に示してい

— 122 —　建築基礎構造設計指針

表 5.1.2　直接基礎に適用される地盤改良の適用例

るので参照されたい.

4. 直接基礎の底面深さ

　直接基礎底面の深さは，地盤の支持力・沈下性能のほかに，温度・水分による土の体積変化に対する配慮によって決まる場合がある．このような体積変化は，乾燥による収縮と，凍結または吸水による膨張とに分けられる，特に注意を要するのは以下の場合である.

①　自然乾燥，またはボイラー室・乾燥室などによる人為的乾燥によって土が収縮する場合で，特に粘性土において顕著である.

②　自然の寒冷または冷蔵室による人為的低温によって土が凍上する場合で，シルト質の土やロームにおいては顕著である．地表面近くが凍上し始めると凍結面が徐々に土中に進行し，凍結面に向かって水分が移動し氷層ができて地盤が膨れ上がる現象となる．なお，自然の寒冷による凍上が問題となる北海道や東北地方[5.1.5), 5.1.6)]では，地域ごとに凍結深度図が示されている．凍上対策としては，基礎底面を最大凍結深度より深くするか，または凍結深度以浅の土を粗砂のような凍上しにくい材料に置換する方法がある.

　砂質土地盤または傾斜した敷地において基礎底面が浅い場合，破損した下水管によって土が流出したり豪雨時に土が洗掘されたりするおそれがある．そのため，基礎底面を十分深くしておくことが必要である.

参 考 文 献

5.1.1) 福井　實・棚橋秀光：芦屋浜シーサイドタウン，神戸ポートアイランド，広島埋立地での設計
例から─埋めたて地盤における直接基礎の問題点─，建築と社会，pp. 75～78，1988.2
5.1.2) 土屋　勉・大築和夫・小幡　守：建築構造物の施工進展を考慮した沈下過程解析─軟弱地盤に
おける建築構造物の即時および圧密沈下の三次元有限要素法解析その2─，日本建築学会構造
系論文報告集，第376号，pp. 62～70，1987.6
5.1.3) 日本建築学会：鉄筋コンクリート基礎構造部材の耐震設計指針・同解説（案），2017
5.1.4) 日本建築学会：建築基礎のための地盤改良設計指針案，2006
5.1.5) 土質工学会：土の凍結─その理論と実際─，土質工学ライブラリー No. 23，1994
5.1.6) 日本建築士事務所協会連合会：実務者のための積雪寒冷地建築技術資料Ⅱ，1984

5.2節　鉛直支持力

1. 直接基礎の各限界状態における鉛直支持力の設計用限界値 R_d（kN）は，式5.1 により求
める．なお，各性能レベル（限界状態）に対応する設計用限界値は，表5.2 による．

$$R_d = \phi_R q_u A \qquad (5.1)$$

ここに，ϕ_R：耐力係数〔表5.2 参照〕

q_u（kN/m²）：下記の（1）または（2）の方法により求まる極限鉛直支持力度

（1）　支持力式による方法

（2）　平板載荷試験による方法

A（m²）：基礎の底面積（荷重の偏心がある場合には有効底面積 A_e を用いる.）

表5.2　鉛直支持力の設計用限界値

想定荷重	性能グレード	要求性能レベル（限界状態）	支持力の設計用限界値
常時荷重	—	使用限界状態	極限鉛直支持力に対し $\phi_R = 1/3$〔式 5.1〕
レベル1荷重	—	損傷限界状態	極限鉛直支持力に対し $\phi_R = 1/1.5$〔式 5.1〕
	S		液状化しない〔式 3.2.7〕
レベル2荷重	A	終局限界状態	極限鉛直支持力に対し $\phi_R = 1/1.1$〔式 5.1〕$D_\odot$ が 0.05 m〔式 3.2.13〕液状化に伴う側方流動が生じない〔3.2 節による〕

2. 層状地盤，傾斜地盤の場合や液状化の可能性がある場合にはそれらの影響に留意する．

1. 鉛直支持力の算定方法

直接基礎の極限鉛直支持力度は，室内土質試験や標準貫入試験等から原地盤の地盤定数を推定

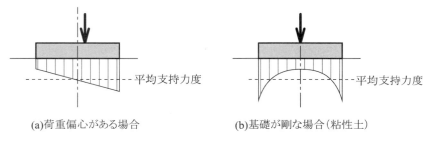

図 5.2.1　基礎下の接地圧分布の例

し支持力式による方法か，原位置の平板載荷試験による方法に従って算定する．本節ではまず支持力式による方法について，直接基礎の極限鉛直支持力に対する影響要因を整理しつつ解説する．次に平板載荷試験による方法を解説する．平板載荷試験は原位置における試験ではあるが，実際に用いる基礎と著しく大きさが異なる場合が多く，必ずしも試験結果をそのまま設計に反映するのが適切でない場合もある．平板載荷試験では載荷板として一般に直径 30 cm の円板を用いることから，試験結果は試験を実施した表層の地盤特性に支配され，深部に強度が小さい層が存在しても試験結果には表れない．また，試験結果に基礎の根入れ効果は反映されないなど，試験結果の使い方に注意が必要である．本節 1.（2）ではそれらの留意点についても解説する．

各限界状態に対する設計用限界値は，支持力度（単位：kN/m²）ではなく支持力（単位：kN）として与える．建物荷重に偏心がある場合や基礎の剛性の影響を考慮して沈下解析を行った場合などでは，基礎下の接地圧は等分布とはならず，図 5.2.1 のように基礎の一部で大きくなることがある．その際，限界状態を支持力度で与えて基礎下の応力を全て対応する限界状態の支持力度以下に抑えようとすると，支持力が極端に小さくなり不合理となることから，これを回避するためである．

（1）支持力式による方法

a）支持力式

直接基礎の各限界状態における鉛直支持力の設計用限界値 R_d（kN）を算定するための支持力式を以下に示す．本指針では，各限界状態における設計用限界値は，極限鉛直支持力 q_uA に耐力係数 ϕ_R を乗じた次式を用いて算定することを原則とする．

$$R_d = \phi_R q_u A \tag{5.1}$$

$$q_u = i_c \alpha c N_c + i_\gamma \beta \gamma_1 B \eta N_\gamma + i_q \gamma_2 D_f N_q \tag{5.2.1}$$

ここに，ϕ_R　　　　：耐力係数〔表 5.2 参照〕

　　　　q_u（kN/m²）：極限鉛直支持力度

　　　　A（m²）　　：基礎の底面積（荷重の偏心がある場合には有効底面積 A_e を用いる．）〔f）項参照〕

　　　　i_c, i_γ, i_q　　：荷重の傾斜による補正係数〔g）項参照〕

　　　　α, β　　　　：基礎の形状係数〔c）項参照〕

c（kN/m²）　：支持地盤の粘着力

N_c, N_γ, N_q　：支持力係数〔ｂ〕項参照

γ_1（kN/m³）：支持地盤の単位体積重量

B（m）　　　：基礎幅（長方形基礎の短辺長さ．荷重の偏心がある場合には有効基礎幅 B_e を用いる．）〔ｆ〕項参照

η　　　　　：基礎の寸法効果による補正係数〔ｄ〕項参照

γ_2（kN/m³）：根入れ部分の土の平均単位体積重量（地下水位以下の部分は水中単位体積重量を用いて γ_1, γ_2 を算出する）

D_f（m）　　　：根入れ深さ〔ｅ〕項参照

　極限鉛直支持力度の算定式は，テルツァーギ（Terzaghi）の支持力重合せの公式[5.21]に基づいている．当初は，連続基礎に対して理論的根拠に立った支持力式が与えられていたが，基礎形状の三次元的な効果について形状係数（α, β）を用いて修正することで式 5.2.2 が一般的に用いられるようになった．

$$q_u = \alpha c N_c + \beta \gamma_1 B N_\gamma + \gamma_2 D_f N_q \tag{5.2.2}$$

　なお，右辺における第 1 項は地盤の粘着力に起因する支持力，第 2 項は地盤の自重に起因する支持力，第 3 項は根入れによる押え効果に起因する支持力である．図 5.2.2 は，剛なフーチング基礎による地盤破壊時のすべり面（全般せん断破壊）を示したものであり，建物荷重に対してすべり面上の地盤のせん断抵抗で抵抗する．根入れ効果は，基礎底面より上方にある土の重量を上載荷重度 $\gamma_2 D_f$ に置換し，基礎底面レベル以深の地盤に荷重として作用させて考慮している．その際，基礎底面以浅の地盤のせん断抵抗は安全側の仮定として無視している．

　一方，図 5.2.3 に示すように，根入れを伴う建物建設による水平地盤からの荷重増分は，建物荷重度 q から排土荷重度 $\gamma_2 D_f$ を差し引いたものとなるので，支持力式は式 5.2.3 で表される．

$$q_u - \gamma_2 D_f = \alpha c N_c + \beta \gamma_1 B N_\gamma + \gamma_2 D_f (N_q - 1) \tag{5.2.3}$$

ここで，左辺は基礎底面における水平地盤からの有効応力増分である．建物荷重として排土荷重と同じ $\gamma_2 D_f$ の等分布荷重を載荷した状態では地盤にせん断応力は生じないので，右辺は有効応力増分に対して地盤の最大せん断抵抗から決まる鉛直支持力度である．式 5.2.3 の q_u は有効応力であるが，建物荷重度について水圧を考慮しない全応力で与える場合は，式 5.2.3 左辺の排土荷重度を全応力とすることで，左辺を有効応力増分とすることができ，次式となる．

$$q_{uT} - \gamma_{2T} D_f = \alpha c N_c + \beta \gamma_1 B N_\gamma + \gamma_2 D_f (N_q - 1) \tag{5.2.4}$$

ここに，q_{uT}（kN/m²）：極限鉛直支持力度（建物荷重度を全応力で与える場合）

　　　　γ_{2T}（kN/m³）：全応力で表した根入れ部分の土の平均単位体積重量

　各限界状態における設計用限界値は，建物建設による有効応力増分が地盤の最大せん断抵抗から決まる極限鉛直支持力の ϕ_R 倍以下になるように定める．排土荷重を右辺に移動し，後述の寸法効果による補正係数や荷重の傾斜による補正係数も考慮すると各限界状態における鉛直支持力の設計用限界値は式 5.2.5 または式 5.2.6 で表せる．

$$R_d = [\phi_R(i_c \alpha c N_c + i_\gamma \beta \gamma_1 B \eta N_\gamma + i_q \gamma_2 D_f (N_q - 1)) + \gamma_2 D_f] A \tag{5.2.5}$$

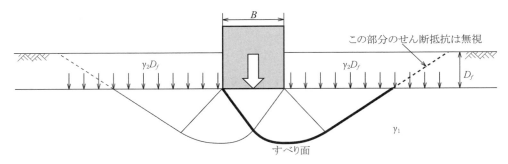

図 5.2.2　剛なフーチング基礎による地盤破壊時のすべり面（全般せん断破壊）

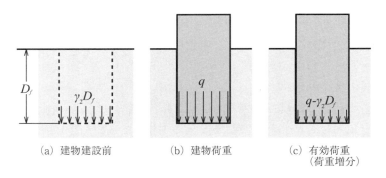

(a) 建物建設前　　(b) 建物荷重　　(c) 有効荷重（荷重増分）

図 5.2.3　根入れを伴う建物建設による荷重増分

$$R_{dT}=[\phi_R(i_c\alpha cN_c+i_r\beta\gamma_1B\eta N_r+i_q\gamma_2D_f(N_q-1))+\gamma_2TD_f]A \tag{5.2.6}$$

ここに，R_{dT}（kN）：建物荷重が水圧を考慮しない全応力で与えられる場合の設計用限界値

　本来，支持力式は排土重量分の荷重に ϕ_R を乗じない式 5.2.5 または式 5.2.6 で良い．しかし，都市部などでは隣接地の状況が保証できないので，安全をみて本指針では排土荷重にも耐力係数を乗じる式 5.2.1 によることを原則とする．ただし，隣接地あるいは基礎近傍において掘削の可能性がないと判断される場合などでは，式 5.2.5 や 5.2.6 によることも可能である．排土荷重に相当する建物荷重は，地盤のせん断抵抗の発揮には影響しないものの，即時沈下は生じるため，5.3 節の即時沈下の検討では排土荷重分も含めた建物荷重を用いて行う必要がある．

　b）　支持力係数

　テルツァーギ[5.2.1]，大崎[5.2.2] は，図 5.2.2 に示した全般せん断破壊のほかに，内部摩擦角 ϕ が小さい範囲で局部せん断破壊が生じることを想定して支持力係数を修正している．しかし，砂地盤の支持力に関する実験結果によると，特に ϕ が小さい範囲において理論との相違が大きいという結果にはなっていないこと[5.2.3] や，ϕ が大きい範囲においては基礎の寸法効果による N_r の低下があることが指摘されている[5.2.4]．そこで本指針では，支持力係数については局部せん断破壊に対する修正を行わず，基礎の寸法効果を考慮することとした．

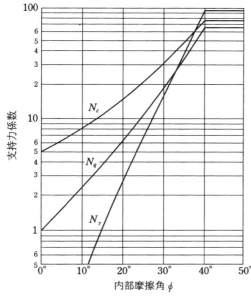

図 5.2.4 支持力係数と内部摩擦角 ϕ の関係

表 5.2.1 支持力係数

ϕ	N_c	N_q	N_γ
0°	5.1	1.0	0.0
5°	6.5	1.6	0.1
10°	8.3	2.5	0.4
15°	11.0	3.9	1.1
20°	14.8	6.4	2.9
25°	20.7	10.7	6.8
28°	25.8	14.7	11.2
30°	30.1	18.4	15.7
32°	35.5	23.2	22.0
34°	42.2	29.4	31.1
36°	50.6	37.8	44.4
38°	61.4	48.9	64.1
40°以上	75.3	64.2	93.7

支持力係数の算定式を式 5.2.7〜5.2.9 に示す．また，支持力係数と ϕ の関係を図 5.2.4 に，支持力係数の具体的な値を表 5.2.1 に示す．なお，支持力係数の算定に用いる ϕ の設定については，2.7 節を参照されたい．

$$N_q = \frac{1+\sin\phi}{1-\sin\phi} \exp(\pi \tan\phi) \tag{5.2.7}$$

$$N_c = (N_q - 1)\cot\phi \tag{5.2.8}$$

$$N_\gamma = (N_q - 1)\tan(1.4\phi) \tag{5.2.9}$$

c) 基礎の形状係数

支持力式は，元々は無限に長い連続フーチング基礎のような二次元問題として与えられていた．有限な大きさの基礎ではすべり面も三次元形状となるため，この影響を考慮し，表 5.2.2 に示す形状係数[5.2.5],[5.2.6]を乗じることによって支持力を補正する．

d) 基礎の寸法効果

式 5.2.1 では，第 2 項の地盤の自重に起因する支持力項 $(\beta\gamma_1 B N_\gamma)$ は，基礎幅 B に比例して大きくなるため，砂地盤上のべた基礎のように基礎幅が大きい基礎の極限鉛直支持力度は非常に大きな値となる．しかし，ϕ の拘束圧依存性（拘束圧が大きくなると ϕ が低下する性質）や，進行性破壊（破壊がすべり面に沿って徐々に進行するため，すべり面上で最大せん断抵抗が同時には発揮されない）の影響から，実際の極限鉛直支持力度は基礎幅に比例して増加しない．これを基礎の寸法効果と呼ぶ．

進行性破壊の影響に関しては，実験や解析によると，基礎幅が大きくなるに従い，基礎幅のほ

表 5.2.2 形状係数

基礎底面の形状	連続	正方形	長方形	円形
α	1.0	1.2	$1.0 + 0.2\dfrac{B}{L}$	1.2
β	0.5	0.3	$0.5 - 0.2\dfrac{B}{L}$	0.3

B：長方形基礎の短辺長さ，L：長方形基礎の長辺長さ

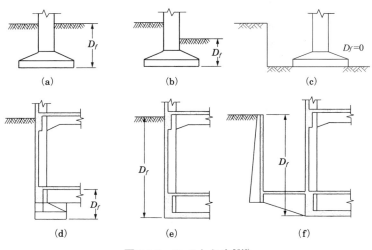

図 5.2.5　D_f のとり方 [5.2.12]

ぼ $-1/5 \sim -1/3$ 乗に比例して N_γ が低下する傾向がある [5.2.7]〜[5.2.10]．また，ϕ の拘束圧依存性については上野ら [5.2.11] の方法が提案されている．

　本指針では寸法効果の補正係数 η として，現在までの実験結果から安全側となるように判断して，式 5.2.10 を用いることを推奨する．更に詳細な検討をする場合には，土質試験結果等を用いて ϕ の拘束圧依存性を考慮しても良い [5.2.11]．

$$\eta = (B/B_0)^{-1/3} \qquad (5.2.10)$$

ただし，B，B_0 の単位は m，$B_0 = 1$ m である．

　基礎に作用する荷重が偏心している場合〔f〕項参照〕や，大地震時の検討で最大抵抗モーメントを求める場合〔5.4節参照〕は，基礎幅を有効基礎幅 B_e〔f〕項参照〕として η を求める．$B_e < 1$ m となる場合は $\eta > 1$ となるが，安全のため最大抵抗モーメント算定時は $\eta = 1$ を上限とすることを推奨する．

　e) 根入れ深さ

　根入れ深さ D_f については，図 5.2.5 のように設定する．これらは，支持地盤の押え効果として有効である深さを示したものである [5.2.12]．D_f は，基礎に近接した最低地盤面から基礎底面までの

深さとする．図5.2.5（f）のように地下室まわりにドライエリアなどがある場合は，これらの基礎部分が十分に剛で，建物本体の基礎スラブと同等とみなせる場合に限り，図示のように地表面からの深さを D_f とすることができる．隣接地で掘削を行う予定がある場合は，その影響を考慮して D_f を低減する．

　f）　荷重の偏心の影響

　基礎底面に作用する荷重が偏心している場合には，その影響を考慮して支持力を補正する必要がある．具体的には，以下のような場合が考えられる．

　①　基礎梁がないかあるいは基礎梁の剛性が小さな基礎で，鉛直荷重 V の作用点が基礎底面の中心から偏心している場合．

　②　地震時および暴風時において，転倒モーメントが基礎底面に作用する場合〔5.4節も参照〕．

　建物鉛直荷重の合力が基礎に対して偏心して作用する場合や地震や暴風時に転倒モーメント M が作用する場合は，荷重の偏心量 e（m）に応じて基礎幅 B（m）を低減する有効基礎幅 B_e（m）の考え方を用いて鉛直支持力を算定する．この方法はマイヤホフ（Meyerhof）の提案に基づくもので[5.2.6]，実験結果との対応が比較的よく[5.2.13]，かつ理論的な裏付けもとられている[5.2.4], [5.2.14]．

$$B_e = B - 2e \tag{5.2.11}$$
$$e = M/V \tag{5.2.12}$$

ここに，V（kN）：基礎底面に作用する鉛直荷重

　さらに荷重が二方向に偏心する場合には，図5.2.6（b）に示す二軸偏心の有効底面積 A_e（m²）を考慮する必要がある[5.2.15]．ただし実用的には，次式と図5.2.6に示す近似の長方形の面積を用いてもよい．

$$B_e = B - 2e_x \tag{5.2.13}$$
$$L_e = L - 2e_y \tag{5.2.14}$$
$$A_e \approx B_e L_e \tag{5.2.15}$$

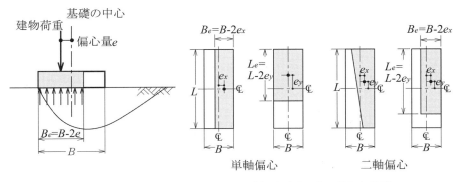

(a) 有効基礎幅の考え方　　　　　　　(b) 有効底面積の考え方 [5.2.15]

図5.2.6　荷重に偏心がある場合の有効基礎幅，長さ（B_e, L_e），有効底面積（A_e）の考え方

g） 荷重の傾斜の影響

柱が基礎に対して傾斜している場合など基礎に直接傾斜荷重が作用する場合には，荷重傾斜による支持力の低減を行うものとする[5.2.13]．荷重の傾斜による補正係数 i_c, i_γ, i_q は以下の式による．

$$i_c = i_q = (1 - \theta/90)^2 \tag{5.2.16}$$

$$i_\gamma = (1 - \theta/\phi)^2 \tag{5.2.17}$$

ここに， ϕ （°）：土の内部摩擦角

θ （°）：荷重の傾斜角

上記以外の場合，すなわち地震荷重，風荷重，偏土圧などによる水平荷重が基礎に作用する場合の鉛直支持力の検討においては，転倒モーメントによる影響は有効幅の低減として考慮するが，荷重の傾斜による補正係数は以下のとおりとする．

$$i_c = i_\gamma = i_q = 1 \tag{5.2.18}$$

従来，水平荷重作用時は傾斜荷重になるものとして，支持力の低減を行っていた[5.2.13]が，砂地盤上の基礎の模型実験で，水平力が作用しても極限鉛直支持力はほとんど変化しなかったこと[5.2.16]，極大地震動を入力した直接基礎の遠心模型実験で基礎の傾斜や沈下が小さかったこと[5.2.17]，および過去の大地震の被害報告において平地に建つ直接基礎の建物では液状化以外に起因する直接基礎の被害が見られなかったこと[5.2.18]などから，直接基礎の水平抵抗の検討〔5.4節〕においては，常時の偏土圧による水平抵抗の検討も含めて荷重傾斜による支持力の低減を行わないこととした．

（2） 平板載荷試験による方法

平板載荷試験を行った場合には，その試験結果を用いて設計用支持力を算定することができる．ただし，基礎底面下ですべり面の及ぶ範囲は，おおむね基礎幅の2倍程度の深さまでである．したがって，載荷板直径の2倍深さの地盤と基礎幅の2倍深さの地盤が同等以上と見なせる場合には，平板載荷試験で支持力を求めることに問題はないが，そうでない場合には本節1.（1）支持力式による方法および2.（1）層状地盤の鉛直支持力による方法を用いる．本指針では，載荷試験の最大荷重度 q_{test} （kN/m^2）から，式5.2.19および式5.2.20を用いて支持地盤の支持力係数（cN_c（kN/m^2）あるいは $\gamma_1 N_\gamma$（kN/m^3））を算定し，本節1.（1）の支持力式を用いる方法を推奨する．

$$粘性土の場合：cN_c = \frac{q_{test}}{\alpha_t} \tag{5.2.19}$$

$$砂質土の場合：\gamma_1 N_\gamma = \frac{q_{test}}{\beta_t B_t} \tag{5.2.20}$$

ここに，α_t, β_t：試験に用いた載荷板の形状係数 α, β〔表5.2.2参照〕，B_t（m）：載荷板の直径

砂質土の場合には，さらに，式5.2.10を用いて基礎の寸法効果による補正を行う必要がある．この場合の基礎幅 B_0 には載荷板の幅を用いる．

平板載荷試験によって得られた最大荷重度には根入れの効果が反映されていないが，実際の建

物に使用する場合には，式5.2.1の$\gamma_2 D_f N_q$を考慮することができる．ただし，この場合にはϕを設定してN_qを算定する必要がある．

2. その他の留意事項

（1） 層状地盤の鉛直支持力

基礎底面下のすべり面の及ぶ範囲は，おおむね基礎幅の2倍程度の深さまでである．したがって，この深さまでの地盤が設計上一様と見なせる場合には，式5.2.1で支持力を求めることに問題はないが，そうでない場合には二層地盤として扱うほうが安全かつ合理的である．

a） 上部層が砂質土，下部層が粘性土であり，下部粘性土層の影響が懸念される場合

このような場合においては，まず上部層砂質土が一様にあるとして上部層の支持力を確認したうえで，さらに下部粘性土層の支持力を確認すればよい．その場合の支持力略算法として，図5.2.7に示す山口の方法[5.2.19]を推奨する．この方法は，二層地盤においてテルツァーギの支持力式に土圧論的方法を適用した小泉の支持力解法[5.2.20]と概ね対応していることが確認されている[5.2.21]．

上部砂質土層の厚さをH，基礎底面を$B \times L$の長方形（偏心荷重がある場合は有効基礎幅$B_e \times L_e$とする），根入れ深さをD_f，単位体積重量をγ，内部摩擦角をϕ，下部粘性土層の粘着力をcとした場合，下部粘性土層の影響が無い場合の上部砂質土層の極限支持力度q_{u1}（kN/m²）は次式で与えられる．

$$q_{u1} = \beta \gamma B \eta N_\gamma + \gamma D_f N_q \tag{5.2.21}$$

一方，根入れ底面に作用する荷重度増分（$p - \gamma D_f$）は，図5.2.7のように勾配1：2の分散角で下方に広がるとすると，下部粘性土層の表面に作用する荷重度p'（kN/m²）は，次式となる．

$$p' = \frac{BL}{(B+H-D_f)(L+H-D_f)}(p - \gamma D_f) + \gamma H \tag{5.2.22}$$

下部粘性土層の表面に荷重が作用するときの極限支持力度q_u'（kN/m²）は，$\phi=0$，$N_q=1$として次式で与えられる．

$$q_u' = 5.14 \alpha c + \gamma H \tag{5.2.23}$$

ここで$p' = q_u'$とおいてpで整理したものが，下部粘性土層の強度で決まる基礎底面における

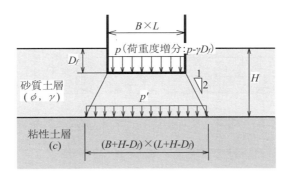

図 5.2.7　建物構築に伴う粘性土層表面に作用する荷重度増分の説明図

極限支持力度 q_{u2}（kN/m²）（$=p$）であり，次式となる．

$$q_{u2}=\frac{(B+H-D_f)(L+H-D_f)}{BL}(5.14\alpha c)+\gamma D_f \qquad (5.2.24)$$

よって，二層地盤の極限鉛直支持力度 q_u（kN/m²）は，式 5.2.21 および式 5.2.24 で与えられる極限支持力度 q_{u1}（kN/m²）と q_{u2}（kN/m²）のいずれか小さい値となり，次式で与えられる．

$$q_u=\min(q_{u1},q_{u2}) \qquad (5.2.25)$$

b） 層厚が薄い軟弱層を挟む場合

表層近くに軟弱な粘性土を挟んでいる場合で，粘性土層の層厚 H_2（m）に対して基礎幅 B（m）がかなり大きく，$B/H_2 \geqq 3.64$ となる場合は，絞り出し破壊が生じる可能性がある[5.2.22]ため，それに対する安全性の確認が必要である〔図 5.2.8 参照〕．絞り出し破壊を生じる条件における極限鉛直支持力度 q_{us}（kN/m²）は，剛塑性理論を適用することによって得られ，軟弱粘性土層の粘着力を c，内部摩擦角 $\phi=0°$ とすると次式となる[5.2.22]．

$$q_{us}=\alpha c\left(4.14+\frac{B}{2H_2}\right) \qquad (5.2.26)$$

ここに，α：式 5.2.1 の基礎の形状係数

（2） 傾斜地盤上の鉛直支持力

傾斜地盤上に直接基礎がある場合には，水平地盤上に比較して極限支持力が低下する．傾斜地盤における支持力は，斜面の傾斜角度 θ_s（°），斜面高さ $\lambda_s B$（m），法肩からの距離 $\alpha_s B$（m）に影響される〔図 5.2.9 参照〕．B（m）は斜面に直交する方向の基礎幅である．

傾斜地盤上の直接基礎の極限支持力度 q_u^*（kN/m²）として，多数の文献調査等から根拠付けが得られている次式を推奨する[5.2.23]．

$$q_u^*=\zeta_s(i_c\alpha cN_c+i_\gamma\beta\gamma_1 B\eta N_\gamma+i_q\gamma_2 D_f N_q) \qquad (5.2.27)$$

$$\left.\begin{array}{ll}\zeta_s=1-(1-\zeta_{s0})\lambda_s & (0\leqq\lambda_s<1) \\ \zeta_s=\zeta_{s0} & (\lambda_s\geqq 1)\end{array}\right\} \qquad (5.2.28)$$

ここに，ζ_s：斜面高さ比 λ_s を考慮した支持力低減係数

ζ_{s0}：斜面高さが大きい場合の支持力低減係数で，速度場法による値

λ_s：斜面高さ比（＝斜面高さ／基礎幅）

支持力低減係数 ζ_s と斜面高さ比 λ_s の関係を，実験値，解析値とともに図 5.2.10 に示す．実験

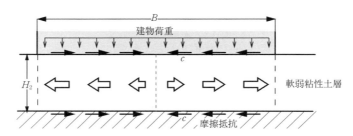

図 5.2.8 層厚が薄い軟弱粘性土層を挟む場合の絞り出し破壊

5章 直接基礎 —133—

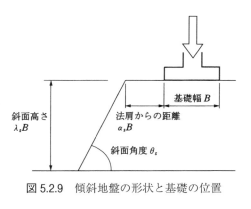

図 5.2.9 傾斜地盤の形状と基礎の位置

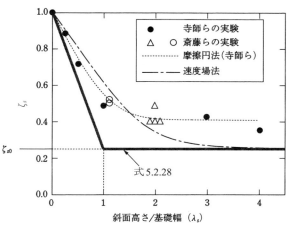

図 5.2.10 斜面高さ比 λ_s と λ_s を考慮した支持力低減係数 ζ_s の関係[5.2.23]

値，解析値とも，斜面高さ比 λ_s が 0～1 の範囲で急激に支持力が低下している様子がわかる．

そこで本指針では，λ_s が 0～1 の範囲で直線的に変化し，$\lambda_s \geq 1.0$ で一定値となる支持力低減係数（図中の太い実線，式 5.2.28）を用いることとする．$\lambda_s \geq 1.0$ の範囲における斜面高さが大きい場合の支持力低減係数 ζ_{s0} には，実験結果との対応を検討した結果から，日下部ら[5.2.24]や竹内ら[5.2.25]の速度場法による解析値を用いることを推奨する．極限解析法に分類される速度場法は，可容速度場を設定してひずみの適合と構成関係のみを満たす上界法であるが，砂質土の場合にはほぼ実験結果の下限値を与え，粘性土の場合には実験結果の平均的な値を与えることが確認されている．代表的な粘性土，砂質土における斜面高さが大きい場合の支持力低減係数 ζ_{s0} の計算図表を図 5.2.11 に示す．

根入れ効果については，根入れを考慮した傾斜地盤の支持力が，水平地盤上の支持力と同等の支持力となるライン（図 5.2.12 の AA'）を設定し，法肩側の基礎端部がこのラインより深いか浅いかで分けて考えることとする．すなわち，このラインより基礎底が下にあれば，それより下の部分は有効な根入れ深さと考えてよい．なお，AA' ラインは，速度場法[5.2.24][5.2.25]によって傾斜地盤上の支持力が水平地盤上の支持力と同等になる点を A 点とし，斜面に平行に引くものとする．A 点の位置は図 5.2.11 を参照すれば，粘性土においては法肩から基礎幅程度，砂質土（$\phi=30\sim40°$）では基礎幅の 5～8 倍程度離れた位置である．

a） 根入れ深さが AA' ラインより深い場合〔図 5.2.12（a）〕

この範囲の基礎については，斜面による支持力低減係数 ζ_s を 1 とし，根入れ深さを D_f^*（m）によって考慮する．D_f^* については，図 5.2.12（a）を参考にして求める．

b） 根入れ深さが AA' ラインより浅い場合〔図 5.2.12（b）〕

この範囲の基礎については，$D_f^*=0$ として，基礎底面深さを地表面（斜面高さ $\lambda_s^* B$）と考える．ここで，法肩までの距離 $\alpha_s B$ を次式で補正した $\alpha_s^* B$（m）を用いることで，根入れによって斜面までの距離が増大する効果を考慮できる．

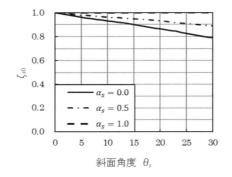
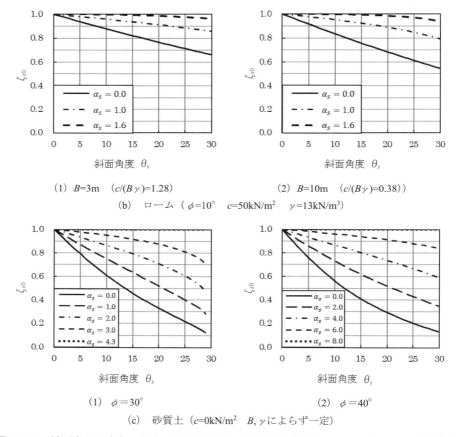

図 5.2.11　斜面高さが大きい場合の傾斜地盤上の支持力低減係数 ζ_{s0} の計算図表例[5.2.24]に加筆・修正
（α_s：法肩から基礎までの距離を基礎幅で除したもの〔図 5.2.9 参照〕）

$$\alpha_s{}^*B = \alpha_s B + D_f \cot \theta_s \tag{5.2.29}$$

　基礎の形状係数については，図 5.2.13 のように斜面に平行な長さを L，直交する方向の長さを B として，水平地盤と同じ α と β を適用することとする．ただし，$B/L \geqq 1.0$ の場合は，$B/L = 1.0$ とする．

5章　直接基礎　—135—

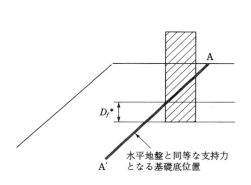
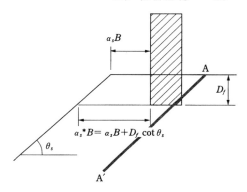

(a) 支持力が水平地盤と同等となる深さより基礎が下にある場合
(b) 支持力が水平地盤と同等となる深さより基礎が上にある場合

図 5.2.12　傾斜地盤における根入れ効果の考え方[5.2.23]

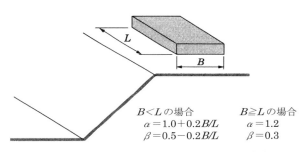

$B<L$ の場合　　　　$B \geqq L$ の場合
$\alpha = 1.0 + 0.2 B/L$ 　　$\alpha = 1.2$
$\beta = 0.5 - 0.2 B/L$ 　　$\beta = 0.3$

図 5.2.13　傾斜地盤における形状係数の考え方

荷重偏心の効果については，水平地盤の場合と同様に有効基礎幅 B_e (m) の考え方〔5.2 節 1.(1) f)参照〕に従うこととする．

（3）　液状化地盤上の鉛直支持力

直接基礎直下の地盤が液状化した場合，支持力を失って転倒等の被害が生じる可能性が高いため基礎底面直下の液状化は避けるべきである．一方，基礎底面より比較的深い位置で薄い砂質土層が液状化する場合，重量の軽い建物では被害に結びつかない場合も考えられる．このような場合の支持力係数の低減や検討方法の詳細については，3.2 節を参照されたい．

参 考 文 献

5.2.1)　Terzaghi, K.: Theoretical soil mechanics, John Wiley & Sons. Inc., 1963
5.2.2)　Osaki, Y.: Practical modification of bearing-capacity factors in Terzaghi's formula, 日本建築学会論文報告集，No. 71, pp. 35～40, 1962.4
5.2.3)　Sarencon, J.: Applications of the theory of plasticity in soil mechanics, John Wiley & Sons. pp. 67～70, 1977
5.2.4)　柴田　徹・関口秀雄：地盤の支持力，鹿島出版会，1995
5.2.5)　De Beer, E.E.: Experimental determination of the shape factors and the bearing capacity factors of sand, Geotechnique, Vol. 20, No. 4, pp. 387～411, 1970

5.2.6) 土質工学会地盤破壊の三次元性評価に関する研究委員会：委員会報告 第3章 三次元一斉支持力実験報告，地盤破壊の三次元評価に関するシンポジウム発表論文集，pp. 16～36，1995

5.2.7) 岡原美知夫・井上昭生・知見健司・木村嘉富・龍岡文夫，M.S.A. Siddiquee：砂質地盤上の剛体基礎の支持力に関する解析，第28回土質工学研究発表会，pp. 1561～1564，1993.6

5.2.8) Shiraishi, S. : Variation in bearing capacity factors of dense sand assessed by model loading tests, Soils and Foundations, Vol. 30, No. 1, pp. 17～26, 1990

5.2.9) 上野勝利・三浦均也・前田良刀：砂地盤直接基礎の簡易極限支持力推定法，土木学会第45回年次学術講演会，pp. 1018～1019，1990

5.2.10) 前田良刀・日下部治・大内正敏：密なスコリア層における大型三次元基礎の支持力特性，土木学会論文集，No. 430，Ⅲ-15，pp. 97～106，1991

5.2.11) Ueno, K., Miura, K. and Maeda, Y. : Prediction of ultimate bearing capacity of surface footings with regard to size effect, Soils and Foundations, Vol. 38, No. 3, pp. 165～178, 1998

5.2.12) 大崎順彦：基礎構造，コロナ社，1966

5.2.13) Meyerhof, G.G. : Some recent research on the bearing capacity of foundations. Canadian Geotechnical Journal, pp. 16～31, 1963

5.2.14) Narita, K. and Yamaguchi, H. : Analysis of bearing capacity for log-spiral sliding surfaces, Soils and Foundations, Vol. 29, No. 2, pp. 85～98, 1989

5.2.15) Meyerhof, G.G. : The bearing capacity of foundations under eccentric and inclined loads, Proc. of 3rd International Conference on Soil Mechanics and Foundation Engineering, Vol. 1, pp. 440～445, 1953

5.2.16) 眞野英之：直接基礎の耐震設計，大地震における地盤と基礎構造の諸問題と耐震設計，2015年度日本建築学会大会（関東）構造部門（基礎構造）パネルディスカッション資料，pp. 43～52，2015

5.2.17) 田村修次・林　和宏・時松孝次：極大地震動における直接基礎建物の応答と極限支持力，日本地震工学会論文集，第16巻，第8号，pp. 82～87，2016.7

5.2.18) 丸岡正夫・青木雅路・佐藤英二・平井芳雄・宮川治雄・渡辺哲夫：兵庫県南部地震における震災建物基礎の被災調査，日本建築学会技術報告集，第5号，pp. 85～90，1997.12

5.2.19) Yamaguchi, H. : Practical formula of bearing value for two layered ground, Proc. of 2nd Asian Regional Conference Soil Mechanics and Foundation Engineering, Vol. 1, pp. 176～180, 1963

5.2.20) 小泉安則：二層（砂―粘土）から成る地盤の支持力の解法，日本建築学会論文報告集，第66号，pp. 601～603，1960.10

5.2.21) 安達俊夫・太田　宏：二層地盤の鉛直支持力に関する考察，日本建築学会大会学術講演梗概集，構造Ⅰ，pp. 599～600，2016.8

5.2.22) 山口柏樹：講座・浅い基礎の支持力と変形に関する理論とその適用，1．はじめに，土と基礎，Vol. 30，No. 7，pp. 85～91，1982.7

5.2.23) 日本建築学会傾斜地盤における基礎の耐力評価WG：傾斜地盤における基礎の耐力評価に関する研究の現状―その1：直接基礎の文献調査と鉛直支持力算定式の提案，日本建築学会技術報告集，第5号，pp. 74～79，1997.12

5.2.24) Kusakabe, O., Kimura, T. and Yamaguchi, H. : Bearing capacity of slopes under strip loads on the top surfaces, Soils and Foundations, Vol. 21, No. 4, pp. 29～40, 1981.

5.2.25) 竹内則雄・山下　清・加倉井正昭・川井忠彦：新離散化モデルによる地盤基礎の極限解析（その6），東京大学生産技術研究所報告，第33巻7号，pp. 313～316，1981

5.3節　沈　　下

> 1．直接基礎では荷重および地盤条件に応じて次の沈下量の検討を行い，その要求性能および性能グレードを満足することを確認する．要求性能レベル（限界状態）に対応する設計用限界値は，表5.3による．
>
> （1）　即時沈下
>
> （2）　圧密沈下
>
> （3）　液状化による沈下

5 章 直接基礎 — 137 —

表 5.3 沈下の設計用限界値

想定荷重	性能グレード	要求性能のレベル（限界状態）	設計用限界値
常 時 荷 重	—	使用限界状態	基礎が使用限界状態となる沈下量，不同沈下量および変形角〔表 5.3.4～5.3.8〕
レベル 1 荷 重	—	損傷限界状態	基礎が損傷限界状態となる沈下量，不同沈下量および変形角〔表 5.3.8〕
レベル 2 荷 重	S		
	A	終局限界状態	基礎が終局限界状態となる沈下量，不同沈下量および変形角〔表 5.3.8〕

2. 沈下計算の対象とする地盤の範囲は，地層構成および応力伝播範囲を考慮して定める．

3. 沈下計算に用いる地盤定数は，地盤調査に基づき，地盤の変形特性，荷重の載荷速度，排水条件，計算方法を考慮して定める．

4. 沈下の設計用限界値は，沈下の種類，基礎の形式，上部構造の特性，建物の重要度，周囲の状況などを考慮し，想定する要求性能レベルで有害な沈下が生じないように定める．

1. 沈下量の検討

（1） 検討すべき沈下の種類

検討すべき沈下の種類を想定する荷重条件ごとに以下に示す．

① 常時荷重時：日常的に作用する長期的な荷重に対して，即時沈下と圧密沈下の検討を行う．

② レベル 1 荷重時：建物の供用期間内に，地震等により 1 回から数回遭遇する短期的な荷重に対して，即時沈下の検討を行う．

③ レベル 2 荷重時：地震等による想定する最大級の短期的な荷重に対して，即時沈下および液状化による沈下を検討する．

要求性能および性能グレードを満足するかどうか設計用限界値と比較すべき値は，建物の建設開始から供用期間中に建物基礎に生じる沈下量および不同沈下量である．したがって，レベル 1 荷重時とレベル 2 荷重時は，長期的な常時荷重で生じる沈下量と不同沈下量に，短期的な荷重で生じる沈下量および不同沈下量をそれぞれ加えた値で照査する．

（2） 解析モデル

図 5.3.1 に直接基礎の主な解析モデルを示す．直接基礎の形式には，フーチング基礎（独立フーチング基礎，連続フーチング基礎，複合フーチング基礎）とべた基礎があるが，これらに対しほぼ同様のモデルを用いることができる．基礎形式に応じて，基礎部材の剛性，地盤反力を受ける支配面積，地盤ばねの剛性を適切にモデル化する．各モデルの特徴を以下に示す．

① 基礎固定モデル〔図 5.3.1 （a）〕：上部構造の架構の解析において，基礎位置を支点とした解析モデル．上部構造に作用する諸荷重を各基礎の位置（支点）に分配するために用い

— 138 —　建築基礎構造設計指針

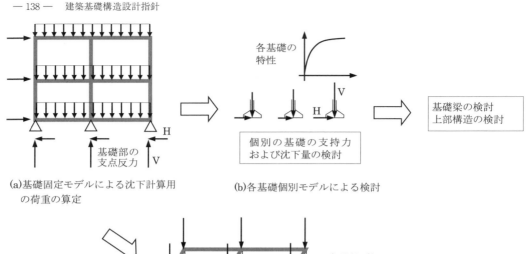

(a)基礎固定モデルによる沈下計算用の荷重の算定

(b)各基礎個別モデルによる検討

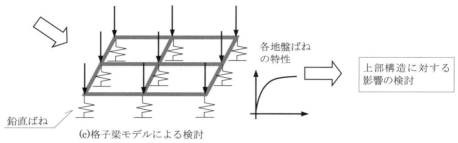

(c)格子梁モデルによる検討

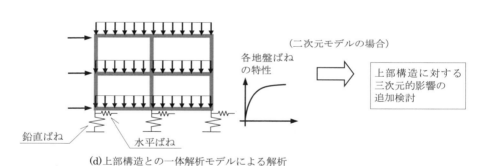

(d)上部構造との一体解析モデルによる解析

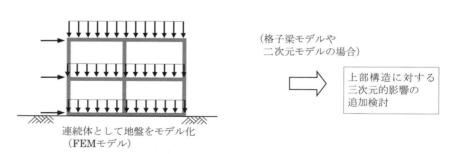

(e)地盤連続体モデルによる解析
（上部構造に関しては(c),(d)のモデルとも可能）

図 5.3.1　解析モデル

② 各基礎個別モデル〔図 5.3.1（b）〕：①の基礎固定モデルで求めた支点反力を用いて，各基礎の沈下量を個別に算定する．求めた各基礎の沈下量を対象建物の各基礎位置の沈下量とし，得られた変形角や傾斜角から沈下が基礎梁や上部構造に与える影響を評価する．

③ 格子梁モデル〔図 5.3.1（c）〕：①の基礎固定モデルで求めた支点反力を用いて，基礎梁の剛性を考慮した沈下量を算定する．通常の建物では，フーチング基礎であっても基礎梁で連結されることが多く，基礎梁の剛性が各基礎に作用する荷重の大きさや沈下量に大きく影響する．本解析モデルは，その影響をもっとも簡便に考慮できる．

　　　格子梁の直下に設ける地盤ばねを他の基礎の影響を受けないウインクラーばねとする場合，基礎が近接する独立フーチング基礎やべた基礎では，図 5.3.2 に示した手法などを用いる．沈下の計算精度を高める必要がある場合は，繰返しによる収斂計算を行う．これに対して，地盤ばねを他の基礎の影響を受ける連成ばねとすれば，繰返し計算を必要とせず，1 回の計算で沈下量が求まる．連成ばねは，後述のスタインブレナー（Steinbrenner）の解などを利用して求めることができる．

④ 上部構造との一体解析モデル〔図 5.3.1（d）〕：基礎梁のほかに上部構造の架構の剛性も考慮する．上部構造を介して水平力を基礎に作用させることも可能である．施工の進展に応じて建物剛性と荷重の変動を考慮できるので，建物剛性の影響をより実際に近い状態で検討できる．

⑤ 地盤連続体モデル〔図 5.3.1（e）〕：有限要素法（FEM）等を用いて地盤を連続体にモデル化し，基礎と一体として解く．地盤ばねを設定する必要はなく，上記のような繰返し計算は不要である．

②～④の検討方法では，いずれも地盤の鉛直荷重−沈下関係から地盤ばねを設定し，その地盤ばねを解析モデルに取り入れて計算を行なう．地盤ばねの設定では，地盤ばねに作用する荷重，すなわち各基礎の荷重分布を仮定する必要がある．したがって，基礎梁等の剛性を考慮した解析で得られる各基礎の荷重分布が仮定と大きく異なる場合には，地盤ばねの値も仮定と異なるため，繰返し計算を行なって修正したばね値を用いることが望ましい．

図 5.3.3 に示すように，一般には基礎梁および上部構造の剛性を考慮すると地盤に作用する荷重分布や不同沈下は均等化される．よって，剛性を無視した沈下分布から得られる部材応力は安全側であるが，剛性を考慮する方がより合理的である．

圧密沈下について建物剛性による荷重の再配分を考慮する際，圧密沈下の大部分は建物完成後に生じるので，基礎だけではなく建物全体の剛性を考慮する考え方や，格子梁モデルを用いて初期条件に即時沈下により再配分された荷重を使用する考え方もある．建設後に生じる圧密沈下は，建物荷重が一定であるため，荷重の再配分の過程で除荷される地点も存在する．実際の圧密沈下は載荷と除荷で非可逆的な挙動をするので，これを考慮した圧密沈下算定法も文献 5.3.1）の 6 章で提案されている．また，FEM では即時沈下から圧密沈下までを一貫して解析できる方法として，例えば文献 5.3.2）がある．

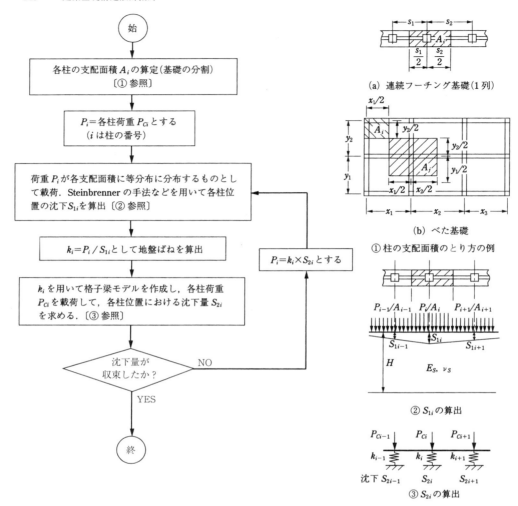

図 5.3.2 連続梁，格子梁モデルによる沈下量の算定方法の例

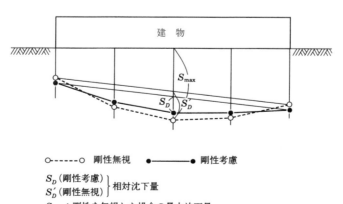

図 5.3.3 相対沈下量に及ぼす建物剛性の効果

5章　直接基礎　— 141 —

（3）　即時沈下量の算定

建物荷重によって生じる直接基礎の即時沈下の評価手法を以下に示す.

　a）　弾性論に基づく沈下量の算定

基礎の荷重と沈下量の関係は，図 5.1.2 のような非線形性状を示す. これは，地盤に生じたひずみや応力によって地盤の変形特性が変化するためである. 地盤の変形特性を取り入れた非線形解析は煩雑で実務的ではないため，建物の沈下に関する通常の設計では地盤を弾性体と見なし，地盤の変形係数とポアソン比を適切に設定することにより，即時沈下の計算を行えばよいと考えられる.

　（i）　一様な水平地盤上の基礎の即時沈下

地盤を一様な半無限弾性体と仮定すれば，その表面に作用する一様分布荷重による即時沈下量 S_B（m）は，基礎剛性ゼロの場合には弾性理論の地中応力からフック（Hooke）の法則によって求めた鉛直ひずみを深さ方向に積分することで，また基礎剛性無限大の場合の即時沈下量 S_E（m）は，S_B を平均化することで次式によって求めることができる.

$$S_E = I_s \frac{1-\nu_s^2}{E_s} qB \tag{5.3.1}$$

ここに，I_s：基礎底面形状と基礎剛性および基礎底面上の位置によって決まる沈下係数〔表 5.3.1 参照〕，E_s（kN/m²）：地盤の変形係数，ν_s：地盤のポアソン比，q（kN/m²）：基礎に作用する荷重度，B（m）：基礎の短辺長さ（円形の場合は直径）

なお，基礎の形状が長方形で基礎剛性を零とした場合の隅角部における I_s は，次式で求めることができる.

$$I_s = \frac{1}{\pi}\left[l \log_e \frac{1+\sqrt{l^2+1}}{l} + \log_e(l+\sqrt{l^2+1}) \right] \tag{5.3.2}$$

ここに，B（m）：基礎の短辺長さ（円形の場合は直径），L（m）：基礎の長辺長さ，l：L/B

　（ii）　有限厚さの地盤表面に載る基礎の即時沈下量

図 5.3.4 のような有限厚さの弾性地盤表面に載る基礎の即時沈下量は，スタインブレナーの近似解で得られる[5.3.3]. この解では，正方形の一様分布荷重が作用する荷重面に対して，隅角部の弾性沈下量 S_E（m）と隅角部直下の深さ H（m）の鉛直変位 $S_E{}'$（m）を計算したうえで，厚さ H の弾性層の表面に載る載荷面隅角部の沈下量 ΔS_E は，S_E と $S_E{}'$ の差に等しいとして求めることができる. すなわち，

$$\Delta S_E = S_E - S_E{}' = q\frac{B}{E_s} I_s \tag{5.3.3}$$

$$I_s = (1-\nu_s^2)F_1 + (1-\nu_s-2\nu_s^2)F_2 \tag{5.3.4}$$

$$F_1 = \frac{1}{\pi}\left[l \log_e \frac{(1+\sqrt{l^2+1})\sqrt{l^2+d^2}}{l(1+\sqrt{l^2+d^2+1})} + \log_e \frac{(l+\sqrt{l^2+1})\sqrt{1+d^2}}{l+\sqrt{l^2+d^2+1}} \right] \tag{5.3.5}$$

表 5.3.1 沈下係数 I_s

基礎底面形状	基礎の剛性	基礎底面上の位置		I_s
円（直径 B）	0	中 央		1
		辺		0.64
	∞	全 体		0.79
正方形（$B \times B$）	0	中 央		1.12
		隅 角		0.56
		辺の中央		0.77
	∞	全 体		0.88
長方形（$B \times L$）	0	隅 角	$L/B = 1$	0.56
			1.5	0.68
			2.0	0.76
			2.5	0.84
			3.0	0.89
			4.0	0.98
			5.0	1.05
			10.0	1.27
			100.0	2.00

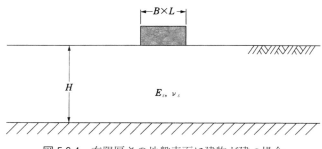

図 5.3.4 有限厚さの地盤表面に建物が建つ場合

$$F_2 = \frac{d}{2\pi} \tan^{-1} \frac{l}{d\sqrt{l^2 + d^2 + 1}} \tag{5.3.6}$$

ここに，L（m）：基礎の長辺長さ，B（m）：基礎の短辺長さ，$l:L/B$，H（m）：地盤の厚さ，$d:H/B$，q（kN/m²）：基礎に作用する荷重度，E_s（kN/m²）：地盤の変形係数，ν_s：地盤のポアソン比

以上は，隅角部の沈下量であるが，図 5.3.5 のような矩形の内部の点 N における沈下量は，矩形載荷面 I〜IV の隅角部の沈下量を合計した次式で得られる．

$$S_E = \frac{q}{E_s}(I_{sI}B_I + I_{sII}B_{II} + I_{sIII}B_{III} + I_{sIV}B_{IV}) \tag{5.3.7}$$

また，沈下量を求める点が矩形載荷面の外側にある場合，例えば図5.3.5において，領域Ⅳのみに載荷された状態におけるN'点の沈下量は，次式で表される．

$$S_E = \frac{q}{E_s}(I_{s\text{Ⅰ}\sim\text{Ⅳ}}B_{\text{Ⅰ}\sim\text{Ⅳ}} - I_{s\text{Ⅱ}\text{Ⅲ}}B_{\text{Ⅱ}\text{Ⅲ}} - I_{s\text{Ⅱ}\text{Ⅰ}}B_{\text{Ⅱ}\text{Ⅰ}} + I_{s\text{Ⅱ}}B_{\text{Ⅱ}}) \tag{5.3.8}$$

上式において，係数I_sと基礎の短辺長さBの添字数字Ⅰ～Ⅳ，ⅡⅢ，ⅡⅠは，それぞれの数字の領域を合計した載荷面を意味する．

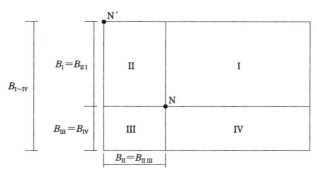

図5.3.5 矩形載荷面

(ⅲ) 多層地盤の場合

式5.3.2は弾性理論解であるから，解の重合せが成立する．したがって，図5.3.6に示すような多層地盤の即時沈下量S_E (m)は，次式で近似的に求めることができる．

$$S_E = \left\{\frac{I_s(H_1, \nu_{s1})}{E_{s1}} + \sum_{k=2}^{n}\frac{I_s(H_k, \nu_{sk}) - I_s(H_{k-1}, \nu_{sk})}{E_{sk}}\right\}qB \tag{5.3.9}$$

ここに，$I_s(H_k, \nu_{sk})$：層厚H_k，ポアソン比ν_{sk}の地盤における沈下係数〔式5.3.4参照〕，H_k
(m)：地表面からk層下端までの距離

なお，スタインブレナーの近似解では，載荷幅に対して層厚が極端に薄いと解の精度が低下する傾向がある[5.3.4]．沈下解析用の地層を設定する際は，地層分割を細かくし過ぎないよう注意する．

b) 平板載荷試験に基づく沈下量の算定

独立基礎や布基礎などの小規模な基礎については，平板載荷試験の荷重と沈下量の関係を利用した沈下計算が考えられる．その場合，実地盤における平板載荷試験で得られた各荷重度の沈下量をS_1 (m)とすると，載荷板と基礎の大きさや形状，剛性の違いを考慮した基礎の沈下量S_2 (m)は次式により求めることができる．

$$S_2 = S_1 \frac{I_{s2}B_2}{I_{s1}B_1} \tag{5.3.10}$$

ここに，I_{s1}：載荷板の沈下係数〔表5.3.1参照〕，I_{s2}：基礎の沈下係数〔表5.3.1参照〕，B_1 (m)：
載荷板の幅，B_2 (m)：基礎の幅

ただし，平板載荷試験の荷重-沈下量曲線を沈下計算に利用する場合は，載荷板と実際の基礎

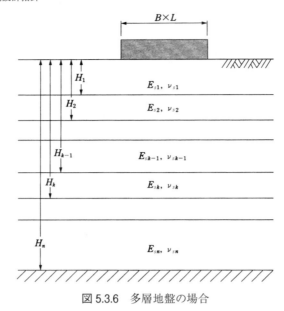

図 5.3.6 多層地盤の場合

の大きさの違いにより，沈下に影響する地盤の範囲が異なることを十分に考慮しなければならない．また，基礎下部の地盤が載荷試験を行った地盤に等しく，深さ方向に一様であることが条件となる．

基礎底面から深さ方向に基礎幅分の範囲の地盤が試験地盤と異なる場合，および，それ以深により軟弱な地盤がある場合は，試験結果の適用に注意を要する．

深くなるほど剛性が高い地盤では，式 5.3.10 で求まる沈下量 S_2（m）は基礎幅が大きいほど過大評価となる．この場合，より正確な沈下量を求めるには，多層地盤として前述（3）iii）の方法で沈下算定を行う必要がある．

上記のほか，平板載荷試験で得られる荷重と沈下量の関係が双曲線で近似できることを利用した沈下計算法がある[5.3.5),5.3.6)]．この方法では，双曲線による荷重-沈下量曲線は，地盤の極限支持力度 q_u と初期勾配 K_i から設定できる．

（4） 圧密沈下量の算定

直接基礎において建物荷重により生じる圧密沈下量および圧密過程は，盛土などに起因する地盤の圧密沈下と同様，圧縮曲線法や圧縮指数 C_c を用いる方法により算定する．算定法の詳細は 3.1 節 2.（3）を参照されたい．算定における主な考え方と注意点を以下にも示しておく．沈下計算の対象層は，その層厚や地盤定数の変化に応じていくつかに分割する．鉛直有効応力は，各分割層の中心深度で算出する．圧密計算用の荷重は，地下階を有する建物などで地盤を掘削する場合には，建物荷重から排土重量（湿潤重量）を差し引いた値を用いる．圧密試験で得られる e-$\log \sigma'$ 曲線の形状は土質によっても異なり，砂分が多いと明瞭な折れ点が見られない場合もある．したがって，設計用の e-$\log \sigma'$ 曲線の設定や計算法の選択では，圧密試験で得た圧縮指数 C_c

や圧密降伏応力 p_c などの数値だけを見るのではなく，e-$\log \sigma'$ 曲線の形状，ならびに建設前後の鉛直有効応力や過圧密比をよく吟味する必要がある．有機質土については，二次圧密にも注意する．

過圧密比が大きい場合は，即時沈下計算における地盤の変形係数 E_s やポアソン比 ν_s に圧密沈下も考慮した値を用いることで，圧密沈下計算を即時沈下計算に含めて行ってもよいと考えられる．また，地盤を弾性体と見なし，有限要素法等を用いて基礎と地盤を一体として最終の圧密沈下量を求める場合も同様である．その際，実用的な変形係数 E_s の評価法としては，圧密沈下量 S（m）が体積圧縮係数 m_v（m²/kN），鉛直有効応力の増分 $\Delta\sigma_z'$（kN/m²），圧密層の層厚 H（m）に対して，$S = m_v \Delta\sigma_z' H$ で表せることに基づく方法もある[5.3.2),5.3.7)]．なお，m_v の値は圧密降伏応力の近傍で急変するので，値の選定には注意が必要である．

（5） 液状化による沈下の計算

液状化による建物沈下の実用的な評価法として，地盤を弾性体と見なし，前述の（3）に示した弾性論に基づく即時沈下の計算式を用いる方法がある．その際の地盤定数の設定方法は，3.2節2.（2）を参照されたい．

2. 沈下計算の対象となる地盤の範囲

沈下計算の対象となる地盤の範囲は，地層構成および応力伝播範囲を考慮して定めることが望まれる．図 5.3.7 は，等方均質な半無限弾性地盤の地表面に正方形の等分布荷重が作用したときに地盤内に生じる鉛直応力分布である[5.3.8)]．図 5.3.7 によれば，沈下に大きく影響すると考えられる範囲は，地中鉛直応力 σ_z（kN/m²）が地表面荷重 p（kN/m²）の 10％ 程度まで低下する深さ，すなわち載荷幅 B（m）の 2 倍の深さであり，これが計算対象となる地盤下端深度の目安である．地表荷重面が長方形の場合には，長辺が短辺の 3 倍までにおいて地中鉛直応力が地表面荷重の 10％ 程度まで低下する深さは，載荷面積 A（m²）に対して地表から $\sqrt{A}$ の 2 倍の深さであ

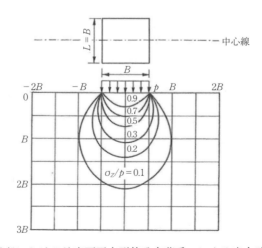

図 5.3.7 一様半無限地盤における地表面正方形等分布荷重 p による応力球根（中心線下）[5.3.8)に加筆]

り，載荷面の長辺と短辺の比によらないとの報告がある[5.3.8]．また，深いほど変形係数が大きくなる地盤では，総沈下量に占める深い地層の沈下量の割合は均質地盤よりも小さく，沈下量に大きく影響する地盤の深度は，これよりも浅くなる傾向にある．

以上を踏まえ，深部に軟弱な地層がなければ，沈下計算の対象深度は，載荷面から下方に概ね$\sqrt{A}$の2倍の範囲とすれば良い．

3．沈下計算に用いる地盤定数

（1）　地盤の変形係数

地盤の変形特性は拘束圧および発生するひずみの大きさに依存して変化する．建設時の沈下の実測結果[5.3.9)～5.3.16)]でも，基礎下の地盤の変形性状が建設の進行に伴い変化することが明らかにされている．したがって，地盤を弾性体と仮定した沈下計算で建物の沈下を精度よく求めるには，地盤に生じるひずみと応力などの条件により適切な変形係数を設定しなければならない．

2.7節の（3）c）で述べたように，試験法によって得られる地盤の変形係数は異なるため，以下，即時沈下計算で用いる地盤の変形係数E_sの評価法を試験法ごとに示す．その中でも，せん断波速度から求められる変形係数E_{s0}は値の信頼性が高いこと，測定時の地盤条件や拘束圧が明確であることから，これを基準に地盤に生じるひずみや施工時の拘束圧の変化を考慮して沈下計算に用いるE_sを設定するのがもっとも合理的と考えられる．

a）　せん断波速度測定

地盤を弾性体とみなした時，地盤のせん断波速度V_sと初期せん断剛性G_{s0}の関係および初期変形係数E_{s0}とG_{s0}の関係から，E_{s0}とV_sの関係が式5.3.11，式5.3.12から得られる．

$$G_{s0} = \frac{\gamma V_s^2}{g} \tag{5.3.11}$$

$$E_{s0} = 2(1+\nu_s)G_{s0} = \frac{2(1+\nu_s)\gamma V_s^2}{g} \tag{5.3.12}$$

ここに，G_{s0}（kN/m^2）：地盤の初期せん断剛性，E_{s0}（kN/m^2）：地盤の初期変形係数，V_s（m/s）：地盤のせん断波速度，ν_s：地盤のポアソン比，γ（kN/m^3）：地盤の単位体積重量，g（m/s^2）：重力加速度

地盤の微小ひずみ時の変形係数E_{s0}は概ねV_sの2乗に比例するため，V_sから推定したE_{s0}にはV_sの誤差が拡大されて現れるという問題はあるが，唯一の非破壊試験による地盤の変形係数であり，得られた値の信頼性は高い．また，せん断波速度測定は地盤の種類によらず適用できるので，後述のほかの試験の適用性が低い砂礫地盤に対しても有効である．ただし，表5.3.2からも分かるように，せん断波速度測定で求まるE_{s0}は，せん断ひずみγが10^{-4}～10^{-3}％という微小なひずみ領域に対応する変形係数であり，通常の建物荷重により支持地盤に生じるひずみ10^{-2}～1％に対応する変形係数に比べて，はるかに大きな値となる．したがって，沈下予測では支持地盤に発生するひずみの大きさに応じてせん断波測定によるE_{s0}を適切に低減する必要がある．

5 章　直接基礎　— 147 —

表 5.3.2　ひずみの大きさによる土の性質の変化 [5.3.17)に加筆]

ひずみの大きさ(%)	10^{-4}	10^{-3}	10^{-2}	10^{-1}	10^{0}	10^{1}
現　象	波動，振動		き裂，不同沈下		すべり，締固め，液状化	
力学的特徴	弾　性		弾塑性		破　壊 繰返し効果，速度効果	
定　数	せん断弾性定数，ポアソン比，減衰定数				内部摩擦角　粘着力	
原位置測定　弾性波探査	├───┤					
原位置測定　起振機試験		├───┤				
原位置測定　繰返し載荷試験				├─────┤		
室内測定　波動法	├───┤					
室内測定　共振法		├─────┤				
室内測定　繰返し載荷試験				├─────┤		

　建設時の沈下実測に基づいた地盤の変形係数 E_s の設定法に関する報告[5.3.11),5.3.12),5.3.16),5.3.18)] によれば，V_s に基づく地盤のひずみおよび拘束圧依存性を考慮した E_s の設定手順は，次のように考えられる.

①　原位置のせん断波速度 V_s から，式 5.3.12 により各地層の微小ひずみ時の変形係数 E_{s0} を求める.

②　掘削による拘束圧の減少を考慮した微小ひずみ時の変形係数 E_{s0}' を，①で求めた E_{s0} を基に求める.

③　建物構築に伴う地中ひずみの増加による E_s の低下曲線を設定する.

④　E_s の低下曲線に基づき繰返し計算などを行って沈下計算に用いる E_s を設定する.

　なお，ポアソン比は地盤条件により後述（2）の値を用いる.

　①に関しては，原位置のせん断波速度試験結果がない場合は，式 2.7.4 や式 2.7.5 を用いて N 値から推定した V_s から，式 5.3.11 と式 5.3.12 を用いて E_{s0} を算定できる.

　②に関しては，洪積地盤の掘削時に行った拘束圧減少による V_s の低下に関する調査結果[5.3.12)] によると，掘削後の地盤の変形係数 E_{s0}'（kN/m²）は次式で推定できる.

$$E_{s0}'=E_{s0}(\sigma_v'/\sigma_{v0}')^{\beta} \tag{5.3.13}$$

ここに，σ_{v0}'（kN/m²）：掘削前の地盤の鉛直有効応力，σ_v'（kN/m²）：掘削後の地盤の鉛直有効応力，β：掘削による拘束圧依存性を表す指数で地盤によって異なる（0.4〜0.6）

ただし，地盤掘削による排土荷重よりも建物荷重が上回る場合など，掘削による E_{s0} の低減と，後述のひずみレベルに応じた低減の両方を考慮すると，沈下を過大評価する場合もある. 拘束圧の減少による E_{s0} の低減は，掘削深度と荷重のバランスを踏まえて行うとよい.

　③と④のひずみによる剛性低下曲線については，ポアソン比は載荷速度や排水条件によって変

化するため，厳密には動的変形試験で得られるせん断剛性低減率 G/G_0 とせん断ひずみ γ の関係（G/G_0-γ 関係）は同一ではないが，沈下計算の精度を考えると実用的には G/G_0-γ 関係を用いてもよいと考えられる．G/G_0-γ 関係は，2.7 節で述べたように当該地における地盤調査結果を用いることが望ましいが，実務において沈下計算の対象層すべての調査結果が得られることは少ない．したがって，調査結果が無い地層では，G/G_0-γ 関係が示されている文献 2.7.10)〜2.7.12)あるいは図 2.7.3 などを参考に設定してもよい．なお，非排水条件下の動的変形試験では試験体は等体積条件を満足することから，ポアソン比 ν=0.5 とすると，せん断ひずみ γ と鉛直ひずみ ε の関係 $\gamma = (1+\nu)\varepsilon$ より，$\gamma = 1.5\varepsilon$ で表される[5.3.19]．

④に関して，E_{s0} に乗じる低減率は，繰返し計算によらず簡易的に次の方法でも評価できる．表 5.3.2 によれば，地盤沈下が生じる際の地盤のせん断ひずみのレベルは概ね 10^{-2}〜1 ％である．したがって，ひずみレベルに対応する低減率は，文献 2.7.12)〜2.7.14) などの G/G_0-γ 関係から粘性土で 0.4〜0.7 程度，砂質土で 0.2〜0.5 程度と評価できる．また，低減率を建物の荷重度，載荷面積，および地層構成を考慮して求めるための簡易図表も提案されている[5.3.20]．なお，変形係数を施工時の計測から検討した一例[5.3.11]でも，砂質地盤において施工時の沈下量から逆算した変形係数は，せん断波速度測定で得られる初期変形係数 E_{s0} に 0.2〜0.5 を乗じた範囲に分布している．

b）平板載荷試験

平板載荷試験の荷重-沈下曲線から式 5.3.1 に基づき沈下計算に用いる変形係数 E_s を算定できる．ただし，平板載荷試験で得られる変形係数は，図 5.3.7 に示した載荷荷重の伝播範囲からも分かるように，載荷板直下から $2B$（B：載荷板の幅）程度の深さまでの E_s を表している．したがって，平板載荷試験は原則として地表面近くの独立基礎や布基礎の設計に用いる E_s の評価に限るべきであり，大口径の試掘孔が必要な大きな根入れのある直接基礎の設計のための事前調査に採用することは難しい．

c）標準貫入試験

地下水位以浅の砂質土の N 値と E_s については，沖積砂質土では $E_s = 1.4N$（MN/m^2）〔式 2.7.6〕，洪積砂質土では $E_s = 2.8N$（MN/m^2）〔式 2.7.7〕の関係がある．

洪積層に根入れされたべた基礎については，沈下実測から逆算した地盤の変形係数 E_s が基礎底面に近い部分では $E_s = 2.8N$ による E_s に近い値となり，基礎底面から離れた位置ではそれ以上の変形係数になるとの報告がある[5.3.11]．したがって，深部の地盤も式 2.7.7 により E_s を推定した場合は，やや大きめの沈下量を推定する可能性が高い．ただし，上式は，実測条件からみて，掘削土重量が建物重量と同等程度である場合には適用できるが，建設後の地中の鉛直応力が初期の鉛直応力よりかなり大きくなる場合は，E_s の低減を行うのが適切であろうと考えられる．

d）ボーリング孔内水平載荷試験

従来の地盤調査事例[5.3.21]によれば，ボーリング孔内水平載荷試験の変形係数 E_b はせん断波速度測定による変形係数 E_{s0} の 1〜20 ％の範囲に分布している．E_b を沈下計算の E_s として用いることの妥当性は，地盤種類や試験条件などによって大きく異なると考えられる．

施工時の沈下実測との比較では，洪積粘性土において再載荷部分の変形係数 E_{b2} を E_s として算出した沈下量が，実測による沈下量に近いとの報告がある[5.3.22]．また，文献 5.3.9) にも同様の性状が示されており，硬質な粘性土における孔内水平載荷試験の適用性は高いと考えられる．

洪積砂質土に関しては，文献 5.3.9) によれば，ボーリング孔内水平載荷試験による E_b は建物の沈下実測から逆算した値に比べて極めて低い値になっている．これは，試験のためのボーリング時の応力解放による地盤のゆるみや乱れが大きな要因と考えられ，砂質土における孔内水平載荷試験の E_b を E_s として用いる際は注意が必要である．

e) 不撹乱試料の一軸圧縮試験

粘性土の即時沈下計算に用いる非排水条件の変形係数 E_s として，一軸圧縮試験から求めた E_{50} を用いることができる．一軸圧縮試験は他の試験に比べて簡易であるので，できるだけ数多くのサンプリングを行って試験をすることが望ましい．ただし，試験結果の吟味にあたっては，試料の乱れに注意する．試料が乱されているか否かは破壊時のひずみの大きさからおよそ判断できるといわれており，破壊時のひずみが洪積粘性土において 3% 以下，沖積粘性土において 5% 以下であれば乱れは少ないといわれている[5.3.23]．

硬質粘性土では，一軸圧縮試験の変形係数 E_{50} が孔内水平載荷試験による E_b にほぼ等しいか，やや大きめの値になるとの報告[5.3.24]がある．d) で述べたように，洪積粘土層の沈下計算に孔内水平載荷試験で得られる E_s の適用性が高いことから，一軸圧縮試験の変形係数を過圧密粘土の沈下計算に用いてもよいと考えられる．ただし，硬質の粘性土では，試料の上下面における馴染みが問題になることがあるので軸ひずみの測定には注意が必要である[5.3.25]．

なお，鋭敏比が高い場合やひび割れを含む地盤では，サンプリングした試料を用いる圧縮試験よりも平板載荷試験など原位置試験の信頼性の方が高いと考えられる．

（2） 地盤のポアソン比

沈下計算で用いる地盤のポアソン比は，砂では 0.3〜0.35 前後，粘土では 0.4〜0.45 前後の値が採用されることが多い[5.3.26]．この値は，様々な試料に対する三軸試験で得られるポアソン比の平均的な値に近い[5.3.26), 5.3.27]．なお，PS検層で得られるポアソン比は非排水条件における値であり，沈下計算で用いるべきポアソン比とは排水条件が異なることに注意が必要である．

（3） 地震時および暴風時の地盤物性

構造物が地震時や強風時等に変動荷重を受ける場合，その繰返し荷重の載荷時間によって地盤は排水状態から非排水状態に変わるため変形係数も変化する．実務設計において，粘性土では透水係数が小さいことから，非排水状態と仮定した定数を設定するのが一般的である．同様に，地震時の砂質土も非排水状態の仮定が成り立つと考えてよい．一方，極めて透水性の良い礫質土では部分排水状態になることもあると考えられる．また，強風時の砂質土では，排水状態・非排水状態のどちらの状態も起こり得るので，地盤の透水性と繰返し荷重の載荷周期や載荷時間を考慮して安全側の仮定を採用することが望ましい．排水状態と考えられる砂質土の場合には，変動荷重時も常時荷重時と同じ変形係数を採用できる．

地震時には常時の建物荷重によって生じている地盤内応力に加えて付加応力が生じる．すなわ

ち，地震そのものによって地盤全体にせん断応力が発生するとともに，基礎の応答に伴う変動軸力による地中応力が生じる．地震時の沈下検討を行う場合，厳密にはこれらの地盤内応力を適切に評価する必要があるが，これまでの地震においても傾斜地盤や液状化地盤を除けば地震時に過大な沈下を生じた例は極めて稀であることから，液状化あるいは大きな過剰間隙水圧の上昇が想定される場合を除き，地震時の付加応力によって地盤の変形係数が変化することは考慮しなくてもよいと考えられる．強風時の場合も同様である．なお，地盤が液状化した場合には構造物に作用する浮力が変化することも適切に考慮する必要がある．

4. 沈下量の評価と沈下限界値
（1） 沈下量の評価方法

沈下量の評価は，基本的には設計者が建物ごとの構造形式や重要度に応じた基礎部材の設計用限界値と，予想される沈下の種類を考慮し，要求性能や性能グレードに応じた沈下量の設計用限界値を設定したうえで行うことを原則とする．

沈下量の評価を行ううえで基本となる指標は，図 5.3.8 に示す総沈下量，不同沈下量，相対沈下量，変形角，部材変形角と考えられる．建物荷重がほぼ一様な場合，生じる沈下量は図 5.3.8（a）のような形状になる．これが総沈下量であり，その最大値を最大沈下量と呼ぶ．総沈下量には，建物全体に生じる一様な沈下量と建物の剛体回転による傾斜分が含まれている．総沈下量から建物外端の最小沈下量を差し引くと，図 5.3.8（b）のような形状が得られる．これが不同沈下量である．更に，図 5.3.8（b）の曲線から傾斜分を差し引いた図 5.3.8（c）が相対沈下量である．図 5.3.8（c）において各点間の勾配を表すのが変形角，隣接する部材がなす角度が部材変形角である．

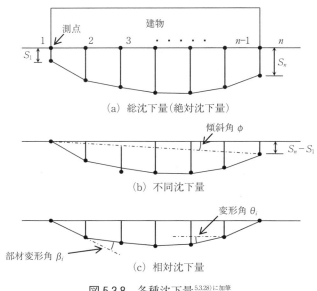

図 5.3.8　各種沈下量[5.3.28)に加筆]

5章　直接基礎　— 151 —

　実際の建物沈下の分布形状は，常時荷重時でも建物荷重や建物剛性の平面的なばらつきによって部分的に V 字やへの字になるなど，図 5.3.8 のような単純な皿状ではなく複雑な形状になることも多い．また，大地震後の被災建物では，地震による地盤変形や上部構造の変形の影響も加わり，さらに複雑な分布形状となりやすい．そのため，後述する既往の沈下実測調査[5.3.28]〜[5.3.34]では，沈下量評価の角度に関わる指標として，傾斜角，変形角，部材変形角を適宜選択して用いている．なお，これらの指標は文献によっては勾配で示されているが，本節では角度で統一して示す．

　通常，建物の構造上の問題となるのは相対沈下である．相対沈下によって建物の構造部材には応力が発生する．沈下量の評価は，この応力がもっとも厳しくなる部材に関して，それぞれの限界状態（使用限界・損傷限界・終局限界）の要求性能および性能グレードを満足するように行うのが原則である．具体的には，建物荷重による地盤の沈下量を求め，その沈下量を用いて算定された部材応力が各限界状態に対する設計用限界値を上回らないことを確認する．通常，応力がもっとも厳しい部材は基礎部材であるが，施工方法として逆打工法を採用した場合には，他の部材に発生する応力がもっとも厳しくなる場合がある．

　総沈下量に含まれる一様沈下分や傾斜分は，一般に建物の構造体には影響がないと考えられるが，建物の使用性を考慮して一定の制限値を設定することが望ましい．特に，総沈下量が大きくなると，建物周囲との沈下差がガス管などのライフラインの損傷の原因となる可能性がある．圧密沈下や液状化による沈下など，大きな沈下量を許容する場合には十分な配慮が必要となる．傾斜分に対しては，居室等で人が不快に感じない傾斜以下にすることはもちろん，建物内の設備機器や設置機械などに障害の出ない範囲に制限することが求められる．

（２）　沈下の種類ごとの沈下量の評価

　圧密沈下を生じる地盤では，圧密状態によっては即時沈下量が圧密沈下量を上回る場合がある．また，大きな圧密沈下が生じるまでに長い時間を要することが多く，即時沈下と同一の相対沈下量が生じても，コンクリートのクリープによって応力が緩和され，即時沈下よりも構造体のひび割れなどの障害が生じにくいといわれている．このため，圧密沈下を許容する場合でも，即時沈下による基礎の変形を照査する必要がある．

　過圧密状態の粘性土では，その圧密沈下量は小さいと判断し即時沈下のみ検討することも多いが，建物建設後の地中応力が圧密降伏応力に近づくと，上部構造から定まる要求性能によっては無視できない量の圧密沈下を生じる場合があることに留意する．

　表 5.3.3 は，2002 年から 2012 年に文献等に発表された直接基礎を有する建物の沈下実測事例である[5.3.29]．沈下予測の妥当性を吟味する際の一助となるデータと考えられる．事例の中には，地下階が深く排土重量が大きいことから，沈下量よりもリバウンド量が上回っている事例もある．

（３）　沈下量の設計用限界値の目安

　沈下量の設計用限界値の設定は，建物の要求性能や構造形式，検討する沈下の種類に応じて建物の構造部材に有害な応力が発生しないように設計者自身で行うことが原則である．しかし，建

表 5.3.3 直接基礎の沈下実測事例[5.3.29)]から作成

沈下種類	地上階／地下階	面積(m²)	構造(地上)	構造(地下)	用途	建設地	地盤種別	荷重度(kN/m²)	排土重量(kN/m²)	支持地盤(基礎底面)	N値(基礎底面)	地下構築工法	最大沈下量(mm)	最大不同沈下量(mm)	最大傾斜角(rad)	最大変形角(rad)	最大リバウンド量(mm)
即時	1階/—	10 000	S	—	倉庫	—	自然	35	(8)	洪積粘土層	(5以上)	—	9	—	—	—	7
即時	—/—	(2 880)	—	—	—	東京都目黒区	自然	—	(330)	土丹層	50以上	(順打ち)	(6)	—	—	—	(6)
即時	18階/3階	7 415	SRC	—	事務所	大阪府大阪市	自然	—	—	砂礫層	50以上	逆打ち	(10)	—	—	—	(40)
即時	31階/4階	2 993	SRC	—	事務所ほか	東京都千代田区	自然	600	—	細砂層	60以上	順打ち	(11)	0.6	—	—	(25)
即時	45階/3階	1 931	RC	RC	集合住宅	—	自然	850	250	東京層	60以上	順打ち	31	—	—	1/2 000	7
即時	5階/1階	(23 836)	S	S	物販施設	—	自然	61	(68)	細砂層	4~10	順打ち	12	6	1/1 429	—	—
即時	48階/5階	—	S	SRC	—	東京都港区	自然	(670)	446	江戸川層	50以上	逆打ち	25	—	—	—	10
即時	2階/—	(7 760)	S	S	倉庫	—	自然	56	—	盛土層	9~15	—	7	(19)	(1/1 800)	(1/1 500)	12
即時	—/—	(4 000)	RC	—	集合住宅	—	自然	670	(200)	東京層砂質土層	60	順打ち	24	(19)	(1/1 900)	1/1 200	8
即時	16階/2階	(12 000)	S, SRC, RC	—	店舗およびオフィス	—	自然	180	419	上総層群土丹層	50以上	順打ち	(2)	—	—	—	16
即時	—/3階	(6 223)	—	—	ホテル、事務所	愛知県名古屋市	自然	159	(321)	熱田第1砂礫層	51以上	順打ち	(13)	—	—	—	(41)
即時	54階/5階	6 000	S	—	オフィス・ホテル	東京都港区	自然	660	—	上総層	(50)	順打ち	36	—	1/1 200	(1/92 000)	33
即時	38階/4階	6 000	—	SRC	オフィス	東京都千代田区	自然	410	440	江戸川層	60	逆打ち	10	(12)	(1/20 000)	1/1 100	14
即時	7階/2階	(7 420)	—	—	学校	—	自然	202	(258)	上総層群土丹・細砂互層	61以上	逆打ち	—	—	—	—	5
即時	34階/4階	—	S, SRC	RC, SRC	複合施設	—	自然	600	354	上総層群土丹層	50以上	逆打ち	—	—	—	—	(2)
即時	32階/3階	—	—	—	—	東京都品川区	自然	(360)	(414)	固結シルト層	60以上	順打ち	8	—	—	—	12
圧密	1階/—	4 500	S	—	倉庫	—	自然	(33)	0	シルト質粘性土層	2	—	98	(68)	—	1/435	—
即時	5階/2階	(3 200)	—	—	工場	—	自然	160	180	沖積粘性土層	6~9	順打ち	6	3	—	—	20
即時	8階/—	(10 000)	SRC	—	—	—	自然	—	—	風化花崗岩	60以上	—	4	(8)	(1/11 700)	(1/9 000)	4
即時	23階/4階	(4 200)	—	—	—	—	自然	—	(380)	礫層	(50)	順打ち	(15)	(13)	—	—	30
圧密	3階/—	340	RC	—	集合住宅	—	自然	53	—	粘性土層	1~2	—	26	—	(1/7 700)	(1/2 200)	—
圧密	—/—	4 500	—	—	倉庫	—	埋立	40	—	埋立層	10~15	—	(170)	50	—	—	—

（　）は文献から読み取った情報

物規模が小さな場合や対象とする建物で比較的大きな相対沈下を許容し得ると設計者が判断した場合には，構造部材の応力を算定する代わりに，目安となる沈下量を設計用限界値として用いる考え方もある．

　沈下による建物の構造的な障害は，主に相対沈下量が増えることにより，図 5.3.8 に示した変形角の大きさが限界値を超えることによって発生する．建物が使用限界状態に至らないための変形角は，建物に生じる沈下の種類や構造形式によっても異なるが，過去に実施された建物の被害調査[5.3.28)]や文献 5.3.30) の第 6 章の提案値などを総合すると，表 5.3.4 の値が目安となる．即時沈下の場合は，コンクリートのクリープ効果が期待できないため圧密沈下よりも小さな値となる．

　表 5.3.5～表 5.3.7 に，表 5.3.4 の元データの一つ[5.3.28)]である中低層建物の沈下実測と沈下障害の

5章 直接基礎 ― 153 ―

表 5.3.4 使用限界に至らないための限界変形角

構造	即時沈下	圧密沈下
鉄筋コンクリート造	$(0.5\sim1.0)\times10^{-3}$ rad	$(1.0\sim2.0)\times10^{-3}$ rad
コンクリートブロック造	$(0.3\sim1.0)\times10^{-3}$ rad	$(0.5\sim1.0)\times10^{-3}$ rad

表 5.3.5 構造別の限界変形角の例[5.3.28]

支持地盤	構造種別*	基礎形式	下限変形角 $\times10^{-3}$ rad	上限変形角 $\times10^{-3}$ rad
圧密層	RC	独立，布，べた	0.7	1.5
	RCW	布	0.8	1.8
	CB	布	0.3	1.0
	W	布	1.0	$2.0\sim3.0$
風化花崗岩 （まさ土）	RC	独立	0.6	1.4
	RCW	布	0.7	1.7
砂層	RC・RCW	独立，布，べた	0.5	1.0
	CB	布	0.3	1.0
洪積粘性土	RC	独立	0.5	1.0
すべての地盤	S	独立，布（非たわみ性仕上げ）	2.0	3.5

［注］ 下限変形角：亀裂の発生する区間数が発生しない区間数を超える変形角のことで，亀裂発生確率が 50 % を超える変形角または亀裂発生区間累加数が 30 % を超える変形角のこと
上限変形角：ほとんど亀裂の出る変形角のことで，亀裂発生区間累加数が 70 % を超える変形角のこと
＊：略号は以下の構造種別を示す（表 5.3.6，5.3.7 の略号も同じ）
RC：鉄筋コンクリート構造　RCW：壁式鉄筋コンクリート構造　CB：コンクリートブロック構造　W：木造
S：鉄骨造

関係より導かれた構造別の限界値の例を示す．これらの表の数値は，外壁面の亀裂の観察に基づいている．地盤条件によって限界値が異なるのは，沈下速度などの条件が異なるためと考えられる．表 5.3.5 は変形角について，表 5.3.6 および表 5.3.7 は，相対沈下量ならびに総沈下量の限界値を示している．各限界値は対象建物の基礎形式や支持地盤によって異なる．いずれの値も構造別の沈下限界値の一つの目安になると考えられるが，その数値の意味を十分理解して用いる必要がある．なぜなら，これらの数値は使用限界状態の目安と言えるものの，表 5.3.5 の上限変形角および表 5.3.6，表 5.3.7 の最大値は損傷限界に近いとも考えられ，これらの値を超えると，建物には沈下による何らかの障害が発生する確率が高いからである．

　その他の使用限界状態に至らないための限界値の目安としては，戸建住宅を対象に行った近接工事に伴う沈下障害の実態調査[5.3.30]において，上部構造の損傷が現れる部材変形角は 2/1 000 rad 程度，損傷程度が著しくなるのは 5/1 000 rad 程度との報告がある．そのうち，基礎の詳細調査を行ったデータのみに着目すると，有筋の基礎に平均ひび割れ幅が 0.5 mm を超える有害なひび

— 154 —　建築基礎構造設計指針

表 5.3.6　構造別の相対沈下量の限界値の例[5.3.28)]　　　（単位：mm）

支持地盤	構造種別	CB	RC・RCW		
	基礎形式	布	独立	布	べた
圧密層	標準値	10	15	20	20〜30
	最大値	20	30	40	40〜60
風化花崗岩	標準値	—	10	12	—
（まさ土）	最大値		20	24	
砂層	標準値	5	8	—	—
	最大値	10	15		
洪積粘性土	標準値	—	7	—	—
	最大値		15		

支持地盤	構造種別	S（非たわみ性仕上げ）	W（非たわみ性仕上げ）
すべての地盤	標準値	15	5
	最大値	30	10

表 5.3.7　構造別の総沈下量の限界値の例[5.3.28)]　　　（単位：mm）

支持地盤	構造種別	CB	RC・RCW		
	基礎形式	布	独立	布	べた
圧密層	標準値	20	50	100	100〜(150)
	最大値	40	100	200	200〜(300)
風化花崗岩	標準値	—	15	25	—
（まさ土）	最大値		25	40	
砂層	標準値	10	20	—	—
	最大値	20	35		
洪積粘性土	標準値	—	15〜25	—	—
	最大値		20〜40		

支持地盤	構造種別	W	
	基礎形式	布	べた
圧密層	標準値	25	25〜(50)
	最大値	50	50〜(100)
即時沈下	標準値	15	—
	最大値	25	

[注]　圧密層については圧密終了時の沈下量（建物の剛性無視の計算値），そのほかについて
　　　は即時沈下量，（　）は2重スラブなど十分剛性の大きい場合，W造の全体の傾斜角は
　　　標準で 1/1 000 rad，最大で 2/1 000〜3/1 000 rad 以下

割れが生じる部材変形角は 3/1 000 rad となっている．また，上部構造の居住性の観点からは，扉が自然に開閉する建具流れが発生する部材変形角の下限は 3/1 000 rad 程度とある．

損傷限界に至らないための変形角の設計用限界値の目安としては，災害時の避難の観点から扉が開閉不可能となる限界値（5/1 000 rad）や，鉄骨建物の修復限界を意味する限界値（5/1 000 rad）が考えられる[5.3.31]．これらの値は，人間が傾斜を知覚する限界値（5/1 000 rad）[5.3.31] と同程度である．

終局限界に至らないための限界値の目安としては，「復旧するための震災建築物の被災度区分判定基準および復旧技術指針」[5.3.32] において，鉄筋コンクリート造の直接基礎建物が破壊と判定される傾斜角の下限値（1/150 rad ≒ 7/1000 rad）が考えられる．この値は，傾斜角と変形角の違いはあるが，鉄骨造および鉄筋コンクリート造建物の被害調査から評価した構造部材に被害が生じないよう定める変形角の許容値と同程度であり[5.3.33]，居住者がめまいなどの健康被害により建物の修復を行う傾斜角の限界値（10/1 000 rad）[5.3.34] に近い値となっている．

以上を総合すると，想定荷重および性能グレードを考慮した沈下の設計用限界値の目安は表5.3.8 のように考えられる．

ただし，いずれの値に基づいて限界値を設定する場合も，対象とする建物の用途，支持地盤，および基礎形式などを十分考慮する必要がある．また，沈下限界値の目安を用いる評価はあくまでも便宜的な手法である．原則は，沈下により建物の構造部材に生じる応力の照査で評価すべきである．

表 5.3.8　沈下の設計用限界値の目安

想定荷重	性能グレード	要求性能のレベル（限界状態）	変形角の設計用限界値の目安
常時荷重	―	使用限界状態	即時沈下　1×10^{-3}（rad） 圧密沈下　2×10^{-3}（rad）
レベル 1 荷重	―	損傷限界状態	5×10^{-3}（rad）
レベル 2 荷重	S		
	A	終局限界状態	7×10^{-3}（rad）

参 考 文 献

5.3.1)　大崎順彦：建築基礎構造，技報堂出版，1991

5.3.2)　土屋　勉・大築和夫・小幡　守：建築構造物の施工進展を考慮した沈下過程解析，日本建築学会構造系論文報告集，第 376 号，pp. 62〜69，1987.6

5.3.3)　Steinbrenner, W.：Tafeln zur Setzungsberechnung, Die Strasse, Vol. 1, pp. 121〜124, 1934

5.3.4)　伊藤淳志・山肩邦男：剛な基盤上の弾性地盤における Steinbrenner の近似解の適用性に関する検討，日本建築学会構造系論文集，第 493 号，pp. 57〜64，1997.3

5.3.5)　Yamaguchi, H.：Behavior of foundation and structure, Panel Discussion, Proceedings of the 9th International Conference on Soil Mechanics and Foundation Engineering, Vol. 3, pp. 382〜384, 1977.1

5.3.6) 青木雅路・二木幹夫・長尾俊昌・小林勝已：平板載荷試験結果に基づく支持地盤の荷重～沈下曲線，日本建築学会大会学術講演梗概集，構造Ⅰ，pp. 629～630，1998.7

5.3.7) 長尾俊昌・真島正人：構造物基礎の沈下予測法に関する研究，日本建築学会学術講演梗概集，構造Ⅰ，pp. 1603～1604，1990.9

5.3.8) 松岡　元：土質力学，森北出版，1999

5.3.9) 秋野矩之：地盤の剛性評価と建物の沈下予測—建築物の即時沈下予測方法（その1），日本建築学会構造系論文報告集，第412号，pp. 109～119，1990.6

5.3.10) 秋野矩之：杭基礎の弾塑性沈下解析—建築物の即時沈下予測方法（その2），日本建築学会構造系論文報告集，第442号，pp. 79～89，1992.12

5.3.11) 玉置克之・桂　豊・岸田　了：施工時の鉛直変位測定に基づく支持地盤のヤング係数，清水建設研究報告，Vol. 55，pp. 11～20，1992.4

5.3.12) 玉置克之・桂　豊・岸田　了：掘削および構築時の支持地盤のヤング係数の変化，日本建築学会構造系論文報告集，第446号，pp. 73～80，1993.4

5.3.13) 青木雅路・加倉井正昭・石井　修・石原完爾・斉藤賢二・豊田耕造：超高層建物における支持地盤の強度変形特性，日本建築学会大会学術講演梗概集，構造Ⅰ，pp. 1601～1602，1994.7

5.3.14) 加倉井正昭・青木雅路・石原完爾・石井　修：大規模直接基礎建物の建設時における支持地盤の挙動（その1，その2），日本建築学会大会学術講演梗概集，構造Ⅰ，pp. 525～528，1996.7

5.3.15) 真島正人・長尾俊昌・妹尾博明：掘削に伴う地盤のリバウンド量予測，日本建築学会大会学術講演梗概集，構造Ⅰ，pp. 1835～1836，1993.7

5.3.16) 真島正人：地盤のリバウンドおよび沈下挙動，土と基礎（講座：地盤材料の小ひずみでの非線形特性と地盤変形への適用），Vol. 45，No. 11，pp. 51～53，1997.11

5.3.17) 石原研而：土質動力学の基礎，鹿島出版会，1976

5.3.18) 青木雅路：建物の建設時における支持地盤の挙動，土と基礎（講座：地盤材料の小ひずみでの非線形特性と地盤変形への適用），Vol. 45，No. 12，pp. 61～62，1997.12

5.3.19) 吉見吉昭・福武毅芳：地盤液状化の物理と評価・対策技術，技報堂出版，2005

5.3.20) 鈴木直子：直接基礎の即時沈下計算に用いる変形係数の計算図表，日本建築学会大会学術講演梗概集，構造Ⅰ，pp. 451～452，2013.8

5.3.21) 土質工学会：土質調査法—第2回改訂版—，1982

5.3.22) 植下　協・松井克俊・大岡　武・永瀬信一：地盤の挙動計測による建築基礎の合理化の例，土質工学論文報告集，Vol. 13，No. 3，pp. 87～95，1973.9

5.3.23) 阪口　理：建築基礎，土と基礎の計算実技演習（その3），土質工学会，pp. 365～393，1970

5.3.24) 増田　達・島峰徹夫・小西康人：限界状態設計法における地盤の変形係数のための土質試験・調査方法の相違を補正する係数に関する一考察，基礎構造物の限界状態設計法に関するシンポジウム，土質工学会，pp. 185～192，1995.5

5.3.25) 龍岡文夫・小幡行宏・渋谷　啓：大深度掘削問題と土と岩の変形特性，Forum de 大深度地下利用に関する地盤工学上の課題講演集，pp. 11～28，1992.9

5.3.26) 杉江茂彦：FEMにおける地盤の弾性係数とポアソン比の設定方法，土と基礎，Vol. 45，No. 4，pp. 41～42，1997.4

5.3.27) 横田耕一郎・今野政志・栗田好文：土のポアソン比について，第15回土質工学研究発表会，pp. 529～532，1980.5

5.3.28) 芳賀保夫：建物の許容沈下量，土と基礎，Vol. 38，No. 8，pp. 41～46，1990.8

5.3.29) 日本建設業連合会　建築本部　建築技術開発委員会技術研究部会　地盤基礎専門部会：建物の沈下観測データの収集とDB化報告書，2014

5.3.30) 伊奈　潔・藤井　衛・田村昌仁・須々田幸治：戸建住宅の不同沈下による障害と傾斜角および変形角の関係，日本建築学会構造系論文集，第614号，pp. 61～68，2007.4

5.3.31) 油野　弘・池永昌容・Jason McCormik・中島正愛：生活・技術・安全から見た許容残留変形，日本建築学会近畿支部研究報告集，pp. 221～224，2007.5

5.3.32) 日本建築防災協会：再使用の可能性を判定し，復旧するための震災建築物の被災度区分判定基準および復旧技術指針，2015

5.3.33) 地盤工学会：基礎の沈下予測と実際，2000

5.3.34) 安田　進：鳥取県西部地震による団地の被害，総合論文誌，日本建築学会，No. 2，pp. 45～46，2004.2

5.4節 水平抵抗

1. 水平力を受ける直接基礎では，基礎の滑動ならびに転倒に対する検討を行う．2.4節の表2.1に示す要求性能レベル（限界状態）に対応する設計用限界値は表5.4による．

表5.4 基礎の滑動ならびに転倒の設計用限界値

想定荷重	性能グレード	要求性能レベル（限界状態）	水平抵抗の設計用限界値	
			基礎の滑動に対する抵抗	基礎の転倒に対する抵抗モーメントと鉛直支持力
常時荷重	—	使用限界状態	基礎が滑動を生じる限界値（滑動抵抗）に対し $\phi_R=1/1.5$	基礎端部の浮上りが生じない抵抗〔式5.4.2〕に対し $\phi_R=1$
レベル1荷重	—	損傷限界状態	基礎が滑動を生じる限界値（滑動抵抗）に対し $\phi_R=1/1.1$	原則として基礎端部の浮上りが生じない抵抗〔式5.4.2〕に対し $\phi_R=1$
レベル2荷重	S			
	A	終局限界状態	—	転倒しない抵抗〔式5.4.3〕に対し $\phi_R=1$ 極限鉛直支持力に対し $\phi_R=1/1.1$〔式5.1〕

2. 建物に作用する水平力に対する直接基礎の滑動は，以下の滑動抵抗の算定によって評価する．

（1） 基礎底面の摩擦抵抗

（2） 根入れ部の抵抗

（3） すべり止め突起等の効果

基礎の滑動抵抗は，原則として基礎底面と地盤の摩擦抵抗のみにより評価する．基礎底面の摩擦係数は，地盤条件とともに基礎底面形状・施工条件を考慮して定める．基礎根入れ部の抵抗を考慮する場合は，基礎根入れ部に作用する土圧合力や基礎側面の摩擦抵抗を考慮して定める．また，基礎の滑動防止のため，基礎底面の突起等のすべり止めの効果を考慮できる．基礎底面と地盤の摩擦抵抗以外を期待する場合は，基礎底面の水平変位を評価し変位が過大とならないことを確認する．

3. 直接基礎の転倒は，各限界状態に対する建物底面に作用する転倒モーメントと鉛直支持力により評価する．

1. 検討事項

直接基礎に水平力が作用する場合は，図5.4.1に示す滑動と転倒について要求性能レベルに応じた検討を行う．

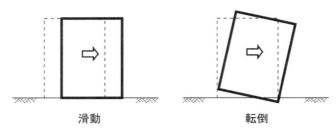

図 5.4.1　水平力を受ける直接基礎の終局状態

2. 滑動の検討

建物の両側で地表面に高低差がある場合や，地震時に建物に作用する慣性力などによって，建物に水平力が作用する場合には，水平力に対する基礎の安全性を滑動抵抗の算定によって検証する．ただし，常時およびレベル1荷重時においては，原則として基礎を滑動させてはならない．レベル2荷重時においては，隣接する建物や敷地境界を考慮して過度な残留変形が生じないようにする．

直接基礎の滑動抵抗は，原則として基礎底面と地盤との摩擦抵抗（または付着抵抗）のみによって評価することが望ましい．しかしながら，地下水位が高く有効接地圧が小さい場合，地盤が傾斜していて偏土圧を受ける場合，基礎梁のないアーチ架構やシェル構造などのように水平力が常時作用する場合，あるいは地震時土圧が発生する場合には，水平力に対する抵抗力として基礎底面の摩擦抵抗だけでは不足する場合がある．これらの場合は，建物や地盤条件によっては直接基礎の根入れ部の前面と背面に作用する土圧合力や基礎側面の摩擦抵抗を考慮すること，あるいは基礎底面に突起を設けるなどの対策を行うことも可能である．

滑動抵抗は地盤のせん断抵抗によるものであるから，所定の抵抗が得られるためには基礎には水平変位が生じることになる．滑動抵抗の算定にあたっては，予想される水平変位を適切に評価し，基礎に過大な変位が生じないことを確認する．ただし，基礎底面の摩擦抵抗が極限に達するまでの変位は一般に小さいことから，直接基礎に作用する水平力を基礎底面の摩擦抵抗のみで抵抗できる場合は，水平変位の検討を省略することができる．根入れ部の抵抗を考慮する場合には，文献 5.4.1）のように前面抵抗と側面抵抗の荷重-変位関係を設定して水平変位を求めるか，文献 5.4.2）の方法で根入れ部全体の水平剛性を求める方法などが考えられる．また，4.3 節に示す根入れ部の土圧合力による地盤ばねを用いた評価法も参考となるほか，より詳細な検討には，地盤の非線形性を考慮した FEM 解析などを用いてもよい．

（1）基礎底面の摩擦抵抗

直接基礎底面の摩擦抵抗 R_f (kN) は，建物重量，基礎底面と地盤の摩擦係数の積により次式にて算定する．

$$R_f = W\mu \tag{5.4.1}$$

ここに，W (kN)：建物重量
　　　　μ　　：基礎底面と地盤の摩擦係数

建物重量は地下水位以深では浮力を考慮した値とする．基礎底面と地盤の摩擦係数は，後述するように地盤条件や基礎の施工条件を考慮して決定する．終局限界状態の滑動は，水平力が常時作用する場合や地震時土圧が発生する場合などの個別の条件に応じて，それらの影響を適切に考慮した検討が必要である．

直接基礎では，基礎底面に捨てコンクリートが打設され，また，捨てコンクリート下面には根切り底への敷砂利などが設けられる．このため，基礎底面は支持地盤と十分にかみ合っている場合が多いと考えられ，通常の地盤では，基礎底面のコンクリートと土の摩擦抵抗よりも，その直下の土のせん断抵抗を摩擦係数に換算して採用する[5.4.3]．滑動抵抗の算定に用いる基礎底面の摩擦係数は，基礎底面の状態や地盤条件・施工条件を考慮し，事前に土質試験や原位置試験を実施して求めることが望ましい．土質試験などを実施しない場合には，摩擦係数としておおむね0.4〜0.6の範囲の値を採用すれば良い．ただし，支持層が粘性土の場合，粘着力（一軸圧縮強さの1/2）以上のせん断抵抗は取れないので，基礎底面の接地圧に摩擦係数を乗じた値が粘着力よりも小さいことを確認しておく必要がある．

（2）　根入れ部の抵抗

直接基礎の根入れが2m程度以上ある場合には，基礎底面，根入れ部前面と背面および側面で分担して水平力に抵抗する[5.4.1]と考えられることから，基礎根入れ部の前面と背面に作用する土圧合力や基礎側面の摩擦抵抗を考慮することができる．ただし，根入れによる効果を考慮するためには，検討する建物の敷地に十分な余裕があること，および根入れ部分が，将来の隣接工事などによって掘削されないことが前提となる．地震時において基礎底面以浅の根入れ部の地盤が液状化する場合には，液状化層以浅の根入れ部の抵抗は無視する．

根入れ部の抵抗は，原則として基礎前面地盤の受働抵抗である．地盤の受働抵抗は，非常に大きな抵抗値が期待できる反面，一般に十分な受働抵抗が発揮されるには，基礎に大きな水平変位が生じる可能性があるので，上部および基礎構造に有害な影響を及ぼさないように留意する．

建物周囲の敷地に余裕がある場合には，根入れ部の抵抗として根入れ部の地盤と基礎側面の摩擦抵抗を考慮できる場合がある．この場合の根入れ抵抗は，基礎前面の抵抗に側面の抵抗を加えたものになる．具体的な算定の方法については文献5.4.1）が参考になる．

（3）　すべり止め突起等の効果

基礎の滑動抵抗を大きくするために，基礎底面に突起等のすべり止めを設けることがある．また，大きな滑動が予想される場合は，杭基礎とすることも必要である．基礎底面に突起を設ける場合は，その効果を十分に発揮できるように，基礎底面地盤や周辺地盤を乱すことのないように，かつそれらとの密着性を確保するように注意して施工する必要がある．また，硬質地盤の地盤定数の設定にあたっては，詳細な地盤調査に基づき，堅固な地盤や岩盤の種類および亀裂の状態などを十分に把握して評価することが望ましい．また，基礎底面に突起を設けた場合のせん断抵抗の算定方法については，道路橋示方書の方法[5.4.4]のほか，擁壁に対する検討方法[5.4.5], [5.4.6]が参考となる．なお，これらのせん断抵抗は，突起先端位置でのせん断抵抗から算出されたものである．

3. 転倒の検討

直接基礎に水平力が作用する場合の転倒モーメントと基礎の回転角の関係を図5.4.2に示す．転倒モーメントが作用する前の基礎底面の地盤反力度は，5.6節に示すように一様な分布である．転倒モーメントが作用すると基礎底面の地盤反力度は，鉛直荷重と転倒モーメントに釣り合うように分布形状が変化する．転倒モーメントが図5.4.2の③に示す浮上り限界モーメント M_1 を超えると基礎の一方の端部が徐々に浮き上がり，最終的には図5.4.2の⑥に示す転倒限界モーメント M_u に達する．転倒限界モーメントに達すると基礎の回転角が非常に大きくなり転倒に至る可能性がある．そのため，M_1 を超えると基礎の回転が大きくなりやすくなることから，使用限界状態では基礎端部の浮上りを生じさせてはならない．損傷限界状態でも，板状建物や高層建物に附属する軽微な部分の局所的な浮上りを除き，原則として基礎端部の浮上りを生じさせてはならない．また，終局限界状態では転倒に至らないようにする．基礎の転倒の検討に際しては，基礎部材の一部に大きな応力が生じる可能性があるので，表5.1に示すように上部建物の構造性能に対する影響を確認のうえ，基礎部材について各限界状態の設計用限界値以下とし，上部および基礎構造に致命的な損傷が生じないように安全性を確認する．

使用限界状態，損傷限界状態の検討に用いる限界値は浮上り限界モーメント M_1（kN·m）とし次式にて算定する．

$$M_1 = \frac{VB}{6} \tag{5.4.2}$$

ここに，V（kN）：基礎に作用する鉛直荷重
　　　　B（m）：水平力が作用する方向（基礎が回転する方向）の基礎幅

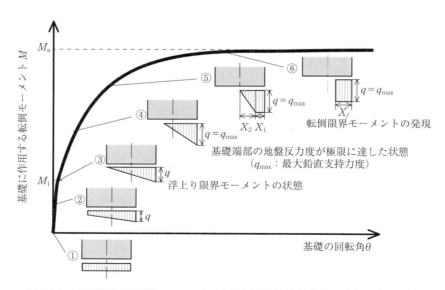

図5.4.2　直接基礎の転倒モーメント-回転角関係と基礎底面の地盤反力度分布
（砂質土の場合は，接地反力の作用幅により地盤反力度の極限も変化）

終局限界状態の検討に用いる限界値は転倒限界モーメント M_u（kN・m）とし，M_u 発揮時の地盤反力分布を矩形分布とすれば式5.4.3にて求まる．

$$M_u = V\left(\frac{B}{2} - \frac{X_f}{2}\right) \tag{5.4.3}$$

ここに，V（kN）：基礎に作用する鉛直荷重
　　　　B（m）：水平力が作用する方向（基礎が回転する方向）の基礎幅
　　　　L（m）：基礎の奥行き幅
　　　　X_f（m）：転倒限界モーメント発揮時の地盤反力の作用幅（$=B_e$〔式5.2.11参照〕）

転倒限界モーメント発揮時は，有効基礎幅が X_f となるので，鉛直荷重の釣合いから平面が $X_f \times L$ の基礎の終局限界状態となる鉛直支持力が基礎に作用する鉛直荷重 V と釣り合うものとして，有効基礎幅 X_f を求める．終局限界状態となる鉛直支持力では，式5.4.3で X_f が小さくなると回転角が増加して支持力が極限に近づき転倒に至る可能性がある．そのため，終局限界状態における鉛直支持力では，5.2節に示すように安全を確保するために耐力係数 $\phi_R = 1/1.1$ に設定している．転倒限界モーメント発揮時の根入れによる支持力成分については，これまで研究がほとんどなく明らかになっていない．基礎の端部が浮き上がることから，根入れによる鉛直支持力成分は無視するべきとの考え方もあるが，過去の地震において，これらの基礎に顕著な被害が見られていないこと，脆性的に転倒に至るわけではなくかなりの冗長性（M_u を保ったまま変位が進行する）があること，設計は静的で検討を行うが，地震時には繰返し荷重で実際に浮き上がる時間は短いことなどから，根入れ効果を見込んで支持力を算定してもよいものと考えられる．ただし，前述のように根入れがある場合の転倒限界モーメントに関しては，明らかになっていない部分が多いので，側面の土圧を無視するなど転倒に対して余力を確保することが必要である．

既往の模型実験[5.4.8)~5.4.11)]によると，図5.4.3に示すように浮上り限界モーメント M_1（j点）以下では基礎の回転角は比較的小さいものの，M_1 を超えると基礎の回転角が急激に大きくなり，モーメントを除荷した後の残留沈下も大きくなることが確認されている．また，基礎の浮上りが生

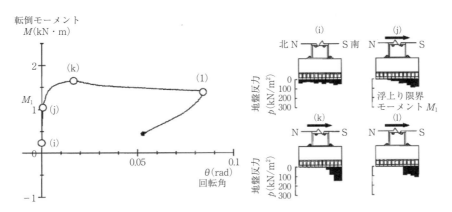

図 5.4.3　転倒モーメント-回転角関係と地盤反力分布[5.4.9)]

じると底面地盤反力度の分布形状が変化し，一部の基礎部材の応力が大きくなることや，回転が大きくなることによる建物内部の安全性の確保にも問題が出てくるので，損傷限界では原則として転倒モーメントはM_1以下に収まるように設計し，これを超える場合は，転倒防止のアンカーなどの対策を行うこととする．

参 考 文 献

5.4.1) 日本建築センター：地震力に対する建築物の基礎の設計指針　付・設計例題，1989

5.4.2) Gazetas, G. and Hatzikonstantinou, E. : Elastic formulae for lateral displacement and Rotation of airbitarity-shaped embedded foundation, Geotechnique Vol. 38, No. 3, pp. 439~444, 1988.9

5.4.3) Uesugi, M. Kishida, H. and Uchikawa, Y. : Friction between dry sand and concrete under monotonic and repeated loading, Soils and Foundations Vol. 30, No. 1, pp. 115~128, 1990.3

5.4.4) 日本道路協会：道路橋示方書・同解説　IV下部構造編，2017

5.4.5) 日本道路協会：道路土工・擁壁工指針，2012

5.4.6) 宅地防災協会：宅地防災マニュアルの解説，2007

5.4.7) 国土交通省鉄道局監修・公益財団法人鉄道総合技術研究所：鉄道構造物等設計標準・同解説，基礎構造物，2012

5.4.8) 西村隆義・西岡英俊：地震時の直接基礎の沈下量が算定可能な分布ばねモデルの考え方，基礎工，pp. 34~37，2013.5

5.4.9) 福井次郎・中谷昌一・白戸真大・河野哲也・野々村佳哲・浅井隆一：直接基礎の地震時残留変位に関する繰返し載荷実験，土木研究所資料，第4027号，2007.2

5.4.10) 福井次郎・中谷昌一・白戸真大・河野哲也・野々村佳哲・浅井隆一・斎藤　隆：直接基礎の地震時応答に関する振動台実験，土木研究所資料，第4028号，2007.2

5.4.11) 中津紀幸・丹野吉雄・青木雅路・石川裕次・田屋裕司・篠崎洋三・田尻清太郎・中井正一：浮き上がりを生ずる中高層RC連層耐震壁架構の保有水平耐力計算に関する検討　その13　地盤-建物系のロッキング試験（1）概要及び地盤の支持力と沈下の性状，日本建築学会大会学術講演梗概集，構造II，pp. 1025~1026，2014.9

5.5 節　地 盤 改 良

1. 地盤改良を行った地盤（以下，改良地盤）を直接基礎の支持地盤とする場合，改良原理や施工方法を考慮して，以下の項目（1）~（3）について検討を行う．

（1）　改良地盤およびその直下の地盤の支持力

（2）　改良地盤およびその直下の地盤の即時沈下，圧密沈下

（3）　改良体の水平抵抗，液状化対策としての地盤改良の有効性，レベル2地震時の改良地盤を含む地表最大水平変位 D_{cy}

2. セメント系固化材または締固めによる地盤改良を用いる場合には，想定する荷重ごとに要求性能と性能グレード，設計用限界値を設定し，関連する設計資料を参考にして改良地盤の設計を行う．要求性能レベル（限界状態）に対応する設計用限界値は表5.5による．

3. セメント系固化材および締固め以外の地盤改良を用いる場合には，建物への施工実績や関連する設計資料などを参考にして，改良地盤の設計を行う．

5章　直接基礎　— 163 —

表5.5　セメント系改良体および締固めによる改良地盤の設計用限界値

想定荷重	性能グレード	要求性能のレベル（限界状態）	改良体および改良地盤の設計用限界値		
			セメント系改良体の鉛直応力度とせん断応力度	締固めによる改良地盤の鉛直支持力と液状化	改良地盤直下地盤の鉛直支持力と液状化
常時荷重	—	使用限界状態	設計基準強度の1/3〔文献5.5.1）第Ⅰ編表4.1.1〕，かつ引張力が生じないせん断強度の1/3	極限鉛直支持力に対し$\phi_R=1/3$〔式5.1〕	極限鉛直支持力に対し$\phi_R=1/3$〔式5.1〕
レベル1荷重	—	損傷限界状態	圧縮側で設計基準強度の1/1.5〔文献5.5.1）第Ⅰ編表4.1.1〕，引張り側で引張強度せん断強度の1/1.5液状化しない〔式3.2.7〕	極限鉛直支持力に対し$\phi_R=1/1.5$〔式5.1〕液状化しない〔式3.2.7〕	極限鉛直支持力に対し$\phi_R=1/1.5$〔式5.1〕液状化しない〔式3.2.7〕
	S				
レベル2荷重	A	終局限界状態	圧縮側で設計基準強度〔文献5.5.1 第Ⅰ編表4.1.1〕，せん断強度の1/1.1転倒しない抵抗〔式5.4.3〕に対し$\phi_R=1$	極限鉛直支持力に対し$\phi_R=1/1.1$〔式5.1〕D_{cy}が0.05 m〔式3.2.13〕	極限鉛直支持力に対し$\phi_R=1/1.1$〔式5.1〕D_{cy}が0.05 m〔式3.2.13〕液状化に伴う側方流動が生じない〔3.2節による〕

1. 地盤改良の設計における留意点

地盤改良は，建物の基礎形式を直接基礎としたときの支持地盤の支持力の改善，沈下量の低減，液状化対策などを目的として利用されている．3.5節で述べたように，地盤改良には固化，締固め，置換などの多様な改良原理と施工方法があり，建物の重要度や要求性能を勘案して，適切な改良原理と施工方法を選択する必要がある．

改良地盤を直接基礎形式の建物の支持地盤とする場合，3.5節に示した地盤改良原理のそれぞれについて設計方法と施工方法があるため，改良目的に応じて本節の本文1.の項目（1）〜（3）に示した支持力，沈下，液状化対策としての効果等について，本指針や関連する地盤改良の設計資料[5.5.1)〜5.5.3)]などを参照して改良地盤の検討を行う．

改良地盤の物性は，原材料を選定して品質を管理しながら人工的に作られるコンクリートや鋼材などの建設材料の物性と比較すると，ばらつきが大きい．それは主に，建設予定地にある原地盤が改良対象であり，良質な土質材料を選択できないことや，原地盤の物性のばらつきが大きいこと，地盤改良の施工にばらつきがあることなどに起因している．したがって，適切な項目と数量の地盤調査を実施したうえで，改良地盤の設計用定数を適切に設定する．更に，設計時に設定した定数の妥当性を，地盤改良後に適切な項目と数量の地盤調査を実施して確認する必要がある．

2. セメント系固化材または締固めによる地盤改良

（1） セメント系固化材を用いた地盤改良

　セメント系固化材やセメントを用いた地盤改良には多様な施工方法が存在しており，ａ）専用の地盤改良機を用いて地盤中にスラリー状または粉体状の固化材を吐出・噴射して，固化材と原地盤をスラリー状態で混合・撹拌する工法（深層混合処理工法など），ｂ）固化材を粉体状態で地盤上に散布して撹拌・転圧する工法（浅層混合処理工法），ｃ）プラントなどでセメント系固化材を用いてスラリー状態の改良土を製造して原位置に打設する工法（流動化処理工法など）に概ね分類される．

　有機物含有量が多い土質（黒ぼく，腐植土など）を，セメント系固化材によって地盤改良する場合，含有成分によって固化反応が阻害される場合があり，固化不良による問題が生じやすいことに注意する[5.5.4]．また，火山灰質粘性土（ロームなど）を，セメント系固化材によって地盤改良する場合，土質に含まれる珪酸アルミニウム粘土鉱物のアロフェンにより固化阻害を生じることがあり，固化不良による問題が生じやすいことに注意する[5.5.5]．

　セメント系固化材やセメントを地盤改良材として用いる場合，それらの地盤改良材には六価クロム Cr（Ⅵ）などの微量の重金属が含まれているため，施工方法によらず，改良地盤が環境基準を満たすように計画する必要がある．また，改良対象とする地盤やその周辺が汚染土壌を含む場合や地下水汚染がある場合には，適切な調査と対策が施されていることを確認したうえで，封じ込めなどの対策が行われている場合には，汚染物質の拡散防止に配慮した設計と施工方法を選択する必要がある．詳しくは文献 5.5.1）第Ⅰ編 6.5 節を参照されたい．

　改良地盤の設計にあたっては，使用限界状態，損傷限界状態，終局限界状態に対応する建物の要求性能と限界値に基づいて，それに対応する直接基礎と改良地盤の要求性能と限界値を適切に設定し，限界状態検討用の作用荷重に対して応答値が限界値を上回らないように設計する．以下では，前述した施工方法ａ）〜ｃ）ごとに設計方法を示す．

　　ａ）　地盤中にスラリー状または粉体状の固化材を吐出・噴射して，固化材と原地盤をスラリー状態で混合・撹拌する工法（深層混合処理工法など）

　専用の地盤改良機を用いて，原地盤中にスラリー状または粉体状の固化材を吐出・噴射し，スラリー状態で混合・撹拌して改良体を築造する工法については，文献 5.5.1）第Ⅰ編を参考にして，改良仕様と鉛直支持力，水平抵抗，沈下，液状化の検討を行う．以下では，鉛直支持力，水平抵抗，沈下，液状化対策の検討について，留意事項を（ⅰ）〜（ⅳ）に述べる．

（ⅰ）　鉛直支持力の検討

　鉛直支持力は，下記の条件を考慮し，文献 5.5.1）第Ⅰ編 4.3 節を参考にして検討する．

　基礎底面に作用する荷重は，改良部分と非改良部分によって支持される．弾性論などを利用して適切な荷重分担率を求め，改良部分に作用する荷重を算定し，改良体および支持地盤の鉛直応力を検討する．

　改良地盤の鉛直支持力は，改良地盤の下部地盤および周辺地盤の抵抗力によって発揮される．したがって，改良形式によって，単杭，群杭，地中連続壁，あるいはケーソンのようなブロック

状構造物の支持力と同様な考え方により，深い基礎の支持力として検討を行うか，直接基礎の支持力〔5.2節〕として検討を行うかを適切に評価して，関連する地盤改良の設計資料[5.5.1)～5.5.3)]などを参考に，改良地盤およびその直下地盤の鉛直支持力を算定する〔図5.5.1〕．さらに，改良体の鉛直応力度が，設計用限界値〔表5.5〕を満足することを確認する．

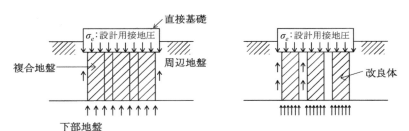

図 5.5.1 改良地盤の鉛直支持力機構[5.5.1)を修正]

なお，セメント系固化材を用いた地盤改良では，改良体の一軸圧縮強度から設計基準強度 F_c (kN/m²) と常時に作用する荷重に対する設計強度 f_c (kN/m²) を定めており，式5.5.1や式5.5.2，図5.5.2のように表されることが多い[5.5.1)]．

$$F_c = \bar{q}_{uf} - m\sigma \tag{5.5.1}$$

$$f_c = \frac{1}{3}F_c \tag{5.5.2}$$

ここに，q_{uf} (kN/m²)：コア供試体の一軸圧縮強度の平均値，m：設計基準強度 F_c に一軸圧縮強度のばらつきを考慮するための係数，σ (kN/m²)：コア供試体の一軸圧縮強度の標準偏差

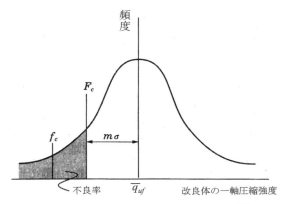

図 5.5.2 設計基準強度 F_c の考え方[5.5.1)を修正]

－ 166 －　建築基礎構造設計指針

係数 m には，通常 1～2 程度の値が使用される．m の値の決定に際しては，F_c に基づいたせん断強度などの評価式が，評価する構造物の材料強度の平均値に依存するのか，あるいは最低値に依存する特性を持っているのかなど，強度とそのばらつきの基本的な関係が大きく影響する．最低値に依存する特性であっても，通常は，平均値から $m\sigma$ を差し引いた値を使用することが多い．なお，文献 5.5.2）第 1 編第 4 章では，機械式攪拌混合処理工法の場合で，$m=1.3$，$V=20$ ％～45 ％（V：コア供試体の一軸圧縮強度の変動係数）程度の値を与えている．施工者および施工機械に応じて実績に基づいた判断を行うことを基本とし，その現場で生じ得るばらつきを適切に予測し，施工管理や検査の内容を考慮しながら，現実的なばらつきを設定した設計を行う必要がある．これらのばらつきは，現場での配合強度を決めるための基礎資料であり，採用した施工方法の実績をもとに設定する．

（ⅱ）　水平抵抗の検討

水平抵抗は，下記の条件を考慮し，文献 5.5.1）第Ⅰ編 4.5 節を参考にして検討する．

改良地盤の設計では，改良される地盤の強度や改良形式の違いによって，水平力が作用するときの性能を検証することが必要な場合がある．改良地盤の形状は，地盤の特性と建物の大きさなどとの相対関係によって決定される．小規模な建物であっても，地盤がきわめて軟弱である場合などでは，水平抵抗の検討が必要となる場合がある．改良地盤の形状は一般には複雑であるので，水平抵抗の検討は簡単ではないが，改良地盤の抵抗機構を勘案して，杭形式，壁形式，ブロック形式の 3 通りの形式〔文献 5.5.1）第Ⅰ編 2.3 節〕に分類して検討が行われている．このとき，水平抵抗の検討に関する荷重は，基礎底面と改良地盤との摩擦力によって伝達されるので，鉛直荷重に比例した水平力が改良体に作用すると考えられる．したがって，水平抵抗の検討に際しては，基礎底面の鉛直荷重分布が重要である．

水平抵抗の検討では，基礎の要求性能に従って，改良体の水平抵抗の検討や場合によっては水平変位の算定が必要となる．

改良体に水平力が作用すると，前述の要求性能に従って，改良地盤の変形および安定性の検討が行われる．使用限界状態や損傷限界状態での有害な変形の検証は，有限要素法などの一体解析によって直接的に行うことが可能であるが，一般の設計では，改良体の応力度の検証を行ってその検討に代えることが多い．せん断応力度の検証においても，改良体全体の形状が複雑なことが多く，改良体のせん断応力度の分布が簡単に求められないので，図 5.5.3 に示す形状係数を平均せん断応力度に掛けて断面内の最大せん断応力度を求めることも行われている．

改良体の引張強度やせん断強度は，過去の実験データをもとに設計基準強度から評価されることが多い．改良体のせん断強度は，図 5.5.4 に示すように，一軸圧縮強度の 1/3 倍～1/2 倍程度であり，一軸圧縮強度が大きくなるほどその比は減少することが報告されている[5.5.1)]．同様に，改良体の引張強度は，図 5.5.5 に示すように，一軸圧縮強度の約 1/5 程度であり[5.5.1)]，一軸圧縮強度が大きくなるほどその比は減少することが報告されている[5.5.6)]．なお，引張強度やせん断強度を直接的に評価する方法には，①割裂引張強度試験（JIS A 1113 または JGS 2251-2009），②一面せん断試験（JGS 0560-2009 または JGS 0561-2009）があり，施工規模が大きな場合や施工実

績が少ない地盤に対する改良などでは，コア供試体を採取してこれらの強度試験を行っても良い．

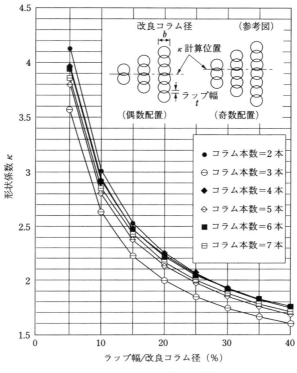

図 5.5.3　形状係数の例[5.5.1)]

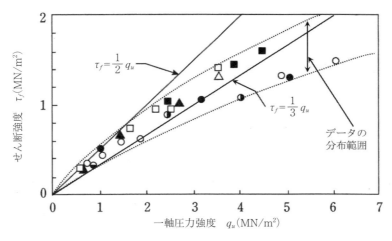

図 5.5.4　改良体のせん断強度と一軸圧縮強度の関係[5.5.1)を修正]

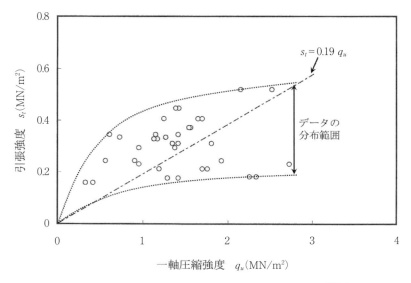

図 5.5.5 改良体の引張強度と一軸圧縮強度の関係[5.5.1)を修正]

　また，改良体の周辺地盤が極端に軟弱かつ改良体のアスペクト比が大きい場合などでは，大地震時に改良体が地盤内で転倒する可能性が想定される．そのような場合の検討では，改良体前方の受働抵抗と水平力との釣合いから，改良体が転倒する場合の仮の底面位置（仮想底面深度）を定義し，仮想底面深度以浅の改良体の転倒モーメント，底面反力などを検討する方法が提案されている〔文献 5.5.1）第Ⅰ編 4.5 節または文献 5.5.2）第 1 編 6.2 節〕．このような転倒現象は，大きな水平力が作用する場合で，地盤が極端に軟弱な場合や液状化による地盤変位の影響が生じる場合などが対象として考えられる．

　地盤面に高低差があり建物に偏土圧が作用する場合には，建物の支持地盤となる改良地盤が偏土圧に対して安定していることを確認する必要があり，文献 5.5.1）第Ⅰ編 4.6 節または文献 5.5.2）第 1 編第 7 章を参考にして検討を行う．

　（iii）　沈下の検討

　沈下は，下記の条件を考慮し，文献 5.5.1）第Ⅰ編 4.4 節を参考にして検討する．

　鉛直荷重による改良地盤の圧縮量およびその直下にある地盤の沈下量を検討し，上部構造の要求性能を満足することを確認する．改良地盤の圧縮量を検討する際の変形係数は，適切な数量の地盤調査を行って設定する．

　改良地盤の下方に圧密沈下のおそれのある地層がある場合は，6.3 節を参考にして，改良体を群杭として扱い，等価荷重面法や詳細計算法により圧密を生じる地層中の鉛直応力を計算して，圧密沈下量を算定する．

　（iv）　液状化対策の検討

　液状化対策として地盤改良を適用する場合は，改良体はせん断強度と変形係数が大きく，液状化せず，透水性が低いなどの特徴を生かして，建物の支持地盤としての液状化防止と支持性能向上の両者の観点から，地盤改良の設計資料〔文献 5.5.1）第Ⅰ編 4.7 節〕などを参考にして改良地

盤を設計する.

　b）　固化材を粉体状態で地盤上に散布して撹拌・転圧する工法（浅層混合処理工法）

　原地盤に対して固化材を粉体状態で散布・撹拌したのち転圧する工法（浅層混合処理工法）については，文献5.5.2) 第3編を参考にして検討する.

　施工方法は，スタビライザーと呼ばれる専用の浅層混合処理機械やバックホーが使用され，ローラやブルドーザなどの締固め機械と併用される.　周辺地盤の安定性を確保して薄層締固めを繰り返せば，厚い改良地盤の施工も可能であるが，表層から2 m程度までの改良が一般的である.

　地盤改良が，基礎幅に対して十分な広さと深さで行われれば，改良地盤を対象とした設計は，自然地盤などを対象とした2層地盤の直接基礎の設計に準拠した方法により行うことが可能である〔5.2節〕.　この場合，改良地盤にパンチング破壊などが生じなければ，直接基礎の支持力式を適用して地盤の支持力を求めることができる.　直接基礎の支持力〔5.2節〕として検討を行う場合は，原則として$\phi=0$とする.　しかし，実際の浅層地盤改良では，基礎位置と敷地境界との関係などから，基礎幅に対して十分な広さの改良を行うことが困難なことも多く，このような場合には直接基礎の支持力式が適用できない.　この場合には，改良部分による荷重の分散効果を期待し，改良幅と根入れ効果によって下部地盤の支持力を確保することになる.　改良体部分の極限支持力度としては，設計基準強度F_cを採用する.

　c）　プラントなどでセメント系固化材を用いてスラリー状態の改良土を製造し原位置に打設
　　　する工法（流動化処理工法など）

　建設発生土にセメント系固化材やセメントなどをプラントなどで混合・撹拌して，スラリー状態の改良土を作製し，原位置に打設することで支持地盤を造る工法である.　設計基準強度や築造される改良体の形状を勘案して，関連する改良地盤の設計資料5.5.7) を参考に，地盤中にスラリー状または粉体状の固化材を吐出・噴射して原地盤と混合・撹拌する工法（深層混合処理工法など）に準じた設計5.5.1)～5.5.3) を行う.

（2）　締固めを用いた地盤改良

　締固めによる地盤改良の施工方法には，専用の地盤改良機を用いて，a）地盤中に砂や砕石などを杭形状に打設する締固め杭工法（サンドコンパクションパイル工法，静的締固め砂杭工法など），b）衝撃や転圧などにより締固める工法（動圧密工法，バイブロフローテーション工法，ディープ・バイブロ工法など）におおむね分類できる.　改良対象とする地盤やその周辺が汚染土壌を含む場合や地下水汚染がある場合には，適切な調査と対策が施されていることを確認したうえで，封じ込めなどの対策が行われている場合には，汚染物質の拡散防止に配慮した設計と施工方法を選択する必要がある.

　改良地盤の設計にあたっては，使用限界状態，損傷限界状態，終局限界状態に対応する建物の要求性能と限界値に基づいて，それに対応する直接基礎と改良地盤の要求性能と限界値を適切に設定し，限界状態検討用の作用荷重における応答値が限界値を上回らないように設計する.

　締固めによる地盤改良工法における改良地盤の要求性能と設計用限界値は，通常の地盤に準じて設定できる.　改良地盤および改良地盤直下の地盤の設計用限界値を表5.5に示す.　以下では，

前述した施工方法a）〜b）ごとに設計方法を示す．

　　a）　地盤中に砂や砕石などを杭形状に打設する締固め杭工法（サンドコンパクションパイル
　　　　工法，静的締固め砂杭工法など）

　専用の地盤改良機を用いて地盤中に砂や砕石などを杭形状に打設する締固め杭工法（サンドコンパクションパイル工法，静的締固め砂杭工法など）については，文献5.5.1）第Ⅱ編を参考にして，鉛直支持力，沈下，転倒・滑動抵抗，液状化対策の検討を行う．留意事項を以下（ⅰ）〜（ⅳ）に示す．

　（ⅰ）　鉛直支持力の検討

　鉛直支持力は，下記の条件を考慮し，文献5.5.1）第Ⅱ編5.3節を参考にして検討する．

　改良地盤の鉛直支持力は，極限支持力が発揮されているときの改良地盤のせん断に伴うすべり線が改良範囲内に収まる場合は，自然地盤などを対象とした直接基礎の支持力式を適用して求めることができる．直接基礎の支持力〔5.2節〕として検討する際は，杭心および杭間地盤が負担する極限支持力を改良率に応じて重ね合わせて評価する．一方，すべり線が改良範囲内に収まらない場合は，文献5.5.1）第Ⅱ編5.5節を参考にして，適宜支持力を低減するような配慮が必要である．

　（ⅱ）　沈下の検討

　沈下は，下記の条件を考慮し，文献5.5.1）第Ⅱ編5.4節を参考にして検討する．

　通常は，締固め杭間地盤の地盤調査結果を用いて改良地盤全体を一層の均質な地盤に単純化し，自然地盤などを対象とした沈下の検討〔5.3節〕に準じて行う．しかしながら，改良地盤は，変形係数が異なる締固め杭と杭間地盤が混在した地盤であるため，それら改良地盤全体の等価剛性を評価して，沈下を検討することも可能である．

　（ⅲ）　転倒・滑動抵抗の検討

　転倒・滑動抵抗は，締固め杭間地盤の地盤調査結果を用いて改良地盤全体を一層の均質な地盤に単純化し，自然地盤などを対象とした検討〔5.4節〕に準じて行う．

　（ⅳ）　液状化対策の検討

　液状化対策として締固め杭工法を行う場合，文献5.5.1）第Ⅱ編を参考にして，適切な間隔で締固め杭を打設するように計画する．

　文献5.5.1）第Ⅱ編2.3節では，地盤改良効果の評価において，液状化強度の割増係数Cを液状化抵抗R_Lに乗じる方法を推奨しているが，その際の砂杭の改良率a_sに規定がない．この割増係数Cは，1995年兵庫県南部地震におけるポートアイランドおよび六甲アイランドでの液状化事例と改良地盤（改良率a_s＝4.3％〜9.6％）の無被害事例の分析に基づいて提案[5.5.8]されたものであり，その他の地震における割増係数Cの妥当性の検証と事例の蓄積が今後必要と考えられる．そこで本指針では，原則として砂杭の改良率a_sが6％以上，または割増係数の適用の妥当性を確認した場合にのみ，割増係数Cを採用することができるものとする．

　文献5.5.1）第Ⅱ編4.1節においては，損傷限界状態で，「細粒分が多く含まれる砂質土の薄層を介在するなど，ある深度だけ$F_L \leqq 1.0$となる点が存在する場合には，必ずしも損傷限界状態に

相当する目標性能を確保できない訳ではないので，全深度で $F_L > 1.0$ を満たす必要はないという設計上の判断も可能である.」という記述があるものの，損傷限界状態において液状化を許容しない本指針ではこれを採用せず，全層で $F_L > 1.0$ とする．同様に，詳細法において，損傷限界状態における不合格率（＝液状化安全率 $F_L \leqq 1.0$ となる箇所数／改良対象層における全液状化判定箇所数）10 ％を上限として改良仕様を決定することができる旨が記載されているものの，本指針ではこれを採用しない．また，文献 5.5.1）第 Ⅱ 編 4.1 節および 4.3 節においては，推奨法では，地表最大水平変位 D_{cy} が終局限界状態の限界値をクリアしない場合には，液状化指数 P_L[5.5.9)] を併用して総合的に判断する旨が記載されているものの，本指針では，P_L は採用せず D_{cy} のみで評価する．

b） 衝撃・転圧などにより締め固める工法（動圧密工法，バイブロフロテーション工法，ディープ・バイブロ工法など）

締固めによる地盤改良工法のうち，専用の施工機械を用いて地表から衝撃や転圧などにより締固める工法は，施工の際に振動や騒音を伴うことに留意する．地盤改良の設計は，関連する設計資料などを参照して行い，改良効果の確認は，前記した締固め杭工法（サンドコンパクションパイル工法，静的締固め砂杭工法など）に準じて行う．

3. その他の地盤改良工法（圧密促進，薬注など）

セメント系固化材による固化改良や締固めによる改良以外にも，圧密促進（プレロード），薬液注入などの地盤改良工法がある．それらの設計については，関連する設計資料[5.5.1)〜5.5.11)] などを参考にして行う．

参 考 文 献

5.5.1） 日本建築学会：建築基礎のための地盤改良設計指針案，2006

5.5.2） 日本建築センター・ベターリビング：2018 年度版 建築物のための改良地盤の設計及び品質管理指針，2018

5.5.3） 日本建築センター：改良地盤の設計及び品質管理における実務上のポイント（改訂版 建築物のための改良地盤の設計及び品質管理指針 Q & A 集），2010

5.5.4） セメント協会：セメント系固化材による地盤改良マニュアル（第 4 版），2012

5.5.5） セメント協会 セメント系固化材技術専門委員会：火山灰質粘性土のセメント改良体における強度発現に関する検討，セメント・コンクリート（JAC Report），No. 780，pp. 3〜8，2012

5.5.6） 河野貴穂・青木雅路・清水孝昭・熊給哲哉・伊藤 宰：原位置に構築した高強度地盤改良体の強度特性，第 51 回地盤工学研究発表会講演集，pp. 647〜648，2016.9

5.5.7） 土木研究所・流動化処理工法総合監理：流動化処理土利用技術マニュアル（第 2 版），2008

5.5.8） 朝妻 涼・吉富宏紀・原田健二・山下勝司：締固め砂杭工法による改良地盤の液状化抵抗の評価に関する再検証，日本建築学会学術講演梗概集，構造 Ⅰ，pp. 573〜574，2018

5.5.9） 日本道路協会：道路橋示方書・同解説，Ⅴ 耐震設計編，2017

5.5.10） 米倉亮三・島田俊介・大野康年：恒久グラウト・本設注入工法—薬液注入の耐久性と耐震補強の設計施工—，2008

5.5.11） 東畑郁生・島田俊介・社本康広・米倉亮三：地震と地盤の液状化—恒久・本設注入によるその対策，2010

5.6節　基礎部材の設計

1. 基礎部材の設計において，接地圧を求める際に考慮すべき荷重は以下のとおりである．
   （1）　上部構造からの鉛直力，水平力，モーメント
   （2）　基礎自重
   （3）　基礎直上の埋戻し土の重量
2. 基礎部材の設計は，1. の荷重および以下の外力および変位により生じる応力に対して行う．
   （1）　基礎底面の接地圧
   （2）　基礎の不同沈下
3. 部材応力の算定は本会の鉄筋コンクリート構造に関する規準類に準じて行うものとする．
   各限界状態において基礎部材の設計用限界値が設計用応答値を上回ることを確認する．設計用限界値は，原則として本会のコンクリート構造に関する規準類[5.6.1)～5.6.3)]による．

1. 基礎部材の設計荷重

柱からの鉛直力，水平力およびモーメント，基礎自重と基礎直上の埋戻し土の重量による基礎底面の鉛直力，水平力およびモーメントは図5.6.1のようになる．

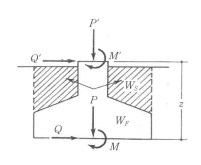

P　：フーチング底面に作用する鉛直力
　　　　$(=P'+W_S+W_F)$
Q　：フーチング底面に作用する水平力
M　：フーチング底面中央に作用するモーメント
　　　　$(=M'+Q'z)$
P'　：柱からの鉛直力
W_S　：フーチング直上の埋戻し土の重量
W_F　：フーチングの自重
Q'　：柱からの水平力（柱脚における柱のせん断力）
M'　：柱からのモーメント（柱脚における柱の曲げモーメント）
z　：Q'作用点とフーチング底面との距離

図5.6.1　フーチングに作用する荷重

フーチング相互が剛な基礎梁によって連結されている場合には，フーチングに作用するモーメントの全部を基礎梁に伝達し，フーチングは鉛直荷重と水平荷重を負担すると仮定し設計を行っている．この場合のモーメントは，地震や風による外力方向の一定しないものを対象とするのが一般的であって，大きなモーメントが常時作用する場合は，基礎底面の図心と柱心をM/Pだけ偏心させて処理するとよい．

5章 直接基礎 — 173 —

表 5.6.1 接地圧分布と土質および基礎の剛性との関係

		粘 性 土	砂 質 土
等分布荷重を受ける完全に柔な基礎スラブ（例：オイルタンク）		(a)	(b)
剛 な 基礎スラブ	表面載荷	(c)	(d)
	根入れのある場合	(e)	(f)

2. 基礎部材の設計応力

基礎部材の設計では，1. の荷重による応力のほかに，基礎底面に作用する接地圧および基礎の不同沈下により生じる応力を考慮する．

（1） 基礎底面の接地圧

基礎下の接地圧分布は，表 5.6.1 に示すように，土質，基礎の剛性，根入れ深さなどによって左右され，粘性土では周辺部の，砂地盤では中央部の接地圧が大きくなる傾向にある．基礎底面における正確な接地圧分布を求めることは困難であるため，地盤の支持力の検討にあたっては局所的な地盤の降伏は許容され，また基礎スラブの変形の進行により接地圧分布が均等化されると考え，接地圧分布を慣用的に一様として扱っている．杭状の地盤改良において，改良体間の原地盤より剛性の高い改良体に応力集中が生じる場合は，その影響を考慮して部材の設計を行う必要がある．

部材の剛性を適切に確保したうえで，接地圧分布を直線と仮定することができる場合の接地圧分布の算定方法は，本会「鉄筋コンクリート構造計算規準・同解説」[5.6.1)] によることができる．なお，大きなモーメントが作用する場合などで，接地圧が式 5.2.1 の q_u に達する部分が現れる場合の接地圧分布は図 5.6.2 に示したような分布図となる．

地盤が式 5.2.1 で表される極限鉛直支持力度 q_u に達した部分の接地圧は q_u で一定となり，q_u に至ってない部分の接地圧は単調減少するものとして，力とモーメントの釣合い条件より接地圧分布を求めることができる．ただし，直接基礎と地盤との間には引張力は作用しないため，荷重の偏心がある限度を超えると底面の一部に接地圧が 0 の部分が生じる．

基礎スラブの自重は，コンクリートがまだ固まらないうちに地盤に伝えられるので，部材応力に影響しない．このため，部材応力算定用の接地圧については，実状に応じて基礎スラブの自重

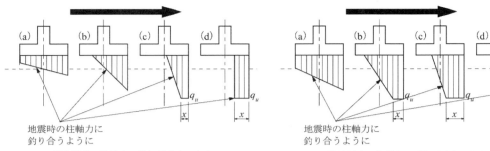

図 5.6.2 鉛直地盤反力の状態変化[5.6.4)]に加筆修正

を差し引いて考えることができる．

（2） 不同沈下による応力

不同沈下による応力は，5.3 節において求めた基礎の沈下により基礎梁，基礎スラブに生じる応力であり，以下の二つがある．

① 不同沈下に伴う荷重の再配分による接地圧の変化に起因する応力（基礎スラブおよび基礎梁）

② 柱間の相対沈下により基礎梁に生じる応力

沈下の算定において基礎梁の剛性を考慮した手法によった場合は，その際の基礎梁の応力および支点反力を用い，これが各柱の支配区域内に一様に分布するものとして接地圧を求める．各柱の支配面積の取り方は，隣接する柱間との 1/2 の範囲とし，図 5.6.3 を参考に適切に設定する．べた基礎において，基礎スラブ部分の各 4 分割における接地圧に差がある場合には，その平均接地圧が一様に分布するものとして接地圧を仮定してよい．

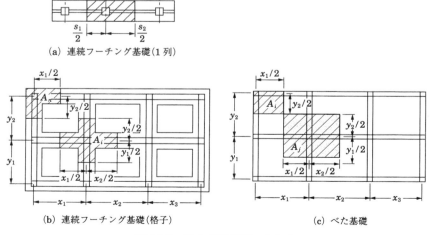

図 5.6.3 柱の支配面積のとり方

基礎梁の剛性を無視した手法で基礎の沈下を算定する場合は，基礎梁を連続梁，格子梁などでモデル化し，各柱位置の沈下を強制変位として与えることにより，基礎梁に生じる応力を求める．

不同沈下に伴う荷重再配分により，柱荷重を支配面積で除した値より接地圧が減少する部分もあるが，不同沈下が予測より小さい場合には，必ずしも安全側の値を与えるとは限らない．実状に応じて基礎の支配面積に一様に分布するものとして求めた柱荷重による接地圧と，不同沈下に伴う荷重再配分を考慮した接地圧の双方で検討することが望ましい．べた基礎の場合は，求めた接地圧が基礎底面における水圧よりも小さくなる場合には，水圧の値を下限値とする．

また，べた基礎および偏心したL型形状の布基礎の場合，建物の外周に沿う基礎梁は，スラブからの応力によってねじれを受けるため，これに対する考慮を必要とする場合がある．

3. 基礎部材の応力算定

基礎部材の応力算定手法およびひび割れ荷重，降伏荷重の算定は，「鉄筋コンクリート構造に関する規準類」[5.6.1)～5.6.3)]により行うものとする．以下に概要のみ記す．

（1） 独立フーチング基礎

独立フーチングのせん断力および曲げモーメントは，図 5.6.4 に示すように，フーチングを柱表面およびその延長線において固定された，4個の幅広な片持ち梁からなるものと見なして算定してよい．基礎スラブ厚が変化する場合には，必要に応じて柱表面から外側の断面についても応力を算定する．

柱脚直下のパンチングシアは，図 5.6.5 に示すように柱表面からフーチングの有効せいの 1/2 だけ離れた点を連ねた曲線を通る鉛直断面を応力算定断面として，その外側に作用するすべての外力について算定する．

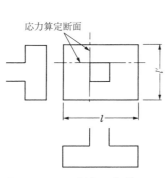
図 5.6.4 せん断力，曲げモーメント応力算定断面

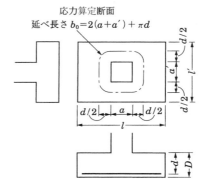
図 5.6.5 パンチングシアの応力算定断面

（2） 複合フーチング基礎，連続フーチング基礎

基礎スラブは，基礎梁側面で固定された片持ち梁と考え，一様分布の接地圧が下方より作用す

るものとして算定する．

基礎梁は，図 5.6.6 に示すように柱位置で支持された連続梁として，下から接地圧を作用させることにより求まる応力に，上部構造から柱脚に伝わる荷重および不同沈下により基礎梁に生じる応力を加えて算定する．

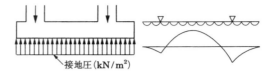

図 5.6.6　接地圧による応力の求め方（複合フーチング基礎）

（3）べた基礎

べた基礎の基礎スラブは，一様な接地圧（基礎スラブ部分の自重を含まない値）を受ける周辺固定長方形スラブとして応力を算定する．基礎梁の応力算定にあたって，その負担する接地圧の区域は図 5.6.7（b）に示すように上部構造の床梁の設計におけるものと同様の取扱いをすればよい．これに，上部構造から柱脚に伝わる荷重および不同沈下により生じる応力を加える．

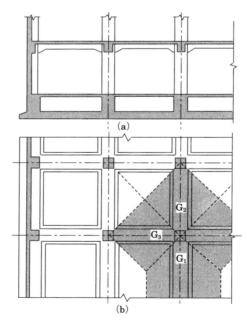

図 5.6.7　基礎梁の接地圧負担領域（べた基礎）

（4）基礎部材の断面算定

基礎部材の断面算定は，設計用応答値としてフーチングおよび基礎梁に生じる曲げモーメントおよびせん断力，柱脚直下のパンチングシアで，基礎部材がそれらの応力を受ける部材として要求性能の確認を行う．基礎梁のねじれやその他の応力が想定される場合には，別途，考慮する．

基礎部材の設計用限界値は，原則として本会のコンクリート構造に関する規準類[5.6.1)~5.6.3)]による．使用限界状態，損傷限界状態の設計用限界値は，文献 5.6.1) よりひび割れ強度，長期および短期の許容応力度に基づいて許容応力を算定する．ひび割れ強度については，文献 5.6.3) では大断面部材では一般部材よりもひび割れ幅が大きくなることが報告されているので，長期応力に対しては十分な余裕を見込むべきであることが提案されている．終局限界状態の設計用限界値は，文献 5.6.1)~5.6.3) を参考に，使用する各材料の材料強度に基づいて終局耐力，限界変形角を算定する．終局耐力の算定式については種々の実用的な算定式が提案されているため，適用範囲や構造規定について確認のうえ，適切な算定式を採用する必要がある．

参 考 文 献

5.6.1)　日本建築学会：鉄筋コンクリート構造計算基準・同解説，2018
5.6.2)　日本建築学会：鉄筋コンクリート構造物の靱性保証型耐震設計指針・同解説，1999
5.6.3)　日本建築学会：鉄筋コンクリート基礎構造部材の耐震設計指針（案）・同解説，2017
5.6.4)　西村昭彦・羽矢　洋：塑性域を考慮した直接基礎の設計法の研究，鉄道総研報告，Vol. 6，No. 3，1992

6章 杭 基 礎

6.1節 基本事項

1. 要求性能

　想定する荷重と各限界状態に対応する杭基礎の要求性能は表2.1による．なお，想定する最大級の荷重に対する要求性能は，建物の継続使用の観点から性能グレードに応じて設定する．

2. 検討項目および要求性能の確認方法

（1）要求性能を確認するため下記の項目について検討する．

　　a）鉛直荷重による杭の支持力，引抜き抵抗，沈下，建物の不同沈下，傾斜，基礎部材の応力

　　b）水平荷重による杭の水平抵抗，水平変位，建物の傾斜，基礎部材の応力

　地震時に地盤の液状化が懸念される場合には，その影響を考慮するか，地盤改良などによる液状化対策を実施する．

（2）要求性能の確認は，解析モデルを設定することにより行う．想定する各荷重条件において，必要な検討項目に対する設計用応答値を求め，それらが表6.1中の設計用限界値を超えないことを確認する．

表6.1　要求性能の確認方法

想定荷重	性能グレード	要求性能のレベル（限界状態）	要求性能の確認方法		
			上部構造に対する影響	基礎部材	地盤
常時荷重	―	使用限界状態	基礎の変形角・傾斜角による，上部構造の使用限界状態以下	いずれの基礎部材の応力もひび割れ耐力以下または想定されるひび割れ幅に対応した応力以下，または使用限界強度以下	鉛直荷重が長期的なクリープ沈下量が生じない使用限界支持力以下，沈下量が使用限界状態の限界値以下，引抜き荷重が長期的なクリープ変形が生じない使用限界値以下
レベル1荷重	―	損傷限界状態	基礎の変形角・傾斜角による，上部構造の損傷限界状態以下	いずれの基礎部材の応力も降伏応力以下，または損傷限界強度以下	鉛直荷重が基礎の過大な不同沈下量が生じない損傷限界支持力以下，沈下量が損傷限界状態の限界値以下，引抜き荷重が過大な引抜き変位が生じない降伏引抜き抵抗以下
	S				
レベル2荷重	A	終局限界状態	基礎の変形角・傾斜角による，上部構造の終局限界状態以下転倒しない	いずれの基礎部材の応力も終局限界強度以下，または限界変形以下	鉛直荷重が極限鉛直支持力以下，引抜き荷重が残留引抜き抵抗以下，沈下量が終局限界状態の限界値以下

3. 杭の種類の選定

　杭の種類は，杭に要求される設計上の性能を満足するように，地盤条件・周辺環境，杭の材料特性ならびに施工性を総合的に判断して選定する．

　4. 杭の寸法と杭配置

　杭径，杭長ならびに杭間隔については杭の性能や施工性に及ぼす影響を考慮して決定する．

　5. 留　意　事　項

　杭基礎の設計にあたっては，敷地地盤の安定性，荷重の偏心，杭の施工性など，必要に応じて留意すべき諸事項について検討する．

1. 要 求 性 能

（1）　杭基礎の設計フロー

　杭基礎の設計フローを図6.1.1に示す．設計フローは建物の設計条件および敷地地盤の安定性の検討結果などから，杭基礎が選択された場合の検討内容を示している．はじめに建物条件（規模，重要度など）と地盤条件から杭基礎に作用させる荷重を設定する．建物全体に求められる要求性能を確認し，最適と思われる杭種ならびにその施工法を想定した後，杭仕様（杭径・杭長）を設定するために鉛直支持力の算定を行う．地盤が液状化するおそれがある場合には，杭の鉛直支持力や水平抵抗に大きな影響を及ぼすため，鉛直支持力の算定前に液状化の検討を行う．場合によっては液状化対策も検討する．続いて沈下量の検討を行うが，塔状比が大きいなど杭に大きな引抜き力が作用すると思われる場合には，杭の引抜き抵抗を求めておく．建物荷重に基づく杭仕様が設定できたら，続いて水平力（地震力）に対する検討に入るが，杭周辺地盤に圧密沈下が生じる場合には，負の摩擦力に対する検討を実施して，設定した杭仕様で問題のないことを確認しておく必要がある．これら一連の流れの中で，必要に応じて杭種や杭仕様を修正しつつ，各限界状態に対する要求性能を満足する杭基礎の設計を行う．

（2）　杭基礎の限界状態と要求性能

　杭基礎の限界状態として，使用限界・損傷限界・終局限界の3状態を設定する．以下に各限界状態として想定すべき状態を示すが，各限界状態には，基礎部材や地盤に対する限界状態と上部構造に対する限界状態がある．ここで，基礎部材とは杭体（継手部を含む），基礎梁，耐圧版，パイルキャップならびに杭頭接合部のことをいう．

　a）　使用限界状態

使用限界状態としては，以下の状態を想定する．

①　基礎部材のコンクリート部分の過大なひび割れ発生，鋼材部分の腐食進行などによっていずれかの基礎部材の耐久性に支障が生じる状態

②　杭基礎の変位によって，上部構造に不同沈下・傾斜・ひび割れなどが発生することで，上部構造の使用性・機能性・耐久性に支障が生じる状態

①は基礎部材に生じるひび割れなどによって，基礎部材そのものの耐久性に問題が生じる状態である．鋼材の腐食のように，必ずしも外力によらない場合も想定する．②は，主に杭基礎の沈

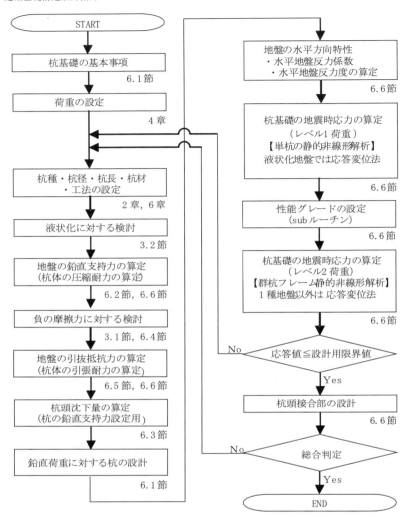

図 6.1.1　杭基礎の設計フロー

下によって，上部構造に不同沈下や全体傾斜，あるいはひび割れなどが生じることで，上部構造の耐久性だけでなく，使用性や機能性に問題が生じる場合である．常時偏土圧を受けるなど，水平力が常に作用する場合には，杭の水平変位による影響も想定する必要がある．なお，杭基礎の変位のほか，周辺地盤の沈下などが原因となる建物周囲の埋設物や設備配管との関係に関する限界状態については，必要に応じて別途設定する．

b) 損傷限界状態

損傷限界状態としては，以下の状態を想定する．

① 基礎部材のいずれかに，構造上の補修・補強をしないと再使用できなくなるような損傷が生じる状態

② 杭基礎の残留変形が大きくなる状態

③　杭基礎の変位によって，上部構造の躯体に，構造上の補修・補強をしないと再使用できなくなるような損傷が生じる状態

　①は基礎部材に再使用のために構造上の補修・補強が必要な状態であり，②は杭基礎に大きな残留変位（沈下や水平変位）が生じる状態である．③は②が原因で，上部構造に構造上の補修や補強が必要となる状態を想定している．

　ｃ）　終局限界状態

　終局限界状態としては，以下の状態を想定する．

①　基礎部材のいずれかが脆性的な破壊もしくは変形性能の限界に達し，各部材の軸力，曲げモーメントおよびせん断力の伝達能力が喪失または極端に低下する状態

②　基礎に極めて過大な沈下や水平変位が生じる状態

③　基礎部材の破壊や杭基礎の過大な変位によって，上部構造の部材が破壊する，あるいは上部構造が崩壊または転倒する状態

　①は基礎部材の損傷によってその構造性能が甚だしく失われる場合である．②は部材の損傷とは別に杭基礎に過大な変形が生じる場合を，③は①および②が原因となり上部構造への甚大な被害が生じる場合を想定したものである．

　なお，終局限界状態として，地すべりや斜面崩壊，液状化に伴う側方流動など，敷地地盤全体の安定性が失われるような状態が想定されるが，こうした状態が起こりうる敷地地盤については，杭基礎設計以前に地盤改良などの適切な対策によって安定性が確保されている（あるいは敷地地盤として選定しない）ことが原則である．

（3）　想定される最大級の荷重に対する要求性能

　想定される最大級の荷重に対する要求性能は，性能グレードに応じて表 2.1 のように設定する．性能グレードＳでは最大級の荷重に対して，基礎は修復しないで継続使用することが可能であり，基礎部材・地盤ともに損傷限界状態に至らないことが求められる．上部構造に対する影響も同様である．性能グレードＡでは，基礎部材・地盤とも終局限界状態に至らないことが要求性能であり，修復や補強を行うことで，建物の継続使用を可能とするものである．地盤の液状化については，性能グレードＳでは軽微以下，性能グレードＡでは中程度以下とすることを原則として，地盤条件によっては性能グレードＡでも対策が必要となる場合があることに注意が必要である．性能グレードＣでは，基礎部材が終局状態に至ることを許容し建物の継続使用は求めないが，地盤あるいは終局状態に至らない基礎部材により上部構造が転倒・崩壊に至らないことが求められる．ただし，現時点では性能グレードＣの設計用限界値と確認方法を設定することは難しく，本指針では規定していない．

2. 検討項目および要求性能の確認方法

（1）　要求性能と検討項目

　杭基礎の要求性能を確認する際に必要となる代表的な検討項目を表 6.1.1 に示す．想定する荷重ごとに検討を実施するが，建物の要求性能に応じて，同表以外の検討項目が必要となる場合に

— 182 —　建築基礎構造設計指針

表 6.1.1　要求性能レベルに対応する検討項目

想定荷重	性能グレード	要求性能のレベル（限界状態）	検 討 項 目		
			上部構造に対する影響	基礎部材	杭または地盤
常時荷重	—	使用限界状態	基礎の変形角，傾斜角	各部材の応力またはひび割れ幅	鉛直支持力，沈下量 引抜き抵抗力，（引抜き量）*
レベル1荷重	—	損傷限界状態	基礎の変形角，傾斜角	各部材の応力	鉛直支持力，沈下量 引抜き抵抗力，（引抜き量）* 液状化，　（地盤沈下量）*
レベル2荷重	S	終局限界状態	（基礎の変形角，傾斜角）*	各部材の応力または塑性変形量	鉛直支持力，　　　（沈下量）* 引抜き抵抗力，（引抜き量）* 液状化，　（地盤沈下量）*
	A				

〔注〕　＊：（　）内の項目については必要に応じて検討する．

は，適切な項目を追加して検討を行う．なお，性能グレード A に対しても，変位の検討を行うことが望ましいが，精度の高い評価が難しい現況を考慮し，地盤の抵抗力および基礎部材の応力・変形を主要な検討項目として扱うこととする．

（2）　要求性能の確認方法と設計用限界値

a）　設計用限界値

表 6.1.2 に単杭の設計用限界値を示す．杭基礎は多数の単杭の集合体であり，単杭の設計用限界値が杭基礎全体の設計用限界値の基本となる．単杭の設計用限界値を荷重〜変位曲線上にプロットした概念図を図 6.1.2 に示す．これらの限界値の意義については，それぞれ 6.2 節，6.4 節，6.5 節，6.6 節を参照されたい．

杭基礎全体の要求性能に応じた設計用限界値は，表 6.1 に示したとおりである．それぞれの限界状態に対する設計用限界値の考え方は以下のようである．

（i）　使用限界状態

基礎部材のクリープ変形に対して余裕のある強度を確保するとともに，鉄筋コンクリート部材の耐久性に支障が生じないように，いずれの基礎部材に発生する応力もひび割れ耐力または想定されるひび割れ幅に対応する応力以下となるように設定する．

杭基礎の沈下，浮上がり，水平変位などの変位に伴って上部構造に発生する部材角や傾斜角によって，上部構造のコンクリート部材にひび割れが発生して耐久性に支障が生じたり，上部構造が傾斜または変形して機能や使用性に支障が生じないことを前提に，上部構造の要求性能に準じて設計者が設計用限界値を設定する．杭基礎の沈下については，上部構造への影響も考慮したうえで，常時荷重に対する限界値を設定することが必要であるが，杭長が長かったり，杭先端に十分な鉛直支持力が期待できる場合には，常時に作用する鉛直力を極限支持力の 1/3 以下とすることで，十分に沈下量を小さくできるものと考えられる．浮力のように長期的に作用する杭の引抜き荷重に対する変位予測については，実測による裏付けが乏しいため，地盤から決まる杭の引抜

表 6.1.2　単杭の設計用限界値

要求性能レベル（目標性能）	設計用限界値		
	杭体	地盤	
		鉛直支持力	引抜き抵抗力
使用限界状態	使用限界強度 ひび割れ耐力または想定されるひび割れ幅に対応した応力	極限支持力に対し $\phi_R=1/3$	最大引抜き抵抗力に対し $\phi_R=1/3$
損傷限界状態	損傷限界強度	極限支持力に対し $\phi_R=1/1.5$	降伏引抜き抵抗力に対し $\phi_R=1$
終局限界状態	終局限界強度または限界変形	極限支持力に対し $\phi_R=1$	残留引抜き抵抗力に対し $\phi_R=1$

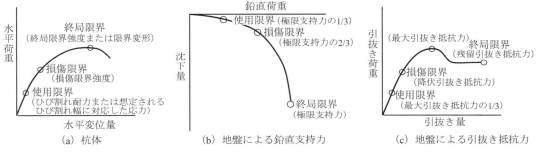

図 6.1.2　単杭の荷重−変位曲線上の設計用限界値

き抵抗力に関しては，クリープ変位に対して余裕があると考えられる最大引抜き抵抗力の1/3以下の値を設計用限界値とした．

（ii）損傷限界状態

各基礎部材に発生する応力が，降伏応力に達しなければ，塑性変形量がほとんど生じず，構造の補修・補強を必要とするような損傷も生じない．また，鉛直押込み荷重および引抜き荷重に対して，地盤による杭の抵抗力がそれぞれ極限支持力の2/3，降伏引抜き抵抗力に達しなければ，クリープ変位が小さく，また，繰返し荷重に対する変位の進行量も小さいため，残留変位も小さくなる．したがって，建物を支持するいずれの杭もこれらの抵抗力（限界値）を超えないこととした．なお，多数の杭のうち，ごく少数の杭がこれらの限界値を超えても，杭配置によっては，杭基礎全体あるいは上部構造に与える影響が軽微である可能性もある．したがって，杭基礎の変位に対する検討を行い，これらに支障が生じないことを確認した場合は，ごく少数の杭が限界値を超えることは許容できるものと考えられる．ただし，上部構造と比較し，杭基礎は補修・補強が困難な点を考慮し，いずれの基礎部材に発生する応力も降伏応力に達しないことが前提である．

上部構造への影響については，杭基礎の変位が原因で上部構造に発生する部材角や傾斜角によって上部構造の部材が構造上の補修・補強を必要とするような状態に至らないことを前提として，使用限界と同様，設計者が上部構造の要求性能に準じて設計用限界値を設定する．

（iii）　終局限界状態

杭の鉛直支持性能は，杭基礎のもっとも重要な性能である．地震などの作用荷重によって杭の鉛直支持性能が失われると，建物の転倒や崩壊が生じるおそれがある．この観点から，いずれの杭も極限支持力や残留引抜き抵抗力以下とした．基礎部材が破壊もしくは変形性能の限界に達すると上部構造の部材に甚大な影響を及ぼす可能性があることから，いずれの基礎部材も終局耐力もしくは限界変形量には至らない必要がある．靱性のない部材については終局耐力が，靱性のある部材については限界塑性変形量がそれぞれ設計用限界値の指標となる．なお，終局耐力もしくは限界変形量に達した基礎部材について，建物の転倒や崩壊に与える影響を検討し，結果として上部構造の部材に甚大な影響を及ぼす可能性がないことが確認できた場合はこの限りではない．

上部構造への影響については，建物用途やその重要度に応じて，性能グレードも考慮して，設計者が設計用限界値を設定する必要がある．

b）　要求性能の確認方法

要求性能の確認は，荷重ごとに算定された設計用応答値 S_d が，性能レベルごとに定めた設計用限界値 R_d 以下であることにより行う．

$$S_d \leqq R_d \tag{6.1.1}$$

具体的には，適切な解析モデルを設定して各荷重条件下における基礎部材の負担荷重または応力・変形，ならびにこれらの変位によって生じる基礎の変形角・傾斜角などの設計用応答値を求め，それらが表 6.1 の設計用限界値以下となることを確認することによって行う．なお，上部構造-杭基礎の一体解析などによって，杭基礎の変位が上部構造に与える影響を直接評価できる場合は，上部構造に関する適切な設計用限界値を設定してその要求性能を満たすことを確認する．

（i）　設計用応答値算定のための解析モデル

杭基礎の設計用応答値を求めるための解析モデルとしては，上部構造と杭基礎の分離モデル，群杭フレームモデル，上部構造と杭基礎の一体解析モデルなどがある〔図 6.1.3 参照．杭の沈下解析に関しては 6.3 節，地震時の杭基礎の応力評価法については 6.6 節参照〕．解析にあたっては，想定される荷重条件に対応する鉛直荷重・引抜き荷重・水平荷重またはこれらの組合せ荷重を考慮する．

①　上部構造と杭基礎の分離モデル〔図 6.1.3 （a）〕

はじめに上部構造の架構に設計用荷重を作用させたときの支点（杭頭位置）反力を求め，次にこの反力を杭基礎への設計用荷重として，杭単独の解析モデルに作用させ，杭基礎の設計用応答値を求める．このモデルでは，支点が変位しないと仮定しているが，杭基礎は実際には沈下，浮上がり，水平変位などの変位を生じるため，杭基礎に作用する荷重は，基礎梁や地盤の剛性，荷重条件によっては上部構造全体の剛性と，杭の鉛直および水平剛性に応じて再配分される．このモデルでは，このような荷重再配分の効果を評価できないが，上部構造と杭基礎を分離している

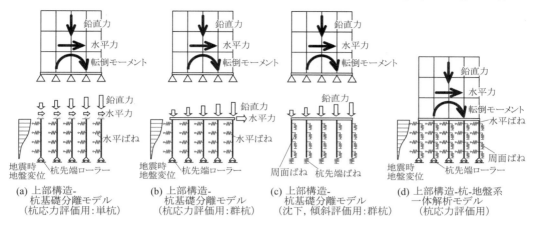

図 6.1.3 解析モデル（常時に作用する荷重-想定される最大級の荷重に対する解析モデル）

ため，杭基礎の設計用応答値を簡便に設定できる利点がある．

杭基礎の解析モデルには，杭体および地盤の非線形性を付与することができる〔6.3 節，6.6 節参照〕．しかし，このモデルでは，基礎梁の剛性や強度が杭の挙動に与える影響を無視し，基礎梁を剛として扱うことになるため，十分に剛強な基礎梁を採用する必要がある．

② 群杭フレームモデル〔図 6.1.3（b），（c）〕

基礎梁と杭全体をモデル化し，上部構造の架構に設計用荷重を作用させたときの支点反力を①と同様に求め，次にこの反力を設計用荷重として基礎梁レベルに作用させる．本方法では，杭頭を基礎梁で連結することにより，各杭の応力と変位の適合条件が考慮され，杭体や杭周地盤の非線形性に伴う杭間の応力の再配分を考慮できる．群杭フレームモデルは，①の方法に比べ，より適正な杭応力を評価できる．地震時杭応力の検討では，鉛直ばね（杭周面摩擦ばね・杭先端抵抗ばね）を用いて基礎の回転を考慮すると杭頭曲げモーメントを過小評価する可能性があることから，水平ばねのみを用い杭先端の境界条件をローラーとする．転倒モーメントによる基礎の沈下，建物傾斜の検討では，鉛直ばねを用いたモデル〔図 6.1.3（c）〕とする．

③ 上部構造と杭基礎の一体解析モデル〔図 6.1.3（d）〕

荷重に対して上部構造と杭基礎の連続性を取り入れており，もっとも実際の挙動に近い設計用応答値を求めることができるので，推奨されるモデルである．各部材や地盤に適切な非線形性を付与することによって，上部構造，杭基礎，地盤系の終局状態を直接把握できる利点もあるが，解析に時間や労力を要する．なお，基礎梁を完全剛とすると，上部構造と杭基礎の一体解析モデルの杭基礎部分は②の群杭フレームモデルとすることができる．

各解析モデルには，種々のバリエーションがあり，図 6.1.3 には示していないが有限要素法（FEM）モデルもある．解析目的や解析対象に応じて適切なモデルを利用すべきであるが，いずれの解析モデルを利用する場合も，荷重に対するモデルの応答値は，基礎部材の断面性能に関する諸定数だけではなく，地盤に関する諸定数によって大きな影響を受けることに留意する必要が

ある．応答値を求めるに至る過程を十分検討し，必要に応じて応答値を適宜割増して設計用応答値とするなどの配慮が必要である．詳細については6.6節を参照されたい．

（ⅱ）　要求性能の確認に関する留意事項

①　使用限界状態および損傷限界状態を対象とした要求性能の確認

使用限界状態を対象とした検討には，杭の引抜き抵抗力や基礎部材の応力の検討も含まれるものの，杭基礎の沈下が上部構造に与える影響に関する検討が主体となっている．これは，杭基礎に作用する鉛直荷重が極限支持力の1/3を超えても，杭基礎の沈下が上部構造に有害な影響さえ与えなければ差し支えないことを意味している．

また，損傷限界状態を対象とした検討においても，杭基礎の沈下が上部構造に有害な影響を与えないことを原則としている．しかし，杭基礎の沈下の検討は一般的には煩雑であることや，過去の長い実績が，使用限界状態では極限支持力の1/3を，損傷限界状態では極限支持力の2/3を設計用限界値としていることの有用性を実証していることから，以下のような特定の杭基礎に限り，沈下の検討による要求性能の確認を省略できることにする．

〔使用限界状態〕

堅固な地層に支持杭によって支持される中低層建物で，いずれの杭についても作用する荷重が極限支持力の1/3以下との要求性能が満足されれば，明らかに基礎間の変形角や傾斜角に関する要求性能も満足されると判断される場合．

〔損傷限界状態〕

堅固な地層に支持杭によって支持される塔状比が小さい中低層建物で，杭基礎に作用する地震時または強風時の変動軸力に伴う沈下または浮上がりの影響が明らかに小さいと判断される場合．

なお，摩擦杭や薄層に支持させた杭基礎については，必ず沈下の検討に基づいて要求性能が確保されていることを確認する必要がある．

②　終局限界における杭基礎の変位，変形角および傾斜角

終局限界におけるこれらの検討を行うためには，極限荷重付近における杭基礎の沈下量，浮上がり量，水平変位量などの変位量を評価する必要がある．一方，特に大きな繰返し荷重下における杭基礎の変位量は，載荷を繰り返すごとに，またわずかな荷重増加で著しく増大する可能性があり，これを精度良く予測することは，載荷試験を実施しない限り，現状の技術では困難な状況にある．しかし中低層の一般建物を支持する杭基礎の設計にあたって，常にこのような載荷試験を実施することは現実的ではない．そこで，既往の知見の範囲で，載荷試験を行わずにこれらの変位量の目安値を評価する方法を6.3～6.6節に示している．一般建物にあっては，終局限界における要求性能の確認を基礎部材および地盤（杭の抵抗力）の検討によって行っても差し支えないが，これらの評価法を利用することによって，杭基礎の変形角や傾斜角の検討を行うことができる．また，重要建物にあたっては，これらの検討を行うことが望ましく，検討の精度を高めるためには既述のように載荷試験が必要となる．

c）　耐震設計の方針に関する事項

（ⅰ）　建物，杭基礎，地盤系の地震応答性状と杭基礎に作用する荷重

杭基礎には以下の２種類の地震時荷重が作用する．[6.1.1)~6.1.3)]

①　上部構造の慣性力による杭頭部に作用する水平力，転倒モーメントによる変動軸力および上部構造からの曲げモーメント

②　地盤の水平変位による荷重〔4.5節〕

レベル１地震荷重では，建物を支持する杭基礎については，①の慣性力の影響が大きく，②の影響は無視できる場合が少なくない．しかしながら，厚い軟弱層中の杭や途中で剛性が急変する地盤に設置された杭，液状化層と非液状化層を貫いて設置された杭など，地盤条件によっては②の荷重が杭体に発生する応力に大きな影響を与える場合がある[6.1.4)~6.1.8)]．このような条件の場合，レベル１地震荷重の耐震設計では，杭に作用する荷重として，①の慣性力のほか，地盤条件に応じて，②の荷重を考慮する．レベル２地震荷重では，液状化地盤以外でも地盤変位が大きくなる可能性がある．そこで，①の慣性力のほか，②の荷重を考慮することを原則とする．ただし，地盤変位の影響が十分小さいと見なせる場合などには①の慣性力のみによる検討でよいものとする．

（ⅱ）　上部構造と杭基礎の耐震性能の関係および杭基礎の靱性

杭基礎は，地震時においても上部構造を安全に支持する役割を担っており，杭基礎の損傷や変位が原因で，上部構造が破壊，あるいは転倒するような事態は避けるべきである．したがって杭基礎は，原則として上部構造と同等もしくはそれ以上の耐震性能を確保すべきである．

ただし，壁式構造のように，上部構造の保有水平耐力がきわめて大きい場合，杭基礎に上部構造と同等の耐震性能を確保することは，経済性から考えて，現実的ではない．このような場合，杭基礎に適切な耐力と変形性能を確保したうえで，杭基礎が上部構造より先に終局限界に至るのを許容する設計が合理的であろう．

また，杭基礎は，杭種や耐力の大小によって変形性能が大きく異なるので，上部構造や荷重条件に応じて，適切な杭種を採用すべきであろう．耐震性能の設定については，6.6節を参照されたい．

（ⅲ）　少スパンの建物を支持する杭基礎

少スパン，特に１スパンで，高さと幅の比が大きな建物は，地震時における建物の転倒モーメントが大きいため，建物の両端部に位置する杭は大きな変動軸力を受ける．多スパンの建物で基礎梁の剛性が十分あれば，両端部の杭の鉛直支持力や引抜き抵抗力が極限値に達しても，基礎梁などを介して内側の杭に軸力が移行していくため，杭基礎全体としてただちに極限状態に達することはない．これに対して，１スパンの建物では，両端部の杭の極限状態がただちに杭基礎全体の極限状態につながり，余力がない．このような余力のなさは，杭の水平抵抗についても同様である．特に，コンクリート系の杭では，押込み側と比較して引抜き側の杭の剛性が低下しやすいため，押込み側の杭が大きな水平力を負担する傾向がある〔図6.1.4参照〕．兵庫県南部地震（1995年）においても，梁間方向が１スパンの集合住宅で押込み側の杭の負担水平力が増大し，

杭頭部にせん断破壊を生じた既製コンクリート杭の例[6.1.9)]が報告されている．したがって，このような建物を支持する杭基礎に関しては，地震時における変動軸力の影響も考慮して十分な安全性を確保するよう設計することが必要である．

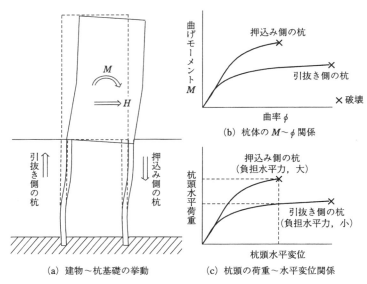

図 6.1.4　1 スパンの建物を支持する杭基礎の地震時挙動〔6.6 節参照〕

3. 杭の種類の選定

図 6.1.5 は，現在，一般的に用いられる代表的な杭を，主に施工法によって分類したものである．ただし，分類方法はこれに限らない．また，特に既製コンクリート杭における杭材，埋込み工法においては多くの種類に細分化することができる．

杭基礎に要求される設計上の性能は，①杭体の強度・変形特性と，②杭とその周辺地盤との関係から定まる支持力・変形特性において，おのおの所定の性能を有することと言い換えることができる．ここで，①は杭の材料に，また②は杭の施工法にも依存する特性であることから，杭の種類の選定は，施工法の選定も含めて杭基礎の設計上きわめて重要である．

一方，杭の種類は，施工上の制約から選定されることも多い．具体的には，硬質な中間層を貫いて杭を設置する場合，騒音・振動や周辺地盤の変形による周辺への悪影響が懸念される場合など，地盤や地下水の条件あるいは周辺環境条件によって適用できる施工法が限定される．その場合，設計上の要求性能から杭の種類が選定されるというよりも，むしろ，はじめに施工上の制約から杭の種類が選定され，その杭が有する性能に合わせて設計することになる．いずれにしても，設計者は上記①および②に記した杭の特性を杭種ごとに熟知しているとともに，諸条件下での施工の難易度，経済性などについても判断できることが必要とされる．選定にあたっては，文献 6.1.10) の比較表などが参考になる．

なお，杭体の強度・変形特性および杭体の断面算定にかかわる事項については 6.6 節に，杭の施工管理にかかわる事項は 10 章に記述されている．

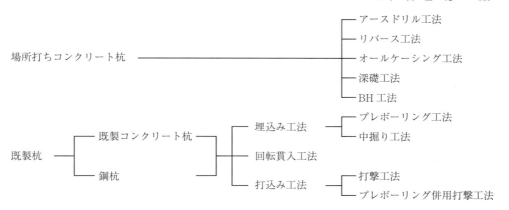

図 6.1.5　代表的な杭の施工法の分類

4. 杭の寸法と杭配置

（1）杭　径

近年，超高層建物や重量の大きな建物の杭基礎を対象に，既製杭・場所打ち杭ともに大径化の傾向にある．場所打ち杭では，拡底径が 4 m を超え，杭軸面積に対する拡底部面積の比率（拡底比）が 4 倍を超える工法が開発されている．既製杭においても杭径が 1 m を超える杭が開発されたり，杭先端部を拡大掘削した根固め部を築造し，地盤への接地面積を増やし高支持力となる拡大根固め工法が開発されている．場所打ち杭では拡底杭の利用もあって，かなりの高層建物でも柱 1 本あたり杭 1 本の配置で計画されることが多い．既製杭においても，パイルキャップの寸法が大きくなるなどの理由から，小径杭による多本数の群杭は敬遠されやすい．ただし，杭径の大径化や杭先端面積の拡大化（杭支持力の増大）による杭本数の減少は，1 本ごとの杭体の品質や支持力・変形特性のばらつきを考慮すると，杭基礎全体の信頼性を低下させることにもなりかねない．大口径の拡底杭や拡大根固め杭の支持力は従来の杭に比べ，杭先端支持力の比率が大きくなることを理解したうえで，拡底部や根固め部の施工確認が重要となる．以上より，杭径には杭の種類と状況によって施工上適正な範囲があり，設計条件のほかに，地盤条件から定まる施工能率などを考慮して定める．なお，6.3 節に述べるように，単位面積あたりの先端支持力が同じ値の場合，杭径（杭先端面積）が大きい杭ほど沈下量が大きいことも理解しておくべきである．

（2）杭　長

敷地地盤の地層構成により杭の長尺化の傾向が見られるが，杭の長尺化に対する主な問題点は，杭の傾斜や曲がりなどの建入れ（鉛直）精度に関するものである．鉛直精度 1/100 を満足しても杭長が 50 m を超える場合，杭先端位置は 0.5 m ずれることを想定し，隣接する地下構造物，杭あるいは山留め壁とのクリアランスを大きめにとる必要がある．

（3）長さ径比

杭の長さ径比（杭長／杭軸部径）が大きくなると，打込み杭では傾斜や曲がりを生じたり，場所打ち杭ではコンクリート断面の不整形やコンクリートの品質の欠陥が生じるなど，施工面から

杭としての性能を低下させる現象が発生しやすくなる．このことから旧指針（1988年版6.7節）では，長さ径比の限界値を設定し，これを超える杭については，杭体の許容圧縮力を低減する方法がとられていた．しかしながら，旧指針（2001年）において施工実績を整理した結果，長さ径比の上限値は各杭種・施工法ともに杭径の増大に伴って減少傾向にあり，特に困難を伴わずに施工できる限界長さは，杭径にはさほど関係なく，杭の種類によって定まることを確認したうえで，長さ径比と杭体の性能低下の関係は必ずしも明確ではないとしている．本指針でもこの見解を踏襲し，地盤条件や選定した施工法，杭径などに応じて，施工が確実に行える範囲で杭長を設定することを前提に，杭の長さ径比による杭の許容圧縮力の低減はしないこととする．したがって，杭の施工にあたっては，設計で想定した杭体の性能が確保できるように十分な施工管理を行う必要がある．

一方で杭の長さ径比が5程度以下となる長さ径比が小さい杭は，杭先端が直接基礎に近い挙動を示す可能性があるため，杭先端支持力の算定においては，直接基礎としての支持力と比較し，いずれかの小さい支持力を採用する．

（4）杭心の最小間隔

杭の配置計画において，杭心の間隔は施工の可能性と支持力への影響を検討して決定する必要がある．打込み杭の場合，杭を密に打ち込むと，打設済みの杭が後打ちの杭によって水平変位を生じて変形したり，地盤の盛り上がりとともに浮き上がったりする．また，地盤の締固めによって後打ちの杭が貫入不能になったり，杭打ちの鉛直精度が低下するなど，杭相互の障害が生じる可能性がある．一方，削孔を伴う埋込み杭や場所打ち杭については，打込み杭のような障害は生じないが，小さな杭間隔で施工すると削孔によって隣接杭の周辺地盤をゆるめやすくなる．また，削孔の鉛直精度を考慮に入れると，地盤中で杭が相互に接触する可能性があるなどの問題がある．このように杭の施工性を考慮し，障害が生じにくい杭心の最小間隔の目安値を次のように設定する．

① 場所打ち杭　　：杭径の2倍以上かつ杭径に1mを加えた値以上
② 場所打ち拡底杭：軸部径をd，拡底径をd_1として$(d+d_1)$以上，かつ$(d_1+1\,\mathrm{m})$以上
③ 埋込み杭　　　：杭径の2倍以上
④ 拡大根固め杭　：軸部径をd，根固め径をd_1として$(d+d_1)$以上
⑤ 回転貫入杭　　：先端羽根径の1.5倍以上
⑥ 打込み杭　　　：杭径の2.5倍かつ0.75m以上

上記の杭間隔は施工性を考慮した杭間隔の目安であり，鉛直支持力，沈下量，引抜き抵抗力，引抜き量，水平抵抗力，水平変位量などの評価にあたって群杭の影響を考慮する必要がある〔6.2～6.6節参照〕．

杭設計用荷重が大きく上記の杭間隔が確保できない場合，杭の正常な施工が可能で隣接杭への影響を考慮に入れた杭の支持力や変位量の妥当な評価が可能であれば，上記の値にこだわる必要はないが，慎重な検討が必要である．

5. 設計上の留意事項
 （1） 敷地地盤の安定性
 杭基礎の設計にあたっては，地盤沈下，地盤の液状化，軟弱粘性土地盤の過大な側方変位，傾斜地における地すべり，斜面崩壊など，敷地地盤の安定性に留意する．
　a） 地 盤 沈 下
 地盤沈下地帯に設置された杭には，杭頭荷重に加えて地盤沈下に伴い負の摩擦力が作用する．したがって，杭の鉛直支持力の検討にあたっては負の摩擦力の影響を考慮する．なお，負の摩擦力は支持杭だけでなく摩擦杭にも作用する可能性があることに留意する．また，杭が周辺地盤の沈下によって地表面から突出した状態になると水平抵抗力が低下するため，検討にあたっては，あらかじめ突出長を想定し，その影響を考慮した水平抵抗力を評価する必要がある〔6.2節，6.4節，6.6節参照〕．
　b） 地盤の液状化
 地震時に地盤が液状化すると，図6.1.6（a）に示すように杭基礎の水平抵抗力，鉛直支持力および引抜き抵抗力は低下し，沈下，傾斜，水平変位が増大する．また，図6.1.6（b）に示すように地下部分に作用する砂と水の混合液体の浮力によって，引抜き荷重が増加する．鉛直支持力に関しては，液状化層における周面摩擦力の低下または喪失のほか，杭先端地盤の有効上載圧の減少によって杭先端支持力も低下する可能性がある．水平抵抗力に関しては液状化層における地盤の抵抗力の低下に加えて，地震時の地盤の水平変位に伴い液状化層と非液状化層の境界付近に大きな応力が作用する可能性がある．液状化の可能性がある地盤に杭基礎を計画する場合は，このような影響を考慮に入れた杭基礎の性能が要求性能を満足するように設計するか，あるいはあらかじめ，地盤改良，その他の対策によって液状化を防止する必要がある．液状化の影響を考慮に入れた杭の鉛直支持力，引抜き抵抗力，水平抵抗力の評価については，それぞれ6.2節，6.5節，6.6節を参照されたい．
 また，河川や海の護岸付近の地盤が液状化すると，護岸が大きな傾斜や移動を生じ，図6.1.6（c）に示すように護岸背面の地盤が広範囲にわたって側方流動を生じる可能性がある．液状化層や液状化層直下の地層が傾斜している場合も同様である．このような側方流動に対しては，杭

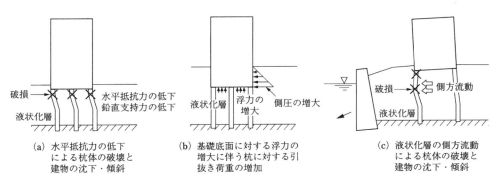

図6.1.6　杭基礎に対する液状化の影響

基礎の抵抗力だけで対処する，杭基礎全体を連続地中壁またはソイルセメントの柱列壁で囲うことによって被害の軽減を図る，対象とする敷地を含む地域全体を地盤改良するなどの対処法がある．杭基礎の液状化対策については，3.2節を参照されたい．

c) 軟弱地盤の過大な側方変位[6.1.11)]

軟弱地盤上に重量物や盛土などによる過大な荷重が作用し，地盤が極限支持力付近に達すると，地盤は側方に大きく変形する．具体的には，倉庫の土間床上に重量物を積み上げたり，杭基礎に隣接して盛土を行うような場合が挙げられる〔図6.1.7参照〕．このような過大な側方変位に対して杭の水平抵抗によって対処することは，一般には困難であるため，載荷重の制限によって側方変位を抑制したり，地盤改良や杭によって載荷重を別途に支持するなどの対策を講じることが必要である．

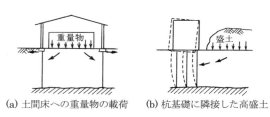

(a) 土間床への重量物の載荷 　(b) 杭基礎に隣接した高盛土

図 6.1.7　杭基礎に対する軟弱地盤の載荷重による側方変位の影響

d) 傾 斜 地 盤

斜面上，斜面途中，斜面下などの傾斜地盤または傾斜地盤近傍に杭基礎を計画する場合は，杭基礎の施工前，施工中，施工後の斜面の安定性を確保しておくことが必要であるが，建物を支持する杭基礎を斜面安定の抑止工と併用することは原則として避けるべきである．また，傾斜地盤では，切土部と盛土部の両域にわたって杭を配置したり，支持層が傾斜しているため長い杭と短い杭を併用したり，斜面近傍の杭と斜面から離れた杭など水平抵抗力が大きく異なる杭を計画する場合には，斜面地盤特有の地形，地盤状況の影響を適切に考慮する必要がある．このような傾斜地盤における杭基礎の計画や設計上の留意事項については，3.3節を，また，斜面近傍における杭の水平抵抗力の評価法については，6.6節を参照されたい．

（2） 荷重の偏心と杭配置

建物の荷重は，柱または耐力壁からパイルキャップを介して杭に伝達される．これらの荷重に対して，杭が偏心している場合は，偏心による応力に対して柱脚，杭頭の耐力，変形の検討を行う必要がある．

最近，大径で長い杭の施工が容易となっているため，支持力の大きな杭を利用して1柱1本または2本の杭配置を採用する設計が増加している．このような杭配置は，偏心荷重による付加応力発生の防止に不利になるだけでなく，1本でも杭の支持性能が低下すると上部構造の障害発生に直結しやすい．したがって，このような杭の場合は施工時における杭心のずれをある程度想定して設計し，更に施工にあたっては，所定の支持力と杭体の品質を確保するための施工管理をより確実に行う必要がある．また，パイルキャップに偏心荷重による回転が生じないように，十分

な剛性と耐力を有する基礎梁によってパイルキャップ間を連結すべきである．

（3） 異種杭の混用

異種杭を採用する杭基礎については，各杭の負担荷重や沈下，水平変位などに大きな差異が生じやすいため，通常の杭基礎の場合よりも慎重な検討を行い，杭基礎の性能が要求性能を上回ることを確認する必要がある．異種杭による基礎の設計については，8 章を参照されたい．

（4） 杭の施工性への配慮

各杭の特徴を考慮して採用した杭が十分な性能を発揮するためには，敷地の地形，地盤条件，地下水の状況に適合する杭の種類，施工法を選定し，施工による杭体の破損や品質低下を極力避ける必要がある．杭の施工管理については本指針の 10 章，本会「建築工事標準仕様書 JASS4 杭・地業および基礎工事」[6.1.12)] などを，また杭の施工時に発生しやすいトラブルやそれらを避けるための杭の種類，施工法の選定法については，文献 6.1.13) を参照されたい．

打込み杭は，施工時に騒音や振動を発生するため，市街地や住宅地では法的規制や住民意識の面から，一般的には許容されない．特に，学校，病院，劇場，コンサートホールなどが周辺に位置する場合は注意を要する．また，場所打ち杭や埋込み杭は，安定液の使用，コンクリートの打設，セメントミルクの注入などによってまれに地下水の汚染や汚濁を引き起こすことがある．杭工法の選定にあたっては，このような杭工事が周辺の環境に与える影響を考慮する必要がある．

軟弱な地盤中に多数の杭を打設すると，周辺地盤に側方変位や盛り上がりが生じ，既設の杭や周辺構造物に影響を与えることがある〔図 6.1.8（a）参照〕．特に護岸や擁壁近傍，または崖近傍の杭打ち工事では注意を要する．一方，場所打ち杭や埋込み杭など，地盤の削孔を伴う杭工法を採用した場合，地盤のゆるみによって周辺地盤が側方変位を生じたり，根切り工事に伴って周辺地盤が水平変位や沈下を生じることがある〔図 6.1.8（b），図 6.1.9 参照〕．このような周辺地盤や周辺の既設構造物への影響は，施工上の工夫で対処できる場合もあるが，杭工法の選定や杭の配置計画など，杭基礎の計画，設計段階で対応すべきである．

（5） 杭体の耐久性

鋼杭は徐々に腐食が進行するため，建物の設計用耐用年限を考慮に入れて腐食しろを設定し，杭体の断面設計を行う必要がある．また，地盤や地下水に含まれる化学成分，海岸付近では塩分を含む地下水，あるいは鉄道近傍における迷走電流などの特殊条件が，杭体の耐久性に影響を与

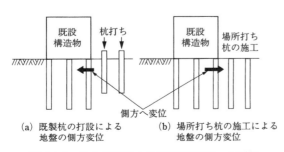

図 6.1.8　杭の施工による既設構造物への影響

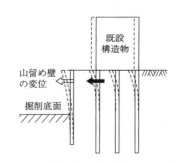

図 6.1.9　杭基礎への根切りによる影響

—194— 建築基礎構造設計指針

える可能性がある場合は，十分に敷地地盤の調査を行い，対策を立てることが必要である〔付録参照〕．

参 考 文 献

6.1.1) 福和伸夫：解析的検討手法，第3回構造物と地盤の動的相互作用シンポジウム，日本建築学会，pp.19～28，1991.10

6.1.2) 飯場正紀・日下部肇：地盤・杭・建築連成系実験，第2回構造物と地盤の動的相互作用シンポジウム，日本建築学会，pp.17～23，1989.9

6.1.3) 日本建築学会：入門・建物と地盤との動的相互作用，1996

6.1.4) 小林勝巳・大西靖和：固有値解析による杭の地震時応力の検討，第29回土質工学研究発表会，pp.1563～1564，1994.6

6.1.5) 熊谷裕道・林田敏広・杉村義広・栗田 哲：杭支持低層建物の杭応力（その3）地震観測体制と杭曲げ応力について，第30回土質工学研究発表会，pp.1565～1566，1995.7

6.1.6) 河村壮一・西沢敏明・和田曄暎：20年後の発掘で分かった液状化による杭の被害，日経アーキテクチャ，pp.130～134，1985.7

6.1.7) 水野二十一・渡辺則雄・佐藤玲圭・濱田尚人：1995年兵庫県南部地震における場所打ち杭の一被害事例と考察（その1～その3），日本建築学会大会学術講演梗概集，構造Ⅰ，pp.606～614，1996.7

6.1.8) 許斐信三・杉村義広・萩原庸嘉・三町直志：建物―杭―地盤系の地震応答解析（その3）応答変位法を含めた静的解析と動的解析による杭応力の比較，日本建築学会大会学術講演梗概集，構造Ⅰ，pp.1677～1678，1993.7

6.1.9) 茶谷文雄・秋野矩之・野村敦子・高野真一郎・若松邦夫・水野二十一：兵庫県南部地震で被災したRC杭の被害分析，第5回構造物と地盤の動的相互作用シンポジウム，日本建築学会，pp.193～198，1998.3

6.1.10) 日本建築学会：建築基礎構造設計のための地盤評価・Q & A，2015

6.1.11) 土質工学会：杭基礎の設計法とその解説，1985

6.1.12) 日本建築学会：建築工事標準仕様書・同解説 JASS 3 土工事および山留め工事・JASS 4 杭・地業および基礎工事，2009

6.1.13) 地盤工学会：杭基礎のトラブルとその対策，2014

6.2 節　鉛直支持力

1. 鉛直支持力は地盤から定まる支持力と杭体の耐力から定まる支持力のうち，小さい方とする．

2. 地盤から定まる単杭の鉛直支持力は，鉛直載荷試験または支持力算定式のいずれかによって求める．

（1）　鉛直載荷試験

（2）　支持力算定式

鉛直支持力の設計用限界値 R_d（kN）は，式6.1による．各性能レベル（限界状態）に対応する設計用限界値は，表6.2による．

$$R_d＝\phi_R R_u \tag{6.1}$$

ここに，R_u（kN）　　：極限鉛直支持力

　　　　ϕ_R　　　　　：耐力係数

3. 支持力算定式を用いる場合は，次式により単杭の極限鉛直支持力 R_u（kN）を算定する．

$$R_u＝R_p＋R_f \tag{6.2}$$

$$R_p＝q_p A \tag{6.3}$$

6 章　杭　基　礎　— 195 —

表 6.2　鉛直支持力の設計用限界値

想定荷重	性能グレード	要求性能レベル（限界状態）	支持力の設計用限界値	
			基礎部材	地盤
常時荷重	—	使用限界状態	ひび割れ限界強度，かつクリープ変形に対して十分余裕のある強度〔表 6.7〕	極限鉛直支持力に対し $\phi_R = 1/3$〔式 6.1〕
レベル 1 荷重	—	損傷限界状態	弾性限界圧縮強度〔表 6.7〕	極限鉛直支持力に対し $\phi_R = 1/1.5$〔式 6.1〕
レベル 2 荷重	S			
	A	終局限界状態	圧縮強度〔表 6.7〕	極限鉛直支持力に対し $\phi_R = 1$〔式 6.1〕

$$R_f = R_{fs} + R_{fc} \tag{6.4}$$

$$R_{fs} = \tau_s L_s \phi \tag{6.5}$$

$$R_{fc} = \tau_c L_c \phi \tag{6.6}$$

ここに，R_p（kN）　　　：極限先端支持力

　　　q_p（kN/m²）：極限先端支持力度

　　　A（m²）　　　：杭先端の閉塞断面積

　　　R_f（kN）　　　：極限周面抵抗力

　　　R_{fs}（kN）　　　：砂質土部分の周面抵抗力

　　　τ_s（kN/m²）：砂質土部分の周面抵抗力度

　　　L_s（m）　　　：砂質土部分の長さ

　　　ϕ（m）　　　：杭の周長

　　　R_{fc}（kN）　　　：粘性土部分の周面抵抗力

　　　τ_c（kN/m²）：粘性土部分の周面抵抗力度

　　　L_c（m）　　　：粘性土部分の長さ

なお，式 6.3 の A の算定および表 6.3 の $\overline{N}$ の算定に用いる杭先端径 d（m）は以下による．

　　　・場所打ちコンクリート杭：先端径

　　　・埋込み杭：根固め部径

　　　・回転貫入杭：羽根径

　　　・打込み杭：軸径

また，施工方法ごとの q_p，τ_s，τ_c は表 6.3 による．

　4.　群杭の支持力は，以下の二つの破壊形態における支持力のうち小さい方の値とする．

　（1）　貫入破壊

　（2）　ブロック破壊

— 196 —　建築基礎構造設計指針

表6.3　杭種ごとの先端支持力度および周面抵抗力度の算定方法

杭種	極限先端支持力度 q_p (kN/m²)			極限周面抵抗力度 (kN/m²)			
	砂質土	粘性土	上限	砂質土 τ_s	τ_s 上限	粘性土 τ_c	τ_c 上限
場所打ちコンクリート杭	$120\,\bar{N}$	$6\,c_u$	7 500	$3.3\,N_S$	165	c_u	100
埋込み杭（プレボーリング）	$150\,\bar{N}$	$150\,\bar{N}$	9 000	$2.5\,N_S$	125	c_u	125
埋込み杭（中掘り）		$6\,c_u$		$1.5\,N_S$	75	$0.4\,c_u$	50
回転貫入杭	$150\,\eta\bar{N}$	$150\,\eta\bar{N}$	$9\,000\,\eta$	$2.0\,N_S$	100	$0.5 c_u$	62.5
打込み杭	$300\,\eta\bar{N}$ $(0.7\,q_c)^*$	$6\,c_u$ $(0.7\,q_c)^*$	18 000	$2.0\,N_S$	100	$0.8\,c_u$	100

［注］　＊：q_cを用いる場合（q_cは杭先端から下に $1d$ 上に $4d$ 間のコーン貫入抵抗の平均値）
　　　　$\bar{N}$：杭先端から下記区間における標準貫入試験の N 値の平均値（個々の N 値の上限は100）
　　　　　　・打込み杭：杭先端から下に $1d$ 上に $4d$ 間
　　　　　　・打込み杭以外：杭先端から下に $1d$ 上に $1d$ 間
　　　　N_S：砂質土層の杭周面の N 値
　　　　c_u（kN/m²）：粘性土層の非排水せん断強さ
　　　　η：杭先端の閉塞効率であり以下の方法で求める.
　　　　　　・回転貫入杭：閉端杭で 1.0, 開端杭で 0.8
　　　　　　・打込み杭：閉端杭で 1.0, 開端杭では下式による.
　　　　　　$2\leq(L_B/d_I)\leq5$ の場合　$\eta=0.16\,(L_B/d_I)$
　　　　　　$5<(L_B/d_I)$ の場合　$\eta=0.80$
　　　　　　L_B（m）：支持層への根入れ長さ（m）, d_I（m）：杭の内径

5．支持層が薄い場合（薄層支持）の地盤から定まる先端支持力は, 鉛直載荷試験を行って求めるか, 支持層の強度と厚さおよび下層の強度を考慮して算定する.

1.　杭の鉛直支持力の決定

　杭の鉛直支持力の決定要因には, 地盤から定まる支持力と杭体の耐力から定まる支持力がある. 前者は, 杭と地盤との相互作用で決まるもので, 先端支持力と周面抵抗力から成り立っている. 後者は, 杭体の圧縮抵抗が各限界状態に至るかどうかで決まるものである. 両者のうち小さい方の値が杭の鉛直支持力となる〔杭体の耐力については, 6.6節を参照〕.

2.　地盤から定まる設計用の支持力

　地盤から定まる設計用の支持力は, 鉛直載荷試験によって求める方法と, 支持力算定式から求める方法がある. 前者は, 原則として実際に用いる杭に鉛直荷重を載荷するものであって, もっとも確実な鉛直支持力が得られる. 後者は, 杭の諸元や地盤定数などを支持力算定式に代入することによって鉛直支持力を計算するもので, 不確実性は大きいが簡便に鉛直支持力が得られる.

　本指針では, 地盤から定まる杭の鉛直支持力は, 鉛直載荷試験によって求めることを基本とする. ただし, 鉛直載荷試験を行わない場合は, 支持力算定式を用いて地盤から定まる設計用の支持力を評価する. 各要求性能レベルにおける鉛直支持力の設計用限界値は表6.2による.

6章 杭基礎 　－197－

　杭の鉛直載荷試験は，通常，地盤工学会基準「杭の鉛直載荷試験方法（2002）」[6.2.1]のうち，杭頭から静的荷重を与える「押込み試験方法（JGS1811-2002）」に準拠して行われる．この押込み試験からは，以下のように定義される第1限界抵抗力と第2限界抵抗力が得られる．

① 　第1限界抵抗力：$\log P$-$\log S$ 曲線に現れる明瞭な折れ点の荷重をいい，S-$\log t$ 法，$\Delta S / \Delta \log t$-P 法，残留沈下量の急増点などを総合して判定する．（ここに，P（kN）：荷重，S（m）：杭頭沈下量，t（min）：新規荷重段階における経過時間，$\Delta S \cdot \Delta \log t$ は段階載荷方式で試験を実施した際の各載荷段階における増分値）．

② 　第2限界抵抗力：押込み抵抗が最大となったときの荷重．ただし，杭先端沈下量が先端直径の 10％ 以下の範囲とする．また，杭先端沈下量の代わりに杭頭沈下量を採用してもよい．

　第1限界抵抗力は降伏支持力に相当する支持力と位置づけられており，一般に周面抵抗力がほぼ極限状態に達した時の抵抗力とされている．

　第2限界抵抗力は，極限支持力の代替とする支持力と位置づけられている．極限支持力は，杭頭の荷重-変位量曲線が変位量軸にほぼ平行とみなされる荷重と定義される．しかし，場所打ち杭や埋込み杭の Non-displacement 杭では，変位量軸にほぼ平行とみなされる荷重（載荷を続けると沈下量が無限大になる荷重）が現れないことから，杭先端沈下量が先端直径の 10％ 時の荷重を極限支持力の代わりとしたものである．したがって，沈下量が杭径（先端直径）の 10％ というのは沈下量が無限大の代わりであって，決して「限界支持力時に許容される沈下量」ではない．高野・岸田の模型 Non-displacement 杭による実験[6.2.2]では，極限支持力は沈下量が杭径（先端直径）の 4 倍（400％）にならないと出現せず，杭先端地盤が全面的に塑性化する沈下量は杭径（先端直径）の 20％ とされている．したがって，第2限界抵抗力を「沈下量が杭径（先端直径）の 10％ の荷重」としたのは，これらの極限支持力の出現荷重や杭先端地盤の塑性化などから決められたものではない[6.2.3]ことに注意が必要である．

　地盤工学会基準「杭の鉛直載荷試験方法（2002）」で規定された杭の支持力を調べる載荷試験方法には，前述の①「押込み試験方法（JGS1811-2002）」のほかに，②杭の先端付近から載荷する「杭の先端載荷試験方法（JGS1812-2002）」，③杭頭に急速荷重を与える「急速載荷試験方法（JGS1816-2002）」および④杭頭に衝撃荷重を与える「衝撃載荷試験方法（JGS1816-2002）」がある．①と②は静的載荷試験に，③と④は動的載荷試験に分類される．②，③および④は，押込み試験で必要な大掛かりな加力装置や反力装置などを省略するために開発された試験方法であり，試験費用などの面での利点が大きいこと，試験結果の解釈において，押込み試験方法との対応も明確になりつつあることなどから多く用いられるようになっている．ただし，動的載荷試験では試験時の杭の変位量が小さいことから，押込み試験の第2限界抵抗力に相当する支持力が得られないなどの問題も指摘されている．

　以上より，杭の鉛直載荷試験による単杭の鉛直支持力を求める場合は，本杭と施工法および杭諸元（径，長さなど）が同じ試験杭による静的載荷試験によることを原則とする．本杭と異なる径の試験杭を用いる場合は，先端抵抗と周面抵抗を分離して測定したときは，得られた単位面積

あたりの先端支持力度と周面抵抗力度を用いて鉛直支持力を求めるのが望ましい.

支持力算定式には,理論式と経験式がある.先端支持力に関する理論式としてはテルツァーギ (Terzaghi) やマイヤホフ (Meyerhof) が地盤を剛塑性体とした式や,ベーシック (Vesić), 山口, 岸田・高野らが地盤を弾塑性体とし球空洞押拡げ理論などを用いた式が提案されている.しかし,杭先端付近の地中応力を適切に評価することが難しいことなどもあって,先端支持力の算定式として実用化されるには至っていない.

また,最大周面抵抗力度に関する理論式としては杭と地盤間の付着力,土圧係数,有効上載圧,杭と地盤間の摩擦係数などの定数を考慮した式が提案されている.しかし,これらの定数は土質,杭の施工法,杭の材質および杭体表面の粗度など影響因子が多くて定めるのが難しいこともあって,理論式が実用化されるには至っていない.

現在,主に用いられているのは,杭の先端支持力や周面抵抗力を N 値などサウンディングによる測定値と関連づけた経験式である.旧指針をはじめ建築基準法,特定行政庁の構造設計指針類なども,地盤の N 値や粘着力 c, 一軸圧縮強さ q_u から,載荷試験データから得られる係数（支持力係数と呼ぶ）を介して q_p, τ_s および τ_c を算定している.本指針でもこれを踏襲する.

3. 支持力算定式による単杭の鉛直支持力

単杭の鉛直支持力を支持力算定式によって求める場合は,式 6.2 による.式 6.2 において杭の自重項がないのは,支持力係数は後述するように載荷試験の結果から求めているが,載荷試験では杭の自重が地盤に作用した状態で行われているためである.すなわち,杭の自重は支持力係数で考慮されているものと解釈できる.

杭近傍の地盤は,杭の施工によって種々の影響を受け,原地盤と異なった状態となる.このため,先端支持力,周面抵抗力や荷重−変位関係も施工法の影響を大きく受ける.また,周面抵抗力に影響を与える杭体の表面粗度も施工法によって大きく異なる.

杭の施工は,地盤の掘削方式や杭の地盤への定着方式などにおいて様々な方法と組合せが用いられているため,それらの施工法を細かく分類し,個々に支持力算定式を示すことは困難である.したがって本指針では,場所打ちコンクリート杭,埋込み杭,回転貫入杭および打込み杭を対象とした支持力の算定方法は表 6.2 に示すとおりとする.

以下,施工法別に支持力の算定方法について示す.先端支持力は,基本的には超過確率が 50 ％以上になるよう統計値を切りのよい値とし,各施工法の特性に合わせて必要があれば低減する.周面抵抗は,基本的には超過確率が 75 ％程度以上になるような値とする.

なお,地震時に液状化の可能性がある地盤に杭を設置する場合は,液状化層とその上方の地盤での損傷限界状態および終局限界状態の周面抵抗力を原則として無視する.

（1） 場所打ちコンクリート杭の支持力

a） 極限先端支持力度

単杭の極限先端支持力度 q_p は,砂質土の場合は式 6.2.1, 粘性土の場合は式 6.2.2 による〔各記号は表 6.2 参照〕.

$$q_p = 120\bar{N} \tag{6.2.1}$$

$$q_p = 6c_u \tag{6.2.2}$$

(i) 砂質土

図 6.2.1 は，文献 6.2.4)～6.2.11) から収集した拡底杭と壁杭を含む 52 個のデータによる先端支持力度 q_p と杭先端平均 N 値 $\bar{N}$ との関係である．q_p は杭先端沈下量が先端直径の 10 % に達したときの先端支持力度（第 2 限界抵抗力度）である．旧指針 (2001) のデータに文献 6.2.5), 6.2.7)～6.2.10) から収集したデータを追加している．なお，先端載荷試験と通常の押込み試験では，杭先端付近の杭周面抵抗力の方向が異なるため先端載荷試験のデータを除き，押込み試験によって得られたデータに統一している．また，旧指針 (2001) では文献 6.2.11) の 4 件のデータを採用したが，そのうち 2 件のデータは，下部層の影響があるため除いている．$\bar{N}$ の算定範囲は杭先端より下に $1d$，上に $1d$ 間とし N 値の上限を 100 として整理している．

$\bar{N}$ の算定範囲を上記の範囲に設定したのは，杭先端地盤の挙動をよく説明できるとされている空洞押拡げ理論によると，杭先端地盤の塑性域は杭先端以深に発生し，先端より上方の地盤の強度や圧縮剛性は支持力にさほど影響を与えないこと，また $\bar{N}$ の算定範囲を次の 3 種類として各 $\bar{N}$ と q_p との関係を比較したところ，③の場合の変動係数がもっとも小さくなり，良好な相関関係が得られること[6.2.7)]などに基づいている．

① 杭先端から下に $1d$，上に $4d$ の範囲の平均 N 値
② 杭先端から下に $1d$ の範囲の平均 N 値
③ 杭先端から下に $1d$，上に $1d$ の範囲の平均 N 値

また，N 値の上限を 60 としているデータについては，60 回の打撃で 30 cm 近く貫入する場合

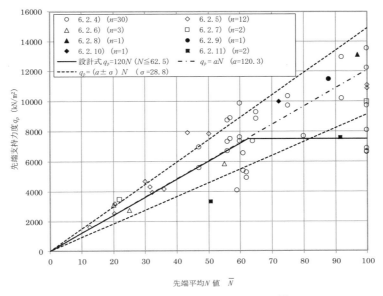

図 6.2.1　場所打ちコンクリート杭の q_p と $\bar{N}$ の関係

— 200 —　建築基礎構造設計指針

と数 cm 程度しか貫入しない場合とでは，地盤の密度は明らかに異なっていると考えられるため，次式によって換算 N 値を求め，上限値を 100 として整理している．

$$\text{換算 } N \text{ 値} = 60 \times \frac{30\,(\text{cm})}{60\text{ 回打撃時の貫入量 (cm)}} \tag{6.2.3}$$

図 6.2.1 において，$q_p/\overline{N}$ の単純平均値から q_p と $\overline{N}$ の関係を求めると，$q_p = 120.3\overline{N}$（kN/m²），そのときの標準偏差 σ は 28.8 となる．式 6.2.1 は，その係数を丸めた式である．

また，図 6.2.1 において，$\overline{N}$ が大きい範囲で，q_p が $\overline{N}$ に比例して増加せず，増加の割合が鈍化する傾向がみられることを考慮し，q_p の上限値は 7 500 kN/m² とする．

[大径杭の先端支持力]

杭径が 1.5～2 m を超えるような大径杭では載荷試験例は数例にすぎず，先端支持力性状に不明な点が多いが，式 6.2.1，式 6.2.2 を大径杭にも適用する．ただし，大径杭の沈下量は，先端荷重度が同一でも中小径杭と比較すると大きくなる傾向があり，柱荷重を 1 本の大径杭で支持させると，多数本の杭で支持させる場合と比較して大径杭の施工の良否がただちに杭基礎全体の安全性に影響を与えやすい．したがって，大径杭を採用する場合は，沈下の検討を十分に行うとともに，施工管理もより慎重に行う必要がある．また，大径杭の杭間隔が小さくなると，杭群を包絡する平面寸法を有し，杭先端の位置を基礎底面とする直接基礎の挙動に近くなると考えられるため，直接基礎としての支持力や沈下の検討も行うことが望ましい．

[拡底杭の先端支持力]

拡底杭のデータは文献 6.2.4) には 2 件含まれており，拡底杭の $q_p/\overline{N}$ は平均値を少し上回る値を示している．2 件の拡底杭の径は 1.8 m であり，拡底径が 2 m を超える載荷試験の事例はない．文献 6.2.5) では 9 件が拡底杭の載荷試験であるが，その中で最大の拡底径は 1.9 m である．また，9 件のデータにおいて，杭先端への伝達荷重と沈下量は小さいため，図 6.2.1 には拡底杭のデータは含まれていない．9 件のデータのうち，先端沈下量が比較的多い 3 件のデータについて極限先端支持力度を外挿して求めたところ，いずれも $q_p/\overline{N}$ は平均値を超える付近に分布したので，式 6.2.1 を準用して拡底杭の先端支持力を求めても差し支えないと考えられる．

[深礎杭の先端支持力]

深礎杭は，既存の構造物の内部や直下のような狭い場所，あるいは傾斜地盤のように大規模な杭の施二機械を使用できない場所において，しばしば利用されている．このような深礎杭の先端支持力は，式 6.2.1 を準用して求める．

深礎杭は機械掘削式の場所打ち杭と比較してボイリングによる地盤の緩みが懸念される反面，支持地盤を直接確認できること，施工による支持地盤の乱れは小さいことなど，先端支持力を確保するための施工管理上，有利な点もある．

[短い杭の先端支持力]

杭長が短い杭基礎は，直接基礎に近い挙動を示す可能性もある．したがって，杭基礎としての先端支持力の検討に加えて，直接基礎としての検討も行い，いずれか小さな支持力値を採用することが望ましい．

（ⅱ） 粘 性 土

関東地方では土丹と俗称される固結粘性土層に杭を支持させることがあるものの，杭先端部を粘性土層に支持させることは概して少なく，載荷試験の実績も少ない．したがって，粘性土層に支持される杭の極限先端支持力度は，旧指針（2001）に準拠して，式 6.2.2 で評価する．

スケンプトン（Skempton）によると，杭の極限先端支持力度の係数は，基礎の形状係数を 1 と仮定するとき，浅い基礎の 6.14 から深い基礎の 9 まで変化する[6.2.12)]．また，実験から逆算された係数は 5～8 の範囲にあり，式はやや安全側に設定されている．

q_p の上限値は，十分な裏付け資料はないが，砂質土と同様，$7\,500\,\mathrm{kN/m^2}$ としている．一例ではあるが，土丹層を支持地盤とした場所打ち拡底杭（拡底径 $\phi 2\,200\,\mathrm{mm}$）の先端載荷試験の結果から，砂質土と同程度の先端支持力が得られている．なお，この載荷試験結果の報告では，大径杭にスケンプトンの式を適用すると，設計荷重時の沈下量が過大になる可能性があることを指摘しており，大径杭を c_u 値が大きい地盤に支持させる場合は，慎重な検討が必要である．

b）極限周面抵抗力度

単杭の周面抵抗力度は，拡底部の傾斜部を除いて，砂質土の場合は式 6.2.4，粘性土の場合は式 6.2.5 による．

$$\tau_s = 3.3 N_S \tag{6.2.4}$$

$$\tau_c = c_u \tag{6.2.5}$$

（ⅰ） 砂 質 土

杭の鉛直載荷試験結果に基づき，極限周面抵抗力度 τ_s と N_S 値の関係を統計的に検討した結果を図 6.2.2 に示す．図中の諸数値から 75％ 超過係数を求めると，3.3 となることから式 6.2.4 を採用している．

（ⅱ） 粘 性 土

粘性土における場所打ちコンクリート杭の極限周面抵抗力度は式 6.2.5 によって評価する．杭の鉛直載荷試験結果に基づき極限周面抵抗力度 τ_c と $q_u/2$（q_u：一軸圧縮強さ）との関係を統計的に検討した結果を図 6.2.3 に示す．また，$q_u/2 = c_u$ として統計処理をしたときの 75％ 超過係数は 1.2 となるため，地盤のせん断強さを限界として式 6.2.5 を採用し，$q_u/2 = c_u$ として図 6.2.3 に示す．また，同図から q_u が $200\,\mathrm{kN/m^2}$ 以上のデータがほとんどないため，τ_c の上限値としては旧指針（2001）を踏襲して $100\,\mathrm{kN/m^2}$，c_u の上限値に換算して $100\,\mathrm{kN/m^2}$ を採用している．したがって，実際には，c_u が $100\,\mathrm{kN/m^2}$ 以上の粘性土では，$100\,\mathrm{kN/m^2}$ 以上の τ_c を採用できる可能性がある．ただし，τ_c の上限を超えた値を採用する場合は，載荷試験により確認することが望ましい．

（2） 埋込み杭の支持力

a）極限先端支持力度

単杭の極限先端支持力度 q_p は，砂質土，粘性土（中掘り工法を除く）とも次式による〔各記号は表 6.2 参照〕．

$$q_p = 150\bar{N} \tag{6.2.6}$$

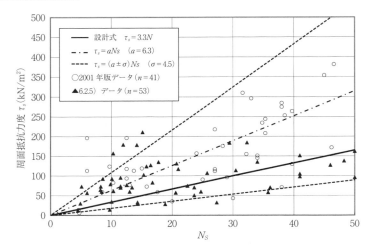

図 6.2.2　場所打ちコンクリート杭の極限周面抵抗力度 τ_s と N_S 値の関係

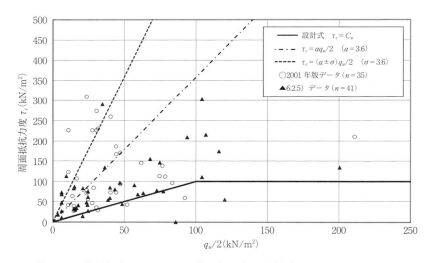

図 6.2.3　場所打ちコンクリート杭の極限周面抵抗力度 τ_c と $q_u/2$ の関係

粘性土における中掘り工法の極限先端支持度は次式による（c_u：土の非排水せん断強さ）．

$$q_p = 6\,c_u \tag{6.2.7}$$

（i）砂　質　土

　埋込み杭（プレボーリング工法，中掘り工法いずれも）の極限先端支持力度は式 6.2.6 によって評価する．図 6.2.4 は，2001 年以降，杭メーカーが工法開発時に実施した載荷試験データ（既製コンクリート杭：89 例，鋼管杭：20 例）を収集して作成したものである[6.2.13]．採用したデータの工法別，先端地盤種別の内訳を表 6.2.1 に示す．ここで収集した工法は，杭下端に杭径（φ350 mm〜1 300 mm）に比べて大きな根固め部（径 500 mm〜2 600 mm で杭径の 1.2〜2.0 倍程

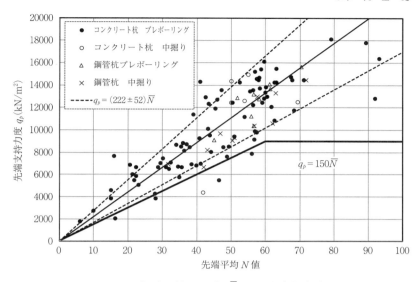

図 6.2.4　埋込み杭の q_p と $\bar{N}$ の関係（砂質土）

表 6.2.1　採用データ概要

杭種	プレボーリング工法 先端地盤 砂質土	プレボーリング工法 先端地盤 礫質土	中掘り工法 先端地盤 砂質土	中掘り工法 先端地盤 礫質土	計	
コンクリート杭	55	28	4	2	89	109
鋼管杭	5	4	6	5	20	

度）をもつ工法で，それらの先端支持力算定位置は，ほとんどが根固め部上端部（杭下端から約 1〜2 m 上方）である．そのため，その支持力は根固め部の底面支圧力と周面抵抗力の合算値である．

　埋込み杭の根固め部が，十分な強度を保有し，杭体とほぼ同一の挙動をするのであれば，先端支持力は杭径による評価ではなく，根固め部の径で評価するのが妥当と考えられる．旧指針（2001）では先端支持力度は杭径で評価していた．従来は，根固め部の径を評価することが難しいことや，根固め部自体の強度調査例が少なかったため，根固め部の径での評価に多くの問題もあったが，最近では施工時の根固め部径の確認・管理や根固め部試料採取による実強度確認も施工管理の一環で行うことも増えてきているのでこれらの問題も解消しつつある．

　このような背景と今回の収集データが根固め部全体の支持力を示していることから，ここでの先端支持力度 q_p は，杭先端沈下量が杭体の先端径の 10 % に達したときの根固め部上端位置の荷重を根固め部面積で除して算出している．また先端の平均 N 値 $\bar{N}$ の算出範囲については，根固

め部径を d として，①根固め部先端位置から下方 $1\,d$ 上方 $1\,d$ 区間の平均値，②根固め部先端位置から下方 $1\,d$ 上方根固め部区間の平均値（根固め部区間長はおおよそ $0.5\,d \sim 2.5\,d$ 程度）の2種類で算出し，q_p との関係を検討したが，支持力機構としては，根固め部先端から下は支圧力，上は摩擦力で，底面の支圧力の方が支持力に大きく寄与することを考慮すると，根固め部先端付近での評価が望ましいこと，および根固め部の長さは工法ごとに異なり，これをパラメータとした支持力評価は複雑になるなどの理由から，①を平均 N 値の算出範囲としている．

これをもとに，収集した109例の載荷試験データを整理した結果，先端支持力度 q_p と，$q_p/\bar{N}$ の単純平均値を回帰式の勾配とすると，q_p-$\bar{N}$ 関係は $q_p=222\bar{N}$（kN/m²），その時の標準偏差 σ は52となり，旧指針（2001）の埋込み杭の評価式とほぼ同じ傾向であったため，式6.2.6を採用した．

支持力算定式として採用した式6.2.6は，平均値（$q_p=222\bar{N}$）の約67％に相当する．これは，根固め部全体の直接的な品質確認が困難なことと，コンクリートに比べ根固め部ソイルセメントの強度のばらつきが大きく信頼性が低いことを考慮して減じたものである．図6.2.4では，全データの95％が式6.2.6による支持力値を上回っている．

q_p の上限値は $9\,000\ \text{kN/m}^2$ とした．これは，$\bar{N}$ が60を超える範囲のデータ数が少ないことを考慮したものである．

$\bar{N}$ 値の算定範囲およびその設定理由は，場所打ちコンクリート杭の場合と同様である．ただし，$\bar{N}$ の算定に際しては，以下のことに注意する必要がある．

① 杭先端直径が小さいと，算定範囲の $2\,d$ 間に2個程度の N 値しか含まれないため，個々の N 値のばらつきが先端支持力に大きな影響を与えることになる．したがって，算定範囲の上下にある N 値の傾向にも配慮することが必要である．

② 根固め部試料採取による実強度確認などにより，根固め部の剛性と強度は先端地盤より大きく，この部分が地盤に対して杭の一部として挙動していると推測される．したがって，支持層の厚さや根固め部下方の地盤の N 値も考慮する必要がある．

（ii）粘　性　土

粘性土の先端支持力度については，既製コンクリート杭メーカーが工法開発時に実施した載荷試験データ（プレボーリング杭30例）の検討結果[6.2.13]を図6.2.5に示す．最近の工法では，杭先端部を粘性土層に支持させるケースも多く，載荷試験の実績も増えてきている．砂質土と同様に，ここでの先端支持力度 q_p は，根固め部上端荷重を根固め部断面積で除した値である．平均 N 値の算出方法も砂質土と同じである．q_p-$\bar{N}$ 関係の平均値は $q_p=268\bar{N}$（kN/m²），その時の標準偏差 σ は61となり，砂質土とほぼ同じ傾向であったため，砂質土と同じ式6.2.6の $\bar{N}$ 値による評価式としている．なお中掘り工法の粘性土での載荷試験事例はまだ少ないので，旧指針（2001）同様，式6.2.7による．

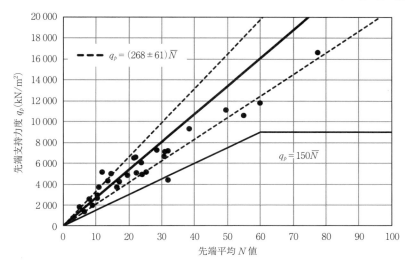

図 6.2.5　埋込み杭の q_p と $\overline{N}$ の関係（粘性土）

b）　極限周面抵抗力度

単杭の周面抵抗力度は，式 6.2.8～式 6.2.11 による．ただし，根固め部区間（工法ごとに定められている）を除く．

①　プレボーリング工法の砂質土，粘性土の場合（杭周固定液使用）

$\tau_s = 2.5 N_S$ (6.2.8)

$\tau_c = 1.0\, c_u$ (6.2.9)

②　中掘り工法の砂質土，粘性土の場合

$\tau_s = 1.5 N_S$ (6.2.10)

$\tau_c = 0.4\, c_u$ (6.2.11)

杭周面抵抗力は杭径で評価する．

（ⅰ）　砂　質　土

①　杭周固定液を使用したプレボーリング工法

評価機関に提出された上記の杭工法の載荷試験結果をまとめた検討結果のうち，砂質土における杭径評価の周面抵抗力度（杭体の先端径の 10％ 沈下したときの値または最大値，以下最終抵抗力度とする）と N 値（N 値が 50 を超えるデータについては換算 N 値）との関係 126 例（既製コンクリート杭：108 例，鋼管杭：18 例）を，図 6.2.6 に示す[6.2.13]．プレボーリング工法にも種々の工法があるため個々のデータのばらつきは大きく，一括して算定式を示すのは難しいが，τ_s/N_S の平均は 8.82，標準偏差 σ は 6.66 である．N_S 値が 50 を超えるデータについてはその数も少ないことから，前指針と同様に τ_s の上限を 125 kN/m^2（$N_S=50$）とする．

また，杭周固定液を使用しないプレボーリング工法の載荷試験結果をまとめた検討結果が報告されているが，ばらつきが大きくデータも少ないことから，現状でこのような埋込み杭の τ_s の評価式を導くことは困難であるため，原則として載荷試験により求めるものとする．

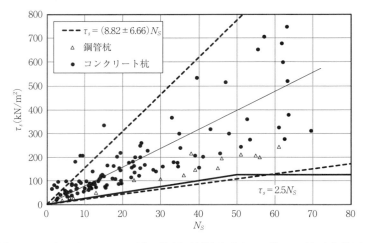

図6.2.6 プレボーリング工法の杭周面抵抗力度と N_S 値の関係（砂質土）

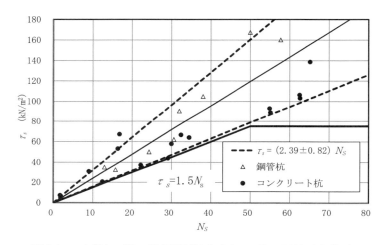

図6.2.7 中掘り工法の杭周面抵抗力度と N_S 値の関係（砂質土）

② 中掘り工法

中掘り工法については，近年，杭先端付近で杭周固定液を用いる工法も開発され施工されているが，杭周面抵抗力に関するデータが少ないことから，本項では杭周固定液を用いない場合のデータを対象としている．

プレボーリング工法と同様に，評価機関に提出された載荷試験結果より，砂質土における最終周面抵抗力度と N_S 値（N 値が50を超えるデータについては換算 N 値）との関係24例（既製コンクリート杭：16例，鋼管杭：8例）を抽出し，図6.2.7に示す[6.2.13]．τ_s/N_S の平均は2.39，標準偏差 σ は0.82である．図6.2.7で提案式を下回っているものはないが，データのばらつきは大きく，プレボーリング工法に比べデータ数は少ない．

(ⅱ) 粘 性 土

① 杭周固定液を使用したプレボーリング工法

評価機関に提出された上記の杭工法の載荷試験結果をまとめた検討結果のうち，粘性土に関する資料 113 例（既製コンクリート杭：101 例，鋼管杭：12 例）を抽出し，最終周面抵抗力度 τ_c と c_u の関係を図 6.2.8 に示す[6.2.13]．砂質土同様，個々のデータのばらつきは大きく，一括して算定式を示すのは難しいが，τ_c/c_u の平均は 2.41，標準偏差 σ は 1.28 である．また，同図によると，c_u が 125 kN/m^2 程度以上となるデータがほとんどないため，旧指針（2001）と同様に τ_c の上限値を 125 kN/m^2 としている．これは場所打ちコンクリート杭において τ_c の上限値として 100 kN/m^2 を採用することに対応している．

場所打ちコンクリート杭と同様に，過圧密粘性土などでは，土の非排水せん断強さそのものを採用することが過大評価につながる可能性があるので注意する．

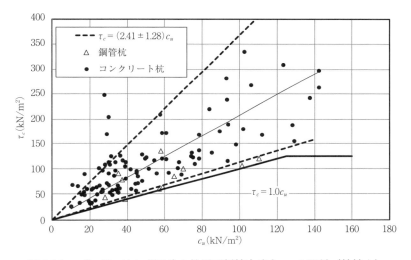

図 6.2.8 プレボーリング工法の杭周面抵抗力度と c_u の関係（粘性土）

また，杭周固定液を使用しない埋込み杭については，砂質土と同様に，プレボーリング工法による載荷試験結果をまとめた検討結果が報告されているが，杭周固定液を使用する埋込み杭と比較してばらつきが大きくデータも少なく，τ_c の評価式を導くことが現状では困難であることから，原則として載荷試験により求める．

② 中掘り工法

評価機関に提出された上記の杭工法の載荷試験結果をまとめた検討結果のうち，粘性土に関する資料 26 例（既製コンクリート杭：19 例，鋼管杭：7 例）を抽出し，最終周面抵抗力度 τ_c と c_u の関係を図 6.2.9 に示す[6.2.13]．砂質土同様，個々のデータのばらつきは大きく，一括して算定式を示すのは難しいが，τ_c/c_u の平均は 0.74，標準偏差 σ は 0.34 である．採用した式 6.2.11 は，平均値から 1σ 減じた式に相当し，図 6.2.9 でも評価式を下回っているものがないことから式 6.2.11 を採用している．また，プレボーリング工法と同様に c_u の上限値を 125 kN/m^2 としている．

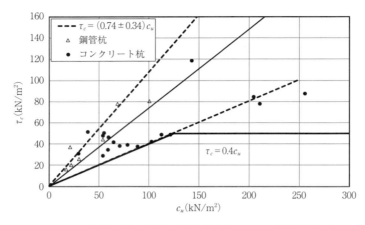

図 6.2.9　中掘り工法の杭周面抵抗力度と c_u の関係（粘性土）

（3）　回転貫入杭の支持力

　回転貫入杭の鉛直支持力は本指針で新たに追加された項目であって，支持力評価にあたって収集した回転貫入杭の形状をタイプ別に分類した結果[6.2.14]を図 6.2.10 に示す．羽根取付け位置（周面型：S，先端型：T），羽根形状（螺旋型：H，平面型：F）および杭先端形状（閉端型：C，開端型：O）の組合せは 8 タイプとなる．杭径 d_0 は 150〜1 200 mm の広い範囲にあるが，150〜200 mm の範囲が全体の約 50 % を占める．羽根軸径比 d/d_0 は 1.4〜3.0 までの範囲があるが，1.9〜2.3 のものが約 50 % である．載荷試験データにおけるタイプ別の割合は，羽根取付け位置では周面型が 65 %，羽根形状では螺旋型が 71 %，杭先端形状では閉端型が 68 % となっている．

　a）　極限先端支持力度〔記号は表 6.3 参照〕

　回転貫入杭は軸部先端面と羽根面で支持力を発揮するが，本指針における支持力係数は杭先端の閉塞断面積 A（先端径 d は羽根径）に対する値を評価している．単杭の極限先端支持力度は，砂質土（礫を含む），粘性土とも次式による．

$$q_p = 150\eta \overline{N} \tag{6.2.12}$$

（ⅰ）　砂質土（礫を含む）

　図 6.2.11 は，礫を含む砂質土の先端支持力度と杭先端平均 N 値の関係をプロットしたものである．羽根取付け位置や羽根形状の違いにかかわらず，砂質土および礫質土の分布傾向は同様である．図 6.2.11（a）の先端形状が閉端型における設計式 $q_p = 150\overline{N}$ は，載荷試験における q_p と $q_p/\overline{N}$ の関係を一次式で回帰して評価した式 $q_p = 164.5\overline{N}$ （kN/m²）（$\sigma = 39.7$）を安全側に丸めて評価したものである．図 6.2.11（b）の先端形状が開端型における設計式 $q_p = 120\overline{N}$ は，載荷試験における q_p と $q_p/\overline{N}$ の関係を一次式で回帰して評価した式 $q_p = 139.3\overline{N}$ （kN/m²），（標準偏差 $\sigma = 28.9$）を同様に安全側に丸めて評価したものであって，開端杭における閉塞効率は $\eta = 0.8$ となる．

　なお，羽根面と軸部先端面の支持力度を個々に測定した文献 6.2.15），6.2.16）によると，羽根

6章 杭 基 礎 —209—

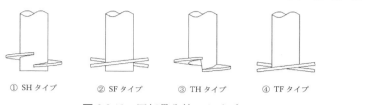

① SHタイプ　② SFタイプ　③ THタイプ　④ TFタイプ

図 6.2.10　回転貫入杭のタイプ

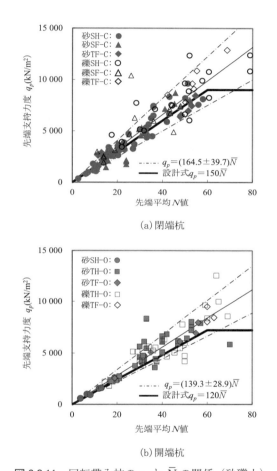

(a) 閉端杭

(b) 開端杭

図 6.2.11　回転貫入杭の q_p と $\bar{N}$ の関係（砂礫土）

軸径比 d/d_0 が2程度の場合における羽根面の先端支持力度は，軸部先端面の1/2程度である．羽根部の厚さの設計においては，このような羽根面と軸部先端面の支持力分担を考慮することが合理的である．

(ii) 粘 性 土

図 6.2.12 は粘性土の先端支持力度と杭先端平均 N 値の関係である．先端形状はすべて閉端型である．設計式 $q_p=150\bar{N}$ は，載荷試験における q_p と $q_p/\bar{N}$ の関係を一次式で回帰して評価した式 $q_p=192.7\bar{N}$ (kN/m²) ($\sigma=59.3$) を安全側に丸めて評価したものである．なお，粘性土におけ

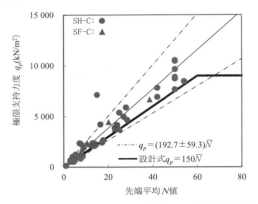

図 6.2.12 回転貫入杭の q_p と $\overline{N}$ の関係（粘性土）

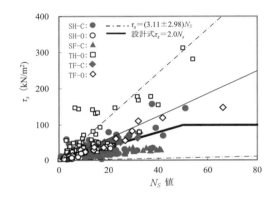

図 6.2.13 回転貫入杭の極限周面抵抗力度 τ_s と N_S 値の関係

る開端型の載荷試験例は収集されていないが，砂礫土と同様に開端杭の閉塞効率 $\eta=0.8$ を適用する．

b）極限周面抵抗力度〔記号は表 6.3 参照〕

杭先端から $1d$ 間を除く単杭の周面抵抗力度は，以下の式で評価する．

〈砂質土〉
$$\tau_s = 2.0\, N_S \tag{6.2.13}$$

〈粘性土〉
$$\tau_c = 0.5\, c_u \tag{6.2.14}$$

(ⅰ) 砂 質 土

回転貫入杭は，施工時に杭軸部の体積に相当する周面地盤を側方に締め固める排土杭の性質を有する一方で，羽根回転による杭周面地盤の乱れや杭軸部と杭周面地盤の境界にゆるみ領域が発生する傾向がある[6.2.15]．図 6.2.13 は，回転貫入杭の鉛直載荷試験結果に基づき，砂質土の極限周面抵抗力度 τ_s と杭周面地盤の N_s 値の関係を統計的に検討したものである．載荷試験における τ_s

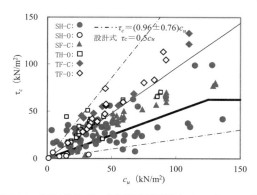

図 6.2.14 回転貫入杭の極限周面抵抗力度 τ_c と c_u の関係

と N_s の関係を一次式で回帰して評価した式は $\tau_s=3.11N_s$ (kN/m²)（$\sigma=2.98$）となる．全データの約 75 % が式 6.2.13 で得られる値を上回っているものの，設計値に達していない測定値の多くは軸径 d_0 が小さく羽根軸径比 d/d_0 が大きい場合に該当する．したがって，杭軸径が 200 mm 未満の小径の回転貫入杭の設計においては，杭周面抵抗力を 1/2 以下まで低下させて安全側に評価する．τ_s の上限値は 100 kN/m² とした．

（ⅱ）粘　性　土

図 6.2.14 は，回転貫入杭の鉛直載荷試験結果に基づき，粘性土の極限周面抵抗力度 τ_c と杭周面地盤の $c_u=q_u/2$（q_u：一軸圧縮強さ）の関係を統計的に検討したものである．載荷試験における τ_c と c_u の関係を一次式で回帰して評価した式は $\tau_c=0.96\,c_u$ (kN/m²)（$\sigma=0.76$）である．全データの約 70 % が式 6.2.14 で得られる値を上回っている．ただし，設計値に達していない測定値は砂質土の場合と同様の理由であることから，杭軸径が 200 mm 未満の小径の回転貫入杭の設計においては，杭周面抵抗力を 1/2 以下まで低下させて安全側に評価する．τ_c の上限値は 62.5 kN/m² である．

（4）打込み杭の鉛直支持力

a）極限先端支持力度

単杭の極限先端支持力度は，杭先端の地盤性状に応じて，式 6.2.15～式 6.2.19 により算定する．ただし，極限先端支持力度の上限値は 18 000 kN/m² とする〔各記号は表 6.2 参照〕．

〈砂質土〉

① 標準貫入試験結果を利用する場合

$$q_p=300\eta\bar{N} \tag{6.2.15}$$

$$\eta=0.16\,(L_B/d_1)\quad 2\leqq(L_B/d_1)\leqq 5 \text{ の場合} \tag{6.2.16}$$

$$\eta=0.80 \qquad 5<(L_B/d_1) \text{ の場合}$$

② 静的貫入試験結果を利用する場合

$$q_p=0.7q_c \tag{6.2.17}$$

ここに，q_c (kN/m²)：静的コーン貫入試験によるコーン貫入抵抗

〈粘性土〉
① 一軸圧縮試験または三軸圧縮試験結果などを利用する場合

$$q_p = 6c_u \tag{6.2.18}$$

② 静的貫入試験結果を利用する場合

$$q_p = 0.7q_c \tag{6.2.19}$$

（ i ） 砂　質　土

　打込み杭の先端支持力度については，開端鋼管杭の閉塞効率に関する知見を除き，旧指針（2001）作成後に新たな知見や提案が見られないことから，基本的に旧指針（2001）に示されている方法に従うものとする．なお，極限先端支持力度については，先端地盤の土粒子破砕などを考慮して上限を設けたが，この値は一応の目安に過ぎず，載荷試験や室内力学試験などによって確認するのが望ましい．打込み杭の極限先端支持力度は，マイヤホフの提案式[6.2.17]に基づき，ケリゼル（Kerisel）[6.2.18]あるいはBCP委員会の実験結果[6.2.19]を参考に定められたものである．

　開端杭を地盤中に打設すると，杭の内部に侵入した土が杭の内周面との摩擦により，あたかも杭の先端部を閉塞するような現象が起こる〔図6.2.15〕．この杭内部の土は，打設中に締め固められることによってより強固な土となり，先端支持力に寄与するようになる．

　このような閉塞効果を考慮に入れた杭の極限先端支持力 R_p（kN）は，次式で評価される．

$$R_p = R_f + R_{tp} + R_{fl} \tag{6.2.20}$$

ここに，R_f（kN）：杭外周面の最大摩擦力

　　　　R_{tp}（kN）：開端杭の先端肉厚部の極限支持力

　　　　R_{fl}（kN）：開端杭内部に詰まった土の最大周面摩擦力

$(R_{tp} + R_{fl})$ を見かけの極限先端支持力，また閉端杭の極限先端支持力を R_{PC} とし，閉塞効率を $\eta = (R_{tp} + R_{fl})/R_{PC}$ と定義すると，式6.2.20は式6.2.21に変換できる．

$$R_p = R_f + \eta R_{PC} \tag{6.2.21}$$

　η の値については，旧指針（2001）では杭径 450～650 mm の鋼管杭に対する式6.2.16が提案されている．図6.2.16は旧指針（2001）に示されている閉塞効率 η と根入れ比 L_B/d_I の関係のデータ[6.2.20]に新たな載荷試験データ[6.2.21]～[6.2.32]を追加したものである．ただし，閉塞効率 η を算出す

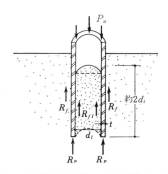

図 6.2.15　開端杭に作用する鉛直荷重と支持力

6 章 杭 基 礎 —213—

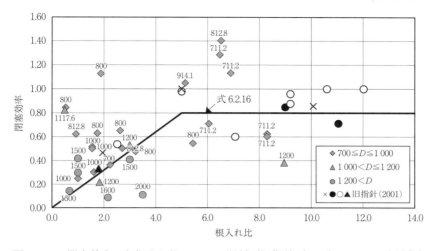

図 6.2.16　閉塞効率 η と根入れ比 L_B/d_1 の関係（旧指針（2001）にデータを追加）

る際に用いた閉端杭の極限先端支持力は，極限先端支持力度の上限値を 18 000 kN/m² とした．また，R_{fl} の実測結果については，図 6.2.17[6.2.33)] が報告されており，杭径が増大すると R_{fl} が急に低下することが分る．図 6.2.16 では，データのばらつきがかなり大きいものの杭径 1 000 mm 以下の鋼管杭については実験データの多くが式 6.2.16 を上回っていることから，杭径 1 000 mm 以下に適応してもよいと評価される．ただし，杭径 600 mm と 1 117.6 mm の開端鋼管杭による載荷試験結果において，極限先端支持力度が後者では前者の約 1/3 に低下したという報告[6.2.33)] もあるため，杭径が 650 mm を超える場合には十分注意が必要である．

（ⅱ）粘　性　土

関東地方で土丹と俗称される固結粘性土層に杭を支持させることがあるものの，杭先端部を粘性土層に支持させることは概して少なく，載荷試験の実績も少ない．したがって，粘性土層に支持される杭の極限支持力度は，旧指針（2001）を踏襲して，式 6.2.18 または式 6.2.19 で評価する．

式 6.2.18 の係数は，場所打ちコンクリート杭に準じることとした．また，前述のようにスケンプトンの実験から逆算された係数が 5～8 の範囲であったことから，式 6.2.18 と式 6.2.19 を等値とすると $q_c = 8.6 c_u$ となり，粘性土では $q_c \fallingdotseq 10 c_u$ 程度であることを考慮すると，両式に若干の差異はあるものの概略対応していることからこの係数を採用することとした．

q_p 値の上限値は，砂質土と同様，18 000 kN/m² とするが，土丹や軟岩の地層には，ひび割れが存在することも多いため，q_c や c_u の値が大きい粘性土の場合には，載荷試験などの十分な調査を行ったうえで q_p を設定するのが望ましい．

b）極限周面抵抗力度

単杭の極限周面抵抗力度は，杭周面の地盤性状に応じて，式 6.2.22 または式 6.2.23 により算定する．

〈砂質土〉

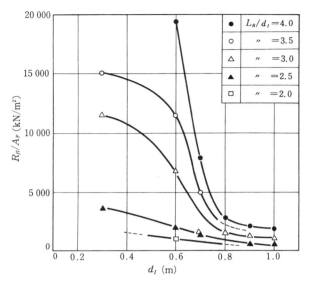

図 6.2.17　R_{fl} の実測値[6.2.34]

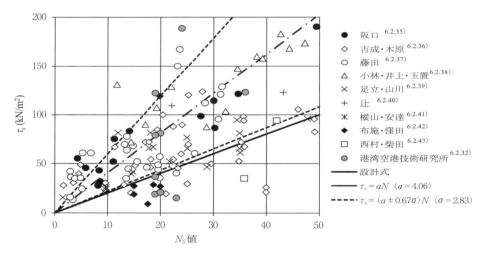

図 6.2.18　打込み杭の周面抵抗力度と N_S 値の関係（旧指針（2001）にデータを追加）

$$\tau_s = 2.0 N_S \tag{6.2.22}$$

〈粘性土〉

$$\tau_c = 0.8\, c_u \tag{6.2.23}$$

（ i ）砂 質 土

　打込み杭の砂質土における極限周面抵抗力度は，載荷試験結果から得られる周面抵抗力度と杭の変位との関係をもとに設定している．図 6.2.18 は，旧指針（2001）に示される極限周面抵抗力度と N_S 値の関係のデータ[6.2.35]〜[6.2.43]に，新たな載荷試験のデータ[6.2.32]を追加したものである．

τ_s/N_s の平均は 4.06,標準偏差 σ は 2.83 である.

追加した実験データについては多少のばらつきがあるものの,旧指針(2001)での評価値と大きな差はないことから,旧指針(2001)を踏襲して,式 6.2.22 で評価する.

なお,式 6.2.22 は,場所打ちコンクリート杭の評価式〔式 6.2.4〕および杭周固定液を有する埋込み杭の評価式〔式 6.2.8〕よりも小さな値を与えている.これは,打込み杭の表面が場所打ちコンクリート杭および杭周固定液を有する埋込み杭の表面に比べて滑らかなことに起因していると推察される.また,杭と砂質土間の要素試験結果[6.2.23]において,杭の表面粗さが摩擦抵抗に大きな影響を及ぼすことが明らかになっていることからも前述のとおりである.また,N 値が比較的大きいにもかかわらず,抵抗力がそれほど大きくないものもみられるが,これらについては鋼管杭の打込み時に,杭先端の外側に補強材として取り付けられたバンドが周面抵抗力を低下させたためと推察される.

(ii) 粘 性 土

粘性土における極限周面抵抗力度についても,砂質土と同様に鉛直載荷試験結果に基づいて,その値を設定している.図 6.2.19 は,打込み杭の鉛直載荷試験結果[6.2.27),6.2.32),6.2.44]をもとに,粘性土の極限周面抵抗力度と杭周面地盤の c_u との関係を,非排水せん断強さまたは $c_u = q_u/2$ (q_u:一軸圧縮強さ)としてまとめたものである.鉛直載荷試験では沖積層または洪積層の区別なくデータを採取しているが,ばらつきも大きく,τ_c/c_u の平均は 1.92,標準偏差 σ は 2.44 である.

一般に粘性土の非排水せん断強さと杭の周面抵抗力度との間には密接な関係があり,非排水せん断強さが小さな正規圧密粘土でほぼ一致するとされている.一方,過圧密粘土のように非排水せん断強さが大きいと,杭の施工法の影響を受けて一度乱された土が再圧密して容易に強度回復しないことも指摘されている[6.2.45),6.2.46].

図中の諸数値から 75 % 超過係数を求めると 0.28 となるが,かなり低めの数値となることか

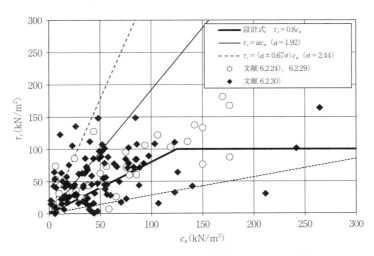

図 6.2.19 打込み杭の極限周面抵抗力度と c_u の関係

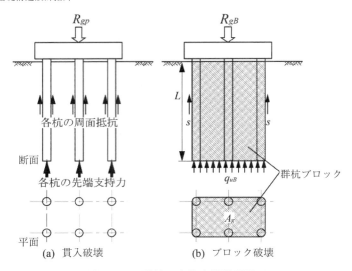

図 6.2.20　群杭の支持力機構説明図

ら，設計式は場所打ちコンクリート杭の極限周面抵抗力度の算定方法を参考に $\tau_c=0.8\,c_u$（$\tau_c \leq 100\,\text{kN/m}^2$）を採用する．ただし，過圧密粘性土などの取扱いについては，場所打ちコンクリート杭と同様である．

4．群杭の支持力

　杭を群杭として用いる場合は，群杭としての支持力を検討する．鉛直荷重を受ける群杭の終局限界状態は以下の二つが考えられる〔図 6.2.20 参照〕．

① 貫入破壊：各杭が個々に貫入して終局に至る挙動．
② ブロック破壊：群杭外周の杭で囲まれた杭と杭間土の部分（以後，群杭ブロックと記す）が，一体となって貫入して終局に至る挙動[6.2.47],[6.2.48]．

　貫入破壊の場合の群杭の極限鉛直支持力 R_{gp}（kN）は，単杭の極限鉛直支持力 R_u（kN）の杭本数倍となり式 6.2.24 で表される．ブロック破壊の場合の群杭の極限鉛直支持力 R_{gB}（kN）は，式 6.2.25 で表される．各限界状態における群杭の設計用限界値は，表 6.1.2 の単杭の設計用限界値にならって求める．

$$R_{gp}=nR_u \quad\quad\quad (6.2.24)$$
$$R_{gB}=\phi_B Ls + A_g q_{uB} \quad\quad\quad (6.2.25)$$

ここに，n　　　　　：杭本数
　　　　ϕ_B（m）　：群杭の外側を結んでできる包絡線の周長（群杭ブロックの周長）
　　　　L（m）　　：群杭ブロック長（＝杭長）
　　　　s（kN/m²）：群杭ブロック外周地盤のせん断強さ
　　　　A_g（m²）　：群杭ブロックの先端面積
　　　　q_{uB}（kN/m²）：群杭ブロックの極限先端支持力度

群杭の支持力は，式 6.2.24 と式 6.2.25 から求まる支持力のうち小さい方を採用する．ただし，砂質土中の群杭は，既往の研究[6.2.49]～[6.2.52]から一般に用いられる杭間隔であれば最終的には貫入破壊を生じると考えられるので，貫入破壊としてよい．貫入破壊を生じる場合でも，杭と杭間の相互作用により周面抵抗力と先端支持力の発揮が群杭と単杭とでは異なる[6.2.53]ことや，群杭では地中応力の重ね合わせにより沈下に影響する地盤の範囲が単杭の場合よりも深部に及ぶ〔6.3 節 2. 参照〕など，杭 1 本あたりの極限支持力は同じでも，支持力の発揮に要する沈下量が単杭よりも大きくなる可能性があることに注意が必要である．

5. 支持層厚が薄い場合（薄層支持）の先端支持力

本節 3. で示した単杭の極限先端支持力度 q_p〔表 6.3 参照〕は杭下方の支持層厚 H (m) が先端径 d (m) に対して十分に厚い場合を想定している．しかし杭の先端支持力は，支持層厚比 H/d がある限界値 $(H/d)_{min}$ より小さくなると杭下方の支持層の土塊が下部層に貫入する破壊を伴って低下する[6.2.54]〔図 6.2.21 参照〕．したがって薄層支持杭の先端支持力は，鉛直載荷試験を行って求めるか，支持層の強度と支持層厚比 (H/d) および下層の強度などを適切に考慮して算定する必要がある．

本指針では，薄層支持杭の実験的・解析的研究の成果[6.2.55]～[6.2.59]が一定以上蓄積されたことを踏まえ，このような地盤における単杭の極限先端支持力度 q_p (kN/m^2) について，図 6.2.22 に示す評価法を推奨する．これは，支持層で決まる q_{p1} (kN/m^2) に加え，下層で決まる q_{p2} (kN/m^2) も求め，いずれか小さい方を採用し，次式で与えられる．

$$q_p = \min(q_{p1}, q_{p2}) \tag{6.2.26}$$

$$q_{p2} = \left(1 + 2\frac{H}{d}\tan\theta\right)^2 q_c \tag{6.2.27}$$

ここに，q_{p1} (kN/m^2)：支持層で決まる q_p〔表 6.3 参照〕
　　　　q_{p2} (kN/m^2)：下層で決まる q_p

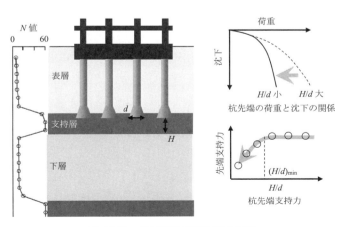

図 6.2.21　杭の薄層支持の概念図

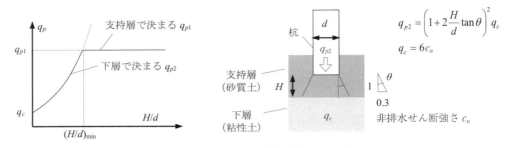

図 6.2.22　薄層支持杭の先端支持力の算定方法

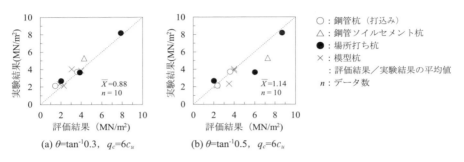

(a) $\theta=\tan^{-1}0.3$, $q_c=6c_u$　　(b) $\theta=\tan^{-1}0.5$, $q_c=6c_u$

図 6.2.23　薄層支持杭の先端支持力の評価結果と実験結果の比較

θ（°）　　　：荷重分散角で $\tan^{-1}0.3$ を推奨

q_c（kN/m²）：下層の極限支持力度で $6c_u$ を推奨

なお，先端根固め部を有する埋込み杭の場合の d は根固め径とする．q_{p2} の算定は，下層に貫入する支持層の錘台状土塊の底面支持力を求める，いわゆる２層地盤の支持力式による[6.2.60]．算定に用いる荷重分散角 θ と下層の極限支持力 q_c は，それぞれ $\tan^{-1}0.3$，$6c_u$（粘性土を支持層とする q_p に相当）を推奨する．H/d は１以上とする．図 6.2.23 に式 6.2.26 による q_p の算定結果と実験結果の比較を示す[6.2.57]．比較の対象は，薄層支持杭の下層を過圧密粘性土とする実杭および模型杭の 10 事例である．図より，θ を $\tan^{-1}0.3$，q_c を $6c_u$ とするケース１は安全側の評価となるのに対し，θ を $\tan^{-1}0.5$ とするケース２では危険側の評価となる可能性があることがわかる．

FEM 解析によって，終局限界（$S_p/d=0.1$ 時，S_p：先端沈下）に至るまでの先端荷重と沈下の関係から地盤の強度，変形特性および地層構成を考慮して q_p を求めることも可能である[6.2.58],[6.2.31],[6.2.62]．ただし，解析結果は地盤の物性・構成則・メッシュ幅などに左右されるため，薄層支持杭の載荷試験結果の再現性を確認しておくことが重要である．「鉄道構造物等設計標準」[6.2.63] および「道路橋示方書」[6.2.64] の評価法，先端荷重と沈下の関係を弾性論の近似解に基づく初期剛性と２層地盤の支持力式による最大耐力で規定される双曲線関数によって近似する評価法[6.2.65] も参考にできる．薄層支持杭の実験データは限られることから，複数の評価結果を比較したり，施工法や地盤条件が類似する実験データを参考にするなど，慎重に対応することが望ましい．

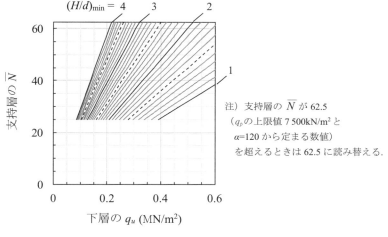

図 6.2.24 $(H/d)_{min}$ の算定図（場所打ち杭）

本項の検討は，H/d が $(H/d)_{min}$ 以上となる場合には省略してよい．$(H/d)_{min}$ は，既往の解析・実験では概ね 3〜4 以上[6.2.60)]とするものが多いが，適用範囲が十分に明らかにされているとはいいがたい．本指針では，式 6.2.26 において q_{p1} と q_{p2} を等値することにより，支持層の N 値と下層の一軸圧縮強さ q_u に応じた $(H/d)_{min}$ を算定する．θ と q_c に推奨値を用いて得られる $(H/d)_{min}$ の算定結果は，安全側の目安を与えると考えられる．図 6.2.24 は，場所打ち杭の $(H/d)_{min}$ を算出した図である．図より，例えば支持層の N 値が 50，下層の q_u が $0.3\,MN/m^2$ の場合には $(H/d)_{min}$ は 2.6 程度であることがわかる．

下層は変形係数が小さく，また圧密沈下が生じる可能性があることから，薄層支持杭の採用にあたっては支持力に加え，沈下も検討する必要がある〔6.3 節参照〕．このとき常時荷重時については，先端荷重が極限先端支持力に比べて小さく，支持層のパンチング破壊が生じていない状態を想定してもよい．すなわち，群杭の沈下量算定に用いる等価荷重面法（簡易法）の荷重分散角は，弾性時のそれに相当する $\tan^{-1} 0.5$（縦 1：横 0.5）を用いることができる．本項の検討には，支持層の H，下層の c_u（または q_u）と圧密特性が必要となる．2.6 節および文献 6.2.57) を参考に，地盤調査を十分に行っておく．

参 考 文 献

6.2.1) 地盤工学会：杭の鉛直載荷試験方法，同解説—第一回改訂版—，2002
6.2.2) 岸田英明・高野昭信：砂地盤中の埋込み杭先端部の接地圧分布（その 2．接地圧分布と埋込み杭の先端支持力の関係），日本建築学会論文報告集，第 261 号，pp. 25〜40，1977.11
6.2.3) 高野昭信・青木一二三・小粥庸夫・小笠原政文：第 1 限界荷重，第 2 限界荷重の意義と特徴について，杭の鉛直載荷試験方法および支持力判定法に関するシンポジウム発表論文集，pp. 47〜54，土質工学会，1991.9
6.2.4) 山肩邦男・伊藤淳志・山田 毅・田中 健：場所打ちコンクリート杭の極限先端荷重および先端荷重〜先端沈下量特性に関する統計的研究，日本建築学会構造系論文報告集，第 423 号，pp. 137〜146，1991.5
6.2.5) 日本基礎建設協会：場所打ちコンクリート杭の載荷試験データについて，1999
6.2.6) 岡原美知夫・中谷昌一・田口敬二・松井謙二：軸方向押込み力に対する杭の支持力特性に関す

― 220 ―　建築基礎構造設計指針

6.2.7)　　る研究，土木学会論文報告集，No. 418，Ⅲ-13，pp. 257〜266，1990.6

6.2.7)　日本建設業連合会：BCS 基礎杭評価研究会終了報告書，1990

6.2.8)　三嶋伸也・岸下　崇・丸　隆宏：場所打ち杭の支持力特性に関する評価と検証（その1）（その2），日本建築学会大会学術講演梗概集，構造Ⅰ，pp. 435〜438，2012.9

6.2.9)　富田菜都美・石崎定幸・渡邊　徹・長尾俊昌・河本慎一郎・辰濃　達・原　　順：超高層建物における既存場所打ち杭の再使用に関する調査（その3），日本建築学会大会学術講演梗概集，構造Ⅰ，pp. 467〜468，2013.8

6.2.10)　秋山茂雄・木岡　隆・小林勝已・森　紘一・丸　隆宏・寺岡　勝：砂質地盤におけるアースドリル杭の鉛直載荷試験（その2），日本建築学会大会学術講演梗概集，構造Ⅰ，pp. 669〜670，2003.7

6.2.11)　阪神高速道路公団：場所打ち杭の支持力設計要領，1990

6.2.12)　Skempton, A.W. : The bearing capacity of clays, Proc. Building Research Congress, Vol. 1, pp. 180〜189, 1951

6.2.13)　木谷好伸・廣瀬智治：埋込み杭の支持力係数の提案，日本建築学会大会学術講演梗概集，構造Ⅰ，pp. 719〜720，2018.9

6.2.14)　土屋　勉・高坂　舞：回転貫入杭の鉛直支持特性に関する統計的研究，日本建築学会技術報告集，第21巻，第49号，pp. 991〜994，2015.10

6.2.15)　大杉富美一・土屋　勉・島田正夫・吉田勝之：大型加圧土槽を利用した回転貫入模型杭の貫入実験，日本建築学会構造系論文集，第591号，pp. 69〜75，2005.5

6.2.16)　池田篤則・土屋　勉・永井　宏：杭先端面と羽根面の支持力機構に基づいた回転貫入杭の鉛直支持力算定式の構築，日本建築学会技術報告集，第18巻，第40号，pp. 877〜882，2012.10

6.2.17)　Meyerhof, G.G. : Penetration tests and bearing capacity of cohesionless soils, ASCE, Vol. 82, No. SM1, 1956

6.2.18)　Kerisel, J. : Foundation profondes en millieu sableux, Proc. 5th International Conference on Soil Mechanics and Foundation Engineering, Vol. 2, pp. 29〜83, 1961

6.2.19)　BCP Committee : Field tests on piles in sand, Soils and Foundations, Vol. 11, No. 2, pp. 29〜50, 1971.6

6.2.20)　幾田悠康・青木雅路・岸田英明：開端鋼管杭の先端支持力評価，第17回土質工学研究発表会講演集，pp. 2185〜2188，1982.4

6.2.21)　鋼管杭協会：建築用鋼管杭施工指針・同解説，1986

6.2.22)　菊池嘉昭・佐々木宏・下司弘之ほか：東京港臨海道路大口径鋼管杭の載荷試験，基礎工，Vol. 32，No. 10，pp. 95〜98，2004.10

6.2.23)　菊池嘉昭・佐々木宏・下司弘之ほか：大口径鋼管杭の鉛直支持力について，土木学会構造工学論文集，Vol. 51A，pp. 1571〜1577，2005.3

6.2.24)　才村幸男・日下部治・菊池嘉昭ほか：東京港臨海道路における大口径鋼管杭の鉛直支持力，地盤工学会第40回地盤工学研究発表会，pp. 1673〜1674，2005.7

6.2.25)　児島郁男・日下部治・菊池嘉昭ほか：東京港臨海道路における急速載荷試験，地盤工学会第40回地盤工学研究発表会，pp. 1675〜1676，2005.7

6.2.26)　齊藤　泰・菊池嘉昭・日下部治ほか：東京港ゲートブリッジにおける鋼管杭載荷試験結果の鋼管矢板井筒基礎設計への適用，土木学会論文集C（地圏工学），Vol. 67，No. 4，pp. 554〜557，2011.6

6.2.27)　運輸省第二港湾建設局横浜調査設計事務所・鋼管杭協会：東京国際空港鋼管杭特性解析調査報告書，1993.3

6.2.28)　本山　襄・辻　秀紀・宮林秀次：大口径鋼管杭の載荷試験（関西国際空港連絡橋），土と基礎，Vol. 36，No. 7，pp. 23〜28，1988.7

6.2.29)　樅山好幸・本間政幸・片山　孟・丸山　隆：東京湾横断道路大口径鋼管杭鉛直載荷試験，土と基礎，Vol. 40，No. 2，pp. 47〜52，1992.2

6.2.30)　金子正猪・落合英俊・安田　進・前田良刀：新北九州空港連絡橋における新しい試み，基礎工，Vol. 30，No. 3，pp. 59〜62，2002.3

6.2.31)　落合英俊・安福規之・安田　進・前田良刀・藤原常男・松永達雄・白井康夫・田上　裕：洪積互層地盤における鋼管杭の支持力特性（新北九州空港連絡道路建設において），第38回地盤工学研究発表会，pp. 1409〜1410，2003.7

6.2.32)　港湾空港技術研究所：杭の支持力推定手法の合理化に関する共同研究報告書，付録，2009.3

6.2.33)　高橋邦夫：大口径鋼管杭に関する試験と解析，港湾技術資料，No. 660，1989

6.2.34)　岸田英明・有原高志・原　悟視：開端グイの内部に詰まった砂の挙動，第9回土質工学研究発表会講演集，pp. 549〜552，1974.5

6.2.35)　阪口　理：くいに働く砂質土の摩擦力推定式について，日本建築学会大会学術講演梗概集，構

造系, pp. 375〜376, 1969.7

6.2.36) 吉成元伸・木原隆明：杭の施工方法別による周面摩擦抵抗とN値との関係（最大周面摩擦に関する考察），日本建築学会大会学術講演梗概集，構造系，pp. 2071〜2072, 1978.8

6.2.37) 藤田圭一：N値を考える 4. N値の利用例，土と基礎，Vol. 22, No. 5, pp. 95〜101, 1974.5

6.2.38) 井上嘉信・小林幸男・玉置克之：砂層におけるくいの支持力に関する研究，日本建築学会大会学術講演梗概集，構造系，pp. 875〜876, 1972.9

6.2.39) 足立義雄・山川朝生：くいの周面抵抗，土木技術資料，Vol. 16, No. 5, pp. 13〜18, 1974.5

6.2.40) 辻　秀紀：鋼管杭ゼミナール関西国際空港連絡橋の基礎構造と杭の支持力試験，明日を築く，No. 53, pp. 6〜10, 1988.1

6.2.41) 樅山好幸・安達靖夫・安永正三・中本泰弘・片山　猛・川上圭三：東京湾横断道路載荷試験結果に基づく大径鋼管杭の支持力機構，土木学会第45回年次学術講演会講演梗概集，第3部，pp. 1026〜1027, 1990.9

6.2.42) 布施洋一・窪田元恢・水田富久・田中　剛：関西国際空港における長尺摩擦杭の支持力特性，基礎工，Vol. 20, No. 9, pp. 78〜85, 1992.9

6.2.43) 坂井吉彦・樫原泰史・西村真二・柴田厚志：杭の動的支持力推定法の適用性の検討（5）―羽田沖合展開工事における建築用鋼管杭の動的貫入抵抗の測定―，第28回土質工学研究発表会発表講演集，pp. 1711〜1714, 1993.6

6.2.44) 土木研究所：杭の軸方向の変形特性に関する研究，土木研究所資料　第4139号付録，2009.3

6.2.45) Tomlinson, M.J.：Pile and construction practice, 3rd edtion, Chapter 4, A Viewpoint Publication, 1989

6.2.46) Semple, R.M., Rigden, W.J.：Shaft capacity of driven pipe piles in clay, Symposium on analsys and dsign of pile foundation, ASCE, San Francisco, 1984.10

6.2.47) Whitaker, T.：Experiments with model piles in groups, Geotechnique, Vol. 7, Issue 4. pp. 147〜167, 1957

6.2.48) O'Neill, M.W., Hawkins, R.A. and Mahar, L.J.：Load transfer mechanism in piles and pile groups, J. of geotechnical Engineering Divisin ASCE, Vol. 108, No. GT12, pp. 1605〜1623, 1982

6.2.49) Vesic, A.S.：Experiments with instrumented pile groups in sand, ASTM STP444, pp. 177〜222, 1969

6.2.50) 佐原　守・秋野矩之・冨永晃司：群杭の終局状態に至るまでの鉛直挙動に関する模型実験とその弾塑性解析，構造工学論文集，Vol. 48B, pp. 335〜342, 2002.3

6.2.51) 真野英之：杭間隔の狭い群杭の沈下性状，日本建築学会大会学術講演梗概集，構造Ⅰ，pp. 491〜492, 1996.7

6.2.52) 青山翔吾・Danaridi, L.・後藤　茂・東畑郁生：群杭支持地盤に生じる地盤変形についてのPIV解析，第48回地盤工学研究発表会，pp. 1273〜1274, 2013.7

6.2.53) 武居幸次郎・柴垣勝彦・坂本栄二・宮田　章・大坪　淳：同一杭の単杭状態と群杭状態の鉛直挙動，日本建築学会大会学術講演梗概集，構造Ⅰ，pp. 503〜504, 2002.8

6.2.54) Meyerhof, G.G.：Bearing capacity and settlement of pile foundation, ASCE, Vol. 102, pp. 197〜228, 1976.3

6.2.55) 加倉井正昭・伴野松次郎・岡村保信・塊原泰男：2層地盤の支持力に関する実験的研究，第13回土質工学研究発表会，pp. 745〜748, 1978.5

6.2.56) 松井　保・中林正司・前川義男・松井謙二：薄層における場所打ち杭の鉛直支持力特性とその設計法，橋梁と基礎，pp. 33〜38, 1994.9

6.2.57) 日本建築学会：建築基礎構造設計のための地盤評価Q&A, 2015

6.2.58) 堀井良浩：砂質土―粘性土の2層地盤に支持される杭の先端抵抗に関する研究，博士論文，2018

6.2.59) Horii, Y. and Nagao, T.：Centrifuge modeling of non-displacement piles on a thin bearing layer overlying a clay layer, Proc. of 9th ICPMG, Vol. 2, pp. 1371〜1376, 2018.7

6.2.60) Yamaguchi, H.：Practical formula of bearing value of two layered ground, Proc. of 2nd Asian Regional Conference on Soil Mechanics and Foundation Engineering, Vol. 1, pp. 176〜180, 1963

6.2.61) 山崎雅弘：FEM解析による杭の先端荷重〜沈下量関係推定のための地盤パラメータ設定法，日本建築学会構造系論文集，第590号，pp. 55〜62, 2005.4

6.2.62) 鈴木直子・西山高士・渡辺和博・佐原　守：中間層支持杭の鉛直支持性能に関する研究，大林組技術研究所報，No. 80, pp. 1〜6, 2016.12

6.2.63) 鉄道総合技術研究所：鉄道構造物等設計標準，同解説　基礎構造物，抗土圧構造物，2012

6.2.64) 日本道路協会：杭基礎設計便覧 平成18年度改訂版，2007

6.2.65) 堀井良浩：砂質土―粘性土の2層地盤に支持される杭の先端抵抗に関する評価法，日本建築学会大会学術講演梗概集，構造Ⅰ，pp. 729〜730, 2018.9

— 222 — 建築基礎構造設計指針

6.3節 沈　　下

> 1. 単杭の沈下量は，下記のいずれかによって評価する．要求性能レベル（限界状態）に応じた設計用限界値は，表6.4による．
> 　（1）　鉛直載荷試験による荷重–沈下量関係
> 　（2）　荷重伝達解析による荷重–沈下量関係
> 　（3）　杭頭のばね定数
>
> **表6.4　沈下の設計用限界値**
>
> | 想定荷重 | 性能グレード | 要求性能レベル（限界状態） | 沈下の設計用限界値 |
> |---|---|---|---|
> | 常時荷重 | — | 使用限界状態 | 基礎が使用限界状態となる沈下量，不同沈下量および変形角〔表5.3.4～5.3.8〕 |
> | レベル1荷重 | — | 損傷限界状態 | 基礎が損傷限界状態となる沈下量，不同沈下量および変形角〔表5.3.8〕 |
> | レベル2荷重 | S | | |
> | | A | 終局限界状態 | 基礎が終局限界状態となる沈下量，不同沈下量および変形角〔表5.3.8〕 |
>
> 2. 群杭の沈下量は，相互作用による影響や，沈下に影響する地盤の範囲が単杭の場合よりも深部まで及ぶことを考慮して評価する．
> 3. 短時間に作用する荷重による杭の沈下量は，杭先端や杭周面に常時の荷重が作用していることを考慮して，上記の1および2の方法で評価する．

1.　単杭の沈下

　杭に荷重が作用すると，杭周面および杭先端付近の地盤がせん断および圧縮変形するため，杭に沈下が生じる．杭の沈下量に関しては，表6.4に示す要求性能レベルに応じた検討を行う．

　杭頭荷重による杭の沈下（即時沈下）は，載荷の初期から極限荷重に至るまでの設計用荷重–沈下量曲線を設定し，この曲線上において，要求性能のレベルに応じて想定される鉛直下向き荷重に対する設計用応答値として算定する．

　単杭の即時沈下量は，下記のいずれかによって評価する．

① 鉛直載荷試験による荷重–沈下量関係
② 荷重伝達解析による荷重–沈下量関係
③ 杭頭のばね定数

　なお，杭基礎が圧密沈下のおそれのある地層に支持される場合には，即時沈下量のほかに圧密沈下量を計算し，杭の沈下量を即時沈下量と圧密沈下量の和として評価する．

（1）　鉛直載荷試験による荷重–沈下量関係

　杭の荷重–沈下量関係は，杭の極限支持力と同様，本杭と同じ施工方法による試験杭を用いて，

鉛直載荷試験のうち押込み試験方法によって求めることが基本である（先端荷重-先端沈下量関係のみを評価する場合は，先端載荷試験方法でも可）．試験杭の直径や杭長が本杭の径や長さと同じ場合は，載荷試験から得られる杭頭での荷重-沈下量曲線をそのまま利用するか，あるいはこれをモデル化して設計用荷重-沈下量曲線を作成する〔図 6.3.1〕．

　実際に用いる大径の杭の沈下挙動を小径の試験杭の載荷試験から求めることも可能である．そのためには，周面抵抗と先端抵抗を分離して評価するとともに，杭径の違いを考慮したばね定数を設定し，荷重伝達解析などを用いて大径の杭の荷重-沈下量関係を推定する．

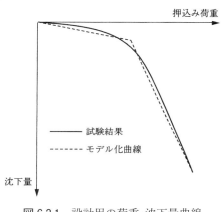

図 6.3.1　設計用の荷重-沈下量曲線

（2）　荷重伝達解析による荷重-沈下量関係の評価

　我が国では，種々の地盤構成を有する敷地で，深度方向に複数のひずみ計を配した原位置載荷試験が実施され，載荷初期から極限状態に至るまでの荷重-沈下関量係のデータが蓄積されている．図 6.3.2 は，それらのデータに基づいて杭周面と杭先端の抵抗力の発揮過程をモデル的に描いたものである．

　荷重伝達解析は，既往の載荷試験で得られた杭の先端抵抗-先端変位量関係と周面抵抗-変位量関係に基づいて，単杭の荷重-沈下量関係を解析的に求める方法[6.3.1),6.3.2)]である．精度のよい荷重-変位量関係を推定するためには，先端抵抗-先端変位量関係と周面抵抗-変位量関係を適切にモデル化する必要があり，土層に応じて杭体を数個に区分した周面抵抗-変位量関係を用いることが多い．具体的には，図 6.3.3 に示すように杭体を弾性体と仮定していくつかの杭要素に分割し，杭周面地盤のせん断ばねと杭先端地盤の圧縮ばねを付した解析モデルを考える．通常，各杭要素のばねには，杭体の圧縮変形量を考慮した沈下量と周面抵抗および先端抵抗との関係が用いられる．これらのばねを載荷試験などに基づき適切に設定することにより，極限状態に至るまでの単杭の荷重-沈下量関係を実状に近い形で表現できる．

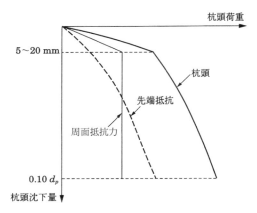

図 6.3.2　単杭の荷重-沈下量曲線

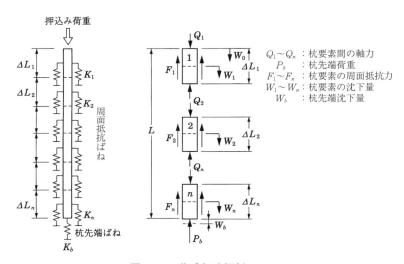

図 6.3.3　荷重伝達解析モデル

a）　先端抵抗-沈下量関係のモデル化

図 6.3.4 のような非線形を有する先端抵抗-沈下量関係は，高野ら[6.3.3)]が提案した先端沈下量 S_p が先端径 d_p の 10 ％ の時に，極限先端支持力度に達する次式でモデル化する．

$$\frac{S_p/d_p}{0.1} = \alpha \frac{R_p/A_p}{(R_p/A_p)_u} + (1-\alpha)\left\{\frac{R_p/A_p}{(R_p/A_p)_u}\right\}^n \tag{6.3.1}$$

ここに，S_p (m)：杭先端沈下量，d_p (m)：杭先端直径，R_p (kN)：杭先端荷重，A_p (m^2)：杭先端断面積，$(R_p/A_p)_u$ (kN/m^2)：極限先端支持力度で 6.2 節に示した先端抵抗の限界値により設定，α：曲線の初期接線勾配，n：曲線形状を決定する次数

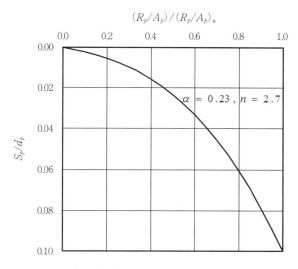

図 6.3.4 杭の先端抵抗-先端変位関係のモデル化

（i）場所打ちコンクリート杭

旧指針（2001）[6.3.4]には，砂質土に支持された場所打ちコンクリート杭の先端における荷重度-沈下比関係に関して，式 6.3.1 の係数（$\alpha=0.3$, $n=2$）が示されている．これらの値は，模型実験[6.3.5),6.3.6)]や山肩ら[6.3.7)]による場所打ち杭や場所打ち壁杭の現場載荷試験結果に基づいたものであるが，大径化が進む最近の場所打ち杭への適用性に対する懸念も指摘されている．

持田ら[6.3.8)]は，杭径 1.0～2.5 m の先端載荷試験を中心とした 12 件の現場載荷試験結果に基づいて，式 6.3.1 の係数として以下の値を提案している．本指針では，載荷試験の実績がない 2.5 m を超える拡底杭を含むすべての場所打ち杭に対して，この係数値を準用できるものとする．

　　　砂質土：$\alpha=0.23$, $n=2.7$
　　　礫質土：$\alpha=0.12$, $n=3.3$

（ii）埋込み杭

本指針では埋込み杭先端部の支持力係数を根固め部面積に対する評価に変更している〔6.2 節 3.（2）参照〕．しかし，先端沈下量が根固め径の 10% まで載荷された試験例が少ないことから，根固め部での杭径の 10% の先端沈下時で支持力係数を整理している．したがって，文献 6.3.7）と同様に，式 6.3.1 の d_p には根固め部での杭径（ST 杭は拡大径，節杭は節部径）を採用する．本指針では新たに収集したプレボーリング拡大根固め工法の現場載荷試験データから得られた以下の係数[6.3.9)]を推奨する．データ数は，砂質土 30 件（既製コンクリート杭 21 件，鋼管杭 9 件），礫質土 20 件（同 12 件，8 件），粘性土 19 件（既製コンクリート杭のみ）である．

　　　砂質土：$\alpha=0.28$, $n=3.9$（既製コンクリート杭）
　　　　　　　$\alpha=0.15$, $n=5.9$（鋼管杭）
　　　礫質土：$\alpha=0.10$, $n=3.7$（既製コンクリート杭）
　　　　　　　$\alpha=0.14$, $n=3.9$（鋼管杭）

粘性土：$\alpha=0.15$, $n=4.5$（既製コンクリート杭）

（ⅲ）回転貫入杭

土屋ら[6.3.10]は，日本建築センターに申請された種々の回転貫入杭の載荷試験結果に基づいて，回転貫入杭の先端抵抗力-沈下量関係に及ぼす杭先端部の幾何形状（羽根形状，羽根位置，先端の開閉）や羽根の諸元（羽根径，羽根軸径比）の影響を分析することにより，以下の係数値を提案している．ここで，式6.3.1のd_pには羽根径dを用いる．

砂質土：$\alpha=0.28$, $n=3.8$
礫質土：$\alpha=0.31$, $n=4.1$
粘性土：$\alpha=0.31$, $n=4.2$

上記のように，αやnに及ぼす地盤の影響は比較的小さいことから，本指針では地盤種別にかかわらず，式6.3.1の係数として次の値を推奨する．

$\alpha=0.3$, $n=4.0$

b) 周面抵抗力-変位量関係（τ-S関係）

周面抵抗力と変位量の関係は，類似の地盤および杭の条件に対する既往の載荷試験結果に基づいて設定することを基本とする．ただし，適当な載荷試験結果がない場合は，以下に示す既往の文献から周面抵抗力-変位量関係をモデル化する．

旧指針（2001）では，周面抵抗力が最大値に達した後もほぼ一定値を保つと考えられる場合は，以下に示す方法により周面抵抗力度-沈下量関係をバイリニア，トリリニア，双曲線などにモデル化して周面抵抗力を設定してよいとしている．周面抵抗力度が最大になるときの沈下量については，土質性状や杭種，杭の施工法などに影響されるので，必ずしも明確にされていない．杭径の1～2%[6.3.11]もしくは2%程度（旧指針（1988））とするもの，杭径によらず一定値（例えば1cm程度[6.3.12]）するものなどの提案がある．

伊勢本ら[6.3.13]は，場所打ち杭の先端載荷試験を中心に現場載荷試験の結果から収集した55件の周面抵抗力度-変位量関係を整理し，周面抵抗力度を最大周面抵抗力度で正規化して図6.3.5の結果を得ている．これより，トリリニアでモデル化する場合は，地盤種別ごとに表6.3.2の値を推奨する．第2折れ点以降は$\tau=\tau_{max}$で一定とする．

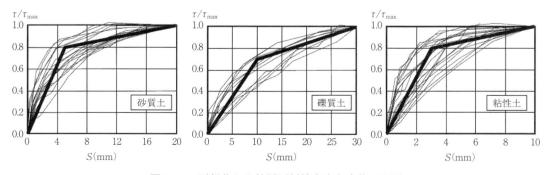

図6.3.5　正規化した杭周面抵抗力度と変位の関係

表 6.3.2 トリリニアモデルによる第1,第2折れ点の値

地盤種別	第1折れ点 τ_1 (kN/m^2)	第1折れ点 S_1 (mm)	第2折れ点 τ_2 (kN/m^2)	第2折れ点 S_2 (mm)
砂質土	$0.8\,\tau_{max}$	5	τ_{max}	20
礫質土	$0.7\,\tau_{max}$	10	τ_{max}	30
粘性土	$0.8\,\tau_{max}$	3	τ_{max}	10

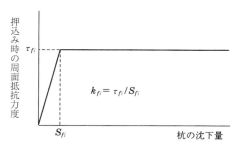

図 6.3.6 バイリニアモデルによる押込み時の杭周面抵抗力度-杭の変位量関係

周面抵抗力度-変位量関係を図 6.3.6 のようにバイリニア型によりモデル化する場合,周面抵抗力度が最大になるときの沈下量 S_{fi} は,トリリニアモデルによる第1,第2折れ点の変位量 S_1, S_2 を参考に土質ごとに適切な値を定めるものとする.

杭の施工方法による杭周面抵抗力度-沈下量関係の違いに関しては,必ずしも明確になっていない.場所打ち杭や杭周固定液を用いる埋込み杭と,施工後の地盤の状態が大きく異なる工法の場合は,それぞれの施工方法を考慮して適切な杭周面抵抗力度-沈下量関係を用いる必要がある.

(3) 杭頭のばね定数

(2) の荷重伝達解析法で示した R_p-S_p 関係から得られる杭先端ばねと τ-S 関係から得られる杭周面抵抗ばねを用いて,簡易的に杭頭のばね定数 K_p (kN/m) を算定することができる.これは,杭の荷重-変位量関係における特性点(降伏支持力,設計支持力など)での割線勾配の評価に用いる.本指針では,等価ピアにモデル化した群杭のばね定数算定法〔7.3 節参照〕を準用し,杭体の圧縮剛性の考慮の有無による二つの方法を以下に示す.

a) 杭体の圧縮性を無視する場合

比較的短い場所打ち杭や摩擦杭では杭体の圧縮変形が微小と考えられることから,杭頭ばね定数 K_p (kN/m) は杭先端地盤の圧縮変形や杭周面地盤のせん断変形に起因するものとして,次式で得られる.

$$K_p = K_s + K_b \tag{6.3.2}$$

ここに,K_s (kN/m):杭周面地盤の各層のばね定数(図 6.3.3 の周面抵抗ばね K_1〜K_n の合計)

K_b (kN/m):杭先端のばね定数

b） 杭体の圧縮性を考慮する場合

通常の杭基礎では杭体の圧縮性を考慮して杭頭沈下を評価する必要があり，式6.3.2に杭体の圧縮性を表現するばね係数 K_c (kN/m) を直列に結合した後述の式7.3.11と同様の下式を用いる．

$$K_p = \frac{(K_s+K_b)K_c}{K_s+K_b+K_c} \tag{6.3.3}$$

ここで，杭頭から杭先端までの断面形状が一様で，かつ軸力分布を直線と仮定すると，上式の K_c は下記のように算定できる．

$$K_c = \left(\frac{EA}{L}\right)\left(\frac{K_s+K_b}{K_s/2+K_b}\right) \tag{6.3.4}$$

ここに，L (m)：杭長，E (kN/m^2)：杭体のヤング係数，A (m^2)：杭体の実断面積

このほかに，杭頭のばね定数の評価法として，道路橋示方書の方法[6.3.14]やJSCAの提案式[6.3.15]が報告されている．

2. 群杭の沈下

建物は，多数の杭で支持されるため，1本の柱を1本の杭で支持する場合でも建物全体でみた場合は，杭間の相互作用（群杭効果）を無視できない場合が多く，支持力のみでなく沈下にも群杭効果を考える必要がある．沈下算定における群杭効果としては，以下の二つがある．

① 杭間の相互作用により杭の周面抵抗力や先端支持力の発揮に要する相対変位量が増加する影響．
② 地中応力の重ね合わせによって沈下に影響する地盤の範囲が単杭の場合よりも深部に及ぶことの影響．

深部地盤まで応力の重ね合わせを考慮することで厳密には②は①に含まれるが，図6.3.7に示すように①は概ね杭先端以浅において顕著であり，②は杭先端以深の地盤に対する効果といえる．実測で得られる群杭効果は①と②の効果が合わさっていると考えられるが，各成分の影響を分割して考慮するのは困難であり，採用した解析手法の特性からどちらかのみを考慮することが

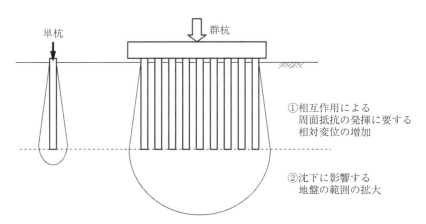

図6.3.7 杭による応力球根の模式図と沈下に対する群杭効果

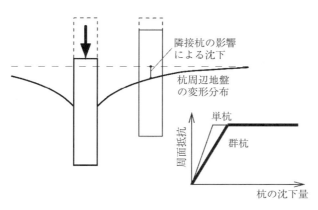
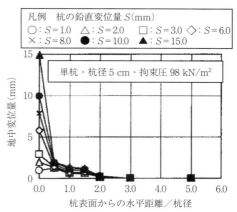

図 6.3.8 杭周辺地盤の鉛直変位分布と隣接杭への影響　　図 6.3.9 杭近傍地盤の変位計測例[6.3.19)を修正]

多い．

①は，ある杭に荷重が作用し，周面抵抗や先端支持力が発揮されると，それに伴い図 6.3.8 のように杭近傍地盤にも変位が生じる．模型地盤で計測された杭周辺地盤の変位を図 6.3.9 に示す．杭の近傍に他の杭が存在すると，杭間の相互作用により杭と地盤の相対変位量が減少するため，杭の周面抵抗や先端支持力の発揮に要する変位量が増え，単杭の場合より沈下が大きくなる．

①の杭間の相互作用に関しては，原位置実験[6.3.16)～6.3.18)]，模型実験[6.3.19),6.3.20)]，解析などで数多くの研究が行われており，評価法として弾性理論を用いて他杭への影響を考慮するハイブリッド法[6.3.21)～6.3.25)]が提案され，実際の建物の設計[6.3.26),6.3.27)]にも用いられている．しかし他杭への影響は，杭の剛性と地盤の剛性の比や地盤性状，周面抵抗の発揮度合い，群杭による拘束圧や破壊モードの変化による極限周面抵抗力の変化，荷重レベルなどにより大きく変化する[6.3.28)]ため，計算モデルを作成する際には，これらへの配慮が必要となる．

②は，常時荷重による周面抵抗力と杭先端支持力による荷重が，杭先端深度以深の地盤にも伝播することにより，杭先端以深の地盤が圧縮することで沈下量が増加する現象である．沈下を考慮する地盤の範囲は，直接基礎の沈下を考える地盤の範囲にならって杭先端から基礎幅の 1～2 倍の範囲で設定するのが妥当と考えられ，基礎が大きいほど沈下で考慮する地盤の範囲は深部に及ぶ．杭先端以深の地盤の圧縮量は，図 6.3.10 のように杭と周辺地盤との相対変位を減らす効果があるので，見かけ上杭周面抵抗力や杭先端支持力の発揮に要する変位量を増大させる効果がある．極限抵抗に至る変位量が小さい周面抵抗力のほうが先端支持力より群杭効果の影響を大きく受ける．以下に示す簡易算定法では，単杭の沈下に群杭効果として扱いやすい②の影響を加算することで擬似的に①の効果も含まれるものとしている．

（1）群杭の即時沈下量

  a）簡易算定法

（i）等価荷重面法

等価荷重面法は，群杭の平面規模が杭長に比べて比較的大きい場合，地中の適当な深さに荷重

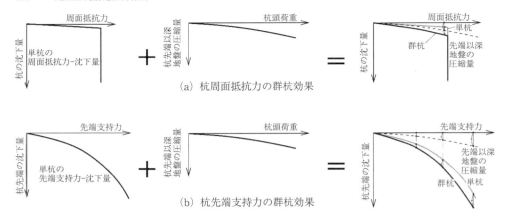

図 6.3.10 杭先端地盤の圧縮による周面抵抗力と杭先端の沈下ばねへの影響模式図

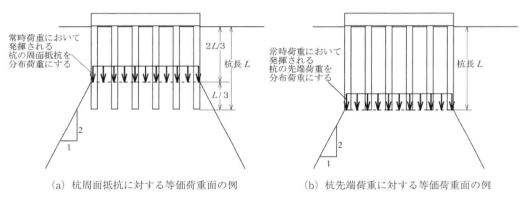

(a) 杭周面抵抗に対する等価荷重面の例　　(b) 杭先端荷重に対する等価荷重面の例

図 6.3.11 等価荷重面法

が仮想的に作用する面（等価荷重面）を設定し，等価荷重面を地表面と仮定して直接基礎と同様な方法で群杭の先端以深の沈下量を算定するものである[6.3.29]．杭周面に周面抵抗力が均等もしくは深さ方向に線形に増加する分布とした場合の杭先端以深の地盤の応力は，等価荷重面を図6.3.11（a）のように概ね地表面から杭長の2/3の深さに設けた場合でほぼ表せるとの報告がある[6.3.30]．また，杭先端荷重に関しては，図 6.3.11（b）に示すように杭先端面に等価荷重面を設ける．等価荷重面に作用した荷重による杭先端以深の地盤の圧縮量（沈下量）を直接基礎と同じくスタインブレナーの近似解〔5.3節1.（3）参照〕などを用いて求める．沈下算定に用いる地盤剛性などの定数設定，沈下算定で考慮する地盤の深度などは，直接基礎の沈下算定にならうものとする．

　等価荷重面法は，杭先端以深の地盤の圧縮量を簡易に求めるためのものであるので，群杭の沈下は，これに杭体の圧縮量と杭先端の支持地盤へのめり込み量を加えたものとなる．杭体の圧縮量＋杭先端の支持地盤へのめり込み量は，単杭における荷重伝達法などで評価する．

（ii）　等価ピア法

　等価ピア法は，群杭を１本の大径杭（ピア）に置き換えて，この大径単杭の沈下を，単杭の沈下理論解や荷重伝達法などで求めることで，群杭の平均的な沈下量を求める方法である．本方法の詳細に関しては，後述の7.3節2.（1）b）を参照されたい．

　b）　詳細算定法

　詳細算定法には，ハイブリッド法や有限要素法[6.3.31)，6.3.32)]などがある．詳細算定法では，地層構成や杭の配置，群杭効果などを考慮した地中応力分布に基づいて沈下量を算定するので，簡易算定法に比べ詳細な検討が行える．各手法の適用にあたっては定数設定や要素分割などに手法ごとの特徴があり，条件設定によっては大きく異なる結果を得ることがあるので注意を要する．

　（2）　群杭の圧密沈下量

　杭基礎が軟弱粘性土に支持される場合や，薄層支持杭でその下に過圧密の度合いの小さい粘性土がある場合など日常的に作用する荷重に対して圧密沈下を生じる可能性がある場合には，即時沈下量のほかに圧密沈下量を算定し，即時沈下量と圧密沈下量の和を杭基礎の沈下量として評価する．群杭基礎では，等価荷重面法や詳細算定法により圧密を生じる地層の建物荷重による鉛直有効応力増分（排土荷重が作用する床付け面深度と等価荷重面の深度の違いに留意して応力増分を算出する）を算定し，直接基礎における圧密沈下の算出方法にならって圧密沈下量を算定する．

　（3）　地震時の群杭効果

　地震力により杭基礎に軸力変動が生じる場合の群杭効果についての研究は少ない．地震時には建物全体としての荷重増減はないことから，荷重が増加する杭の範囲が常時より狭くなること，深部地盤では，荷重が増加する杭からの影響と減少する杭からの影響が相殺されると考えられることなどから，１本の柱を複数の杭で支持することによる群杭効果を除き，地震時に増減する鉛直荷重に対しては群杭効果を考慮せず，単杭として扱ってよい．

3.　短時間に作用する荷重時の沈下

　地震や強風などによる荷重によって，上部構造に水平力が作用すると，杭基礎にはロッキングに伴う軸力変動が生じる．このような短時間の軸力変動による杭の沈下挙動については，十分に明らかになってはいないが，杭の急速載荷試験の結果が参考になる．急速載荷試験における荷重の載荷時間は，杭長や杭種，クッション材の性能にもよるが，0.1秒程度以下[6.3.33)]であり，地震時の軸力変動の周期と比較しても短時間であると考えられる．急速載荷試験の杭の荷重-沈下量関係は，速度効果による増分が現れるものの，静的な押込み試験より得られた荷重-沈下量関係と比較的よい整合を示すことが知られている[6.3.34)]．このことから，地震時など短時間に作用する荷重に対する杭の沈下量を評価するための地盤ばねは，常時の場合と同じ荷重-沈下量関係を用いてよい．

　ただし，常時は荷重ゼロの状態から建物荷重による沈下を求めるのに対して，地震時は，常時荷重が載荷された状態から地震時の荷重変動による沈下を求めることに十分注意する必要があ

る．例えば，図 6.3.12 に示すように杭の周面抵抗力が常時荷重で既に極限に近くなっている場合には，地震時の荷重増分は，主として杭先端支持力で負担されることになり，沈下が急激に大きくなる可能性がある．

短時間に作用する荷重による杭の沈下量を評価するには，載荷試験もしくは荷重伝達法などによって，対象とする杭の荷重-沈下量関係を求め，常時荷重による沈下量（荷重-沈下量関係上の常時荷重に対応するポイント）から，短時間に作用する荷重に応じた沈下の変動量を求めることが基本となる．荷重-沈下量関係のモデル化については，6.3 節 1. を参照して決定する．短時間に作用する荷重に対する群杭効果については，6.3 節 2.（3）に記したように，1 本の柱を複数の杭で支持することによる群杭効果を除き，地震時に増減する鉛直荷重に対しては群杭効果を考慮せず，単杭として扱ってよい．

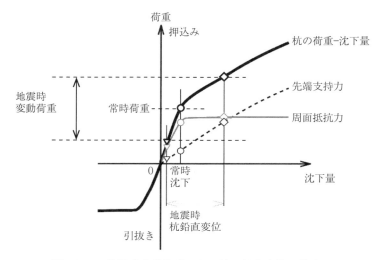

図 6.3.12　地震時変動荷重による杭の鉛直変位の模式図

参考文献

6.3.1) Coyle, H.M. and Reese, L.C. : Load transfer for axially loaded piles in clay, ASCE, Vol. 92, No. SM2, pp. 1〜26, 1966
6.3.2) 土質工学会：杭基礎の設計法とその解説，第 5 章　杭の鉛直支持力の算定，1985
6.3.3) 高野昭信・青木一二三・小粥庸夫・小笠原政文：第 1 限界荷重，第 2 限界荷重の意義と特徴について，杭の鉛直載荷試験方法および支持力判定に関するシンポジウム発表論文集，土質工学会，pp. 47〜54, 1991.9
6.3.4) 日本建築学会：建築基礎構造設計指針，2001
6.3.5) 岸田英明・高野昭信：砂層を支持地盤とする Non-displacement pile（埋込み杭・場所打ちコンクリート杭）の先端支持力，第 23 回土質工学シンポジウム，pp. 25〜32, 1978.11
6.3.6) 岸田英明・高野昭信：Non-displacement pile の先端支持力評価，第 23 回土質工学シンポジウム，pp. 21〜28, 1978.11
6.3.7) 山肩邦男・伊藤淳志・山田　毅・田中　健：場所打ちコンクリート杭の極限先端荷重および先端荷重〜先端沈下量特性に関する統計的研究，日本建築学会構造系論文集，第 423 号，pp. 137〜146, 1991.5
6.3.8) 持田　悟・萩原庸嘉・森脇登美夫・長尾俊昌：場所打ちコンクリート杭の支持性能（その 1）先端荷重-先端沈下特性，日本建築学会大会学術講演梗概集，構造Ⅰ，pp. 725〜726, 2000.7

6.3.9) 小椋仁志・土屋　勉：埋込み杭（プレボーリング工法）の先端荷重～先端沈下量関係の推定式，日本建築学会大会学術講演梗概集，構造Ⅰ，pp. 721～722，2018.9

6.3.10) 土屋　勉・永井　宏・下奈津実：回転貫入杭の先端荷重～先端沈下特性に関する統計的研究，日本建築学会技術報告集，Vol. 22，No. 52，pp. 471～474，2016.10

6.3.11) Franke, E.：EUROCODE safety approach as applied to single piles, 4th. International DFI conference, pp. 13～18, 1991

6.3.12) 杉村義広：建築物の耐震設計の考え方―地盤と基礎と地震―，基礎工，Vol. 21，No. 12，pp. 8～14，1993.12

6.3.13) 伊勢本昇昭・桂　　豊・山田　毅：場所打ちコンクリート杭の支持性能（その2）周面抵抗力～変位特性，日本建築学会大会学術講演梗概集，構造Ⅰ，pp. 727～728，2000.7

6.3.14) 日本道路協会：道路橋示方書・同解説　Ⅳ下部構造編，2017

6.3.15) 阪上浩二・小椋仁志・三町直志：杭の鉛直ばね定数の簡易算定法の提案（その1～その6），日本建築学会大会学術講演梗概集，構造Ⅰ，pp. 453～466，2012.9／pp. 459～462，2013.8／pp. 425～428，2014.9

6.3.16) 本村　修・大和真一・桑原文夫：鉛直荷重を受ける摩擦杭とその周囲地盤の沈下特性―その1．原位置における実測―，第26回土質工学研究発表会，pp. 1365～1368，1991.10

6.3.17) Cook, R.W., Price, G. and Tarr, K.：Jacked piles in London clay：a study of load transfer and settlement under working conditions, Geotechnique 29, No. 2, pp. 113～147, 1979.2

6.3.18) 鬼頭伸也・田邊　成・佐藤　博・古河　明：砂礫層における場所打ち杭の押込み時と引抜き時の挙動の違い，第31回地盤工学研究発表会，pp. 1603～1604，1996.7

6.3.19) 佐原　守・秋野矩之・茶谷文雄：加圧土槽を用いた杭周面摩擦試験結果に基づく群効果（その1：試験結果と考察），日本建築学会学術講演梗概集，構造Ⅰ，pp. 685～686，1999.7

6.3.20) 細井泰行・保井美敏・佐野大作・尻無濱昭三・沼上　清・土屋　勉：パイルド・ラフト基礎に関する大型模型実験（その2：鉛直荷重時の相互作用効果），日本建築学会学術講演梗概集，構造Ⅰ，pp. 373～374，2006.7

6.3.21) Randolpf, M.F. and Wroth, C.P.：Analysis of deformation of vertically loaded piles, J. Geot. Eng. Div, ASCE Vol. 104, No. 12, pp. 1465～1488, 1978.12

6.3.22) Poulos, H.G. and Davis, E.H.：Pile foundation analysis and design, John Wiley & Sons, 1980

6.3.23) O'Neill, M.W., Hawkins, R.A. and Mahar, L.J.：Load transfer mechanisms in piles and pile groups, ASCE, Vol. 108, No. GT12, December, 1982.12

6.3.24) Yamashita, K., Tomono, M. and Kakurai, M.：A method for estimating immediate settlement of piles and pile groups, Soils and Foundations, Vol. 27, No. 1, pp. 61～76, 1987.3

6.3.25) Kuwabara, F.：Settlement behavior of non-linear soil around single piles subjected to vertical loads, Soils and Foundations, Vol. 31, No. 1, pp. 39～46, 1991

6.3.26) 山田　毅・山下　清・加倉井正昭：パイルド・ラフト基礎の沈下と荷重分担の一計算法（その3），第34回地盤工学研究発表会，pp. 1491～1492，1999.7

6.3.27) 真島正人・榎並　昭・長尾俊昌・若命善雄：摩擦杭で支持された高層建物の沈下挙動，日本建築学会構造系論文集，第474号，pp. 97～105，1995.8

6.3.28) 日本建築学会構造委員会基礎構造運営委員会杭の鉛直支持力小委員会：杭の鉛直支持力小委員会報告書　第5章　相互作用，2008

6.3.29) Tomlinson, M.J.：Foundation design and construction, 5th Edition, Longman Scientific and Technical, 1986

6.3.30) 平山英喜：群杭基礎のミンドリン解に基づく地盤内応力とその簡便法，第29回土質工学研究発表会，pp. 1445～1448，1994.6

6.3.31) Katzenbach, R., Arslan, U. and Reul, O.：Soil-structure-interaction of piled raft foundation of 121 m high office building on loose sand in Berlin, Proc. Deep Foundation on Bored and Auger Piles, pp. 215-221, 1998

6.3.32) 富田菜都美・石﨑定幸・渡邊　徹・長尾俊昌・河本慎一郎・辰濃　達：超高層建物における既存場所打ち杭再使用の事例　その2　沈下予測，日本建築学会大会学術講演集，構造Ⅰ，pp. 431～432，2014.9

6.3.33) 宮坂亨明・桑原文夫・坪井秀樹・大石淳之：大型重錘落下方式急速載荷試験　その1，2，第41回地盤工学研究発表会，pp. 1547～1550，2006.7

6.3.34) 地盤工学会：第6編　杭の急速載荷試験，地盤工学会基準　杭の鉛直載荷試験方法・同解説　第一回改訂版，pp. 171～192，2002

— 234 —　建築基礎構造設計指針

6.4 節　負の摩擦力

---

1. 負の摩擦力の検討にあたっては，負の摩擦力が作用する杭の挙動を十分に理解する.

2. 検討項目および設計用限界値

（1）　建物周辺の地盤沈下によって負の摩擦力を受ける杭については，下記の検討を行う.

　　a．杭の支持力，沈下量，基礎の変形角および傾斜角

　　b．杭体の強度

（2）　負の摩擦力を受ける杭の設計用限界値は原則として表 6.5 による.

表 6.5　負の摩擦力を受ける杭の設計用限界値

想定荷重	性能グレード	要求性能レベル（限界状態）	負の摩擦力の設計用限界値
常時荷重	—	使用限界状態	極限鉛直支持力に対し $\phi_R=1/1.2$ 〔式 6.4.1〕 杭体応力が短期許容圧縮応力度〔式 6.4.2〕
レベル 1 荷重	—	損傷限界状態	極限鉛直支持力に対し $\phi_R=1/1.2$ 〔式 6.4.1〕 杭体応力が短期許容圧縮応力度〔式 6.4.2〕
レベル 2 荷重	S		
	A	終局限界状態	極限鉛直支持力に対し $\phi_R=1$ 〔式 6.1〕 杭体応力が圧縮強度

3. 評 価 手 法

（1）　中立点深さは，算定式または適切な解析や実験結果などに基づいて評価する.

（2）　単杭の負の摩擦力は算定式で評価する. 群杭にあってはその影響を考慮する.

（3）　正の摩擦力および先端支持力は，6.2 節に準じて評価する.

（4）　単杭の沈下量は算定式によって評価する. 群杭にあってはその影響を考慮する. 基礎の変形角および傾斜角は，5.1 節に準じて評価する.

4. 負の摩擦力低減対策

負の摩擦力を受ける杭については，必要に応じて負の摩擦力低減対策工法の採用を検討する.

---

1. 負の摩擦力を受ける杭の挙動

杭周面に作用する負の摩擦力は古くから認識されていたが，1963 年に開始した土質工学会鋼グイ研究委員会による実験[6.4.1),6.4.2)]が成功した後，大規模な同様の実験[6.4.3)〜6.4.6)]が精力的に行われたことにより，負の摩擦力に対する杭の基本的な挙動が明らかにされた.

（1）　地盤沈下と負の摩擦力を受ける杭の挙動

地盤沈下する土層に杭を設置すると負の摩擦力が作用する. 図 6.4.1 は，杭頭に建物重量 P が作用して釣り合っている状態から，地盤沈下が生じた場合の杭の挙動を模式的に示したものである. 杭から十分に離れた位置（杭の影響を受けない自由地盤）の地盤沈下量を S_G とすると，深

度方向の地盤沈下分布は同図（b）となる．杭近傍ではこのような地盤の自由な沈下は拘束されるため，同図（a）に示すような杭周面で盛り上がったような下に凸な分布となる．これは地盤が杭にぶら下がるような挙動であって，下向きの負の摩擦力が新たな荷重となるため，杭には同図（b）に示す沈下量 S が生じる．S_G と S の分布を比較すると，杭の上部では $S_G>S$，杭の下部では $S_G<S$ となり，$S_G=S$ の位置を中立点と呼ぶ．中立点以深では $S>S_G$ であるので，杭頭に押込み荷重が作用するときと同様な上向きの摩擦力すなわち正の摩擦力が作用し，杭の釣合い状態からは抵抗側となる．

　杭周面摩擦力が最大になるときの杭と地盤間の変位量は一般に5～10 mm と小さい．したがって，正および負の摩擦力共に中立点近傍を除けば最大値に達していると見なせるので，同図（c）に示すような杭周面摩擦力分布となる．同図（d）にはこの時の軸力分布を描いている．最大軸力は中立点位置で $N_{max}=P+P_{FN}$ となる．中立点以深では正の摩擦力によって軸力が減少して，杭先端の抵抗は $R_P=P+P_{FN}-R_F$ となる．ここで，P_{FN} は負の摩擦力による軸力増分であって，R_F は正の摩擦力域における杭周面摩擦抵抗力である．

　上記の挙動は支持杭だけでなく，先端抵抗の小さな摩擦杭にも該当することに留意する．

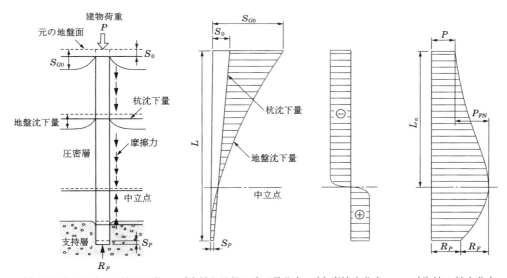

(a) 地盤沈下を受ける杭の挙動　　(b) 杭と地盤の沈下量分布　　(c) 摩擦力分布　　(d) 杭の軸力分布

図 6.4.1　負の摩擦力の発生機構

(2)　負の摩擦力に対する鉛直荷重の影響

　負の摩擦力が作用している杭に，地震や風などの短期的な鉛直荷重が新たに作用する場合の杭の挙動を調査した報告[6.4.3)]によると，負の摩擦力が作用している杭頭に新たな鉛直荷重が作用しても，作用時間が短いと深部に伝達されにくい傾向が認められる．また，新たな鉛直荷重が小さな範囲では当初の中立点位置の最大軸力はほとんど変化しないが，荷重の増加に伴って中立点が上方に移動するとともに最大軸力も増大する傾向があることが確認されている．負の摩擦力を受ける支持杭や摩擦杭の挙動に関するシミュレーション解析[6.4.7)]によっても，同様な傾向が得られ

ており，新たな作用荷重が増大して杭頭荷重が極限荷重に達すると，杭が大きく沈下して杭の軸力分布は最終的に極限支持力時の軸力分布と一致する．

以上の研究から，負の摩擦力に対する短期的な荷重の影響については，次のように考えることができる．

① 杭頭に作用する短期的な鉛直荷重は深部に伝達されにくく，当初の中立点における最大軸力に影響を与えにくい．

② 杭頭鉛直荷重が増大して極限荷重に達すると，杭の軸力分布は極限荷重時の軸力分布に近づき，軸力分布に対する負の摩擦力の影響は消失する．

（3） 杭の水平抵抗に対する地盤沈下および負の摩擦力の影響

杭周辺地盤が沈下すると杭頭部が地表面から突出した状態になるので，杭の水平抵抗力の評価にあたってはこのような突出長を予測し，その影響を考慮する必要がある．また，負の摩擦力が作用するような軟弱地盤では，地震時における地盤の水平変位によって地中部の杭体にせん断力や曲げモーメントが発生する可能性がある．一方，負の摩擦力が作用している杭の最大軸力は，杭頭部ではなく地中部のかなり深い部分に生じる．したがって，このような地盤中に設置された杭には，負の摩擦力による軸力下で，上記の地盤変位によるせん断力や曲げモーメントが作用することに留意する必要がある．

2. 検討項目および設計用限界値

負の摩擦力を受ける杭基礎の使用限界状態に対応する要求性能を以下に示す．

① 杭基礎の沈下に伴う建物の変形・傾斜によって，建物の使用性・機能性および耐久性に支障を生じない．

② 継手を含む杭体の応力が弾性限界強度に達しない．

使用限界状態における杭基礎の沈下量，変形角，傾斜角および杭体・継手の応力などに対する設計用限界値は，原則として表 6.5 による．表 6.5 では損傷限界状態の限界値を使用限界状態と等しいとしている．これは 1. で示したように短期間に杭頭に作用する鉛直荷重が杭の最大軸力に影響し難いと考えられることによる．

上記の要求性能を検討する具体的な方法として，ほぼ均一な地盤構成やほぼ均一な建物荷重が作用する場合については，杭の鉛直支持力に関する式 6.4.1 および杭体応力に関する式 6.4.2 を使用できる．

$$P + P_{FN} \leq \phi_R \left(R_P + R_F \right) \tag{6.4.1}$$

$$P + P_{FN} \leq f_c A \tag{6.4.2}$$

ここに，P（kN） ：杭頭に作用する常時荷重

$\qquad P_{FN}$（kN） ：中立点より上部の杭周面に作用する負の摩擦力

$\qquad \phi_R$ ：耐力係数（＝1/1.2）

$\qquad R_P$（kN） ：杭先端の極限支持力

$\qquad R_F$（kN） ：中立点より下部の杭周面に作用する正の摩擦力

A （m²）　　　：杭の実断面積

f_c （kN/m²）：杭体の短期許容圧縮応力度

　式 6.4.1 は中立点以深の杭周面摩擦力 R_F と杭先端支持力 R_p を合計した抵抗力に対して，杭頭荷重 P と負の摩擦力 P_{FN} を合計した値が安全であることを，式 6.4.2 は中立点位置に発生する杭体応力が許容値以下であることを検討する．

　両式中の P は常時荷重であるが，地震時における杭頭荷重の変化は比較的表層に限定されて中立点軸力には影響を及ぼさないことから，地震時における検討は省略できる．なお，式 6.4.1 の $\phi_R=1/1.2$ は常時における通常の $\phi_R=1/3$ よりはかなり大きくなっている．また，式 6.4.2 では短期許容応力度 $_sf_c$ を採用している．負の摩擦力は常時に作用している荷重であるにもかかわらず，このような検討式が採用されているのは，① P_{FN} が大きくなって杭の先端荷重が増大し杭が沈下すると，R_F が増大して P_{FN} が減少することから，急激な不安定状態には陥りにくいこと，②負の摩擦力を考慮しないで設計した既存の構造物でも機能を維持している事例が多いことなどに配慮したためである．図 6.4.2[6.4.8] は負の摩擦力が作用する杭基礎の被害の有無と限界抵抗力の関係をまとめたものであり，負の摩擦力に関する上記の検討式の根拠になっている．

　一方，複雑な地層構成の地盤や軟弱層が傾斜している地盤中の杭基礎，あるいは支持層が傾斜しているため杭長が異なる杭基礎，摩擦杭基礎などについては，杭基礎の沈下の評価にあたって負の摩擦力の影響を考慮し，基礎の傾斜および変形角の検討を行うことが望ましい．参考として，負の摩擦力が作用する杭基礎の障害例をまとめて図 6.4.3 に示す．

　また，負の摩擦力が作用している杭の地震時における挙動については，必ずしも明確になっていないが，既述のような地震時荷重の影響が設計上無視できないと判断される場合は，それらを考慮に入れた検討を行うことが望ましい．

ケースNo.	場所	杭の種類	全長(m)	外径(mm)	肉厚(mm)	支持層への根入(m)	長期設計荷重(MN)	先端の形状	$\frac{R_p+R_F}{P+P_{FN}}$ ／ $\frac{f_c A}{P+P_{FN}}$
1	千葉	鋼管杭	37.6	508	9	3.6	1.00	Open	
2-1	〃	〃	39.2	457.2	〃	4.2	0.90	〃	
2-2	〃	〃	〃	508	〃	〃	1.00	〃	
3-1	〃	〃	33.2	355.6	〃	3.7	0.70	〃	
3-2	〃	〃	33	508	〃	3.5	1.00	〃	
4	〃	〃	41	〃	〃	3	〃	〃	
5	川崎	〃	64	660	10	4	〃	〃	
6	〃	〃	46	508	9.5	3	〃	〃	
7-1	倉敷	〃	20.5	660	10.5	1.5	〃	〃	2.65
7-2	〃	〃	21	101.6	〃	2	1.20	〃	3.0
8	東京	〃	66.6	508	9	〃	0.80	〃	
9-1	〃	現場打ちコンクリート杭	28.7	800	—	0.6	1.34	Close	
9-2	〃	鋼管杭	〃	400	7.9	〃	0.27	Open	
10	〃	RC杭	23	350	—	1	0.25	Close	
11	〃	PC杭	31	〃	6.5	4	0.37	〃	
12	〃	鋼管杭	25	355	〃	1.2	0.55	Open	
13-1	〃	ペデスタル杭	28	510	—	0.7	〃	Close	
13-2	〃	〃	28	〃	—	2.8	〃	〃	
14	竹原	〃	18	500	—	1	0.50	〃	
15	大阪	鋼管杭	27.5	355.6	9	1.2	〃	Open	2.66

○（被害なし）　●（被害あり）　○ ● : $\dfrac{R_p+R_F}{P+P_{FN}}$　＋ : $\dfrac{f_c A}{P+P_{FN}}$　（目盛 0，1.0，2.0）

図 6.4.2　負の摩擦力に対する安全性の検討例[6.4.8]

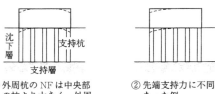
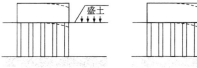

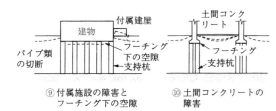

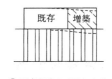

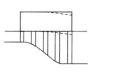

図 6.4.3 負の摩擦力による杭基礎の障害例（NF：杭に働く負の摩擦力）

3. 評価手法

（1） 中立点深さ

中立点深さは，杭頭荷重および負の摩擦力による下向きの荷重が，杭先端支持力および正の摩擦力による上向きの抵抗力とバランスする位置と考えることができる〔図 6.4.1 参照〕．一般的に，中立点深さは，杭頭荷重，杭周辺の各地層の最大摩擦力と杭先端の支持力，杭と地盤との相対変位にともなうそれらの発現状況に応じて変化する．また，負の摩擦力と杭頭荷重の作用順序が杭の軸力分布に与える影響も報告[6.4.3),6.4.9)]されている．しかし，本指針では安全側の配慮として，杭頭荷重の影響を無視した中立点深さにおける軸力に杭頭荷重をそのまま加算する方式を採用する．

$N \geqq 50$ の堅固な地層に支持された支持杭については，地表面から中立点までの深さ L_n (m) は次式で表される．

$$L_n = 0.9 L_a \tag{6.4.3}$$

ここに，L_a (m)：地表面から圧密層下面までの深さ

図 6.4.4 は，先端閉塞の打込み杭について，旧指針（1988）でまとめられた L_n/L_a と N 値の関係である．図中の記号は参考文献 6.4.1)，6.4.3)〜6.4.5) に記載の測定杭であるが，L_n/L_a は杭先端

地盤の N 値が小さいほど小さくなっている．その他の杭種については，先端剛性が打込み杭よりも小さく L_n は浅くなると考えられる．したがって，杭種にかかわらずこの図から中立点の深さを設定してもよい．

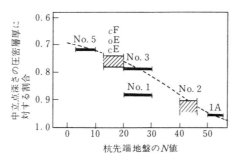

図 6.4.4 L_n/L_a と先端地盤の N 値の関係

（2） 負の摩擦力

a） 単杭に作用する負の摩擦力

中立点より上部に作用する負の摩擦力 P_{FN} (kN) は，次式で与えられる．

$$P_{FN} = \phi \int_{L_0}^{L_n} \tau \, dz \tag{6.4.4}$$

ここに，ϕ (m) ：杭の周長

τ (kN/m^2)：負の周面摩擦力度

L_0 (m) ：地表面から杭頭までの深さ

負の摩擦力度 τ は，実測結果によると自然地盤沈下に起因する場合と盛土による地盤沈下に起因する場合とで異なっており，設計上，表 6.4.1 に示す値を採用する．これらの値は，旧指針 (1988) において，打込み杭および場所打ちコンクリート杭を対象として，以下に示す既往の研究成果から設定された値である．

自然地盤沈下を生じている粘性土中に設置された鋼管杭近傍の地盤について，それぞれ有効鉛直応力 σ_z' (kN/m^2) と非排水せん断強さ c_u (kN/m^2) の関係および σ_z' と圧密降伏応力 p_c (kN/m^2) の関係を調査した結果[6.4.1)] によると，σ_z' と p_c がほぼ等しい正規圧密状態の土層では，概略次式が成立する．

$$c_u = 0.3 \, \sigma_z' \tag{6.4.5}$$

表 6.4.1 負の摩擦力度

	負の摩擦力度 τ (kN/m^2)	
	自然地盤沈下に起因する場合	盛土による地盤沈下に起因する場合
粘性土	c_u または $0.3\,\sigma_z'$	c_u または $(0.3\sim0.5)\,\sigma_z'$
砂質土	$30+2N$	

なお，圧密層中の間隙水圧は静水圧よりやや小さい場合が多い[6.4.10]ので，有効鉛直応力 σ_z' は，圧密層内の間隙水圧を測定し全応力による鉛直応力から間隙水圧を差し引くことによって求めるか，土の水中単位体積重量 γ（kN/m³）を次式で評価して，やや大きめの σ_z' を評価することが望ましい．

$$\gamma = \gamma_t - 0.8\gamma_w \tag{6.4.6}$$

ここに，γ_t（kN/m³）：土の湿潤単位体積重量

γ_w（kN/m³）：水の単位体積重量

　一方，盛土によって沈下している地盤中に設置された，鋼管杭に作用する負の周面摩擦力度 τ と有効鉛直応力度の関係を調査した結果によると，τ は自然地盤沈下を生じている粘性土中の杭より大きく，$(0.3 \sim 0.5)$ σ_z' 程度の値を示す[6.4.3), 6.4.4]．

　また，砂質土中の杭に作用する負の周面摩擦力度 τ については，6.2 節の図 6.2.18 において，負の摩擦力の検討対象となる N 値が小さな範囲内で，周面摩擦力度が $2N$ より大きくなっていることを考慮し，正の周面摩擦力度よりやや大きめの値として次式を設定し，これを場所打ちコンクリート杭にも準用している．

$$\tau = 30 + 2N \tag{6.4.7}$$

ここに，N：標準貫入試験による N 値

　地盤沈下は粘性土が圧密未了の状態から正規圧密に移行する過程で生じる現象であり，その過程で粘性土の強度が増加するため，設計にあたっては正規圧密条件が整った状態の負の摩擦力度を採用する必要がある．正規圧密粘性土層に関しては，圧密降伏応力 p_c（kN/m²）と非排水せん断強さ c_u（kN/m²）の間に次式が成立する．

$$c_u = \alpha p_c \tag{6.4.8}$$

ここに，α　　　　：定数

p_c（kN/m²）：圧密降伏応力度

　したがって，土質試験結果から現状の粘性土層の c_u と p_c の関係を求めて α の値を決定し，正規圧密状態移行後の p_c から式 6.4.8 によってその状態における c_u を求めることができる．

　埋込み杭や回転貫入杭については，負の摩擦力に関する十分な資料がない．したがって，6.2 節における埋込み杭や回転貫入杭の $\tau\text{-}N$ 関係〔図 6.2.6，図 6.2.7，図 6.2.13〕における N 値が小さな範囲の砂質土，または $\tau\text{-}c_u$ 関係〔図 6.2.8，図 6.2.9，図 6.2.14〕における c_u が小さな範囲の粘性土に関する周面摩擦力度のデータから適切な値を設定することになる．

　b）　群杭に作用する負の摩擦力

　群杭に作用する負の摩擦力は単杭より小さくなる．このような群杭効果を考慮に入れた負の摩擦力の検討は以下の手順で行う〔図 6.4.5 参照〕[6.4.2]．

①　式 6.4.4 によって単杭に作用する負の摩擦力 P_{FN} を求める．

②　杭周辺に杭心を中心とした杭体部分を除く円筒を設定し，円筒内の土の重量が P_{FN} に等しくなるような等価重量半径 r_e を次式によって求める．

$$\gamma_e = \left(\frac{dP_{FN}}{\gamma_{ave}\varphi L_n} + \frac{d^2}{4}\right)^{1/2} \tag{6.4.9}$$

ここに，d (m) ：杭径
γ_{ave} (kN/m³)：杭頭から中立点までの土の有効単位体積重量の平均値

③ 群杭の各杭心を中心として半径 r_e の円を描き，円の重なり部分を各杭に分割して各杭の負担面積 A_{GPi} を求める〔図 6.4.5 のハッチ部分〕．

④ 各杭の負担面積 A_{GPi} と円の面積 A_s との比である低減率 β_i を求める．

$$\beta_i = A_{GPi}/A_s \tag{6.4.10}$$

⑤ 単杭の負の摩擦力 P_{FN} に面積比 β_i を乗じた値を群杭効果を考慮に入れた各杭が負担するとする．

$$P_{FNi} = \beta_i P_{FN} \tag{6.4.11}$$

⑥ P_{FNi} を用いて式 6.4.1 および式 6.4.2 によって各杭の検討を行う．

なお，砂質土層に多数の杭を打設すると，締固め効果によって砂質土のせん断強さが増加するため，実情に応じてその影響を考慮する必要がある[6.4.11]．

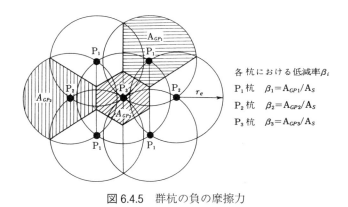

図 6.4.5　群杭の負の摩擦力

（3）正の摩擦力および先端支持力

杭の中立点以深に作用する正の摩擦力および先端支持力は，杭の鉛直支持力を求める際の値と同様である．したがって，杭の種類に応じて 6.2 節に準じて評価する．

（4）沈下量

基礎の傾斜および変形角の検討に必要な杭頭の沈下量 S_0 は，中立点における地盤の沈下量 S_n と杭頭から中立点までの杭体圧縮量 S_e の和として表され，以下の手順で求めることができる〔図 6.4.1（b）参照〕．

① 実測結果，類似した条件下の既往の実測資料または計算等によって中立点の深さを求める．

② 実測結果に基づく推定，圧密沈下算定等によって中立点における最終地盤沈下量 S_n を求める．地盤沈下は地盤が圧密未了状態から正規圧密状態に移行する過程で生じる現象である

— 242 —　建築基礎構造設計指針

から，S_n は 3.1 節の圧密未了地盤に対する沈下算定に準じて求める．

③　杭頭から中立点までの杭の軸力分布を仮定し，杭体圧縮量 S_e を算定する．

④　S_n と S_e の和を杭頭沈下量 S_0 とする．

⑤　地層構成や杭径が均一でなく，地盤沈下量，摩擦力，先端支持力などが異なる場合は，各条件下の杭ごとに杭頭沈下量を求め，基礎間の変形角や傾斜角の検討を行う．

以上のほか，文献による方法[6.4.12)~6.4.14)]も提案されている．

4. 負の摩擦力低減対策

中立点より上部の地盤沈下を生じる地層が厚く，負の摩擦力が大きくなると，杭の要求性能を満足することができないか，あるいは経済的な観点から上部構造と比較してアンバランスな杭基礎が必要になることがある．このような場合，以下のような負の摩擦力低減対策工法の採用を検討する．

①　杭の表面にすべり層を設けた負の摩擦力低減杭[6.4.15)~6.4.19)]や二重管杭[6.4.20)]

杭の表面に特殊なアスファルト，膨潤性塗料，膨潤材などのすべり層を塗布，あるいは二重管にすることによって負の摩擦力の低減を図る．

②　摩　擦　杭[6.4.21)]

摩擦杭は周辺地盤とともに沈下しやすいため，支持杭を採用した場合と比較して，構造物と周辺地盤との相対沈下量を小さくすることができる．なお，摩擦杭は先端支持力が小さいため，中立点の位置が浅く，杭に作用する負の摩擦力が小さくなる反面，沈下しやすい．したがって，摩擦杭の採用にあたっては基礎の沈下量，傾斜角，変形角などの検討を十分行う必要がある．

③　捨　て　杭

構造物を支持する杭の近傍に捨て杭を設置すると，群杭効果によって杭に作用する負の摩擦力を低減することができる．

④　地　盤　改　良

地盤改良によって地盤沈下の発生を防止する．

また，構造物と周辺地盤との間に生じる沈下差によって，周辺の構造物や埋設物に障害が発生しないよう対処する必要がある．一例を挙げれば，建物に入るアプローチ階段は構造体と一体にする，設備配管が地盤から建物に入る部分にフレキシブルジョイントを設置するなどである．

参 考 文 献

6.4.1)　土質工学会鋼グイ研究委員会：クイに作用する負の摩擦力の研究，鋼グイ研究委員会第 2 分科会報告書，土質工学会，1969

6.4.2)　遠藤正明：ネガティブフリクション，―鋼グイ研究委員会報告―，土質基礎工学ライブラリー6，土質工学会，pp. 257-316，1969

6.4.3)　日本国有鉄道東京第三工事局：武蔵野操車場新設試験杭その他工事，ネガティブフリクション測定ならびに載荷試験工事報告書，1972

6.4.4)　日本国有鉄道東京第三工事局：武蔵野操車場新設・二重管杭および群杭のネガティブフリクションに関する測定報告書，1973

6.4.5)　井上嘉信・小林幸男：東京下町低地におけるネガティブフリクションの側定例（その 1，その

6章 杭基礎 —243—

2），日本建築学会大会学術講演梗概集，構造系，pp. 1573〜1576，1974.8

6.4.6) 武藤 清・氏家浩司・萩原庸嘉・津川恒久・岩田祐喜雄：埋立て軟弱地盤における鋼管ぐいの負の摩擦力の測定例，日本建築学会論文報告集，第256号，pp. 57〜65，1977.6

6.4.7) 土屋 勉・土橋希和子：杭頭荷重と負の周面摩擦力の作用経路を考慮した単杭の解析的研究，日本建築学会構造系論文報告集，第519号，pp. 63〜69，1999.5

6.4.8) 杉村義広：負の摩擦力に対する安全率の考え方について，第10回土質工学研究発表会講演集，pp. 505〜508，1975.5

6.4.9) 土屋 勉・浜田 治・三浦清一：杭頭荷重と負の周面摩擦力が作用する杭の実用的な軸力算定法，土と基礎，Vol. 48，No. 1，pp. 181〜184，2000.1

6.4.10) 井上嘉信：チュウ積層が厚い軟弱地盤での負の摩擦力とクイの設計，土と基礎，Vol. 22，No. 8，pp. 21〜28，1974.8

6.4.11) Kishida, H.：The bearing capacity of pile groups under central and eccentric loads in sand, Building Research Institute Occasional Report, No. 19, 1964

6.4.12) 岸田英明・浅川和憲：負の摩擦力を受けるクイの地盤に対する相対変位，第10回土質工学研究発表会講演集，pp. 515〜520，1975.5

6.4.13) 山肩邦男・八尾真太郎：鉛直群ぐいの荷重〜沈下挙動に関する研究 その3 ネガティブフリクション現象について，日本建築学会論文報告集，第271号，pp. 61〜67，1978.9

6.4.14) 土屋 勉・岸田 了：ネガティブフリクションを受ける建築構造物の沈下過程解析，日本建築学会構造系論文報告集，第416号，pp. 135〜143，1990.10

6.4.15) 木寺謙爾・吉田常松・亀井敏雄・青木健三：ネガティブフリクションを低減する新しい杭の長期観測実験，土木学会誌，Vol. 60，pp. 13〜19，1975.9

6.4.16) 斉藤 彰・石神公一・亀井敏雄・福屋智亘：軟弱地盤における鋼グイの鉛直支持力，土と基礎，Vol. 23，No. 7，pp. 35〜42，1975.7

6.4.17) 堯天義久・水畑耕治・福住忠裕・福井 實：埋立て地盤におけるネガティブフリクションの測定例，日本建築学会大会学術講演梗概集，構造系，pp. 1715〜1716，1979.9

6.4.18) 山肩邦男・北口 靖・大槻 貢：大阪南港地盤における負の摩擦力に関する実験（その2），第16回土質工学研究発表会講演集，pp. 1025〜1028，1981.5

6.4.19) 高幣喜文・伴野松次郎・寺田邦夫・内田 靖：神戸地区臨海埋土地盤における NF カット杭，基礎工，Vol. 9，No. 9，pp. 61〜67，1981.9

6.4.20) 岡部達郎：ネガティブフリクションに関する現場実験—二重管工法，基礎工，Vol. 3，No. 2，pp. 70〜79，1975.2

6.4.21) 青木 功：長尺摩擦ぐい工法の実施例，建築技術，No. 362，pp. 89〜98，1981.10

6.5節　引抜き抵抗力と引抜き量

1. 引抜き抵抗力

　引抜き荷重を受ける杭の抵抗力の算定にあたっては，地盤から定まる引抜き抵抗力だけでなく杭体および杭の継手の抵抗力についても考慮する．引抜き荷重を受ける杭の設計用限界値は表6.6による．

　（1）　地盤から決まる単杭の引抜き抵抗力は，下記のいずれかによって評価する．

　　a）　杭の引抜き試験

　　b）　杭の鉛直載荷試験からの推定

　　c）　引抜き抵抗力算定式

　（2）　許容引抜き抵抗力の算定にあたっては，杭の種類や施工方法を考慮して適度な余裕をもたせる．

2. 引抜き力-引抜き量関係

　単杭の引抜き力-引抜き量関係は，引抜き試験または杭-地盤系を適切にモデル化した解析によって評価する．

表 6.6　引抜き荷重を受ける杭の設計用限界値

想定荷重	性能グレード	要求性能レベル（限界状態）	引抜き抵抗の設計用限界値	
			基礎部材	地盤
常時荷重	—	使用限界状態	ひび割れ限界強度〔表 6.7〕	最大引抜き抵抗力〔引抜き試験または式 6.5.1〕に対し $\phi_R=1/3$
レベル1荷重	—	損傷限界状態	ひび割れ限界強度または降伏強度〔表 6.7〕	降伏引抜き抵抗力〔引抜き試験または式 6.5.3〕に対し $\phi_R=1$
レベル2荷重	S			
	A	終局限界状態	引張強度〔表 6.7〕	残留引抜き抵抗力〔引抜き試験または式 6.5.2〕に対し $\phi_R=1$

3.　群杭の引抜き抵抗力

　群杭の引抜き抵抗力は，下記のうち小さい方の値によって評価する．

　a）　各単杭の引抜き抵抗力の合計

　b）　群杭全体を包絡するブロックの引抜き抵抗力

1.　引抜き抵抗力

　杭基礎に作用する引抜き荷重として，常時および洪水時における建物の地下部分に作用する浮力，あるいは偏土圧作用時，地震時，暴風時における建物の転倒モーメントによる荷重などがある．このような引抜き荷重に対する検討は，下記のような建物を支持する杭基礎に対して必要となることが多い〔図 6.5.1〕.

　①　地下水位の浅い敷地に建つ地下室が深い低層建物のように，浮力が大きく建物の重量が小さい建物．

　②　地下水位の浅い敷地に建つ，高層部と低層部があり，かつ地下室が深い建物．低層部を支持する杭基礎が，浮力に加えて高層部の転倒モーメントによる引抜き荷重の影響を受ける可能性がある．

　③　高さと幅の比が大きな建物．このような建物の杭基礎には，地震時，暴風時における建物の転倒モーメントによって引抜き荷重が作用する可能性が高い．

　④　傾斜地において，偏土圧を受ける建物．常時および地震時の転倒モーメントによって，杭基礎に引抜き荷重が作用する可能性がある．

　単杭に引抜き荷重を作用させると図 6.5.2 に示すように，降伏引抜き抵抗力を経て最大引抜き抵抗力に達し，更に杭を引き抜くと残留引抜き抵抗力に至る．降伏引抜き抵抗力より小さな荷重範囲では，杭の挙動はほぼ弾性的であり，地震力のような繰返し荷重を作用させても，繰返し回数の増加に伴う引抜き量の増加はわずかである．また，この荷重範囲において，常時荷重のような長期的な荷重を作用させた場合の実験データは不十分ではあるが，荷重作用後の時間経過に伴う引抜き量の増加も小さいようである．逆に，降伏引抜き抵抗力より大きな繰返し荷重下やそうした条件での長期的な荷重下では，繰返し回数の増加や荷重作用後の時間経過に伴って，引抜き

6章 杭基礎　—245—

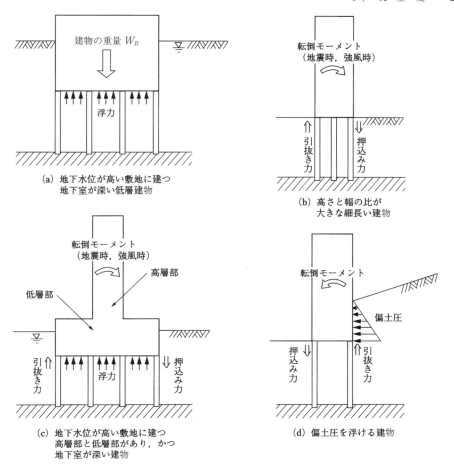

図 6.5.1　引抜き力を受けやすい杭基礎の例

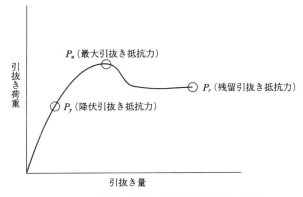

図 6.5.2　引抜き荷重〜引抜き量曲線の性状

量は漸増する傾向があり，また，このような傾向は，引抜き荷重が大きいほど顕著になる．更に，最大引抜き抵抗力に相当する引抜き荷重で載荷を繰り返したり，長期間荷重を保持すると，引抜き量は急増し，引抜き荷重も保持不能となって，残留引抜き抵抗力に相当する荷重まで低下することがある．

上記のような引抜き荷重に対する単杭の挙動を考慮すると，地盤から決まる単杭の設計用限界引抜き抵抗力として表6.6を考えることができる．

終局限界に対応する限界引抜き抵抗力を最大引抜き抵抗力ではなく，残留引抜き抵抗力としたのは，地震時のように繰返し荷重によって引抜き抵抗力が低下する可能性があり，また，図6.5.3のような杭列のうち，最外縁の杭が最大引抜き抵抗力に達した後，更に転倒モーメントが大きくなり引抜き荷重が内側の杭に移行していくと，最外縁の杭の引抜き抵抗力が残留抵抗力まで低下する可能性があるからである．なお，既往の杭の引抜き試験結果によると，最大引抜き抵抗力に達した後，更に杭を引き抜いても抵抗力が低下しない場合も多い．このような場合は，残留引抜き抵抗力は最大引抜き抵抗力に等しいと見なすことができる．

後述するように，杭長に応じて地盤から決まる杭の引抜き抵抗力は大きくなる．設計用限界引抜き抵抗力として，最大引抜き抵抗力を採用する場合には，杭体および杭の継手部の耐力が設計用限界引抜き抵抗力以上であることを確認する必要がある．

長期的に作用する引抜き荷重に対しては，前述のように荷重の大きさが降伏引抜き抵抗力より小さければ，クリープ変位は小さいと考えられるが，十分な実証データがない．したがって，使用限界に対応する設計用限界引抜き抵抗力として，クリープ変位に対して余裕のある抵抗力を確保するため，最大引抜き抵抗力の1/3を採用する．

なお，単杭の限界引抜き抵抗力と杭基礎全体の各限界状態との対応については6.1節を参照されたい．

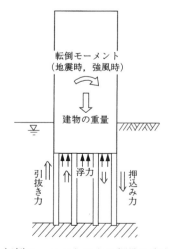

図6.5.3　転倒モーメントによる押込み力と引抜き力

(1) 単杭の引抜き抵抗力の評価方法

各要求性能のレベルに応じた限界引抜き抵抗力は，下記のいずれかの方法によって求めた値とする．

a) 杭の引抜き試験

単杭の引抜き試験は，地盤工学会の基準に準拠して行う[6.5.1]．降伏引抜き抵抗力，最大引抜き抵抗力および残留引抜き抵抗力は，それぞれ引抜き試験から得られる降伏荷重・極限荷重・残留引抜き荷重（杭頭での評価値）とする．引抜き試験において残留引抜き荷重に達するまで杭を引き抜かない場合は，（極限荷重−杭の自重）の1/1.2に杭の自重を加えた値〔後述の式6.5.2〕を残留引抜き抵抗力とする．

b) 杭の鉛直載荷試験からの推定

杭の引抜き時の周面抵抗力については，押込み時ほど実測データに関する蓄積がない．一方，押込み時と引抜き時の周面抵抗力を比較した例はあるので，引抜き時の周面抵抗力は，押込み時の値から評価することができる．既往の調査結果によると，引抜き時の周面抵抗力は，粘性土地盤においては押込み時の値とほぼ等しく，砂質土では小さくなるとの報告[6.5.2]～[6.5.6]が多いが，埋込み杭による最近の報告[6.5.7],[6.5.8]では，粘性土においても引抜き時の周面抵抗力が押込み時よりも小さくなる結果も報告されている〔図6.5.4参照〕．このような押込み時と引抜き時の周面抵抗力の差異は，杭長が長くなると小さくなる傾向があるが，現状ではこのような杭長の影響については定量的かつ一般的な評価が困難なため，やや安全側の評価として，図6.5.4より砂質土中における引抜き時の最大周面抵抗力は押込み時の2/3，粘性土中の引抜き時の最大周面抵抗力は押込み時の4/5とする．杭の引抜き抵抗力としては，原則として，杭先端の引抜き抵抗力を無視して周面抵抗力に杭自重を加えた値とする．

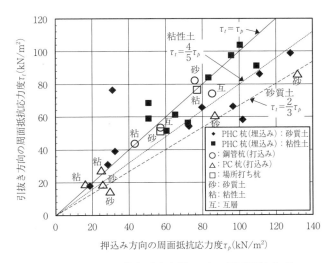

図6.5.4 杭の引抜き時と押込み時の周面抵抗力度

c) 引抜き抵抗力算定式

載荷試験を行わない場合，杭の各限界引抜き抵抗力を式 6.5.1〜式 6.5.3 によって評価する．

$$R_{TU} = (\Sigma\tau_{sti}L_{si} + \Sigma\tau_{cti}L_{ci})\phi + W \tag{6.5.1}$$

$$R_{TR} = (1/1.2)(\Sigma\tau_{sti}L_{si} + \Sigma\tau_{cti}L_{ci})\phi + W \tag{6.5.2}$$

$$R_{TY} = (2/3)(\Sigma\tau_{sti}L_{si} + \Sigma\tau_{cti}L_{ci})\phi + W \tag{6.5.3}$$

ここに，R_{TU}（kN）：最大引抜き抵抗力

R_{TR}（kN）：残留引抜き抵抗力

R_{TY}（kN）：降伏引抜き抵抗力

ϕ（m）：杭の周長

τ_{sti}（kN/m²）：砂質土の i 層における杭引抜き時の最大周面抵抗力度で，押込み時の極限周面抵抗力度の 2/3 とする．なお，最大周面抵抗力度は同一地盤であっても杭の施工法によって異なることに留意する〔6.2 節参照〕．

τ_{cti}（kN/m²）：粘性土の i 層における杭引抜き時の最大周面抵抗力度で，押込み時の極限抵抗力度の 4/5 とする．

L_{si}（m）：砂質土の i 層における杭の長さ

L_{ci}（m）：粘性土の i 層における杭の長さ

W（kN）：杭の自重で，地下水位以下の部分については浮力を考慮する．

せん断試験機を用いた鋼材と土との摩擦試験結果から，杭の周面抵抗力の発現状況は次のように推測できる．すなわち，図 6.5.5 の左側の図に示すように，杭を地盤中に押し込むときあるいは引き抜くとき，低荷重下では，杭周辺地盤のせん断変形によって杭が変位する．更に荷重を増大させると，杭と地盤との境界面または地盤内のいずれか，抵抗力の小さい部分ですべりが生じる[6.5.9),6.5.10)]．このすべりを生じた後，更に杭を押し込むまたは引き抜くと，図 6.5.5 の右側の図のように砂質土では，抵抗力が「漸増」「ほぼ一定」「低下」のいずれかの性状を示すが，低下する場合でも，低下の割合は少ない．これに対して，粘性土では抵抗力が低下することが多く，低下の割合は砂質土より大きくなる傾向がある[6.5.11)]．

一方，図 6.5.6 に示すように，杭の引き抜き試験結果から得られた引抜き荷重-引抜き量曲線の性状にも類似の傾向が認められる．引抜き荷重が最大値に達した後，更に杭を引抜いても最大荷重を保持したまま引抜き量が増大するパターンを示すものが多いが，粘性土では引抜き荷重が低下するパターンを示すものがある[6.5.12)]．砂質土および粘性土において，引抜き時にこのような低下の割合を定量的に評価するに足る十分な資料はないが，設計上やや安全側をみて，残留引抜き抵抗力を最大引抜き抵抗力の 1/1.2 とする．

また，杭の引抜き抵抗に対する繰返し荷重の影響については，既往の繰返し引抜き試験結果から，以下のような知見が得られている[6.5.13),6.5.14)]．

① 最大繰返し荷重＜降伏引抜き抵抗力 のとき

引抜き荷重-引抜き量曲線は弾性的な挙動を示す．

② 最大繰返し荷重≧降伏引抜き抵抗力 のとき

6章 杭基礎 —249—

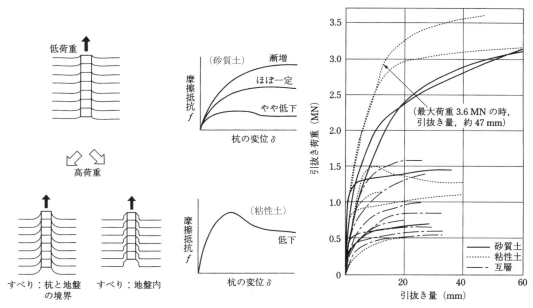

図6.5.5 杭周辺地盤の変形性状に関する模式図

図6.5.6 杭の引抜き荷重-引抜き量曲線の性状[6.5.12]

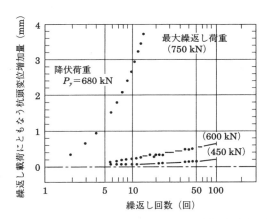

図6.5.7 関東ローム層中の杭の繰返し引抜き試験結果[6.5.14]

　引抜き量は繰返し載荷回数の増加に伴い漸増し，引抜き抵抗力も低下する傾向があり，最大繰返し荷重が大きいほどその傾向が顕著になる〔図6.5.7〕．引抜き抵抗力の低下は砂質土よりも粘性土で大きく，粘性土では最大引抜き抵抗力の約8割以上の繰返し荷重で引抜きを繰り返すと杭が引き抜けたり，最大引抜き抵抗力に対応する荷重で引抜きを繰り返すと，最大荷重が85％程度に低下した例がある．

　長期的な荷重に対する引抜き抵抗力の調査例として，関東ローム層において実施した約9か月に及ぶ杭の長期引抜き試験結果があり，下記の結果が得られている[6.5.15]．

　① 引抜き荷重＜降伏引抜き抵抗力　のとき

荷重作用後の経過時間に伴う引抜き量の増加はわずかである．

② 引抜き荷重≧降伏引抜き抵抗力　のとき

引抜き量は，荷重作用後の時間経過に伴って漸増する．増加の割合は，荷重が大きいほど大きくなる．

上記のような繰返し載荷や長期荷重作用時における杭の引抜き性状に類似性が見られる点については，次のように説明できる．

繰返し荷重を作用させたときに生じる変位には，即時変位成分とクリープ変位成分が含まれている．降伏荷重以上の荷重を杭に作用させると，載荷を繰り返すごとにクリープ変位が蓄積されていくため，累積クリープ変位が増大する．この累積クリープ変位は，長期荷重作用時におけるクリープ変位にほぼ対応する[6.5.16]．

この引抜き抵抗力の低下については，十分なデータが蓄積されていないが，残留引抜き抵抗力に到るまで低下すると仮定し，その算定式を式 6.5.2 で与えている．

降伏引抜き抵抗力は，既往の杭の引抜き試験結果によると，図 6.5.8 に示すようにほぼ式 6.5.3 で与えられる[6.5.14]．

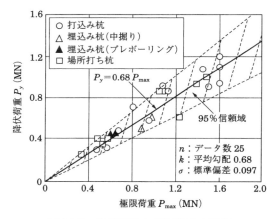

図 6.5.8　降伏荷重と極限荷重の関係

（2）許容引抜き抵抗力算定上の留意点

許容引抜き抵抗力の評価法はこれまで述べたとおりであるが，引抜き抵抗力の算定にあたっては，杭の種類や施工方法，地震時の地盤の液状化などが杭の引抜き抵抗に与える影響を考慮し，余裕を持たせた値とすることが必要である．以下に考慮すべきことについて述べる．

a）杭周引抜き抵抗力

杭周面と地盤の摩擦力は，杭の種類や施工方法の影響を強く受ける．例えば，既製コンクリート杭では，打ち込む場合と埋め込む場合とでは，杭周囲の地盤が受ける施工時の影響は全く異なるため，期待できる最大摩擦力は同一ではない．埋込み工法のうち，中掘工法では杭周囲に固定液を用いない工法があり，その場合には杭周面の摩擦力はかなり小さい．同様に回転貫入杭では，施工時に杭先端付近に設けられた羽根が地盤中を移動する影響で，杭周の摩擦力は地盤の

N 値や q_u 値から期待される値よりも一般的には小さくなる．このように，杭の種類や施工方法によって杭周面に期待できる摩擦力は異なることがあり，それらの影響を適切に考慮する．

b） 杭先端引抜き抵抗力

地震時に杭に作用する引抜き力を考えると，上部構造からの引抜き力の作用速度は，かなり速いと考えられ，杭先端が砂質土層であってもサクションによる引抜き抵抗力が生じる可能性がある．しかしながらその値を求めるのは現実的には困難で，一般的には杭先端のサクションを抵抗力として期待すべきではない．一方，杭の種類によっては先端部を拡底したり，大きな先端根固め部が築造されていたり，あるいは大きな羽根を有している場合がある．これらは主として，大きな鉛直支持力を確保するための工夫であるといえるが，先端径が軸径に比べて拡大されているために，大きな引抜き抵抗が期待できる．ただし，鉛直支持力の増大を目的にこれらの杭が築造された場合には，堅固な層への根入れ長さは 1 m 程度と小さいのが通常であるので，その工法本来の引抜き力を期待する場合には，堅固な層への十分な根入れが必要となる．これらの杭に期待できる引抜き抵抗力は基本的には載荷試験を行って評価する必要があり，実際の適用地盤において引抜き試験を実施することが望ましい．なお，載荷試験に基づく引抜き抵抗力の算定方法が評価されている工法もある．

c） 杭長と引抜き抵抗の関係

同一地盤であっても杭長が短くなれば，引抜き抵抗は低下する．非常に短い杭では，地震時に作用する瞬間的な引抜き力であっても，引抜き力が残留抵抗を上回り，杭が引き抜けてしまう可能性が考えられる．このため，安全に引抜き力を負担させ得る杭長（限界長さ）について検討することが重要であるが，確立された検討方法はないのが実状である．場所打ち拡底杭など杭先端に鉛直支持力を増大する目的で杭先端部などの径を大きくする工法では，地盤のコーン破壊を想定した検討が実施されているが[6.5.17]，通常の杭（ストレート杭）で限界長さに関する実験的な検討はほとんどないと思われる．埋込み杭で杭径に対する杭長の比が 6.25 の場合，残留引抜き抵抗力が最大引抜き抵抗力に比較して 2/3 程度と大きく低下する結果[6.5.8]もあることから，引抜き試験を実施しない場合には，引抜き力を負担させる杭の長さについては，十分な余裕を持たせることが必要である．

d） 地盤の液状化の影響

液状化地盤中に設置された杭の引抜き時における周面抵抗力の評価は，杭の押込み時に準じる〔6.2 節参照〕．

2. 引抜き力-引抜き量関係

単杭の引抜き量は，下記のいずれかの方法によって設計用引抜き荷重-引抜き量曲線を作成し，この曲線上において想定される引抜き荷重に対応する値として評価する．

（1） 引抜き試験による方法

引抜き試験から得られる引抜き荷重-引抜き量曲線をそのまま利用するか，あるいはこれをバイリニア型などでモデル化して設計用引抜き荷重-引抜き量曲線とする〔図 6.5.9〕．

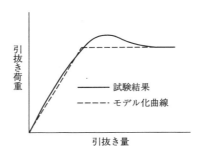

図 6.5.9　設計用引抜き荷重-引抜き量曲線

（2）算定式による方法

単杭の各種沈下計算用解析モデルにおいて，杭先端の抵抗力を付与する部分を除去し，これを引抜き量計算用解析モデルとして引抜き荷重-引抜き量を求める〔6.3節参照〕．一例として杭に周面抵抗ばねを付した解析モデルを図6.5.10に示す．同図では，引抜き時の周面抵抗ばねは，押込み時と同一とし，設計上の最大周面抵抗力は残留引抜き抵抗力と等しいものとしている．また，杭に周面抵抗ばねと先端ばねを付した図6.5.11に示すような解析モデルを採用すると，押込み時と引抜き時，いずれの荷重-変位量曲線も求めることができる．

引抜き時の周面抵抗ばねに関しては十分な検証データがないが，関東ローム層中に設置した場所打ちコンクリート杭について，押込みと引抜きの交番載荷試験を実施した結果から，押込み時と引抜き時の杭頭荷重-変位量曲線の勾配が，降伏荷重程度までほぼ等しいとの結果を得ている例もある[6.5.18]．なお，周面抵抗ばねの評価にあたっては文献6.5.19)，6.5.20)を参照されたい．

（3）鉛直載荷試験からの推定

杭の鉛直載荷試験結果から周面抵抗力-杭の変位量関係が得られている場合，その関係が杭の引抜き時にも成立すると仮定し，各種解析モデルに反映させることによって，引抜き量を求めることができる〔図6.5.10参照〕．その際，杭引抜き時の最大周面抵抗力は，鉛直載荷試験結果から得られる杭の押込み時の値を基準として本節1．（1）b）に準じて求める．

3. 群杭の引抜き抵抗力

群杭が引抜き力を受ける場合，群杭全体を包絡するブロックとして抵抗することがある〔図6.5.12参照〕．

群杭に作用する引抜き荷重が各単杭の引抜き抵抗力の合計より小さくても，このブロックとしての引抜き抵抗力より大きくなると，群杭全体として引き抜かれてしまう可能性がある．式6.5.4は，ブロック全体としての引抜き抵抗力を杭1本あたりの値に換算した引抜き抵抗力 R_{TG} (kN) である．

$$R_{TG}=\frac{(\sum \phi_G L_i S_i + AW)}{n} \qquad (6.5.4)$$

ここに，n　　　　　：杭本数

(a) 杭～地盤系のモデル　　(b) 杭引抜き時の周面抵抗力度～杭の変位関係

i 層の周面抵抗力 ┌ $F_i=K_{fi}\delta_i$ のモデル
　　　　　　　　　└ $F_i \leqq \tau_{\max i}\times\Delta l_i\ \psi_i$ (kN)

K_{fi}：i 層の周面抵抗ばね(kN/m)で次式で支える
　$K_{fi}=k_{fi}\ \Delta l_i\ \psi$
Δl_i：杭の分割長(m)
ψ_i：杭の周長(m)
δ_i：杭の変位(m)

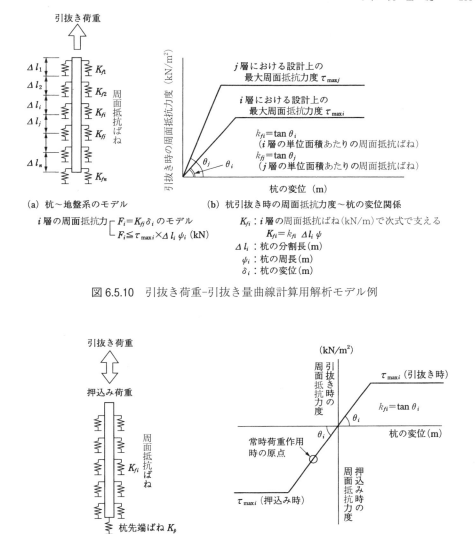

図 6.5.10　引抜き荷重-引抜き量曲線計算用解析モデル例

(a) 杭～地盤系のモデル　　(b) 周面抵抗力度～杭の変位関係のモデル

(c) 杭先端地盤の抵抗力～杭の変位関係のモデル　　(d) 解析から得られる杭頭の荷重～変位関係の模式図

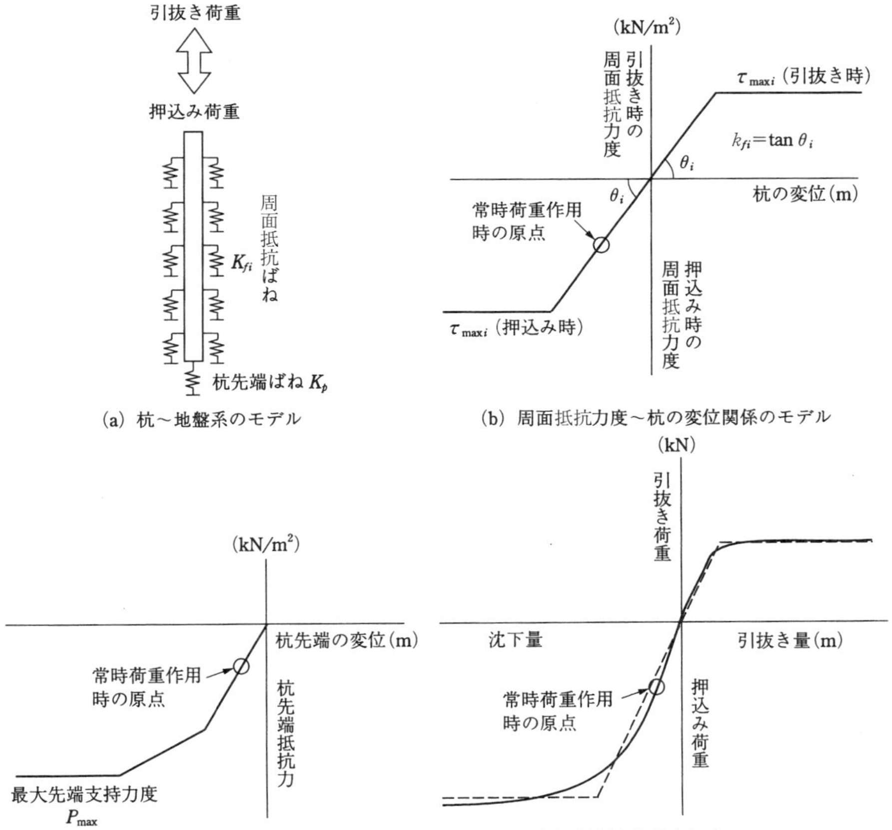

図 6.5.11　押込み荷重および引抜き荷重を受ける杭の荷重-変位量曲線算定用解析モデル例

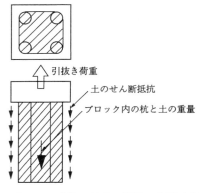

図 6.5.12　ブロック破壊に対する群杭の引抜き抵抗の検討

ϕ_G (m)　　　：群杭の外周を結んでできる包絡線の周長
L_i (m)　　　：i 層における杭の長さ
S_i (kN/m^2)：i 層における土のせん断強さ
A (m^2)　　：群杭の外側を結んでできる包絡線の断面積
W (kN/m^2)：杭群下端面上に作用する杭と土の単位面積あたりの重量で，地下水位以深の部分については浮力を考慮する．

　式 6.5.4 の分子の第 1 項は，地盤から決まる杭の最大引抜き抵抗力 R_{TU} (kN) に，また第 2 項は杭の自重に対応している．このような杭 1 本あたりに換算した群杭の最大引抜き抵抗力と単杭としての最大引抜き抵抗力のうち，いずれか小さい値を最大引抜き抵抗力として採用する．また，群杭の残留引抜き抵抗力および降伏引抜き抵抗力に関しては，既往の知見が得られていないが，設計上，杭 1 本あたりに換算した群杭の最大引抜き抵抗力を基準として式 6.5.2，式 6.5.3 を準用して求める．

参 考 文 献

6.5.1)　地盤工学会編：杭の引抜き試験方法・同解説，1992
6.5.2)　矢島淳二・青木雄二郎：杭の引抜き時と押込み時における周面摩擦力の比較，日本建築学会大会学術講演梗概集，構造 I，pp. 1283〜1284，1992.8
6.5.3)　Ismael, N.F. and Kliym, T.W.：Uplift and bearing capacity of short piers in sand, Proc. of ASCE, Vol. 105, No. GT5, pp. 579〜594, 1979.5
6.5.4)　O'Neill, M.W. and Hawkins, R.A.：Load transfer mechanisms in piles and pile groups, Proc. of ASCE, Vol. 108, No. GT12, pp. 1605〜1623, 1982.12
6.5.5)　Gegersen, O.S. and AAS, G.：Load test on friction piles in loose sand, Proc. of 8th International Conference on Soil Mechanics and Foundation Engineering, Vol. 2, pp. 109〜117, 1973
6.5.6)　茶谷文雄：摩擦抵抗の評価，シンポジウム摩擦杭の設計と施工の現状，日本建築学会関東支部構造部会，pp. 3〜12，2008.8
6.5.7)　小椋仁志・尾古健太郎・井上波彦・真鍋雅夫：既製コンクリート杭の引抜き試験結果の検討，基礎工，Vol. 420, No. 11, pp. 53〜56, 総合土木研究所，2011.11
6.5.8)　小椋仁志・本間裕介・尾古健太郎・真鍋雅夫・大島　章：プレボーリング拡大根固め工法による既製杭の引抜き抵抗，GBRC, Vol. 34, No. 2, pp. 7〜16, 日本建築総合試験所，2009.4
6.5.9)　矢島淳二・上杉守道・岸田英明・林　繁樹：砂〜鋼材間の摩擦抵抗に正規化粗さが及ぼす影響（その 2），第 21 回土質工学研究発表会，pp. 287〜288，1986.6

6.5.10) 伊藤圭典・前原雅幸：場所打ち杭の引抜き抵抗に関する実験と考察，土木学会論文集，第376号，pp.59〜75, 1986

6.5.11) 西山高士・椿原康則・岸田英明：混合土と鋼材間の摩擦挙動，第26回土質工学研究発表会，pp.715〜716, 1991.7

6.5.12) 茶谷文雄：杭の引抜き抵抗について，日本建築学会大会学術講演梗概集，構造 I , pp.1317〜1318, 1989.9

6.5.13) 伊藤圭典：打込み杭・埋込み杭・場所打ち杭の繰返し引抜き抵抗および水平抵抗の比較測定，第23回土質工学シンポジウム，pp.1〜8, 1978.11

6.5.14) 矢島淳二・青木雄二郎・柴崎富士夫・辰野正顕：埋込み杭の繰返し引抜き実験（その1），第26回土質工学研究発表会，pp.1355〜1356, 1991.7

6.5.15) 柴崎富士夫・矢島淳二：埋込み杭の長期引抜き実験（その2），第30回土質工学研究発表会，pp.1405〜1406, 1995.7

6.5.16) 稲　国芳・岸田英明：粘性土中の杭の繰返し引抜き挙動，日本建築学会構造系論文集，第438号，pp.137〜149, 1992.8

6.5.17) 青木雅路・平井芳雄・若井修一：場所打ちコンクリート杭の引抜き特性，基礎工，Vol.420, No.11, pp.21〜25, 2011.11

6.5.18) 杉村義広・中田慎介・岡部徳一郎・青木雄二郎・大木紀通：杭基礎の引抜き抵抗力に関する研究（押込み，引抜き時の周面摩擦力），第23回土質工学研究発表会講演集，pp.1393〜1394, 1988.6

6.5.19) 横山幸満・堀越豊司・日下部治：摩擦杭（短杭）の沈下予測，第32回土質工学シンポジウム，pp.23〜28, 1987.11

6.5.20) 佐原　守・西山高士・茶谷文雄：摩擦杭の鉛直載荷試験結果に基づく周面摩擦力と杭の変位の関係について（その1〜2），第34回土質工学研究発表会，pp.1421〜1424, 1999.7

6.6 節　水平抵抗および基礎部材の設計

1. 検討項目および設計用限界値

水平力を受ける杭基礎の検討項目は，以下とする．

　　a） 杭-地盤系から定まる水平抵抗と鉛直支持能力

　　b） 杭-地盤系から定まる沈下と水平変位にともなう傾斜，上部構造に対する影響

　　c） 基礎部材の応力

なお，水平力を受ける杭基礎の鉛直支持力，沈下および引抜き抵抗の設計用限界値は，それぞれ原則として表6.2, 6.3, 6.5 による．基礎部材の設計用限界値は，原則として本節5.による．

2. 杭基礎の応力評価法

杭に作用する水平荷重および地盤変位を考慮し，以下の手法で杭応力を評価する．

（1） 常時水平荷重に対する杭基礎の応力評価法

偏土圧など常時水平力を受ける建物では，杭頭に水平力を受ける杭基礎として設計する．

（2） レベル1荷重に対する杭基礎の応力評価法

上部構造慣性力，基礎部慣性力および地震時地盤変位を考慮して，杭応力を評価することを原則とする．ただし，単杭による応力評価を用いてもよい．また，液状化層等が存在せず，地震時地盤変位が小さいとみなせる地盤条件では，地盤変位を考慮しなくてもよい．

（3） レベル2荷重に対する杭基礎の応力評価法

杭軸力による杭の変形性能の違いを考慮し，群杭と基礎梁からなる群杭フレームモデルにより上部構造慣性力，基礎部慣性力と地震時地盤変位を考慮して杭応力を評価することを原

建築基礎構造設計指針

則とする．ただし，アスペクト比の小さい建物で，かつ杭間隔が大きいケースでは，単杭モデルによる杭応力評価法を用いてもよい．

3. 設計定数

杭の水平抵抗は，地盤の初期剛性，非線形性等を設定して評価する．なお，杭体の諸元および変形性能は，原則として本節5. による．

（1）水平地盤反力係数

水平地盤反力係数は土質，杭径，杭の水平変位等により変化するので，その影響を考慮して，以下のいずれかにより評価する．

　　a） 杭の原位置水平載荷試験

　　b） 杭の水平地盤反力係数算定式

（2）塑性水平地盤反力度

塑性水平地盤反力度は，土質，杭径等を考慮して設定する．

（3）水平地盤反力係数と塑性水平地盤反力度に関する補足事項

水平地盤反力係数と塑性水平地盤反力度の算定方法は目的に応じて適切に設定する．

4. 杭基礎の応力評価の留意事項

（1） 杭基礎の近傍に傾斜地盤が存在する場合には，その影響を考慮する．

（2） 杭基礎と上部構造との一体解析，二次元・三次元FEM解析では，解析モデルの諸定数が目的に対して妥当であることを検証する．特に地盤定数については，ばらつきを考慮して設定する．

5. 杭体および杭頭接合部の断面算定

各限界状態において杭体および杭頭接合部の設計用限界値が設計用応答値を上回ることを確認する．設計用限界値は，各限界状態の強度あるいは変形性能の限界値に低減係数を乗じた値とする．杭体および杭頭接合部の設計用限界値を表6.7 に示す．各限界値の算定は，実験および力学モデルに基づく数値解析等によって検証された算定式による．各低減係数の設定には，算定式の精度等各種の要因を考慮する．

表6.7　基礎部材（杭体および杭頭接合部）の設計用限界値

想定荷重	性能グレード	要求性能レベル（限界状態）	設計用限界値
常時荷重	—	使用限界状態	使用限界強度（ひび割れ強度，または想定されるひび割れ幅に対応した強度，かつクリープに対して十分余裕のある強度）
レベル1荷重	—	損傷限界状態	損傷限界強度（鋼材の降伏，コンクリートのせん断ひび割れや残留ひずみの発生に対して余裕のある強度）
レベル2荷重	S A	終局限界状態	終局限界強度，または限界変形（限界変形角，塑性限界変形角あるいは限界曲率）

1. 検討項目および設計用限界値

杭に作用する水平荷重には，地震による繰返し荷重，暴風による繰返し荷重，そして偏土圧による静的荷重などがある．本節 2. の杭基礎の応力評価法は，地震荷重に特化して記載しているが，地震以外の杭に作用する水平荷重に対する杭基礎の応力評価法として用いることができる．

（1） 性能目標と設計用限界値

水平力を受ける杭基礎は，常時荷重，レベル 1 荷重に対して表 6.1 の設計用限界値を満足するものとする．また，レベル 2 荷重に対しては建物の重要度から性能グレードを設定し，表 6.1 に示す性能グレードに応じた要求性能を満足するよう設計する．

杭基礎は，地盤内にあることから，その被害状況を確認しにくく，また被害が見つかった場合でもその損傷位置や発生深度によっては修復が困難となる場合がある．したがって，杭基礎の設計では，レベル 2 荷重に対しても杭基礎に補修・補強が必要となる損傷は発生させない設計が本来望ましい．この状態の性能グレードをＳとして，杭の損傷の程度からＳ, Ａの性能グレードを設定している．図 6.6.1 に杭材の曲げモーメント-曲率関係（M-ϕ 関係）と性能グレードの概念を示す．杭材の変形性能により，性能グレードＡの適用範囲が異なることがわかる．

なお，杭基礎の鉛直支持能力と水平抵抗にかかわる設計用限界値については，それぞれ鉛直支持力〔6.2 節〕，引抜き抵抗力〔6.5 節〕，杭の水平抵抗〔本節〕，および杭体および杭頭接合部の断面算定〔本節 5.〕を参照する．また，沈下と水平変位にともなう傾斜，上部構造に対する影響にかかわる設計用限界値については，直接基礎の沈下被害調査や文献などによる提案値，震災建物の被災度判定の傾斜角等〔5.3 節 4.〕が参考となる．沈下，傾斜に対する設計用限界値については，建物の要求性能や構造形式，検討する沈下の種類に応じて設計者が設定する．

（2） 杭の種類と設計用限界値について

コンクリート系杭のせん断破壊や，高軸力下での曲げ圧縮破壊，あるいは鋼杭の局部座屈は，一般には急激な耐力の低下を伴う脆性的な破壊形式となる可能性があり，また靱性を有する杭体であっても変形性能の限界を超えると耐力の低下が生じる場合がある．したがって，杭材の終局

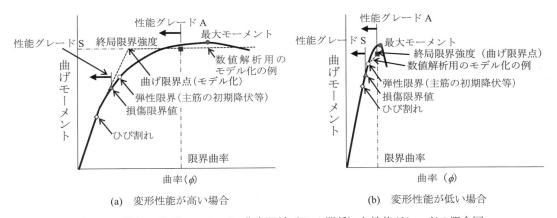

図 6.6.1　杭材の曲げモーメント-曲率関係（M-ϕ 関係）と性能グレードの概念図

限界状態に対する設計用限界値は，鉛直支持性能確保の観点から，上記のような破壊に至らないように軸方向力の適用範囲を設定するとともに，終局限界強度または限界変形で定義している．また，損傷限界状態に対する設計用限界値は，杭体が補修・補強せずに再使用可能であるものとして損傷限界強度で，使用限界状態に対する設計用限界値は，上部構造の使用性や機能に影響を与えないものとして使用限界強度で定義している．

以下に，性能グレードに対する杭材と設計用限界値の関係を示す．

　a）　性能グレードSに対する杭材の設計用限界値

杭材の種類に関わらず，設計用限界値は損傷限界強度〔図 6.6.1 の損傷限界値〕とする．

　b）　性能グレードAに対する杭材の設計用限界値

杭材のモデル化の方法を本指針では規定しないものの，応力を安全側に評価できるように図 6.6.1 の破線（数値解析用モデル化の例）でのモデル化を推奨する．M が一定となる折れ点を杭材の曲げ限界点（モデル上の曲げ降伏）とし，その後の変形性能を考慮することを，曲げ降伏を許容すると定義する．図中の弾性限界（主筋の初期降伏等）は，引張縁あるいは圧縮縁の鋼材が最初に降伏する位置を示しており，杭材の曲げ降伏とは区別する．

場所打ち鉄筋コンクリート杭は，軸方向力・せん断余裕度の大きさによっては，十分な変形性能が期待できないことから，その設計用限界値は終局限界強度〔図 6.6.1 の曲げ限界点まで〕とする．ただし，例外として軸力の小さい杭で，曲げ降伏を許容する場合〔図 6.6.1a〕には，設計用限界値は限界変形（限界曲率あるいは限界塑性回転角等，以下同様）とする．この際，実験的に検証された十分なせん断余裕度（せん断強度を曲げ強度で除した値であり，せん断破壊よりも曲げ破壊が先行する余裕度）を確保する．

場所打ち鋼管コンクリート杭の設計用限界値も，同様に終局限界強度とする．ただし，例外として軸力の小さい杭で，曲げ降伏を許容する場合には，限界変形とする．この際，鋼管の局部座屈が発生しない範囲内とする．

PHC 杭，PRC 杭は，最大耐力発揮後，急激な耐力低下を起こすことが多いため，その設計用限界値は終局限界強度とし，曲げ降伏させてはならない．

SC 杭においても，鋼管の圧縮降伏およびコンクリートの圧壊が鋼管の引張降伏よりも先行する場合には，急激な耐力低下を起こすことが多い．この場合には，その設計用限界値は終局限界強度とし，曲げ降伏させてはならない．軸方向力が小さく鋼管の引張降伏が支配的な場合には，例外として曲げ降伏を許容してもよい．

鋼管杭の設計用限界値は，終局限界強度とする．ただし，曲げ降伏を許容する場合は，軸方向力を考慮した限界変形とする．

上記で，設計用限界値を終局限界強度とする場合には，当然のことながら，せん断破壊も軸破壊も生じさせてはならない．

なお，PHC 杭，PRC 杭，SC 杭について，中詰めコンクリートの施工やせん断補強筋量の増大等により耐震性能を高めた場合には，構造および施工の実験的検証をもとに，設計用限界値を設定してよい．

2. 杭基礎の応力評価法

（1） 常時水平荷重に対する杭基礎の応力評価法

偏土圧を受ける場合など，常時に杭に水平力が作用する建物では，杭頭に水平力が作用するものとして杭応力を求める．偏土圧の合力の作用位置が高い場合，転倒モーメントが無視できない．このため，転倒モーメントを考慮した各杭の軸力が作用した状態における杭体の変形性能を用いて，図 6.6.2 に示す梁ばねモデルなどを用いて杭応力を求める．常時荷重に対して杭体は弾性範囲内におさめることから，弾性支承梁理論などで簡易に検討を行うことも可能である．検討方法は荷重が常時荷重であること，地震時地盤変位がないこと以外は，レベル1荷重に対するものと同様であるので，評価手法は（2）のレベル1荷重に対する評価にまとめて記す．

（2） レベル1荷重に対する杭基礎の応力評価法

レベル1荷重（地震時，暴風時，偏土圧など水平力が作用する場合）における杭の応力評価は，各杭の変形性能の違いによる影響や杭頭変位の同一性を考慮できる群杭フレームモデル〔後出の図 6.6.9（a）〕を用いるのが望ましい．ただし，レベル1荷重では，杭体はほぼ弾性域であることや従来の杭応力評価法が単杭によるものを用いてきたことから，それらとの連続性を考慮し，単杭による杭応力評価を用いてもよいこととする．杭体の変形性能はレベル1荷重作用時の軸力に対して評価する．地震時には地盤変位が作用するため，図 6.6.3 に示す地盤変位を考慮した梁ばねモデル（地盤ばねを介して地盤変位を杭に作用させる手法を以後，応答変位法と呼ぶ）を用いることを原則とする．ただし，地盤変位が小さく杭応力に大きな影響を与えないと判断される場合は，レベル1荷重に対しては，地盤変位を無視した検討〔図 6.6.2 の梁ばねモデルもしくは弾性支承梁理論など〕を行うことも可能である．暴風時の検討では地盤変位を考慮する必要はなく，弾性支承梁理論もしくは図 6.6.2 の梁ばねモデルを用いる．以下，弾性支承梁理論と図 6.6.2，図 6.6.3 に示す梁ばねモデルについて説明する．

a） 弾性支承梁理論による方法

弾性支承梁理論は地盤を均等な弾性支承に置換し，杭を曲げ剛性を有する梁材でモデル化し

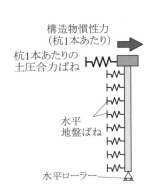 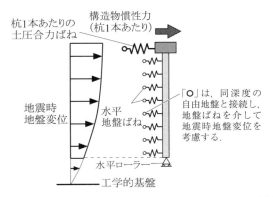

図 6.6.2　梁ばねモデル（単杭）　　図 6.6.3　地震時の地盤変位を考慮した梁ばねモデル（単杭）

て，杭の応力，変形を求める方法である．このため，地震時地盤変位が十分小さく，かつ杭変形に影響を与える範囲の地盤がほぼ均一と見なせることが適用条件である．

杭は三次元の広がりを有する地盤に設置されており，解析は三次元で行うことが理想であるが，これは容易ではない．このため，図 6.6.4 に示すように二次元問題に置換して，弾性支承梁理論に基づく方法が用いられてきた．弾性支承梁理論の基本方程式を次式に示す．

$$\frac{d^2}{dz^2}\left(EI\frac{d^2y}{dz^2}\right)+p(z)B=0 \tag{6.6.1}$$

ここに，z (m)：地表面からの深さ，y (m)：深さ z における杭の水平変位，EI (kNm^2)：杭の曲げ剛性，$p(z)$ (kN/m^2)：深さ z における単位長さあたりの水平地盤反力度，B (m)：杭幅

水平地盤反力度 $p(z)$ は，各ばねが独立して作動するウインクラー（Winkler）ばねを用いて，次式で評価される．

$$p(z)=k_h y \tag{6.6.2}$$

ここに，k_h (kN/m^3)：水平地盤反力係数（単位面積あたりの地盤ばね値に相当）

式 6.6.1 および式 6.6.2 から，式 6.6.3 が成立する[6.6.1]．

$$EI\frac{d^4y}{dz^4}+k_h By=0 \tag{6.6.3}$$

式 6.6.3 は，弾性支承梁理論の方程式であり，チャン（Chang）は $k_h B$ が深さに依存せず一定値の場合について，無限に長い杭で回転拘束されたケースの理論解[6.6.2]を示している．EI および $k_h B$ を一定とすると，式 6.6.3 の一般解は，次式で与えられる．

$$y=e^{\beta z}(A_1 \sin \beta z + B_1 \cos \beta z)+e^{-\beta z}(C_1 \sin \beta z + D_1 \cos \beta z) \tag{6.6.4}$$

$$\beta=\left(\frac{k_h B}{4EI}\right)^{1/4} \tag{6.6.5}$$

ここに，β (1/m)：杭の特性値，$A_1 \sim D_1$：境界条件により定まる未定係数である．

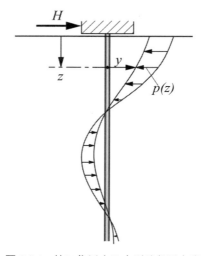

図 6.6.4　杭に作用する水平地盤反力度

杭体の回転角を θ, 曲げモーメントを M, せん断力を Q とすると，次式の関係が成立する．

$$\theta = \frac{dy}{dz} \tag{6.6.6}$$

$$M = -EI\frac{d^2y}{dz^2} \tag{6.6.7}$$

$$Q = -EI\frac{d^3y}{dz^3} \tag{6.6.8}$$

式 6.6.6～6.6.8 により，杭頭と杭先端の境界条件を与えることで式 6.6.4 から杭変位および杭応力を求めることができる．杭が深さ方向に無限に長いと仮定すると杭先端の境界条件は，$y=0$, $\theta=0$ となり，未定係数 A_1, B_1 は 0 となる．更に下記の杭頭の境界条件を考慮することにより，杭頭水平力 H（kN）を作用させた無限に長い杭の式 6.6.3 の解が求められる．

杭頭回転拘束の場合：$\theta=0$, $Q=-H$

杭頭自由の場合：　　$M=0$, $Q=-H$

表 6.6.1 に，杭頭が地表面から突出しない条件において，杭頭水平力 H を作用させた場合の無限に長い杭の解を示す．地盤沈下等により杭頭が地表面から突出した場合の解については，文献 6.6.3）を参照されたい．

図 6.6.5 に，杭頭を回転拘束，杭先端の境界条件を（固定，ピン，自由）と変化させた場合の，杭頭水平力に対する杭頭曲げモーメント・杭頭変位と βL（L は杭の埋込み長さ）の関係を示す．ここでは杭長を考慮した式 6.6.3 の厳密解 $\bar{M}_0, \bar{y}_0$ を計算し，杭が無限に長い場合の解 M_0, y_0 で除して無次元化している．βL が 2.25 以上になると杭先端の固定条件によらずモーメント，変位とも計算結果はほぼ 1 となり，無限長の杭として計算した値と同じ結果が得られる．本指針では，このように $\beta L \geqq 2.25$ なる杭を「長い杭」と呼ぶ．一方，$\beta L < 2.25$ となる杭を「短い杭」と呼ぶ．「短い杭」では文献 6.6.3）～6.6.6）の手法を用いるか，後述の梁ばねモデルにより，杭応力を算出する．

弾性支承梁理論による杭応力評価は，以下の手順で行うことを基本とする．

① 荷重（杭頭に作用する水平荷重 H，レベル 1 荷重時の当該杭の軸力）を設定する．杭の諸元と k_h より βL を求め，長い杭（$\beta L \geqq 2.25$）であることを確認する．

② 表層地盤が均一と仮定できることを確認し，水平地盤反力係数 k_h を設定する．1 回目は基準水平地盤反力係数 k_{h0}（対応変位 0.01 m）を k_h とする．群杭効果が無視し得ないと判断される場合は群杭効率 ξ を乗じて $k_h = \xi k_{h0}$ とする．

③ 当該杭の軸力より杭の変形性能を設定する（弾性範囲が望ましい）．

④ 杭頭の境界条件に従って，表 6.6.1 で杭応力，杭頭変位を算定する．

⑤ 杭頭変位〔表 6.6.1 の y_1〕が設定した水平地盤反力係数の対応変位と一致しない場合は，後出の式 6.6.11 を用いて杭頭変位に応じた水平地盤反力係数を再設定し，表 6.6.1 で杭応力，杭頭変位を算定する．

表 6.6.1 一様地盤中の杭長無限(長い杭)の解(杭頭突出なし)

応力および変位図	杭頭自由	杭頭回転拘束
地表面変位	$y_1 = \dfrac{H}{2EI\beta^3}$	$y_1 = \dfrac{H}{4EI\beta^3}$
杭頭たわみ角	$\theta_1 = \dfrac{H}{2EI\beta^2}$	$\theta_1 = 0$
杭頭曲げモーメント	$\overline{M}_0 = 0$	$\overline{M}_0 = \dfrac{H}{2\beta}$
地中部最大曲げモーメント	$M_{max} = -\dfrac{H}{\sqrt{2}\beta}e^{-\pi/4} = -0.3224H/\beta$	$M_{max} = -\dfrac{H}{2\beta}e^{-\pi/2} = -0.2079\overline{M}_0$
地中部最大曲げモーメント発生点	$l_m = \dfrac{\pi}{4\beta}$	$l_m = \dfrac{\pi}{2\beta}$
地中部第1不動点	$l = \dfrac{\pi}{2\beta}$	$l = \dfrac{3\pi}{4\beta}$
地中部曲げモーメント第1ゼロ点(第2ゼロ点)	$l_{m1} = \dfrac{\pi}{\beta}$	$l_{m1} = \dfrac{\pi}{4\beta}$ $l_{m2} = \dfrac{5\pi}{4\beta}$

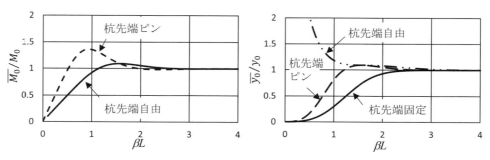

図 6.6.5 杭頭曲げモーメントと杭頭変位に関する比率

⑥ 杭頭変位が収束するまで繰り返し計算を行い、収束した際の杭変位、杭応力を採用する。

弾性支承梁理論は弾性理論解であるものの、上記の繰返し計算で地盤の非線形性を概略考慮することは可能である。算定された杭頭変位が基準水平変位 (0.01 m) より小さい場合、基準水平地盤反力係数を用いると杭応力は大きく評価される。繰り返し計算することで杭応力は適正値に

収斂していく．一方，算定された杭頭変位が基準変位（0.01 m）より大きい場合，基準水平地盤反力係数を用いると杭応力を小さく評価することとなり，水平地盤反力の非線形性を考慮するため繰返し計算等が必要である．

b）　梁ばねモデルによる杭応力の評価

梁ばねモデル〔図6.6.2〕は，杭を梁で，地盤を複数のウインクラーばねでモデル化するものであり，ばねごとに特性を設定できることから不均一地盤にも適用できる．

梁ばねモデルによる杭応力評価手順を以下にまとめて記す．

① 　解析モデルは，図6.6.2を標準とする．杭頭が回転拘束条件でないと判断される場合は，杭頭回転ばねを設定する．

② 　杭径と地盤調査結果および群杭効果を考慮して各深度の水平地盤反力係数を設定し，杭径と支配区間長を乗じて水平地盤ばねを求める〔本節3.〕．

③ 　地下室がある場合や根入れが深い場合には，基礎根入れ部の土圧合力ばねを設定する〔4.3節5.〕．

④ 　レベル1荷重時の各杭が負担する構造物慣性力（地上＋地下）と杭軸力を設定する〔4.4節〕．

⑤ 　杭頭軸力から杭の変形性能を設定する〔本節5.〕．

⑥ 　水平地盤反力の非線形性および必要に応じ杭体の非線形性を考慮し，杭頭水平力を作用させて杭応力を評価する．

地震時地盤変位を考慮しない梁ばねモデルは弾性支承梁理論と同じく，地盤変位が小さい場合でも杭応力を若干過小評価することに留意が必要である．

c）　地盤変位を考慮した梁ばねモデルによる杭応力評価

地盤変位を考慮した梁ばねモデルによる杭応力評価は，以下の方法による．地盤ばねは，杭と地盤の相対変位に依存するものとする．

① 　解析モデルは，図6.6.3を標準とする．杭頭が回転拘束条件でないと判断される場合は，杭頭回転ばねを設定する．

②〜⑤ 　本節2. b）の②〜⑤と同様に地盤ばね，荷重および杭の変形性能を設定する．なお，液状化を生じる場合は水平地盤反力係数を低減する〔3.2節2.〕．

⑥ 　レベル1地震時の地盤変位〔4.5節〕を設定する．

⑦ 　水平地盤反力の非線形性および必要に応じ杭体の非線形性を考慮し，杭頭水平力および地盤変位を同時に作用させ，杭応力を評価する．

上部構造慣性力と地盤変位は，基礎固定時の建物固有周期 T_b と地表面の卓越周期 T_g の比により表6.6.2の低減係数を考慮する．上部構造慣性力と地盤変位は，明らかに両者が同位相になる $T_b/T_g<1$ 以外は，同方向と逆方向の2ケースの検討を実施する．液状化に伴い上部構造の加速度応答が減少することもあるが，本指針では，液状化に伴う上部構造慣性力の低減は行わないこととする．なお，地盤変位による杭応力を概略評価するために，簡易式や図表など[6.6.7]〜[6.6.9]を用いてもよい．

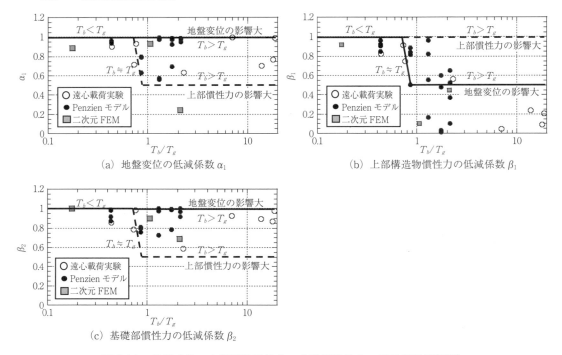

図 6.6.6 地盤変位，上部構造慣性力，基礎部慣性力の低減係数[6.6.10)に加筆]

d) 杭応力の重ね合わせ

従来，実務では，地盤変位と構造物慣性力を個別に杭に作用させて杭応力を算定し，それらの二乗和平方根（SRSS）または単純和で重ね合わせる手法が広く用いられてきた．その適用範囲は，杭体が弾性域のケース，水平地盤反力の非線形性が弱いケースである．レベル 2 地震のように水平地盤反力と杭体の M–ϕ 関係の非線形が強いケースでは，杭応力の重ね合わせは成立しないため，地盤変位と構造物慣性力を同時に杭に作用させることが合理的と考えられる．その際，地盤変位と構造物慣性力の同時性が問題となる．

図 6.6.6 は，地盤-杭-上部構造系の動的解析および遠心載荷実験結果に基づいた地盤変位，上部構造の地上部分の慣性力（以下，上部構造慣性力と呼ぶ），上部構造の地下部分の慣性力（以下，基礎部慣性力と呼ぶ）の低減係数と上部構造の基礎固定時の固有周期 T_b と地表面加速度の卓越周期 T_g の比 T_b/T_g の関係である[6.6.10)]．地盤変位の低減係数 α_1，上部構造慣性力の低減係数 β_1 および基礎部慣性力の低減係数 β_2 は下記のとおりである．

$\alpha_1 =$ 杭曲げモーメント最大時の地盤変位／地盤変位の最大値
$\beta_1 =$ 杭曲げモーメント最大時の上部構造慣性力／上部構造慣性力の最大値
$\beta_2 =$ 杭曲げモーメント最大時の基礎部慣性力／基礎部慣性力の最大値

各低減係数は，T_b/T_g に依存する傾向を示す．基礎根入れ部は地盤に拘束されていることから，基礎部慣性力は地盤変位の低減係数の特性に近い．この結果をふまえ，本指針では低減係数を表 6.6.2 とする．建物の固有周期 T_b は，限界耐力計算法等による損傷限界固有周期（レベル 1

表 6.6.2 建物の固有周期 T_b と地盤の固有周期 T_g の比と低減係数

	低減係数	図 6.6.6 の線種	上部構造慣性力と地盤変位の位相 (基礎部慣性力は地盤変位と同方向)
$T_b/T_g<1$	$\alpha_1=\beta_1=\beta_2=1$	実線	上部構造慣性力と地盤変位は同方向で杭に載荷
$T_b/T_g \fallingdotseq 1$	地盤変位が卓越 $\alpha_1=\beta_2=1, 0.5<\beta_1<1$	実線	上部構造慣性力と地盤変位は同方向および逆方向で杭に載荷し、各深度で杭応力の大きい方を採用
	上部構造慣性力が卓越 $\beta_1=1, 0.5<\alpha_1=\beta_2<1$	破線	
$T_b/T_g>1$	地盤変位が卓越 $\alpha_1=\beta_2=1, \beta_1=0.5$	実線	上部構造慣性力と地盤変位は同方向および逆方向で杭に載荷し、各深度で杭応力の大きい方を採用
	上部構造慣性力が卓越 $\beta_1=1, \alpha_1=\beta_2=0.5$	破線	

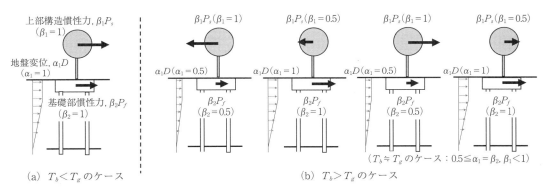

図 6.6.7 $T_b/T_g<1$ と $T_b/T_g>1$ における地盤変位、上部構造慣性力、基礎部慣性力の低減係数と載荷方向

荷重時), 安全限界固有周期 (レベル2荷重時) を準用する. なお, 保有水平耐力計算等で建物の固有周期を算定しないケースでは, T_b として建物の初期剛性による固有周期 (例えば建設省告示1793号), 建物の振動モデルの固有値解析による固有周期を用いてもよいこととする. 本来, 地表面の卓越周期 T_g は地震動の周波数特性に依存する. しかし, 地震動の予測は困難であることから, 本指針では地震動の卓越周期 T_g は地盤の固有周期とみなし, レベル1, レベル2荷重時ともに 4.5 節に示す固有周期の伸び α を考慮した地盤の固有周期〔式 4.5.3, 式 4.5.6〕や工学的基盤と地表面間の増幅特性 (伝達関数) から求めた地盤の固有周期[4.5.6]〜[4.5.8]を準用する.

$T_b/T_g<1$ では, 地盤変位と上部構造慣性力は概ね同位相であり, 地盤変位, 基礎部慣性力, 上部構造慣性力が同時に最大になるケースは多い. 図 6.6.7 (a) に示すように地盤変位, 基礎部慣性力, 上部構造慣性力は同方向とし, 各低減係数は 1 とする.

$T_b/T_g>1$ では, 地盤変位と上部構造慣性力が概ね逆位相であり, 地盤変位, 基礎部慣性力, 上部構造慣性力が同時に最大になるリスクは小さいと考えられる. これまで杭応力の重ね合わせは二乗和平方根 (SRSS) で算定されてきたことを考慮し, 地盤変位と各慣性力は 0.5 まで低減

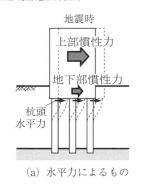
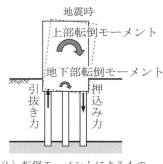

(a) 水平力によるもの　　(b) 転倒モーメントによるもの

図 6.6.8　地震時に杭に作用する力

できるものとする．地盤変位と上部構造慣性力のどちらが卓越するかは，地震動，地盤，杭および上部構造条件に依存する．そこで，地盤変位の影響が卓越するケースと上部構造慣性力の影響が卓越するケースで杭応力を評価し，各深度で杭応力の大きい方を採用することとする．地震波によっては地盤変位と上部構造慣性力が同方向になる可能性もあることから，図 6.6.7 (b) に示すように，地盤変位の卓越を想定するケース，上部構造慣性力の卓越を想定するケースについて，上部構造慣性力と地盤変位を同方向および逆方向で杭に載荷するものとする．

T_b/T_g＝1 付近では，地盤変位と上部構造慣性力の位相差が概ね 90°であり，地盤変位の影響が卓越するケースと上部構造慣性力の影響が卓越するケースに分けられる．地盤変位，基礎部慣性力，上部構造慣性力の低減係数は T_b/T_g に応じて 0.5～1 とし，T_b/T_g＞1 のケースと同様に，地盤変位の卓越を想定するケース，上部構造慣性力の卓越を想定するケースについて，上部構造慣性力と地盤変位を同方向および逆方向で杭に載荷するものとする．

(3)　レベル 2 荷重に対する杭基礎の応力評価法

レベル 2 荷重では，基礎部および上部構造の慣性力が大きく，かつ地震時地盤変位が大きくなる．上部構造の慣性力が大きくなると，図 6.6.8 (a) のように杭頭水平力が大きくなるだけでなく，図 6.6.8 (b) のように転倒モーメントに伴う杭の軸力変動も大きくなる．コンクリート系杭では，軸力によってモーメント－曲率関係（M-ϕ関係）が大きく異なるため，軸力を考慮して杭応力を評価する必要がある．そこで本指針では，レベル 2 地震時の杭応力評価は，杭体の非線形性のため杭の荷重分担が変化する可能性の高いことを考慮し，群杭フレームモデルを用いて慣性力と地盤変位を与える手法を標準とする．レベル 2 地震では，地震力が大きいため液状化地盤や軟弱地盤でなくても地震時地盤変位を無視し得ない可能性が高いことから，地震時地盤変位の考慮は原則として必要である．

a）　水平荷重，転倒モーメントによる杭応力の算定

地震力による杭体の応力を算出する場合の解析モデルは，基礎の回転による応力の緩和が生じないように杭先端を水平ローラーとした図 6.6.9 (a) のモデルを用いる．建物の高さ／幅比が小さい建物でかつ杭間隔が大きいケースでは変動軸力が小さいと考えられ，杭位置による杭応力

6章 杭基礎 —267—

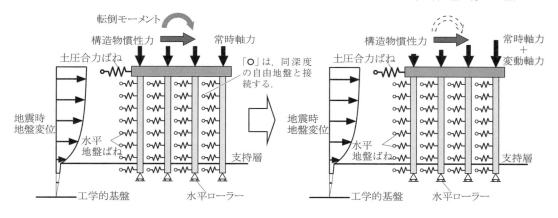

(a)杭応力の評価用（群杭フレームモデル）

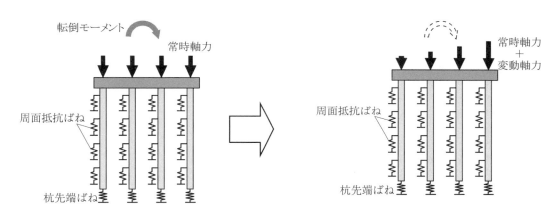

(b)沈下，傾斜算定用（群杭フレームモデル）

図 6.6.9　群杭フレームモデル

の差が小さいと判断される場合には，レベル 1 荷重で用いる単杭モデル〔図 6.6.3〕を適用してもよい．

　変動軸力が大きいケースでは，変動軸力により杭先端沈下を生じる可能性がある．この影響を考慮する方法として，杭先端に鉛直地盤ばねを設けるモデルが考えられる．杭先端に鉛直地盤ばねを設けると，先端径の大きい杭を用いた場合などは，レベル 2 荷重の転倒モーメントによる変動軸力でかなり大きな鉛直変位が算定される場合がある．このとき，杭の鉛直変位に伴う基礎の回転により，杭頭曲げモーメントは基礎の回転を拘束した場合よりも大幅に小さく算出されることがある．設計に用いる杭の極限周面抵抗力度や極限先端支持力度は，支持力が安全側となるように実測値の平均よりやや小さい値としていることや，沈下検討に用いる杭先端ばねと周面抵抗ばねの剛性は，図 6.3.5 に示すようにばらつきが大きいことなどから，実際の沈下が計算結果よりも小さくなる可能性も高い．この場合，軸力変動による杭の沈下計算に基づいて基礎の回転を考慮することは，杭頭応力を過小評価することになる．また，過去の地震において，上部構造に

－ 268 －　建築基礎構造設計指針

使用上問題となる残留傾斜が生じた建物は，杭頭で被害を生じている事例が多く，杭頭の耐力に余裕を持たせておくことが被害を防止するうえで重要である．以上のことから，地震力による杭体の応力を算出する場合の解析モデルは，杭先端の沈下を許容しないものとする．また，地震時地盤変位を考慮した場合や，短い杭など杭先端にわずかでも水平変位が生じる場合は，杭先端を固定やピンなど水平変位も拘束した境界条件を用いると，杭先端で過大なせん断力を負担する可能性がある．以上のことを考慮し，杭先端を水平ローラーとした図 6.6.9（a）のモデルを用いることとする．杭先端の水平抵抗として，杭底面の水平摩擦や回転剛性をばねとして考慮することも考えられるが，これらの知見は乏しいのが現状である．剛性の高い支持層に根入れされた杭先端部の水平抵抗を考慮したい場合，支持層の効果は水平地盤ばねとして考慮する．なお，杭先端の境界条件を水平ローラーとして基礎の回転を抑えたモデルでは，一般的に杭頭の曲げモーメントは大きめに評価される．一方，地中部の最大曲げモーメントは小さめに評価されるため，地中部最大曲げモーメント付近の断面設計においては配慮が必要である．

　群杭フレームモデルによる杭応力評価は，以下の方法による．

① 　群杭フレームモデルは，図 6.6.9（a）を標準とする．杭頭が回転拘束状態でないと判断される場合は，杭頭回転ばねを設定する．基礎梁は原則として剛とする．

② 　地盤条件および杭径と群杭効果を考慮して各杭，各深度の水平地盤反力係数を設定し，杭径と支配区間長を乗じて水平地盤ばねを求める〔本節 3.〕．液状化を生じる場合は水平地盤反力係数を低減する〔3.2 節 2.〕．

③ 　地下室がある場合や根入れが深い場合では，基礎根入れ部の土圧合力ばねを設定する〔4.3 節 5.〕．

④ 　レベル 2 地震時の構造物慣性力（上部＋地下）を設定する〔4.4 節〕．

⑤ 　上部構造の重心位置（上部，地下）にそれぞれの構造物慣性力を作用させ，転倒モーメントを求める．転倒モーメントから求まる各杭の変動軸力に常時軸力を足して各杭位置における軸力を設定する．

⑥ 　各杭位置における杭頭軸力から杭の変形性能を設定する〔本節 5.〕．

⑦ 　地震時の検討ではレベル 2 地震時の地盤変位を設定する〔4.5 節〕．

⑧ 　水平地盤反力の非線形性および杭体の非線形性を考慮して，杭頭水平力および地震時地盤変位を同時に作用させ，杭応力を評価する．

　上部構造慣性力と地震時地盤変位は，基礎固定時の建物固有周期 T_b と地表面の卓越周期 T_g に従って，表 6.6.2 の低減係数を考慮することができる．上部構造慣性力と地震時地盤変位は，明らかに両者が同位相になる $T_b/T_g < 1$ のケース以外は，同方向と逆方向の 2 ケースの検討を実施する．液状化に伴い上部構造の加速度応答が減少するケースもあるが，本指針では，液状化に伴う上部構造慣性力の低減は行わないこととする．

　b）　転倒モーメントによる基礎の沈下，建物傾斜の算定

　建物の高さ／幅比が大きい建物では，レベル 2 荷重時（地震，暴風時）の転倒モーメントにより大きな軸力変動が生じ，増加した軸力による杭の沈下によって建物に過大な残留傾斜が生じる

可能性がある．このため，建物の継続使用性を考慮するためには，水平力だけでなく，転倒モーメントによる建物の傾斜についても検討が必要である．軸力変動による沈下は，6.3 節 3. に記したように常時荷重を受けた状態から変動軸力を受けたものとして算定する．押込み側と引抜き側とでは，杭の鉛直荷重-鉛直変位関係が異なるため，建物の傾斜を求める場合は，図 6.6.9 (b) に示す群杭フレームモデルで検討を行うことが望ましい．許容沈下，許容傾斜角は建物の使用目的やグレードを考慮して設計者が設定する．地震時は正負交番載荷となるが，いったん建物が片側に傾くと反対側に載荷しても容易には元には戻らず，片側に傾斜が残留することが想定されるので，静的に一方向に転倒モーメントを与える手法としてよい．建物や地盤条件が対称でない場合は，正負両方向の載荷に対して検討を行う．

　c) 側方流動地盤における杭応力評価

　護岸近傍などレベル 2 地震時に側方流動が生じる可能性のある地盤では，群杭フレームモデルに基づき側方流動の影響を考慮した検討を行う必要がある．側方流動が発生すると，杭位置によって地盤変位が異なるため，同じ建物の護岸側とその反対側では杭の破壊モードが異なる．側方流動による地盤変位は，護岸からの距離で変化するので，図 6.6.10 に示すように杭位置によって地盤変位を変える応答変位法で杭応力を評価することを推奨する．各杭位置における地盤変位は 3.2 節 2. の手法で算定できる．

　側方流動は，その大部分は地震の主要動が終了してから生じると考えられるので，本指針では，通常の液状化地盤における杭応力評価を別途行うことを前提に，側方流動地盤では地盤変位のみを考慮することとする．ただし，想定地震が海溝型レベル 2 地震の場合，継続時間が極めて長いことを考慮すると，もっとも厳しい状態，すなわち側方流動が地震中に発生することを想定せざるを得ないと考えられる．その場合，上部構造の慣性力の設定は設計者判断とする．

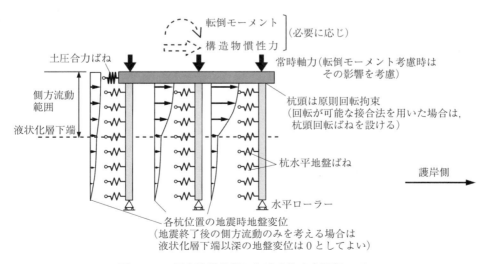

図 6.6.10　側方流動地盤における杭応力評価モデル

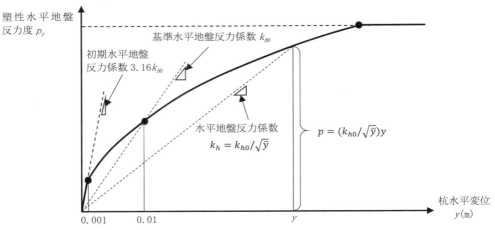

図 6.6.11 水平地盤反力度と杭水平変位の関係

3. 設計定数

（1） 水平地盤反力係数

地盤の任意深さにおける水平地盤反力度 p（kN/m²）と杭水平変位 y（m）との関係は次式および図 6.6.11 のようになる．

$$p = k_h y \tag{6.6.9}$$

ここに，k_h（kN/m³）：杭水平変位 y（m）時の水平地盤反力係数

杭周地盤の水平地盤反力係数 k_h の評価法に関しては，本会「建築耐震設計における保有水平耐力と変形性能」[6.6.11)] において，実大杭の水平載荷試験結果から逆算した k_h の値は基準水平地盤反力係数 k_{h0}（水平変位量 y が 1 cm 時の水平地盤反力係数）を基準とし，無次元化水平変位 $\bar{y}$ の -0.5 乗との積で表現できることが示されている．本指針では，文献 6.6.11) の関係式を m 単位に変更した．このため基準水平変位 y_0 を 0.01 m（=1 cm）として，無次元化水平変位 $\bar{y}$ は基準水平変位 y_0 に対する比を $\bar{y} = y/y_0$ と定義した．変更した結果を次式に示す．

$$0.0 \leqq \bar{y} \leqq 0.1 \text{ の場合}: k_h = 3.16 k_{h0} \tag{6.6.10}$$

$$0.1 < \bar{y} \text{ の場合}: k_h = \frac{k_{h0}}{\sqrt{\bar{y}}} = \frac{k_{h0}}{\sqrt{\dfrac{y}{y_0}}} = \frac{k_{h0}}{\sqrt{\dfrac{y}{0.01}}} \tag{6.6.11}$$

ここに，k_{h0}（kN/m³）：基準水平地盤反力係数（基準水平変位 0.01 m に対応した水平地盤反力係数），$\bar{y}$：無次元化水平変位（$= y/y_0$），y_0（m）：基準水平変位（$=0.01$）

原点と $\bar{y}=0.1$（$y=0.001$ m）を直線で結んだ剛性を k_h の初期剛性とする．式 6.6.11 は杭周地盤の非線形性により，p-y カーブの割線剛性が杭の水平変位の増加に伴い低減することを表している．

基準水平地盤反力係数 k_{h0} の評価法としては，当該現場における杭の水平載荷試験から求める

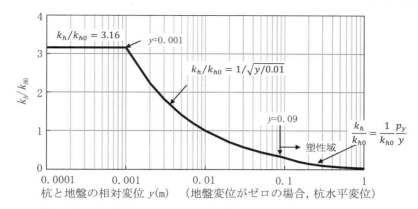

図 6.6.12 杭と地盤の相対変位と水平地盤反力係数の関係（p_y に至る変位が 9.0 cm の例）

方法[6.6.12)] と既往の杭の水平載荷試験結果の統計的な分析による提案式に基づく方法がある[6.6.13)]．後者の方法として，本指針では基準水平地盤反力係数 k_{h0} として，旧指針（2001）の評価法である式 6.6.12 を推奨する．本指針では，式 6.6.12 の単位系を m 単位に変更している．このため，杭径が B の杭に対し，基準値 B_0 を 0.01 m（＝1 cm）として，無次元化杭径 $\bar{B}$ を定義している．

$$k_{h0} = \alpha \xi E_0 \bar{B}^{-3/4} = \alpha \xi E_0 \left(\frac{B}{B_0}\right)^{-3/4} \tag{6.6.12}$$

ここに，α（m^{-1}）：80，ξ：水平地盤反力係数に群杭の影響を考慮する係数（単杭では $\xi=1.0$，群杭の ξ は後出の式 6.6.17 より求める．），B（m）：杭径，$\bar{B}$：無次元化杭径（$=B/B_0$），B_0（m）：杭径の基準値（$=0.01$），E_0（kN/m^2）：基準水平地盤反力係数を評価するために用いる地盤の変形係数

E_0 は下記のいずれかの方法によって算出する．

① 孔内水平載荷試験で得られる地盤の変形係数
② 一軸または三軸圧縮試験から求めた地盤の変形係数．この値は，E_{50}（最大応力の 1/2 の応力における割線剛性から求めた変形係数）[6.6.14)] とする．
③ 対象土層の平均 N 値より $E_0=700N$ で推定した地盤の変形係数[6.6.15)]
④ PS 検層から求めた微小ひずみ時の地盤の変形係数 E_{PS} より $E_0=E_{PS}/30$ として求めた変形係数[6.6.16)]

杭水平変位 y が大きくなると塑性水平地盤反力度 p_y に達し，杭周地盤はそれ以上の反力を負担できなくなる．このため，水平地盤反力度には次式に示す上限値を設けることとする．

$$p = k_h y \leqq p_y \tag{6.6.13}$$

ここに，p_y（kN/m^2）：塑性水平地盤反力度

p_y の評価法に関しては本節 3．（2）で解説する．

図 6.6.11 の割線剛性と変位の関係を図 6.6.12 に示す．この図は杭水平変位 9 cm で地盤が塑性水平地盤反力度に達した例であり，塑性域では水平地盤反力係数が杭水平変位に反比例する．

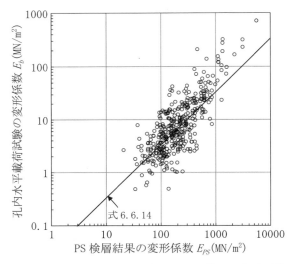

図 6.6.13　孔内水平載荷試験の変形係数 E_b と PS 検層の変形係数 E_{PS} の関係

a）　地盤の変形係数の求め方

式 6.6.12 における地盤の変形係数 E_0 は，孔内水平載荷試験，室内土質試験や N 値などから，対象地盤の特性に適した方法を採用する．

孔内水平載荷試験では，式 6.6.12 に直接使用する変形係数 E_0 を得ることができる．なお，孔内水平載荷試験により地盤の変形係数を測定する場合，ボーリング孔壁の乱れが測定結果に影響する．そのため，砂質土，礫質土および軟弱粘性土のように自立性の低い土質では測定結果の採用に注意が必要である．

一軸または三軸圧縮試験から求めた地盤の変形係数を用いる場合，土試料の乱れが試験結果に大きな影響を及ぼす．砂質土では乱れの少ない試料の採取は困難な場合が多い．採取に十分配慮した三軸圧縮試験のみに限定することとし，試験結果の妥当性を十分に検討するものとする．一軸または三軸圧縮試験では，E_{50}[6.6.14]を求め，これを E_0 として採用する．

標準貫入試験の N 値は粘性土より砂質土に適しているといわれている．また，粘性土の E_0 と N 値の関係は砂質土よりばらつきの大きいことが報告[6.6.17]されている．したがって，本指針では N 値から E_0 を評価する方法は原則として砂質土を対象とすることとする．なお，一般的に N 値に基づいた粘性土の変形係数は，他の方法で評価した変形係数より小さいため，薄い互層が続き孔内水平載荷や室内土質試験の試験を行うことが難しい場合等は，粘性土に関しても安全側の評価として N 値に基づく基準水平地盤反力係数を採用してもよい．なお，式 6.6.12 において，旧指針（2001）では，ばらつきが大きいために安全側の評価となるように設定した粘性土の係数 60 を，文献 6.6.15) を参考に砂質土と同じ 80 に改めている．

本指針では，旧指針（2001）で記述のなかった PS 検層から地盤の変形係数 E_0 を算出する方法を採用した．図 6.6.13 は，孔内水平載荷試験から求まる地盤の変形係数 E_b と PS 検層から求まる地盤の変形係数 E_{PS} の関係[6.6.16]である．本知見に基づき，PS 検層から求めた変形係数 E_{PS}

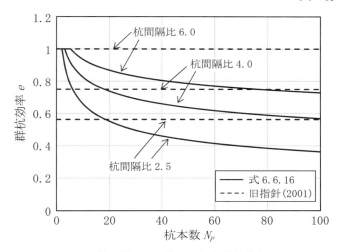

図 6.6.14 杭本数および杭間隔比と群杭効率の関係

を式 6.6.12 の地盤変形係数 E_0 として用いる場合には，次式による E_0 を採用することを推奨する．

$$E_0 = \frac{E_{PS}}{30} \tag{6.6.14}$$

b） 群杭の影響を考慮する係数

複数の杭（群杭）が水平力を受けると杭どうしが地盤を介して影響し合い，単杭と比較し群杭1本あたりの水平抵抗が小さくなる．これを群杭効果と呼ぶ．群杭効率 e は次式で表される．

$$e = \frac{K_G}{N_p K_S} \tag{6.6.15}$$

ここに，K_G：群杭の杭頭水平ばね，K_S：単杭の杭頭水平ばね，N_p：杭本数

旧指針（2001）の群杭効率 e は杭間隔比のみに依存していた．近年の実験的研究や解析的研究によると，群杭効率は杭本数にも依存することが分かっており，本指針では杭間隔比 R/B，杭本数 N_p を考慮した群杭効率評価式として次式[6.6.18]を推奨する．

$$e = \frac{1.2}{N_p^{0.65(B/R)}} \quad （ただし, \ e \leq 1.0） \tag{6.6.16}$$

ここに，B (m)：杭径，R (m)：杭の中心間隔

図 6.6.14 に杭間隔比 2.5，4.0，6.0 に関する本評価式と旧指針（2001）の評価式の比較を示す．なお，式 6.6.16 は基本的に正方形配置された等間隔の群杭から設定されている．杭間隔比や方向により杭列数が異なる群杭の場合には，正方形配置された等間隔の群杭に置換して評価を行う[6.6.18]．

水平地盤反力係数に群杭の影響を考慮する係数 ξ は次式[6.6.19]で算定する．

$$\xi = e^{4/3} \tag{6.6.17}$$

図 6.6.15 には式 6.6.16 で評価した群杭効率 e と杭間隔比 R/B の関係を，図 6.6.16 には式 6.6.17

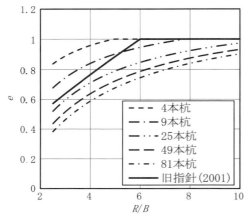
図6.6.15 杭間隔比 R/B と e の関係

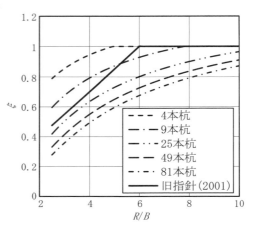
図6.6.16 杭間隔比 R/B と ξ の関係

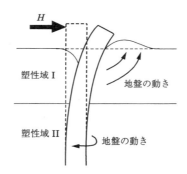
図6.6.17 杭の水平抵抗における杭前面地盤の塑性化状態

の ξ と R/B の関係を，旧指針（2001）の評価式[6.6.20]とともに示す．式6.6.16の9本杭の値は旧指針評価式の値と概ね対応していることがわかる．なお，ξ は杭位置や深度によらず水平地盤反力係数に一律に乗じるものとする．

（2）塑性水平地盤反力度

塑性水平地盤反力度 p_y は，図6.6.17に示すように杭前面地盤が塑性破壊状態となり，地表面へすべり線が向かう塑性域 I と杭側方を回り込むように地盤が塑性化する塑性域 II が生じるとして算定する．これらの現象を考慮した塑性水平地盤反力度がブロムス（Broms）[6.6.21],[6.6.22]によって提案されている．本指針では，旧指針（2001）に準じ，式6.6.13の塑性水平地盤反力度 p_y（kN/m²）として，ブロムスの提案式を踏まえ，砂質土では式6.6.18〔図6.6.18（a）参照〕を，粘性土では式6.6.19，6.6.20〔図6.6.18（b）参照〕を推奨する．

深さ z（m）における砂質土の塑性水平地盤反力度は次式とする．

$$p_y = \kappa K_P \sigma_z' \qquad (6.6.18)$$

ここに，K_P：受働土圧係数（$=(1+\sin\phi)/(1-\sin\phi)$），$\phi$（°）：内部摩擦角，$\sigma_z'$（kN/m²）：深

6章 杭基礎 —275—

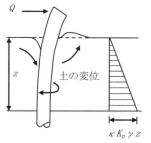
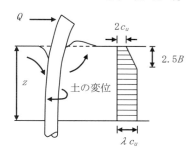

(1) 変形　(2) 設計用塑性　　　　(1) 変形　(2) 設計用塑性
　　　　　水平地盤反力度　　　　　　　　　　水平地盤反力度

　　(a) 砂質土　　　　　　　　　　　　(b) 粘性土

図 6.6.18　塑性水平地盤反力度

表 6.6.3　κ の設定

単杭および前方杭の場合	$\kappa=3$
後方杭の場合	$\kappa=(0.55-0.007\phi)\left(\dfrac{R}{B}-1.0\right)+0.4$ （ただし $\kappa\leq 3$） B (m)：杭径, R (m)：杭中心間距離

表 6.6.4　λ, μ の設定

単杭および前方杭の場合	$\mu=1.4, \lambda=9.0$
後方杭で $R/B\geq 3.0$ の場合	$\mu=1.4, \lambda=9.0$
後方杭で $R/B<3.0$ の場合	$\mu=0.6(R/B)-0.4, \lambda=3.0\,(R/B)$

さ z (m) における地盤の有効上載圧, κ：砂質土の塑性水平地盤反力度に群杭の影響を考慮する係数. κ は前方杭（加力方向に関して最前列にある杭）と後方杭（加力方向に関して2列目以降にある杭）で異なり表6.6.3の値を推奨する.

深さ z (m) における粘性土地盤の塑性水平地盤反力度は次式とする.

$\dfrac{z}{B}\leq 2.5$ の場合：$p_y=2\left[1+\mu\dfrac{z}{B}\right]c_u$ 　　　　　　　　　　　　　　　(6.6.19)

$\dfrac{z}{B}>2.5$ の場合：$p_y=\lambda c_u$ 　　　　　　　　　　　　　　　　　　　　(6.6.20)

ここに, c_u (kN/m^2)：非排水せん断強度, λ, μ：粘性土地盤の塑性水平地盤反力度に群杭の影響を考慮する係数で, 表6.6.4の値を推奨する.

　ϕ と c_u の両方の値を有する砂質土と粘性土の中間的な性質を有する地盤では, より特性が優勢であるどちらかの地盤であると考え, 塑性水平地盤反力度を評価する. ϕ と c_u からそれぞれ

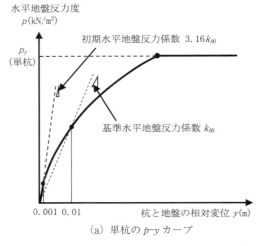
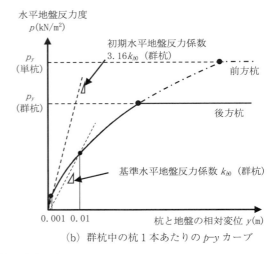

図 6.6.19　単杭と群杭中の杭 1 本あたりの p-y カーブ

求めた p_y の値を累加することは原則行ってはならない．また，式 6.6.18〜6.6.20 は均一地盤に関する評価式となっている．実際には地盤の層構造や地下水位を考慮して，各深さ位置における有効上載圧を適切に算定し，塑性水平地盤反力度を評価する必要がある．

以上のように，群杭の水平地盤反力係数は杭位置によらず ξ により低減している．一方，塑性水平地盤反力度は前方杭（地盤が反力として作用する場合の最前面の杭）は単杭と同じとし，後方杭では一定の割合 κ，μ，λ によって低減することとなる．砂質土における概念を図 6.6.19 に示す．なお，杭の位置によって塑性水平地盤反力度のみならず水平地盤反力係数（p-y カーブの傾き）も異なることが報告されている[6.6.23]．しかしながら，杭位置による水平地盤反力係数の違いを簡便に評価する適切な方法はないことから，本指針ではその評価法について言及していない．ただし，杭位置による水平地盤反力係数の違いによって，前方杭や隅杭で負担する水平力や杭頭モーメントが想定以上に大きくなる可能性のあることに注意が必要である．

（3）　水平地盤反力係数と塑性水平地盤反力度に関する補足事項

a）　応答変位法における水平地盤反力係数と塑性水平地盤反力度

式 6.6.9〜6.6.12 の水平地盤反力係数と，式 6.6.18〜6.6.20 の塑性水平地盤反力度は，地震時の建物慣性力が杭頭に作用した場合の杭応力評価を念頭においている．応答変位法では，地盤ばねを介して地盤変位を杭に作用させることから，杭頭に建物慣性力が作用する問題とは載荷条件が異なるが，現状の知見では，異なる水平地盤反力係数等を用いる理由は見当たらない．本指針では，応答変位法による杭応力評価に関しても，式 6.6.9〜6.6.12 の水平地盤反力係数と，式 6.6.18〜6.6.20 の塑性水平地盤反力度に基づく地盤ばねを用いることを基本とする[6.6.24]．

b）　本指針で提案した以外の算定法

本指針では水平地盤反力係数 k_h の算定式に，既往の実験結果を整理した算定式〔式 6.6.9〜6.6.12〕を用いている．k_h の算定には，本指針で提案する方法に縛られる必要はないが，その採

用にあたっては地盤特性を反映した適切な評価となるように十分に配慮しなくてはならない．

　k_hの算定には，本指針で提案する方法のほかに弾性論に基づく方法（ベーシック（Vesić）の式[6.6.25]を2倍して用いるフランシス（Francis）の提案[6.6.26]やミンドリン（Mindlin）の第2解[6.6.27]を用いる方法など）があるが，これらのk_hの算定方法や地盤ばねのモデル化（相互作用ばねなど）を採用する場合には，せん断ひずみに応じた非線形性などの影響を十分考慮した変形係数を採用しなくてはならない．例えば，フランシスの提案〔式6.6.21〕では，地盤の変形係数E_SにPS検層結果に基づく変形係数E_{PS}（せん断ひずみが10^{-6}程度）を用いると水平地盤反力係数を過大に評価し，式6.6.12における$700N$等の変形係数E_0を用いると水平地盤反力係数を過小評価する．

$$k_h = \frac{1.3}{B} \frac{Es}{1-\nu^2} \left(\frac{EsB^4}{EI} \right)^{1/12} \tag{6.6.21}$$

ここに，B（m）：杭径，E_S（kN/m^2）：地盤の変形係数，ν：地盤のポアソン比，EI（kN・m^2）：杭体の曲げ剛性

　また，文献6.6.28）には，式6.6.21に用いる変形係数E_Sを粘性土では一軸圧縮強さq_uから$E_S=170q_u$で，砂質土ではN値から$E_S=16N$（kg重/cm^2）で与え，塑性水平地盤反力度はいわゆるくさび式により評価するバイリニア型のp-yカーブが提案されており，その有効性が報告[6.6.29]されている．このように，本指針の方法以外でもその適用性を確認した評価法の採用は妨げないものとする．

4. 杭基礎の応力評価の留意事項

（1）傾斜地盤近傍の杭の水平抵抗

　傾斜地盤近傍の杭の水平抵抗力は，斜面の影響によって，水平地盤に設置された杭と比較して低下する〔図6.6.20参照〕．斜面の影響は，杭から法肩までの距離が増加するのに伴って小さくなり，ある程度以上になると消失する．この斜面の影響が設計上ほぼ無視できる限界水平距離L_cは，既往の模型実験や解析結果からほぼ次式で与えられることが報告されている[6.6.30]．

$$L_c = \frac{2.5}{\beta} \tag{6.6.22}$$

ここに，β：杭の特性値（式6.6.5），L_c（m）：限界水平距離，k_{ho}（kN/m^3）：水平地盤における基準水平地盤反力係数，B（m）：杭径，EI（kNm^2）：杭体の曲げ剛性

　杭から法肩までの水平距離が，限界水平距離L_cより小さくなると，杭に対する地盤の水平抵抗力が低下するため，杭頭水平変位や地中部最大曲げモーメントが増大するとともに，杭の水平変位や曲げモーメントが深部まで大きくなる現象が見られる[6.6.30]〔図6.6.21参照〕．

　以上に述べた傾斜地盤近傍杭の水平抵抗に対する解析法として，本指針では，文献6.6.30）で提案されている解析法を修正した方法を推奨する．具体的には，水平地盤中の杭と同様の計算法を用いるが，傾斜高さに相当する範囲の基準水平地盤反力係数を低減し，かつ地盤の傾斜の影響を考慮した塑性水平地盤反力度を適用する．また，群杭については，前項の群杭係数をそのまま

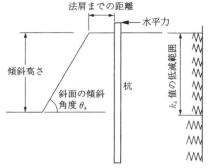
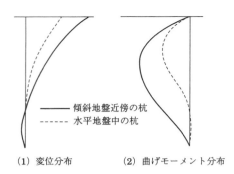

図 6.6.20 傾斜地盤の形状と杭の位置図　　図 6.6.21 水平地盤中の杭と傾斜地盤近傍の杭との比較

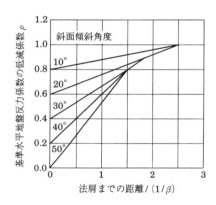

図 6.6.22 傾斜地盤近傍杭の基準水平地盤反力係数の低減係数 ρ

用いることとする．

　図 6.6.20 に示した k_h 値の低減範囲において，水平地盤における基準水平地盤反力係数（例えば，式 6.6.12 で評価される係数）に乗ずる低減係数 ρ は，斜面の傾斜角度と杭から法肩までの距離に対応して図 6.6.22 で与えられる．

　塑性水平地盤反力度については，傾斜地盤を含めた地盤の破壊モデルが文献 6.6.30) で提案されているが，設計で用いるのはかなり煩雑であるので，群杭の後方杭の評価法を便宜的に用いることも考えられる．その場合，塑性水平地盤反力度は，図 6.6.23 に示すように法肩から法尻までの距離の 1/3 に前方杭が存在するとして，式 6.6.18～6.6.20 より求めた後方杭の塑性水平地盤反力度と仮定される．ただし，この扱いはあくまでも便宜的な評価法であるので，精度の高い設計を行う場合には，FEM 等の詳細モデルを用いるか，もしくは，文献 6.6.31)，6.6.32) 等を参考にされたい．

　傾斜地盤近傍に建つ建物を支持する杭基礎には，斜面側に位置しその影響を受ける杭と，斜面から離れた側に位置し斜面の影響を受けない杭とがある．これらの杭の頭部を基礎梁などで連結

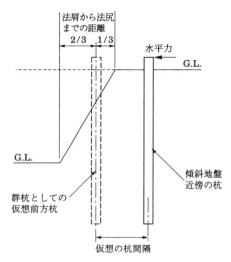

図 6.6.23　群杭の後方杭の塑性水平地盤反力度を傾斜地盤に適用する場合の扱い

すると，水平抵抗力の違いに伴う負担水平力の差違が生じるため，設計にあたっては注意が必要である．

（2）　杭基礎と上部構造との一体解析，二次元・三次元FEM解析による検討

　杭基礎建物の解析とその評価は，一般的に上部構造と基礎に分離して行われている〔図6.1.3（a）～（c）〕．分離モデルは，上部構造にとっては杭基礎が沈下や浮上がりを生じない不動条件のもとでの検討である．したがって，分離モデルでは杭基礎の鉛直・水平変位は上部構造の応力に影響しない．一体モデル〔図6.1.3（d）〕による静的増分解析の特徴を以下に示す．

①　杭の設計において各柱位置における変動軸力を考慮できる．
②　上部構造が部分的に連層耐震壁を有しており，局所的に変動軸力が大きい場合や，杭の鉛直変位による上部構造への付加応力の影響を考慮する場合は一体解析が有効である．
③　杭頭レベルが揃っていないケース，基礎梁が全体になく杭頭レベルでの剛床仮定が成り立たないケースでは，一体モデルが有効である．
④　一体モデルを用いることで，杭を含めた建物全体の挙動を把握することができる．

　二次元・三次元FEM解析では，地盤を連続的にモデル化することが可能となり，相互作用を現実に近く評価することが可能となる．また，不整形地盤，杭径や杭長の異なる杭基礎，群杭および異種基礎などの複雑な形状の建物をモデル化することができ，それらの相互作用を精度よく評価したい場合に適している．また，解析結果はモデル化方法（メッシュ分割，境界条件，および二次元解析における奥行き幅の取り方等）に依存するため，その解釈には数値解析に関する十分な知識と経験が必要となる．FEMを用いて検討を行う際には，検証事例（例えば文献6.6.32）～6.6.35））を参考にし，検討の目的，外力レベルおよび地盤のひずみレベルに応じた適切なモデル化と解析定数の設定が必要となる．

　一体解析，二次元・三次元FEM解析を扱う場合は，解析モデル全体のバランスを踏まえて，

－280－　建築基礎構造設計指針

設定した地盤・建物モデル，諸定数が妥当であるかを常に検証し，結果に大きく影響する変動幅の大きい地盤定数については，与える影響の度合いを十分に把握したうえで用いることが重要である.

5. 杭体および杭頭接合部の断面算定

杭体および杭頭接合部の断面算定は，式6.1.1による．設計用応答値は軸力，曲げモーメントおよびせん断力で，杭体および杭頭接合部はそれらの応力を同時に受ける部材として要求性能の確認を行う.

杭体の破壊形式を大別すると以下のとおりである.
①　コンクリート系杭：軸力下における曲げ破壊とせん断破壊
②　鋼管杭：軸力下における曲げによる局部座屈，曲げ座屈

具体的には，上記の破壊を考慮した杭の保有性能が，以下の組合せ応力を上回るように断面性能を決定する.
①　軸力と曲げモーメントによる組合せ応力
②　軸力とせん断力による組合せ応力

その他の応力が想定される場合や，ねじれなどの応力が無視できない場合には，別途，考慮する.

性能目標あるいは限界状態によって，杭基礎部材の設計用限界値は表6.7に示されている．使用限界状態における杭体の限界値として，表6.7ではひび割れ強度，または想定されるひび割れ幅に対応した強度，かつクリープに対して十分余裕のある強度やクリープに対して十分に余裕のある強度となっているのに対応し，具体的には長期許容応力度などを用いて，使用限界曲げモーメントと使用限界せん断力，使用限界軸力（鋼管杭）を算定する．また，損傷限界状態の限界値として，短期許容応力度などを用いて損傷限界曲げモーメントと損傷限界せん断力，損傷限界軸力（鋼管杭）を算定する.

設計用限界値（使用限界強度，損傷限界強度，終局限界強度，限界変形等）は，各限界状態の強度あるいは変形性能の限界値に低減係数を乗じたもので，次式とする.

$$R_d = \beta R_n \tag{6.6.23}$$

ここに，R_d：杭体および杭頭接合部の設計用限界値，β：低減係数，R_n：杭体および杭頭接合部の限界値（強度あるいは変形性能）

コンクリート系杭（場所打ち鉄筋コンクリート杭，場所打ち鋼管コンクリート杭，PHC杭，PRC杭）においては，損傷限界状態および終局限界状態の限界値の算定式および低減係数は，本会の最新の「基礎構造部材の強度・変形性能」解説書，たとえば「鉄筋コンクリート基礎構造部材の耐震設計指針（案）・同解説」[6.6.36]（以下RC基礎部材指針（案）という）の，それぞれ損傷限界状態および安全限界状態の限界値算定式と低減係数による.

RC基礎部材指針（案）では，原則として算定式の精度による信頼性を反映するために，（実験値／計算値）の平均値mと変動係数Vの値から，正規分布を仮定した場合の95％信頼限界

を与える係数（$m-1.64V$）を求め，その値を設計用限界値算定のための低減係数としている．ただし，直径が1mを超える場所打ちコンクリート杭のせん断強度については，寸法効果の影響を実験的に検証できなかったため，（$m-1.64V$）より小さい低減係数を設定している．

杭の鉛直支持力などでは，使用限界状態や損傷限界状態においても，極限鉛直支持力が限界値R_nとして使用され，安全率の逆数に相当する値が「耐力係数」とされている．一方，杭基礎部材においては，上記のように，各限界状態においてそれぞれ強度あるいは変形性能の算定式を定め，設計用限界値の設定にあたっては，算定式の精度による信頼性を反映するための値を乗じることとしていることから，それらを区別するために「低減係数」と表記する．

なおRC基礎部材指針（案）では，使用限界状態の限界値と低減係数の記載はなく，コンクリート系杭の使用限界状態，特にひび割れ幅やクリープに対して余裕のある強度に関する新しい知見はないのが現状である．そこで本指針では，使用限界状態の限界値の算定式あるいは算定方法は，損傷限界状態と同様とする．ただし，損傷限界状態の限界値には短期許容応力度を用いるが，使用限界状態の限界値には長期許容応力度を用いる．また，使用限界状態の低減係数は損傷限界状態の低減係数と同じとする．

場所打ち鉄筋コンクリート杭の曲げ変形は，杭体の曲げモーメントと曲率の関係（M–ϕ関係）と杭頭回転ばねをモデル化して算定する．M–ϕ関係は，断面の平面保持を仮定して，鉄筋とコンクリートの応力度–ひずみ関係を適切にモデル化して算定する．杭頭部の回転ばねは，主として杭頭部曲げ降伏後の変形特性をモデル化するものである．ただし，これらの解析モデルにおいても検証された適用範囲（軸力比，コンクリート強度，主筋比など）で有効であることに注意が必要である．

場所打ち鉄筋コンクリート杭の場合には，杭頭接合部の曲げ強度は杭頭部（杭体）の曲げ強度と同一である．したがって，パイルキャップが破壊しないことを前提にして，杭頭回転ばねには杭頭部（杭体）の曲げ降伏後の変形性能をモデル化する．一方，他のコンクリート系杭では，接合法によっては杭頭部（杭体）と杭頭接合部の曲げ強度と変形性能が異なるため，杭頭回転ばねのモデル化では，それらを適切に考慮する必要がある．

鋼管杭については，損傷限界状態および終局限界状態の限界値の算定式は，鋼管の局部座屈に起因することから，径厚比および軸力比による座屈耐力式とする．また，塑性変形能力についても径厚比，軸力比および杭頭から反曲点までのシアスパン比による評価式が本指針の付録に提案されている．そのため，鋼管杭には，板厚が外径の1/100以上（径厚比1/100以下）という制限値が設定されている．杭体の解析モデルについては，鋼管内に中詰めコンクリートが打設されている領域（杭頭部），鋼管のみの領域（杭地中部）でそれぞれ曲げモーメント–曲率関係を適宜，設定する必要がある．杭頭接合部の解析モデルについては，使用されるパイルキャップコンクリートや定着鉄筋など，構成部材の材料特性をもとに，回転ばねとして曲げモーメント–変形角関係を適宜，設定する必要がある．

なお，鋼管杭に限らず，地震時に地盤が液状化すれば，地盤の水平剛性が低下する．そのため，降伏軸耐力30％以上の大きな軸圧縮力が作用する細長い杭については，曲げ座屈に関する

検討が必要である．詳細は，本指針付録を参照されたい．

鋼管杭の限界値の算定式および解析モデルについては，本指針付録による．

参 考 文 献

6.6.1) Hayasi, K.: Theorie des Tragers auf elastischer Unterlage, Springer（Kokusairiko-Kenkyusha），1921

6.6.2) Chang, Y.L.: Discussion on "Lateral Pile-Loading Test" by Feagin, Trans., ASCE, pp. 272〜278, 1937

6.6.3) 横山幸満：くい構造物の計算法と計算例，山海堂，1977

6.6.4) 古藤田喜久雄・風間　了：単杭の水平挙動に与える杭先端の貫入深さ，第 21 回土質工学研究発表会講演集，pp. 1209〜1210，1986.6

6.6.5) 鋼管杭協会：鋼管杭―その設計と施工―，1981

6.6.6) 杉村義広：杭頭回転拘束度および杭長を考慮した杭の水平抵抗理論解，日本建築学会構造系論文集，第 365 号，pp. 132〜143，1986.7

6.6.7) 濱田純次：地盤変形を受ける杭基礎の簡易杭応力算定式，日本建築学会技術報告集，第 25 巻第 59 号，pp. 115〜118，2019.2

6.6.8) 西村昭彦：地盤変位を考慮した構造物の設計，基礎工，Vol. 6，No. 7，pp. 48〜56，1978.7

6.6.9) 山中　龍・時松孝次：2 層地盤において水平力や地盤変形をうける杭の変形と応力の統一的表現，日本建築学会大会学術講演会，構造 I，pp. 405〜406，2015.9

6.6.10) 田村修次・藤森健史・勝二理智・三町直志・眞野英之・内田明彦・船原英樹・関口　徹：応答変位法における地盤変位と構造物慣性力の低減係数，日本建築学会大会学術講演梗概集，構造 I，pp. 519〜520，2012.9

6.6.11) 日本建築学会：建築耐震設計における保有水平耐力と変形性能（1990），1990

6.6.12) 地盤工学会：杭の水平載荷試験方法・同解説，2010

6.6.13) 日本建築学会構造委員会基礎構造運営委員会：地盤の変形係数評価法に関する研究の現状，1997

6.6.14) 地盤工学会：地盤材料試験の方法と解説，-二分冊の2-，2009

6.6.15) 吉中竜之進：地盤反力係数と，その載荷幅による補正，土木研究所資料，第 299 号，1967.7

6.6.16) 穴井和孝・吉田　正・時松孝次：PS 検層による初期変形係数 E_d と孔内水平載荷試験による変形係数 E_m の関係，日本建築学会大会学術講演梗概集，構造 I，pp. 499〜500，2018.9

6.6.17) 下村修一・鈴木康嗣：せん断波速度に基づく地盤の変形係数を用いた Chang 式による杭の水平抵抗評価，日本建築学会構造系論文集，第 82 巻，第 741 号，pp. 1747〜1757，2017.11

6.6.18) 土方勝一郎・光原恵太朗・下村修一：実用的な群杭効率評価式の一提案，構造工学論文集，Vol. 64B，pp. 621〜627，2018.3

6.6.19) 日本建築学会：建物と地盤の動的相互作用を考慮した応答解析と耐震設計，2006

6.6.20) 日本建築学会：建築基礎構造設計指針，2001

6.6.21) Broms, B.B.: Lateral Resistance of Piles in Cohesionless Soils, Journal of the Soil Mechanics and Foundations Division, ASCE, Vol. 90, No. SM3, pp. 123〜158, 1964.5

6.6.22) Broms, B.B.: Lateral Resistance of Piles in Cohesive Soils, Journal of the Soil Mechanics and Foundations Division, ASCE, Vol. 90, No. SM2, pp. 27〜64, 1964.3

6.6.23) 鈴木健太・土方勝一郎：模型試験に基づく杭周水平地盤反力特性の分析，構造工学論文集 Vol. 64B，pp. 605〜611，2018.3

6.6.24) 和田湧気・光原恵太朗・柳下文雄・土方勝一郎：応答変位法に用いる杭周水平地盤ばね評価法の研究，日本建築学会大会学術講演梗概集，構造 I，pp. 623〜624，2018.9

6.6.25) Vesić, A.B.: Bending of Beams Resting on Isotropic Elastic Solid, Journal of the Engineering Mechanics Division, ASCE, Vol. 87, No. EM2, pp. 35〜53, 1961.4

6.6.26) Francis, A.J.: Analysis of Pile Groups with Flexural Resistance, Journal of the Soil Mechanics and Foundations Division, ASCE, Vol. 90, No. SM3, pp. 1〜32, 1964.5

6.6.27) Mindlin, RD.: Force at a point in the interior of a semiinfinite solid, Physics, Vol. 7, No. 5, pp. 195〜202, 1936.5

6.6.28) 岸田英明・中井正一：地盤の破壊を考慮した杭の水平抵抗：日本建築学会論文報告集，第 281 号，pp. 41〜55，1979.7

6.6.29) 光原恵太朗・柳下文雄・土方勝一郎：群杭の p-y カーブ評価法に関する研究，日本建築学会大会学術講演梗概集，構造 I，pp. 617〜618，2018.9

6.6.30) 傾斜地盤における基礎の耐力評価ワーキンググループ：傾斜地盤における基礎の耐力評価に関

する研究の現状―その2 杭基礎の文献調査と杭水平抵抗算定法の提案―，日本建築学会技術報告集，第6号，pp.43～46，1998.10

6.6.31) 日本建築学会：建築基礎の設計施工に関する研究資料1 傾斜地盤における基礎の耐力評価に関する研究の現状，1996

6.6.32) 茶谷文雄・西山高士：崖近傍に設置された杭の水平抵抗の評価―崖近傍の杭の水平抵抗に関する研究（その2）―，日本建築学会構造系論文集，第488号，pp.67～75，1996.10

6.6.33) 寺本俊太郎・木村 亮・西崎丈能・新村知也・井上昭生・阿久津富弘：既設のLNGタンク基礎を用いた63本群杭基礎の水平載荷試験に基づく群杭の挙動に対する考察，土木学会論文集C（地圏工学），Vol.70，No.2，pp.275～289，2014

6.6.34) 周 友昊・時松孝次・吉田洋之・鈴木比呂子・貫井 泰：大型振動台実験における地盤-杭-構造物系の3次元動的挙動に関する解析的検討，日本建築学会構造系論文集，第77巻，第677号，pp.1079～1088，2012.7

6.6.35) 石﨑定幸・内田明彦・田村修次・大島快仁・藤森健史：液状化地盤における杭基礎の水平抵抗に関する遠心載荷実験とブラインドテスト，日本建築学会技術報告集，第16巻，第34号，pp.923～928，2010.10

6.6.36) 日本建築学会：鉄筋コンクリート基礎構造部材の耐震設計指針（案）・同解説，2017

7章　パイルド・ラフト基礎

7.1節　基本事項

1. 一般事項

（1）パイルド・ラフト基礎とは，直接基礎（ラフト）と杭基礎が複合して両者で上部構造を支持するものをいう.

（2）パイルド・ラフト基礎の支持性能は，直接基礎と杭基礎のそれぞれの分担割合を評価して求める.

2. 要求性能

基礎構造全体および地盤・基礎構造に対応するパイルド・ラフト基礎の要求性能は表2.1による. さらに表2.1に記載のない性能を必要に応じて追加する.

3. 検討項目および要求性能の確認方法

（1）パイルド・ラフト基礎の要求性能の確認においては，表2.1に示す想定する荷重に対して，表7.1中に示す設計用限界値を満足するように検討を行う. これらの項目以外の検討が必要とされる場合には，別途要求性能に応じた検討項目を設定し検討する.

（2）要求性能の確認は，パイルド・ラフト基礎をモデル化して行う. モデル化にあたっては，はじめに建物条件・地盤条件等に基づいて杭と直接基礎の荷重分担を想定し，

表7.1　要求性能の確認方法

想定荷重	性能グレード	要求性能のレベル（限界状態）	要求性能の確認方法		
			上部構造に対する影響	基礎部材	地盤（改良地盤を含む）
常時荷重	—	使用限界状態	基礎の変形角・傾斜角が，構造別の使用限界状態以下	基礎部材の各応力が設定されたひび割れ耐力以下，または想定されるひび割れ幅に対応した応力以下	鉛直荷重が長期的なクリープ沈下量が生じない使用限界支持力以下，沈下量および不同沈下量が，使用限界状態の限界値以下，ラフトの負担水平荷重が滑動抵抗の限界値以下
レベル1荷重	—	損傷限界状態	基礎の変形角・傾斜角が，構造別の損傷限界状態以下	基礎部材の各応力が降伏応力または損傷限界強度以下	鉛直荷重が基礎の過大な不同沈下量が生じない損傷限界支持力以下，基礎の沈下量および不同沈下量が損傷限界状態の限界値以下，ラフトの負担水平荷重が滑動抵抗の限界値以下，地盤は液状化しない
レベル2荷重	S				
	A	終局限界状態	（基礎の変形角・傾斜角が，上部構造の転倒・崩壊に繋がる値以下）	基礎部材の応力が終局限界強度または限界変形以下	鉛直荷重が終局限界支持力以下，基礎の沈下量および不同沈下量が終局限界状態の限界値以下，地盤は液状化しない

［注］（　）内の項目については，必要に応じて検討する.

杭の荷重分担に応じて杭の直径・長さ・種別・本数・配置等を定めて，パイルド・ラフト基礎の仕様を設定する．パイルド・ラフト基礎の鉛直荷重–沈下関係および水平荷重–水平変位関係は，7.3節および7.4節によるほか，5章ならびに6章を参照する．
4. 性能グレード
想定される最大級の荷重に対する検討は，建物の機能や継続使用性などを勘案して性能グレードを設定し，各グレードに応じた性能目標を満足するように行う．
5. 留意事項
（1） 液状化対策や直接基礎の支持力対策として地盤改良を併用する場合は，その影響を適切に考慮する．
（2） 逆打ち工法によるパイルド・ラフト基礎では，杭と直接基礎の荷重分担に及ぼす施工過程の影響を適切に考慮する．

1. 一般事項

（1） パイルド・ラフト基礎の特徴

パイルド・ラフト基礎は一つの建物に異なる基礎形式（直接基礎と杭基礎）を併用した基礎形式の一つである．同様の形式をもつ異種基礎〔8章〕では，平面的に見た場合，部分的に単独の基礎形式となっているのに対して，パイルド・ラフト基礎では，平面的に単独の基礎形式に分割することはできない点に特徴がある〔図7.1.1〕．

パイルド・ラフト基礎では布基礎やべた基礎などの直接基礎と杭基礎を併用し，鉛直および水平荷重に対して直接基礎と杭基礎が複合して抵抗する．杭基礎の設計では，基礎スラブ底面の地

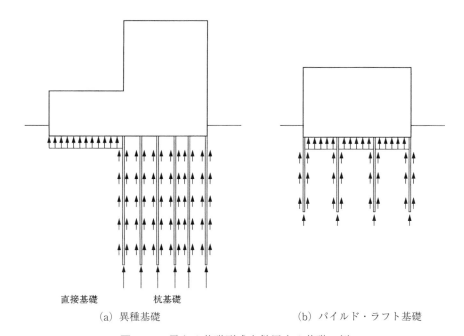

図 7.1.1　異なる基礎形式を併用する基礎の例

盤の抵抗力を無視するのが原則であるが，パイルド・ラフト基礎では，許容値以内の沈下に対して基礎底面における地盤の抵抗力が十分に期待できる場合について，この抵抗力を積極的に利用して基礎の合理化をはかろうとするものである．パイルド・ラフト基礎は，図7.1.2に示すようにいわば直接基礎と杭基礎の中間にあたる基礎形式である．

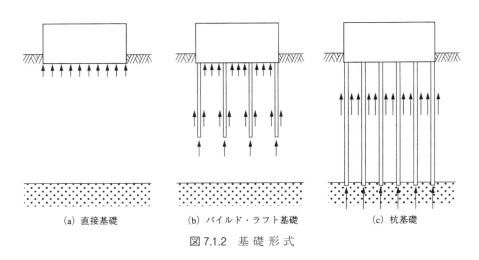

図 7.1.2　基礎形式

この基礎形式はバーランド（Burland）ら[7.1.1)]が提案した，杭を直接基礎の沈下を低減させる部材とみなす考え方に基づくもので，直接基礎として支持力は満足するが基礎の変位・変形が上部構造の限界値を超えるときに，杭（沈下低減杭）を併用して設計を可能とするものである．

この基礎形式が適用可能な条件は，ラフト下の地盤の抵抗力が十分に期待でき，かつその抵抗力が建物の供用期間中において安定的に発揮されることである．したがって適用性が高い条件は，直接基礎としての支持力は十分であるが沈下あるいは不同沈下が過大となるような場合で，例えば直接基礎の支持地盤が，比較的硬質の粘性土あるいは比較的密な砂質土の場合である．一方，適用が難しい条件は以下である．

① 表層地盤の強度が小さくラフトから伝達される荷重により圧密沈下やクリープ沈下が生じるおそれがある．
② 広域の地盤沈下が生じている．
③ 地震時における液状化によりラフト下の地盤の抵抗力が喪失するおそれがある．

このような場合には地盤改良を併用するなどの対策を前提に，採用の可否を検討する必要がある．

（2）パイルド・ラフト基礎の支持性能

パイルド・ラフト基礎は直接基礎と杭の両者の抵抗を考慮した基礎形式であり，設計に際しては，鉛直荷重，水平荷重に対して杭とラフトの荷重分担を評価する必要がある．パイルド・ラフト基礎に用いる杭は，当初，摩擦杭もしくは薄層支持杭が主であったが，近年，より大きい荷重を支持するために杭先端を支持層に到達させる支持杭も用いられている．なお，この場合には杭の荷重分担率が大きくなることに留意する．

7章 パイルド・ラフト基礎 — 287 —

本章では，パイルド・ラフト基礎の設計上の考え方について，最新の知見に基づいて示すことに努めた．さらに一定の要件（中規模程度以下など）を満足する建物に対しては，鉛直・水平とも簡易的な検討法の記述の充実を図り，より多くの設計者によるパイルド・ラフト基礎の設計を可能とする．しかしながら，これまでの実施例（主に大規模建物）では，設計者が最適と思われる設計方法，基本的には詳細法〔7.3節2．（2）参照〕と呼ばれる方法で個別に検討を実施しているのが実状であり，直接基礎や杭基礎のように全ての建物を対象とした設計方法については，現時点で標準といえるような方法を十分に解説するには至っていない．このためパイルド・ラフト基礎の設計では，杭とラフトが地盤を介して相互に影響しあうことを十分に理解したうえで，最適と思われる解析方法や評価方法を採用して頂きたい．

2. 要求性能

（1） 設計フロー

パイルド・ラフト基礎の設計フローと検討内容の概要を図7.1.3に示す．パイルド・ラフト基礎における検討内容は，基本的に直接基礎〔5章〕と杭基礎〔6章〕と同様であるが，鉛直問題（支持力・沈下），水平問題（水平抵抗）ともに，杭とラフトの相互作用を考慮した沈下量および荷重分担の評価と設定が重要となる．杭とラフトの荷重分担の評価は，鉛直荷重に対する検討と水平荷重に対する検討の両者について実施するが，水平荷重に対する杭とラフトの荷重分担が，鉛直荷重の分担に影響されることに注意が必要である．各項目の検討には，建物用途や重要度に応じて，杭-ラフト-地盤の相互作用を考慮した適切な検討（解析）方法を選択する．

（2） 限界状態と要求性能

パイルド・ラフト基礎の要求性能は，直接基礎や杭基礎と同様，使用限界状態・損傷限界状態・終局限界状態を想定し，それぞれの限界状態に応じて表2.1に従って設定する．それぞれの限界状態の詳細については，直接基礎〔5章〕および杭基礎〔6章〕を参照するが，基本となる限界状態は次のようである．

　a） 使用限界状態

常時荷重が原因となる下記の状態

① 上部構造や基礎の変位・傾斜が原因となって建物や基礎の使用性・機能性が損なわれる状態

② 上部の構造部材や基礎部材にひび割れ等が生じることで，耐久性に支障が出る状態

　b） 損傷限界状態

レベル1およびレベル2荷重による下記の状態

① 地盤および基礎の変位・変形が過大となったり，大きな残留変形が生じる状態

② 基礎部材や上部構造の部材に再使用のために補修・補強を必要とする損傷が生じる状態

　c） 終局限界状態

レベル2荷重による下記の状態

① 地盤や杭の支持力が極限値を超える，もしくは変形性能の限界を超える状態

— 288 — 建築基礎構造設計指針

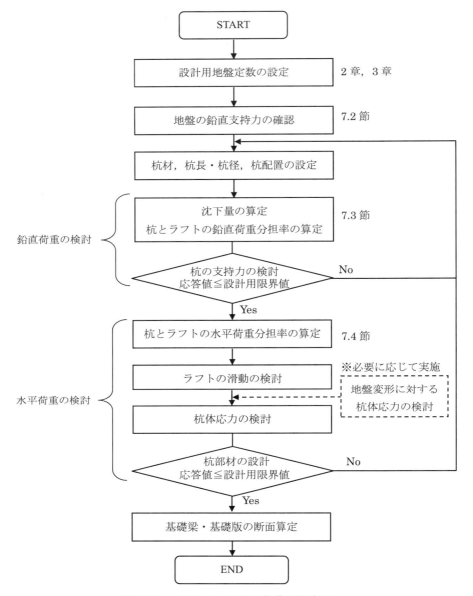

図7.1.3 パイルド・ラフト基礎の設計フロー

② 基礎部材が破壊もしくは補修・補強が極めて困難な損傷を受ける状態
③ 地盤や基礎部材の破壊もしくは過度の変形によって上部構造が崩壊・転倒する状態
　これらの状態に至らないために，それぞれの限界状態に対応した要求性能を定める必要がある．

3．検討項目および要求性能の確認方法
（1）検討項目と設計用限界値
　表7.1中には各限界状態に応じて要求性能を満足していることを確認するために，地盤・基礎

部材・上部構造に対する影響について，設定すべき設計用限界値が示されている．パイルド・ラフト基礎は，ラフトならびに杭によって支持されることから，両者に対して，要求性能レベルに応じた適切な設計用限界値を設定する必要がある．要求性能の照査に用いる限界値は，検討方法や検討の結果得られる応答値の精度にも関連することから，検討方法に応じて照査可能な設計用限界値を設定することが基本となる．

パイルド・ラフト基礎に用いる杭は，直接基礎としての支持力が原則確保される条件のもと，沈下の抑制を主目的とすることから，その鉛直支持性能は杭基礎の場合よりも軽度なものでよいとも考えられる．ただし以下の点に留意する必要がある．

① 杭に長期間にわたり荷重が作用することにより生じるクリープ沈下や，地震時に杭の軸方向に作用する繰返し荷重により生じる残留沈下により，基礎に過大な不同沈下や傾斜が発生するおそれがあること

② 支持杭を用いる場合には，杭の荷重分担がラフトのそれに比べてかなり大きくなる可能性があること

したがって杭の鉛直支持力の設計用限界値は，限界状態ごとに，杭が分担する荷重に対して杭基礎に準じて設定することとする．

それぞれの要求性能レベルごとに検討すべき項目は，直接基礎〔5章〕および杭基礎〔6章〕を参考に，以下のように設定する．

  a) 使用限界状態

使用限界状態では，常時荷重による沈下ならびに沈下による基礎部材および上部構造への影響の検討が，もっとも重要となる．パイルド・ラフト基礎の設計は，鉛直支持力はラフトのみで確保できるものの，直接基礎として予想される沈下量が許容できない場合に，杭の存在を考慮することによって沈下量を許容範囲内に収めることにある．このため，沈下量の検討はパイルド・ラフト基礎の設計において重要である．杭が分担する鉛直荷重に対する設計用限界値は，杭の極限支持力の1/1.5とする．傾斜地等で常時水平力が作用する場合には，水平力のすべてをラフトの摩擦抵抗で負担することを原則とする．ラフトが滑動しなれば基礎に生じる水平変位は小さく，杭の水平抵抗を考慮する必要はないが，その場合でも杭体応力が十分小さい（ひび割れが発生しない）ことを確認する．

  b) 損傷限界状態

損傷限界状態でも，沈下量の検討が重要であることは使用限界状態と同様である．加えて地震荷重等が作用する場合のラフトの滑動抵抗の検討が重要となる．ラフトの滑動抵抗は，杭の水平抵抗と比較して比較的小さな水平変位で極限値に達すると考えられ，ラフトの滑動抵抗が極限値に達した以降の水平力は，すべて杭で負担することになるためである．ラフトの滑動抵抗は，地盤種別のほか，地盤との有効接地圧にも影響されることから，使用限界状態における杭とラフトの荷重分担に変動荷重を考慮したラフトの接地圧を評価することが必要となる．地震荷重などが作用する場合には，杭体の応力が損傷限界強度未満であることを確認する．地盤の液状化が起こると，ラフトの鉛直支持力が喪失される可能性が高いため，地震時に地盤が液状化しないことを

— 290 —　建築基礎構造設計指針

確認する（液状化の懸念がある場合は液状化を防ぐ対策をとる）．杭が分担する鉛直荷重に対する設計用限界値は，杭の極限支持力の 1/1.5 とする．

　c）　終局限界状態

　終局限界状態に対する検討項目は，基礎の性能グレードに応じて設定する．後述するようにパイルド・ラフトではグレードCは設定しないことから，ラフトの滑動抵抗ならびに杭体の応力は基本的に損傷限界状態と同様の考え方を採用する．すなわち，ラフトの滑動抵抗を超える水平力に対しては杭の水平抵抗で負担するものとし，杭体の応力が終局限界強度以下もしくは杭体の変形が限界変形以下となることを確認する．終局限界状態の検討においても，損傷限界状態と同様に，地震時に地盤が液状化しないことを確認する．杭が分担する鉛直荷重に対する設計用限界値は，杭の極限支持力の 1/1.1 とする．

（2）　要求性能の確認

　要求性能の確認は，想定する荷重ごとに算定する設計用応答値 S_d が，要求性能レベルごとに定めた設計用限界値 R_d を上回らないことにより行う．

$$S_d \leqq R_d \tag{7.1.1}$$

　具体的には，パイルド・ラフト基礎を適切にモデル化し，杭とラフトの相互作用を考慮して鉛直荷重-沈下量関係および水平抵抗の検討を行い，各要求性能レベルに対応する検討項目の設計用応答値を求め，この値が設計用限界値を超えないことを確認する．

　基礎のモデル化にあたって，設計者は十分な地盤調査に基づいて地盤条件を的確に把握し，対象とする建物の形状，規模，構造特性，排土重量などを明確にしておく[7.1.2)]．それに基づいて，まずラフトの荷重分担を想定し，杭の分担荷重は建物荷重からラフトの分担荷重を差し引いた荷重に適度な余裕を持たせて設定する．設定した杭の分担荷重に応じて杭の直径，長さ，種別，本数，配置などを定め，パイルド・ラフト基礎の仕様を設定する．予備設計段階における地盤の抵抗力の略算法として，基礎の沈下量の限界値を定め，べた基礎の荷重-沈下量関係を用いて許容沈下量に対応する荷重（地盤の抵抗力）を求める方法がある[7.1.3)]．また，パイルド・ラフト基礎の沈下量および杭とラフトの荷重分担については，超高層建物を含む多くの建物に関する観測事例[7.1.4)~7.1.7)] が報告されているので，類似の建物条件および地盤条件における観測結果を参照することが望ましい．また近年，パイルド・ラフト基礎の地震時の挙動についても観測結果が報告されているので併せて参照されたい[7.1.8),7.1.9)]．

　鉛直支持性能（支持力，沈下）に対する検討は，7.2節および7.3節によるほか，5章ならびに6章を参照する．水平抵抗（杭応力）に対する検討は，7.4節によるほか，5章ならびに6章を参照する．

4.　性能グレード

　パイルド・ラフト基礎の性能グレードは，基本的に直接基礎や杭基礎と変わるところはないが，パイルド・ラフト基礎は実建物に採用されるようになってからあまり年月を経ておらず，極限鉛直支持力や水平支持性能を超えた荷重状態に対する建物や基礎部材の挙動の評価法は確立さ

れていない．パイルド・ラフト基礎の設計，特に想定する荷重に対する応答値の評価は，検討方法も含めて決して単純とは言えず，評価結果が検討方法の影響を強く受けることも考慮して，個別の建物ごとに性能グレードを設定するべきと考えられる．

5. 留意事項

（1）地盤改良を用いる場合

ラフト直下の鉛直支持力の確保や地震時の液状化防止を目的として，ラフト支持地盤の地盤改良を実施することがある．そうした場合には，地盤改良の方法や改良範囲がラフトの鉛直支持力ならびに沈下性状に与える影響について十分な検討を行う．ラフト直下の地盤をセメント系固化材を用いた全面改良（表層改良）した場合や液状化対策として砂杭による締固め工法を用いた場合には，一般に改良範囲が限定されることから，ラフトの鉛直支持力や沈下量の検討では，建物周囲には改良されない地盤があることを考慮する．液状化対策として格子状改良を実施すると，常時に対する鉛直挙動が変化するだけなく，地震時には改良体が地盤変形を抑止することによって，杭とラフトの水平荷重分担や杭応力に影響を与えるので，そうした影響を適切に考慮する必要がある．地盤改良の形式や設計方法については，5.5節や必要に応じて「建築基礎のための地盤改良設計指針案」[7.1.10]を参照する．

（2）逆打ち工法を採用する場合

逆打ち工法では，1階床スラブを支持する杭を先行して構築する．1階床スラブを構築後，地上階の構築と，地下掘削・地下階の構築を並行して進める．したがって，床付け終了後の直接基礎（ラフト）を構築する直前や，竣工時における杭と直接基礎（ラフト）の荷重分担は，順打ち工法とは異なり，施工過程の影響を大きく受ける．代表的な施工過程における建物荷重や排土荷重を考慮に入れた沈下・リバウンド解析を行い，各施工過程における杭と直接基礎（ラフト）の荷重分担を適切に考慮する[7.1.11]~[7.1.15]．地下掘削工事は，地中障害物をはじめとする不測の事態に遭遇することがあり，地下階構築工程が遅れることもある．直接基礎（ラフト）を構築する時期に，適切な幅を設ける配慮が必要である．従来，仮設構造物として扱っていた杭を本設利用する場合，本設杭として必要な品質管理を適切に行う．

参考文献

7.1.1) Burland, J.B., Broms, B.B. and de Mello, V.F.B.: Behaviour of foundations and structures, Proc. 9th International Conference on Soil Mechanics and Foundation Engineering, Vol. 2, pp. 495~546, 1977.7

7.1.2) 加倉井正昭：建築分野における併用基礎の利用，基礎工，Vol. 37, No. 10, pp. 2~9, 2009.10

7.1.3) Long, P.D.: Prediction of piled raft foundation settlement-A case study, Geotechnical Engineering Journal of the Southeast Asian Geotechnical Society and Association of Geotechnical Societies in Southeast Asia, Vol. 47, No. 1, pp. 1~6, 2016.3

7.1.4) Yamashita, K., Yamada, T. and Hamada, J.: Investigation of settlement and load sharing on piled rafts by monitoring full-scale structures, Soils and Foundations, Vol. 51, No. 3, pp. 513~532, 2011.6

7.1.5) Yamashita, K., Hamada, J. and Yamada, T.: Field measurements on piled rafts with grid-form deep mixing walls on soft ground, Geotechnical Engineering Journal of the the Southeast Asian

Geotechnical Society and Association of Geotechnical Societies in Southeast Asia, Vol. 42, No. 2, pp. 1～10, 2011.6

7.1.6) 山下　清：実測から見たパイルド・ラフト基礎の鉛直荷重分担，基礎工，Vol. 37，No. 10，pp. 30～33，2009.10

7.1.7) 日本建設業連合会：建物の沈下観測データの収集とDB化報告書，2014

7.1.8) Yamashita, K., Hamada, J., Onimaru, S. and Higashino, M. : Seismic behavior of piled raft with ground improvement supporting a base-isolated building on soft ground in Tokyo, Soils and Foundations, Vol. 52, No. 5, pp. 1000～1015, 2012.10

7.1.9) Yamashita, K., Hamada, J. and Tanikawa, T. : Static and seismic performance of a friction piled raft combined with grid-form deep mixing walls in soft ground, Soils and Foundations, Vol. 56, No. 3, pp. 559～573, 2016.6

7.1.10) 日本建築学会：建築基礎のための地盤改良設計指針案，2006

7.1.11) 阪上浩二・早野裕次郎・片岡達也・山下　清・濱田純次・伊藤栄俊・柳瀬博友：併用基礎で支持された高層建物の施工過程を考慮した沈下挙動，日本建築学会大会学術講演梗概集，構造 I，pp. 661～664，2004.7

7.1.12) 柴田崇史・山下　清・濱田純次・室屋哲也：逆打ちで構築したパイルド・ラフト基礎を採用した超高層建物の沈下挙動，日本建築学会学術講演梗概集，構造 I，pp. 699～700，2005.7

7.1.13) 太田俊也・根津定満・畑戸龍夫・鈴木直子・後閑章吉・柏俣明子・佐原　守・茶谷文雄・石井雄輔：逆打ち杭を本設利用したパイルド・ラフト基礎に支持させた超高層集合住宅，日本建築学会大会学術講演梗概集，構造 I，pp. 537～540，2006.7

7.1.14) 澤田昇次・小岩和彦・伊藤栄俊・河野貴穂・山下　清：逆打ち工法で構築した超高層建物におけるパイルド・ラフト基礎の沈下挙動，日本建築学会学術講演梗概集，構造 I，pp. 687～688，2007.7

7.1.15) 小野俊博・森高英夫・塙　亨・伊勢本昇昭・金子　治・谷地畝和夫・田中　智・成田修英：逆打ち支持杭を本設利用した超高層建物の設計および施工時挙動，日本建築学会大会学術講演梗概集，構造 I，pp. 551～556，2009.7

7.2 節　鉛直支持力

1. パイルド・ラフト基礎の鉛直支持力は，直接基礎で確保することを原則とし，5章に従って算定する．各性能レベル（限界状態）に対応する設計用限界値は，表7.2による．

表 7.2　鉛直支持力の設計用限界値

想定荷重	性能グレード	要求性能レベル（限界状態）	支持力の設計用限界値	
			基礎部材	地盤
常時荷重	—	使用限界状態	ひび割れ限界強度，かつクリープ変形に対して十分余裕のある強度〔表6.7〕	ラフトの極限鉛直支持力に対し $\phi_R=1/3$〔式5.1〕　杭の極限鉛直支持力に対し $\phi_R=1/1.5$〔式6.1〕
レベル1荷重	—	損傷限界状態	弾性限界強度〔表6.7〕	ラフトの極限支持力に対し $\phi_R=1/1.5$〔式5.1〕　杭の極限支持力に対し $\phi_R=1/1.5$〔式6.1〕
レベル2荷重	S			
	A	終局限界状態	信頼強度〔表6.7〕	ラフトの極限支持力に対し $\phi_R=1/1.1$〔式5.1〕　杭の極限支持力に対し $\phi_R=1/1.1$〔式6.1〕

7章 パイルド・ラフト基礎 — 293 —

2. パイルド・ラフト基礎の鉛直支持力は，直接基礎と杭基礎の荷重分担や両者の相互作用
を実験や解析に基づく検討により適切に評価し，極限支持力に至るまでの荷重-沈下量関係
を明らかにした場合には，その結果に基づいて設定してもよい．

3. 基礎底以深の地盤に液状化の発生のおそれがある場合は，液状化対策を実施する．

1. 鉛直支持力の評価

パイルド・ラフト基礎は，直接基礎と杭基礎が複合した基礎として上部構造を支持することから，その鉛直支持力は，本来，ラフトと杭の双方の支持力を両者の相互作用を考慮して評価すべきものである．しかしながら，現状においてパイルド・ラフト基礎の極限支持力に至るまでの荷重-沈下性状は必ずしも明らかでなく，鉛直支持力の評価方法は確立されていない．このような状況から，パイルド・ラフト基礎の鉛直支持力の評価においては，杭はもっぱら沈下の低減に用いるものとしてその抵抗を無視し，ラフトの抵抗のみを考慮して直接基礎と同様に扱うことを原則とする．

鉛直支持力の検討にあたっては，地震時などの水平力に対応する荷重の偏心を併せて考慮する．荷重の偏心を考慮した地盤の極限支持力の検討は，5章による．

表 7.2 にパイルド・ラフト基礎の各要求性能レベル（限界状態）に対応する設計用限界値を示す．各限界値の考え方は直接基礎〔5章〕と同様である．評価したパイルド・ラフト基礎の鉛直支持力が，それぞれの要求性能レベル（限界状態）ごとに，設計用限界値以下となることを確認する．

2. 実験や解析に基づく鉛直支持力の評価

パイルド・ラフト基礎の鉛直支持力は，直接基礎と同様に評価することを原則とする．ただし，対象とするパイルド・ラフト基礎について，実験や解析に基づく検討によりラフトと杭の相互作用を考慮した極限支持力に至るまでの荷重-沈下性状が明らかにされた場合は，その結果に基づいて鉛直支持力を設定してもよいこととする．

（1） 極限支持力

一般に砂質土における直接基礎の設計では，基礎幅がある程度大きくなると直接基礎単独で十分な鉛直支持力を確保できることが多いことから，鉛直支持力が問題になるのは主に粘性土である．粘性土におけるパイルド・ラフト基礎の破壊機構を，図 7.2.1 に示す．通常，パイルド・ラフト基礎では杭間隔が比較的大きいため，個々の杭の貫入破壊とともにラフト直下地盤の全般せん断破壊が生じる．この場合，ラフトと杭の相互作用が小さくおのおのの支持力が独立して発揮されやすいことから，その極限支持力は基本的には直接基礎の極限支持力と個々の杭の極限支持力の和で表されると考えることができる[7.2.1]．ただし，ラフト直下において杭の周面抵抗力が発揮されにくい[7.2.2]などパイルド・ラフト基礎に固有な性質にも配慮する必要がある．

連続基礎状のラフトを有するパイルド・ラフト基礎の極限支持力付近に至るまでの荷重-沈下量関係を数値解析的に求めた結果[7.2.3]に基づき，直接基礎および杭基礎の荷重-沈下量関係ととも

に模式的に表したものを図7.2.2に示す．これより，パイルド・ラフト基礎の鉛直支持力は以下のような性状を示すことが示唆される．

① パイルド・ラフト基礎の極限支持力は，直接基礎，杭基礎単独の極限支持力を上回る．
② パイルド・ラフト基礎の極限支持力は，直接基礎と杭基礎の極限支持力の和と比べると同等もしくはやや小さい．
③ パイルド・ラフト基礎におけるラフトおよび群杭の極限支持力は，それぞれ直接基礎および杭基礎の極限支持力と同等もしくはやや小さい．

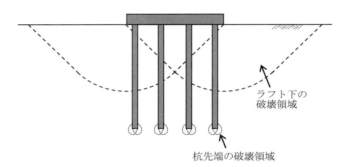

図7.2.1 パイルド・ラフト基礎における地盤の破壊機構

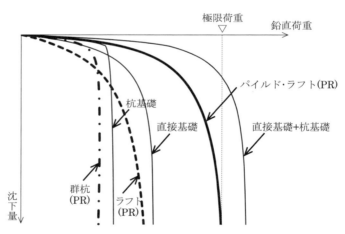

図7.2.2 パイルド・ラフト基礎の鉛直荷重-沈下量関係

粘性土地盤におけるパイルド・ラフト基礎の極限支持力 $R_{PR,ult}$ (kN) については，直接基礎の極限支持力 $R_{R,ult}$ (kN) と杭基礎の極限支持力 $R_{P,ult}$ (kN) に基づく式7.2.1および式7.2.2が示されている[7.2.4]．

$$R_{PR,ult} = \alpha_R R_{R,ult} + \alpha_P R_{P,ult} \tag{7.2.1}$$

$$R_{PR,ult} = \xi_{PR}(R_{R,ult} + R_{P,ult}) \tag{7.2.2}$$

ここに，α_R：直接基礎の極限支持力に関わる係数

α_P：杭基礎の極限支持力に関わる係数

ξ_{PR}：極限支持力に関わる係数

式 7.2.1 は，パイルド・ラフト基礎の極限支持力を，直接基礎（ラフト）と杭基礎の極限支持力にそれぞれ係数を乗じて表したものである．式 7.2.1 の係数 α_R, α_P について，帯状ならびに正方形の形状を有するパイルド・ラフト基礎に対する数値解析が実施されている[7.2.3],[7.2.5],[7.2.11],[7.2.12]．その結果によれば，深さによらず強度が一定の一様地盤では，α_R, α_P は杭長・基礎幅比 L/B の影響を受け，L/B が大きくなると α_R は低下し，α_P は増加する傾向を示すこと，同じ正方形基礎でも同一 L/B に対して基礎幅 B の影響を受けることなど，やや複雑な挙動を示すことが指摘される．一方，式 7.2.2 は直接基礎と杭基礎の極限支持力の単純和に係数 ξ_{PR} を乗じて評価しようとする考え方である．係数 ξ_{PR} について，杭間隔杭径比 s/d を 5.0 および 8.6 としたときの数値解析結果より求めたものを図 7.2.3 に示す．ξ_{PR} 値は杭間隔の影響を受け，杭間隔杭径比が大きい方が相対的に大きくなる．しかしながら，ξ_{PR} 値は地盤条件，杭長基礎幅比 L/B の影響をあまり受けず 0.8～1.0 となる．ただし，パイルド・ラフト基礎の主な適用対象となるラフト下が比較的硬質の過圧密粘土の場合には，ξ_{PR} が小さめの値（0.80～0.85）になることに留意する必要がある．

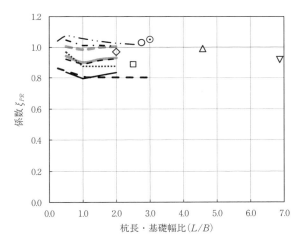
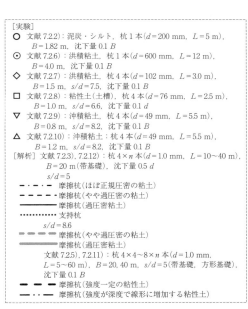

図 7.2.3　係数 ξ_{PR} の実験値と解析値

式 7.2.2 について，比較的規模の大きい模型のパイルド・ラフト基礎と，同じ寸法の直接基礎および単杭について実施した載荷実験により係数 ξ_{PR} を求めた報告がある[7.2.2],[7.2.6]～[7.2.10]．図 7.2.3 に示すように，正方形基礎スラブ（$B=0.80～4.0$ m）の中央に杭を 1 本または 4 本配置したパイルド・ラフト基礎について得られた ξ_{PR} 値は 0.89～1.05 であり，杭長基礎幅比の範囲は多少異なるが数値解析結果とおおむね整合する．

— 296 —　建築基礎構造設計指針

　　以上，既往の知見の範囲においては，パイルド・ラフト基礎の極限支持力は式 7.2.2 を基本と
し，係数 ξ_{PR} 値を実験，解析における下限値 0.8 に設定した次式によることが妥当と考えられ
る．

$$R_{PR,ult}＝0.8(R_{R,ult}＋R_{P,ult}) \qquad\qquad (7.2.3)$$

　　上式の適用にあたっては，杭間隔杭径比が 5 以上であることとする．ただし，杭先端が図
7.2.1 のラフト直下地盤の破壊領域よりも浅く杭長基礎幅比が著しく小さい場合（$L/B \leqq 0.5$）を
除くこととする．加えて，パイルド・ラフト基礎はラフト直下地盤の抵抗力が十分に期待できる
場合に用いる基礎形式であり，例えば杭基礎の極限支持力が卓越する場合に両者の支持力を複合
した支持力を用いることは適当でない．そこで式 7.2.3 の適用にあたり，ラフト直下地盤の抵抗
力が確保されるための必要条件として直接基礎と杭基礎の極限支持力の比 $R_{R,ult}/R_{P,ult}$ に下限値
を設けるとともに，直接基礎の極限支持力が卓越する場合に対しても杭の支持力が確保されるよ
うに $R_{R,ult}/R_{P,ult}$ に上限値を設けることとし，その範囲を次式のように定める[7.2.12]．

$$0.25＜R_{R,ult}/R_{P,ult}＜4.0 \qquad\qquad (7.2.4)$$

　　このとき，式 7.2.3 において，パイルド・ラフト基礎の支持力は杭の支持力が卓越すると見な
せる $R_{R,ult}/R_{P,ult}＝0.25$ のとき $R_{PR,ult}＝R_{P,ult}$ となり杭基礎の支持力と一致し，一方直接基礎の支持
力が卓越すると見なせる $R_{R,ult}/R_{P,ult}＝4.0$ のとき $R_{PR,ult}＝R_{R,ult}$ となり直接基礎の支持力と一致す
る．これより，直接基礎，パイルド・ラフト基礎，杭基礎の極限支持力の連続性が確保される．

（2）　荷重-沈下量関係

　　パイルド・ラフト基礎の極限支持力を，直接基礎の極限支持力を超えて設定する場合には，設
定した極限支持力に近い荷重が基礎に作用するときに過大な沈下量が生じることのないように留
意する必要がある．そのためには，パイルド・ラフト基礎の極限支持力に至るまでの荷重-沈下
量関係を，直接基礎と杭基礎の荷重分担や両者の相互作用を考慮して適切に評価することが必要
である．具体的には，十分な地盤調査結果に基づく土の非線形性や破壊条件を考慮した数値解析
（例えば三次元有限要素解析[7.2.3),7.2.5)]）を行い，パイルド・ラフト基礎の荷重-沈下量関係を評価す
る．この際，あらかじめ直接基礎，杭基礎単独の解析を行い，おのおのの荷重-沈下量関係の妥
当性を検討する．なお，杭基礎については極限状態に至るまでの荷重-沈下量関係を解析のみで
精度よく予測することは困難であることから，杭の鉛直載荷試験を実施し，その結果を杭基礎の
荷重-沈下量解析に反映させることとする．さらに，パイルド・ラフト基礎の極限支持力に至る
までの荷重-沈下量関係を直接的に確認する目的で，パイルド・ラフト基礎および直接基礎，杭
基礎について実大規模の挙動を再現できるような大型の原位置載荷試験[7.2.6)]を実施することが望
ましい．実験および解析的検討に基づいて得られたパイルド・ラフト基礎の極限支持力と式
7.2.3 による極限支持力を比較し，両者に大きな差異がないことを確認する．

3．液状化地盤

　　地震時の地盤の液状化の発生を原則として許容しない．パイルド・ラフト基礎は，常時におい
てもラフトと杭が地盤を介して相互に影響し合い，その挙動は単純ではない．地震時には鉛直荷

重に加えて水平荷重が作用し，更に複雑な挙動となる．地震時に基礎底以深の地盤が一部でも液状化すると，地盤物性が大きく変わるため，パイルド・ラフト基礎の挙動も大幅に変化するものと考えられる．パイルド・ラフト基礎の地震時挙動については，地震観測の事例はあるものの，未だ十分に解明されているとはいえない状態であるから，地盤の液状化に対しては慎重であるべきといえる．そのため，地震時に液状化の発生のおそれのある地盤については，液状化を防ぐ適切な対策を取るものとした．地盤の液状化対策が，工学的に合理的ではないと判断される場合には，杭基礎などほかの基礎形式への変更も視野に入れるべきであろう．

参 考 文 献

7.2.1) 岸田英明：支持杭を用いない基礎工法—支持杭，摩擦杭，地盤改良と併用基礎の設計—，基礎工，Vol. 26, No. 5, pp. 2〜7, 1998.5

7.2.2) 土屋 勉・青木 涼・永井 宏：泥炭層を挟む軟弱地盤におけるパイルド・ラフト基礎の原位置鉛直載荷試験，日本建築学会技術報告集，第 17 巻，第 36 号，pp. 483〜486, 2011.6

7.2.3) 山下 清・谷川友浩・重野喜政・濱田純次：パイルド・ラフト基礎の鉛直支持力に関する数値解析的検討，日本建築学会技術報告集，第 21 巻，第 47 号，pp. 99〜104, 2015.2

7.2.4) De Sanctis, L. and Mandolini, A. : Bearing capacity of piled rafts on soft clay soils, J. Geotechnical and Geoenvironmental Engineering, ASCE, pp. 1600〜1610, 2006.12

7.2.5) 渡邊 徹・長尾俊昌：パイルド・ラフト基礎の鉛直支持力に関する解析的検討（その 1），（その 2），日本建築学会大会学術講演梗概集，構造 I, pp. 483〜486, 2014.9

7.2.6) 濱田純次・本多 剛・谷川友浩・山田 毅・土屋富男・山下 清：パイルド・ラフト基礎の鉛直支持力に関する大規模モデル実験（その 1），（その 2），日本建築学会大会学術講演梗概集，構造 I, pp. 457〜460, 2011.7

7.2.7) 萩原幸男・秦 雅史・藤嶋泰輔・伊藤 仁・佐藤 武・山下俊英・高稲敏浩：パイルド・ラフト基礎の原位置鉛直・水平載荷試験（その 1），（その 2），日本建築学会大会学術講演梗概集，構造 I, pp. 661〜664, 2005.7

7.2.8) 佐野大作・伊勢本昇昭・矢島淳二・高浜 勉・森 和久・土屋 勉：パイルドラフト基礎と直接基礎の比較実験（その 1），第 41 回地盤工学研究発表会，pp. 1407〜1408, 2006.7

7.2.9) 渡邊 徹・長尾俊昌・富田菜都美・長坂光泰・梅森 浩：細径鋼管で補強された地盤の原位置載荷実験（その 1），（その 2），第 50 回地盤工学研究発表会，pp. 1227〜1230, 2014.9

7.2.10) 長尾俊昌・渡邊 徹・富田菜都美：パイルド・ラフト基礎の原位置鉛直載荷実験（その 1），（その 2），日本建築学会大会学術講演梗概集，構造 I, pp. 601〜604, 2015.9

7.2.11) 長尾俊昌・渡邊 徹：パイルド・ラフト基礎の鉛直支持力に関する解析的検討（その 3），日本建築学会大会学術講演梗概集，構造 I, pp. 479〜480, 2016.8

7.2.12) 山下 清・谷川友浩：粘性土地盤上のパイルド・ラフト基礎の極限支持力の評価式，日本建築学会技術報告集，第 24 巻，第 56 号，pp. 93〜98, 2018.9

7.3 節 沈　　下

1. パイルド・ラフト基礎の沈下量の算定にあたっては，基礎スラブと杭とが地盤を介して相互に与える影響（相互作用）を評価する．各性能レベル（限界状態）に対応する設計用限界値は，表 7.3 による．

2. 沈下量および荷重分担の算定方法は，目的に応じて（1）または（2）を選択する．

（1）　簡易算定法

（2）　詳細算定法

3. 基礎からの荷重によって，地盤が圧密沈下しないことを確認する．

表 7.3　沈下の設計用限界値

想定荷重	性能グレード	要求性能レベル（限界状態）	沈下の設計用限界値
常時荷重	—	使用限界状態	基礎が使用限界状態となる沈下量，不同沈下量および変形角〔表 5.3.4～5.3.8〕
レベル1荷重	—	損傷限界状態	基礎が損傷限界状態となる沈下量，不同沈下量および変形角〔表 5.3.8〕
レベル2荷重	S A	終局限界状態	基礎が終局限界状態となる沈下量，不同沈下量および変形角〔表 5.3.8〕

1. 沈下量の評価

　図 7.3.1 にパイルド・ラフト基礎の沈下挙動に影響を及ぼす，杭とラフトの相互作用について示す．パイルド・ラフト基礎では，地盤を介することによって，杭から杭へ，ラフト（地表面）からラフトへ，そして杭とラフトの間で相互に影響が生じる．パイルド・ラフト基礎の沈下量を算定する場合は，こうした相互の影響を適切に評価し，ラフトと杭が一体化した基礎としての荷重-沈下量関係を評価する．

　設定した荷重-沈下量関係から，各要求性能レベルに応じた沈下量を評価し，それらの値（設計用応答値）が，表 7.3 に示す沈下量の設計用限界値を超えないことを確認する．

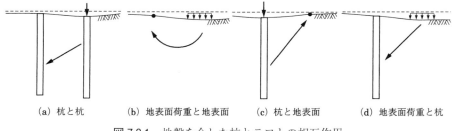

(a) 杭と杭　　(b) 地表面荷重と地表面　　(c) 杭と地表面　　(d) 地表面荷重と杭

図 7.3.1　地盤を介した杭とラフトの相互作用

2. 沈下量と荷重分担の算定方法

　地盤を介した杭とラフトの相互作用を考慮してパイルド・ラフト基礎の沈下量と荷重分担を求める方法には，簡易算定法と詳細算定法がある．

　簡易算定法では，個々の杭の分担荷重が評価できないなど得られる情報に制約があるため，適用範囲を以下のようにする．

　① 中規模程度以下の建物〔計算例 11 参照〕で，平面形状がほぼ整形かつ荷重分布がほぼ均等である．
　② 杭配置が規則的で，杭径，杭長がほぼ等しい．

ただし，簡易算定法を用いる場合には，杭の支持力および基礎梁，基礎スラブの安全余裕を十分

にとるなど設計上の配慮が必要である．

上記の適用範囲を超える場合には，詳細算定法を用いるものとする．なお，パイルド・ラフト基礎の採用可否の判断は，簡易算定法によって行ってよい．

沈下量と荷重分担の算定に際しては，類似の建物条件，地盤・基礎条件におけるパイルド・ラフト基礎の観測結果と比較検討することが望ましい〔7.1節3．（2）参照〕．

（1） 簡易算定法

a） 平均沈下量および杭とラフトの荷重分担

パイルド・ラフト基礎の沈下量および杭とラフトの荷重分担は，図7.3.2のように原地盤を有限厚さの多層弾性地盤にモデル化し，図7.3.3に示す等価ピア法[7.3.1]で得られる群杭の平均鉛直ばね定数 K_p（kN/m）とスタインブレンナーの近似解〔式5.3.3〕で得られる直接基礎（ラフト）の平均鉛直ばね定数 K_r（kN/m）を用いて算定する．

パイルド・ラフト基礎の平均鉛直ばね定数 K_{pr}（kN/m）は，次式で算定する[7.3.2),7.3.3)]．

$$K_{pr} = \frac{1-0.6(K_r/K_p)}{1-0.64(K_r/K_p)} K_p \tag{7.3.1}$$

ただし，$K_p \geq 0.8 K_r$ である．杭とラフトの荷重分担について，建物全体の鉛直荷重 P（kN）に対する群杭の荷重分担率は，次式で算定する．

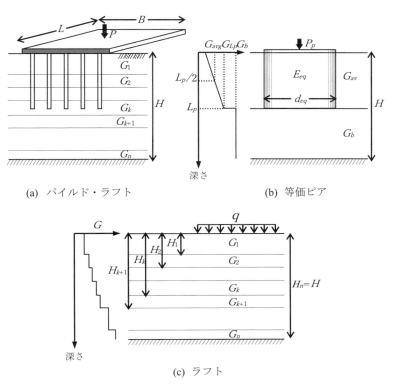

(a) パイルド・ラフト   (b) 等価ピア

(c) ラフト

図7.3.2　等価ピア法とスタインブレンナーの近似解を複合した解析法

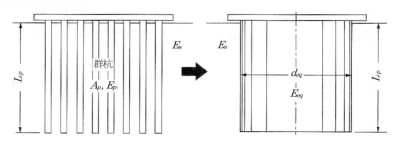

図 7.3.3　等価ピア法

$$\frac{P_p}{P}=\frac{P_p}{P_r+P_p}=\frac{1-0.8(K_r/K_p)}{1-0.6(K_r/K_p)} \tag{7.3.2}$$

ここに，P_r（kN）：ラフトの分担荷重，P_p（kN）：群杭の分担荷重

ここで $K_p=0.8K_r$ のとき，式 7.3.1 より $K_{pr}=K_r$，式 7.3.2 より $P_p/P=0$ で，直接基礎に帰着する．なお，$K_p<K_r$ の場合については，パイルド・ラフト基礎の諸元を広範囲に変化させたハイブリッド解析結果に基づき式 7.3.1，式 7.3.2 の適用範囲を拡張した算定式が提案されている[7.3.4]．

群杭とラフトの平均鉛直ばね定数の算定は，以下による．

b) 群杭の平均鉛直ばね定数

群杭の平均鉛直ばね定数は，等価ピア法[7.3.1]により算定する．この方法は図 7.3.3 に示すように，杭群をこれと等価な直径，弾性係数をもつ 1 本の大径杭（ピア）に置き換え，単杭の沈下解を用いて群杭の平均的な沈下量を求めるものである．ピアの断面積は群杭ブロックの平面的な面積に等しいものとし，ピアの弾性係数は杭と杭間の地盤で構成される複合体と等価なものと仮定すると，等価ピアの直径 d_{eq}（m）は式 7.3.3 で，等価ヤング率 E_{eq}（kN/m^2）は式 7.3.4 で与えられる．

$$d_{eq}=1.13\sqrt{A_g} \tag{7.3.3}$$

$$E_{eq}=E_s+(E_p-E_s)\frac{A_p}{A_g} \tag{7.3.4}$$

ここに，A_g（m^2）：群杭を包絡する面積〔図 7.3.4 参照〕，E_s（kN/m^2）：地盤の変形係数，E_p（kN/m^2）：杭体の変形係数，A_p（m^2）：杭体の断面積の合計

本節では地盤剛性について変形係数 E_s とせん断剛性 G の双方を用いるが，両者の関係は式 5.3.12 で与えられる．

等価ピアの鉛直ばね定数を求めるには，以下の二つの方法がある．ここで図 7.3.2（b）における地盤の有限厚さ H（m）は，ピア先端から基礎の短辺長さ B（m）程度の深さを考え，(L_p+B) 程度とする．

（ i) ランドルフ（Randolph）の方法[7.3.5]

地盤を弾性体と仮定し，せん断剛性が杭頭から深さ方向に線形増加，杭先端以深では一定とする〔図 7.3.2（b）〕．杭軸部のある深さにおける周面抵抗力-沈下量の関係を，杭と地盤の相対変

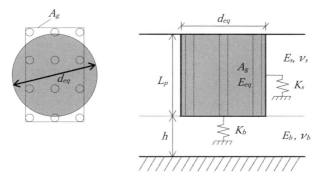

図 7.3.4　等価ピアのモデル

位-杭周面のせん断応力の関係に杭体の軸圧縮を考慮して求める．杭の沈下量は，杭周面から外側に生じる円環状の土のせん断変形を考え，影響半径 r_m（杭中心から地盤の鉛直変位が無視できるほど小さくなる距離）内における地盤のせん断ひずみを積分して求める．杭先端の荷重-沈下量関係には半無限弾性体表面にある円形剛板の沈下解を用い，これを杭先端における沈下量の適合条件として，荷重伝達法を用いて単杭の鉛直ばね定数を解析的に求めるものである．この方法を等価ピアに適用することにより，群杭の平均鉛直ばね定数 K_p（kN/m）は次式で表される．

$$K_p = \frac{P_p}{w_p} = \frac{\dfrac{2}{(1-\nu_s)\xi} + \dfrac{2\pi\rho}{\zeta}\dfrac{\tanh(\mu L_p)}{\mu L_p}\dfrac{L_p}{d_{eq}}}{1 + \dfrac{8}{\pi\lambda(1-\nu_s)\xi}\dfrac{\tanh(\mu L_p)}{\mu L_p}\dfrac{L_p}{d_{eq}}} d_{eq} G_{Lp} \tag{7.3.5}$$

$$\xi = G_{Lp}/G_b \tag{7.3.6}$$

$$\rho = G_{avg}/G_{Lp} \tag{7.3.7}$$

$$\lambda = E_{eq}/G_{Lp} \tag{7.3.8}$$

$$\mu L_p = 2\sqrt{2/\zeta\lambda}(L_p/d_{eq}) \tag{7.3.9}$$

ここに，P_p（kN）：ピア頭部に作用する荷重，w_p（m）：ピア頭部の沈下量，L_p（m）：ピアの長さ，d_{eq}（m）：ピアの直径，G_{avg}（kN/m^2）：ピア頭部からピア先端までの深さにおける地盤の平均せん断剛性，G_{Lp}（kN/m^2）：ピア先端深さにおける地盤のせん断剛性，G_b（kN/m^2）：ピア先端以深における地盤のせん断剛性，ν_s：地盤のポアソン比，r_m（m）：ピアの影響半径，ζ：ピアの影響半径に関する係数

またζは，アスペクト比 L_p/d_{eq} が小さい場合（2.5 程度以下）に対する次式を用いる[7.3.2],[7.3.6]．

$$\zeta = \ln\left(\frac{2r_m}{d_{eq}}\right) = \ln\left\{5 + [0.25 + (2.5\rho(1-\nu_s) - 0.25)\xi]\frac{2L_p}{d_{eq}}\right\} \tag{7.3.10}$$

ピア先端以深が多層地盤のときは，ピア先端を載荷面とした有限厚さの多層弾性地盤の沈下剛性をスタインブレンナーの近似解で求め，これと等価な沈下剛性を与える地盤のせん断剛性 G_b を用いる．

（ⅱ）　土屋らの方法[7.3.7]

　群杭の平均鉛直ばね定数 K_p（kN/m）は，ピア周面地盤のせん断変形およびピア先端地盤の圧縮変形のほかに，ピア自体の圧縮変形を考慮した次式で算定する〔図 7.3.4 参照〕．

$$K_p = \frac{(K_s + K_b)K_c}{K_s + K_b + K_c}$$
(7.3.11)

ここで，ピア周面から外側の地盤に生じる円環状のせん断変形に起因するばね定数 K_s（kN/m）は，次式で与えられる．

$$K_s = \frac{\pi E_s L_p}{\zeta(1 + \nu_s)}$$
(7.3.12)

　ピア先端のばね定数 K_b（kN/m）は，ピア先端を載荷面とした有限厚さの多層弾性地盤に単位荷重を作用させたときのスタインブレンナーの近似解による沈下量の逆数とすることを原則とする．なお，図 7.3.4 のようにピア先端から h（m）（＜基礎の短辺長さ B（m））の深さに明確な基盤層が現れる場合には，次式で略算することもできる[7.3.7]．

$$K_b = \frac{E_b d_{eq}}{1 - \nu_s^2} I_h$$
(7.3.13)

$$I_h = \left\{ \frac{1}{1 - \exp(-h/d_{eq})} \right\}^{\beta}$$
(7.3.14)

$$\beta = 10d/s$$
(7.3.15)

ここに，I_h：有限層厚地盤を考慮した剛性増加率，β：パイルド・ラフトに配置された杭間隔に関する指数，d（m）：杭の直径，s（m）：杭間隔

　ピアの圧縮性を考慮するばね定数 K_c（kN/m）は，次式で与えられる．

$$K_c = \frac{C_F E_{eq} A_g}{L_p}$$
(7.3.16)

$$C_F = \frac{K_s + K_b}{K_s/2 + K_b}$$
(7.3.17)

ここに，C_F：ピアの圧縮性に関する係数

　c）　ラフトの平均鉛直ばね定数

　ラフトの平均鉛直ばね定数 K_r（kN/m）は，図 7.3.2（ c ）のように有限厚さの多層弾性地盤上に長方形一様分布荷重 q（kN/m²）を載荷したときのラフト中央部の沈下量 S_E（m）をスタインブレンナーの近似解を用いて計算し，次式により求める．

$$K_r = \frac{qBL}{\frac{\pi}{4} S_E}$$
(7.3.18)

ここに，B（m）：基礎の短辺長さ，L（m）：基礎の長辺長さ

　d）　沈下量の分布

　パイルド・ラフト基礎の沈下量分布（不同沈下量）は，図 7.3.5 に示すようにラフトと地盤の相対剛性の影響を大きくうける[7.3.8]．ここで，ラフトと地盤の相対剛性は次式で与えられる．

$$K_{rs} = 5.57 \frac{E_r}{E_s} \frac{1 - \nu_s^2}{1 - \nu_r^2} \left(\frac{B}{L}\right)^{0.5} \left(\frac{t_r}{L}\right)^3$$
(7.3.19)

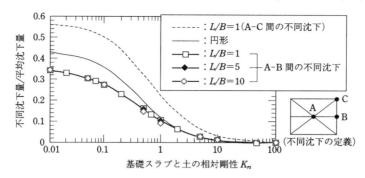

図 7.3.5 ラフトと地盤の相対剛性に対する不同沈下量

ここに，K_{rs}：ラフトと地盤の相対剛性，B (m)：基礎の短辺長さ，L (m)：基礎の長辺長さ，t_r (m)：ラフトの厚さ，E_r (kN/m²)：ラフトの変形係数，ν_r：ラフトのポアソン比，E_s (kN/m²)：地盤の変形係数，ν_s：地盤のポアソン比

地盤の相対沈下に及ぼすラフトの剛性の影響が小さいとき（K_{rs}が 0.05 程度より小さいとき），パイルド・ラフト基礎の沈下量は，地盤の沈下量分布に，杭による沈下低減効果を考慮することで近似的に評価可能とされている[7.3.3]．すなわち，スタインブレンナーの近似解で得られる地盤の沈下量分布に，式 7.3.1 から得られるラフトとパイルド・ラフト基礎の平均鉛直ばね定数の比 K_r/K_{pr} を乗じることでパイルド・ラフト基礎の沈下量分布が求められる．なお，ラフトと地盤の相対剛性が大きい場合は，図 7.3.5 の関係を考慮し K_{rs} 値に応じて上記の沈下量分布を補正してもよい．

e) 地盤剛性の評価

地盤のせん断剛性 G (kN/m²) は，図 7.3.2 に示す各層ごとに地盤の初期せん断剛性 G_0 (kN/m²) を求め，それにせん断ひずみの増加による非線形性の影響を考慮して次式により求める[7.3.9]．

$$G = R_G G_0 \tag{7.3.20}$$

ここに，R_G：低減係数

実建物に用いたパイルド・ラフト基礎 4 件の実測値と簡易算定法（ランドルフの方法）による計算値の比較を行った結果，沈下量の計算値が実測値と一致する R_G 値〔図 7.3.6（a）の丸印〕は 0.30〜0.50（最適値 0.39）であり，このとき図 7.3.6（b）のように荷重分担の計算値も実測値と概ね対応することが報告されている[7.3.9]．さらに，$R_G=0.39$ としたときの 4 件の実測値との比較を表 7.3.1 に示す．これより，常時荷重時の検討に用いる R_G 値として 0.35〜0.40 を推奨する．なお，式 7.3.1，式 7.3.2 の適用範囲を拡張した算定式[7.3.4]を用いても，上記の実測値と概ね対応することが報告されている[7.3.10]．

(2) 詳細算定法

詳細算定法とは，杭と地盤とラフトを一体として解析する方法である．この方法によれば，基礎の沈下量，変形角，傾斜角のほかに個々の杭の分担荷重，ラフトの接地圧，基礎梁，ラフトに

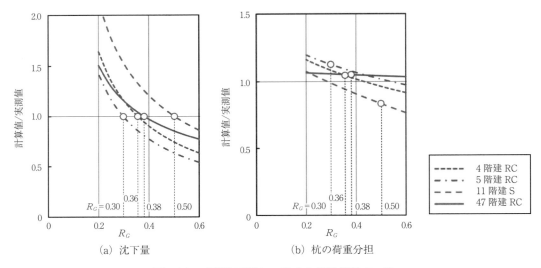

図 7.3.6 実測沈下量に一致する低減係数 R_G 値

表 7.3.1 簡易算定法における計算値と実測値の比較（R_G＝0.39）

	沈下量				杭の荷重分担率			
	4 階建 RC	5 階建 RC	11 階建 S	47 階建 RC	4 階建 RC	5 階建 RC	11 階建 S	47 階建 RC
計算値	7.4 mm	11.1 mm	11.0 mm	23.5 mm	0.60	0.61	0.59	0.95
実測値	8 mm	14 mm	9 mm	24 mm	0.59	0.57	0.65	0.90
計算／実測	0.92	0.79	1.22	0.98	1.02	1.07	0.91	1.05

生じる応力など，基礎部材の設計に必要な情報を得ることができる．

詳細算定法（鉛直荷重）としては，以下の機能を有することが望ましい．
① 層構成（多層地盤）を反映できる地盤のモデル化
② 杭と地盤とラフトの相互作用の評価
③ 杭とラフトの荷重分担の評価
④ 杭に極限荷重が作用したときの，基礎全体の荷重-沈下性状の評価
⑤ 基礎全体における沈下量分布の評価
⑥ 基礎梁，基礎スラブの曲げモーメントおよびせん断力の評価

パイルド・ラフト基礎の設計では，基礎の沈下とともに，杭とラフトの荷重分担を精度よく予測する必要がある．そのためには，杭とラフトの個々の沈下剛性を的確に予測することが必要であり，簡易算定法，詳細算定法にかかわらず，適切な地盤定数の設定が重要となる．更に，パイルド・ラフト基礎に用いる杭には，常時の荷重のもとで極限支持力に近い荷重が作用することもあり，このような場合には杭近傍の地盤の非線形性に対する配慮が必要である．以下に代表的な解析手法として，有限要素法と弾性論を組み合わせた方法および有限要素法について概要を示す．

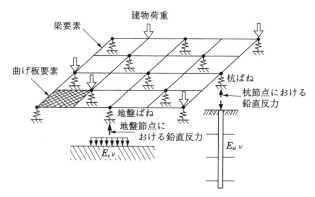

図7.3.7 有限要素法と弾性論を組み合わせた解析法

a) 有限要素法と弾性論を組み合わせた方法

有限要素法と弾性論を組み合わせた方法は，図7.3.7に示すように，直接基礎部分を曲げ板要素や梁要素などでモデル化し，杭および地盤は相互作用を考慮したばねでモデル化するものである[7.3.11]~[7.3.16]．杭と地盤とラフトの相互作用については，弾性論に基づく方法により評価する．この方法は，三次元有限要素法と比べてデータの作成や計算に要する時間が短いなどの特徴があり，沈下挙動をほぼ評価できたという報告がある[7.3.17]~[7.3.19]．

b) 有限要素法

有限要素法は，ラフト部分だけでなく杭，地盤についても有限要素でモデル化するもので，土の応力-ひずみ関係に弾塑性構成式を用いれば，複雑な荷重条件のもとで地盤の局所的な塑性化を含めた詳細な解析を行うことができる．近年，コンピューターの使用環境が飛躍的に改善されたことにより，三次元有限要素法が実務で使われる機会も増えている．一例として，高層集合住宅を支持するパイルド・ラフト基礎の常時の検討に用いられた三次元有限要素モデルを図7.3.8に示す[7.3.20]．常時における沈下量と杭の分担荷重の実測値は，解析値とよい対応を示したことが報告されている．

3. 圧密地盤

圧密未了地盤や建物荷重によって地盤が圧密沈下する場合には，原則，パイルド・ラフト基礎としない．パイルド・ラフト基礎では，杭が沈下抑止の役割を担っているが，ラフトからの荷重によってラフト直下の地盤が圧密沈下を生じると，杭とラフトの荷重分担が変化し，杭が長い場合には，ほとんどの荷重を杭が負担し，ラフトの分担荷重が非常に小さくなる可能性が考えられる．そうした状態では，もはやパイルド・ラフト基礎とは呼べず，杭基礎（摩擦杭）に近い状態といえる．パイルド・ラフト基礎では，鉛直支持力を原則ラフトで確保する必要があるため，ラフトの分担荷重が極端に低下することは避けなければならない．建物荷重によって圧密沈下の発生のおそれのある地盤では，少なくともラフト荷重によって地盤が正規圧密状態とならないことを確認する必要があるといえる．

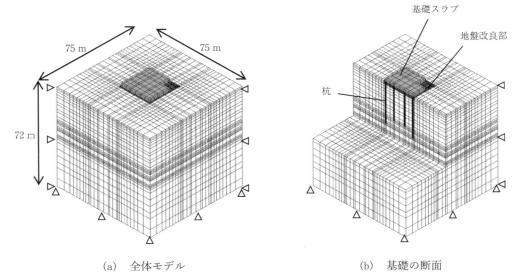

(a) 全体モデル　　　　　　　(b) 基礎の断面

図 7.3.8　三次元有限要素モデルの例

参 考 文 献

7.3.1) Poulos, H.G. and Davis, E.H.: Pile Foundation Analysis and Design, John Wiley and Sons, 1980
7.3.2) Randolph, M.F.: Design methods for pile group and piled rafts, Proc. 13th International Conference on Soil Mechanics and Foundation Engineering, Vol. 5, pp. 61～82, 1994.1
7.3.3) Clancy, P. and Randolph, M.F.: Simple design tools for piled raft foundations, Geotechnique, Vol. 46, No. 2, pp. 313～328, 1996.2
7.3.4) 土屋　勉・永井　宏・兼平哲郎・北原進之介：鉛直および水平荷重を受けるパイルド・ラフトのバネ係数と杭頭荷重分担率の簡易計算法，構造工学論文集，Vol. 60B, pp. 107～114, 2014.3
7.3.5) Randolph, M.F. and Wroth, C.P.: Analysis of deformation of vertically loaded piles, J. Geotechnical and Engineering Division, ASCE, Vol. 104, GT12, pp. 1465～1488, 1978.12
7.3.6) Horikoshi, K. and Randolph, M.F.: Estimation of overall settlement of piled rafts, Soils and Foundations, Vol. 39, No. 2, pp. 59～68, 1999.4
7.3.7) 土屋　勉・永井　宏・北原進之介：群杭の沈下剛性を算定する等価ピア法，日本建築学会技術報告集，第 20 巻，第 46 号，pp. 929～932, 2014.10
7.3.8) Horikoshi, K. and Randolph, M.F.: On the definition of raft-soil stiffness ratio, Geotechnique, Vol. 47, pp. 1055～1061, 1997.10
7.3.9) Yamashita, K., Hamada, J. and Tanikawa, T.: Applicability of simple method to piled raft analysis in comparison with field measurements, Geotechnical Engineering Journal of the Southeast Asian Geotechnical Society and Association of Geotechnical Societies in Southeast Asia, Vol. 46, No. 2, pp. 43～53, 2015.6
7.3.10) 北原進之介・土屋　勉・永井　宏：鉛直荷重を受けるパイルド・ラフトの簡易計算法，日本建築学会大会学術講演梗概集，構造Ⅰ，pp. 593～594, 2015.9
7.3.11) Hain, S.J. and Lee, I.K.: The analysis of flexible pile-raft systems, Geotechnique, Vol. 28, No. 1, pp. 65～83, 1978.1
7.3.12) Tomono, M., Kakurai, M. and Yamashita, K.: Analysis of settlement behavior of piled raft foundations, Takenaka Technical Research Report, No. 37, pp. 115～125, 1987.12
7.3.13) Clancy, P. and Randolph, M.F.: An approximate analysis procedure for piled raft foundations, International Journal of Numerical and Analytical Methods in Geomechanics, Vol. 17, pp. 849～869, 1993.12

7.3.14) 松尾雅夫・山肩邦男：地盤の変形を考慮した杭基礎建物の鉛直荷重時実用解法，日本建築学会構造系論文報告集，第 477 号，pp. 67〜76，1995.11

7.3.15) Yamashita, K., Yamada, T. and Kakurai, M. : Simplified method for analyzing piled raft foundations, Proc. Deep Foundation on Bored and Auger Piles, pp. 457〜464, 1998.10

7.3.16) Kitiyodom, P. and Matsumoto, T. : A simplified analysis method for piled raft foundations in non-homogeneous soils, Int. Journal for Numerical and Analytical Methods in Geomechanics, Vol. 27, pp. 85〜109, 2002.11

7.3.17) Kakurai, M., Yamashita, K. and Tomono, M. : Settlement behavior of piled raft foundation on soft ground, Proc. 8th Asian Regional Conference on Soil Mechanics and Foundation Engineering, pp. 373〜376, 1987.7

7.3.18) Yamashita, K. and Kakurai, M. : Settlement behavior of the raft foundation with friction piles, Proc. 4th International Conference on Piling and Deep Foundations, pp. 461〜466, 1991.4

7.3.19) Yamashita, K., Kakurai, M. and Yamada, T. : Investigation of a piles raft foundation on stiff clay, Proc. 13th International Conference on Soil Mechanics and Foundation Engineering, Vol. 2, pp. 543〜546, 1994.1

7.3.20) 鈴木直子・関　崇夫・茶谷文雄・佐俣紀一郎・田中耕太郎：地震時変動軸力の大きな高層建物を支持するパイルド・ラフト基礎，日本建築学会技術報告集，第 15 巻，第 29 号，pp. 89〜94，2009.2

7.4 節　水 平 抵 抗

1. 一般事項と検討項目

パイルド・ラフト基礎の水平抵抗を検討する場合は，以下に示す特徴に十分留意する．

（1）　基礎の水平抵抗として，杭の水平抵抗，ラフト底面摩擦および基礎の根入れ抵抗要素がある．ただし，計算上は根入れ抵抗を考慮しない．杭とラフト底面摩擦の間には相互作用が働くため，杭の応力分布は杭頭にのみ水平荷重を受ける場合とは異なったものとなる．

（2）　ラフト底面摩擦と杭とでは一般に水平剛性や極限水平抵抗が大きく異なる．また，ラフト底面摩擦の極限水平抵抗は，ラフト底面の水圧を除いた接地圧に依存する．このため，水平荷重分担率は，基礎に作用する水平荷重の大きさや杭とラフトの鉛直荷重分担率，およびラフト底面に作用する水圧によって変化する．

（3）　地震時の地盤変位を考慮する場合や常時水平力を受ける場合などには，それらの影響を適切に評価する．

水平力を受けるパイルド・ラフト基礎の設計用限界値は，表 7.4 による．

2. 杭応力の検討方法

杭応力の検討は，以下に示す方法を用いて，安全側の評価となるよう十分注意して行う．

（1）　パイルド・ラフト基礎の水平抵抗は，簡易算定法や詳細算定法などを用いて適切に評価する．

（2）　地震時地盤変位による杭応力は，杭基礎にならって評価する．

（3）　検討に用いる地盤定数やモデルは，地震力や解析法を考慮して適切なものを用いるものとする．

（4）　パイルド・ラフト基礎の杭体の応力に関する安全性の照査方法は，杭基礎にならうものとする．

表 7.4 水平力に対する設計用限界値

想定荷重	性能グレード	要求性能レベル（限界状態）	水平抵抗の設計用限界値	
			基礎部材	地盤
常時荷重	—	使用限界状態	ひび割れ限界強度，かつクリープ変形に対して十分余裕のある強度〔5.6 節，表 6.7〕	ラフトの極限摩擦抵抗に対し $\phi_R = 1.0$
レベル 1 荷重	—	損傷限界状態	損傷限界強度〔5.6 節，表 6.7〕	ラフトの極限摩擦抵抗に対し $\phi_R = 1.0$
レベル 2 荷重	S			
	A	終局限界状態	終局限界強度〔5.6 節，表 6.7〕	ラフトの極限摩擦抵抗に対し $\phi_R = 1.0$

1. 一般事項・検討項目

　水平力に対するパイルド・ラフト基礎の設計用限界値を表 7.4 に示す．各要求性能レベル（限界状態）に応じて，設計用応答値が表に示す限界値を超えないことを確認する．

　設計用応答値は，以下に示すパイルド・ラフト基礎の特徴を踏まえたうえで評価する必要がある．

（1）　パイルド・ラフト基礎の水平力抵抗要素

　パイルド・ラフト基礎は，ラフト底面と地盤が接しているため，水平荷重に対しては以下の要素で抵抗する．

①　杭の水平抵抗

②　ラフト底面摩擦

　パイルド・ラフト基礎の水平抵抗の検討では，上記の抵抗要素ごとの水平荷重分担率を求めることが必要となる．しかし，パイルド・ラフト基礎の杭応力はラフト底面摩擦と杭との相互作用により杭頭にのみ水平力を受ける杭基礎とは異なることが原位置実験[7.4.1)～7.4.3)]，模型実験[7.4.4)～7.4.5)]や解析[7.4.6)～7.4.8)]，実建物の地震時挙動の計測[7.4.9)]で確認されている．

　ラフトと杭との相互作用は，図 7.4.1 に示すようにラフトから杭，杭からラフト，杭から杭などがある．設計にあたってはすべての相互作用を考慮することが望ましいが，パイルド・ラフト基礎では一般に杭間隔が広いため，相互作用としてラフトから杭のみを考慮しても，杭応力の評価で大きな誤差は生じないとの報告[7.4.10)]があり，本指針ではラフトから杭の相互作用のみを考慮する手法を基本とする．

　ラフトから杭の相互作用は，ラフトの底面摩擦に起因する地盤変位により杭が変形することで生じる．図 7.4.2 に示すようにパイルド・ラフト基礎の杭の曲げモーメント M_p は，杭頭に水平荷重 F_p を受ける単杭の曲げモーメント M_i のほかに，ラフト底面摩擦によって生じる地盤変位 $\delta_g(z)$ による曲げモーメント M_g や地震時地盤変位に起因する曲げモーメント M_e が付加されたものになる．弾性解析による検討例では，杭頭曲げモーメントの 1/3～1/4 程度はラフトの底面摩

擦による相互作用で生じるとの報告がある[7.4.7)].

ラフト底面摩擦によって生じる地盤変位の分布形状は，ラフト中央部と端部で異なるために，杭の平面位置により水平荷重の負担割合や杭に発生する曲げモーメントが異なる[7.4.10)]．杭位置による応力の違いは，各杭位置における地盤変位分布を求めて評価するのが望ましいが，簡易な評価法として，平均的な地盤変位による杭断面力（曲げモーメント，せん断力）を算定し，端部杭ではこれを 1.2～1.5 倍する方法〔図 7.4.3〕[7.4.10)] や，地盤変位による杭応力がもっとも厳しくなるラフト隅角部に全ての杭があるものとして，この位置の地盤変位を用いて杭の水平荷重分担率および杭の曲げモーメントを評価する方法[7.4.11)] がある．ただし，杭の応力は，杭基礎（ラフト底面摩擦が 0）とした場合の応力を上限として良い．

図 7.4.3 で示されている端部（隅杭）の比率は，底面摩擦がラフト全面にわたって極限に達していない場合の結果である．この杭位置による違いは，ラフト摩擦による地盤変位の差に起因するものなので，底面摩擦が極限に達した後の杭断面力増分や地震時地盤変位に起因する杭頭曲げモーメントに対しては杭位置の違いを考慮する必要はない．鉛直荷重のラフト分担率が小さい場合や，ラフトによる鉛直分担荷重度がほぼ水圧と等しい場合など，ラフト底面摩擦があまり期待

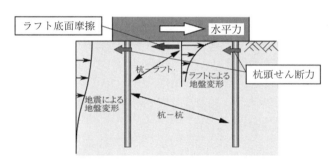

図 7.4.1 パイルド・ラフト基礎の水平抵抗と相互作用

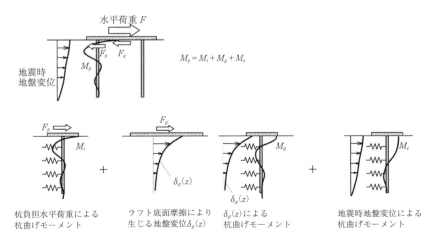

図 7.4.2 パイルド・ラフト基礎の地震時杭応力

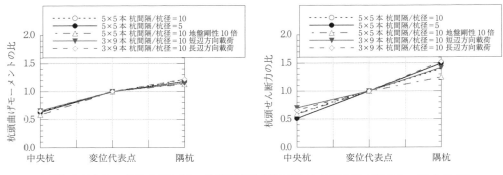

（変位代表点は，等分布荷重時の地表面変位が等変位分布荷重時の変位と一致する点）
図 7.4.3　杭位置による杭頭断面力の違い[7.4.10]

できず，水平力に関しては杭基礎と同等と考えられる場合は，杭位置による杭応力の違いは杭基礎にならうものとする．

（2）ラフトと杭の荷重分担

パイルド・ラフト基礎の水平荷重-水平変位関係とラフト，杭の分担荷重の関係の模式図を図7.4.4 に示す．ラフト底面摩擦の水平剛性は，通常（相互作用を考慮した）杭の水平剛性よりも大きく，載荷初期にはラフトの水平荷重分担が卓越する傾向がある．また，ラフト底面摩擦は，杭に比べ一般に極限水平抵抗が発揮される水平変位が小さいため，根入れ抵抗を無視すれば，ラフトの底面摩擦が極限に達すると，それ以降の水平力はすべて杭が負担することになる．これらのことから，ラフトと杭の水平荷重分担率は一定でなく，図7.4.5 に示すように水平荷重の大きさにより変化することに注意が必要である．

図 7.4.4 に示すように終局限界時の杭分担荷重は，損傷限界時の杭分担荷重に（基礎に作用する終局限界時の水平荷重／損傷限界時の水平荷重）倍した値よりも大きくなる．このことから，パイルド・ラフト基礎においては，性能グレードによらず損傷限界状態の安全性だけでなく，終局限界状態の検討を行うことが必要である[7.4.12]．

ラフト底面が砂質土に接する場合，図 7.4.6 に示すようにラフト底面摩擦の最大値は，ラフト底面に作用する有効接地圧（ラフトが分担する鉛直荷重度-ラフト底面に作用する水圧）にラフト底面と地盤との摩擦係数を乗じたものとなるので，鉛直荷重分担率を精度良く評価するとともに，基礎底面に作用する水圧の評価も重要である[7.4.13]．根入れが深く地下水位が高い場合には，ラフトの鉛直分担荷重のほとんどが水圧となる場合もあり，この場合は，水平力はラフト底面摩擦を無視して，杭基礎にならって，杭と根入れ抵抗で負担する．

ラフト底面が粘性土に接する場合は，基礎底面摩擦は地盤の粘着力で決まると考えられる．ただし，基礎下に施工される地業の影響により，粘着力以下で極限に達する可能性がある場合には，安全性の面からは砂質土と同じく摩擦係数で評価するなど，その影響を考慮する．摩擦係数に関しては，5.4 節 2．（1）を参照されたい．

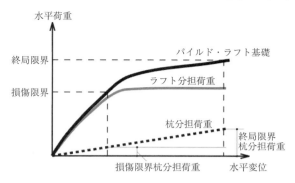

図 7.4.4　パイルド・ラフト基礎の水平荷重-変位関係の模式図[7.4.12)]

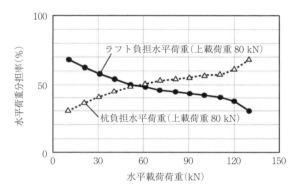

図 7.4.5　水平載荷試験におけるラフトと杭の荷重分担率の推移[7.4.3)]

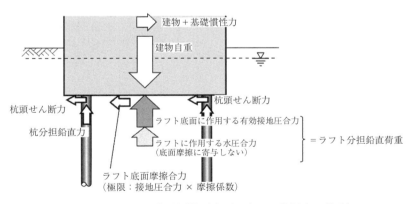

図 7.4.6　ラフトの水平抵抗（底面に水圧が作用する場合）

（3）　地震時の地盤変位や常時水平力を受ける場合

軟弱地盤におけるパイルド・ラフト基礎の地震観測結果[7.4.9)]から，杭が地盤変位の影響を強く受けることが報告されており，地震時には杭基礎と同様に地盤変位を考慮して杭応力を評価す

— 312 — 建築基礎構造設計指針

る．ただし，本指針におけるパイルド・ラフト基礎は，原則として液状化地盤などを除く一般的
な地盤を対象とする．すなわち，地盤変位が基礎部変位より大きくなり地盤が基礎部を押すよう
な場合は適用対象外とする〔4.3 節 5. 参照〕．一方，傾斜地などで偏土圧などにより常時水平力
を受ける場合は，事例[7.4.14]などを参考に杭応力が使用限界状態に至らないように抑えるだけで地
震時のパイルド・ラフト基礎の設計と同じ考え方で良い．

2. 杭応力の検討方法

（1） 杭応力の評価法の種類

　水平力を受けるパイルド・ラフト基礎の杭応力を評価する方法には，三次元有限要素法[7.4.15]や
ハイブリッド法[7.4.16]などがある．これらは詳細算定法と呼ばれるもので，杭と杭，杭とラフトの
相互作用を詳細に考慮できる．近年，三次元有限要素法による大地震時の地盤-基礎-建物の応答
解析も行われている[7.4.17]．また，簡易算定法[7.4.18]~[7.4.21]として，簡易式法[7.4.21]やコーンモデルによ
る手法[7.4.18]が提案されている．

　パイルド・ラフト基礎は，杭とラフトという二つの要素で水平力に抵抗するため，直接基礎や
杭基礎など単独の要素で水平力に抵抗する基礎形式よりも挙動が複雑である．各手法の適用にあ
たっては，それぞれの手法の適用限界，入力定数の設定方法などに留意し，当該建物の基礎に生
じる応力が安全側になるよう十分配慮する必要がある．以下では，簡易算定法である簡易式法と
コーンモデル法，および詳細算定法の概略について記す．

a） 簡 易 式 法[7.4.21]

　簡易式法は，ほぼ一様地盤と見なせる場合かつ杭材が線形の場合に用いることができる．図
7.4.7 のように，地盤変位 $\delta_g(z)$ （m）を考慮した弾性支承梁の式 7.4.1 において，地盤変位 $\delta_g(z)$
を指数関数（式 7.4.2，式 7.4.3）で近似し，建物形状を面積が等価な円形とすることで，杭断面
力（杭のせん断力 Q，杭の曲げモーメント M），杭の水平荷重分担率 α_p，杭頭せん断力 Q_0
（kN），杭頭曲げモーメント M_0 （kNm）の算定式（式 7.4.4~式 7.4.8）を導出したものである．

$$EI\frac{d^4\delta(z)}{dz^4}=Bk_h(\delta_g(z)-\delta(z)) \tag{7.4.1}$$

$$\delta_g(z)=b'(e^{-az}-1)+\delta_{g0} \tag{7.4.2}$$

$$\delta_{g0}=\frac{F_r}{2\pi Gr}(2-\nu) \tag{7.4.3}$$

$$Q(z)=a'b'\left(e^{-\beta z}\left\{\left(-\frac{a'^3}{\beta}-2\beta^2\right)\cos\beta z-2\beta^2\sin\beta z\right\}+a'^2e^{-az}\right)\left(\frac{4\beta^4}{4\beta^4+a'^4}\right)EI \tag{7.4.4}$$

$$Q_0=a'b'\left(-\frac{a'^3}{\beta}-2\beta^2+a'^2\right)\left(\frac{4\beta^4}{4\beta^4+a'^4}\right)EI \tag{7.4.5}$$

$$M(z)=a'b'\left(e^{-\beta z}\left\{\left(\frac{a'^3}{2\beta^2}+2\beta\right)\cos\beta z-\frac{a'^3}{2\beta^2}\sin\beta z\right\}-a'e^{-az}\right)\left(\frac{4\beta^4}{4\beta^4+a'^4}\right)EI \tag{7.4.6}$$

$$M_0=a'b'\left(\frac{a'^3}{2\beta^2}+2\beta-a'\right)\left(\frac{4\beta^4}{4\beta^4+a'^4}\right)EI \tag{7.4.7}$$

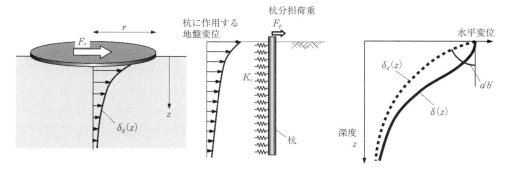

図 7.4.7 パイルド・ラフト基礎の簡易な水平抵抗算定モデル

$$\alpha_p = \frac{-n\dfrac{ab}{r\beta}\left(-\left(\dfrac{a}{r\beta}\right)^3 - 2 + \left(\dfrac{a}{r\beta}\right)^2\right)\left(\dfrac{(r\beta)^4}{4(r\beta)^4 + a^4}\right)4EI\beta^3}{\dfrac{2\pi Gr}{2-\nu} - n\dfrac{ab}{r\beta}\left(-\left(\dfrac{a}{r\beta}\right)^3 - 2 + \left(\dfrac{a}{r\beta}\right)^2\right)\left(\dfrac{(r\beta)^4}{4(r\beta)^4 + a^4}\right)4EI\beta^3} \tag{7.4.8}$$

$$a' = \frac{a}{r} \tag{7.4.9}$$

$$b' = \delta_{g0}b \tag{7.4.10}$$

$$\beta = \sqrt[4]{Bk_h/4EI} \tag{7.4.11}$$

ここに,r(m):ラフト半径,EI(kNm^2):杭材の曲げ剛性,B(m):杭幅,k_h(kN/m^3):地盤反力係数,F_r(kN):ラフト分担水平荷重,n(本):杭本数,a,b:定数で,一様地盤の場合それぞれ 1.49,0.8889

式 7.4.8 は,同じ杭材が n 本ある場合であるが,曲げ剛性 EI が杭ごとに異なる場合には,杭それぞれの β,EI を考慮して足し合わせる.ラフト半径 r が 0 に近づくと杭分担率 α_p は 1 に近づき,杭の曲げモーメント M(kNm)は弾性支承梁の解に一致する.

ラフトの底面摩擦によって生じる地盤変位 $\delta_g(z)$ を図 7.4.8 に示す.地盤変位および杭頭部の地盤変位の曲率(地盤のせん断ひずみ)は,大きめの値を用いた方が,杭応力を安全側に評価するため,等分布荷重中央(実線)を指数関数近似(○印)したものを採用している.

基礎端部の杭などには,次に示すコーンモデル同様,図 7.4.3 などを参考に応力の割増しを行うか,または,端部の地盤変位に適合する a,b を用いる.

b) コーンモデル法[7.4.18]

コーンモデル法は,建物形状を面積が等価な円形とし,ラフト底面摩擦によるラフト下の平均的な地盤変位分布を図 7.4.9 に示すコーンモデルという簡易な手法で求め,この地盤変位を図 7.4.10 に示すように地盤ばねを介して杭に与えることで,ラフトから杭への相互作用を考慮して杭応力を求める手法である.この手法では,多層地盤や杭材の非線形を考慮することも可能である.杭の分担荷重 F_p(kN)とラフトの分担荷重 F_r(kN)は,ラフト変位と杭頭変位が等しくなるように分配して求める.なお,$nF_p + F_r =$ 全水平荷重である(n:杭本数).

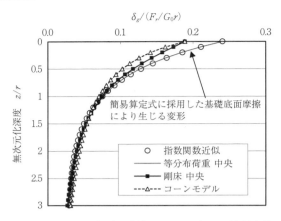

図 7.4.8 ラフト底面の摩擦によって生じる地盤変位

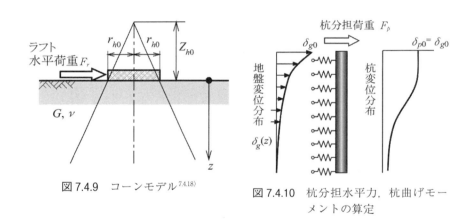

図 7.4.9 コーンモデル[7.4.18]　　図 7.4.10 杭分担水平力，杭曲げモーメントの算定

均一地盤の場合の深さ z (m) における地盤変位 $\delta_g(z)$ (m) は，次式で求まる．

$$\delta_g(z) = \delta_{g0} \frac{Z_{h0}}{z + Z_{h0}} \tag{7.4.12}$$

$$\delta_{g0} = \frac{F_r}{A_r} \frac{Z_{h0}}{G} \tag{7.4.13}$$

$$Z_{h0} = \pi r_{h0} \frac{2-\nu}{8} \tag{7.4.14}$$

$$r_{h0} = \eta \sqrt{\frac{A_r}{\pi}} \tag{7.4.15}$$

ここに，δ_{g0} (m)　　　：地表面変位（＝ラフト変位）
　　　　F_r (kN)　　　　：ラフト分担水平荷重
　　　　A_r (m^2)　　　：ラフト面積
　　　　Z_{h0} (m)　　　：地表からコーン頂点までの距離
　　　　G (kN/m^2)，ν：地盤のせん断剛性とポアソン比

z (m)　　　　　：地表面からの深さ

r_{h0} (m)　　　：ラフトの等価半径

η　　　　　　：ラフトの長辺と短辺の比と載荷方向により決まる補正係数で，図7.4.11で与えられる．

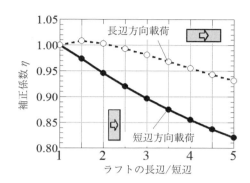

図7.4.11　ラフト形状による補正係数[7.4.10]

　コーンモデルで求まる地盤変位分布は，剛なラフト下に作用する摩擦力によるほぼ平均的な地盤変位分布と考えて良い．多層地盤の場合は，層ごとの変位増分（層上端変位と下端変位の差）を G/G_i（G_i (kN/m^2)：当該層のせん断剛性，G (kN/m^2)：コーンモデルで用いたせん断剛性）倍して足し合わせる．地盤の非線形性を考慮する場合は，当該層のせん断ひずみ（層上端変位と下端変位の差を層厚で除したもの）に応じて剛性を低下させ，その分，当該層の変位増分を大きくする[7.4.22]などの方法で考慮する．

　コーンモデルは，ラフト下の杭の平均的な応力を求める手法であるので，基礎端部の杭などには，図7.4.3などを参考に応力の割増しを行うことを推奨する．

　c）　詳細算定法

　詳細算定法としてはハイブリッド法や有限要素法（FEM）などが提案されている．ハイブリッド法は，図7.4.12に示すようにラフトおよび杭を複数の要素に分割し，各要素に地盤ばねを設け，その間の相互作用を弾性理論解などを用いて評価し，変位や荷重分担を算定する手法である．弾性理論解を用いていることから，本来は均質弾性地盤に対する手法であるが，多層地盤や地盤の非線形性を考慮できるように拡張されている．水平荷重と鉛直荷重，転倒モーメントなどの複合荷重を扱うことも可能である．詳細な解析方法は，地震時地盤変位を含む種々の条件に対応できる一方，杭や地盤のモデル化の仕方や用いる地盤定数により結果が大きく変化する可能性があることに注意が必要である．

　（2）　地盤変位の影響の検討法

　パイルド・ラフト基礎が地震時地盤変位のみを受けた場合（建物による慣性力が0の場合）の挙動に関する解析[7.4.23]～[7.4.25]によると，ラフトは地表面とほぼ同じ変位を生じようとする一方で，杭体の水平剛性は通常それを抑制する方向に作用する．しかし，地震時地盤変位によって発生する杭体応力は地盤変位の深さ方向分布や杭頭接合条件などの影響を受けて複雑に変化するため，

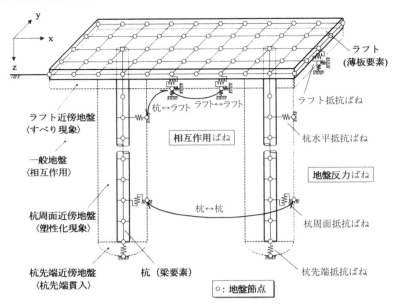

図 7.4.12 ハイブリッド法のモデルの例[7.4.16)]

この現象を精度よく設計に反映できる段階には至っていない．
　そこで，本指針では，地震時の地盤変位による杭体応力への影響については，以下の二つの手法から設計者が条件を考慮して適切なものを選択することを推奨する．
① 地震時地盤変位と慣性力の位相差を考慮して，地震時地盤変位のみを受けた場合の杭応力と慣性力のみ受けた場合の杭応力を足し合わせる．
② 水平荷重分担率は建物慣性力のみを受ける場合と同じとし，地震時地盤変位とラフト底面摩擦による地盤変位を位相差を考慮して足し合わせた地盤変位（位相により単純和や自乗和平方を用いるなどが考えられる）を各杭に作用させて杭応力を評価する．
　なお，位相差の考慮にあたっては，表 6.6.2 および図 6.6.7 を参照されたい．
（3）　地盤定数や杭周面ばねの設定
a）　ラフト水平変位算定用の地盤剛性
　ラフト底面摩擦による水平荷重-水平変位関係の初期剛性は，杭の水平荷重-水平変位の初期剛性に比して一般に非常に大きい．水平荷重を受けるパイルド・ラフト直下の地盤剛性の与え方に関する研究はまだ十分ではないが，一例として原位置実験や遠心模型実験において，実験で得られた水平荷重-水平変位とコーン法による変位が一致するような地盤剛性を求め，S波速度から求めた初期地盤剛性で除すことで，載荷に伴う地盤剛性低下率を求めた文献 7.4.10) がある．地盤剛性低下率とラフト変位の関係を図 7.4.13 に示す．
　変位の小さい範囲では，微小ひずみ時のせん断剛性 G_0 に近い剛性が発揮される場合もある．変位の増加とともに，地盤剛性は急激に低下し，ラフト幅の 0.1 ％ にあたる変位を生じると G_0 の 20～40 ％ に低下している．なお，実験条件から図 7.4.13 は底面粗さが十分に粗く，底面摩擦

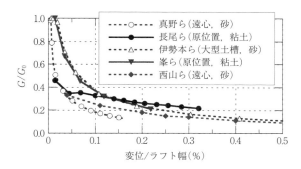

図 7.4.13 ラフト変位とラフト下の地盤剛性低下率[7.4.10]

の最大値が直下の地盤のせん断抵抗にほぼ等しい場合の結果である．底面に作用する水圧などの影響により，地盤のせん断抵抗よりも小さいせん断力ですべりを生じると考えられる場合は，ラフト底面で負担できるせん断力により生じる地盤変位を考慮して地盤剛性を求める．

b) 杭の水平地盤ばね

水平力を受ける杭周辺地盤のひずみは，杭のごく近傍で大きく，杭から離れるに従って急激に小さくなることからラフト底面摩擦や地震時地盤変位にかかわらず，杭の水平地盤ばねは通常の杭基礎と同じものを用いて良いと考えられる．ただし，砂地盤では，ラフトの接地圧による杭周辺地盤の拘束圧の増加やラフトにより地盤の上方への変形が抑えられることを考慮して杭の水平地盤ばねを与えたほうが実測値と良く一致するとする報告[7.4.20]もある．また杭基礎の場合と異なり，パイルド・ラフト基礎ではラフトの底面摩擦が極限に達しない範囲では杭の水平地盤ばねに過小な値を用いると，杭の水平荷重分担率や杭応力を過小に評価する危険があるので注意が必要である．

（4） 杭体の応力に関する安全性の照査

パイルド・ラフト基礎では，ラフトと杭の両者で建物を支持することから，杭体の損傷が上部構造に与える影響は杭基礎よりもやや小さくなると考えられる．しかし，杭体が損傷した際のパイルド・ラフト基礎の安全性に関しては研究がほとんどないことから，杭体の安全性の検討は，杭基礎にならうこととする．

参 考 文 献

7.4.1) 長尾俊昌・桑原文夫・小林治男・渡邊　徹：小型基礎の原位置実験より得られたパイルド・ラフト基礎の水平挙動，日本建築学会構造系論文集，第559号，pp.121〜127，2002.9

7.4.2) 永井　宏・土屋　勉：杭頭拘束条件に着目したパイルド・ラフト基礎の原位置水平載荷実験，日本建築学会構造系論文集，第579号，pp.47〜53，2004.5

7.4.3) 峯近　仁・萩原幸男・秦　雅史・藤嶋泰輔・佐藤　武：関東ローム地盤におけるパイルド・ラフト基礎の原位置水平載荷実験　その1，2，第40回地盤工学研究発表会，pp.1641〜1644，2005.7

7.4.4) 真野英之・中井正一：水平力を受けるパイルドラフト基礎のラフトの接地が杭応力へ与える影響，日本建築学会大会学術講演梗概集，構造Ⅰ，pp.485〜486，2003.7

7.4.5) 土屋富男・濱田純次・永野浩一・山下　清：大型土槽を用いたパイルド・ラフト基礎の水平載荷実験（その1〜その2），日本建築学会大会学術講演梗概集，構造Ⅰ，pp.471〜474，2003.7

7.4.6) 木田和宣・土屋　勉・板垣正二：水平荷重が作用するパイルドラフトのハイブリッド解析，日本建築学会北海道支部研究報告集，No. 70，pp. 105〜108，1997.3

7.4.7) 真野英之・中井正一：水平力を受けるパイルドラフト基礎の杭応力の簡易算定法，構造工学論文集 Vol. 46B，pp. 43〜50，2000.3

7.4.8) J.C. Small and H.H. Zhang : Behavior of piled raft foundations under lateral and vertical loading, The International Journal of Geomechanics, Vol. 2, No. 1, pp. 29〜45, 2002

7.4.9) 濱田純次・重野喜政・中村尚弘・鬼丸貞友・谷川友浩・山下　清：地震観測結果に基づく免震建物を支持する格子状地盤改良を併用したパイルド・ラフト基礎の地震時シミュレーション解析，日本建築学会構造系論文集，第 79 巻，第 701 号，pp. 941〜950，2014.7

7.4.10) 眞野英之・土屋　勉・金子　治・長尾俊昌・西山高士・濱田純次・矢島淳二：水平力を受けるパイルド・ラフト基礎の設計法，日本建築学会技術報告集，第 15 巻，第 31 号，pp. 707〜712，2009.10

7.4.11) 濱田純次・土屋富男・山下　清：パイルド・ラフト基礎の水平荷重分担率と杭断面力の算定式，第 12 回日本地震工学シンポジウム，pp. 742〜745，2006.11

7.4.12) 眞野英之：パイルド・ラフト基礎の水平抵抗，2011 年日本建築学会大会　構造部門（基礎構造）基調講演，パネルディスカッション資料「パイルド・ラフト基礎の現状と課題」，pp. 27〜36，2011.8

7.4.13) 濱田純次：パイルド・ラフト基礎の耐震設計，2015 年日本建築学会大会　構造部門（基礎構造）基調講演，パネルディスカッション資料「大地震における地盤と基礎構造の諸問題と耐震設計」，pp. 63〜77，2015.9

7.4.14) 濱田純次・麻生直木・花井厚周・山下　清：パイルド・ラフト基礎の地震観測より評価した杭応力と水平荷重分担率，日本建築学会構造系論文集，第 77 巻，第 680 号，pp. 1537〜1544，2012.10

7.4.15) 谷川友浩・濱田純次・重野喜政・山下　清：パイルド・ラフト基礎の水平抵抗力に関する FEM 解析，日本建築学会大会学術講演梗概集，構造 I，pp. 1213〜1214，2008.9

7.4.16) 永井　宏・土屋　勉：水平力を受けるパイルド・ラフトの非線形解析モデルおよび原位置水平載荷実験への適用，日本建築学会構造系論文集，第 589 号，pp. 113〜119，2005.3

7.4.17) Yamashita, K., Shigeno, Y., Hamada, J. and Chang, D.W. : Seismic response analyses of piled raft with grid-form deep mixing walls under strong earthquakes with performance-based design concerns, Soils and Foundations, Vol. 58, No. 1, pp. 65〜84, 2018.2

7.4.18) 石井雄輔・関　崇夫・西山高士・藤森健史：大型遠心せん断土槽実験によるパイルドラフト基礎の地震時挙動評価　その 3 簡易設計法の検討，日本建築学会大会学術講演梗概集，構造 I，pp. 491〜492，2003.7

7.4.19) 長尾俊昌・桑原文夫・小林治男・渡邊　徹：水平力を受けるパイルド・ラフト基礎の挙動解析，日本建築学会構造系論文集，第 577 号，pp. 63〜68，2004.3

7.4.20) 真野英之・中井正一：水平力を受けるパイルド・ラフト基礎の簡易解析法に関する一考察：ラフトの接地と回転による地盤性状の変化の考慮，日本建築学会構造系論文集，第 589 号，pp. 121〜127，2005.3

7.4.21) 濱田純次・土屋富男・山下　清：パイルド・ラフト基礎の地震時杭断面力の算定式，日本建築学会構造系論文集，第 74 巻，第 644 号，pp. 1759〜1767，2009.10

7.4.22) 真野英之・中井正一：地盤の非線形性を考慮した水平力を受けるパイルドラフト基礎の杭応力の簡易解析法，構造工学論文集，Vol. 47B，pp. 427〜434，2001.3

7.4.23) 土屋　勉・永井　宏・中澤公博：水平地盤変位を受けるパイルド・ラフトおよび群杭の解析的研究，構造工学論文集，Vol. 55B，pp. 663〜637，2009.3

7.4.24) 真野英之・中井正一：地震時地盤変形によりパイルドラフト基礎の杭に生じる応力，構造工学論文集 Vol. 48B，pp. 351〜356，2002.3

7.4.25) 濱田純次・内田明彦・谷川友浩・畑中宗憲：地震時の地盤変形によるパイルド・ラフト基礎の杭応力，第 13 回日本地震工学シンポジウム，pp. 1016〜1023，2010.11

8章 異種基礎

8.1節 基本事項

1. 一般事項

（1） 異種基礎は，同じ建物を直接基礎と杭基礎のように異なる基礎形式の組合せによって支持する基礎である．

（2） 異種基礎の支持性能は，不同沈下や地震時のねじれ挙動を適切に評価して求める．各基礎形式部分における鉛直支持力と沈下の検討方法や，水平抵抗の検討方法，要求性能の確認方法などは，それぞれ5章，6章による．

2. 要求性能

　想定する荷重に対して，建物の性能を満足するように，異種基礎の要求性能を表2.1に従って設定する．

3. 検討項目および要求性能の確認方法

（1） 異種基礎の要求性能は，表2.1の想定する荷重に対して，設計用応答値が設計用限界値を超えないことを確認する．耐力係数 ϕ_R の値は，表5.2，表6.2の値を採用する．これらの項目以外の検討が必要な場合には，別途要求性能に応じた検討項目を設定する．

（2） 建物条件・地盤条件などに基づいて，異種基礎を構成する各基礎形式で想定した荷重分担に応じて，フーチングや基礎スラブの配置・下端深度，杭種・杭径・杭本数・杭配置・杭先端深度などを定め，異種基礎の仕様を設定する．

（3） 要求性能の確認方法を表8.1に示す．異種基礎を構成する各基礎形式の鉛直荷重と沈下の関係，および水平荷重と水平変位の関係は，5章，6章を参照する．

4. 留意事項

（1） 不同沈下や地震時のねじれを抑制するために，設計上もしくは施工上可能な対策を行う．

（2） 既存建物の建替え計画では，既存地下躯体と新設地下躯体の深度や平面的な位置関係により，結果的に異種基礎となる場合がある．個別の条件を考慮に入れ，実状に沿った適切な異種基礎の検討を行う．

（3） 直接基礎のエリアの支持層には，圧密沈下や液状化が発生しないことを原則とする．

（4） 支持層までの深度が浅く，固化工法による地盤改良を併用して直接基礎で支持する場合がある．この場合，地盤改良体の剛性を適切に評価する必要がある．

— 320 —　建築基礎構造設計指針

表 8.1　要求性能の確認方法

想定荷重	性能グレード	要求性能のレベル（限界状態）	要求性能の確認方法		
			上部構造に対する影響	基礎部材	地盤
常時荷重	—	使用限界状態	基礎の変形角・傾斜角が，構造別の使用限界状態以下	基礎部材の各応力が設定されたひび割れ耐力以下，または想定されるひび割れ幅に対応した応力以下	基礎の沈下量および不同沈下量が沈下の限界値以下，直接基礎の負担水平荷重が滑動抵抗力以下，杭基礎の負担引抜き荷重が引抜き抵抗力以下
レベル1荷重	—	損傷限界状態	基礎の変形角・傾斜角が，構造別の損傷限界状態以下	基礎部材の各応力が降伏応力以下	基礎の不同沈下量が沈下の限界値以下，鉛直荷重が降伏支持力以下，直接基礎の負担水平荷重が滑動抵抗力以下，杭基礎の負担引抜き荷重が引抜抵抗力以下，地盤は液状化しない
	S				
レベル2荷重	A	終局限界状態	（基礎の変形角・傾斜角が，上部構造の転倒・崩壊に繋がる値以下）	基礎部材が終局耐力以下	鉛直荷重が極限支持力以下，基礎の不同沈下量が沈下の限界値以下，直接基礎の負担水平荷重が限界値以下，一部の地盤に液状化が発生する場合，液状化に伴う地盤沈下量が限界値以下

1.　一 般 事 項

（1）　異種基礎の種類

部分的には直接基礎，杭基礎のいずれかであるが，これらの基礎形式の組合せで同一建物を支持する基礎を異種基礎と呼ぶ．異種基礎は，常時荷重下で不同沈下，地震時にねじれが発生しやすいことから，1988年版の指針まで，「できるだけ採用を避けるべき基礎」として扱われ，具体的な設計手法は示されていない．その後，異種基礎建物の地震被害調査結果[8.1.1),8.1.2)]から異種基礎の被害は必ずしも多くないことが明らかとなり，またある程度実状に即した変形解析が可能となってきたことを受けて，2001年版の旧指針から異種基礎の設計手法が示されている．以降，変形を考慮した詳細な検討を行うことを前提として，合理化を図ることが可能な基礎形式とされている[8.1.3)～8.1.5)]．図8.1.1に代表的な異種基礎の種類を示す．本指針では直接基礎と杭基礎からなる異種基礎を扱い，設計の難易度の高いパイルド・ラフト基礎からなる異種基礎は扱わない．パイルド・ラフト基礎との併用を検討する場合には，既往の採用報告例[8.1.6)～8.1.9)]を参考にされたい．

異種基礎に分類されない同種の基礎形式の組合せ，すなわち直接基礎と直接基礎，杭基礎と杭基礎などの組合せであっても，発生する不同沈下やねじれが大きいと思われる建物は，異種基礎に準じた検討を行うことが望ましい．図8.1.2と図8.1.3にその代表的な例を示す．表8.1.1に異種基礎および異種基礎に準じた検討が必要な基礎の種類と設計の難易度を示す．

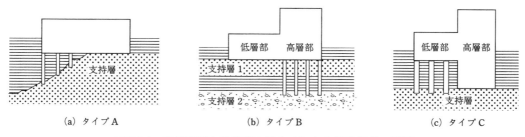

図 8.1.1 直接基礎と杭基礎の組合せによる異種基礎の種類

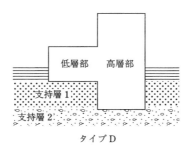

図 8.1.2 直接基礎と直接基礎の組合せによる基礎形式の例（異種基礎に準じた検討を行うことが望ましい基礎形式）

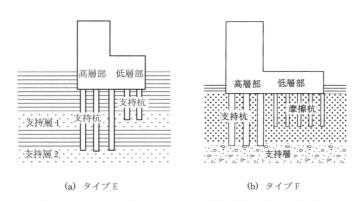

図 8.1.3 杭基礎と杭基礎の組合せによる基礎形式の例（異種基礎に準じた検討を行うことが望ましい基礎形式）

（2） 支持性能の検討方法と要求性能の確認方法

　異種基礎を構成する直接基礎や杭基礎は，常時でも地震時でもそれぞれ別の挙動を示すため，これらを連結する境界部分の構造部材に種々の支障が発生しやすい．この境界部分の構造部材に対して，力の釣合条件と変形の連続条件を満足する解析を行い，不同沈下やねじれによって支障が発生しないこと，構造部材に発生する応力に対して十分な耐力があることを確認する．

　同一建物内で基礎形式の違いにより分けることのできる範囲を，本章では各基礎形式の「エリ

— 322 —　建築基礎構造設計指針

表 8.1.1　異種基礎および異種基礎に準じた検討が必要な基礎の種類と設計の難易度

基礎形式の組合せ	検討	基礎形式の種類とその特徴	設計の難易度		
			鉛直荷重	水平荷重	
			不同沈下	並進変位	ねじれ
直接基礎と杭基礎	異種基礎としての検討を行う	タイプA：支持層が傾斜している ・支持層が大きく傾斜している場合	Ⅲ	Ⅱ	Ⅱ
		タイプB：支持層が異なる ・高層棟と低層棟など基礎の接地圧が大きく異なる場合	Ⅰ	Ⅰ	Ⅱ
		タイプC：基礎底面深さが異なる ・基礎底面位置が異なる場合	Ⅲ	Ⅲ	Ⅱ
直接基礎と直接基礎	異種基礎に準じた検討を行う	タイプD：支持層が異なる ・基礎底面位置が異なる場合	Ⅱ	Ⅳ	Ⅱ
杭基礎と杭基礎		タイプE：支持層が異なる ・高層棟と低層棟など基礎の接地圧が異なる場合	Ⅱ	Ⅲ	Ⅲ
		タイプF：支持杭と摩擦杭の併用 ・高層棟と低層棟など基礎の接地圧が異なる場合	Ⅰ	Ⅲ	Ⅲ

異種基礎の設計の難易度（検討の重要度）
　Ⅰ：設計の難易度が非常に高い（障害が発生しやすく精度の高い検討が必要）
　Ⅱ：設計の難易度が高い（障害が起こる可能性があり十分な検討が必要）
　Ⅲ：設計の難易度は普通（障害が起こることがあり場合によっては検討が必要）
　Ⅳ：設計の難易度は低い（障害が起こる可能性は低く特別な検討は不要）

ア」と呼ぶ．各エリアの建物は，単独でみると直接基礎，杭基礎のいずれかの基礎に支持されている．したがって，直接基礎エリア，杭基礎エリアの設計は，それぞれ5章，6章に従う．なお，基礎形式に関係なく基礎全体を合理的にモデル化できるFEMなどの詳細な解析により，異種基礎全体の挙動を検討してもよい．

2. 要求性能

　異種基礎の設計フローを図8.1.4に示す．表2.1に示す要求性能を満足するように，図8.1.4のフローに従って異種基礎の設計を行う．沈下の検討に必要な「鉛直地盤ばね」「鉛直杭ばね」の概念を後述の図8.2.3に示し，水平抵抗の検討に必要な「水平地盤ばね」「水平杭頭ばね」，また地下室のある場合の「摩擦ばね」「土圧合力ばね」の概念を後述の図8.3.4に示す．

　異種基礎の建物と地盤の要求性能は，直接基礎および杭基礎と共通である．異なる基礎を連結する境界部の基礎部材および上部構造に対する要求性能の内容が，他の基礎形式にはない特徴的な内容である．

8章 異種基礎 — 323 —

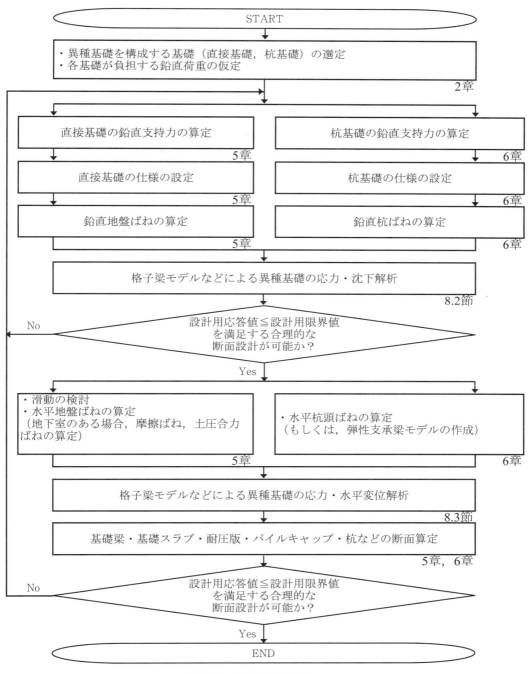

図 8.1.4 異種基礎の設計フロー

— 324 —　建築基礎構造設計指針

3. 検討項目および要求性能の確認方法

（1）設計用限界値

　異種基礎は，直接基礎と杭基礎によって構成されることから，各基礎に対して要求性能のレベルに応じた適切な設計用限界値を設定する必要がある．それぞれの要求性能のレベルに対して検討すべき項目は，5章と6章を参考に，異種基礎特有の挙動を考慮して決定する必要がある．基本的な考え方を以下に示す．

a）使用限界状態

　常時荷重によって発生する不同沈下による基礎部材および建物への影響を検討する．特に，異なる基礎を連結する境界部の躯体において，不同沈下による障害が発生しやすい．発生する変形角や傾斜角が構造別の使用限界状態を超えないことを確認する．

b）損傷限界状態

　供用期間中に1回から数回遭遇するレベル1荷重によって発生する水平変位や不同沈下による基礎部材および建物への影響を検討する．特に，異なる基礎を連結する境界部の躯体において，水平変位や不同沈下による障害が発生しやすい．発生する変形角や傾斜角が構造別の損傷限界状態に至らないことを確認する．性能グレードがSの建物については，想定する最大級の荷重であるレベル2荷重によって損傷限界状態を超えないことを確認する．

c）終局限界状態

　性能グレードがAの建物については，想定する最大級の荷重であるレベル2荷重によって基礎部材および建物に発生する応力が終局耐力以下であることを確認する．

（2）異種基礎の仕様の設定

　図8.1.4の上段の設計フローに示すように，異種基礎を構成する基礎を選定して，各基礎の常時の負担荷重を仮定する．負担荷重として，基礎上に作用する常時の柱軸力を採用してもよい．直接基礎の寸法・配置，杭の径・長さ・本数・配置などの仕様を設定する．

（3）要求性能の確認方法

　要求性能の確認方法を表8.1に示す．要求性能を満足させるためには，設定する荷重に対して算定される設計用応答値 S_d が各性能目標に定めた設計用限界値 R_d を超えないことを確認する．

$$S_d \leq R_d \tag{8.1.1}$$

　沈下の検討は，図8.1.4の中段に示すような設計フローに沿って行う．すなわち，直接基礎の鉛直地盤ばね，鉛直杭ばねを算定し，格子梁モデルなどによる異種基礎の応力・沈下の解析を行い，要求性能を満足した合理的な断面設計が可能であることを確認する．

　水平抵抗の検討は，図8.1.4の下段に示すような設計フローに沿って行う．すなわち，直接基礎の水平地盤ばね，水平杭ばね，地下室のある場合には，その側面の摩擦ばねと前面の土圧合力ばねを算定し，格子梁モデルなどによる異種基礎の応力・水平変位の解析を行い，要求性能を満足した合理的な断面設計が可能であることを確認する．

8章　異種基礎　― 325 ―

4. 留意事項

（1）対　　策

　不同沈下による障害の発生を避けるための施工上の対策として，境界部の躯体のコンクリートの打設時期を遅らせる方法がある．この境界部分はコンストラクションジョイントと呼ばれる．ねじれによる障害を避けるための設計上の対策としては，剛心位置を荷重心位置に近付けることにより，偏心を抑えることが考えられる．水平剛性が低い場所には，水平剛性が高い壁杭や壁状の地盤改良体を配置する方法もある[8.1.10)]．

　以上の対策によっても，なお不同沈下やねじれによる障害の発生を避けることが困難な場合には，境界部に構造的に縁を切るエキスパンションジョイントを採用する．その場合，直接基礎や杭基礎に支持される個別の建物として，それぞれの基礎構造設計を行う．エキスパンションジョイントの納まりを決定する際，変形の算定精度を考慮に入れて，慎重な検討を行うことが望ましい．

（2）既存建物の建替え計画

　既存地下躯体と新設地下躯体の深度や平面的な位置関係によって，異種基礎の種類も異なる．既存基礎スラブよりも新設地下躯体が浅い場合には，既存基礎スラブを再利用して直接基礎とするか，既存基礎スラブを貫通して杭基礎とする場合が考えられる．また，新設する杭が既存地下鉄などのインフラ構造物に近接する事例も報告されている[8.1.11)]．いずれの場合においても既存地下躯体の影響を考慮して，新設建物基礎の沈下や水平抵抗について適切に検討する必要があり，既往の検討例[8.1.11), 8.1.12)]が参考になる．

（3）圧密沈下・液状化

　直接基礎エリアの支持層には，圧密沈下や液状化が発生しないことを原則とする．

　異種基礎に支持される建物は，エリアごとに建物荷重や支持層などの条件が異なることが多いため，エリア間の圧密沈下量の差による不同沈下障害が発生しやすい．圧密未了状態の粘性土が堆積している場合や，建物荷重により粘性土に発生する有効応力が圧密降伏応力を超える場合には，異種基礎の採用を避けることが望ましい．

　地震時に液状化の懸念のある層が存在する場合には，基礎形式を杭基礎に変更する，または液状化対策を施す．

（4）地 盤 改 良

　固化工法による地盤改良を併用する直接基礎の沈下量を計算する場合には，地盤改良体の圧縮量を適切に算定する必要がある．地盤改良体の圧縮量は，文献8.1.13)の設計例題10.3に示されるように，圧縮強さの50％に相当する変形係数E_{50}を用いて算定されることが多い．E_{50}を評価している際の軸ひずみの大きさは，文献8.1.13)の資料編1.6.8に示されるように5×10^{-3}程度であり，微小ひずみ領域が対象となる常時荷重時の実圧縮量を大きく算定していると思われる．直接基礎を設計する場合には，改良体の圧縮量を大きく算定すると安全側の評価になるが，異種基礎を設計する場合には，非現実的な計算結果となる場合があり，注意する必要がある．地盤改良体の圧縮量を算定する方法は，十分に確立されていないものの，文献8.1.14)などに示される

地盤改良体の変形係数のひずみ依存性を参考として評価する方法がある.

参 考 文 献

8.1.1) 日本建築学会近畿支部基礎構造部会・兵庫県南部地震建築基礎被害調査委員会:兵庫県南部地震による建築基礎の被害調査事例報告書, 1996

8.1.2) 松尾雅夫・加倉井正昭・梅野 岳・林 敏行:兵庫県南部地震における異種基礎建築物の被害調査, 日本建築学会大会学術講演梗概集, 構造Ⅰ, pp. 711〜712, 2000.9

8.1.3) 川村東雄・小林治男・大石哲哉・西尾博人:東広島市における建築異種基礎の工事例, 基礎工, Vol. 31, No. 10, pp. 63〜65, 2003.10

8.1.4) 瀧 正哉・友住博昭・武居幸次郎・下村修一:複雑な切盛造成地における異種基礎, 基礎工, Vol. 37, No. 10, pp. 38〜41, 2009.10

8.1.5) 内山晴夫:併用基礎設計上の留意点, 基礎工, Vol. 37, No. 10, pp. 15〜20, 2009.10

8.1.6) 池田英美・山本 博・濱田純次・山下 清:軟弱地盤上の低層部を有する高層建物のパイルド・ラフト基礎の沈下挙動, 日本建築学会大会学術講演梗概集, 構造Ⅰ, pp. 553〜554, 2006.9

8.1.7) 鳥井信吾・常木康弘・村上史郎・河野貴穂・青木雅路・長尾俊昌・松尾宏司・川村東雄:4棟建物を支える大規模基礎と地盤の沈下・応力解析と計測結果, 日本建築学会大会学術講演梗概集, 構造Ⅰ, pp. 397〜402, 2007.8

8.1.8) 鈴木直子・西影武知・中村 篤・渡邉康司:異種基礎で支持した大型商業施設の沈下挙動, 第43回地盤工学研究発表会, pp. 1363〜1366, 2008.7

8.1.9) 濱健太郎・富田菜都美・渡邊 徹・河本慎一郎・松本修一:異種基礎に支持された高層建物の逆打ち工事における沈下挙動, 日本建築学会大会学術講演梗概集, 構造Ⅰ, pp. 607〜608, 2018.9

8.1.10) 高沢利親・光成高志:傾斜支持地盤上に建つ建物の設計例, 基礎工, Vol. 13, No. 5, pp. 79〜84, 1985.5

8.1.11) 金田菜都美・篠崎洋三・渡辺征晃・渡邊 徹・長尾俊昌:既存地中構造物に近接する異種基礎の検討と沈下計測, 日本建築学会大会学術講演梗概集, 構造Ⅰ, pp. 683〜686, 2010.9

8.1.12) 佐原 守・鈴木直子・冨澤 健・今桝光秀・冨安祐貴・並木康弘:異種基礎に支持させた基礎底面深度の異なる超高層駅ビル(その1〜その3), 日本建築学会大会学術講演梗概集, 構造Ⅰ, pp. 609〜614, 2015.9

8.1.13) 日本建築センター:建築物のための改良地盤の設計及び品質管理指針—セメント系固化材を用いた深層・浅層混合処理工—, 2002

8.1.14) 佐原 守・小川恒郎:計測沈下量による浅層改良地盤の等価変形係数の評価例, 日本建築学会大会学術講演梗概集, 構造Ⅰ, pp. 683〜684, 2017.8

8.2節　鉛直支持力と沈下

> 1. 異種基礎の鉛直支持力は, 各エリアの基礎形式の違いを考慮し, それぞれの基礎形式に対応する5章, 6章に従って算定する.
>
> 2. 異種基礎の沈下量は, 各エリアの基礎形式に応じて, 基礎・地盤の沈下剛性を仮定し, 建物全体の沈下挙動を考慮できる一体解析モデルにより算定する.

1. 異種基礎の鉛直支持力

　異種基礎は, 部分的に見れば杭基礎, 直接基礎のいずれかとみなせる各エリアの基礎形式によって構成される. したがって, 鉛直支持力は各エリアの基礎形式に応じた評価式により算定することを原則とする.

　対象とするエリアの鉛直支持力に, 隣接する他のエリアの条件が影響を及ぼすと考えられる場合は, その影響を適切に考慮する.

8章 異種基礎 — 327 —

2. 異種基礎の沈下

異種基礎の建物は，各エリアによって基礎形式が異なるうえに，支持層もしくは支持層の深度が異なる複雑なケースもあることから，不同沈下の検討が重要となる．異種基礎の不同沈下の設計の難易度は，表 8.1.1 中の不同沈下の欄に示すように，設計の難易度が非常に高いⅠと設計の難易度が普通のⅢに分類される．前者は，各エリアの支持層が異なるタイプＢが該当し，後者は，各エリアとも同一層に支持させるタイプＡやＣが該当する．異種基礎ではなく，直接基礎や杭基礎であっても，支持層の異なるタイプＤやＥは設計の難易度が高いⅡ，支持杭と摩擦杭を併用するタイプＦは設計の難易度が非常に高いⅠに分類され，不同沈下に対して異種基礎に準じる慎重な検討が必要である．

異種基礎は，基礎形式や支持層のさまざまな条件に応じて，基礎・地盤の沈下剛性評価方法の組合せも複数考えられる．図 8.2.1 に地盤ばねの計算モデルと地盤定数評価方法の組合せの例を示す．

異種基礎の沈下量は，各エリア間の変位の適合条件を満足させ，基礎・地盤の沈下剛性に応じた荷重の再配分効果を考慮できるように一体解析モデルにより算定することを原則とする．一体解析モデルにおける上部構造，杭，地盤の検討モデルの組合せを図 8.2.2 に，格子梁による一体解析モデルの概念図を図 8.2.3 に示す．

単一の基礎形式の沈下計算では，沈下剛性を小さめに評価すると全体的に沈下量が増えるため，安全側の設計となることが多い．しかしながら，異種基礎の場合には，エリアごとに沈下剛性の評価方法が異なる可能性があるので注意が必要である．沈下の少ないエリアの沈下剛性を小さめに設定するとそのエリアの沈下量は増えるが，エリア間の相対沈下量は逆に小さくなり，危険側の設計になることが多い．したがって，異種基礎においては建物全体の沈下分布の傾向を推察し，エリア間の相対沈下量を過小評価しないように沈下剛性を評価することが重要である．

最近では，格子梁モデルにおける各位置の沈下剛性の評価に，各基礎間の相互作用を考慮できるハイブリッドモデルによる解析[8.22)]や地盤剛性の非線形性を考慮した三次元有限要素法

地盤ばねの計算モデル			地盤定数評価方法	
直接基礎部	杭基礎部		PS検層	
スラブ下地盤ばね	杭先端地盤ばね	杭周面地盤ばね	原位置試験	標準貫入試験
① 剛性∞	① 剛性∞	① 剛性0		孔内水平載荷試験
② 半無限弾性地盤	② 半無限弾性地盤	② 弾性		平板載荷試験　ほか
③ 有限厚さの弾性地盤	③ 有限厚さの弾性地盤	③ バイリニア	室内試験	一軸圧縮試験
④ 有限厚さの弾性多層地盤	④ 有限厚さの弾性多層地盤	④ 双曲線関数		三軸圧縮試験
⑤ 平板載荷試験の荷重-沈下関係	⑤ 実大杭載荷試験結果の荷重-沈下関係			動的変形試験　ほか
	⑥ 荷重度-沈下比曲線			
FEMによる解析結果				

図 8.2.1　地盤ばねの計算モデルと地盤定数評価方法の組合せの例[8.21)] に加筆・修正

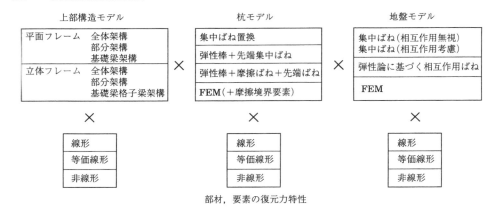

図 8.2.2　一体解析による検討モデルの組合せ

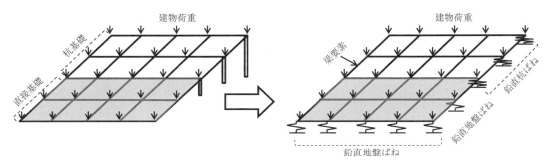

図 8.2.3　格子梁による一体解析モデルの概念図

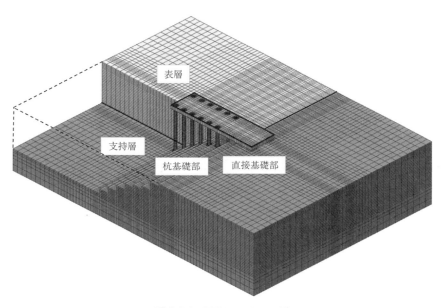

図 8.2.4　FEM モデルの例

（FEM）解析[8.2.3)]を用いるケースもある．FEM は，構造物や地盤の剛性を設定することにより，基礎形式の違いに関係なく，複雑な形状の基礎や地盤を同じように評価できること，地盤を介した各基礎間の相互作用を考慮できることなど，複雑な形状や条件の異種基礎のばね評価には有効な方法である．FEM モデルの例を図 8.2.4 に示す．この例は，図 8.1.1 におけるタイプ A の解析モデルを示している．

　FEM は地盤定数の評価法に加えて，解析範囲，要素分割寸法，境界条件などのモデル化の方法が解析結果に影響を与える．したがって，FEM を用いて沈下を検討する場合には，FEM による解析結果と，載荷試験結果や建物沈下実測結果などの実測値との比較を行い，事前にモデル化の妥当性を十分に検証しておくことが望ましい．

　建物や地盤の条件から，各エリアとも絶対沈下量が極めて小さく，エリア境界部に沈下障害が発生する懸念がないと判断できる場合もある．このような場合は，いずれの位置の沈下量も設計用限界値に対して十分小さいことをエリアごとの検討により確認することで，一体解析モデルを用いた検討に代えることができる．

参 考 文 献

8.2.1)　西山高士：異種基礎の沈下評価と課題，2016 年度日本建築学会大会　構造（基礎構造）部門パネルディスカッション資料，pp.50〜58，2016.8

8.2.2)　篠崎洋三・渡辺征晃・渡邊　徹・長尾俊昌：既存地中構造物の直上に建つ異種基礎高層建物の設計と施工，基礎工，Vol.37，No.10，pp.34〜37，2009.10

8.2.3)　佐原　守・鈴木直子・北山宏貴・冨安祐貴：床付け深度の異なる超高層免震建物を支持する異種基礎（その 1〜その 3），第 50 回地盤工学研究発表会，pp.1279〜1284，2015.9

8.3節　水 平 抵 抗

1.　異種基礎の水平抵抗の評価は，水平ばねの剛心位置と，建物慣性力の作用位置の差である偏心距離によって生じる基礎のねじれの可能性，重要度を評価する．

2.　偏心距離が小さく，水平力の作用によって発生するねじれの影響が小さく，設計の難易度が低いと判断される場合には，5 章，6 章に従って算出した各基礎単独の水平変位量を準用して，杭や異種基礎間の境界部の躯体に発生する応力や変形角を算出し，それらが本会の鉄筋コンクリート構造計算規準類に示される設計用限界値を超えないことを確認する．

3.　偏心距離が大きいために，ねじれの影響が大きく，設計の難易度が高いと判断される異種基礎の検討を行う場合には，上部構造—基礎構造—地盤の変形を適合させた一体解析モデルによる検討を行い，部材断面力を直接算定し，その断面力がそれぞれの設計用限界値を超えないことを確認する．

1.　ねじれの可能性と重要度の検討

　地震時の異種基礎の水平挙動には，水平荷重方向によって，少なからずねじれが影響する．ねじれの可能性，重要度が低い場合でも，短い杭と長い杭を併用する場合には，一般的に短い杭の負担せん断力が大きくなることに注意が必要であり，各杭の荷重分担を考慮する．また，ねじれ

の発生要因には，図8.3.1（a）に示すように，エリアごとに異なる水平ばねの剛心位置とエリアごとに異なる建物慣性力の作用位置の差である偏心距離によって生じる建物応答のねじれと，図8.3.1（b）に示すように，更に地震入力の偏りによるねじれ入力地震動[8.3.1),8.3.2)]が建物に作用するものがある．この場合，重心位置と建物慣性力の作用位置にも差が生じ，偏心距離が更に大きくなる場合があり，注意が必要である．

図8.3.2に水平荷重によって生じる並進変位とねじれ角を示す．ねじれ角の大小によって端部部材の荷重分担は大きく変動する可能性があるため，異種基礎の水平抵抗の設計において，基礎のねじれを評価することは重要である．

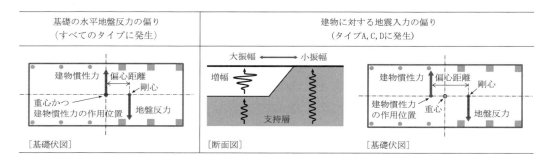

(a) 偏心距離が大きな場合　　　　(b) ねじれ入力地震動がある場合

図 8.3.1　ねじれの発生要因の分類

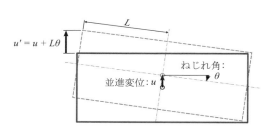

図 8.3.2　地震時に発生する並進変位とねじれ角（建物の左側を杭基礎，右側を直接基礎で支持する異種基礎の地震時水平挙動）

表8.1.1に示すように，異種基礎の水平抵抗の設計の難易度は，非常に高いⅠ～低いⅣに分類される．タイプBは，異なる基礎形式の境界部分で不同沈下や地震時に杭の障害が発生しやすい．異種基礎にねじれが生じる場合，水平抵抗の設計の難易度は，高いⅡと，普通のⅢに分類される．難易度Ⅱは，図8.3.1（b）に示す地震入力の偏りの影響を受けるタイプA，C，D，地震入力の偏りの影響はないものの偏心距離の大きなタイプBが対応する．難易度Ⅲは，剛心位置と建物慣性力の作用位置が近いタイプEやタイプFが対応する．難易度Ⅲの場合は，異種基礎の中でも比較的ねじれの検討の重要性が低いと判断される．しかし，この場合においても偏心距離を算出し，水平力の作用によって発生するねじれ角の大きさを確認しておく必要がある．ねじれの影響は，例えば図8.3.2に示すように，建物全体の水平剛性と水平荷重から並進変位 u を算

定するとともに，偏心距離と基礎の回転剛性からねじれ角 θ を算定し，端部杭の変位 u' および応力増加割合 u'/u を評価する．

2. 各基礎単独モデルによる検討

偏心距離が小さく，水平変位量に対してねじれの影響が小さいと判断される場合には，各基礎単独の水平変位量を準用して異種基礎間の境界部の躯体に発生する応力や変形角を算出し，それらが設計用限界値を超えないことを確認する．また，短い杭と長い杭を併用する場合には，一般的に短い杭の負担せん断力が大きくなることに注意し，各杭の荷重分担を考慮する．

改良地盤上の直接基礎ならびに短い杭や長い杭を併用して，これらの水平剛性を評価する場合には，各基礎の抵抗力の発現機構が異なることを考慮する．

（1）水平杭頭ばね

水平杭頭ばねは，杭の水平抵抗で用いる杭頭水平荷重と杭頭水平変位の関係（6.6 節）より算出する．この場合，基本的に群杭の影響を考慮すべきであるが，水平杭頭ばねを固く評価すると，杭基礎部の水平荷重分担割合が大きく評価できるため，単杭の水平杭頭ばねを用いてもよい．

（2）水平地盤ばね

水平地盤ばねを算出する方法は，7 章に示されるコーンモデルを用いる方法のほか，文献8.3.3）の「建物と地盤の相互作用編　2 章」に示される半無限弾性体に円形基礎のせん断力が作用した場合の変位解を用いる方法がある．その際，矩形基礎の辺長比が $2/3 \leq L/B \leq 3/2$ であれば，等価断面積の円形に仮定しても，その誤差は十分小さい[8.3.4]．矩形基礎の辺長比が上記の範囲外の場合には基礎を分割する．また，他の直接基礎の水平荷重が対象とする直接基礎の水平地盤ばねに与える影響は，半無限弾性体の表層に水平集中荷重が作用するときの変位を，セルッティ（Cerruti）の解で求めて評価することができる．図 8.3.3 に示すように，この相互作用を考慮した直接基礎の水平地盤ばね $_RK_i$ は，次式によって与えられる[8.3.4]．

$$_RK_i = \frac{Q_i}{U_i} \tag{8.3.1}$$

$$U_i = {_RU_i} + \sum_{j=1, j \neq i}^{n} {_cU_{ij}} \tag{8.3.2}$$

$$_RU_i = \frac{2-\nu}{8Ga_i}Q_i \tag{8.3.3}$$

$$_cU_{ij} = \frac{Q_j}{2\pi GR_{ij}}\left(1-\nu+\frac{\nu \Delta x_{ij}{}^2}{R_{ij}{}^2}\right) \tag{8.3.4}$$

$$R_{ij} = \sqrt{\Delta x_{ij}{}^2 + \Delta y_{ij}{}^2} \tag{8.3.5}$$

$$\Delta x_{ij} = |x_j - x_i|, \quad \Delta y_{ij} = |y_j - y_i| \tag{8.3.6}$$

ここに，$_RK_i$（kN/m）：相互作用を考慮した基礎 i の水平地盤ばね

$\quad\quad Q_i$（kN）　　：基礎 i に作用する水平力

$\quad\quad U_i$（m）　　：相互作用を考慮した基礎 i の水平変位

$_R U_i$ (m)　　　：自身に作用する水平力 Q_i による基礎 i の水平変位

$_c U_{ij}$ (m)　　　：他の基礎 j に作用する水平力 Q_j による基礎 i の水平変位

Q_j (kN)　　　：他の基礎 j に作用する水平力

n　　　　　　：直接基礎の総数

a_i (m)　　　　：基礎 i の等価断面積円の半径

G (kN/m^2)　：地盤のせん断剛性

ν　　　　　　：地盤のポアソン比

R_{ij} (m)　　　：基礎間の平面距離

Δx_{ij} (m)　　：荷重方向の基礎間の距離

Δy_{ij} (m)　　：荷重直交方向の基礎間の距離

x_i, y_i (m)　　：基礎 i 中央の X 座標，Y 座標

x_j, y_j (m)　　：基礎 j 中央の X 座標，Y 座標

　また，地盤を多層地盤にモデル化してこの影響を考慮したい場合には，多層地盤上の直接基礎の水平変位量の算定法[8.3.4)]が利用できる．地盤のせん断剛性は，7章のパイルド・ラフト基礎の地盤剛性低下率〔図7.4.13〕を参考にして設定する．

3. 一体解析モデルによる検討

　異種基礎の水平抵抗のうち，設計の難易度が非常に高いⅠや高いⅡの場合には慎重な検討が必要となる．具体的には，上部構造—基礎構造—地盤の変形を適合させた一体解析モデルによる検討を行う．

　図8.3.4 に示すように，地盤を集中ばねに置換した一体解析モデルを利用する場合には，静的なプッシュオーバー解析の枠組みの中で水平挙動を評価できるため，取扱いは比較的容易である．基礎全体のねじれと地盤反力の偏心を適切に考慮できるモデルに建物慣性力を作用させ，各

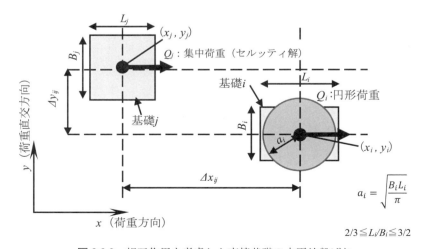

図 8.3.3　相互作用を考慮した直接基礎の水平地盤ばね

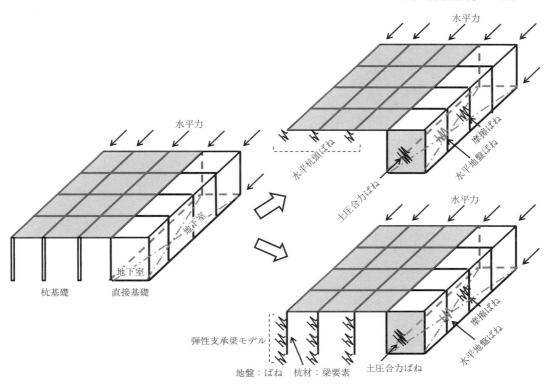

図 8.3.4　地盤を集中ばねに置換した一体解析モデルの例

部材に分配される水平力を求めればよい．摩擦ばねや土圧合力ばねを評価する場合，5.4 節や 6.6 節を参考にして適切に設定する．

各部材に分配される水平力が分かった後の検討手順は，各部位の該当する基礎形式の手順に準ずる．なお，建物慣性力を作用させる場合，別途適切にねじれ入力の影響を評価し，それを建物慣性力に反映させる必要がある．この場合，ねじれ応答がどのように慣性力に影響するかについては，入力地震動の周期特性と杭基礎側の表層地盤の固有周期，建物固有周期との関係によって，杭基礎側の負担が大きくなるように作用する場合もあれば，逆の場合もあり，さまざまなパターンをとり得るため[8.3.5]注意が必要である．

図 8.3.5 に示すように，地盤や基礎全体を FEM でモデル化する一体解析モデル[8.3.6]〜[8.3.8]を利用する場合には，地盤定数の設定など慎重なモデル化が必要となるものの，図 8.3.1（b）に示すねじれの影響が顕著な場合には，位置によって異なる地盤変位と，杭基礎側と直接基礎側で異なる入力地震動，すなわちねじれ成分を含む入力地震動に対する建物慣性力の影響を直接考慮することができる．

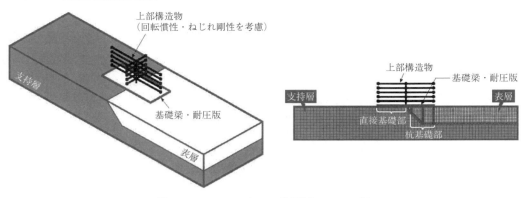

図 8.3.5　FEM による一体解析モデルの例

参考文献

8.3.1) 古本吉倫・杉戸真太・細木洋輔：盛土や不整形地盤に適用できる地震動伝達関数の簡易推定法, 第 28 回地震工学研究発表会講演概要, pp. 851〜857, 2005.8

8.3.2) 古川愛子・大塚久哲・橘　義規・青木克憲：基盤段差型不整形地盤における地震時地盤変位分布と最大ひずみ推定のための新しいスペクトルの提案, 構造工学論文集, Vol. 54A, pp. 950〜958, 2008.3

8.3.3) 金井　清・田治見宏・大沢　胖・小林啓美：建築構造学体系 1　地震工学, 創国社, 1968

8.3.4) 古垣内靖・中沢楓太・川崎健二郎：弾性理論解に基づく直接基礎の水平変位および水平地盤ばねの簡易算定法, 日本建築学会技術報告集, 第 24 巻, 第 57 号, pp. 587〜590, 2018.6

8.3.5) 成田修英・保井美敏・金子　治：杭基礎と直接基礎を併用した異種基礎のねじれ応答が建物の地震時慣性力に与える影響, 日本建築学会構造系論文集, 第 83 巻, 第 743 号, pp. 101〜109, 2018.1

8.3.6) 梅野　岳・山田有孝・三浦賢治：併用基礎構造物の弾塑性地震応答解析, 日本建築学会大会学術講演梗概集, 構造 I, pp. 397〜400, 1999.9

8.3.7) 関　崇夫・茶谷文雄・風間　了：支持層が傾斜した地盤における異種基礎の水平挙動（その 2 傾斜および傾斜直交方向の異種基礎の基本的水平挙動）, 日本建築学会大会学術講演梗概集, 構造 I, pp. 497〜498, 2003.9

8.3.8) 関　崇夫：異種基礎の地震応答, 日本建築学会・基礎構造運営委員会, シンポジウム資料・建築基礎の設計施工に関する研究資料 11, 杭基礎の耐震性に関する諸問題（その 2）, pp. 126〜136, 2006.4

9章　地下外壁と擁壁

9.1節　地下外壁

1. 適用範囲

本節で取り扱う地下外壁は，その片面が直接地盤に接し，面外方向に地盤からの土圧・水圧等が作用する壁体で，以下のような構造のものとする．

(1) 地盤を根切り後，上部構造と同様に型枠内で現場打設された鉄筋コンクリート造の壁体（免震ピットの地下立上り壁を含む）．

(2) 連続地中壁工法により構築された鉄筋コンクリート造の山留め壁を，本体の地下外壁として利用した壁体およびその内側に構築したコンクリート壁体との合成構造壁体．

2. 要求性能

各限界状態に対応する地下外壁の要求性能は表2.1による．更に必要に応じて個別に要求性能を設定する．

3. 検討項目

要求性能を確認するための検討項目は表9.1による．地下外壁および連続地中壁工法による地下外壁の設計用限界値は，本会の鉄筋コンクリート構造に関する規準類による．

表 9.1　要求性能の確認方法

想定荷重	性能グレード	要求性能のレベル（限界状態）	要求性能の確認方法	
			地下外壁[*1]	連続地中壁工法による地下外壁
常時荷重	—	使用限界状態	壁体がひび割れ耐力以下，あるいは想定されるひび割れ幅に対応した応力・変形以下，または使用限界強度以下	壁体，継手部，後打ち壁との接合部，シアコネクタ等がひび割れ耐力以下，あるいは想定されるひび割れ幅に対応した応力・変形，または使用限界強度以下
レベル1荷重	—	損傷限界状態	壁体の応力（曲げ，せん断）が降伏強度以下	壁体，継手部，後打ち壁との接合部，シアコネクタ等の応力が降伏強度以下
レベル2荷重	S	終局限界状態	壁体の応力（曲げ，せん断）が終局強度以下	壁体，継手部，後打ち壁との接合部，シアコネクタ等の応力が終局強度以下
	A			

[注]　*1：免震ピットの立上り壁を含む

4. 要求性能の確認方法

(1) 要求性能の確認は，各荷重条件下で生じる壁体の応力を求め，この値が表9.1に示す設計用限界値以下であることを確認する．

(2) 連続地中壁工法による地下外壁にあっては，継手部，後打ちコンクリート壁体との

> 接合部，シアコネクタ部等に関しても，各荷重条件下で発生する応力を求め，当該接続部分での応力伝達機構に従って求められる設計用限界値以下であることを併せて確認する．

1. 適用範囲

本節では，その片面が周囲地盤に接している地下外壁を取り扱う．ドライエリア等のため，両面とも地盤に接していない地下外壁は，上部構造の壁体と同様であるから対象外である．一方，地上階の外壁であっても傾斜地内に建設され山側の外壁が地盤に接する場合の当該壁等には，本節が適用できる．なお，免震建物の免震ピットの地下外壁（立上り壁）〔図 9.1.1 参照〕も，片側が土に接しているため本節の対象である．また，連続地中壁工法によりあらかじめ地中内に構築された鉄筋コンクリート造山留め壁を，地下階構造体と一体化を図り地下階の本設外壁とする場合や，新たに打設する地下壁と一体化して合成壁体とした場合の地下外壁も取り扱う．これらの壁体の特徴は，地盤を削孔して泥水中でコンクリートを打設するほか，削孔工法上，壁体のコンクリートが鋼板等による仕切りの接合部で横方向が分断されている点にあり，壁体面内および面外方向に生じた応力はこの接合部を介して伝達されることである〔後述の図 9.1.2 参照〕．

2. 要求性能

地下外壁は，地震荷重，風荷重および土圧・水圧等により地下階に作用する水平力に対して面内抵抗力を発揮させる構造機能のほか，地盤から直接作用する土圧・水圧等の面外方向力に抵抗する構造機能を合わせて持つことが特徴となっている．特に基礎構造の設計において，上部架構を含む地震時水平力を地盤の根入れ部で負担させる計画とした場合には，地盤と建物の相互作用により地下外壁に受働土圧が作用することがあるため，適切な評価が必要である．また，地下外壁には，地盤からの地下水の浸入を防ぐことが建築機能として要求され，使用限界状態に対する要求性能のうち，使用性・機能性は主に壁体の防水性能を指している．防水性や耐久性を特に考

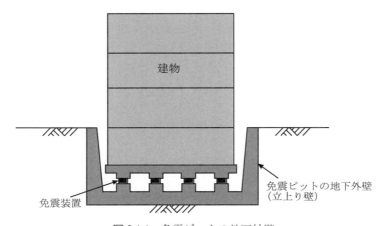

図 9.1.1　免震ピットの地下外壁

慮する必要がある場合には，防水措置等の対策を行うとともに，壁体のひび割れ幅を適切に設定する．

3. 検 討 項 目
（1） 地 下 外 壁

地下外壁の検討項目は，面内方向外力に対しては一般的なコンクリート耐震壁の検討項目と同様であり，また面外方向外力に対してはコンクリートスラブと同様である．このうち，終局限界状態・損傷限界状態の面外方向応力の検討では，地震時土圧により発生する応力が主な検討項目となる．

（2） 連続地中壁工法による地下外壁

連続地中壁工法は，地盤中をある単位長さで壁状に部分削孔した後に，鋼製の仕切り板等による壁間継手を設置した鉄筋かごを挿入して泥水中でコンクリートを打設する手順を繰り返すことで，一つの壁体を構築する工法であり，一つの壁体は深さ方向に設けられた壁間継手を介して一体化されることが特徴となっている．したがって，要求性能の検討項目では，これら部分壁体を接続して一体化するための壁間継手部，後打ち躯体との接続部等の応力検討が必要となる．

図 9.1.2 に，連続地中壁工法による地下外壁の壁体内接続部分の概念図[9.1.1)]を示す．この工法による壁体の接続部詳細は，開発者を異にする各種工法ごとに多少の差異があり，統一的な設計法として整備されるに至っていない．したがって，具体的な接続部の詳細やその部分の設計法に関しては，個別の工法ごとに用意された設計施工指針，マニュアル等を参照する必要がある．なお，連続地中壁工法の詳細に関しては，本会「山留め設計指針」[9.1.2)]を参照されたい．

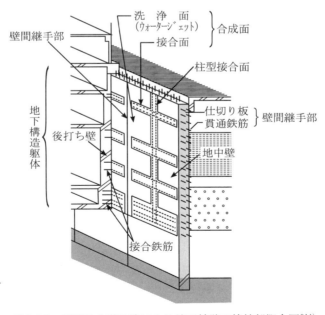

図 9.1.2　連続地中壁工法による地下外壁の接続部概念図[9.1.1)]

— 338 —　建築基礎構造設計指針

4. 要求性能の確認方法

　一般的な地下外壁の設計フローを図 9.1.3 に示す．地下外壁の設計では，壁が地盤と接しているため，土圧・水圧を荷重として考慮することが上部構造の外壁設計と異なる点である．

（1）地下外壁

　地下外壁に作用する土圧ならびに水圧は，4.3 節および 4.2 節による．地下外壁に作用する常時の土圧は，一般的に静止土圧とし，使用限界状態の検討に用いる．壁体は従来どおり三角形あるいは台形の分布荷重を受けたコンクリート造床スラブとして設計し，応力計算も従来どおり本会「鉄筋コンクリート構造計算規準・同解説」[9.1.3] による．その際，壁体の構造および施工の実状に応じて支持条件を仮定し，一方向床スラブあるいは二方向床スラブとして取り扱うが，一般的には上下位置で取り付く梁で支持された一方向床スラブとして取り扱うことが多い．面外方向における終局限界状態および損傷限界状態の検討は，主に地震時土圧が検討対象となる．地震時土圧は 4.3 節 2. に示す土圧とし，地震動によって土圧が著しく増大する場合（例えば偏土圧を受ける建物で，受働側の土圧に大きく期待する設計を行う等）には，式 4.3.2 によりこれらの影響を適切に考慮する．あるいは，地盤—建物連成系の地震応答解析により，地下外壁に作用する地震時の土圧を評価する方法もある[9.1.4]．

　免震ピットの立上り壁に作用する土圧は，4.3 節 3. に示すように，原則として常時は静止土圧（土圧係数 0.5），地震時は地震時土圧（土圧係数 1.0）とする．地震時の検討では擁壁と同様に，地震時土圧だけでなく，立上り壁の自重による慣性力を考慮する必要がある．免震ピットの立上り壁は，断面形状が片持ち梁状で不静定次数が低い．特に壁面高さが高い場合や地下水位が高く長期的な耐久性が問題になる場合には，応力的に余裕をもった検討を行う，あるいは応力のみでなく変位やひび割れの検討を行うのが望ましい．なお，ピットが深い場合には，ひび割れを抑えるためにプレストレスを入れることもある．また，大地震時に免震層にクリアランス以上の変位が生じ，免震ピットの立上り壁への建物の衝突が懸念される場合には，文献 9.1.5) に示す検討が参考になる．

　各限界状態における限界強度のうち終局限界強度は，本会「鉄筋コンクリート造建物の靱性保証型耐震設計指針・同解説」[9.1.6] 等に示された曲げ部材や耐震壁の終局強度算定式を準用して計算してよい．また，使用限界強度および損傷限界強度に関しては，本会「鉄筋コンクリート構造計算規準・同解説」[9.1.3] に記されている長期および短期許容耐力を準用できる．さらに，使用限界状態を検討する際の面外方向ひび割れ幅の確認に関しては，本会「プレストレスト鉄筋コンクリート（III種 PC）構造設計・施工指針・同解説」[9.1.7] によるひび割れ幅算定式を，またひび割れ幅の限界値に関しては本会「鉄筋コンクリート造建築物の収縮ひび割れ制御設計・施工指針（案）・同解説」[9.1.8] を参照するとよい．なお，面外せん断力がコンクリートのせん断強度を上回ると，せん断補強筋が必要となるが，壁体の場合にはその配筋が困難であり，せん断補強筋を設けるとコンクリートが充填されにくくなるなどの問題点もあるので，可能なかぎり壁厚の増大によって，このような状態を避けることが必要である．

9章 地下外壁と擁壁 — 339 —

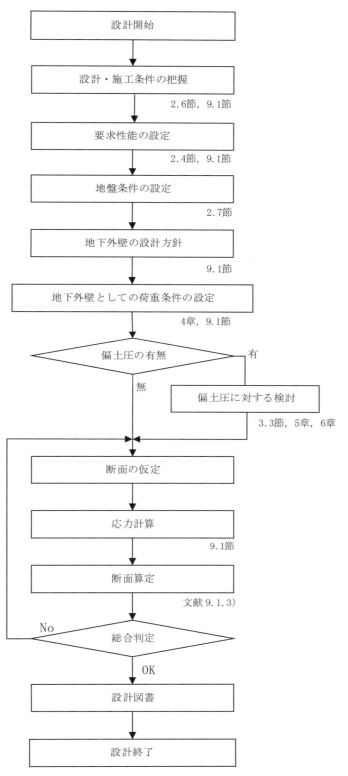

図 9.1.3 一般的な地下外壁の設計フロー

（2） 連続地中壁工法による地下外壁

連続地中壁工法によるコンクリート壁体は，場所打ちコンクリート杭工法による杭体と類似しており，安定液中でコンクリートを打設することから，コンクリートの材料強度に関しては場所打ちコンクリート杭と同様の扱いとする．

連続地中壁工法によって構築された地下外壁は，施工中に山留め壁として利用され，さらに本体構造物の地下外壁として使用されることが多いため，この両期間中に受ける土圧と水圧に対して限界状態に至らないように設計しておく必要がある．施工中の応力は腹起し・切梁等の山留め支保工の架け方によって掘削段階ごとに変化し，また本体構造物の完成後においては常時の土圧荷重が静止土圧となり，壁体の支持条件も施工中と異なるため，施工手順を考慮した応力計算を行い，施工中に壁体に有害なひび割れ等の損傷を生じないように設計する必要がある．この検討は，使用限界状態の検討として取り扱うこととする．また，施工中の応力の算定に関しては本会「山留め設計指針」[9.1.2]を参照されたい．

参 考 文 献

9.1.1) 日本建築学会：建築基礎構造設計指針，2001
9.1.2) 日本建築学会：山留め設計指針，2017
9.1.3) 日本建築学会：鉄筋コンクリート構造計算規準・同解説，2018
9.1.4) 青木雅路：傾斜地での偏土圧と支持力の評価，建築技術，No. 600，pp. 126～135，2000.2
9.1.5) 日本建築学会：大振幅地震動と建築物の耐震性評価—巨大海溝型地震・内陸地震に備えて—，2013
9.1.6) 日本建築学会：鉄筋コンクリート造建物の靱性保証型耐震設計指針・同解説，1999
9.1.7) 日本建築学会：プレストレスト鉄筋コンクリート（Ⅲ種 PC）構造設計・施工指針・同解説，2003
9.1.8) 日本建築学会：鉄筋コンクリート造建築物の収縮ひび割れ制御設計・施工指針（案）・同解説，2006

9.2 節　擁　　　　壁

1. 適 用 範 囲

　本節は，建物の敷地に使用される鉄筋コンクリート造擁壁，無筋コンクリート造擁壁などの設計に適用する．

2. 要 求 性 能

　各限界状態に対応する鉄筋コンクリート造擁壁の要求性能は，表 2.1 による．なお，個々の擁壁に応じて，個別に要求性能を設定する．

3. 検 討 項 目

　鉄筋コンクリート造擁壁の設計に際しては，敷地全体の安定性（全体すべり）を確保したうえで，各検討項目において所定の要求性能が満足されていることを確認する．各要求性能の確認方法は表 9.2 に，擁壁の地盤の設計用限界値は表 9.3 による．なお，擁壁の設計用限界値は，本会の鉄筋コンクリート構造に関する規準類による．

9章　地下外壁と擁壁　― 341 ―

表9.2　要求性能の確認方法

想定荷重	性能グレード	要求性能のレベル（限界状態）	要求性能の確認方法	
			擁壁	地盤
常時荷重	—	使用限界状態	ひび割れ耐力以下，あるいは想定されるひび割れ幅に対応した応力・変形以下，または使用限界応力以下，排水性能を損なわない	鉛直荷重が長期的なクリープ沈下量が生じない使用限界支持力以下，沈下量が使用限界状態の限界値以下，水平荷重が滑動抵抗の使用限界状態の限界値以下，転倒モーメントが安定モーメントの使用限界状態の限界値以下
レベル1荷重	—	損傷限界状態	応力（曲げ，せん断）が降伏応力以下，変形が損傷限界変形以下	鉛直荷重が過大な不同沈下量が生じない損傷限界支持力以下，沈下量が損傷限界状態の限界値以下，滑動しない，転倒しない，液状化しない
レベル2荷重	S			
	A	終局限界状態	応力（曲げ，せん断）が終局限界強度以下	鉛直荷重が終局限界支持力以下，沈下量が終局限界状態の限界値以下，滑動しない，転倒しない，液状化しない

表9.3　擁壁の地盤の設計用限界値

想定荷重	性能グレード	要求性能のレベル（限界状態）	擁壁の地盤の設計用限界値[*1]
常時荷重	—	使用限界状態	極限滑動抵抗に対し $\phi_R=1/1.5$〔式9.2.8〕 安定モーメントに対し $\phi_R=1/1.5$〔9.2.3〕 擁壁を含む斜面の安定に対し $\phi_R=1/1.5$〔式9.2.10，式9.2.13〕 排水性能を損なわない[*2]
レベル1荷重	—	損傷限界状態	極限滑動抵抗に対し $\phi_R=1$〔9.2.9〕 安定モーメントに対し $\phi_R=1$〔9.2.3〕 液状化しない〔式3.2.7〕
レベル2荷重	S		
	A	終局限界状態	極限滑動抵抗に対し $\phi_R=1$〔9.2.9〕 安定モーメントに対し $\phi_R=1$〔9.2.3〕 液状化しない〔式3.2.7〕

〔注〕　*1：支持力，沈下は，5章，6章による．
　　　　*2：排水仕様は，文献9.2.1)による．

4．評 価 方 法
（1）　擁壁の設計にあたっては，地盤条件，荷重条件等の設計条件を適切に設定する．
（2）　擁壁の転倒・滑動・支持力に関する検討を下記のいずれかによって評価する．
　a）転倒・滑動・支持力に対する安定計算
　b）擁壁・地盤系を適切にモデル化した解析
（3）　擁壁の応力・ひび割れ幅・部材変形角については，本会の鉄筋コンクリート構造に関する規準類に準じて評価する．

（4） 擁壁を含む敷地全体のすべりに対して安定計算を行う．

（5） 擁壁背面土および周辺地盤表面の排水性能を確保するように，適切な対応を行う．

5. 鉄筋コンクリート造以外の擁壁

　鉄筋コンクリート造以外の擁壁に対しては，2.～4.に準じるほか，壁体・基礎など擁壁の構造が，強度および変形に関する要求性能を満たすように設計する．

6. 留 意 事 項

（1） 基礎地盤に十分な支持力が確保できない場合は，地盤改良，杭基礎の使用を検討する．

（2） 擁壁背面土および周辺地盤表面の排水に関しては十分な処置を施す．状況によりやむを得ず背面の排水ができない場合には水圧を考慮して設計する．

（3） 擁壁周辺の地盤に液状化の可能性がある場合は，その影響を考慮し，適切な対策を行う．

（4） 擁壁が水平方向に長く連続する場合には，状況に応じて伸縮目地を設ける．

1. 適 用 範 囲

　現在使用されている擁壁には，図 9.2.1 のような種類がある．これらの擁壁は，擁壁の自重によって抵抗する形式，構造的に抵抗する形式，地盤の補強を併用する形式など土圧を支持する方法や構造材料の違いによって分類される．

　本指針は，自重や裏込め地盤の重量などを利用して土圧に抵抗する擁壁の設計に適用することができる．ここで示した設計法は，擁壁が一体化し，裏込め地盤と擁壁とが比較的明瞭に区別されうる場合を対象としており，この条件が満たされる場合については本章で示されている方法によって土圧および擁壁の安定性に関する検証を行うことが可能である．伝統的な石積み擁壁のように，間知石と裏込め地盤の礫とが一体化するように施工される擁壁では，基本的に裏込め地盤の砂礫部分の効果を適切に評価することが重要であるが，これらに関する知見が少なく，現在においても経験的に断面が決められることがほとんどである．また，地震時に，石やコンクリートのブロックが独立に挙動し，本節で対象とする一体化した擁壁に比較して作用する土圧も複雑であるため本指針の適用範囲に含めない．

2. 要 求 性 能

　擁壁には重力式擁壁，半重力式擁壁，L型擁壁，逆L型擁壁，控え壁式擁壁など，さまざまな種類がある．擁壁の設計を行う場合には，まず擁壁の形式を選定し，その形式に対応した適切な目標性能による限界状態を設定する．各限界状態に対しては，安全性のみでなく土地利用の観点からもさまざまな性能が求められる．このため擁壁の設計にあたっては，これらの要求性能を満たすための明確な設計用限界値の設定が重要となる．また，擁壁が支える敷地の建物の上部構造と基礎構造の要求性能レベルを考慮して設定することになる．

　擁壁は，切土や盛土による急斜面を支え，その安定を確保するための構造物であるので，各限

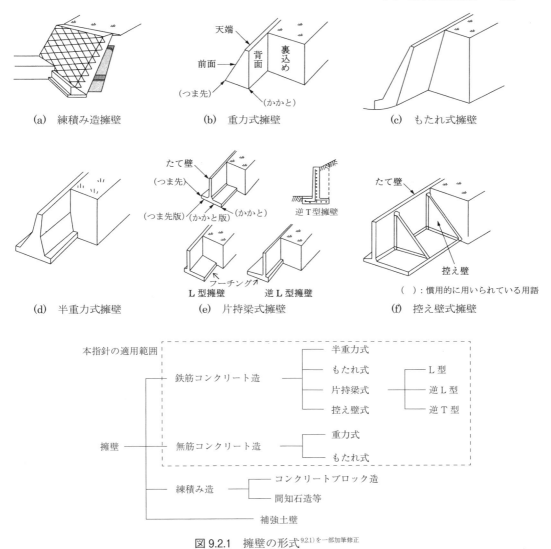

図 9.2.1 擁壁の形式[9.2.1]を一部加筆修正

界状態に対する要求性能は，本来擁壁単体ではなく擁壁・地盤系として設定されるべきである．しかし現時点では，擁壁・地盤系としての挙動を終局状態に至るまで適切に評価することは難しく，本指針では各限界状態に対する要求性能に対して，擁壁に関する要求性能と地盤に関する要求性能が満足されることで，擁壁・地盤系としての要求性能を確認できるものとしている．

　擁壁に作用する設計荷重としては，4章に記載されている固定荷重，上載圧を含む土圧・水圧，地震荷重，地盤変状に伴う荷重などがあり，それぞれの限界状態ごとに，擁壁や斜面の断面形状と背面土の力学的諸定数を考慮して決定する必要がある．また，近年は降雨に関連する状況の変化によって，丘陵地周縁部などで降雨に伴う危険性が増加する傾向があり，擁壁の長期的な安定性，耐久性を保証するうえでは，降雨に対する排水性能を確保しておく必要がある．

　擁壁の設計は，以下のような限界状態を想定し，それぞれの要求性能を満たすようにする．

（1） 使用限界状態

使用限界状態では，想定した荷重に対して，擁壁の耐久性を確保する必要がある．すなわち，擁壁を使用する全期間にわたって，その耐久性を保証するためには，擁壁・地盤系の安定が保持され，かつ構造物本来の機能性に問題が生じないことが必要となる．そのため，使用限界状態は想定した荷重に対して次のような状態が生じないことを指す．

① 擁壁のひび割れ

② 擁壁のクリープ変形

③ 擁壁の傾斜・滑動・沈下および地盤のクリープ変位

（2） 損傷限界状態

損傷限界状態では，擁壁のいずれかの部分に，構造上の補修，補強を行わなければ再使用できない損傷が生じる状態を想定する．また，地盤変状により擁壁・地盤系の安定が確保できない状態では，たとえ擁壁に損傷が生じていなくても，補修なしには再使用が不可能な状態も考えるべきである．

このような状態を想定し，損傷限界状態は擁壁と地盤のそれぞれに以下の損傷，変位が生じないことを指す．

① 補修，補強を必要とするような擁壁の損傷

② 地盤の残留変位

（3） 終局限界状態

終局限界状態では，設定した荷重が作用した場合に，擁壁・地盤系が崩壊する限度を想定し，擁壁と地盤のそれぞれに以下の崩壊が生じないことを指す．

① 擁壁の曲げ・せん断破壊（脆性的な破壊）

② 擁壁の転倒・滑動・沈下

転倒・滑動・沈下に対する性能は，地盤に関する要求性能である「周辺建物を崩壊させない」とも関連し，擁壁の移動によって「人命の保護」「建物の安定性」に問題が生じないことが，地盤の強度・変形に関する要求性能となる．

擁壁は通常，隣地境界線上に建設されるものであるから，原則として，どの目標性能レベルであっても滑動は許容できない．ただし，建物への影響がなく，周辺の安全性を損なうおそれがない場合には，滑動を許容し，その変形量を照査する設計も可能である．そのような場合には，変形量の限界値を擁壁が支持する敷地上の建物に対する要求性能から規定することが必要である．

なお，敷地全体の安定性にかかわる全体すべりは 3.3 節のとおりで，本章で記述される検討の前提条件である．したがって，性能レベルにかかわらず，敷地全体の安定性の確認は必要である．

3. 検討項目

（1） 使用限界状態

使用限界状態では，設定した荷重条件（4.3 節に示す主働土圧）に対して，擁壁・地盤系が安

定し，かつ擁壁としての機能に障害が発生しないことが要求性能である．この性能を確保するためには，まず土圧・水圧などの荷重に対して擁壁の面外方向の曲げとせん断応力度が設計ひび割れ耐力以下となっていることを確認する．ひび割れの判定は「鉄筋コンクリート構造計算規準・同解説」[9.2.2]等を参照し，適切に判断する．このほか，クリープ変形に対する配慮も必要となる．

　地盤については，擁壁の重量および擁壁に作用する土圧・水圧・上載圧などを考慮して，沈下が設計限界値以下となっていることを確認する．この検討項目の詳細は擁壁の基礎形式（直接基礎あるいは杭基礎）によって，本指針の対応する章を参照されたい．また，擁壁背面土および周辺地盤表面の排水については，各種基準類の仕様[9.2.1]を満足することにより排水性能を確保する．

（2）　損傷限界状態

　想定した地震荷重に対して擁壁に補修を必要とするような有害な変形が生じないことが要求性能である．この要求性能を満足するためには，擁壁に発生する面外の曲げ・せん断などの応力を照査し，それが有害な変形に至らない範囲であること，更にたて壁部材の部材角が構造上問題とならないことを確認する．ここで構造上問題となる補修を必要とする変形とは，塑性変形と考えられる．この場合，損傷限界では滑動や転倒により壁が移動しないことを，擁壁に生じる応力が降伏応力度以下（弾性域内）であることを確認する．

　地盤に関する検討としては，擁壁の変位・変形に起因する地盤の残留変位が，擁壁が支持する敷地上の建物に有害な影響を与えないことを確認する．これは擁壁を支持する地盤の水平および鉛直（沈下）方向の残留変位が発生するか否かの検討により間接的に評価できる．これらの検討項目の詳細は擁壁の基礎形式（直接基礎あるいは杭基礎）に応じて，本指針の対応する章を参照されたい．

（3）　終局限界状態

　終局限界状態に関する検討では，想定する地震荷重に対して擁壁が崩壊に至らなければよい．すなわち擁壁に発生する面外の曲げ・せん断などの応力およびたて壁の変形量がある程度の余裕をもって，設計用限界値以下であることを確認できればよい．

　本指針では，地盤の検討項目として，擁壁の転倒，滑動や地盤の支持力を挙げている．これらの項目を満足することで，周辺建物への影響を間接的に評価できるものと考えられる．ここに挙げた項目は，擁壁の検討項目とも関連しており，擁壁本体が多少傾斜しても転倒を免れれば十分であり，擁壁の変位・変形を考慮した地盤のすべりが周辺建物に影響を与えなければよいとの考え方に基づいている．そこで終局限界状態において周辺建物を崩壊させないために必要な擁壁背面地盤の安定性を評価する指標を擁壁の転倒・滑動・支持力としている．ただし，擁壁は通常，隣地境界線上に設置されるため，擁壁の変位（移動）が隣地境界を超えないよう配慮する必要がある．したがって，終局限界状態であっても，滑動が生じないことを確認する．

4.　評 価 方 法

　一般的な擁壁設計フローを図9.2.2に示す．要求性能，地盤条件，荷重条件等の設定条件から擁壁の形式と基礎形式を選定し，仮定した断面形状・寸法で擁壁の安定性，安全性を確認し，敷

— 346 —　建築基礎構造設計指針

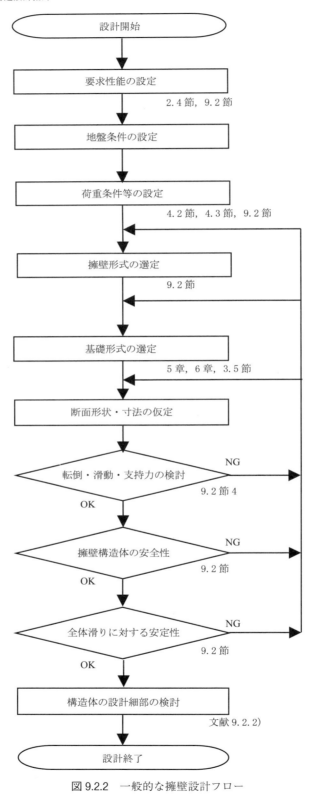

図 9.2.2　一般的な擁壁設計フロー

9章　地下外壁と擁壁　— 347 —

地全体のすべりに対しても安全であることを確認する．なお，設計に用いる諸数値は，単位幅あたりとしている．

（1）擁壁設計の考え方

擁壁の設計にあたっては，土の単位体積重量，内部摩擦角等の土質条件，土圧・水圧，自重等の荷重条件等を適切に設定する必要がある．設計に用いる土圧としては，主働土圧および地震動を考慮した土圧を採用する．なお，土圧の算出法および土質定数の留意点については4.3節を参照されたい．ここでは，擁壁の設計に用いる自重，地震荷重および土圧の作用面の考え方について解説する．

　a）自　　重

擁壁の設計に用いる自重は，躯体重量のほか，逆T型，L型擁壁等の片持梁式擁壁の場合には，仮想背面のとり方によって，計算上の擁壁の自重が異なるので注意が必要である．図9.2.3によく使用される仮想背面を示す．

　b）地震時荷重

地震動に対する設計では，擁壁自体の自重に起因する地震時慣性力と裏込め土の地震時土圧を考慮する．設計に用いる地震時荷重は，地震時主働土圧（物部・岡部式〔4.3節，式4.3.11，4.3.12参照〕）による荷重，または擁壁の自重に起因する地震時慣性力に常時の土圧を加えた荷重のうち大きいほうとする．なお，大地震動を想定した地震時主働土圧の算定方法として修正物部・岡部の方法[9.23), 9.24)]がある．これは，従来の物部・岡部式では，水平震度 k_h が大きくなると計算不能になることや，過大な土圧を与える場合があるため，大地震動に対応できるように物部・岡部式を修正して，水平震度が大きい場合でも合理的な地震時土圧を算定できるものである．修正物部・岡部の方法については本会「建築物荷重指針・同解説」[9.25)]などを参照されたい．なお，図9.2.4に示すように擁壁の自重に起因する地震時慣性力は，設計水平震度を k_h，擁壁の自重を W とすると，図9.2.4に示すような重心Gを通って水平方向に $k_h W$ として作用させる．図9.2.4（b）は，図9.2.5（a）により安定計算を行う場合の地震時慣性力を示し，図9.2.4（c）は図9.2.5（c）による場合を示している．

　c）土圧の作用面

片持梁式擁壁の安定計算（転倒，滑動，沈下）における土圧の作用面および壁面摩擦角 δ のとり方には，さまざまな方法が用いられている．土圧の作用面は，擁壁が傾斜，転倒する場合には図9.2.5（a）のACまたは図9.2.5（b）のABCとする考え方がある．これは，図9.2.5（a），（b）で斜線を付けた部分が擁壁とともに壁体の一部のような挙動をするという考えに基づいている．また，図9.2.5（c）のCDの鉛直線を土圧の作用面とする考え方もある．これは，擁壁の転倒に対する抵抗モーメントとして基礎スラブ直上の土の重量が有効に作用するという考え方，あるいは基礎スラブ直上の土は埋戻し土で，裏込めの排水層などが設けられる特殊な部分であるという考え方に基づいている．この方法は，常時土圧の検討のみを行っていた従来の設計でもっとも一般的な方法であるが，地震時土圧の検討用としては過大な土圧を与える場合があり注意を要する．

仮想背面と擁壁に囲まれた部分の土の
重量を擁壁の重量として見込む．

図 9.2.3 片持梁式擁壁における自重のとり方

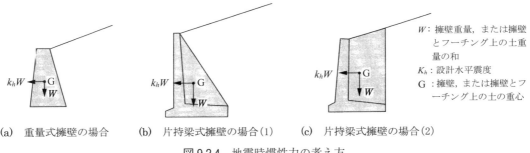

図 9.2.4 地震時慣性力の考え方

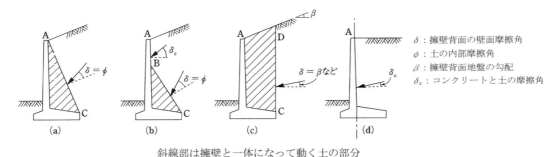

斜線部は擁壁と一体になって動く土の部分
図 9.2.5 土圧作用面の考え方

　図 9.2.5（d）は，土圧の作用面を擁壁背面（実背面）にとる方法で旧指針（2001）で用いられていた．この方法は，地表面が傾斜している場合には，土圧算定時の擁壁高さが低く見積もられ，過小な土圧を与えるので，擁壁背後の地表面が水平な場合にのみ用いることとする．また，縦壁部材の応力を照査する場合は，図 9.2.5（d）に示したように壁体の背面を荷重面とすることにした．このような荷重面のとり方が縦壁部材の設計を行ううえで，より合理的と考えられる．

（2） 転倒・滑動・支持力に関する検討
　転倒・滑動・支持力に対する安定計算では，傾斜・沈下・残留変位について直接評価することはできない．しかし，転倒・滑動・支持力に対して，ある一定の抵抗・支持力が確保されていれ

ば，擁壁には，地盤に起因する有害な傾斜・沈下・残留変位が生じないと考えられる．このことから，本指針では下記のａ）転倒・滑動・支持力に対する安定計算により，擁壁の安定にある程度の余裕が確認されれば，傾斜・沈下・残留変位についても要求性能が満たされているものとする．

　ａ）　転倒・滑動・支持力に対する安定計算

（ⅰ）　転倒に対する検討（使用限界，損傷限界，終局限界）

　転倒とは，フーチング底面の前端を中心として擁壁が前方に回転する挙動であり，その原因となる土圧による作用モーメントを転倒モーメントという．これに対して，擁壁の自重とフーチング上にある土の重量，上載荷重などによって，同じ軸のまわりに逆向きに抵抗するモーメントを安定モーメント（抵抗モーメント）という．なお，転倒モーメントは土圧の作用面のとり方で異なるので注意が必要である．これに対して安定モーメントは，フーチング直上にある土が擁壁の自重とともに抵抗するものと考えて算定する．この場合，フーチング後端から立ち上がる鉛直面の土のせん断抵抗は考慮しない．これは壁面摩擦としてこのせん断抵抗に対応する力が土圧の計算に含まれているからである．

　図 9.2.6 に示すように，土圧の合力 P_A（kN）の作用線とフーチング前端の A 点との距離を n（m）とすれば，転倒モーメント M_0（kNm）は次式で与えられる．

$$M_0 = P_A n \tag{9.2.1}$$

　擁壁の自重とフーチング直上の土の重量および上載荷重の和を W（kN）とし，その作用線と A 点の水平距離を a（m）とすれば，安定モーメント M_r（kNm）は次式で与えられる．

$$M_r = Wa \tag{9.2.2}$$

　なお，重力式擁壁の場合の安定モーメントは擁壁の自重のみで算定する．W を算定する場合，コンクリート断面の部分を裏込め土の部分と同じ単位体積重量として算定することもある．ただし，切土地盤で土圧を算定する際に粘着力の効果を考慮した場合には，安全側に考えて W の計算には粘着力による負の土圧の範囲の 1/2 程度の高さだけ低減した擁壁高さを用いてもよい．

　このようにして求めた M_r と M_0 が次式を満足するように設計する．

$$M_0 \leqq \phi_R M_r \tag{9.2.3}$$

ここに，ϕ_R：耐力係数〔表 9.3 参照〕

　損傷限界状態および終局限界状態の検討では，擁壁全体の安定モーメント M_r が，4.3 節 4. に示す主働土圧のうち常時の土圧と，想定する地震動強さに応じて図 9.2.4 等から計算される地震時慣性力による転倒モーメント M_0 の和，ならびに地震動を考慮した土圧による M_0 の両者を上回るように設計する．これは旧指針（2001）の転倒に対する安全率を踏襲したものであるが，この検討により，傾斜や沈下などに関する要求性能が，間接的に満たされる．

　なお，設計においては転倒モーメント M_0 が安定モーメント M_r を超えないとともに，荷重の和 W と土圧の合力 P_A との合力 R（kN）の作用点〔図 9.2.7 参照〕は底版中央からの偏心距離 e（m）が表 9.2.1 を満足することが望ましい．

　擁壁底版のつま先から擁壁に作用する力の合力 R の作用点までの距離 d（m）を次式により求

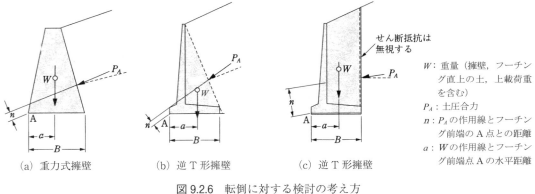

図 9.2.6 転倒に対する検討の考え方

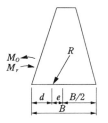
(a) 重力式擁壁の場合

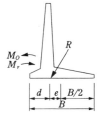
(b) 片持梁式擁壁の場合

図 9.2.7 合力作用位置の求め方

表 9.2.1 偏心距離による安定条件

	偏心距離 e（m）
常時の土圧	$e \leq B/6$
地震時の土圧	$e \leq B/2$

B：擁壁底版幅（m）

める．

$$d = \frac{M_r - M_0}{V} = \frac{M_r - M_0}{W + P_v} \tag{9.2.4}$$

ここに，V（kN）：擁壁に作用する力および自重の鉛直成分（$= W + P_v$），P_v（kN）：土圧合力の鉛直成分

また，合力 R の作用点の底版中央からの偏心距離 e（m）は次式で表わされる．

$$e = \frac{B}{2} - d \tag{9.2.5}$$

ここに，B（m）：擁壁底版幅，d（m）：底版つま先から合力作用点までの距離

　フーチング底面下が沈下を生じやすい地盤である場合には，フーチングの幅を増大するなどして，フーチング底面の接地圧分布の偏心の程度を小さくするのがよい．逆T形擁壁では，フーチングを壁の前面に突き出すことができれば，フーチングの幅を単に増大するだけでなく，転倒に対しても有効である．杭によって転倒モーメントに抵抗する場合は，本節6.を参照されたい．

（ⅱ）滑動に対する検討（使用限界，損傷限界，終局限界）

　直接基礎の場合には，土圧合力 P_A の水平成分 P_H による水平すべりに対して，フーチング底面の摩擦力（せん断抵抗）によって抵抗するものと考え，一般に擁壁前面の受働土圧は基礎の根入れが特に深いなどの特別な場合以外は考慮しない．これは，受働土圧が有効に作用するのは変

9章 地下外壁と擁壁 — 351 —

表 9.2.2 フーチング底面と支持地盤の摩擦係数の標準値[9.2.1)]

シルトや粘土を含まない粗粒土	0.55 （$\phi \fallingdotseq 29°$）
シルトを含む粗粒土	0.45 （$\phi \fallingdotseq 24°$）
シルトまたは粘土（フーチング下の厚さ約 10 cm の土をよく締め固めた角張った砂または砂利で置換する）	0.35*（$\phi \fallingdotseq 19°$）

[注] ＊：$0.35 q \leqq q_u/2$ の場合のみ（q：フーチング底面の平均接地圧）

形が相当に進んだ後であること，更に擁壁前面の土が基礎工事の根切りの際に乱されることが多く，また擁壁設置後のほかの工事，雨水による洗掘などによって乱されやすいことなどによる.

一般に擁壁のフーチング底面の滑動に対する抵抗力は，コンクリートと土の間の摩擦力（せん断抵抗）よりも，その直下の土のせん断抵抗とする方が実状に合っていると考えられる. これはフーチング底面に捨てコンクリートが打設され，また捨てコンクリートの下面には根切り底への敷砂利などが設けられるため，擁壁のフーチング底面と支持地盤が一体としてすべる場合が多いからである. したがって，支持地盤が砂質土の場合には内部摩擦角 ϕ に対する $\tan\phi$ を摩擦係数とし，粘着力は無視する. 一方，粘性土地盤では，一軸圧縮強さの 1/2 をすべりに対する抵抗力とする.

支持地盤が砂質土の場合，滑動に対する抵抗力 R_H（kN）は，フーチング底面への荷重の合力を W（kN）とすれば次式で与えられる.

$$R_H = W\mu \tag{9.2.6}$$

ここに，μ：フーチング底面と地盤との間の摩擦係数〔標準値は表 9.2.2 参照〕

なお，「宅地造成等規制法施行令」[9.2.6)] では，別表第三に基礎地盤の土質に対する摩擦係数の値が示されている. 式 9.2.6 は接地圧分布が一様で，この接地圧の範囲では摩擦係数が変化しないという仮定に基づいている. したがって，接地圧の偏心が極端に大きい場合は注意を要する. また，通常擁壁は原則として滑動は許容できないことから，摩擦係数の設定にあたっては安全側となる配慮が必要である.

支持地盤が粘性土の場合，滑動に対する抵抗力 R_H は次式で与えられる.

$$R_H = B_e \frac{q_u}{2} \tag{9.2.7}$$

ここに，B_e（m）：フーチング底面の接地圧が 0 の部分（浮上り部）を除いた幅，q_u（kN/m²）：支持地盤の一軸圧縮強さ

このようにして求めた R_H と土圧合力 P_A の水平成分 P_H が次式を満足するように設計する.

$$P_H \leqq \phi_R R_H \tag{9.2.8}$$

使用限界状態の検討として耐力係数 $\phi_R = 1/1.5$ とする.

損傷限界状態および終局限界状態の検討では，$\phi_R = 1$ とし滑動に対する抵抗力 R_H が，式 9.2.9 に示すように 4.3 節 4. に示す主働土圧による土圧合力 P_A の水平成分に想定する地震動に応じた擁壁自重による地震時慣性力を加えた水平合力と，地震動を考慮した地震時土圧 P_{AH} の両者

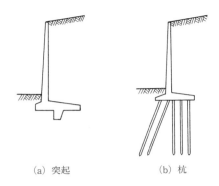

図9.2.8 水平移動に対する抵抗のための方法

を上回るように設計する．

$$\max(P_H + k_h W, \ P_{AH}) \leq \phi_R R_H \tag{9.2.9}$$

ここに，R_H（kN/m）：摩擦抵抗の合力（滑動に対する抵抗力），P_H（kN/m）：4.3節4.に示す主働土圧による土圧合力 P_A の水平成分，$k_h W$（kN/m）：想定する地震動に応じた擁壁自重による地震時慣性力，k_h：設計水平震度〔4.3節2. 参照〕，P_{AH}（kN/m）：地震動を考慮した土圧合力の水平成分

以上のようにして求めたフーチング底面の滑動に対する抵抗力によって十分な安定が得られない場合には，図9.2.8のようにフーチング底面に下方に向かった突起部を設けるか，あるいは杭を使用する．

すべり止めの突起部は図9.2.8（a）に示すように設けるが，この擁壁のすべりに対する抵抗は突起部を含んだすべり面上の地盤のせん断抵抗力と擁壁前面の根入れ部の受働土圧によることになる．しかしながら，突起部の掘削，埋戻しの方法ならびに土質定数の決定や許容できるすべり変形や抵抗応力の重ね合せなど難しい点もあるので，非常に硬い地盤（例えば，岩盤など）以外にはあまり採用されない．詳細については，後述の本節6.や地盤工学会「地盤工学ハンドブック」[9.2.5]などを参照されたい．また，杭によってすべりに抵抗させる場合は，本節6.を参照されたい．

（ⅲ） 支持力の検討

擁壁の支持力，沈下，変位は，本指針の各基礎形式の設計用限界値による．本指針5章および6章により，各状態の基礎への作用荷重に対して支持力，沈下，変位が設計用限界値を満足することを確認する．

b） 擁壁―地盤系をモデル化した解析

擁壁―地盤系をモデル化して解析する方法として例えば有限要素法（FEM）[9.2.6]，ニューマーク法[9.2.7]，個別要素法（DEM）[9.2.8]，不連続変形法（DDA）[9.2.9]などがある．有限要素法では，擁壁の形状や複雑な地層構成などをモデル化し，擁壁と地盤を一体として解析することが可能である．また，解析結果から，擁壁および地盤内の応力分布状態や，擁壁―地盤系の全体的な変形挙動について知ることができる．ニューマーク法では，すべり土塊を剛体，すべり面における応力

～ひずみ関係を剛塑性と仮定し，すべり土塊に作用する慣性力とすべり面の抵抗力の釣合いから相対運動方程式が得られ，擁壁や擁壁を含む地盤のすべり量を比較的簡便に算定することができる．個別要素法や不連続変形法は，各要素を剛体と考え，非連続体として要素間の接触や滑動を考慮した解析を行い，擁壁や地盤の変形挙動を算出することができる．

このように，擁壁―地盤系をモデル化して解析する手法や解析ソフトウェアには，種々のものがあり，おのおので土の応力～ひずみ関係，解析方法などが異なっており，擁壁の設計への適用性について一概に判断することはできない．擁壁設計への適用にあたってはその特性を十分に理解して使用する必要がある．

（3） 擁壁の要求性能の評価

擁壁の要求性能である応力，ひび割れ幅，部材変形角については，本会「鉄筋コンクリート造建物の靱性保証型耐震設計指針・同解説」[9.2.3]や「鉄筋コンクリート構造計算規準・同解説」[9.2.2]等によって評価する．

控え壁あるいは支え壁（たて壁前面側の壁）がない逆Ｔ形またはＬ形擁壁では，たて壁あるいはフーチングの突出し部分をいずれも片持梁とみなして算定するが，この場合でも適当な間隔に横筋を配筋するなど，直接計算されない応力に対しても安全であるように配慮し，特にたて壁下部では複配筋にするのがよい．またフーチング底部には壁面に平行方向の配筋を行い，地盤の変状などによる不同沈下にも対応できるようにする必要がある．

（4） 擁壁を含む斜面と敷地全体の安定性検討

擁壁が傾斜地盤上に構築される場合，擁壁背後が高盛土の場合，基礎地盤が軟弱地盤の場合，沢や谷を埋めた造成地に構築される場合などにおいては，擁壁を含む斜面と敷地全体の安定性を検討する必要がある．安定性の評価は，図 9.2.9 に示すようなすべり面の断面形を円弧や直線とする円弧すべり法による方法や盛土の変位量によって照査するニューマーク法など[9.2.13)～9.2.15)]があ

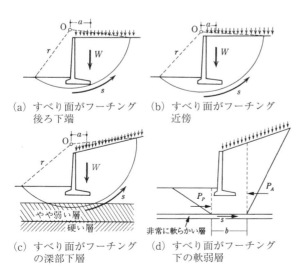

(a) すべり面がフーチング後ろ下端
(b) すべり面がフーチング近傍
(c) すべり面がフーチングの深部下層
(d) すべり面がフーチング下の軟弱層

W：すべり面内の重量（擁壁，背面地盤，上載荷重を含む）
a：W の作用線と点 O の水平距離
S：すべり面に沿った土のせん断抵抗
r：円弧すべり面の半径
b：弱層のすべり面の幅
P_P：幅 b の鉛直断面での受働土圧
P_A：幅 b の鉛直断面での主働土圧

図 9.2.9 擁壁を含む斜面の崩壊形

— 354 — 建築基礎構造設計指針

る．円弧すべり法による照査では，大地震動に対して所要の安全率を確保することが困難なことがある．この場合，大地震時の変形をニューマーク法などにより評価する．ここでは，もっとも一般的な円弧すべり法による計算方法を示す．

すべり面は図 9.2.9 に示すように（a），（b）ではフーチングの後ろ下端とその近傍を通り，（c），（d）ではより深いところを通る．基礎地盤および背面土（裏込め土でなく自然状態の土）が，一様であるが地表面から深くなるにつれて次第にせん断強さを増すような場合には，（a），（b）の形態になると考えられる．またフーチング底面より少し下にかなりの厚さでせん断強さがやや低い層を挟んでいる場合には（c）の形態となり，フーチング底面より少し下に薄い軟弱層を挟んでいる場合には（d）の形態となる．

図 9.2.9 の（a），（b），（c）に対しては，すべり面の断面形を円弧と仮定して円弧すべり法により以下のように算定する．

① 円の中心 O と半径 r を仮定して，すべり面を設定する．

② ①で設定した円弧すべり面の内側にある土，擁壁の重量および上載荷重を点 O を通る鉛直線の左右別々に求める．次に点 O についてそれぞれの重量によるモーメントを求める．

③ 円弧すべり面に沿った土のせん断抵抗に半径 r を乗じて得られるモーメントの和を求める．

④ ②で求めたモーメントのうち，円弧上の擁壁と土のすべりを止めようとする方向のモーメント成分と③のモーメントの和を安定モーメント M_r とし，②で求めたモーメントのうち，すべりを起こそうとする方向のモーメント成分を滑動モーメント M_d とする．M_d は，点 O を通る鉛直線の右側の円弧すべり面の内側にある擁壁と土の重量および上載荷重の和を W とし，W とその作用線と点 O の水平距離 a を乗じて求められる．

⑤ ①のすべり面の円弧（半径および中心位置）を変えて以上の操作を繰り返し，新しいすべり面に対する M_r（kNm）と M_d（kNm）を求める．このようにして求めた各すべり面の M_r と M_d が，いずれのすべり面においても，次式を満足するように設計する．

$$M_d \leqq \phi_R M_r \tag{9.2.10}$$

ここで使用限界状態の検討として耐力係数 $\phi_R = 1/1.5$ とする．これは，M_r と M_d を算出する際の種々の仮定および地盤定数のばらつきなどを考慮した値である．

浅いすべり面を考えるときの円の中心は，図 9.2.9 の（a），（b）に示す点の近傍にいくつか選べばよい．粘着力が無視できる砂質土では，図 9.2.10（a）に示すように，擁壁の上端から引いた水平線とフーチング前端から引いた鉛直線の交点近傍にとる．また，内部摩擦角を無視できる粘性土の場合には，図 9.2.10（b）のように，擁壁のたて壁上端の前端部の近傍にとる．

内部摩擦角と粘着力の両方を考慮できるような土では，図 9.2.10（a），（b）の中間にとる．また，背面に上載荷重 q（kN/m²）が作用する場合には円の中心を図 9.2.10（c），（d）に示すように ΔH（m）（$= q/\gamma$（γ（kN/m²）：土の単位体積重量））だけ上方にとる．

図 9.2.9（a）～（c）において，地表面からある程度の深さ（少なくとも表土層部分）はひび割れを発生する可能性があるのでせん断抵抗を無視した方がよい．

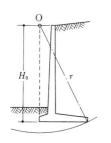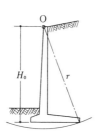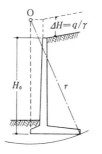

(a) 表面載荷なし　　(b) 表面載荷なし　　(c) 表面載荷あり $q(kN/m^2)$　　(d) 表面載荷あり $q(kN/m^2)$
　粘着力 $c=0$　　　内部摩擦角 $\phi=0$　　粘着力 $c=0$　　　　　　内部摩擦角 $\phi=0$
　内部摩擦角 $\phi\neq0$　粘着力 $c\neq0$　　内部摩擦角 $\phi\neq0$　　　粘着力 $c\neq0$

図 9.2.10 浅いせん断すべり破壊の計算に対するすべり円の中心位置の仮定

図 9.2.9（d）に示すような破壊形式を考える場合には次のように算定する.

① せん断抵抗の弱い層のすべり面の幅 b（m）の大きさと位置を仮定する.

② 幅 b の前後端で鉛直断面をとり，この面に対する主働土圧（背面側）P_A と受働土圧（前面側）P_p を求める. ただし，受働土圧 P_p を考慮する場合は，十分な根入れ深さの確保，隣地への配慮が必要である.

③ 幅 b の部分のせん断抵抗 S（kN/m²）を次式によって求める.

$$S = c + \sigma' \tan\phi \tag{9.2.11}$$

ここに，c（kN/m²）：すべり面に沿った土の粘着力，ϕ（°）：すべり面に沿った土の同内部摩擦角，σ'（kN/m²）：すべり面に作用する鉛直有効応力

ただし，内部摩擦角が 0 と考えられる粘性土の場合には，次式を採用してよい.

$$S = \frac{q_u}{2} \tag{9.2.12}$$

ここに，q_u（kN/m²）：すべり面に沿った土の一軸圧縮強さ

④ ③で求めた S から幅 b のせん断抵抗 b_s を求め，この値と P_p の和が P_A に対し次式を満足するように設計する.

$$P_A \leq \phi_R(b_s + P_P) \tag{9.2.13}$$

ここで，使用限界状態の検討として耐力係数 $\phi_R = 1/1.5$ とする.

なお，表層の風化土と地山の境界面に沿って円弧でない形のすべり面が発生する可能性があり，また自然斜面がかなり緩くても，それが長い場合にはすべりを発生する可能性があることから，状況に応じて検討しておく必要がある.

すべり面の各位置で土質が異なる場合には，すべり面の内側の部分をいくつかに分割し，単位幅あたりの区間ごとのせん断抵抗 S_n（kN/m²）を求める〔図 9.2.11 参照〕. すなわち，n 番目の分割区間では，粘着力による場合は式 9.2.14，内部摩擦角による場合は式 9.2.15 から得られる.

$$S_n = c_n A_n \tag{9.2.14}$$

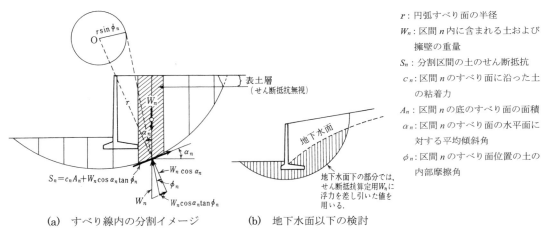

図 9.2.11　土質が異なる場合のすべりに対する検討方法

$$S_n = W_n \cos\alpha_n \tan\phi_n \qquad (9.2.15)$$

ここに，c_n (kN/m^2)：区間 n のすべり面に沿った土の粘着力，A_n (m^2)：区間 n の底のすべり面の面積，W_n (kN)：区間 n 内に含まれる土および擁壁の重量，α_n (°)：区間 n のすべり面の水平面に対する平均傾斜角，ϕ_n (°)：区間 n のすべり面位置の土の内部摩擦角

これらはいずれもすべり面に沿った方向に作用する．

次に，区間ごとにすべり円弧内の中心点 O のまわりの W_n のモーメント，すべり面のせん断抵抗によるモーメント（上記の粘着力と内部摩擦角による値に円の半径 r (m) を乗ずる）を求めて，すべりを起こさせようとする方向と，これを妨げようとする方向に分けて別々に加える．前者の和が滑動モーメント M_d，後者の和が安定モーメント M_r となる．

なお，すべり面の内部摩擦角によるせん断抵抗算定用の W_n については，地下水面下の部分の土の重量については水中単位体積重量 γ' を用いる．ただし，重量 W_n によるモーメントを算定する場合には，この部分の土の単位体積重量は飽和状態の値とし，浮力は差し引かない．

上述のような手順によって求めた M_d に対し，式 9.2.10 を満足することを確認する．式 9.2.10 を満足しない場合には，下記の方法によりすべり面の位置を変える．

① フーチング下端に突起部を設ける．
② フーチングの根入れを深くする．
③ 杭基礎にする．

これらの方法によっても式 9.2.10 を満足しない場合には，転倒モーメントを減少させ，安定モーメントを増加させるように擁壁全体の計画を変更する．

5. 鉄筋コンクリート造以外の擁壁の考え方

鉄筋コンクリート造以外の擁壁については，構造，材料などを異にする各種のものがある．構造や材料が異なっても擁壁を設計するための外力や安定計算の基本的な考え方は同じであるが，

擁壁そのものの構造性能が明らかになっていないものもある.

無筋コンクリート擁壁は，重力式擁壁や半重力式擁壁として使用し，基本的に曲げモーメントを負担しない構造とすることが求められるが，多少の曲げモーメントは発生するので，引張応力についてはかなりの余裕をとった設計が必要である.

コンクリートブロック，間知石など裏込めや胴込めにコンクリートを打設する練積み擁壁は，基本的な構造は無筋コンクリート擁壁や組石造構造物に近いと考えられる. これらの擁壁では，従来から経験的に断面が決定されて利用されており，「宅地造成等規制法施行令」[9.2.6]第8条による練積み擁壁や文献 9.2.16) が参考になる. ただし，これらの擁壁は地盤沈下や地盤変状に伴う不同沈下には脆弱なので，沈下対策を十分検討しなければならない. また，盛土地盤を対象とした半重力式や練積み擁壁は，勾配が緩く壁体が地盤側にもたれる形式となるため，盛土自身の沈下による壁体の裏込め側への倒れ込みを考慮しておく必要がある.

練積み擁壁や空積みブロックに控え壁を併用した擁壁などでは，特別な検討を行って旧建設大臣が認定している擁壁もあるので，これらについては関係する文献 9.2.17) などを参考にされたい.

鉄筋コンクリート版やメタル版を壁面に使用し，地盤内に補強材を配した補強土擁壁は，壁高が比較的高くなる場合に使用されるが，設計の基本的な考え方や背面地盤の扱い方が自然地盤を背面土とする一般的な擁壁と異なっているため[9.2.18]，本指針の対象外とする.

6. 留意事項

（1） 杭基礎を使用する場合

擁壁の支持力を確保できない場合に杭基礎を使用する場合がある. 通常の建物と同様に，6章を参照して水平力を受ける杭の設計を行えばよいが，以下の点に留意することが大切である. なお，擁壁の計算に擁壁および裏込め土の自重以外の安定要素を期待するような設計を行う場合には，以下の留意点に十分配慮する必要がある.

① 直接基礎の擁壁では，過大な土圧に対してはわずかな滑動によって，構造体の損傷を防止できるが，杭基礎では，滑動できず構造体に損傷が生じることがある. したがって，杭に引抜き力を作用させない，フーチングとの接合を非接合とするなどの配慮が必要である[9.2.1].

② 擁壁前面を掘削した場合，その影響は大きく，杭の水平支持力が失われ杭が大きく損傷する可能性がある（維持保全上の問題）. 矢板などを永久構造物としてほとんど使用しない理由は，地盤による水平抵抗に長期間依存することに対する信頼性の欠如によるところが大きい.

③ 地震時の挙動が複雑であり，建物の杭基礎と比較すると外力評価が難しい.

④ 開析谷を盛立て造成した地盤の斜面下部に設置される擁壁などの杭基礎には，単なる主働土圧だけではなく，地すべり防止杭に作用するような斜面全体の変形による土圧が作用することがあるので，全体のバランスを考えた計画を行うことが必要である.

⑤ 杭基礎に耐久性上問題となるひび割れを生じさせないために常時に引抜き力が作用しない

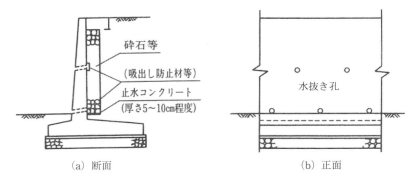

図 9.2.12　擁壁の排水仕様の例[9.2.1]

ように注意が必要である．
⑥　擁壁フーチングに作用する杭からの作用曲げモーメントによる曲戻しについても考慮する必要がある．

（2）擁壁土圧と地下水

擁壁裏面における排水には，通常，図 9.2.12 のような施工が行われる．これまでの擁壁土圧の設計では，擁壁面における排水層の効果を期待し降雨時の水圧を設計上考慮しないのが一般的であったが，通常の排水仕様で十分な排水を行っても，降雨時には降雨に伴う自重の増大やすべり線上の水圧により，擁壁に作用する土圧は大きくなると考えられる．

図 9.2.13 は降雨強度（単位地表面積あたりの一時間降雨量）を変えた時に擁壁に作用する土圧の変化を示したものである[9.2.19]．このような土圧の変化は，これまでの擁壁の設計では考慮されておらず，常時の安全率で処理していたものと考えられる．擁壁にとって降雨時の状態は非常時の荷重に対応するが，地下水が恒常的な場合には常時において対応しておくことも考えられる．また，地下水位が極端に上昇する場合については，終局限界状態を想定した設計を行えばよいと考えられるので，この状態で 4.の各項目を満足すればよい．ただし，地震時と地下水位上昇とが重ならないと仮定しているが，恒常的に地下水が存在する場合には，両者が重なるものとしての検討が必要な場合もある．

（3）地盤の液状化現象

通常，液状化が生じる地盤は低地や平地が多いので，擁壁が設置されるような地盤に液状化の問題が生じるのは，砂丘地の造成宅地や，砂質土を使用した盛土地盤であることが多い．特に砂の盛土地盤では，自然地盤と比較して緩い盛土も存在し，地下水位の条件次第では液状化の発生が懸念される．このような地盤では，基本的に地盤全体の液状化対策を講じることが必要である．

（4）伸縮目地

擁壁の設計は，単位幅ごとに縦断した状態に対して設計されるが，壁面に沿った方向に地盤性状が一様であるとは限らず，場所による土圧の変化に伴って壁体の応力，変形性状も変化する．また，擁壁が長くなると大きな不同沈下を生じる可能性が高くなり，極端に地盤条件が変化する

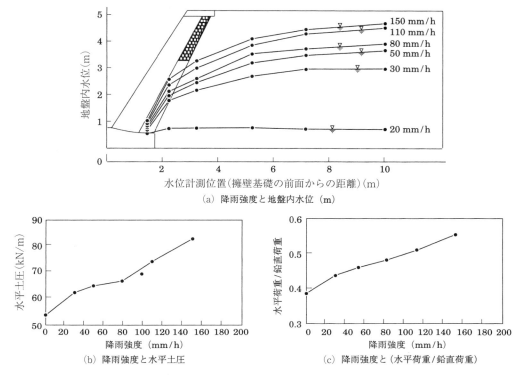

図 9.2.13　降雨強度と水平土圧および水平荷重／鉛直荷重の関係

部分で構造体に大きなひび割れなどの損傷を生じるおそれも出てくる．このため擁壁が非常に長く続く場合には，ある程度の長さごとに伸縮目地を設け，構造的に切断しておいた方が安全である．伸縮目地を設けるかどうか，その位置をどこにするかなどは，地盤の状態，擁壁の規模，構造形式などを考慮して決定し，想定される状態に対して安全であるように設計する．特に，地盤の変化する箇所，擁壁高さが著しく異なる箇所，擁壁の材料や構法を異にする所は，留意が必要である．

（5）コーナー部の擁壁

コーナー部分の被害は，過去の地震における宅地擁壁の被害として多く認められている[9.2.20]．擁壁がコーナーに設置されると，隣り合う擁壁には方向の異なる土圧が作用するため擁壁のコーナー部分（隅角部）には開きが生じ，コーナー部分が接続している場合には，引張力が作用する．このため，擁壁のコーナー部は隅角部分を鉄筋およびコンクリートで補強する等の対策がとられる[9.2.1]．特に，引張強度の低い構造の練積み擁壁などでは経験的にコーナー部分の内側をコンクリートで補強することが行われている．また，コーナー部分の被害は擁壁の高さとともに大きくなり，通常の補強範囲を超える場合も認められる．

（6）突　　起

擁壁の滑動抵抗を大きくするために，擁壁底版に突起を設けることがある．突起の高さは，擁壁底版長さの 10〜15％ 程度の範囲のものが使用されているが，通常，堅固な地盤や岩盤上の擁

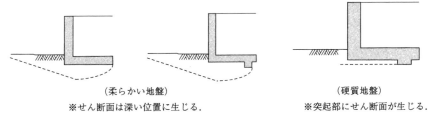

図 9.2.14 突起による滑動の防止

表 9.2.3 宅地造成等規制法施行令における練積み造擁壁の根入れ深さ[9.2.1]

土　質	根入れ深さ (m)
第一種　岩，岩屑，砂利または砂利まじり砂	擁壁高さ：H
第二種　真砂土，関東ローム　硬質粘土その他これらに類するもの	35 cm 以上かつ擁壁高さの 15/100 以上
第三種　その他の土質	45 cm 以上かつ擁壁高さの 20/100 以上

壁で使用され，地盤の乱れに注意し周辺地盤との密着性を確保することなどが条件として課されている．一般的な地盤に擁壁が設置される場合では，基礎下方は砂礫などが敷設され，地盤とのかみ合わせが良好なように地業が施される．このような条件では，擁壁は地表面にそって滑動せず，傾斜荷重を受ける支持力破壊のように浅いすべり線を形成して移動（滑動）する[9.2.21]．したがって，突起によってより大きい滑動抵抗を期待する場合には，突起は少なくともこのすべり線よりも深い位置まで入れておく必要がある〔図 9.2.14 参照〕．

（7）根入れ

根入れは，長期間にわたる支持地盤の安定や滑動に対する安全性を確保するうえで経験的に考慮されている事項である．根入れによる受働抵抗は，通常では設計上考慮されないが，大地震時の滑動抵抗など，受働抵抗が期待できる状況では，考慮できる根入れ深さを地盤面より 1 m 以深とするなど安全側に評価することが望ましい．「宅地造成等規制法施行令」[9.2.6] 第 8 条第 4 号には，練積み造擁壁の根入れ深さが表 9.2.3 のように定められており参考にできる．鉄筋コンクリート擁壁などでも，これらの値を参考に根入れを確保することが望ましいが，壁高が高くなったり，杭基礎を用いたりする場合など，表 9.2.3 に示された数値を確保することが必ずしも適切でない場合もあるので，設計条件に留意し必要な検討を行って，根入れ深さを決定することが大切である．

（8）プレキャスト擁壁

建物の敷地に使用されている擁壁は，適用範囲として図 9.2.1 のような種類があるが，現在，L

型擁壁をはじめとしてプレキャスト化されているものも多い．この理由として，工場生産による品質の確保，災害復興などの迅速な施工対応等の工期短縮が可能であること，現場施工の特殊作業員不足の解消，狭隘な現場でも施工可能であること等が挙げられる．

これらのプレキャスト擁壁の中で，「宅地造成等規制法」[9.2.22)]に規定されている宅地造成工事規制区域での宅地造成で使用される擁壁として，「宅地造成等規制法施行令」[9.2.6)]第14条で規定される国土交通大臣認定擁壁がある．この擁壁は，「宅地造成等規制法」で規定する擁壁の構造材料または構造方法と同等以上の効力があると国土交通大臣が認めた擁壁で，鉄筋コンクリート造L型擁壁，鉄筋を用いたコンクリートブロック擁壁，植栽用コンクリートブロック擁壁，補強土擁壁の4種類が個別認定を受けている[9.2.23)]．

参 考 文 献

9.2.1) 宅地防災研究会：宅地防災マニュアルの解説（第二次改訂版）［I］，ぎょうせい，2007
9.2.2) 日本建築学会：鉄筋コンクリート構造計算規準・同解説，2018
9.2.3) Koseki, J., Tatsuoka, F., Munaf, Y., Takeyama, M. and Kojima, K.: A modified Procedure to evaluate active earth pressure at high seismic loads, Soils and Foundations, pp. 209〜216, 1998.9
9.2.4) 古関潤一・龍岡文夫・堀井克己・館山　勝・小島謙一・Munaf, Y.：大きな地震荷重下において擁壁および補強土壁に作用する地震時主働土圧の評価法，第10回日本地震工学シンポジウム，pp. 1563〜1568，1998.11
9.2.5) 日本建築学会：建築物荷重指針・同解説，2015
9.2.6) 宅地造成等規制法施行令（昭和三十七年政令第十六号），https://elaws.e-gov.go.jp/search/elawsSearch/elaws_search/lsg0500/detail?lawId=337CO0000000016
9.2.7) 地盤工学会：地盤工学ハンドブック，1999
9.2.8) 若井明彦・釜井俊孝・鵜飼恵三：高町団地における盛土崩壊事例の有限要素シミュレーション，宅地地盤の安全性と性能評価技術に関するシンポジウム論文集，pp. 25〜30，2005.7
9.2.9) 地盤工学会関東支部：造成宅地における耐震調査・検討・対策の手引き，2007
9.2.10) 野間康隆・山本浩之・西村　毅・笠　博義・西形達明・西田和彦：城郭石垣の地震時変形予測と安定性評価に関する研究，土木学会論文集C（地圏工学）Vol. 69, No4, pp. 444〜456, 2013.11
9.2.11) 酒井久和・山地智仁・小川悟史：不連続変形法に基づく2001年芸予地震時の石積み擁壁の崩壊シミュレーション，土木学会論文集A1（構造・地震工学），Vol. 65, No. 1（地震工学論文集Vol. 30），pp. 575〜580，2011.6
9.2.12) 日本建築学会：鉄筋コンクリート造建物の靭性保証型耐震設計指針・同解説，1997
9.2.13) 日本道路協会：道路土工—盛土工指針，2010
9.2.14) 運輸省鉄道局：鉄道構造物等設計標準・同解説　耐震設計，2012
9.2.15) 東日本高速道路株式会社ほか：設計要領　第1集　土工編，2014
9.2.16) 日本建築士連合会：「構造図集　擁壁」，2009
9.2.17) （社）全国宅地擁壁技術協会：宅地造成等規制法施行令第15条に基づく「建設大臣認定擁壁図集」，建設省建設経済局民間宅地指導室監修，1994
9.2.18) 日本道路協会：道路土工—擁壁工指針，2012
9.2.19) 二木幹夫：最新斜面・土留め技術総覧（4.4：ブロック積工，p. 144），（株）産業技術サービスセンター，1991
9.2.20) 二木幹夫：住宅基礎と宅地地盤における教訓，基礎工，Vol. 24, No. 11, pp. 17〜21, 1996.11
9.2.21) 二木幹夫：擁壁の滑動抵抗に関する実験研究，日本建築学会構造系論文報告集，第364号，pp. 91〜98，1986.6
9.2.22) 宅地造成等規制法（昭和三十六年法律第百九十一号），https://elaws.e-gov.go.jp/search/elawsSearch/elaws_search/lsg0500/detail?lawId=336AC0000000191&openerCode=1
9.2.23) 全国宅地擁壁技術協会：宅地造成等規制法施行令第14条に基づく「国土交通大臣認定擁壁図集」，2018

10章 施工管理

10.1節 基本事項

1. 施工管理は，建物の直接基礎，杭基礎，地盤改良ならびに地下外壁・擁壁（以下，基礎構造等という）の施工後の支持力・変形ならびに剛性・耐力等に関する保有性能を，設計時に設定した要求性能以上に確保することを目的とする．
    （1）　基礎構造等の施工は，原則として，本会「建築工事標準仕様書・同解説 JASS 3 土工事および山留め工事，JASS 4 杭・地業および基礎工事」によるものとする．
    （2）　基礎構造等の材料および製品は，設計図書に指定された品質を満たすものを使用する．
2. 工事管理者ならびに施工者は，各種調査結果に基づき，要求性能を確保できるように施工計画を検討し，施工計画書を作成する．
    （1）　設計者または工事監理者は，施工計画書の内容について，施工前に工事管理者ならびに施工者から説明を受け，要求性能が確保できる方法であることを確認する．
    （2）　設計者または工事監理者，工事管理者ならびに施工者（以下，関係三者）は，施工計画書の内容に関する十分な打合せを行い，認識の齟齬が生じないように注意する．
3. 工事管理者ならびに施工者は，施工計画書に基づき施工管理を実施し，その結果を施工単位ごとの施工記録にまとめ保存する．
    （1）　工事管理者ならびに施工者は，必要な管理項目の立会い確認と，施工記録データに基づき，要求性能を満たしていることを確認する．施工管理の結果を工事報告書としてまとめ，設計者または工事監理者に提出するとともに保存する．
    （2）　設計者または工事監理者は，適切な立会い確認と，施工記録である工事報告書を確認し，要求性能を満たしていることを確認したうえで，保存する．

1. 施工管理の目的

（1）　性能設計体系に対応する施工管理の目的と位置付け

本指針における基礎構造等の設計においては，限界状態ごとに要求性能を設定することを基本としている．このため，施工管理の目的は，基礎構造等の施工後の支持力特性，変形特性および耐力・剛性等に関する性能について，要求性能を満足するよう，所定の管理項目に対して施工計画で設定した管理値が，所定の条件を満足することを確認することによって，品質を確保することである．

なお，本章においては，基礎構造等の使用材料，施工計画，施工管理，記録・保存について記述しているが，施工順序や施工仕様および安全管理ならびに周辺環境への配慮に関しては詳細には記述していない．これらに関しては，本会「建築工事標準仕様書・同解説 JASS 3 土工事およ

び山留め工事[10.1.1]，JASS 4 杭・地業および基礎工事」[10.1.2]（以下，それぞれ JASS 3，JASS 4 という）などを参照されたい．また，山留めの設計は本指針では扱っていないことから，山留め工事に関しても，詳細は JASS 3 などを参照されたい．

（2） 使用する基礎構造等の材料および製品の多様性と施工後の基礎構造等の保有性能のばらつき

本指針で対象とする基礎構造等に使用される材料や製品は，既製コンクリート杭のように工場で製造された製品をそのまま使用するものや，場所打ちコンクリート杭のように現場にて掘削した孔に鉄筋かごを建て込み，生コンクリートを打設して構造部材を築造するものがあり，基礎工法に応じて多種・多様である．

施工後における基礎構造等の品質の変動要因としては，以下の①から③等が挙げられる．基礎構造等の施工管理においては，構造性能特性や品質が築造物でない地盤に左右されること，品質を目視確認できないこと等の特殊性のため，特に，②，③について十分配慮しなければならない．

① 材料・製品における品質のばらつき
② 地盤のばらつき
③ 施工のばらつき

施工後の基礎構造等の保有性能が図 10.1.1 のような分布になると考えた場合，この分布における信頼性区間の下限値が要求性能を上回るように，高い性能を有する工法の選定あるいは，ばらつきが小さく安定した品質を確保できる工法・管理手法を設定することが必要となる．

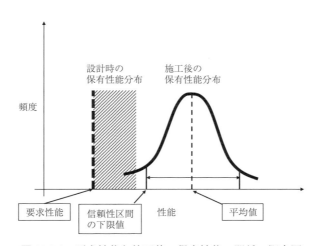

図 10.1.1　要求性能と施工後の保有性能の関係の概念図

仕様規定に基づく設計・施工では，与えられた施工手順に沿った施工をすることが重視され，出来ばえに対する品質評価が十分でないものもある．すなわち，仕様規定型の設計・施工体系では，設定された施工手順を遵守することで要求性能を満足することを間接的に確認しているが，品質検査により性能を直接的に確認していることが少ないため，鉄筋や鋼材ならびに既製コンク

— 364 —　建築基礎構造設計指針

リート杭等の工場で製造される部材の構造性能以外は，個々の基礎構造等の施工などの保有性能に関するデータは十分に蓄積されているとは言い難い．

2. 施工計画の重要性

　基礎構造等の施工管理に関する諸規定としては，「平成 28 年 3 月 4 日国土交通省告示第 468 号」[10.1.3]，「基礎ぐい工事における工事監理ガイドライン」[10.1.4]等があり，設計者または工事監理者，工事管理者ならびに施工者（以下，関係三者）の役割，施工計画時における検討事項等が定められている．各現場の諸条件に応じて最適な施工管理方法を設定するために，関係三者は，それぞれの役割と責任を認識したうえで，協力して施工計画を作成することが重要である．

　工事管理者ならびに施工者は，施工計画書の作成に際して設計図書の内容およびその前提となる設計条件等を適切に把握したうえで，施工管理の内容（施工管理項目，施工管理方法，管理値・許容値）を設定する必要がある．工事管理者は，設定した施工管理の内容に基づき施工計画書を作成し，設計者または工事監理者にその内容を説明する必要がある．その際，関係三者で施工計画書の内容が設計図書の内容に照らして適切なものであること，および関係三者の役割について確認を行う場（以下，着工前検討会）を施工前に設け，施工管理に関する情報を共有する．着工前検討会における協議事項の例を以下の①から⑦に示す．特に，②における杭の支持層や地盤改良の定着層について，設計では当該層の土質，N 値，当該層への根入れ長さ等が条件として掲げられることが多いが，これらは，あくまでも地盤調査を実施した位置における情報をもとに設定されたものである．このため，前項で示したように地盤にはばらつきがあること，および施工管理では N 値そのものを確認できないことから，安易な根拠で設定した場合は，追加地盤調査や設計変更のリスクが伴うことを設計者は特に留意して設計条件を設定する必要がある．一方，工事管理者および施工者は，施工管理によって確認できる事項と確認できない事項を事前に明らかにし，設計者または工事監理者からの要求性能を確保するための施工管理方法を提示するとともに，施工記録に関する情報を正確かつ適切な時期に提供する方法を提示し，設計者の理解・合意を得たうえで，適切な施工計画を作成する必要がある．すなわち，関係三者が協力して情報共有に努め，かつ個別物件ごとに最適な施工計画を設定することが肝要である．また，施工計画作成および施工管理に関する関係三者の役割を図 10.1.2 に示す．

①　試験施工における確認事項
②　本施工における施工管理項目，工事管理者ならびに施工者による施工管理方法，管理値・許容値（例えば，設計における支持層の条件および支持層到達の判断（施工管理）方法）
③　設計者または工事監理者による監理方針
④　工事管理者ならびに施工者による施工管理の方法（施工立会い確認と書類確認の別など）
⑤　管理許容値を満足しなかった場合の対応方針
⑥　施工記録・保存の方法
⑦　建築主との情報共有の方法

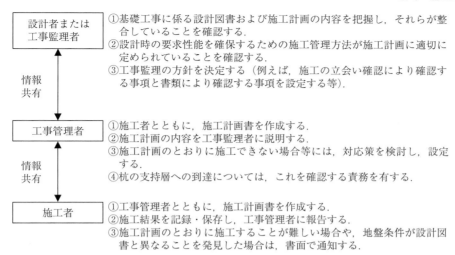

図 10.1.2 関係三者の役割

3. 施工管理と施工記録の重要性

　設計者または工事監理者は，設計時の目標性能を担保するため，事前に設定された施工計画書のとおりに施工されていることの確認を行う役割を担っている．適切に施工が行われたことの確認は，工事管理者から提出される施工記録等により行われることが一般的であるが，基礎構造等においては，施工後に基礎構造等の出来ばえを目視確認することが困難であること，設計時に把握された地盤条件と異なることが施工時に確認される場合があること等，特有の事情があるため，試験杭や特定の工程については施工時に立会い確認を行う等，施工管理の状況を適切な方法で確認することが重要である．

　施工時に地中障害や支持地盤の不陸・傾斜等，設計時に想定していないことが確認された場合は，地盤調査の追加あるいは各種試験・計測（以下，各種試験等）を実施し，必要に応じて，施工方法の見直し，あるいは設計変更の検討を行うことになるため，事前の地盤調査および施工計画が重要である．

　各種の基礎構造等における施工計画および施工品質管理の内容を 10.2 節および 10.3 節に示す．施工管理の結果は，施工計画書に従い保存する．保存期間は，事前の関係三者の協議による．特に，現場の状況が設計時の条件と異なっていたため基礎構造等の仕様等を変更した場合においては，変更の理由，変更後の基礎構造等の仕様・施工内容，関係者による協議内容等の情報も合わせて記録・保存する必要がある．これらの記録は，後の建替え時等において基礎構造等を再利用する際，当該基礎構造等の諸元や性能を把握するための有用な情報となる．

— 366 — 建築基礎構造設計指針

参 考 文 献

10.1.1) 日本建築学会：建築工事標準仕様書・同解説　JASS 3 土工事および山留め工事，2009
10.1.2) 日本建築学会：建築工事標準仕様書・同解説　JASS 4 杭・地業および基礎工事，2009
10.1.3) 国土交通省告示：第 468 号，2016.3
10.1.4) 国土交通省住宅局建築指導課長：基礎ぐい工事における工事監理ガイドラインの策定について，国住指第 4239 号，2016.3

10.2節　施 工 計 画

1. 施工計画にあたっては，地盤条件に適合した施工法を選定し，工事中の安全，周辺環境の保全を考慮したうえで，施工法に合った管理項目や管理方法，立会い確認頻度，施工管理機器と記録の取得方法に留意し，設計時の目標性能を満たす施工計画となるように作成する．
2. 施工計画書には，工程，施工管理体制，使用材料，施工機械，資材・機材の搬入，施工法，施工か所・順序，施工管理項目，施工管理方法，試験施工方法，立会い確認項目，立会い確認頻度，施工記録方法などを明記する．

1. 施工計画書の概要

施工計画にあたっては，材料，工法，施工管理，安全計画，環境保全などを具体的に定めた施工計画書を作成し，設計者または工事監理者の承認を得る．その目的は，作業手順や品質管理，安全管理といった施工管理に関する工事管理者ならびに施工者の実施方針を具体的に示し，それが設計図書に示された仕様に整合し，所要品質が確保できることを設計者または工事監理者に提示することにある．

計画には，品質管理はもとより重機災害防止など，その工事の特殊性に合わせた安全管理の検討が重要である．また，環境配慮の観点から，騒音・振動，粉塵など周辺環境についても計画することが必要である．

施工計画書に必要な項目は，各工種別に多少異なるがおおよそ次のとおりである．

① 工程表（施工機械の搬入時期，施工の開始および終了時期）
② 施工業者名および作業の管理体制
③ 使用材料
④ 材料の保管方法
⑤ 施工機械の仕様の概要および性能
⑥ 施工方法
⑦ 施工管理項目とその内容（立会い確認項目，頻度など）
⑧ 施工箇所
⑨ 施工順序
⑩ 注入液などを用いる場合は，その調合計画および管理方法
⑪ 杭工事での掘削壁保護の方法
⑫ 支持層への到達確認

⑬　養生方法

⑭　安全対策（施工機械の転倒，孔への転落，酸欠・有毒ガスなど）

⑮　環境保全（騒音・振動，泥土・廃液の処理など）

⑯　試験施工方法

⑰　施工記録の内容・書式

2. 施工計画書の留意事項

以下に基礎構造等別の留意事項を示す．

（1）　直 接 基 礎

直接基礎の施工では，支持地盤を乱さないように掘削および床付け工事を行う必要がある．同工事を行うための根切り山留め工法は，地盤条件，近接条件，環境条件等により多くの組合せが考えられ，工期や工程ならびに他工事との関連などを考慮して決定される．これらの要因を整理分析し，要求性能を確保できる根切り山留め工法を選定する必要がある．山留めや地下水処理を伴う掘削では，工事中の地盤性状の変化が，支持地盤や周辺地盤に悪影響を与えないことを確認する．地下水がある場合には，適切に地下水処理を行ってボイリングや盤ぶくれ等の発生を防止し，掘削面および床付け面の安定性を確保する．掘削，根切り山留め工法の計画や施工，床付け方法に関しては，本会「山留め設計指針」[10.21]や JASS 3[10.22] を参照されたい．

（2）　杭 基 礎

施工に用いる機械・施工器具は，採用する工法の特徴，杭の寸法・重量，現場の地盤条件，環境条件，近接条件等の施工条件，既往の実績等を総合的に検討して要求性能を満たす杭を確実かつ安全に施工できるものを選定することが大切である．各管理項目について，管理方法・管理値，施工管理結果の記録方法，施工時の立会い確認頻度なども明記する．詳細については，JASS 4[10.23]や JIS A 7201「遠心力コンクリートくいの施工標準」[10.24]等を参照されたい．以下に杭種別の留意事項を示す．

a）　場所打ちコンクリート杭

場所打ちコンクリート杭の施工では，杭の寸法・形状（杭心位置，掘削孔の直径・深度・鉛直精度など），杭体の品質（鉄筋かごの形状・寸法，鉄筋の材質，コンクリートの設計基準強度・スランプ値など），施工方法（掘削方法），支持層への到達確認方法（支持層の種類・根入れ長さ，スライム量など），鉄筋かご作製・設置方法，コンクリートの打設方法の項目など，ならびにそれらの管理項目についての管理方法・管理値，施工管理結果の記録方法，施工時の立会い確認頻度などを施工計画書に明記する．

b）　埋 込 み 杭

埋込み杭の施工では，支持地盤の種別（砂質土，粘性土），支持地盤までの地盤構成と掘削深さ（崩壊性の地盤の有無），掘削方法（プレボーリング工法，中掘り工法），掘削径，支持層への到達確認方法，支持層での支持力発現方法（拡大・ストレート掘削，杭と孔底との離間距離の有無），根固め液・杭周固定液の配合と使用量，継手構造，施工サイクルタイム等を明記する．

c） 回転貫入杭

回転貫入杭の施工では，地盤表面での施工直後の杭心ずれ，回転挿入時の回転管理トルク（杭径・板厚・溶接部の仕様），杭の貫入量，回転速度，押込み力，杭体の健全性（座屈・ねじれ破壊），各施工位置での支持層への到達確認（回転トルクと支持層の相関関係の管理・有無）等を明記する．

d） 打込み杭

打込み杭の施工では，施工地盤への対応方法（直打ち，オーガ併用），ハンマの選定（杭径，杭長，支持力），オーガ併用の有無（掘削径，掘削深さ，掘削液の有無），動的支持力の測定（算定式，ヤットコ低減の有無），打止め管理基準（支持層への到達確認），初期打撃の打撃高さ，総打撃回数，杭の健全性，溶接継手，クッションの設定等を明記する．

（3） 地盤改良

地盤改良の施工計画にあたっては，建物と基礎構造等の特性および要求性能を踏まえ，改良地盤の目標性能を明確にしたうえで，その性能を確保するために必要な具体的検討項目を設定し，適切な手順と方法により検討する．施工法の選定にあたっては，地質調査で得られた土質情報などの地盤条件，建物条件，敷地条件，周辺状況などに十分配慮し，確実に改良効果が期待でき，かつ周辺環境に影響が少ない工法を選定し施工計画を提示する．支持層定着を期待する工法については，支持層への到達確認方法を明記する．

本指針においては，深層混合処理工法，浅層混合処理工法，締固め工法（サンドコンパクションパイル（SCP）工法，静的締固め砂杭工法，バイブロフローテーション工法，ディープ・バイブロ工法）の3種類の施工法について記述している．各工法とも適用地盤，適用建物等の状況を検討したうえで，適切な施工法を選定し，改良を目的とする性能や土質状況を鑑みて適切な機械・治具の選定が行われていることを確認する．詳細については本会「建築基礎のための地盤改良設計指針案」[10.2.5)] が参考となる．

（4） 地下外壁・擁壁

a） 地下外壁

地下外壁の要求性能としては，荷重に対する構造性能のほか，壁体の防水性を確保することが重要であり，防水工法（外防水・内防水，先やり・後やり）により根切り・山留めの施工法・手順が異なる場合がある．設計図書により地下外壁の設計仕様を確認し，要求性能を確保できるような施工法を選定する．また施工条件を考慮した地下構築工法（順打ち・逆打ち等）を選択し，山留め工法の選定を行う．

山留め工法の選定，計画および設計については本会「山留め設計指針」[10.2.1)] を，施工については JASS 3[10.2.2)] を，鉄筋コンクリート壁の施工に関しては「JASS 5 鉄筋コンクリート工事」[10.2.6)] を参照されたい．

b） 擁　　壁

施工方法および施工機械は擁壁の種類により大きく異なり，現場における地層構成などの地盤条件，近接条件，環境条件などにより多様な組合せが考えられる．また工期や工程ならびに他工

事との関連など，さまざまな要因により決定される．これらの要因を整理分析し，要求性能を確実に確保できる施工方法および施工機械や器具を選定する必要がある．

擁壁本体の施工に関しては，JASS 3[10.2.2]を，練積み造の場合は「JASS 7 メーソンリー工事」[10.2.7]（ただし 2009 年版では，積み石工事およびコンクリート積みブロック擁壁工事について 2000 年版の本文のみが付録として掲載されている）を，鉄筋コンクリート造在来工法の場合は JASS 5[10.2.6]を，プレキャスト工法の場合は「JASS 10 プレキャストコンクリート工事」[10.2.8]をそれぞれ参照されたい．

参 考 文 献

10.2.1) 日本建築学会：山留め設計指針，2017
10.2.2) 日本建築学会：建築工事標準仕様書・同解説　JASS 3 土工事および山留め工事，2009
10.2.3) 日本建築学会：建築工事標準仕様書・同解説　JASS 4 杭・地業および基礎工事，2009
10.2.4) 日本規格協会：JIS A 7201 遠心力コンクリートくいの施工標準，2009
10.2.5) 日本建築学会：建築基礎のための地盤改良設計指針案，2006
10.2.6) 日本建築学会：建築工事標準仕様書・同解説　JASS 5 鉄筋コンクリート工事，2015
10.2.7) 日本建築学会：建築工事標準仕様書・同解説　JASS 7 メーソンリー工事，2009
10.2.8) 日本建築学会：建築工事標準仕様書・同解説　JASS 10 プレキャスト鉄筋コンクリート工事，2013

10.3 節　施工品質管理

1. 本施工に先立ち，施工計画の適用性を確認するため，試験施工を実施する．ただし，地盤の影響を受けず，施工計画の適用性を確認する必要のない工法は除く．

（1）　試験施工では，施工工程において，特に，直接基礎では支持層到達，杭基礎では支持層到達や支持層根入れ長さ，埋込み杭では根固め部の形状や根固め部の強度，地盤改良では，支持層到達や改良対象層の土質確認などの重要な項目を含む全工程を実施し，選定した施工法，施工管理方法，施工管理項目，立会い確認項目，立会い確認頻度，施工記録方法などについて，計画書の方法で問題がないかどうか，関係三者で検討する．

（2）　試験施工により，事前に設定した施工計画では要求性能が満足されないことが判明した場合には，工事管理者ならびに施工者は，設計者または工事監理者と協議し，原因究明と対応策を決定し，施工計画書を修正する．

2. 本施工では，工事管理者ならびに施工者は，必要な管理項目について所定の頻度で立会い確認を実施し，それ以外の管理項目については，施工記録により管理値以内であることを確認する．

（1）　設計者または工事監理者は，適切に立会い確認を実施し，施工管理の結果の記録により，要求性能が確保できているかを確認する．

（2）　設計図書の指示がある場合などには，工事管理者ならびに施工者は各種試験・計測（以下，各種試験等）を実施し，これらの結果により基礎構造等が要求性能を満たしていることを確認する．各種試験や品質検査等の結果は，適切に記録し保存する．

－ 370 －　建築基礎構造設計指針

品質を確保するため，施工中の全工程にわたって品質管理に必要な管理項目を選定し，その項目ごとに管理値などの内容を定め，点検・計測を行う．施工中の点検については，本節2.で記述し，施工管理の結果として残る施工記録については，10.4節で記述している．点検・計測した結果は適時設計者または工事監理者へ報告し，承認を得る．立会い確認が必要な管理項目はあらかじめ協議し，必要に応じて対応する．また本杭施工前に試験施工を行い選定された管理項目で品質・性能を確認する．仮に設計図書に示された品質や性能が満足されない場合は，ただちに設計者または工事監理者に報告し，原因の究明と処置法などを協議のうえ，承認を受ける．

1. 試 験 施 工

（1）　直 接 基 礎

掘削深度が比較的浅い場合，本掘削に先行して試験掘削を実施し，要求性能を確保できる施工が行えることを確認する．また必要に応じて，本掘削前に追加の地盤調査や現場試験などを行い，設計で想定する地盤条件と相違ないことを確認する．

（2）　杭 基 礎

試験施工は，本施工に先立ち，現場の各種条件に対する採用工法，使用機器，各種溶液の品質等の適合性，および支持層への到達確認方法など，あらかじめ決められた管理方法により行い，各項目について管理値を満たしているかどうか検討・確認して，以後の施工に反映させる．そのため，試験施工は，ボーリング調査位置近傍で行う．

a）　場所打ちコンクリート杭

設計時に想定した地盤性状と実際の地盤性状との相違，完成後の杭の性能にかかわる掘削状況，掘削速度，掘削精度，支持層への到達確認，支持層への根入れ長さ，安定液の調合の適否および管理状況，スライム処理方法の妥当性，コンクリートの打込み状況，出来形など施工全般にわたって検討を行い，要求性能を満たすことを確認する．なお，試験施工は最初の1本目の本杭で行い，試験施工の位置は設計図書に指定があればそれを，ない場合には，一般に代表的な条件の杭を選定し，あらかじめボーリング調査が行われて地盤条件が明らかになっている地点付近に設定する．

b）　埋 込 み 杭

試験施工を行うことにより，施工時間，施工管理方法・管理値等，本施工に必要な情報を得て，関係三者全員で支持層への到達確認の判断基準などを策定する．試験施工は計画サイクルタイムに基づいて行い，その結果に応じて杭全数について施工管理を行う．その目的は，杭工法の施工指針の規定および地盤条件を反映させた計画サイクルタイムを用いて各工程のプロセスを管理することにより，確実に要求された性能を発現することにある．試験施工の結果を計画サイクルタイムと比較し，妥当性・実現性の可否を決定する．検証を行った結果は関係者で確認し，必要があれば計画サイクルタイムを修正する．図10.3.1に計画サイクルタイムの例を示す．

試験施工時のサイクルタイム（実施サイクルタイム）の確認は施工管理装置で行い，工程ごとに，掘削，根固め部築造，根固め液と杭周固定液の注入，撹拌等の時間を記録し，計画サイクル

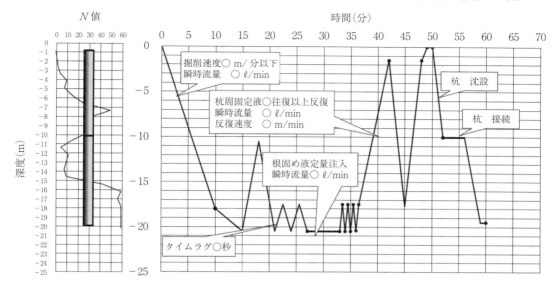

図 10.3.1　計画サイクルタイムの例

タイムと比較して妥当性を検証する．

　設計で設定した支持層深度付近に達したら，電流値，積分電流値，重機の振動等から総合的に，支持層に到達したかどうかを判定する．また，このときの積分電流値等を支持層判断の目安値として設定し，本杭施工時の管理指標にする．設計者または工事監理者等は，本杭施工において，その支持層到達判断の管理指標の変更の必要性を，工事管理者から示された場合，工事管理者および施工者と協議し，新たな管理指標を設定するなどの対策を講じる．

　所定の深度に達したら，規定の方法で根固め部の掘削，築造を行う．根固め部の仕様は先端支持力発現に大きく影響するため，その施工管理（根固め部の径・出来ばえ・固化強度等）と記録は重要である．根固め部の掘削径の管理では，機械式拡大ヘッドの場合は，掘削電流値の変化や拡大確認装置，圧縮ピンを確認する等により拡翼確認を行う．油圧式拡大ヘッドの場合は，掘削電流値の変化や油圧と油量の変化量を確認することにより行う．

　根固め液の注入については，計画サイクルタイムで規定した施工方法と比較して確認する．根固め部の出来ばえ（混合状況や密度，固化強度）に関しては，根固め部から直接採取した試料により，観察や計測を行うケースが増えてきている．要求性能を満足するための固化強度の管理値を設定し，これを施工管理項目として確認する．

　杭周固定部の築造に関しては，計画サイクルタイムで規定した施工法（引上げ速度，注入速度や反復回数など）で行い，所定量を所定深度に注入する．掘削地盤が堅固で注水過多が懸念される場合は，杭沈設後に目視や計測棒によりソイルセメント液面が杭頭よりも下がっていないことを確認する．杭周固定部のソイルセメントに沈降が生じた場合は，杭周固定液を補充し，杭頭部まで充填されていることを再度確認するとともに，以降の杭の杭周固定液の増量等を検討する．

　試験施工での確認事項を以下に示す．

① 採用工法や施工機械・機器選定の妥当性

② 掘削速度，注水量

③ 支持層への到達確認方法の妥当性とその管理指標（積分電流値等）の設定，支持層への杭先端の根入れ状況

④ 根固め部と杭周固定部の築造状況と出来ばえ（混合状況や固化強度）

⑤ 施工時間

c) 回転貫入杭

本施工に先立って，施工状況の把握と施工管理用データの事前採取および管理指標を設定することを目的として試験施工を実施する．試験施工は本杭を兼用してもよいが，数量については，施工現場の大きさ，地盤性状，杭本数，杭径のばらつきなどを考慮して，適宜決定する．特に，支持層が傾斜または等深線が不規則と判断される場合は，少なくとも建物外周部の両側や中央部についても実施するのが望ましい．

試験施工では，計画した施工機械での施工可否や貫入性の良否，地中障害物の有無，その他当該地盤における問題点，杭の破損の有無，設定した杭長の妥当性，管内掘削などの補助工法の必要性の有無等を確認する．

回転貫入中は，オーガ駆動装置の回転抵抗値（負荷電流値等）の変化や全周回転機の回転トルクの変化，またはその積分値（積分電流値や積分トルク等）により地盤性状を把握するとともに，支持層の深さや起伏の有無等も記録する．

支持層の深さを確認した後は，対象層が支持層として十分な硬さであるか否か，所定深度まで根入れが可能か否かなどを確認する．また，得られたデータから，支持層の深さを確認するための管理指標（回転トルクや回転抵抗値，貫入量の変化状況）を把握することも必要である．試験施工での確認項目を以下に示す．

① 地盤性状（地層の硬軟，支持層の深さ・起伏等）

② 杭仕様の適性

③ 施工機械の適性

④ 支持層の適性および根入れ長さと管理指標

回転貫入杭においては，回転速度や貫入速度がスパイラルオーガによる掘進に比較して遅いこと，杭先端部にのみ羽根が取り付けられており杭先端付近の地盤の硬軟が直接回転トルク（回転抵抗値）に反映されることから，一般には施工時の回転トルクが標準貫入試験結果（N値分布）と高い相関を示すことが確認されている．しかしながら，その相関性は施工現場ごとの地盤性状や施工機械の能力，許容回転トルクや押込み力等によって異なるため，試験施工で得られた回転トルクと標準貫入試験結果との関係を基本として，支持層の確認等の管理指標を施工サイトごとに設定するのが一般的である．データ採取時の注意事項を以下に示す．

① 試験施工の位置は，地盤調査位置近傍とする．

② 地盤の硬軟の影響を直接的に感知できるように，貫入量，施工機械の回転速度，押込み力を極力一定に保つ．

10章　施工管理　― 373 ―

③　回転トルクと1回転あたりの貫入量，押込み力等を連続的に測定する．

採取されたデータから，支持層への到達や打止めを判定するための管理指標を設定するが．管理指標としては地盤の硬軟と相関が高い回転トルクを用いることを基本とする．ただし，回転トルクの変化が小さい場合や地盤の局所的な不均一性により標準貫入試験結果との相関が得られない場合等，回転トルクの推移だけでは支持層への到達や打止めを判定できないときには，回転トルクとともに貫入量の変化（1回転あたりの貫入量や回転トルクを1回転あたりの貫入量で除した値）にも着目して，支持層への到達や打止めを総合的に判定するような管理指標を設定する．

d）　打 込 み 杭

施工計画で立案した施工方法，施工手順，管理方法等で，設計図書に記載された性能を有する杭を施工可能か否かの確認をするために本施工に先立ち試験施工を行う．特に支持層深度，地盤条件ならびに施工条件等が非常に複雑な場合には，本施工中のトラブルを回避するためにも試験施工は必要である．試験施工の結果から，施工計画で定めた施工方法や管理方法が適切でないと判断された場合は，関係三者による検討会を実施し，施工計画の見直しを行い，必要に応じて，再度試験施工を行うことを検討する．具体的な確認項目を以下に示す．

試験施工での確認項目

①　施工性　　ハンマと杭の適応性，オーガ径と支持力の関係，中掘り沈設終了位置の確認と支持力

②　地盤状況　打撃時に悪影響が生じる地盤の有無，中間層の有無，支持層深度・根入れ長さ，打撃回数（総打撃回数，支持層打撃回数）

③　支持層への到達確認

　　　　　動的支持力公式から得られる地盤支持力の推定，打止め管理基準（ハンマ質量，落下高さ，沈下量，リバウンド量を参考）

特に，打止め管理基準については，「建築工事監理指針」[10.3.1]による推定支持力式や JIS A 7201[10.3.2]に示されている算定式を用いて動的鉛直支持力の評価を行い，設計者または工事監理者と工事管理者および施工者が協議のうえ，総合的な判断を行う．

（3）　地 盤 改 良

a）　深層混合処理工法

深層混合処理工法では，要求性能を確保するために，固化材の添加量や水固化材比 w/c を施工前に決定しなければならない．

深層混合処理工法における改良土の品質は主として固化材添加量と撹拌混合度によって決定される．固化材添加量の決定には，室内配合試験，試験施工，既往の資料等による方法があるが，固化材の添加量は現地土を用いた事前の室内配合試験あるいは現地における試験施工により決定することを原則とする．

（i）　室内配合試験

室内配合試験では，設計で定められる設計基準強度 F_c を達成するために必要な固化材の種類や添加量および水固化材比 w/c を決定する．また，逆に室内配合試験結果から設計基準強度 F_c

　　　　—374—　　建築基礎構造設計指針

を決定することもある.

　室内配合試験に使用する試料土は，原位置の改良対象土層の中でもっとも発現強度が低いと予想される土層（最弱層）からは必ず採取する.

　一般的に，同一条件での各土質の強度発現レベルは，

　　　　　　砂質土＞粘性土＞有機質土

の順で小さくなる傾向があるので，これを参考にして最弱層を決定すればよい.

　試料土の採取量は室内配合試験に必要な量を採取する.　通常の採取量は10～30kg程度である.　採取深度が浅い場合は人力やバックホウ等で，採取深度が深い場合はボーリングにより採取する.

　試料土の採取・運搬・保管にあたり，採取土の含水比が変化しないように注意する.　砂質土については試料土採取時に含水比が変化しやすいので，現地で単位体積重量を計測しておくとよい.

　配合試験計画では，固化材品種，水固化材比w/c，固化材添加量を因子とする.　対象となる1種類の土質に対して少なくとも固化材添加量を3種類の水準に変化させることが望ましい.

　改良土の室内配合試験における一軸圧縮強さは主として固化材添加量と水固化材比w/cで決まるが，室内配合試験ではこの水固化材比w/cや固化材添加量を実工事における施工性を考慮して計画する必要がある.　撹拌混合装置により異なるが，実施工では固化材スラリーの注入量がある一定値を下回ると混合不良が極めて高い確率で発生するので注意を要する.

　改良土の一軸圧縮強さq_u（MN/m²）はモルタルやコンクリートと同様に固化材水比c/w_Tと次式に示す関係式から得られる.

$$q_u = \alpha \left(\frac{c}{w_T} \right) + \beta \qquad\qquad (10.3.1)$$

ここに，α, β：係数〔表10.3.1[10.3.3)]参照〕

　　　c（kg/m³）：固化材添加量

　　　w_T（kg/m³）：固化材スラリーに含まれる水と試料土自体の含水量の総水量

　供試体作製方法は地盤工学会基準「安定処理土の締固めをしない供試体作製方法（JGS 0821-2000）」[1C.3.4)]およびセメント協会標準「JCAS L-01 : 2006 セメント系固化材による改良体の強さ試験方法」[10.3.5)]に準拠して行う.　室内配合試験では供試体の作製条件を施工現場と同一にするのが理想的であるが，固化材添加量および水固化材比を除く撹拌混合度や養生条件（温度，上載荷重ほか）等の実現場条件を再現することは非常に困難である.　したがって，室内配合試験の強度と現場強度には違いがあることを認識しておく必要がある.

　一軸圧縮試験はJIS規格「土の一軸圧縮試験方法（JIS A 1216）」[10.3.6)]に準拠して行う.　一軸圧縮試験の試験材齢は7日および28日を標準とする場合が多い.

　室内配合試験から実施工までの期間に余裕がないときは，早期強度から固化材の添加量や水固化材比w/cを決めざるを得ない場合が多い.　そのような条件の下では若材齢の強度から28日強度を推定することになる.　7日強度から28日強度を推定する場合は文献10.3.3）を参考にすると

表 10.3.1 室内配合試験における c/w_T と一軸圧縮強さ q_u
（28日強度）との関係式における係数 α, β [10.3.3]

土の種類		α	β	相関係数
有機質土		11.7	-2.02	0.68
高有機質土	$w<400\,\%$	11.0	-1.86	0.81
高有機質土	$w\geqq400\,\%$	2.58	-0.21	0.54
粘性土		11.4	-0.45	0.51
ローム		15.1	-2.40	0.66
砂質土	$w<20\,\%$	7.37	-0.49	0.67
砂質土	$w\geqq20\,\%$	14.4	-1.67	0.62

w：土の含水比

よい.

　室内配合試験では，現地土と固化材または固化材スラリーをミキサーで混練するため，実工事の場合よりも撹拌混合度がよく，一軸圧縮強さが大きくなる傾向がある．一方，原位置における養生条件は水和熱による温度上昇や上載荷重の作用等があり，室内試験養生条件よりも有利であるともいえる．土質種別ごとに，室内強度と現場強度の関係を把握しておき，現場強度が設計強度を満足するように固化材添加量や水固化材比 w/c を決める必要がある.

　室内配合試験の一軸圧縮強さや現場強度のばらつきから改良土の設計基準強度を設定する方法は文献 10.3.3) に詳述されているので参考にされたい.

（ⅱ）試験施工

　試験施工は現地で実施工と同一の施工機械・撹拌装置，同一の施工条件の下で配合条件や施工条件を変化させて改良土を築造し，その品質を評価するものである．改良土を支持層に着底させる場合は，支持層着底が重要な管理項目となるので，試験施工により支持層への到達確認の判定基準を策定する．試験施工は固化材添加量等の配合や種々の施工条件を決めるためのもっとも確実な方法である．実施工に用いる施工機械・撹拌装置と同一の施工機械・撹拌装置を使用して種々の配合について試験すれば，要求性能を満足する配合を決定することができると同時に施工性も把握することができる.

　試験施工に先立ち，室内配合試験を実施して，固化材品種およびおおよその固化材添加量や水固化材比 w/c を決めておけば，試験施工を効率的に実施することができる.

　最近では，試験施工から本施工までの期間や工事工程などの制約に対応するため，材齢1日で28日強度を推定する温水法による促進養生試験[10.3.7]により，現場強度を早期に推定する方法が試みられている.

― 376 ―　　建築基礎構造設計指針

表 10.3.2　一軸圧縮強さの現場試験と室内試験の強度比の一例[10.3.8)]

固化材の添加方式	改良の対象	施工機械	（現場／室内）強度比
粉体	軟弱土	スタビライザ バックホウ	0.5〜0.8 0.3〜0.7
	へどろ 高含水有機質土	クラムシェル・バックホウ	0.2〜0.5
スラリー	軟弱土	スタビライザ バックホウ	0.5〜0.8 0.4〜0.7
	へどろ 高含水有機質土	処理船 泥上作業車 クラムシェル・バックホウ	0.5〜0.8 0.3〜0.7 0.3〜0.6

　b）　浅層混合処理工法

（i）　室内配合試験

　室内配合試験に基づいて要求性能を満足する固化材の配合および施工方法を計画する．室内配合試験は原地盤の代表的な土の試料（撹乱試料）を用いて行うのが原則である，同等あるいは類似の地盤における試験と施工の実績が十分な場合に限っては，その結果を利用してもよい．

　施工後に原位置から採取した試料の強度（現場強度）と室内配合試料の強度（室内強度）が異なる理由は，次の事項が現場と室内で異なるためと考えられる．

①　混合の均一性

②　締固め程度

③　養生条件，材齢

④　天候（地盤の含水比の変化）

　したがって，これらを考慮して施工計画を行う必要がある．一軸圧縮強さの室内強度と現場強度の比の一例[10.3.8)]を表 10.3.2 に示す．

（ii）　試　験　施　工

　類似の地盤における施工実績がある場合を除いて，改良対象層や地下水の確認のほか施工の工期や環境問題の有無などの確認のために現場試験施工を行って最終的に施工方法を決定する．また，改良土を支持層に着底させる場合は，支持層への到達を目視で確認する．

　施工にあたっては，事前検討時の配合および施工法の選定で想定した土質と実際の土質の違い，および地層構成の違いの有無について確認する必要がある．両者に違いのあることが明らかになった場合は，再度，室内配合試験から実施し直すか，あるいは試験施工を再度行い，使用する固化材および施工方法を再検討しなければならない．なお，実施工時において地盤条件の違いが明らかになった場合についても同様である．

　c）　締固め工法

　本施工に先立ち，施工性（機械のトラフィカビリティー，安定性，施工速度など），改良深度，施工管理装置の作動状況の確認のほか，必要に応じて打止め状況の確認，周辺への影響調査など

10 章 施 工 管 理 — 377 —

表 10.3.3 直接基礎の要求性能に関する項目と管理項目・管理方法等

要求性能に関する項目		管理項目	管理方法	管理値・許容値
基礎の位置・寸法	平面	基礎の位置・寸法	測量	設計図書
	深度	基礎の深度	測量	設計図書
使用材料		砂および砂利地業の材料	目視，試験	設計図書または施工計画書
		捨てコン地業の材料	出荷伝票，試験	
支持力・沈下		砂および砂利地業の締固め	目視，試験	施工計画書
		掘削・床付け面の安定 （ボイリング，盤ぶくれなど）	目視，地下水位観測	施工計画書
		支持層への到達確認 （土質，乱れ，支持力の確認）	目視	設計図書および地盤調査報告書
			土質試験 （物理試験，c, ϕ）	
			平板載荷試験	

のために設計者または工事監理者立会い確認のもとに試験施工を実施する．試験施工はボーリング調査箇所の近くなどの土層が既知の地点で行う．また，補給材として使用実績の少ない材料を使用する場合は，試験施工の実施により改良効果を確認する．

2. 施工品質管理の詳細
（1） 直 接 基 礎
a） 受入れ検査

砂地業，砂利地業および捨てコンクリート地業などの各種地業に使用する材料は，構造物荷重を支持地盤に確実に伝達させる必要があるため，設計図書に示された品質を満足することを搬入時に確認する．

b） 施工管理項目

要求性能に関連する施工管理項目，管理方法および管理値または許容値の一例を表 10.3.3 に示す．

管理項目や管理方法の選定，管理値および許容値の設定は，建設される建物ごとに求められる性能に応じて慎重に検討する必要がある．なお，鉄筋コンクリート工事に関する施工管理については，JASS 5[10.3.9)]を参照して行う．項目ごとの留意事項は以下のとおりである．

（i） 基礎の平面位置および深度

基礎の平面位置および深度，掘削位置および深さ，支持層への到達確認，支持地盤の地盤状況などが設計図書や地盤調査報告書と対応することを確認する．

地下水がある場合には，適切な地下水処理を行ってボイリングや盤ぶくれ等の発生を防止し，掘削面および床付け面の安定性を確保する必要がある．掘削中は，地層構成や土質の確認，地下水位の観測などを行い，設計図書や地盤調査報告書の記載事項との整合性を確認する．

計画時の床付け深度において支持地盤を目視にて確認し，地層の種類や状態と地盤調査報告書の記載内容とサンプリング試料とを照合する．支持層への到達を確認できれば，床付け面を乱さないように，かつ凍結しないように注意し養生等を施しながら床付けを行う．設計者または工事監理者等は，支持層への到達が確認できないことを，工事管理者から示された場合，工事管理者および施工者と対応を協議し，所定の地層が現れるまで掘削して良質土ないしはコンクリート等への置換，あるいは支持地盤まで地盤改良を行うなどの適切な処置をとる．

（ⅱ）　砂地業および砂利地業など

地業工事は設計図書に示された厚さと範囲の支持地盤を乱さないように行う必要がある．

（ⅲ）　支持層への到達確認

支持地盤が要求性能を満たすことを試験で確認するには，方法，位置や数量などは設計図書による．なお，床付け面で地盤の支持力を試験で確認するのは，①から③の方法による．

①　設計時に設定した地盤定数（粘着力 c や内部摩擦角 ϕ など）と床付け地盤から採取した試料による土質試験やサウンディングなどにより求まる値との比較

②　平板載荷試験

③　動的貫入試験や衝撃加速度試験

これらの試験は，ほぼ同一と考えられる設計条件および地盤条件を一つの検査区画とし，地盤条件や構造物の規模ならびに施工条件などを考慮して，方法，位置および数量などを決定する．②の平板載荷試験や③の動的貫入試験・衝撃加速度試験は，限定された条件で実施される試験であるため，試験結果の妥当性を十分に検討する必要がある．

（２）　杭　基　礎

ａ）　場所打ちコンクリート杭

（ⅰ）　材料の受入れ検査

使用される材料のうち，鉄筋，鋼管などは設計図書に示された品質と性能を有するものとし，規格化されている鋼材は，搬入時に鋼材検査証明書等により照合を行う．また，鉄筋，鋼管などが場外で加工され搬入される場合には，場外加工と同様に加工場において材料の品質の確認を行うとともに，現場において形状や継手部の受入れ検査を行う．

鉄筋かごの組立ては，主筋と補強材（平鋼・形鋼）は溶接により固定し，フープは重ね継手部を溶接し，主筋とは鉄線で結束固定する．鉄筋かごの強度や剛性を確保するために補強材の形状・寸法・取付けピッチを検討する．溶接に際しては，アンダーカットや溶接による材質の変化等に注意し，十分に検査を行って杭体の要求性能より低下していないことを確認する．なお，無溶接による鉄筋かごの組立てが可能となっている．鉄筋かご無溶接工法は，主筋と補強材は固定金具を用いて固定し，フック付きのフープを用いて主筋とは鉄線結束する方法である．また，スパイラル式のフープも使用されている．固定金具は，強度が保証されたものを使用する．鉄筋かごを運搬する場合，固定金具のナットが緩むことがあるので，運搬後にはナットの増締めを行い，鉄筋かごを変形させないようにする．

コンクリートは，設計図書に指定された品質（設計基準強度，流動性，材料分離抵抗性など）

10章　施工管理　— 379 —

表 10.3.4　拡底杭のコンクリートコア強度の例

設計基準強度 F_c (N/mm²)	個数	コア強度／設計基準強度				
		最大値	最小値	平均値	標準偏差	95 % 信頼値
24	539	2.76	0.88	1.49	0.29	1.02
32	909	2.09	0.76	1.33	0.22	0.97
45	262	1.90	0.96	1.30	0.16	1.08

を満足する調合であることを確認する．レディーミクストコンクリートの場合，調合報告書および納品書により所定のコンクリートであることを確認する．また，コンクリート打込み前にJASS 5[10.3.9)]に準じて，スランプ，空気量，温度，フロー値，塩化物含有量等を検査し，練混ぜ時間等を考慮して施工に支障がなく，要求性能を確保できるものであることを確認する．場所打ちコンクリート杭の杭体コンクリートは，一般的に気中で打ち込むコンクリートに比べ品質が劣る．その要因としては，水中であること，締固めを行わないことや安定液（泥水），スライム等の影響があることなどが考えられる．コンクリートの調合に際しては，上記に示した杭体コンクリート強度のばらつきや施工品質管理レベルを考慮して定める必要がある．

　表 10.3.4 に設計基準強度 F_c＝24（N/mm²），32（N/mm²），45（N/mm²）の杭体のコア強度の一例を示す．杭体のコア強度を設計基準強度で除した平均値は 1.30〜1.49 で，標準偏差は0.16〜0.29 である．

（ⅱ）　施工管理項目

　要求性能を満たす場所打ちコンクリート杭の施工に関する管理項目・管理方法ならびに管理値を表 10.3.5 に示す．これらの中から要求性能を満足するような管理値を定めて施工管理を実施することを確認する．

　場所打ちコンクリート杭は，現場で多くの施工工程を経て築造されるものである．その工程の一つ一つの管理の良否によって杭としての保有性能が左右される．したがって，要求性能を満たす杭を築造するためには，全工程にわたって品質管理に必要な管理項目を選定し，その項目ごとに適切な管理方法および管理値を定める必要がある．

　場所打ちコンクリート杭は，掘削時の状況により掘削の良否が決まり，それがそのまま杭の種々の精度（性能）となってしまうことが多い．したがって，掘削時に杭位置，杭径・杭長，拡底形状，鉛直精度，支持層への到達，支持層への根入れ長さなどについて，要求性能を満足するように施工管理項目，施工管理値を定める．設計者または工事監理者等は，要求性能を満足しないことを工事管理者から示された場合，工事管理者および施工者と，その原因と対策方法について検討する．具体的な管理項目を以下に示す．

　杭位置の精度を高めるためには，できるだけ掘削中心を杭心位置に一致させるようにする．また，施工中に杭心が不明になったり，取り違えたりしないようにする．一般的な杭心ずれの管理値は，100 mm 以下である．

－380－ 建築基礎構造設計指針

表 10.3.5 場所打ちコンクリート杭の要求性能に関する項目と管理項目・管理方法等

要求性能に関連する項目		管理項目	管理方法	管理値
使用材料	鉄筋・加工	材質 主筋径・本数，フープ径・ピッチ	鋼材検査証明書確認，ロールマーク・メタルタグ確認 現場目視・照合・測定確認	設計図書，鋼材検査証明書
	鋼管・加工	材種 径・厚さ，長さ，継手（溶接状況）	鋼材検査証明書確認，ロールマーク・メタルタグ確認 現場目視・照合・測定確認	設計図書，検査証明書
	コンクリート	セメント種類，スランプ，設計基準強度	コンクリート配合計画書・納入書確認，受入れ時実測，標準供試体の材齢28日の圧縮強度試験	設計図書，コンクリート配合計画書，標準供試体の材齢28日の圧縮強度は調合管理強度以上
杭位置	平面位置	杭心位置	測定（逃げ心）	設計図書，100 mm 以内
掘削	杭径	サイドカッタ外径（ED工法），カッティングエッジ径（AC工法），ビット外径（RCD工法）	サイドカッタ外径測定（ED工法），カッティングエッジ外径測定（AC工法），ビット外径測定（RCD工法）	設計図書
	掘削長	掘削長	検測テープで測定	設計図書
	支持層への到達，根入れ長さ	先端地盤種別，掘削時間（掘削抵抗），支持層根入れ長さ	採取土目視・照合・測定確認，サイクルタイム	土質試料と地盤調査資料の対比，掘削速度や掘削抵抗を考慮
鉛直精度		掘削孔の鉛直度（孔壁測定）	トランシット測定，下げ振り測定，超音波孔壁測定	設計図書，鉛直精度 1/100 以上
スライム		二次スライム処理後の残留スライム量	検測テープで測定	設計図書，50 mm 以内
安定液		比重，粘性，pH，砂分	比重，粘性，pH，砂分の測定	施工計画書
鉄筋かご建込み	鉄筋かご	かごの径・長さ	スケール・リボンテープで測定	設計図書
	鉄筋かごの継手	鉄筋かごの継手長	リボンテープで測定	45 d 以上
	鉄筋かごの建込み精度	鉄筋かごの平面位置（杭心）	トランシット測定	設計図書，±100 mm 以内
		鉄筋かごの傾斜	トランシット測定，下げ振り測定	設計図書
		鉄筋かごの設置高	検測テープで測定	設計図書，±100 mm 以内
コンクリート打込み	トレミー管先端位置	トレミー管と孔底のあき	検測テープで測定	あき 200～300 mm
		トレミー管のコンクリート中への長さ	検測テープで測定	原則，コンクリート中に 2 m 以上
	打込み量	コンクリート打込み高さ	検測テープで測定	設計量以上
	余盛り高さ	余盛り高さ	検測テープで測定	設計図書

ED：アースドリル，AC：オールケーシング，RCD：リバース

杭径の確認は掘削前に，ドリリングバケットのサイドカッタ外径（アースドリル工法），ファーストチューブのカッティングエッジ外径（オールケーシング工法），ビット外径（リバースサーキュレーションドリル工法）を杭ごとに確認する．掘削した径は工法により多少異なるものの，概ね砂質土においては設定径以上の断面となる傾向にある．また，粘性土においては，オールケーシング工法でコンクリート打込み時に杭径がケーシング外径（通常，設計径より 20 mm位小さい）となる場合や，アースドリル工法で掘削時に杭径がサイドカッタ外径より細くなる場合があるので注意する．

掘削長は，重錘およびテープを使用して検測する．掘削長は設計図書に指定された支持層に到達していることを確認するとともに，支持層中への根入れ長さが設計図書に指定された長さ以上であることを確認する．検測は，掘削孔の中央およびほかの 1 か所以上で行い，状況により適宜増やす．

支持層への到達確認は，掘削した土砂を土質柱状図および土質資料と対比して行う．土質調査結果が少ない場合には，敷地内の急激な支持層の変化や凹凸を十分に認識できない場合があるので，各地点で掘削深度ごとに採取した土質試料と土質調査結果を対比して確認するとともに，掘削速度や掘削抵抗なども考慮して総合的に支持層への到達確認を行う．なお，支持層の深さや土質が設計図書と異なり，杭径や掘削長の変更を行う場合には，杭の要求性能より低下していないことを確認する．

拡底形状については，掘削開始前に地上で拡底バケットや拡底ビットを作動させ形状を実測確認する．拡底掘削後は超音波孔壁測定により形状を確認する．形状が要求性能を満足できない場合は修正掘削を行う．

掘削孔の鉛直精度については，地層の変わり目や地盤強度の変化するところで低下する傾向にある．鉛直精度の確認は超音波孔壁測定による．一般的な鉛直精度の管理値は，傾斜 1/100 である．

地盤の緩みや孔壁の崩壊を防止する目的で，安定液や泥水を使用する場合は，その粘性や比重などの管理が重要である．地盤の緩みや孔壁の崩壊防止のみに着眼して，安定液や泥水の調合や管理をすると，安定液中のスライムの沈殿速度が遅くなったり，砂分量が増加する現象が発生するため，孔底に沈殿するスライムの処理が難しくなる．孔底に沈殿するスライムが支持力および変形特性に悪影響を与えるため，十分に除去する必要がある．特に大径杭のスライムの孔底沈殿量と除去後の状況は，複数個所の検測により確認する．

図 10.3.2，図 10.3.3 に，アースドリル工法の安定液の種類別におけるスライムの沈殿量および沈殿経時変化を示す．スライムの沈殿量は，土質・安定液の性状や掘削長・杭径などの影響もあると思われるが，一般的に概ね以下のような傾向を示している．

CMC 系安定液は，ベントナイト系安定液よりも沈殿量が少ない傾向にあり，沈殿量が一定となるまでの時間は，安定液の種類によらず概ね 15〜25 分間である．

安定液は孔壁の崩壊，地盤の緩み，ボイリング，ヒービングなどを防止するように水位を保つとともに，スライムの処理を容易にしてコンクリートとの良好な置換性を実現させるように，地

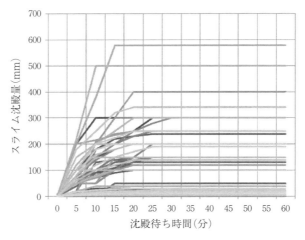

図 10.3.2　スライム沈殿量経時変化（ベントナイト系）[10.3.10]

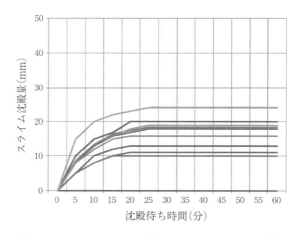

図 10.3.3　スライム沈殿量経時変化（CMC系）[10.3.10]

盤条件に適した材料・調合を検討し，管理基準に収まるように安定液の性状を管理する．なお，安定液の管理基準については，文献 10.3.10)～10.3.11) が参考となる．また，安定液は定められた管理項目の測定を行い，良好な状態に保つ必要があり，管理限界値を超えた場合には廃棄処分するか，再生処理する必要がある．

　鉄筋かごなどの建込み精度は掘削孔の精度に大きく影響されるため，掘削精度とともに鉄筋かごを杭の中心に鉛直性を確保して建て込む必要がある．鉄筋かごの建込み時の鉛直精度については，直交二方向からのトランシット，下げ振りなどにより確認する．コンクリート打込み時にも鉄筋かごの偏心が生じないようにスペーサで保持されていることを確認する．

　場所打ち鋼管コンクリート杭の鋼管は，鋼管頭部にナットを溶接してゲビンバーをねじ込み，表層ケーシングの頭部で保持し，所定の位置に設置されていることを確認する．

10 章　施工管理　— 383 —

　コンクリートは，打込み方法としてトレミー管を用いるので，流動性がよく，分離しにくく，かつ適正なワーカビリティーが得られている状態であることを確認する．特に，高強度コンクリートを使用する場合には，事前に経時変化による流動性の低下がないことを確認する．具体的な調合・施工方法・管理の確認については文献 10.3.9）～10.3.12）が参考となる．

　コンクリート打込み時の杭頭には，レイタンスや劣化した安定液が残留するため，鉄筋かごの外周へのコンクリートの回り込みの圧力を確保し，これらの残留物を押上げ，排除する必要から，通常 0.5～1.0 m 程度の余盛りを指定している．コンクリート天端の確認は一般的に重錘と検測テープによる方法が用いられるが，所定の余盛り高さはコンクリートの骨材を含む一番低い位置で満足されていることを確認する．なお，適切な余盛り高さについては，地盤種別ごとの傾向，杭径，配筋，空掘り長さ，安定液等と関連させて設定する．

　余盛り部分の除去等，杭頭の処理の方法としては，一般的にブレーカなどにより，はつりとる方法が多い．この方法では，主筋に損傷や著しい変形を与える場合がある．杭体上部の有害なひび割れの発生を防ぐための対策として，コンクリートをはつりやすくするために付着防止材を主筋定着部に装着する等も有効である[10.3.13]．

　場所打ち鋼管コンクリート杭の杭頭接合部の溶接作業は，強固で安全な足場と溶接作業に支障のないエリアを確保して行う．接合鉄筋と鋼管との接合にカプラーを用いる場合は，カプラーの溶接は工場にて行うのが望ましい．

　b）　埋込み杭

（i）　材料の受入れ検査

　杭体の品質については，出荷検査証明書に記載された杭体の種類，材質（SC 杭や鋼材の材質），杭径，壁厚（肉厚），杭長，材料強度，杭先端部補強仕様等の規格が設計図書に示された条件を満足することを確認する．また，管理指標によって抜取り調査を行い，搬入された杭が出荷検査証明書に記載された杭であることを確認する．また継ぎ杭の場合には設計図書に示された継手仕様であることを確認する．

　①　受入れ検査　　杭径，壁厚，杭長，継手仕様および使用材料等を，目視および出荷検査証明書，鋼材検査証明書（SC 杭）および JIS 規格等で確認する．

　②　荷降し後検査　現場到着後，輸送時や荷降し時に生じる杭体のき裂，凹みや欠損等がないことを，杭体の外観目視および工場出荷検査証明書により確認する．

（ii）　施工管理項目

　埋込み杭の施工管理項目一覧を表 10.3.6 に示す．

　既製コンクリート杭の施工には大型の施工機械を用いることが多いため，地表面が不安定であると安全上も危険であり，品質上も杭心のずれや，施工機械の鉛直性が保ちにくくなり，杭の傾斜などのトラブルが発生するおそれがある．このため，施工機械に見合った地耐力を確保することが施工精度向上の基本となる．また，鉛直方向の地層構成について，中間層の有無やその状態，支持層深度と構成している土質や粒径など，施工の難易度を表す要因が多く含まれているため，ボーリングデータの情報でこれらを十分把握するとともに，サイクルタイムを考慮して掘削

— 384 —　建築基礎構造設計指針

表 10.3.6　埋込み杭の要求性能に関する項目と管理項目・管理方法等

要求性能に関する項目		管理項目	管理方法	管理値
材　料	杭　体	杭の種類，材質，材料強度 杭径，肉厚，杭長等	製品出荷表 目視，測定	設計図書
地盤状況の確認		施工管理装置のモニタリング指標 による地盤の状況	統合型の施工管理装置による 掘削状況確認	設計図書
掘削精度	水平位置	杭心位置	逃げ心から計測，光波測量	規定値以内
	鉛直性	傾斜（施工機械のリーダー）	測定（トランシット，傾斜計， 下げ振りなど）	
掘　削	掘削状況	オーガ径 施工管理装置のモニタリング指標 孔内状況	測定 統合型の施工管理装置による掘削 状況とサイクルタイム計画との比較 目視	計画書 （全杭）
支持層	支持層への到 達，根入れ長 さ，掘削深度	施工管理装置のモニタリング指標 など	統合型の施工管理装置（電流計， 積分電流計）やオーガ付着土砂な どを総合的に確認	計画書 （全杭）
根固め部	掘削（拡径） 根固め部の 築造	根固め径，長さ 根固め液充填方法	拡翼確認，統合型の施工管理装置 （深度計）での掘削状況確認 統合型の施工管理装置（深度計， 流量計）による充填状況確認	計画書 （全杭）
	出来ばえ調査 （未固結試料）	密度，混合状況，圧縮強度	未固結試料採取による調査	設計値以上
軸部	軸部の築造	軸部充填方法	統合型の施工管理装置（深度計， 流量計）による充填状況確認	計画書 （全杭）
根固め液 杭周固定液	根固め液	品質（配合，比重，粘性） 圧縮強度	検査（施工中） 圧縮試験（施工後）	規定値以上
	杭周固定液	品質（配合，比重，粘性） 圧縮強度	検査（施工中） 圧縮試験（施工後）	
継手		継手形状，継手方法 技能者の技量	目視，測定 技能検査・技能証明書	計画書 （全杭）
杭の 建込み	支持層・根固め 部への根入 長さ，杭頭高さ	杭先端の位置（支持層，根固め部 との位置関係）	杭頭高さ測定と杭長さから確認	規定値以上
		高止り，低止りの有無	杭頭高さ測定	規定値以内
	杭健全性	建込時の損傷の有無	状況確認	
	杭建込み精度	杭心ずれ，杭の傾斜	建込み時の水平位置，傾斜測定	
杭頭処理		処理方法	目視，測定	設計書類

速度等を管理する．

　最近にボーリングデータからは推測できない地中埋設物や既存杭等の地中障害がある敷地が多く，これに起因するトラブルも多い．既存杭は，以前の建物の杭伏せ図等で，その位置を把握しておくことが望ましい．コンクリートガラ等，残置物については，事前調査を徹底する．事前に

確認・把握できない場合には，探り掘りなどの対策も考慮しておく．

　杭心ずれを低減するためには，掘削ロッドの振止め装置を用いることや，杭心位置から直角二方向に逃げ心をとり，掘削中や杭の建込み時にも逃げ心からの距離を随時確認することが大切である．最近では三次元光波位置測定機構を組み込んだ測量機による計測管理[10.3.14]も行われており，杭心位置が数値で管理できるため，従来の目視確認に比べて精度の高い施工管理が可能となっている．一般的な施工精度の管理値は，杭心ずれ量が $D/4$ かつ 100 mm 以下（D は杭直径），傾斜 1/100 以内である．管理値を超える杭心ずれや傾斜に対しては，鉛直支持力や水平支持力等の要求性能に及ぼす影響を検討し，必要に応じて基礎スラブや基礎梁の補強，増杭等の対策を講じる．

　先端支持力の要求性能を確保するためには，設計で定められた支持層への根入れ長さを確保する必要がある．試験施工時に把握した積分電流値等の掘削状況のモニタリング指標と N 値等の土質指標との関係を利用して，すべての杭で支持層への到達と根入れ長さの確認を行う[10.3.15]．しかし，管理装置による支持層への到達判断は地盤の硬軟変化による判断であり，工学的意味での地盤強度は不明であることは理解しておかなければならない．また，施工時に判断した支持層深度と地盤調査結果の支持層深度には，ずれがあることも報告[10.3.16]されており注意が必要である．図 10.3.4 はプレボーリング工法施工時（10 現場，杭本数 290 本）の支持層出現深度について，地盤調査結果と積分電流値のずれを調査したものである．積分電流値により判断した支持層出現深度の平均値は地盤調査結果からの推定深さに比べて 0.3 m ほど浅く（図でマイナス方向），標準偏差 1.3 m となった．標準偏差で 1 m を超える誤差があるということは，ある程度以上（2〜3 m）の誤差が存在する可能性を認識すべきであろう．このことから，設計段階では，支持層の不

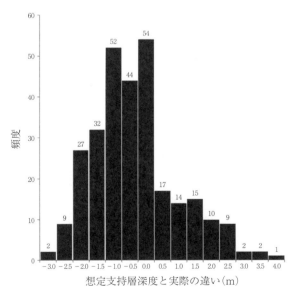

図 10.3.4　地盤調査結果と積分電流値により判断した支持層深さのずれの頻度分布
　　　　　（プレボーリング工法の例）

陸や不均一性が想定される場合には，それを考慮して杭長を長めに設定する．管理装置の特徴（積分区間長や計測記録の打点位置など）を把握したうえで，掘削状況（重機の振動やオーガ駆動装置の音の変化，掘削速度の低下など）や掘削ヘッドに付着した土試料の目視確認などの総合的な判断で支持層への到達深度を杭位置ごとに確認することが必要である．

杭の支持力や沈下特性に関する要求性能を満たすために，設計図書で定められた品質の根固め液や杭周固定液を杭先端部や杭周固定部に確実に充填すること，またその出来ばえを確認することが基本である．特に，埋込み杭の設計では，鉛直支持力を根固め部の支持力に期待することが多く，根固め液の管理と根固め部の施工およびその出来ばえを確認することが重要である[10.3.17]．

根固め液や杭周固定液の配合は，工法，杭種のほか地盤条件を考慮し，最終的には試験施工結果に基づいて定める．根固め液や杭周固定液の品質の評価指標としては，強度のほか，密度，粘性，ブリーディング量等の未固結状態での安定性や孔壁保持能力にかかわる指標が挙げられる．貧配合のセメントミルクの強度やブリーディング量は，使用材料（特にベントナイト）の品質や配合比率の僅かな差により大きく変化することがある．伏流水のある地層や透水性の高い地層では先端根固め液や杭周固定液が流出することがある．これらが流出すると要求性能を満たせなくなるほか，隣接する杭の施工に支障をきたすこともある．砂礫層等の透水性の高い地層では，必要に応じて事前に流速を調査し，根固め液や杭周固定液に増粘剤を添加する等の対策を講じておく．

根固め液や杭周固定液を杭孔に充填して築造したソイルセメントを施工中に採取して，密度や混合状況等を確認することで，充填範囲，撹拌範囲，充填量，オーガの引上げ速度等の項目が適切であることを管理する．

根固め部に関しては，施工時に根固め部から試料を採取し，混合状況や固化強度を調査して，施工方法の妥当性を確認する管理手法を用いることも増えてきている[10.3.17]．図10.3.5は関東地区で施工した246現場で根固め部の未固結試料を採取し圧縮強度（28日強度）を調査したもので

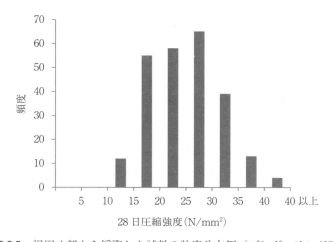

図10.3.5 根固め部から採取した試料の強度分布例（プレボーリング工法）

ある．先端地盤別では，砂質土が144件，礫質土が86件，粘性土が16件であった．

採取試料の圧縮強度は，全体では10〜43（N/mm²）の範囲に，88％が15〜35（N/mm²）の範囲にあり，平均で25.0（N/mm²），変動係数は0.27であった．圧縮強度の管理値は，一般的には工法ごとやN値に応じて定める．本事例はすべてのデータが管理値を満足した事例だが，採取実績の少ない地盤や施工法の場合は注入量を増やすなどの対応策[10.3.18]も検討する必要がある．

杭の建込みの際には，鉛直性の確保のほか，過度な力を加えて杭体を損傷させないように注意する．杭の建込み時に回転を併用する場合には，回転トルクをモニタリングし，杭体がねじれ破損しないようにする．

杭の接続にあたっては，接合する上杭と下杭の端面を隙間なく密着させ，軸線を一致させることが大切である．継手としては，溶接継手が一般的であったが，機械式継手も数種類開発され使用頻度も増えている．溶接継手の施工管理の詳細は，JIS A 7201[10.3.2]や（一社）コンクリートパイル建設技術協会の「溶接管理要領等」[10.3.19]が参考になる．機械式継手は，気象条件による制約や溶接技能者の技量の影響を受けないといった施工管理上望ましい特徴を有している．機械式継手を採用する場合は，それぞれの工法に応じた管理方法を事前に定めておくことが大切である．

杭頭位置は，設計で定められた位置で止めるよう管理する（一般的な許容差は±100 mm程度）．所定位置より高く止まり杭頭部を切断する場合には，杭体に損傷を与えないように，杭種に応じた切断方法を採用する必要がある．コンクリート系の杭ではジャッキ式破砕機やダイヤモンドカッタ，鋼管杭ではガス切断，ディスクカッタ，プラズマ切断等が使用されている．プレストレスを導入した杭を切断する場合は，切断部付近のプレストレスが減少するので，要求性能を考慮して補強を行う必要がある．補強方法はあらかじめ設計図書に記載しておくことが望ましい．

c）回転貫入杭

（ i ）材料の受入れ検査

回転貫入杭では主に杭先端部に羽根を有する鋼管杭が使用されるが，杭本体の受入れ検査・荷降し後検査における検査・確認項目は，埋込み杭の場合と同様である．

（ ii ）施工管理項目

表10.3.7は，回転貫入杭の要求性能に関連する項目と管理項目・管理方法の関係を一般例としてまとめたものである．具体的な管理項目・管理方法および管理値の設定は事前に行うこととするが，回転貫入杭には多くの工法があるため，それぞれの工法の特徴や施工方法をよく理解したうえで，既往の施工実績やそのときの施工条件（地盤条件，地層構成，近接条件，環境条件，施工方式等），本施工に先立って実施する試験施工の結果などを参考にすればよい．

また，回転貫入杭の施工においては，貫入による杭周辺地盤の乱れをできる限り抑制すること，支持層への到達を的確に判別すること，杭先端の羽根部を確実に支持層に貫入すること等が重要であるが，特に留意が必要な管理項目について，以下に記述する．

施工中に杭の鉛直精度が悪化する主な要因は，施工地盤の耐力が不足することで，杭打機や全周回転機が傾斜することである．事前に施工地盤の支持力を確認したうえで使用する機械に応じ

建築基礎構造設計指針

表 10.3.7　回転貫入杭の要求性能に関する項目と管理項目・管理方法等

要求性能に関する項目			管理項目	管理方法	管理値
基本事項	材料	杭体	仕様（形状，寸法等）	目視，測定 製品出荷表	設計図書
			健全性		
	地盤	地盤性状	支持層の分布状況	貫入状況モニタリング 地盤調査	設計図書
			原位置土の物性		
			杭の施工性		
杭の建込み		平面位置	杭心位置	測定	設計図書
		鉛直度	傾斜（施工機械，杭）	測定（トランシット，下げ振り）	
回転貫入 （貫入開始直後）		平面位置	杭心位置	測定	設計図書
		鉛直度	傾斜（施工機械，杭）	測定（トランシット，下げ振り）	
回転貫入		杭体作用力	貫入量	貫入状況モニタリング	設計図書 または 管理指標
			回転トルク（負荷電流，トルク）		
			押込み力		
		杭体	健全性，傾斜	目視，測定	
		貫入深度	回転トルク（負荷電流，トルク） 貫入量の変化（管理指標による）	貫入状況モニタリング 測定	
支持層への 到達確認， 打止め		支持層深度	回転トルク（負荷電流，トルク） 貫入量の変化（管理指標による）	貫入状況モニタリング 測定	設計図書 または 試験施工で 定めた 管理指標
		支持層への 根入れ長さ	回転トルク（負荷電流，トルク） 貫入量（管理指標による）	貫入状況モニタリング 測定（地盤調査との対比）	
		杭頭高さ	杭頭高さ	測定	
			高止り，低止りの有無	測定	
継手部		溶接継手	施工者の技量	技能証明書	設計図書
			形状・寸法，不純物の有無 ルート間隔，目違い量	目視，測定 （管理者の技能証明書）	
		機械式継手	施工者の技量	技能証明書	
			形状・寸法，施工機材 管理項目は個々による	目視，測定 （管理者の技能証明書）	

て敷き鉄板や地盤改良等により，重機安定に必要な耐力を確保することが重要である．杭心ずれを抑えるためには，杭心位置から直角二方向にとった逃げ心と，鋼管外面までの距離を逐次測定しながら回転貫入作業を行えばよい．次のような場合は杭心ずれを生じやすいので注意する．

①　表層付近が非常に柔らかい地盤である場合

②　沈設のための押込み力を必要以上に付加した場合

③　支持層が傾斜している場合

④　先端部の羽根や鋼管本体が地中障害物に接触した場合

杭が地盤内に貫入すると杭心位置や傾斜を修正することが困難になるため，下杭の建込みと打

始めの精度管理は特に入念に行う。施工精度の管理値は，一般に杭心ずれ量が $D/4$ かつ 100 mm 以下（D：杭径），傾斜 1/100 以内である．

回転貫入に関する管理項目を以下に示す．

回転貫入開始直後は，杭心がずれやすい状況であることから，細心の注意を払って施工する．また，施工地盤から約 5 m の深度までは，貫入が安定するまでトランシットや水準器等を用いて鉛直度の調整作業を行う．

杭を適切に貫入するためには，施工機械の運転音や杭体からの発生音，回転貫入状況等にも注意を払い，異常がないことを確認しながら作業を進める．また，回転トルク（回転抵抗値）や 1 回転あたりの貫入量をモニターし，試験施工での挙動と大きな差がないか，地盤調査結果から想定される状況に比べて異常がないかなどを確認する．

貫入作業は，杭体の回転により先端部の羽根に生じる推進力にて行うことを原則とする．杭先端部の羽根がより硬い地層に到達する，または粘性土層から礫質土層に到達する等，層境界において貫入量が減少する場合には，押込み力の付加や逆回転を織り交ぜた機械操作を実施する．ただし，押込み力を過度に付加すると鉛直精度の悪化や杭心ずれを招くこともあるため，注意を要する．

杭体の健全性を保つため，許容回転トルクを超える回転力を作用させてはならない．許容回転トルクは，地盤の強度から推定される回転トルク（回転抵抗値），杭体の回転速度，地層層序や層厚・土質等を総合的に検討し，杭体のねじり耐力を超えないように設定する．ただし，機械式継手（無溶接継手）を使用する場合は，継手部のねじり耐力も考慮して許容回転トルクを設定する．杭体のねじり耐力から求まる許容回転トルク T_a（kN m）の算定方法を次式に示す．

$$T_a = Z_t {}_s\tau_a \tag{10.3.2}$$

$$Z_t = \frac{I}{D_p/4} \tag{10.3.3}$$

$$I = \frac{D_p{}^4 - (D_p - 2t_{p\min})^4}{64}\pi \tag{10.3.4}$$

ここに，Z_t（m³）：杭体のねじり断面係数，${}_s\tau_a$（kN/m²）：杭体の許容せん断応力度，I（m⁴）：杭体の断面二次モーメント，D_p（m）：杭径，$t_{p\min}$（m）：杭体一般部の最小板厚

ただし，杭径に対して杭体の板厚が薄い場合には，ねじれ座屈の発生により，式 10.3.2 で求まる許容回転トルクよりも小さな値で破損する可能性もあることから，板厚径比 $t/D \geqq 0.013$ を目安として杭一般部の最小板厚を設定する．また，施工中は回転トルクが急激に上昇することもあるため，オーガ駆動装置や全周回転機には，出力値が許容回転トルクに達する前に自動停止する装置を取り付けることが望ましい．これに加え，オペレータにはあらかじめ許容回転トルクを示し，杭体の健全性確保に留意した施工に努める．

支持層への到達確認と打止め判断は，試験施工で得られた施工データをもとに設定した管理指標に基づいて行う．一般的には，回転トルク（回転抵抗値）と標準貫入試験結果（N 値分布）との関係から設定された管理指標を用い，回転トルクが管理指標にて設定された規定値に達した

場合に支持層へ到達したものと判定してよい.

また, 杭先端が設計深度に達していること, 支持層への根入れ長さが必要長を満たしていることも同時に確認する. 支持層への貫入作業における注意事項を以下に記す.

① 支持層への貫入後に必要以上に杭を引き上げることや, いったん沈設した位置から杭を引き上げた状態で打ち止める等, 支持層地盤を乱すような機械操作を行ってはならない.

② 長時間にわたる貫入作業により, 杭材が破損することや, 支持層地盤が乱れる可能性があるため, 必要以上に無理な根入れは避ける. ただし, 支持力や引抜き抵抗力, 杭材の (曲げ) 耐力が不足することもあるため, 十分に検討協議のうえ, 打ち止める.

③ 所定深度まで無理に根入れさせるのではなく, 支持層への根入れの必要長さを確保すれば打止めとしてよい. ただし, 高止りとなるため, 支持力や引抜き抵抗力, 杭材 (曲げ) 耐力の検証が必要となる.

溶接継手の施工は, 鋼管杭の溶接継手によるものとする. 溶接継手の技量試験は, 事前に準備した試験用鋼管杭 (短管) を用いて実施する試験と本杭や試験杭を用いて原位置にて実施する試験に大別される.

事前に準備した試験用鋼管杭 (短管) を用いて実施する試験には, 試験用鋼管杭にて溶接施工を行った後, そこから直接切り出した供試体に対する物理試験 (引張・裏曲げ・表曲げ・マクロ) による場合と超音波探傷試験や放射線透過試験などの非破壊検査による場合がある. 物理試験による場合の試験方法は, 「JIS Z 2241 (金属材料引張試験方法)」[10.3.20], 「JIS Z 3122 (突合せ溶接継手の曲げ試験方法)」[10.3.21], 「JIS G 0553 (鋼のマクロ組織試験方法)」[10.3.22]等による. 非破壊検査による場合では, 上部構造の鉄骨溶接部検査を準用して超音波探傷試験が一般的に用いられている. 試験方法は本会「鋼構造建築溶接部の超音波探傷検査規準・同解説 (2008 年)」[10.3.23]または「JIS Z 3060 (鋼溶接部の超音波探傷試験方法)」[10.3.24]によるが, 溶接部の板厚・応力状態によって判定基準が異なるため, 注意が必要である. また, 放射線透過試験を用いるときの試験方法は, 「JIS Z 3104 (鋼溶接継手の放射線透過試験方法)」[10.3.25]による. 鋼管杭の場合では, その判定基準において 3 類以上の品質であることが推奨されている.

本杭や試験杭を用いて原位置にて実施する試験は, 目視による外観検査と併用して表面欠陥 (割れ, ピット, サイズ不足, アンダーカット, オーバーラップ, 溶け落ち等) を確認する試験として, 「浸透探傷試験 (JIS Z 2343-1 非破壊試験—浸透探傷試験—第 1 部：一般通則：浸透探傷試験方法および浸透指示模様の分類)」[10.3.26]が一般に用いられている. 試験方法はカラーチェック (染色浸透探傷法) といわれる方法で, 溶接部に浸透性のよい赤色液 (浸透液) を吹き付けて表面の割れ等に浸透させた後, 洗浄液にて一度清掃・ふき取り, 更に白色の現像液を吹き付け, そこににじみ出た赤色痕から欠陥を確認する方法である. 検査方法が比較的簡易であるため, 全数検査が望ましい. このほかに, 超音波探傷試験や放射線透過試験などの非破壊検査が用いられる場合もあるが, 検査に時間を要することから施工状況を考慮して採否を決定する.

機械式継手 (無溶接継手) の施工および品質管理は, 該当する機械式継手 (無溶接継手) の技術資料・施工指針によるものとする.

10 章　施工管理　— 391 —

d）　打込み杭

（ⅰ）　材料の受入れ検査

埋込み杭に準じる．

（ⅱ）　施工管理項目

　要求性能を確保するため，打込み杭，プレボーリング併用打撃工法や中掘り最終打撃工法（以下，単に打込み工法という）の要求性能に関する項目と，それに対する基本的な管理項目，管理方法，管理値および施工後の許容値の具体的な項目等について表 10.3.8 に示す．設計条件，工事条件，地盤条件等に応じて，同表を参考に各工事に対応した品質管理に必要な管理項目を選定し，管理方法および管理値を定める．同表に示す各管理項目や管理方法について，その詳細と関連事項を以下に記述する．杭施工位置や杭体については，既に b）で記載したとおりである．ここでは打込み杭特有の打込み時，打止め時の管理手法および推定支持力式等について示す．

　施工精度の管理値としては，一般的に，水平方向のずれを $D/4$（D は杭径）かつ 100 mm 以下，鉛直精度を 1/100 以内とすることが望ましい．杭頭での水平方向のずれは，杭心位置を示した表示の設置違いや軟弱な施工地盤での機械移動に伴う表示杭の移動，障害物の有無および施工地盤の不陸なども原因となるので杭工事の事前整備も重要となる．

　杭を杭心に建込み後，0.5〜1.0 m ごとに，打撃回数（回/m），全打撃回数（回），全打込み長さ（m），打込み所要時間（時分）について記録し，打撃状況について観察する．

　ボーリング柱状図と杭貫入量の減少との比較により設計図書に示された杭先端位置が支持層への到達確認を行い最終の貫入量とリバウンド量を計測する．計測方法は，最終 10 回以上の打撃による平均値として，ハンマの落下高さ（m），最終沈下量（mm），リバウンド量（mm）について図 10.3.6（a）に示す方法で計測する．貫入量とリバンド量の測定は，図 10.3.6（b）に示すようにセクションペーパーを杭に貼り付けておき，水平に置いたガイド材に沿って打撃ごとに鉛筆を移動させていくと図のように記録される．

　打撃による杭の動的支持力 R_a（kN）の算定方法は特記によるが，一般的には次式が用いられることが多い［JIS A 7201］[10.3.2)]．

$$R_a = \frac{F}{5S + 0.1} \tag{10.3.5}$$

$$\text{ドロップハンマの場合} \qquad F = WgH \tag{10.3.6}$$

$$\text{油圧ハンマの場合} \qquad F = 2WgH \tag{10.3.7}$$

ここに，F（kN m）：ハンマの打撃エネルギー，S（m）：杭の最終貫入量，W（t）：おもりの質量，g（m/s²）：重力加速度，H（m）：ハンマ落下高さ

　またヤットコを使用した場合には，算定値に低減率 0.8 を掛ける場合があるが，この低減率は地盤やヤットコの構造により異なるので実測して低減率を決めることが望ましい．杭に過剰な打撃を与えないための目安は，杭の長さ・形状や地盤の状況で一義的には決められないが，JIS A 7201[10.3.2)]には杭 1 本に対する打撃制限回数の目安が示されておりそれを表 10.3.9 に示す．

　また，打設した杭の異常の有無については，打撃後に杭中空部へ光を入れて杭の胴割れや，縦

— 392 — 建築基礎構造設計指針

表 10.3.8 打込み杭の要求性能に関する項目と管理項目・管理方法等

種別	要求性能に関する項目		管理項目	管理方法	管理値
打込み杭（プレボーリング併用打撃工法を含む）	杭位置	平面位置	杭心位置	測定（逃げ心からの位置）	設計図書
		杭頭深度	杭頭深度 杭長	測定（杭頭レベルと杭長から杭先端深度算定）	設計図書
		支持層根入深度			
	杭体		杭径，杭種 杭長，壁厚	目視 測定	設計図書
			材料強度	検査証明書確認	設計図書
	鉛直精度		鉛直度	測定（トランシットなど）	設計図書
	掘削（プレボーリング／中掘り併用時）		掘削径	測定（先端ビットおよびロッド径）	設計図書
			掘削長さ	測定（ロッド長さ）	
	打止め（支持層到達確認）	ハンマ質量	ハンマ質量	ハンマ仕様確認	設計図書 試験施工で定めた打止め管理基準
		落下高さ	落下高さ	機械装置確認	
		鉛直	貫入量，リバウンド量	測定	
			支持層到達 根入れ長さ	測定（貫入量，動的支持力）杭先端と支持層深さから算定	
		水平	杭体と周面地盤の間隙	目視（杭頭部）	設計図書
	継手（溶接の場合）	溶接前	端面金具の水平度	測定	設計図書
		溶接後	開先のずれ	測定	
			ルート間隔 （JIS A 7201）	測定・非破壊 （カラーチェック）	
	継手（無溶接の場合）	接合前	端面変形，仕様	目視	設計図書
		接合後	嵌合力または締付トルク	測定	
	杭頭高さ	杭頭高止まり（支持力が確認され設計杭頭位置より突出）	杭頭レベル	測定	設計図書
		杭頭低止まり（設計杭長では支持力不足）	杭頭レベル	測定	設計図書
	杭頭接合部		のみ込み量	測定	設計図書
			杭体状況	目視	
			杭頭処理		
			鉄筋量		

ひび割れ，傾斜などの確認を行う．また，目標支持力が確認でき，杭頭位置が所定位置より高い場合には，杭頭切断等の対応が必要となるので，その方法については特記仕様書等を参考にする．

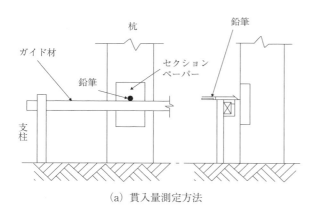 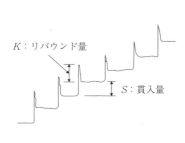

(a) 貫入量測定方法　　　　　　　　　　　　　　(b) 貫入量測定記録

図 10.3.6　打撃時の貫入量測定方法と測定記録例

表 10.3.9　総打撃回数の目安（JIS A 7201）[10.3.2]

杭　種	RC 杭	PHC 杭，PRC 杭，SC 杭
制限総打撃回数	1 000 回以内	3 000 回以内

（3）　地　盤　改　良
　a）　深層混合処理工法
（ⅰ）　材料の受入れ検査
　固化材は搬入時に設計図書で指定された品質を満足すること，および成分等が規格値を満足することを試験成績表により確認する．建物の基礎構造等に使用される深層混合処理工法の固化材には各種セメントやセメント系固化材が使用されているが，固化材の品種は最弱層の土質や層厚等を考慮して最適のものを選定する必要がある．改良対象土層の土質が高有機質土のようにセメントの水和反応を阻害するような成分を含む場合は改良土が硬化不良を起こすことがあるため，固化材品種の選定に注意を要する．
　混和材および混和剤は搬入時に設計図書で指定された品質を満足すること，あるいは指定された品質であることを確認する．また施工性の改善を目的とする場合には，要求性能を満足する品質が確保できることを室内配合試験や試験施工等により確認する．
　砂質土で掘削撹拌装置や掘削ロッドが砂締めされ，回転も上下動もできなくなる現象（ジャミング現象）が生じるおそれのあるときは，添加剤としてベントナイト，粘性土，逸水防止材等を使用する場合がある．また発生残土を減らしたい場合は，高濃度の固化材スラリーの流動性を確保するための混和剤を，改良深度が深く時間がかかる場合や確実なオーバーラップを実現する場合は，遅延性の固化材や遅延剤を使用することがある．
（ⅱ）　施工管理項目
　要求性能と施工管理および管理項目と方法を表 10.3.10 に示す．ここでは，実績の多い機械撹拌方式について述べる．改良土の品質は，施工時の固化材の添加量と撹拌混合度等をいかに管理

— 394 —　建築基礎構造設計指針

表 10.3.10　深層混合処理工法の要求性能に関する項目と管理項目・管理方法等

要求性能に関連する項目		管理項目	管理方法	管理値
施工精度	築造位置	コラム心位置 心セットの位置	トランシットで測量 心にヘッドを合わせる	計画位置 100 mm 以内
	鉛直性	鉛直度	施工機械の鉛直計 トランシット	1/100 以内
	築造径	コラム径	撹拌翼の径	±10 mm 以内
改良地盤の品質	築造深度	施工深度	深度計	所定深度
	撹拌混合度 （機械撹拌方式）	撹拌回数 オーガー回転数 共回り防止機能 掘進速度 引上げ速度	オーガー回転数と速度計により計算 モーターの設定値 目視 速度計 速度計	規定値以上 規定値以上 工法ごとの仕様 規定値以下 規定値以下
	固化材量	添加量 単位吐出量 総吐出量 貫入速度	流量計，速度計より計算 流量計 流量計 速度計	規定値以上 規定値以上 規定値以上 規定値以上
	固化材スラリー	比重 濃度	比重計 重量測定，袋数	規定値の 99 % 以上 ±2 % 以内
地盤支持力	支持層への到達確認 （先端支持力）	先端翼位置 支持層確認	深度計 電流計，トルク計，柱状図など	所定深度，支持層確認 規定値以上
	改良地盤の強度	平均強度	コア，モールドコア	設計値以上 （ばらつきを考慮）

するかでほぼ決定される．改良土に要求される要求性能を確保するために，施工時には施工管理を，施工後には品質管理を適正に実施し，設計図書等に定められた管理値を満足することが重要である．施工後の品質確認には，改良土の形状確認，一軸圧縮強さ，均一性の確認，改良土の鉛直支持力，水平支持力等がある．

深層混合処理工法の改良位置の心ずれ許容差は，既製杭に準じて一般に 100 mm とされている．

鉛直性は地上に現れている掘削ロッドの鉛直度を施工機械の鉛直計やトランシット，下げ振り等を用いて管理する．鉛直精度の管理値は，一般的に 1/100 以下とされている．

築造深度は，注入開始位置が改良土の上端位置となる．機械撹拌方式の場合は，所定の深度から固化材を注入することにより上端部の位置決めを行い，撹拌混合を開始する．深層混合処理工法は原地盤にスラリーを注入するため，通常は改良土の上端部は注入開始位置より上方に盛り上がる．この盛上がりが大きいと，改良強度が大きな砂質土ではブレーカーを用いたはつり作業が必要となる場合がある．また，まれに緩い砂質土では改良土上端部が注入開始位置より下方に沈降する場合がある．施工中は施工深度を計測管理し，所定の深度範囲を確実に混合処理する．こ

のとき，施工開始深度は，撹拌装置の固化材スラリー吐出口の位置を基準とするのが一般的である．

オーガ電流値は掘進速度や地盤の掘削抵抗等により変化する．掘進速度一定の下では地盤の硬さを表すので，支持層への到達確認に利用できる．また，施工中はオーガに過大な負荷をかけないように注意する．

オーガ回転数は撹拌混合度の基礎になる項目であり，固化材注入量とともに改良土の品質に及ぼす影響が大きい項目である．掘進速度はオーガ回転数とともに撹拌混合性に影響を及ぼす項目である．施工機械の能力により異なるが，一般的な掘進速度は 0.5〜1.0 m/分程度である．

固化材注入量と固化材スラリーは，撹拌混合度とともに改良土の品質に及ぼす影響が大きい項目である．また，固化材添加量の管理は一般に固化材スラリーの注入量で管理するため，固化材スラリーが所定の調合で作製されていることを確認する．

改良土の支持層への到達確認は設計図書に示された深度を遵守するのではなく，掘進速度一定時のオーガ電流値の増加や同一負荷条件における掘進速度の減少などで，1本1本ごとに支持層着底管理を実施する．

（ⅲ）　施工後の品質確認

施工後の品質確認は，改良土の形状確認，一軸圧縮強さ，コア採取率，改良土の鉛直支持力，水平支持力等について行う．改良土の品質確認方法とその特徴を表 10.3.11 に示す．

形状確認として，根切り掘削時に改良土頂部が露出するときの改良径を計測する．機械撹拌方式では改良径は全長にわたってほぼ一定であるが，一般的には設計径より多少大きめに築造される．これは掘削翼の形状によるためと，施工時に掘削ロッドが多少ローリングを起こすためであり，通常は特に品質に問題ない．しかし，出来型の改良径が大きすぎると単位体積あたりの固化材添加量が所定量より不足するため強度不足の原因となる場合も考えられる．

改良長は一般的には施工管理のデータにより確認する．また，改良長全長にわたって採取する深度コアのコア採取率により確認することができる．コア採取率は採取コアの合計長さと実ボーリング長との比を百分率で表したものである．改良長全長に対するコア採取率は砂質土で 95 ％，粘性土で 90 ％以上であり，1 m あたりのコア採取率はそれぞれ 5 ％減じた値を連続性の目安とする場合が多い．このコア採取率は改良土の均質性を比較的よく表すが，礫が混入した改良土では礫のためにコア採取ができずに見掛けのコア採取率が低下する場合があるので注意を要する．最近では，品質確認手法として改良土の連続性を調査する非破壊試験方法のインテグリティ試験が普及してきている．このインテグリティ試験方法を用いて改良長を確認することも可能である．

心ずれについては，既製杭に準じて慣用的に改良径の 1/4 または 100 mm を許容差にしている場合が多い．しかし，通常実施されている改良径は 400 mm より大きいため，許容差は実質 100 mm となっている．杭基礎と深層混合処理工法による基礎構造等の基本的な差異は，前者が構造物の荷重を集中荷重として受けるのに対して，後者はそれ自身の一軸圧縮強さが小さいために必然的に面（分布）荷重として受けることにある．したがって，同一荷重に対する面積は深層混合

— 396 — 建築基礎構造設計指針

表 10.3.11 品質確認方法と特徴

No.	名称	目的※		方法	得られる結果	特徴
1	深度コア		深度方向の強度把握	コアボーリング	コア採取率 一軸圧縮強さ	1) 深度方向全長にわたって改良土の品質を正確に把握することができる. 2) 改良土の固化後にボーリングを行うため早期強度が把握できない. 3) 費用が高く,結果を得るまでに時間がかかる.
2	頭部コア	a)	改良土頭部付近の強度把握	コアカッター	一軸圧縮強さ	1) 改良範囲の改良土品質を平面的に把握することができる. 2) 試料の採取が簡便で安価である.
3	モールドコア		深度方向の早期強度の把握	施工直後に固化前の改良土を採取する	一軸圧縮強さ	1) 施工直後の所定深度から採取した試料を型枠に詰めて成型,養生するため,早期材齢の一軸圧縮強さが把握できる. 2) 試料は試験室等で標準養生されるため,改良土と養生条件が異なる.
4	インテグリティ試験		非破壊で連続性の把握	改良土頭部を軽打し,反射波を計測する.	連続性 改良深度 不連続部深度	1) 試験が簡便であるため全数検査が可能である. 2) 結果の判定基準が明確でなく,今後データを蓄積する必要がある.
5	シュミットハンマ	b)	非破壊で一軸圧縮強さの推定	改良土頭部をハンマで打撃した時の反発度から一軸圧縮強さを推定する.	一軸圧縮強さ	1) 試験が簡便であるため全数検査が可能である. 2) 測定値のばらつきが大きいため平均値で評価する.
6	衝撃加速度試験		非破壊で一軸圧縮強さの推定	改良土頭部を重錘(4.5kg)を落下させたときの衝撃加速度から一軸圧縮強さを推定する.	一軸圧縮強さ	1) 試験が簡便であるため全数検査が可能である. 2) 衝撃加速度と一軸圧縮強さの相関性は比較的良い.
7	平板載荷試験		改良土の支持力度の評価	改良土頭部で平板を段階的に載荷する.	1) 支持力度 2) 変形特性	1) 比較的簡便で,かつ安価に実施できる. 2) 改良体の面積と載荷板の面積の関係を考慮する必要がある.
8	鉛直載荷試験 水平載荷試験	c)	改良土の支持力度の評価	実大の改良土頭部に直接載荷する.	1) 支持力度 2) 変形特性	1) 改良土の正確な支持力度を評価できる. 2) 試験装置が大掛かりで,高価である.
9	動的平板載荷試験		改良土の変形係数の評価	所定の重さの荷重を1mの高さから落とし,載荷板の沈下と荷重の関係を求める.	静的な平板載荷試験値から得られる変形係数を間接的に求められる.	1) 沈下解析に必要な変形係数を簡単に求めることができる. 2) 簡便で,かつ安価に実施できる.
10	電気比抵抗測定		改良土の深さ方向の撹拌混合度の評価	撹拌直後の未硬化状態の改良土に電気比抵抗センサー等を挿入する.	撹拌混合状態のおおよそを推定する.	1) 特殊な地盤等での施工の確実性を目指す場合,実績の少ない工法で施工品質の予測精度を高めたい場合などに有効である.
11	水平面土塊混入率	d)	改良土の面内方向の撹拌混合度の評価	つま楊枝等のピンを硬化後の水平断面に多数押し込む.	容易に貫入できたピン数の割合から土塊混入率を求める.	1) 面内方向の撹拌混合度を簡単に求めることができる. 2) ボーリングコアの採取位置を合理的に設定する場合に有用である.

[注]　※:a) 改良体の強度の検査手法として実施. b) 強度以外の改良体の評価として必要に応じて実施（改良体全体の固化状況や連続性,ばらつきなどを把握）. c) 設計定数の妥当性の評価として必要に応じて実施. d) 施工直後または硬化後の撹拌混合性の評価として必要に応じて実施.

処理工法の方が杭よりかなり大きなものとなる.

　改良土の品質は一軸圧縮強さで代表される. また一軸圧縮試験は容易に実施できるため一軸圧縮強さによる管理は広く普及している[10.3.3]. 圧縮強度試験の供試体は,図 10.3.7 に示すソイルセメントが固結した後にボーリングマシンにて全長にわたって採取するボーリングコアとコアマシ

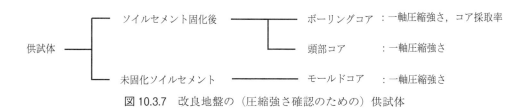

図 10.3.7 改良地盤の（圧縮強さ確認のための）供試体

ンにて改良頭部から採取する頭部コアを基本とする．また，改良土築造直後のまだ固まらない状態のソイルセメントを所定深度から採取して型枠成型するモールドコアは，早期材齢の一軸圧縮強さが把握できることや任意の深度で供試体が採取できる簡便な方法である．

改良土の品質は一軸圧縮強さのみならず，その均一性も重要である．電気比抵抗測定[10.3.3],[10.3.27]では，改良土の深さ方向の均一性を，水平面土塊混入率試験では改良土の面内方向の土塊混入率を求めることができる．

鉛直支持力の評価には平板載荷試験と鉛直載荷試験とがある．平板載荷試験は改良地盤の強度確認（直接基礎）として実施する場合がある．鉛直載荷試験は杭の載荷試験に準じて実施する試験であり，装置が大掛かりとなるため余り実施されないが，改良土の鉛直支持力性能を正確に評価できるという長所がある．

水平支持力の評価は水平載荷試験により評価することも可能である．改良土は一般に無筋であるため，上載荷重が作用しない状態での水平載荷では改良土が曲げ破壊を起こして，改良土の正確な水平支持力を知ることができないおそれがあるので注意を要する．改良土に鉛直荷重を作用させた状態で水平力を加える方法[10.3.3]や斜め荷重による載荷方法の例[10.3.28]があるので参考にするとよい．

品質管理は，その目的，設計条件等を勘案して適正な方法を選定して実施することが望ましい．改良土の品質確認方法は表 10.3.11 に示すようなものがあるので，各方法や特徴を理解して選定する必要がある．

改良土と基礎の接合部は基礎の荷重を伝える重要な部位である．この接続部は割ぐり地業や砂利地業を使用する場合としない場合がある．その使い分けは基礎下に未改良土部分が多いときには割ぐり地業を使用し，未改良土部分が少ないときは割ぐり地業や砂利地業を使用せずに直接捨てコンクリートを打設する場合が多いようである．図 10.3.8 に接続部の詳細例[10.3.29]を示すので参照されたい．

b）浅層混合処理工法

（i）材料の受入れ検査

固化材については，納入時点で設計図書に指定された品種であること，および成分等が規格値を満足することを試験成績表により確認する．また，固化材の使用量については納入量を確認し，毎日の使用実績の記録を行うほかに，地層の性状，改良の規模，施工機械の種類や性能などから設定した工事区画ごとの使用量を記録しなければならない．固化材の保管には雨水や結露に

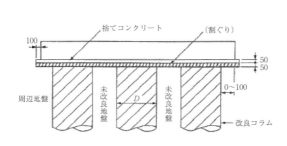
(a) 割ぐり地業や砂利地業を使用する場合

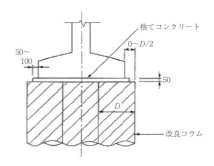
(b) 割ぐり地業や砂利地業を使用しない場合

図 10.3.8　改良土と基礎の接合部詳細例[10.3.29)]

表 10.3.12　浅層混合処理工法（粉体式）の要求性能に関する項目と管理項目・管理方法等

要求性能に関連する項目		管理項目	管理方法	管理値
配置・形状	改良地盤の範囲	改良範囲 改良深度 天端高 連続性	測量，写真管理 測量，写真管理 測量，写真管理 フェノールフタレイン反応，各種サウンディング	規定範囲以内 規定値以上 規定値 ±50 mm 発色反応 規定値以上
改良地盤の品質	固化材の品質	納入量 使用量 添加量	目視，写真管理 目視，写真管理 目視，写真管理	規定値以上 規定値以上 規定値以上
	施工状況	散布状況 混合状況 転圧・締固め状況	区割りごとの散布量 施工機械・区割りごとの混合時間 転圧機械・転圧回数	規定値以上 規定値以上 規定値以上
	混合撹拌	混合度	目視，写真管理	色ムラ無し
地盤の支持力	支持層への到達確認（先端支持力）	先端位置 支持層確認	マーキング 試掘，目視	所定深度，支持層確認 所定深度，支持層確認
	改良地盤の強度	平均強度	コア，モールドコア	設計値以上（ばらつきを考慮）

よる劣化が生じないような保管場所を確保し，劣化防止に十分に配慮しなければならない．劣化のおそれが懸念されるなど固化材の品質に問題が生じた場合には，室内配合試験などによる品質の確認を実施する必要がある．

　（ⅱ）　施工管理項目

　浅層混合処理工法の要求性能に関連する項目と品質管理項目および管理方法を表 10.3.12 と表 10.3.13 に示す．混合方式の違いによって管理項目と管理方法が異なる．粉体式では，基本的に管理装置がないため改良地盤の品質を管理する固化材の添加量や撹拌混合度が目視や写真管理となり，スラリー式では管理装置を使用するために固化材の添加量や撹拌混合度を記録管理するこ

10章 施工管理 — 399 —

表 10.3.13 浅層混合処理工法（スラリー式）の要求性能に関する項目と管理項目・管理方法等

要求性能に関連する項目		管理項目	管理方法	管理値
配置・形状	改良地盤の範囲	改良範囲 改良深度 天端高	測量，写真管理 深度計，測量 測量，写真管理	計画位置 ±100 mm 以内 規定値以上 規定値 ±50 mm
改良地盤の品質	固化材の品質	納入量 比重 濃度	目視，写真管理 比重計 重量測定，袋数	規定値以上 規定値の 99 % 以上 ±2 % 以内
	固化材量	添加量 総吐出量	流量計より計算 流量計	規定値以上 規定値以上
	撹拌混合度	撹拌回数 混合度	記録計 目視	規定値以上 色ムラ無し
地盤の支持力	支持層への到達確認 （先端支持力）	先端位置 支持層確認	深度計，マーキング 試掘，目視	所定深度，支持層確認 所定深度，支持層確認
	改良地盤の強度	平均強度	コア，モールドコア	設計値以上（ばらつきを考慮）

とができる.

　施工にあたっては，原地盤の試料の物理試験，原位置密度試験などを行い地盤の性状を調査して，原地盤が設計時の条件を満足していることを確認する．地盤性状の調査は適切な区画を区切って実施するのが望ましい．また，固化材は区画ごとに散布し，計画どおりの固化材の配合量になるように施工する．改良効果は，固化材と改良対象土の混合度合いに大きく影響を受けるため，改良対象土をできるだけ細かく撹拌することが望ましい．目視により固化材の色が目立たなくなっているのが管理の最低の目安である．一方では，過剰な撹拌による練返しによって強度が低下することがあるので撹拌が過剰にならないことも重要である．撹拌回数や混合度を計画どおりに行うように管理することが重要になる.

　締固めにおいては，まず転圧機械が施工計画書に記載のものであるかの確認を行う．転圧状況は，固化材と改良対象土の混合の場合と同様に改良後の品質に大きな影響を及ぼすので，十分な管理が要求される．また，過剰な転圧は過剰な撹拌の場合と同様に強度低下の原因になる場合があるので注意を要する.

　スラリー式では撹拌混合後はモルタル状になることから転圧や締固めは基本的に必要ない．また，砂地盤ではブリーディングなどで改良天端が下がる場合があるので注意が必要である．なお，施工後は，長期間の降雨によって表面に雨水が溜まらないように，急激な乾燥が生じないように養生するとともに，所定の強度が発現するまでの期間は車両通行を避けるようにするなどの対策が必要である．施工後の改良範囲と改良厚さに関しては，表 10.3.12，10.3.13 に適合していることを確認する.

　支持層の確認は目視によることが望ましい．しかし，地下水などが流入して目視で確認できない場合や地盤が崩壊するなど周辺への影響が生じるおそれがある場合には，ボーリング調査結果

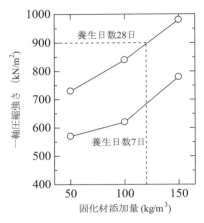

図 10.3.9　室内配合試験（改良土の 7 日強度と 28 日強度の関係）[10.3.3)]

に基づいて改良深度を遵守する．また，支持層の不陸が懸念される場合は，ボーリング調査を補完するような追加調査などによって，支持層深さの変化に対応できるようにする．

　施工後に改良地盤の調査・試験（検査）を実施する．検査は施工後の材齢 28 日に行うことが標準であるが，通常はそれ以前に改良効果の確認を求められることが多い．図 10.3.9 は改良地盤における 7 日強度と 28 日強度の関係の一例[10.3.3)]である．このように室内試験時点に 3 日あるいは 7 日強度について調査しておくことにより，28 日以前の改良地盤の調査・試験（検査）から 28 日強度などの改良後の品質を推定することができる．改良地盤の品質検査は，要求性能に応じて次の方法からできる限り複数を選択して行うのが望ましい．

① モールドコアによるサンプリングとサンプルの室内試験（地盤の強度・変形性状）
② コアボーリングおよびコアサンプルの室内試験（改良深度の確認・連続性の確認，地盤の強度・変形性状）
③ ブロックサンプリング採取およびサンプルの室内試験（地盤の強度・変形性状）
④ 平板載荷試験および現場 CBR 試験（改良後の地盤の支持力および変形性状）
⑤ 簡便法
・衝撃加速度試験[10.3.3)]（相対的な強度分布，全面的な改良効果把握）
・シュミットハンマ試験[10.3.3)]（相対的な強度分布，全面的な改良効果把握）
・せん断波速度試験[10.3.30)]（相対的な強度分布，全面的な改良効果把握）

　上記の調査・試験方法①は，改良地盤の施工直後で硬化前に，改良土を採取しモールドに充填して室内強度試験（主に一軸圧縮試験）を行って改良地盤の強度・変形性状を求めるものである．②と③は，改良地盤から不撹乱試料を採取して，①と同様試料の室内強度試験（主に一軸圧縮試験）を行い改良地盤の強度・変形性状を直接求めるものである．ただし，粉体式による改良土ではコアボーリングによるコアサンプルの採取が困難な場合が多い．③のブロックサンプル採取は容易であり，試料の乱れも小さいので有効な方法である．④の平板載荷試験と現場 CBR 試

験は改良後の地盤の支持力あるいは変形性状を直接求めることができる．⑤衝撃加速度試験は半球状のハンマ（直径 60 mm，質量 4.5 kg）を高さ 400 mm から落下させ，衝突して静止するまでに生じる負の最大加速度を測定する試験である．衝撃加速度試験の衝撃加速度およびシュミットハンマによる反発度と一軸圧縮強さとの関係は，ばらつきが大きいがある程度の関連は有している[10.3.3]．また，せん断波速度試験は原位置で非破壊にて測定できるせん断波速度を利用して改良地盤の一軸圧縮強さを評価するものである．これらの試験は簡便であり，ほかの検査を補間する際にも用いられている．

品質検査は検査区を適切に設定して行う．検査区分は，構造物や改良の規模，地盤が複雑であるなどの地盤条件および施工実績，施工難易度などの施工条件から設定する．各検査区における検査数量は検査区の設定と同様に構造物や改良の規模，地盤条件，施工条件などから設定するが，1 検査区画あたり 3 か所以上の検査数量が必要であろう．検査の合否は検査区画ごとに判定し，不合格となった検査区画については原因を明らかにしたのちに再施工を含めた対策を講じる．

c）締固め工法

（ⅰ）材料の受入れ検査

補給材は，設計図書で指定された種類，粒度の材料を使用する．使用材料としては，砂，砂利，砕石，再生砕石，スラグなどがあり，細粒分含有率が低く，かつ施工により土粒子が細粒化（破砕）しないものがよい．サンドコンパクションパイル（SCP）工法ならびに静的締固め砂杭工法では，砕石は C-40（JIS A 5001）[10.3.31]，再生砕石は RC-40 という規格が使用される場合が多い．管理方法としては，粒度試験（ふるい分け）を行い，採取地，粒径加積曲線を記載した試験成績表を作成し，設計図書で指定された品質を満足することを搬入時に確認する．搬入時の粒度試験は，通常 1 回/2 000 m^3 程度の頻度で実施される．実績に基づく規定粒度の範囲[10.3.32]を図 10.3.10 に示す．使用材料の粒度分布は，同図の粒径加積曲線の範囲内にあればよい．

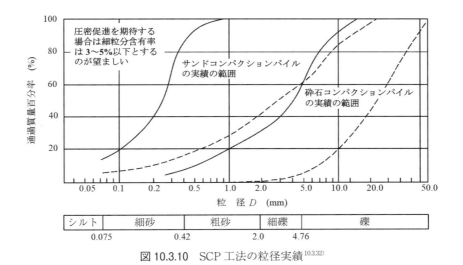

図 10.3.10　SCP 工法の粒径実績[10.3.32]

表 10.3.14 SCP 工法および静的締固め砂杭工法の要求性能に関する項目と管理項目・管理方法等

要求性能に関連する項目		管理項目	管理方法	管理値
配置・形状	配置	施工間隔 杭心位置	施工図・測量 施工図・測量	設計間隔 設計間隔
	出来形	杭径 杭長 連続性	投入量より換算 施工管理計 施工管理計	設計値以上，施工計画値 設計値以上，施工計画値 施工計画値
材料		品質 使用量	粒度分布その他 量	粒度試験 施工管理計	施工計画値 施工管理値
地盤の支持力 （場合により）	（支持層への到達確認）	打止め	施工管理計	設定値以上

表 10.3.15 バイブロフローテーション工法およびディープバイブロ工法の要求性能に関する項目と管理項目・管理方法等

要求性能に関連する項目		管理項目	管理方法	管理値
配置・形状	配置	施工間隔 杭心位置	施工図・測量 施工図・測量	設計間隔 設計位置
	出来形	打設杭数 貫入深度 貫入・締固め時間	施工図 管理記録計 管理記録計	設計数量 設計値以上 設計値以上
材料		品質 使用量	粒度分布 量	粒度試験他（骨材試験） バケット容量記録	施工計画書 施工計画書
地盤の支持力 （場合により）	（支持層への到達確認）	打止め	管理記録計	設定値以上

バイブロフローテーション工法およびディープバイブロ工法の補給材料としては，砂利・砕石・再生砕石・鉱さい（スラグ）などがあり，粒径は 5〜40 mm 内の設計図書で指定された種類，粒度分布であることを確認する．管理方法としては，搬入前に骨材のふるい分け，粗骨材のすりへり，粗骨材の比重および吸水量，骨材の単位容積重量，骨材の洗いなどの各種試験を採取地別に行い試験結果をとりまとめ，設計図書で指定された品質を満足することを確認する．粒度試験の頻度は，SCP 工法と同様である．

（ⅱ） 施工管理項目

管理項目と管理方法および管理値を表 10.3.14，10.3.15 に示す．品質管理は，同表に示すように配置・形状に関する事項と材料・締固め効果に関する事項に分けられる．施工前の補給材料に関する品質試験と施工中の施工管理計を用いた補給材の投入量，砂（砕石）杭の施工深度，連続性に関する施工管理により，要求性能として締固め度を確実に確保できる施工を行う．

まず，基準測量で施工に支障がなく復元が容易で変位が生じない適切な位置に杭心の引照点を

10章　施工管理　— 403 —

数点設置し，引照点よりトランシット，テープなどで杭心位置を測定し，リボンをつけた目杭などを地面に打ち込み表示する．

　SCP工法および静的締固め砂杭工法では，通常，施工管理計器としてケーシングパイプの先端深さを検知する計器およびケーシングパイプ内の補給材面の高さを検知する計器を備えている．これらの計器を用いて，杭長および杭径（補給材の投入量）を管理する．バイブロフローテーション工法およびディープバイブロ工法における補給材投入量の管理では，施工試験時に，使用する重機のバケットの計量を数回行い，その平均値を基準値としてバケットの投入回数を記録し，杭1本あたりの使用量を管理する．

　締固め杭は設計図書で定められた条件で打ち止める．設計図書では，改良深度を定める場合と杭下端を着底させる支持地盤を定める場合がある．前者の場合は，深度計の表示により打止め管理を行う．後者の場合は，ボーリング調査か所の近くなどの土層が既知の地点で試験施工を行い，支持層に達したときの同一負荷条件における貫入速度の低下を確認し，打止め管理基準を設定する．

　設計者または工事監理者等は，支持層深度の変化や地中障害物などにより，設計図書に定められた改良深度までの施工が困難であると工事管理者から示された場合，工事管理者および施工者と，設計図書の変更，施工機械の変更について協議し，適切な処置を行う．

　施工後は標準貫入試験等による締固め度の確認のほか，設計時に支持力の増加および沈下の抑制を要求性能とする場合は，必要に応じて，平板載荷試験を，杭の水平抵抗増加を要求性能とする場合には，孔内水平載荷試験等を実施して，改良地盤の品質を確認する．

　改良効果は締固め杭間における標準貫入試験を行い改良後のN値によって確認する．標準貫入試験の調査深度は，改良対象層の下限深度までで，原則として深度1mごとの実施を推奨する．ボーリング調査の箇所数は，SCP工法の場合には概ね締固め杭100〜500本に1か所の割合が一つの目安とされている．調査時期は，改良施工終了から概ね1〜2週間後に実施されるケースが多い．これは，締固め杭打設に伴う過剰間隙水圧の発生とその間隙水圧が消散・安定するまでの時間を考慮したものであり，対象地盤の細粒分含有率を考慮して時期を設定する必要がある．

（4）　地下外壁・擁壁

a）　材料の受入れ検査

使用材料は，設計図書で指定された以下のような品質を満足することを搬入時の受入れ検査により確認する．

① 　生コンクリート，モルタル：種別，調合，設計基準強度，スランプ（フロー），空気量，混和剤種別

② 　鉄筋：種別，径，長さ，継手種別

③ 　プレキャスト部材：形状・寸法，コンクリート強度，ひび割れ，破損，変形，金物・先付部品の取付け状態

④ 　コンクリートブロック：種別，形状・寸法，コンクリート強度，ひび割れ，破損，変形

— 404 —　建築基礎構造設計指針

表 10.3.16　地下外壁工事の要求性能に関する項目と管理項目・管理方法等

要求性能に関連する項目		管理項目	管理方法	許容値
使用材料	コンクリート	圧縮強度 スランプ（フロー） 空気量	調合表 試験	設計図書
	鉄筋	径・強度	規格証明書	設計図書
	埋戻し土	土質・不純物 径・粒度	目視 試験	施工計画書
地盤条件	周辺地盤 周辺構造物 表面載荷荷重 水位		調査・計測 地盤調査報告書・ 山留め計算書との照合	設計図書
位置	平面	地下外壁の位置	計測	設計図書
	深度	掘削深さ・階高	計測	
鉛直度・厚さ		鉛直度・厚さ	計測	設計図書
配筋		配筋量・配筋精度 かぶり厚さ 型枠精度	計測	設計図書
止水性		ひび割れ・漏水	計測・目視	施工計画書
埋戻し土		埋戻し土の締固め	試験	施工計画書

⑤　石材：材質，形状・寸法，そり，き裂，欠け

⑥　水抜き管：種別，寸法

⑦　地業・裏込め材，埋戻し土：土質，径・粒度，不純物の混入の有無

b)　施工管理項目

(i)　地 下 外 壁

　地下外壁は構造物の性能を確保する重要な構造部材であるが，施工後の性能確認が困難であるため，施工時の品質管理が極めて重要である．

　地下外壁の要求性能を保証する施工を確実に行うため，施工計画書にしたがって施工位置・掘削精度や配筋量・配筋精度を確保する．地下外壁工事の要求性能に関連する項目と管理項目・管理方法等を表 10.3.16 に示す．

　根切り時には施工位置（平面，深度）が設計図書に指定された範囲であることを確認するとともに，地盤条件（地盤状況，水位）および山留め挙動を調査・計測して設計図書や山留め計算書の記載事項との整合性を確認する．地下外壁の要求性能に影響を及ぼす変化のある場合には，必要に応じて速やかに対策を講じるとともに，施工法の変更を検討する．根切り完了時には設計図書に指定された位置に地下外壁を造成可能であることを確認する．

　コンクリート打設の施工性を考慮した調合計画を行い，鉄筋の加工・組立てを行う．配筋量や

配筋精度が設計図書に定められた範囲内であることを確認し，要求かぶり厚さおよび型枠精度を確保したうえでコンクリートを打設する．コンクリート打設後は締固めを十分に行うとともに適切な養生を行う．

表 10.3.17　擁壁工事の要求性能に関する項目と管理項目・管理方法等

要求性能に関連する項目		管理項目	管理方法	許容値
使用材料	コンクリートモルタル	圧縮強度 スランプ（フロー） 空気量	調合表 試験	設計図書
	鉄筋	径・強度	規格証明書	設計図書
	プレキャスト部材	形状・寸法 コンクリート圧縮強度 ひび割れ 破損・変形	計測 試験成績書 工場検査証 目視	設計図書
	コンクリートブロック	形状・寸法 圧縮強度 ひび割れ 破損・変形	計測 規格証明書 試験成績書 目視	設計図書
	石材	材質 形状・寸法・そり・き裂・欠け	産地証明書 計測・目視	施工計画書
	水抜き管	材質 形状・寸法	規格証明書 計測	施工計画書
	地業材	材質・不純物 径・粒度	目視 試験	施工計画書
	裏込め材	材質・不純物 径・粒度	目視 試験	施工計画書
	埋戻し土	土質・不純物 径・粒度	目視 試験	施工計画書
地盤条件	周辺地盤 周辺構造物 表面載荷荷重 水位		調査 計測 地盤調査報告書との照合	設計図書
位置	平面	擁壁の位置	計測	設計図書
	深度	掘削深さ・盛土高さ	計測	
角度・厚さ		角度・厚さ	計測	設計図書
配筋		配筋量・配筋精度 かぶり厚さ 型枠精度	計測	設計図書
排水性		水抜き穴の目詰まり・閉塞 漏水	目視	施工計画書
埋戻し土		埋戻し土の締固め	試験	施工計画書

― 406 ―　建築基礎構造設計指針

　地下外壁背面の埋戻しはコンクリート強度の発現状況を考慮して躯体に損傷を与えないように行う．設計図書に定められた厚さごとに定められた方法により締固めを行う．埋戻し後の地盤表面は設計図書に定められたレベルであることを確認する．

（ⅱ）　擁　　　壁

　擁壁の要求性能を保証する施工を確実に行うため，施工計画書にしたがって施工位置・掘削精度や配筋量・配筋精度，組積位置・組積精度を確保する．管理項目・管理方法および管理値または許容値は，施工する擁壁の種類・規模・形状・用途等や設計により異なるが，一般的な場合について表 10.3.17 に示す．

　基礎構造等を設けるための根切り，杭打設，地盤改良，および地業においては施工位置（平面，深度）が設計図書に指定された範囲であることを確認するとともに，地盤条件（地盤状況，水位）を調査・計測して設計図書の記載事項との整合性を確認する．擁壁の要求性能に影響を及ぼす変化のある場合には，必要に応じて速やかに対策を講じるとともに，施工法の変更を検討する．根切り完了時には設計図書に指定された位置に擁壁を造成可能であることを確認する．

　コンクリート打設の施工性を考慮した調合計画を行い，鉄筋の加工・組立てを行う．配筋量や配筋精度が設計図書に定められた範囲内であることを確認し，要求かぶり厚さおよび型枠精度を確保したうえでコンクリートを打設する．コンクリート打設後は締固めを十分に行うとともに適切な養生を行う．

　擁壁の水抜き穴は設計図書に従い 3 m² に 1 か所以上設け，裏込め土の流出や目詰まり，コンクリートでの閉塞が生じないように配慮する．裏込め排水層の材料，厚さおよび形状は設計図書に従い，材料充填後に締固めを十分に行う．裏込め土の埋戻しは擁壁の所定のコンクリート強度が確認されてから実施し，設計図書に定められた厚さごとに定められた方法により締固めを十分に行う．埋戻し後の地盤表面は設計図書に定められたレベルであることを確認する．

参　考　文　献

10.3.1)　公共建築協会：建築工事管理指針，平成 28 年版（上巻），2016
10.3.2)　日本規格協会：JIS A 7201 遠心力コンクリートくいの施工標準，2009
10.3.3)　日本建築センター：建築物のための改良地盤の設計及び品質管理指針，2002
10.3.4)　地盤工学会：地盤工学基準 JGS 0821 安定処理土の締固めをしない供試体作製方法，2009
10.3.5)　セメント協会：JCAS L-01 セメント系固化材による改良体の強さ試験方法，2006
10.3.6)　日本規格協会：JIS A 1216 土の一軸圧縮試験方法，2009
10.3.7)　村山篤史・市川　覚：深層混合処理工法における促進養生試験を用いた施工品質管理手法，日本建築学会大会学術講演梗概集　構造Ⅰ，pp. 437〜438，2003.7
10.3.8)　セメント協会：セメント系固化材による地盤改良マニュアル，1985
10.3.9)　日本建築学会：建築工事標準仕様書・同解説　JASS 5 鉄筋コンクリート工事，2015
10.3.10)　宮本和徹・飯田　努・今井康幸・荻田成也・田中昌史・矢田哲也：場所打ちコンクリート杭の施工に関連する実態調査，基礎工，Vol. 43，No. 8，pp. 35〜38，2015.8
10.3.11)　日本基礎建設協会：場所打ちコンクリート杭施工指針・同解説，2016
10.3.12)　日本建築学会：建築工事標準仕様書・同解説　JASS 4 杭・地業および基礎工事，2009
10.3.13)　日本基礎建設協会：場所打ちコンクリート杭の施工管理，2019
10.3.14)　土屋富男：高支持力埋込み杭の施工管理事例　杭心ずれ低減対策および既存杭干渉時対策，基礎工，Vol. 43，No. 8，pp. 77〜81，2015.8
10.3.15)　一般社団法人　日本建設業連合会・一般社団法人　コンクリートパイル建設技術協会：杭の施工管理における支持層到達の確認方法，2019.2

10.3.16) 加倉井正昭・桑原文夫・真鍋雅夫・木谷好伸・林　隆浩：地盤調査と杭施工の関係（その3）積分電流計による支持層判断，日本建築学会大会学術講演梗概集，構造Ⅰ，pp.479〜480，2010.9

10.3.17) 一般社団法人　日本建設業連合会・一般社団法人　コンクリートパイル建設技術協会：根固め部のソイルセメント強度確認のための技術資料，2019.5

10.3.18) 横山雅樹・加藤洋一・木谷好伸：埋込み杭根固め部の品質調査（その2）施工現場で採取した未固結試料，日本建築学会大会学術講演梗概集，構造Ⅰ，pp.501〜502，2013.9

10.3.19) 一般社団法人コンクリートパイル建設技術協会：既製コンクリート杭の施工管理（第7版），2017

10.3.20) 日本規格協会：JIS Z 2241 金属材料引張試験方法，2011

10.3.21) 日本規格協会：JIS Z 3122 突合せ溶接継手の曲げ試験方法，2013

10.3.22) 日本規格協会：JIS G 0553 鋼のマクロ組織試験方法，2008

10.3.23) 日本建築学会：鋼構造建築溶接部の超音波探傷検査規準・同解説，2008

10.3.24) 日本規格協会：JIS Z 3060 鋼溶接部の超音波探傷試験方法，2015

10.3.25) 日本規格協会：JIS Z 3104 鋼溶接継手の放射線透過試験方法，1995

10.3.26) 日本規格協会：JIS Z 2343-1 非破壊試験―浸透探傷試験―第1部：一般通則：浸透探傷試験方法および浸透指示模様の分類，2017

10.3.27) 建築研究所：国土交通省総合技術開発プロジェクト「建設事業の品質管理体系の開発」（平成9〜12年）最終報告書，2000.3

10.3.28) 吉田　茂・榎並　昭・平出政一・日比野信一・深山光也：土の共回り防止翼付き混合処理工法柱体の水平載荷試験，第27回土質工学研究発表会，pp.2303〜2304，1992.5

10.3.29) 住宅・都市整備公団建築部：ソイルセメントコラム工法設計・施工指針（案），1988

10.3.30) 浅香美治・安部　透・桂　　豊・杉本裕志・辰己佳裕：ベンダーエレメントを用いたせん断波速度測定によるセメント系改良地盤の非破壊検査方法，日本建築学会構造系論文集，第612号，pp.103〜110，2007.2

10.3.31) 日本工業規格協会：JIS A 5001-2008 道路用砕石，2008

10.3.32) 地盤工学会：地盤改良の調査・設計と施工―戸建て住宅から人工島まで―，2013

10.4節　施工記録

施工記録作成にあたっては，要求性能を満たす施工がなされていること，適切な頻度で立会い確認が実施されていることがわかるように留意する．

（1）　工事管理者ならびに施工者は，要求性能を満たす施工がなされていることがわかるように，工事概要，基礎構造等の仕様，設計支持力，土質柱状図，工程表，使用機械，使用材料，基礎構造等の設置位置，施工品質管理記録，検査資料，施工写真など確実に施工状況が判断できる項目を選定し，工事報告書としてまとめる．

（2）　工事管理者ならびに施工者は，施工時の立会い確認が適切な頻度で実施され，必要な管理項目について，施工管理の結果が適切であることがわかるように留意する．

（3）　設計者または工事監理者は，必要とする品質や性能が得られなかったため補強・対応策を講じた場合には，これらの記録も施工報告書に追加する．

施工したすべての工事についての施工記録は，設計者または工事監理者が施工の良否を判定する目的のみではなく，以降の工事の遂行に貴重な資料となるので，できるだけ詳細なものを残す．基礎工事に関する施工記録としては，工事概要，基礎構造等の仕様，設計支持力，土質柱状図，工程表，使用機械，使用材料，杭配置，施工管理記録，施工写真などを，施工報告書としてまとめて設計者または工事監理者に提出しなければならない．必要とする品質や性能が得られな

― 408 ―　建築基礎構造設計指針

いため補強を行った場合は，一連の対応事項を記録した報告書なども施工報告書に含める．また，将来上部構造に不同沈下などの異変が生じたときの原因究明や，増設・建替時における資料となるので，原則として基礎工事全数について可能な限り長期間保存しておく．

（1）直 接 基 礎

支持地盤やコンクリート躯体工事に関する事項が重要な記録項目である．標準的な項目は以下のとおりである．

① 基礎の平面位置，深度，寸法

② 鉄筋材質，配筋状況

③ コンクリートの受入れ検査記録，圧縮強度結果

④ 地業の種類，材料品質，平面位置，深度，厚さ

⑤ 床付け時の支持地盤の確認方法（目視，各種試験）と結果

⑥ その他（施工時，施工中の支持地盤のリバウンド，沈下測定結果など）

（2）杭 基 礎

施工記録は，工事終了後においては施工状況を担保する記録になるとともに，将来においては貴重な参考情報となり得る．このため，特殊な条件のもとでの施工条件や施工管理方法，あるいは，施工中に特別な問題点が発生した場合の原因や対策等についても忘れずに記録しておく．

また，施工データをもとに施工中あるいは施工完了後に杭が要求性能を満たすか否かを確認するが，要求性能が満たされない場合には，載荷試験，健全性試験（IT 試験），構造解析などで保有性能を確認し，適切な対策を施さなければならない．

a）場所打ちコンクリート杭

施工記録は施工を確実に実施したことを示し，施工管理の結果を表す重要な証拠資料である．場所打ちコンクリート杭における標準的な施工記録項目を①〜④に示す．①は工事全体の概要の記録である．②以降の項目については，すべての杭ごとに作成する．そのため，杭 1 本ごとに杭施工チェックシートや杭施工記録（サイクルタイム），超音波孔壁測定の記録などを作成する．杭施工チェックシート例を図 10.4.1 に，杭施工記録例を図 10.4.2 に，超音波孔壁測定の記録例を図 10.4.3 に示す．

① 工事概要・工程（杭配置図（土質柱状図，杭本数，杭施工順序），実施工程表（機械器具搬入，試験杭，杭施工，鉄筋加工，機械器具搬出），使用機械器具一覧表など）

② 施工管理記録（施工チェックリスト，杭施工記録など）

・工事名称，杭工法，杭番号，施工年月日

・杭仕様（杭径，掘削長，杭実長，杭頭深度，鉄筋かご・鋼管仕様，コンクリート仕様など）

・施工時間記録（杭施工記録）

・使用材料記録（鉄筋，鋼管，コンクリート）

・杭心位置確認記録

・支持層への到達確認記録（先端地盤採取土確認，サイクルタイムなど）

・最終掘削深度記録（支持層への根入れ長さ）

10章 施工管理 —409—

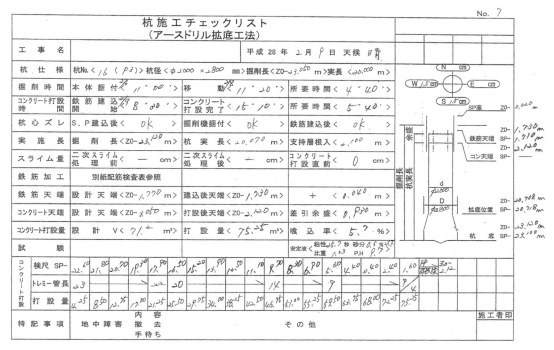

図 10.4.1 杭施工チェックシート例

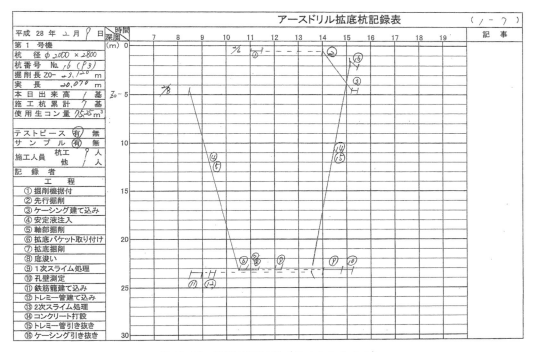

図 10.4.2 杭施工記録例（サイクルタイム）

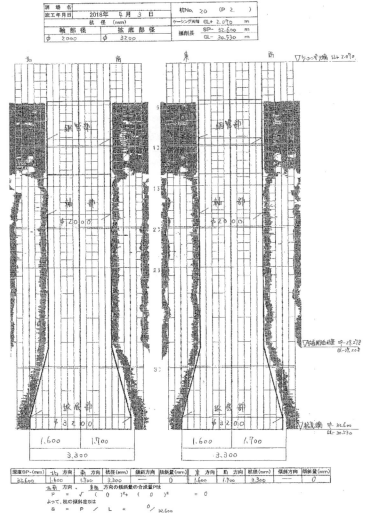

図 10.4.3　超音波孔壁測定の記録例

・スライム量記録（スライム計測結果）
・安定液管理記録（安定液水位高さ管理，安定液管理結果一覧表）
・鉄筋かご検査記録（径・長さ（配筋検査結果））
・鉄筋かご・鋼管設置記録（設置高さ，鋼管径・長さ・設置高さなど）
・コンクリート打込み管理記録（コンクリート打込み量，トレミー管のコンクリート中への長さ管理，コンクリート天端高さ，余盛高さ）
・施工精度記録（杭心ずれ，掘削径，鉛直精度（超音波孔壁測定結果））
③　工事写真
④　その他（問題点，トラブル等）

10章 施工管理 －411－

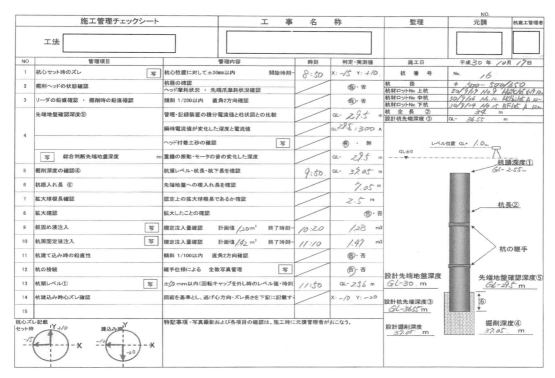

図 10.4.4　施工管理チェックシート例[10.4.1)に加筆]

b）埋込み杭

　施工記録は施工管理の結果を表すもので，施工を確実に実施した重要な証拠資料である．埋込み杭における標準的な施工記録項目を①〜④に示す．①は工事全体の概要の記録である．②以降の項目については，すべての杭1本ごとに作成する．④には，施工の際に発生した特殊な事項などを記録する．特に施工中にトラブルが発生した場合は，これらの記録が重要な判断資料となる．また，これらの施工記録を将来の参考資料として有効に活用していくためには，特殊な条件や施工中に生じた問題に対する原因と対策などについても記録に残す．そのため本工法では，杭1本ごとに施工管理チェックシートを記録する．施工時は，施工管理装置による掘削時間，掘削速度，掘削深度，セメントミルク注入量，積分電流値等の記録データを杭1セットごとに記録保存する．この取得した記録データは，後に杭の性能・品質を保証するもっとも有効な証拠資料になる．施工記録表として以下の項目を記載する．施工管理チェックシート例を図10.4.4に，施工管理装置記録データ例を図10.4.5に示す．

①　工事概要・工程（杭配置図（土質柱状図，杭本数，杭施工順序），実施工程表（試験杭，本杭）など）

②　施工管理記録（施工管理チェックシート，管理装置記録など）

・工事名称，杭工法，杭番号，施工年月日

・杭仕様（杭径，杭長，杭種，継手，杭頭深度，掘削径，根固め径など）

— 412 —　建築基礎構造設計指針

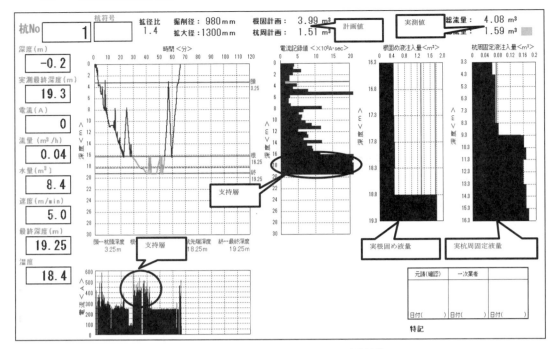

図 10.4.5　管理装置記録データ例[10.4.2)に加筆]

・施工時間記録（施工管理チェックシート記載の時刻，サイクルタイム実施表など）
・杭材確認記録（杭径，長さ，杭種，継手材料など）
・杭心位置確認記録
・支持層への到達確認記録（積分電流値など）
・最終掘削深度記録（管理装置の深度）
・根固め部の径，長さ記録（拡径確認，管理装置の深度）
・根固め液，杭周固定液の配合および注入量記録（比重確認，管理装置の注入量）
・根固め部の出来ばえ記録（管理装置のサイクルタイム，未固結試料の強度）
・根入れ長さ記録（支持層への根入れ長さ，根固め部への根入れ長さ）
・施工精度記録（実測杭頭深度，杭心ずれ，杭の鉛直度）
③　工事写真
④　その他（問題点，トラブル等）
　施工後の杭の試験・検査としては，杭の位置・鉛直性の確認，根固め部の強度の確認，杭の支持力や変形特性の確認，杭体の健全性の確認等が挙げられる．
　c）　回転貫入杭
　回転貫入杭工法における標準的な施工記録項目は①～④のとおりである．①は工事全体の概要の記録である．②以降の項目については，すべての杭1本ごとに作成する．施工管理チェックシート例を図10.4.6に示す．

10章 施工管理 —413—

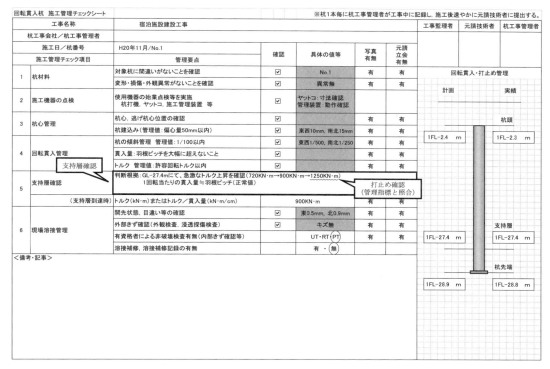

図 10.4.6 施工管理チェックシート例（回転貫入杭）[10.4.3)]に加筆

① 工事概要・工程（杭配置図（土質柱状図，杭本数，杭施工順序），実施工程表（試験杭，本杭），使用機械器具一覧表など）

② 施工管理記録

・工事名称，杭工法（施工機械），杭番号（杭打設番号），施工年月日

・杭仕様（杭径，杭長，杭板厚・材質，羽根径，羽根板厚・材質，継手仕様，杭頭深度など）

・施工時間記録（開始時刻，終了時刻，作業時間）

・杭材確認記録

・杭心位置確認記録

・支持層への到達確認記録（回転トルク，貫入量の変化など）

・打止め深度記録（管理指標との照合）

・支持層への根入れ長さ記録（回転トルク，貫入量）

・継手施工記録

・杭体健全性記録（回転トルク，押込み・引抜き力）

・施工精度記録（杭心ずれ，杭の鉛直度，杭頭深度（高止まり量・低止まり量））

③ 工事写真

④ その他（問題点，トラブル等）

－414－　建築基礎構造設計指針

　d）　打 込 み 杭

　埋込み杭と同様に施工を確実に実施した証拠資料として，特に打撃による杭体の健全性に対する影響が考えられるので以下に示す記録が重要な資料となる．①は工事全体の概要の記録である．②以降の項目については，すべての杭1本ごとに作成する．

　①　工事概要・工程（杭配置図（土質柱状図，杭本数，杭施工順序），実施工程表など）

　②　施工管理記録

　・工事名称，杭工法，杭番号（杭打設番号，含む），施工年月日

　・杭仕様（杭径，杭長，杭材料仕様，継手，杭頭深度など）

　・施工時間記録

　・杭材確認記録

　・杭心位置確認記録

　・支持層への到達確認記録（初期打撃エネルギー（初期ハンマ落下高さ），打止め管理基準値）

　・最終打止め深度記録（動的支持力式）

　・継手施工記録

　・杭体健全性記録（総打撃回数（一打あたりの貫入量等），施工機械（選定ハンマ））

　・施工精度記録（杭心ずれ，杭の鉛直度，杭頭深度（高止まり量・低止まり量））

　③　工事写真

　④　その他（問題点，トラブル等）

　既製コンクリート杭での試験杭記録表と打撃貫入記録の例を表10.4.1，図10.4.7に示す．

（3）　地 盤 改 良

　a）　深層混合処理工法

　施工記録例を図10.4.8に示す．改良体ごとの施工記録には，要求性能を満足するために設定した施工深度，撹拌混合状況，固化材注入量，支持層への到達管理記録等，重要な情報が記載されている．また，増改築や建替えなどの際に有用な情報となり，改良地盤上の建物を解体撤去して新たに建築する際，既存の改良体を再利用する場合もあり得る．深層混合処理工法の場合，地中障害物などの影響から施工段階において施工位置や改良長さの変更がなされることも少なくないため，全施工数について確認できる施工記録が必要となる．

　b）　浅層混合処理工法

　浅層混合処理工法は，混合方式の違いによって施工管理項目と管理方法が異なる．図10.4.9にはスラリー式による施工記録例を示す．深層混合処理工法と同じように，改良深度，撹拌混合状況，固化材量の重要な管理項目が区画ごとに記録される．支持層への到達確認方法については施工前に地盤を掘削して目視で確認する．

　c）　締固め工法

　施工記録例を図10.4.10～10.4.12に示す．施工記録には，主な管理項目である材料の使用量，改良長に関する情報が記載されている．

　SCP工法および静的締固め砂杭工法の施工記録は，ケーシング先端深度の軌跡と材料の排出

10章 施工管理 —415—

表10.4.1 試験杭の施工記録例[10.4.4]に加筆

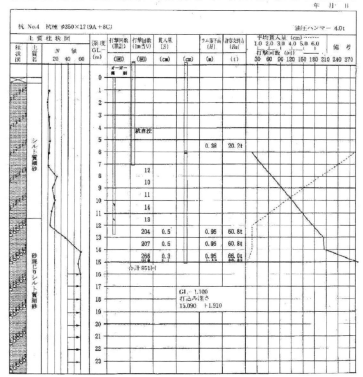

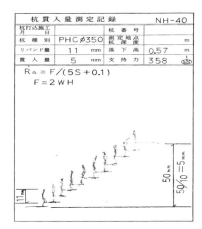

$$R_a = \frac{F}{5S + 0.1}$$

左図より上式を用いて
測定沈下量 S (m)
打撃エネルギー $F = 2WgH$ (kJ)
の両値から R_a を算定して目標支持力
を上回ったことを確認して打止めとする．
当例は，設計鉛直支持力が300 kNで
あったので打止めとした．
計算は，以下のとおりとなる．
$S = 0.005$ m　　$F = 2 \times 4 \times 9.8 \times 0.57 = 44.69$
$R_a = 44.69 / 0.125 ≒ 358$ kN $>$ 300 kN

図10.4.7 貫入量記録紙と貫入量記録例

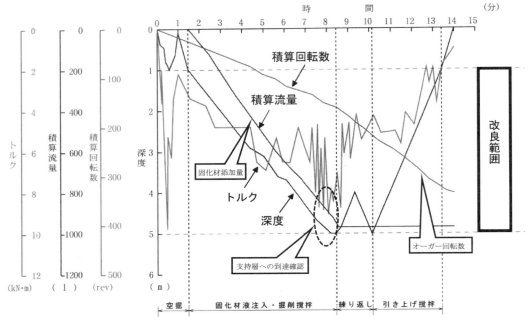

図 10.4.8 深層混合処理工法の施工管理記録例[10.4.5]に加筆

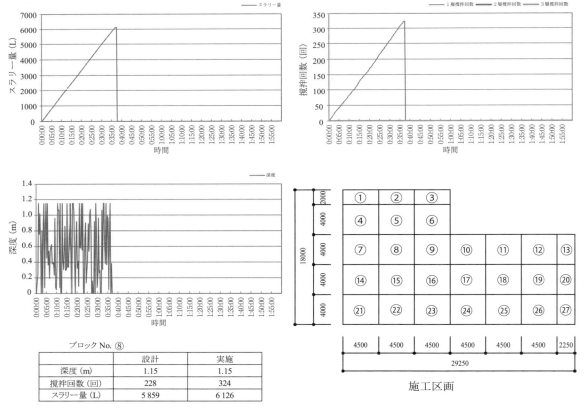

図 10.4.9 浅層混合処理工法の施工管理記録例

10章 施工管理 —417—

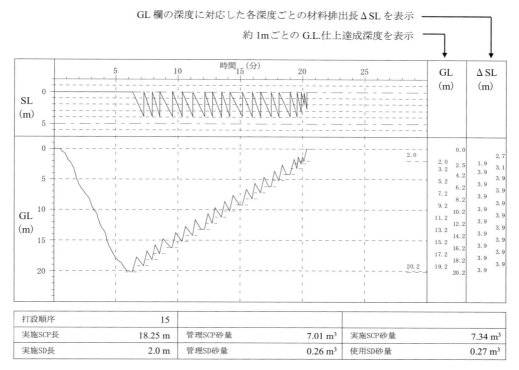

図 10.4.10 締固め工法（SCP工法）の施工管理記録例

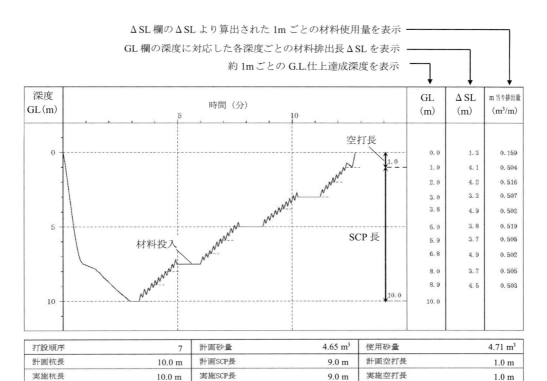

図 10.4.11 締固め工法（静的締固め砂杭工法）の施工管理記録例[10.4.6)に加筆]

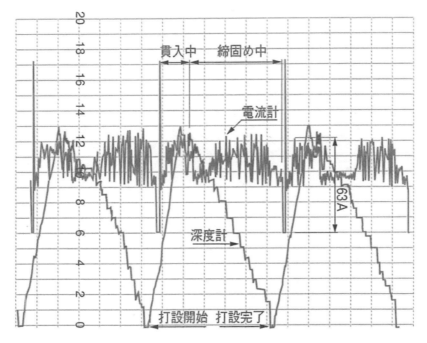

横軸（経過時間）1目盛り3分

図 10.4.12 締固め工法（バイブロフローテーション工法）の施工管理記録例

量で構成される．ケーシング先端の軌跡図より，杭長および連続性を確認することができる．また，杭の仕上がり達成深度（GL 欄）ごとに材料の排出量（ΔSL 欄）が記録され，所定の材料の量が投入されているかを確認することができる．

バイブロフローテーション工法の施工記録は，深度の軌跡とバイブロフロットの電流値で構成され，締固め杭の出来形が確認できる．締固め杭ごとの施工記録には，要求性能を満足するために設定した締固め度，投入量，深度，打止め管理記録等の重要な情報が記載されている．

（4）地下外壁・擁壁

施工記録としては，表 10.3.16 および表 10.3.17 に示した管理項目について記載するほか，地下外壁または擁壁が要求性能を満たしていることを確認するために，施工後に試験，検査，計測を必要に応じて実施し，結果を記録する．標準的な記録項目は以下のとおりである．

① 地下外壁の平面位置，鉛直位置，階高，鉛直度，厚み
② 擁壁の平面位置，鉛直位置，形状，角度，厚み
③ 材料の受入れ検査結果
④ コンクリートの圧縮強度
⑤ 鉄筋継手強度
⑥ コンクリートのひび割れ
⑦ 組積材の隙間

⑧　地下外壁からの漏水

⑨　擁壁水抜き穴の排水性能

⑩　埋戻し土の締固め・レベル

参 考 文 献

10.4.1)　コンクリートパイル建設技術協会：既製コンクリート杭の施工管理要領，2016

10.4.2)　木谷好伸：既製コンクリート杭埋込み工法の支持層管理と根固め部の管理，基礎工，Vol. 45,
　　　　　No. 8，pp. 28〜31，2017.8

10.4.3)　一般社団法人　鋼管杭・鋼矢板技術協会：回転杭工法施工要領［Edition1.0]，2017

10.4.4)　日本規格協会：JIS A 7201 遠心力コンクリートくいの施工標準，2009

10.4.5)　ベターリビング：2018 年版　建築物のための改良地盤の設計及び品質管理指針，2018

10.4.6)　日本建築学会：建築工事標準仕様書・同解説　JASS 4 杭・地業および基礎工事，2009

付　　　録

付録 鋼管杭の保有性能

本付録は，鋼管杭の杭体および杭頭接合部の設計用限界値（耐力と変形性能）の算定ならびに設計用限界値設定のための低減係数の設定に適用する．なお，耐力や変形性能の評価方法については現状の検討結果を掲載しているが，新たな知見も見出されつつあるため，適宜，最新の評価方法を用いる必要がある．

1. 鋼管杭の材料と品質

鋼管杭の材料および品質は，JIS A 5525-2014[付1.1]に示されている．規格名，適用範囲，規格記号を付表 1.1 に示す．ただし，回転貫入工法においては，小口径の鋼管杭を使用する場合もあるため，この場合は「JIS G 3444-2015 一般構造用炭素鋼鋼管」[付1.2]によるものとする．

付表 1.1 鋼管杭の規格

規格名	鋼管ぐい JIS A 5525（2014）
適用範囲	土木・建築などの構造物の基礎に使用する 外径 318.5 mm～2 000 mm
規格記号	SKK400，SKK490

本会「鋼構造許容応力度設計規準（2019）」[付1.3]（以下，鋼構造設計規準という）では，鋼材の許容応力度を決定する場合の基準値が定められており，鋼材応力度の限界値としてこの値を用いる考え方もある．SKK400 と SKK490 の JIS 規格値と基準強度を，付表 1.2 に示す．JIS 規格では降伏点の最小値が規定されている．

付表 1.2 JIS 規格値と基準強度

規格	JIS 規格値（N/mm²）		基準強度 （N/mm²）
	降伏点	引張強さ	
SKK400	235	400	235
SKK490	315	490	325

鋼管杭の曲げ耐力やせん断耐力を算定する際の鋼材の材料強度として，「建築基礎構造設計指針（2001）」[付1.4]（以下，旧指針（2001）という）においては，JIS 規格で規定されている規格降伏点と設定されている．付図 1.1 はランダムに抽出した国内鋼管杭メーカー 5 社の鋼管杭ミルシートから，降伏点を調査した結果[付1.5]を SI 単位系に変換したものである．このデータによる統計量を付表 1.3 に示す鋼管杭の材料降伏点の統計値は付表 1.2 に示す基準強度をすべて上回っていることから，本付録では鋼管杭の基準強度として，付表 1.2 の基準強度を用いるものとする．ま

た，終局限界状態においては，JIS 規格材について，材料強度のばらつきや降伏後のひずみ硬化現象を考慮して，材料強度を基準強度 F 値の 1.1 倍以下の数値とする考え方があり，「2015 年版建築物の構造関係技術基準解説書（2015）」[付1.5]では，安全限界状態において鋼材の材料強度として F 値の 1.1 倍を採用するという考え方もある．ここでは，より実現象に近い損傷メカニズムを設計に反映させるために，鋼管杭の材料降伏点の分布およびひずみ硬化による応力上昇を考慮し

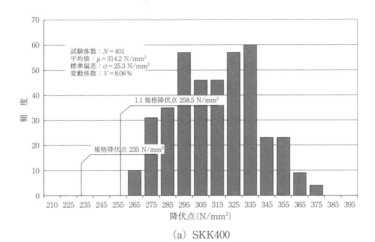

(a) SKK400

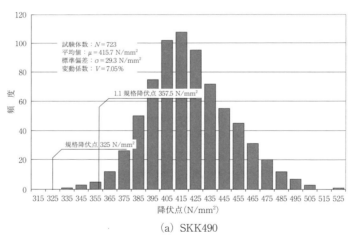

(a) SKK490

付図 1.1 鋼管杭の材料降伏点の頻度分布の一例

付表 1.3 鋼管杭の材料降伏点の統計値

規 格	SKK400	SKK490
標本数	401	723
平均値	314.2 N/mm^2	415.7 N/mm^2
標準偏差	25.3 N/m^2	29.3 N/mm^2
変動係数	8.06 %	7.05 %
最小値	276 N/mm^2	344 N/mm^2

て材料強度を F 値の 1.1 倍とする．

鋼管杭における使用限界状態は，上部構造物による鉛直荷重により生じる軸力および曲げモーメントから求められる応力度の組合せによる最大応力度が，長期許容応力度に達したときを基本とする．損傷限界状態は，地震時に鉛直荷重および水平力により生じる軸力および曲げモーメントから求められる組合せによる最大応力度が短期許容応力度に達したときを基本とする．終局限界状態は，地震時に鉛直荷重および水平力により生じる軸力および曲げモーメントの組合せ荷重が，軸降伏耐力と全塑性曲げ耐力の相関耐力曲線に達したときを基本とする．この理由は，鋼管杭が大変形時にひずみ硬化により応力上昇を生じ，径厚比が $D/t \leqq 100$ の場合，最大ひずみ ε_{max} が 0.4 ％ 程度まで局部座屈により耐力低下しないという実験結果[付1.6]によるものである．

付図 1.2 に，本会「鋼構造塑性設計指針（2017）」[付1.7]（以下，塑性設計指針という）で紹介されている圧縮軸力を受ける円形鋼管の座屈実験結果およびスパイラル鋼管の短柱圧縮実験結果[付1.8],[付1.9]と，最大荷重時における鋼管のひずみ度の下限値を与える次式を示す．

$$\varepsilon_{max} = 0.44 \frac{t}{D} \tag{付 1.1}$$

ここに，ε_{max}：最大荷重時における円形鋼管のひずみ度の下限値，t（mm）：円形鋼管の板厚，D（mm）：円形鋼管の直径

試験体は，残留応力を含む鋼管（電縫鋼管：STK400 および STK490）であるが，式付 1.1 はこれらの鋼管のひずみ度の下限値を与えていることがわかる．なお，鋼管にコンクリートが充填されている領域では，圧縮軸力もしくは曲げモーメントにより鋼管の局部座屈が充填コンクリートにより拘束されることに留意する．

鋼管杭の腐食しろについては，通常土壌での施工において，外面に防食処理を施さない場合には鋼管杭の外面から 1 mm を見込む．ただし，鋼管杭の外面に防食処理を施す場合には，腐食しろは見込まなくともよい．また，亜硫酸ガスや硫化水素等を多く含有する酸性土壌等の特殊地盤での施工においては，その影響を十分に検討し，必要な腐食しろを見込むものとする．

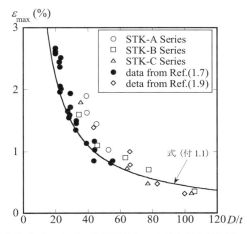

付図 1.2　最大荷重時における円形鋼管のひずみ度と径厚比の関係[付1.7]〜[付1.9]

－ 424 －　建築基礎構造設計指針

参 考 文 献

付 1.1)　日本規格協会：鋼管ぐい JIS A 5525：2014，2014

付 1.2)　日本規格協会：一般構造用炭素鋼鋼管 JIS G 3444：2015，2015

付 1.3)　日本建築学会：鋼構造許容応力度設計規準，2019

付 1.4)　日本建築学会：建築基礎構造設計指針，2001

付 1.5)　全国官報販売協同組合：2015 年版 建築物の構造関係技術基準解説書，2015

付 1.6)　建設省建築研究所：建設省総合技術開発プロジェクト「新建築構造体系の開発」性能評価分科
　　　　会基礎 WG 最終報告書 資料 4-4 鋼管杭の設計基準強度と材料強度，2000.3

付 1.7)　日本建築学会：鋼構造塑性設計指針，2017

付 1.8)　加藤　勉・秋山　宏・鈴木弘之：軸圧縮を受ける鋼管の塑性局部座屈耐力，日本建築学会論文
　　　　報告集，第 204 号，pp. 9～17，1973.2

付 1.9)　木村祥裕・小河利行・佐伯英一郎：製造方法の異なる冷間成形鋼管の局部座屈挙動，鋼構造論
　　　　文集，第 8 巻，29 号，pp. 27～34，2001.3

2.　鋼管杭の保有性能

鋼管杭の保有性能は使用限界性能，損傷限界性能，終局限界性能に分類される．

（1）　使用限界性能

a）　使用限界軸耐力

常時荷重（上部構造物の固定荷重，積載荷重など）による圧縮軸力により，鋼管杭の局部座屈が生じないように，杭の作用圧縮軸力は，次式に示す使用限界軸耐力 N_l（N）以下に収める．

$$N_l = {}_sf_{c1}\, {}_sA_p \tag{付 2.1}$$

ここに，${}_sf_{c1}$（N/mm²）：局部座屈を考慮した鋼管杭の長期許容圧縮応力度で，次式による．

$$_sf_{c1} = {}_sf_t\left\{0.8 + \frac{5}{D/t}\right\} \quad (25 < D/t \le 100) \tag{付 2.2a}$$

$$_sf_{c1} = {}_sf_t \qquad (D/t \le 25) \tag{付 2.2b}$$

ここに，${}_sf_t$（N/mm²）：鋼管杭の長期許容引張応力度（$= F/1.5$），F（N/mm²）：鋼管杭の基準
　　　　強度，t（mm）：腐食しろを考慮した鋼管杭の板厚，D（mm）：鋼管杭の直径，${}_sA_p$
　　　　（mm²）：腐食しろを考慮した鋼管杭の有効断面積

ただし，鋼管にコンクリートが充填されている領域では，5. 構造規定（3）に準拠している場合，上式における径厚比 D/t を 25 から 37.5 に置き換えるものとする．また，引張軸力時は径厚比によらず ${}_sf_{c1} = {}_sf_t$ とする．ここで，${}_sf_{c1}$ は $25 < D/t \le 100$ では径厚比に応じて低減することとし，$D/t \le 25$ では長期許容引張応力度 ${}_sf_t$ とする．座屈応力度は，径厚比と相関があり，径厚比 $D/t \le 25$ では塑性座屈領域で引張応力度と等しくなり，$25 < D/t \le 100$ では非弾性座屈領域で径厚比が大きくなるにつれて低下する．なお，$D/t > 100$ では弾性座屈領域となり，本指針では適用範囲外としている[付1.4),付1.7)～1.9)]．

　5. 構造規定（3）に準拠したコンクリート充填鋼管杭頭部では，局部座屈に対する径厚比制限 D/t を 1.5 倍に緩和できるものとする．具体的には，式付 2.2a と式付 2.2b の径厚比制限値を $D/t = 25$ から 37.5 とする．これは，本会「コンクリート充填鋼管構造設計施工指針（2008）」[付2.1)]（以下，コンクリート充填鋼管指針という）では，コンクリートが充填された鋼管はコンクリートにより局部座屈が拘束されることから，径厚比制限 D/t を 1.5 倍に緩和できるとしていること

から，本指針にも適用する．

b) 使用限界曲げ耐力

常時荷重（上部構造物の固定荷重，積載荷重など）により生じる曲げモーメントに対して，杭に局部座屈が生じないように，作用曲げモーメントを式付 2.3 に示す使用限界曲げ耐力 M_l（N・mm）以下に収める．

$$M_l = \left({}_sf_{c1} - \frac{N}{{}_sA_p} \right) {}_sZ_e \qquad \text{(付 2.3)}$$

ここに，N（N）：鋼管杭に作用する設計用軸方向力，${}_sZ_e$（mm³）：腐食しろを考慮した鋼管杭の有効断面係数

上式の使用限界曲げ耐力 M_l は，使用限界軸耐力で規定した径厚比に対する許容圧縮応力度に，腐食しろを考慮した鋼管杭の有効断面係数を乗じたものである．

（2） 損傷限界性能

a) 損傷限界軸耐力

損傷限界圧縮軸耐力 N_s は杭周辺地盤の性状に応じて，下記の（i）局部座屈耐力 N_{s1}，（ii）曲げ座屈耐力 N_{s2} のうち，小さい値を採用する．ただし，鋼管にコンクリートが充填されている領域では，5. 構造規定（3）に準拠している場合，コンクリート充填鋼管指針に示される短柱の降伏耐力を参考に，鋼管の軸耐力とずれ止め部コンクリートの支圧耐力の累加強度とすることができる．また，引張軸力時は径厚比によらず ${}_sf_{c1} = {}_sf_t$，${}_sf_{c2} = {}_sf_t$ とする．ここで，${}_sf_{c2}$ は圧縮軸力を受ける鋼管杭の曲げ座屈に対する長期許容圧縮応力度である．

（i） 局部座屈耐力

常時荷重と短時間に作用する荷重（地震荷重）による圧縮軸力により，鋼管杭の局部座屈が生じないように，杭の作用圧縮軸力は，次式に示す損傷限界軸耐力 N_s（N）以下に収める．

$$N_{s1} = 1.5 \, {}_sf_{c1} \, {}_sA_p \qquad \text{(付 2.4)}$$

短期許容圧縮応力度は，長期許容圧縮応力度 ${}_sf_{c1}$ に 1.5 倍を乗じたものであり，${}_sA_p$ は腐食しろを考慮した鋼管杭の有効断面積である．径厚比による ${}_sf_{c1}$ の算定は（1）a）使用限界軸耐力に準じ，式付 2.2a もしくは式付 2.2b を適用する．

（ii） 曲げ座屈耐力

地震時に地盤が液状化すると，地盤による水平抵抗が急激に低下することから，鋼管杭が液状化層にある場合，圧縮軸力により曲げ座屈を生じる可能性がある．そのときの軸耐力 N_s（N）は，曲げ座屈応力度 ${}_sf_{c2}$ から次式により求まる．

$$N_{s2} = 1.5 \, {}_sf_{c2} \, {}_sA_p \qquad \text{(付 2.5)}$$

液状化層厚を杭の座屈長さとした長期許容曲げ応力度 ${}_sf_{c2}$ は，式付 2.6a および式付 2.6b により求める．

$$_sf_{c2} = \frac{\left\{ 1 - 0.4 \left(\frac{\lambda_c}{{}_e\lambda_c} \right)^2 \right\} F}{\nu} \quad (\lambda \leqq \Lambda) \qquad \text{(付 2.6a)}$$

－426－　建築基礎構造設計指針

$$_sf_{c2}=\frac{F}{\nu\lambda_c{}^2}\quad(\lambda>\Lambda) \tag{付 2.6b}$$

$$\nu=\frac{3}{2}+\frac{2}{3}\left(\frac{\lambda}{\Lambda}\right)^2 \tag{付 2.6c}$$

$$\lambda=\lambda_c\pi\sqrt{\frac{E}{F}} \tag{付 2.6d}$$

$$\Lambda=\sqrt{\frac{\pi^2E}{0.6F}} \tag{付 2.6e}$$

ここに，λ_c：液状化による地盤剛性の低減を考慮した鋼管杭の曲げ座屈細長比（$=\sqrt{N_y/N_c}$），$_e\lambda_c$：弾性限界細長比（$=1/\sqrt{0.6}$），N_y（N）：鋼管杭の降伏軸耐力（$=F_sA_p$），N_c（N）：液状化による地盤剛性の低減を考慮した鋼管杭の弾性曲げ座屈耐力，ν：座屈安全率，λ：圧縮材の細長比，Λ：鋼構造設計規準による限界細長比，E（N/mm^2）：鋼管のヤング係数

　なお，上式における一般化細長比 λ_c は，液状化層における杭の弾性曲げ座屈耐力 N_c に対する降伏耐力 N_y の比の平方根となる．ここで N_c は文献付 2.4）〜付 2.10）で提案されている地盤の水平抵抗を考慮した杭の弾性曲げ座屈耐力である．例として，文献付 2.4）で提示されている液状化層の杭を単純支持と仮定したときの杭の弾性曲げ座屈耐力式を，以下①，②に示す．

　①　等地盤反力分布の場合

$$N_c=\left(\frac{\pi}{l}\right)^2EI\alpha,\ \ \alpha=n^2+\left(\frac{l}{\pi}\right)^4\frac{K_c}{n^2EI}\quad(l\leqq\pi\sqrt[4]{EI/K_c}) \tag{付 2.7a}$$

$$N_c=2\sqrt{EIK_c}\quad\quad\quad\quad\quad(\pi\sqrt[4]{EI/K_c}<l) \tag{付 2.7b}$$

　②　三角形地盤反力分布の場合

$$N_c=\frac{5}{2}\left(\frac{\pi}{l}\right)^2EI+\frac{5}{8}\left(\frac{l}{\pi}\right)^2K_c-\sqrt{\frac{9}{4}\left\{\left(\frac{\pi}{l}\right)^2EI-\left(\frac{l}{\pi}\right)^2\frac{K_c}{4}\right\}^2+\frac{256}{81}\frac{K_c{}^2}{l^4}\left(\frac{l}{\pi}\right)^8}$$
$$(l\leqq\pi\sqrt[4]{EI/K_c}) \tag{付 2.8a}$$

$$N_c=2\sqrt{EIK_c}\quad\quad\quad\quad\quad(\pi\sqrt[4]{EI/K_c}<l\leqq\pi\sqrt[4]{EI/K_c}) \tag{付 2.8b}$$

$$N_c=\left(\frac{\pi}{l}\right)^2EI\alpha,\ \ \alpha=1+\frac{3}{2}\left(\frac{l}{\pi}\right)^2\sqrt{\frac{K_c}{EI}}\quad(\pi\sqrt[4]{2EI/K_c}<l) \tag{付 2.8c}$$

ここに，I（mm^4）：鋼管の断面二次モーメント，l（mm）：曲げ座屈耐力の検討長さ（液状化層中の部材長さ），n：l の範囲における座屈波数（N_c が最小となる n とする．基本的には $n=1$）

　K_c は次式に示すとおりである．

$$K_c=k_{h1}B\quad(\text{kN/m}^2) \tag{付 2.9a}$$

$$k_{h1}=80E_0\bar{B}^{-3/4}\quad(\text{kN/m}^3) \tag{付 2.9b}$$

ここに，B（m）：鋼管径，$\bar{B}$：無次元化杭径（$=B/B_0$），B_0（m）：杭径の基準値（$=0.01$），E_0（kN/m^2）：変形係数

　ただし，式付 2.7a〜式付 2.7b，式付 2.8a〜式付 2.8c では，地盤の水平剛性 K_c を弾性（線形）と仮定している．一方，地盤は水平変位に対して非弾性（非線形）となることが 6.6 節 3. で示さ

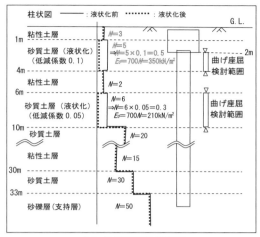

(a) 曲げ座屈検討範囲

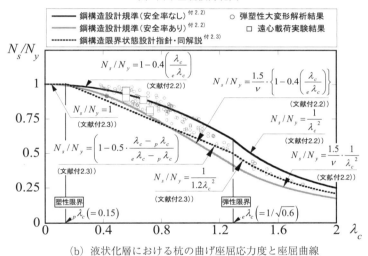

(b) 液状化層における杭の曲げ座屈応力度と座屈曲線

付図2.1　液状化層における杭の曲げ座屈検討範囲と耐力曲線の比較

れていることから，K_c を弾性として杭の曲げ座屈耐力を上式で算定すれば過大評価となる．そこで K_c に次式の χ_c を乗じることで水平変位に対する地盤剛性の低下を考慮している[付2.4)～付2.10)]．

$$\chi_c = \sqrt{\frac{l_0}{l}}, \quad l_0 = 5\,\text{m} \quad \chi_c \leq 1.0 \tag{付2.10}$$

付図 2.1（b）は，付図 2.1（a）の液状化層における鋼管杭の曲げ座屈応力度と一般化細長比の関係を示したものである．縦軸は杭の弾塑性座屈耐力を降伏耐力で除したものであり，横軸は式付 2.7a～式付 2.7b，式付 2.8a～式付 2.8c を適用した一般化細長比である．図中，横軸の $_p\lambda_c$，$_e\lambda_c$ は，本会「鋼構造限界状態設計指針・同解説（2010）」（以下，鋼構造限界状態設計指針という）における塑性限界細長比（＝0.15）および弾性限界細長比（＝$1/\sqrt{0.6}$）であり，同指針では $_p\lambda_c$，$_e\lambda_c$ を境に適用される座屈曲線式がそれぞれ異なる．図より，安全率を考慮した鋼構造設計

— 428 —　建築基礎構造設計指針

規準の座屈曲線〔式付 2.6a，式付 2.6b〕を適用できることが示されており，本指針で採用する．なお，遠心載荷実験[付27]では降伏軸耐力 30 % 未満の初期軸圧縮力が作用した場合には，地盤の液状化時にも鋼管杭は動座屈を生じていなかった．また，杭頭にコンクリートが充填され，液状化層が杭頭部にある場合，コンクリートの充填による座屈長さ低減効果を考慮した座屈耐力式が文献付 2.8）に提示されている．

（ⅲ）　鋼管にコンクリートが充填されている領域の軸耐力

5. 構造規定（3）に準拠したコンクリート充填鋼管（杭頭部等）では，実験結果からコンクリート充填鋼管指針に示される短柱の降伏軸耐力を参考に，作用軸方向力の影響を考慮した鋼管の軸耐力とずれ止め部コンクリートの支圧耐力の累加強度とすることができる．ただし，コンクリートの強度は短期許容圧縮応力度とし，算定方法は（3）終局限界性能を参照されたい．

　b）　損傷限界曲げ耐力

損傷限界曲げ耐力 M_s は，下記の（ⅰ），（ⅱ）のうち，小さい値を採用する．このとき，設計用の損傷限界曲げ耐力を設定するための低減係数 $_p\phi$ は 1.0 とする．ただし，鋼管にコンクリートが充填されている領域で 5.構造規定（3）に準拠している場合，コンクリート充填鋼管指針に示される短柱の降伏耐力に，作用軸方向力の影響を考慮した値とする．

（ⅰ）　局部座屈応力度から求まる曲げ耐力

常時荷重と短時間に作用する荷重（地震荷重）による曲げモーメントにより，鋼管杭の局部座屈が生じないように，杭の作用曲げモーメントは，式付 2.11 に示す損傷限界曲げ耐力 M_s（N・mm）以下に収める．

$$M_s = \left(1.5_sf_{c1} - \frac{N}{_sA_p}\right)_sZ_e \qquad\qquad \text{（付 2.11）}$$

ここで，短期許容圧縮応力度は，長期圧縮応力度 $_sf_{c1}$ に 1.5 倍を乗じたものであり，$_sZ_e$ は腐食しろを考慮した鋼管杭の有効断面係数である．径厚比による $_sf_{c1}$ の算定は付録 2.（1）a）使用限界軸耐力に準じ，式付 2.2 を適用する．

（ⅱ）　曲げ座屈応力度から求まる曲げ耐力

前述のとおり，液状化層における杭は圧縮軸力による曲げ座屈の可能性が指摘されているが，曲げモーメントにより生じるものではないことから，曲げ座屈応力度に対する検討はしなくてよい．

（ⅲ）　鋼管にコンクリートが充填されている領域の曲げ耐力

5. 構造規定（3）に準拠したコンクリート充填鋼管（杭頭部等）では，鋼管にコンクリートが充填されている領域の曲げ耐力は，実験結果からコンクリート充填鋼管指針に示される短柱の降伏耐力に，作用軸方向力の影響を考慮した値として求められる．ただし，コンクリートの強度は短期許容圧縮応力度とし，算定方法は（3）終局限界性能を参照されたい．

（3）　終局限界性能

a）　終局限界軸耐力

終局限界軸耐力 N_u は杭周辺地盤の性状に応じて，下記の（ⅰ）局部座屈耐力 N_{u1}，（ⅱ）曲げ

座屈耐力 N_{u2} のうち，小さい値を採用する．ただし，鋼管にコンクリートが充填されている領域では5.構造規定（3）に準拠している場合，コンクリート充填鋼管指針に示される短柱の終局軸耐力に，コンクリートの局部破壊を考慮した値とする．また，引張軸力時は径厚比によらず $_sf_{c1}=_sf_t$，$_sf_{c2}=_sf_t$ とする．

（ⅰ）　局部座屈耐力

鋼管杭の全断面が降伏した後，ひずみ硬化により応力上昇する．また，付図1.1に示すように鋼管杭の降伏応力度はほとんど1.1Fを上回ることから，終局限界性能時の局部座屈耐力は（2）損傷限界軸耐力における式付2.4に1.1を乗じた次式を適用する．

$$N_{u1}=1.1\times1.5_sf_{c1}\,_sA_p \tag{付 2.12}$$

（ⅱ）　曲げ座屈耐力

（ⅰ）局部座屈耐力と同様，終局限界性能時の曲げ座屈耐力についても，液状化層厚を杭の曲げ座屈長さとして曲げ座屈応力度から求まる軸耐力として，（2）損傷限界軸耐力における式付2.5に1.1を乗じた次式を適用する．

$$N_{u2}=1.1\times1.5_sf_{c2}\,_sA_p \tag{付 2.13}$$

（ⅲ）　鋼管にコンクリートが充填されている領域の軸耐力

既往の研究結果[付2.12],[付2.13]によれば，鋼管内面にずれ止めが取り付けられたときの充填コンクリートの押抜き耐力は，ずれ止め部コンクリートの支圧耐力として評価できることが示されている．したがって，5.構造規定（3）に準拠したコンクリート充填鋼管（杭頭部等）の軸耐力 N_u は，充填コンクリート部の軸耐力をずれ止め部コンクリートの支圧耐力とし，鋼管の軸耐力との累加強度として，次式で算定する．

$$N_u=_cN_u+_sN_u \tag{付 2.14a}$$

$$_cN_u=\frac{1}{2}_zn_c\sigma_{ir}[_cR_o{}^2\{2\theta_o-\cos(\pi/2-2\theta_o)\}-_cR_i{}^2\{2\theta_i-\cos(\pi/2-2\theta_i)\}] \tag{付 2.14b}$$

$$_sN_u=2_sR_mt(2\theta_o-\pi)_s\sigma_y \tag{付 2.14c}$$

$$_c\sigma_{ir}=\alpha\sqrt{\frac{_sA_{pf}}{_znA_{ir}}}F_c \tag{付 2.14d}$$

$$\alpha=5.05-0.053\frac{D}{t}\geqq1.0 \tag{付 2.14e}$$

$$_s\sigma_y=1.1\times1.5\,_sf_t \tag{付 2.14f}$$

$$_sA_{pf}=\pi\frac{D^2}{4} \tag{付 2.14g}$$

ここに，N_u（N）：鋼管にコンクリートが充填されている領域の終局限界軸耐力，$_cN_u$（N）：充填コンクリート部の終局限界軸耐力，$_sN_u$（N）：鋼管部の終局限界軸耐力，$_cR_o$（mm）：ずれ止め部コンクリートの外半径〔付図2.2参照〕，$_cR_i$（mm）：ずれ止め部コンクリートの内半径〔付図2.2参照〕，θ_o（rad）：中立軸とずれ止め部コンクリート外半径とのなす角度，θ_i（rad）：中立軸とずれ止め部コンクリート内半径とのなす角度，$_sR_m$（mm）：鋼管の中心半径，$_zn$：ずれ止めの段数，$_c\sigma_{ir}$（N/mm²）：ずれ止め部コン

クリートの支圧強度，A_{ir}（mm^2）：ずれ止めの投影面積，F_c（N/mm^2）：中詰めコンクリートの設計基準強度，α：既往の実験結果より推定した強度上昇率，$_s\sigma_y$（N/mm^2）：鋼管の材料強度，$_sA_{pf}$（mm^2）：鋼管の閉塞面積

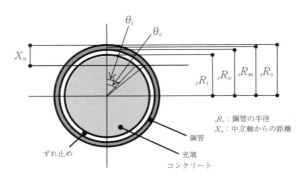

付図 2.2　終局限界耐力の算定に用いる記号

b）　終局限界曲げ耐力

終局限界曲げ耐力 M_u は杭周辺地盤の性状に応じて，下記の（ⅰ），（ⅱ）のうち，小さい値を採用する．ただし，鋼管にコンクリートが充填されている領域で 5. 構造規定（3）に準拠している場合，コンクリート充填鋼管指針[付2.1]に示される短柱の終局耐力を参考に，作用軸方向力の影響を考慮した鋼管の軸耐力とずれ止め部コンクリートの支圧耐力の累加強度とすることができる．

鋼管杭の径厚比 $D/t \leqq 100$ の場合，作用曲げモーメントを受ける杭は，付図 1.2 に示すように $\varepsilon_{max}=0.4\%$ 程度まで，局部座屈を生じず，その間，ひずみ硬化により応力上昇する．また，付図 1.1 に示すように鋼管杭の降伏応力度はほとんど $1.1F$ を上回ることから，終局限界曲げ耐力 M_u（$N \cdot mm$）は短期許容圧縮応力度を 1.1 倍し，腐食しろを考慮した鋼管杭の有効断面係数を乗じて次式で与えられる．

（ⅰ）　局部座屈応力度から求まる曲げ耐力

$$M_u = 1.25 \, _s\sigma_{cy1} \, _sZ_p \left(1-\frac{N}{N_u}\right) \quad (0.2 < N/N_u) \tag{付 2.15a}$$

$$M_u = {_s\sigma_{cy1}} \, _sZ_p \quad (N/N_u \leqq 0.2) \tag{付 2.15b}$$

$$_s\sigma_{cy1} = 1.1 \times 1.5 \, _sf_{c1} \tag{付 2.15c}$$

ここに，$_sZ_p$（mm^3）：腐食しろを考慮した鋼管杭の有効塑性断面係数，$_s\sigma_{cy1}$（N/mm^2）：局部座屈を考慮した鋼管杭の材料強度

（ⅱ）　曲げ座屈応力度から求まる曲げ耐力

前述のとおり，液状化層における杭は圧縮軸力による曲げ座屈の可能性が指摘されているが，曲げモーメントにより生じるものではないことから，曲げ座屈応力度に対する検討はしなくてよい．

杭の作用曲げモーメントは，この終局限界耐力以下に収める．また，5. 構造規定（3）に準

拠したコンクリート充填鋼管（杭頭部等）では，実験結果[付2.14]からコンクリート充填鋼管指針に示される短柱の終局耐力とすることができる．

以上より，（1）使用限界性能，（2）損傷限界性能，（3）終局限界性能における M-N 相関耐力曲線をまとめたものが付図 2.3 である．本指針では，鋼構造限界状態設計指針の耐力曲線を採用する．縦軸は短期許容圧縮応力度 $1.5\,{}_sf_{ci}$（$i=1$ または 2）に腐食しろを考慮した鋼管杭の有効断面積 ${}_sA_p$ を乗じた損傷限界軸耐力で，横軸は短期許容圧縮応力度 $1.5\,{}_sf_{ci}$（$i=1$ または 2）に腐食しろを考慮した鋼管杭の有効断面係数 Z_e を乗じた損傷限界曲げ耐力で無次元化したものである．参考までに旧指針（2001）の耐力曲線も併せて示す．終局限界時には鋼構造限界状態設計指針の M-N 耐力曲線が旧指針（2001）の座屈曲線を上回っているが，旧指針（2001）では曲げ座屈の影響を考慮していないこと，「構造計算指針・同解説（1988）」[付2.11]を参考に，基準強度を慣例的に $1.1F$ としていたことが理由として挙げられる．

付図 2.4 では，文献付 2.9）の遠心載荷実験における圧縮軸力と曲げモーメントを受ける鋼管杭の応力の推移を示している．縦軸は杭の作用軸力 N を式付 2.12，式付 2.13 のうち，小さい値を用いた弾塑性座屈耐力 N_u，横軸は杭の作用曲げモーメントを杭の全塑性耐力 M_p で除したものである．図より液状化地盤における鋼管杭の終局限界耐力をこれらの耐力曲線で概ね評価できることが分かる．本指針では，下限値となる鋼構造限界状態設計指針の耐力曲線を採用する．詳細については文献付 2.9）を参照されたい．

(iii) 鋼管にコンクリートが充填されている領域の曲げ耐力

付図 2.5 は，既往の実験結果[付2.14]〜[付2.25]に鋼管の径厚比と $M_{\max}/M_{pc}$ の関係を示したものである．鋼管内にコンクリートが充填されている場合では，径厚比 D/t が 100 程度であっても $M_{\max}/M_{pc}$

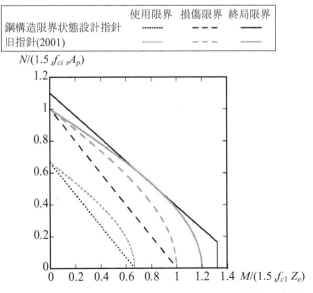

付図 2.3　軸力と曲げを受ける鋼管杭の M-N 耐力相関曲線

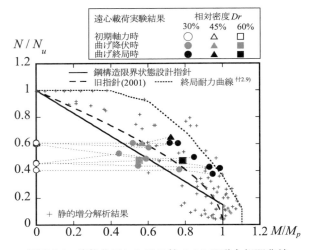

付図2.4 液状化層における杭の M-N 耐力相関曲線

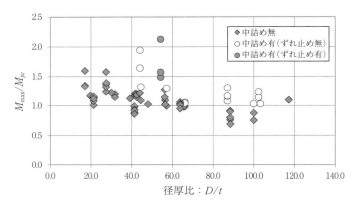

M_{max}：実験における最大曲げモーメント
M_{pc}：全塑性曲げモーメントの算定値

付図2.5 既往の実験結果[付2.14)〜付2.25)]における鋼管の径厚比と M_{max}/M_{pc} の関係

が1.0を上回っている．これは，充填されたコンクリートの形状保持効果によって，鋼管の局部座屈の発生がある程度抑制されたことから，曲げ耐力が低下しなかったものと考えられる．

　付図2.6（a）は，付図2.5中の鋼管内にコンクリートを充填した試験体について，充填コンクリートが充填されている鋼管はCFT部材と同等の部材耐力を有すると仮定して，コンクリートの換算充填比と $M_{max}/(_cM_u + _sM_u)$ の関係を示したものである．ただし，$(_cM_u + _sM_u)$ については，ずれ止めがない場合には鋼管とコンクリートの累加強度，ずれ止めがある場合には鋼管とずれ止め部コンクリートの支圧耐力との累加強度として算定した曲げ耐力である．充填コンクリートの換算充填比が大きくなるにつれ，$M_{max}/(_cM_u + _sM_u)$ が上昇する傾向にある．

また，付図2.6（b）は，付図2.6（a）の試験体について，軸力比と基準化径厚比との比率に充填コンクリートの換算充填比を乗じた係数を軸力比・形状係数として $M_{max}/(_cM_u+{_sM_u})$ の関係を示したものである．軸力比・形状係数が概ね24以上であれば，CFT部材と仮定した曲げ耐力と同等以上となる．しかしながら，軸力比・形状係数が概ね15未満の範囲（主に軸力比が大きい場合）においては，CFT構造と同等の曲げ耐力は得られていない．

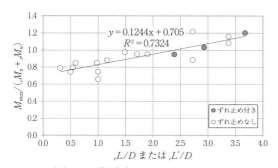

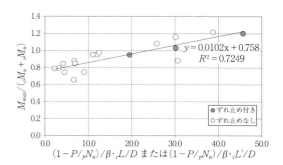

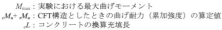

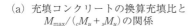

(a) 充填コンクリートの換算充填比と $M_{max}/(_cM_u+{_sM_u})$ の関係

(b) 軸力比・形状係数と $M_{max}/(_cM_u+{_sM_u})$ の関係

付図2.6　既往の実験結果[付2.14]〜[付2.25]

これらの結果から，鋼管にコンクリートが充填されている領域の終局限界曲げ耐力 M_u（N·mm）は次式により算定する．

$$M_u = \chi({_cM_u}+{_sM_u}) \tag{付2.16a}$$

$$_cM_u = \frac{2}{3}{_zn}\,{_c\sigma_{ir}}({_cR_0^3}\sin^3\theta_0 - {_cR_i^3}\sin^3\theta_i) \tag{付2.16b}$$

$$_sM_u = 4\,{_sR_m^2}\,t\sin\theta_0\,{_s\sigma_y} \tag{付2.16c}$$

$$\chi = 0.01\frac{1-\dfrac{N}{_{pt}N_u}}{\beta}\frac{_cL'}{D}+0.76 \leq 1.0 \tag{付2.16d}$$

$$_{pt}N_u = 2\,{_sR_m}\,t\pi\,{_s\sigma_y} + {_zn}({_cR_0^2}-{_cR_i^2})\pi\,{_c\sigma_{ir}} \tag{付2.16e}$$

$$\beta = \frac{D}{t}\frac{_s\sigma_y}{_sE} \tag{付2.16f}$$

$$_cL' = \xi\,{_cL_c} \tag{付2.16g}$$

$$\xi = \frac{2}{3}\left(1-\frac{_cA_m}{A_m}\right) \tag{付2.16h}$$

$$_cL_c = \frac{_zn({_cR_0^2}-{_cR_i^2})_c\sigma_{ir}}{_c\tau D_i} \tag{付2.16i}$$

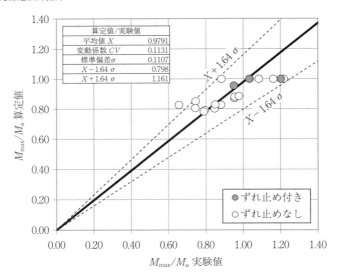

付図 2.7　M_{max}/M_u の実験値と算定値の比較

ここに，$_cM_u$（N·mm）：充填コンクリート部の終局限界曲げ耐力，$_sM_u$（N·mm）：鋼管部の終局限界曲げ耐力，χ：軸力比および基準化径厚比等の影響を考慮した補正係数，N（N）：作用軸力（$N \leq 0$ の場合は $N=0$），$_{pt}N_u$（N）：鋼管にコンクリートが充填されている領域が圧縮力のみを受ける場合の終局限界軸耐力，β：基準化径厚比，$_sE$（N/mm²）：鋼管のヤング係数，$_sL'$（mm）：補正後のコンクリートの換算充填長，ξ：鋼管にコンクリートが充填されている領域の断面が全塑性状態にあるときの全断面積に対する圧縮領域および局部座屈等による影響範囲の面積比率から求めた補正係数，$_cA_m$（mm²）：鋼管にコンクリートが充填されている領域の断面における圧縮領域の面積，A_m（mm²）：鋼管にコンクリートが充填されている領域の全断面積，$_cL_c$（mm）：コンクリートの換算充填長，$_c\tau$（N/mm²）：鋼管とコンクリートの付着強度（$=0.5$），D_i（mm）：鋼管の内径

M_{max}/M_u の実験値と算定値の比較を付図 2.7 に示す．

c）終局限界塑性変形能力

終局限界変形能力は鋼管杭の最大耐力から 95％ まで低下したときの値とし，対象位置に応じて下記の（i），（ii）により算定する〔付図 2.8 参照〕．このとき，設計用の終局限界変形能力（限界回転角）θ_{95} を設定するための低減係数 $_p\phi$ は 1.0 とする．

（i）杭頭部

$$\theta_{95} = {_p\phi}({_{pt}R_{95}}+1)\theta_{Mu} \tag{付 2.17a}$$

$$_{pt}R_{95} = 0.235 \frac{1-\dfrac{N}{_{pt}N_u}}{\beta} \frac{_cL'}{D} \tag{付 2.17b}$$

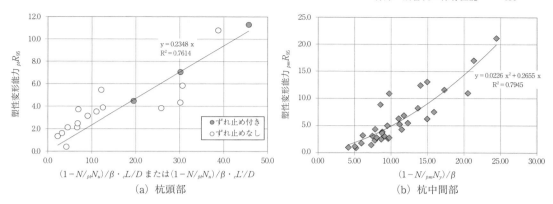

付図 2.8 既往の実験結果に基づく鋼管杭の塑性変形能力[付2.14)～付2.25)]

$$\theta_{Mu} = \frac{M_u\left(1 - \dfrac{\alpha L}{\tan \alpha L}\right)}{NL} \quad (N>0) \tag{付 2.17c}$$

$$\theta_{Mu} = \frac{M_u L}{3EI_{eq}} \quad (N \leqq 0) \tag{付 2.17d}$$

$$\alpha = \sqrt{\frac{N}{EI_{eq}}} \tag{付 2.17e}$$

$$L = 4D \tag{付 2.17f}$$

$$\frac{L^3}{EI_{eq}} = \frac{L^3 - (l_2 + l_3)^3}{E_1 I_1} + \frac{(l_2 + l_3)^3 - l_3^3}{E_2 I_2} + \frac{l_3^3}{E_3 I_3} \tag{付 2.17g}$$

ここに,θ_{95} (rad):終局限界変形能力(限界回転角),${}_{pt}R_{95}$:最大耐力から 95 % まで耐力低下した状態における塑性変形能力,N (N):作用軸力($N \leqq 0$ の場合は $N=0$),θ_{Mu} (rad):部材を弾性体と仮定したときの終局曲げ耐力時の変形角,α (mm^{-1}):P-δ 効果による弾性変形に対する部材の平均曲率,L (mm):せん断スパン長,EI_{eq} (N・mm^2):部材の等価曲げ剛性〔付図 2.9 参照〕,${}_p\phi$:低減係数(ここでは 1.0 とする)

(ⅱ) 杭中間部

$$\theta_{95} = {}_p\phi ({}_{pm}R_{95} + 1) \theta_{Mu} \tag{付 2.18a}$$

$${}_{pm}R_{95} = 0.023 \left(\frac{1 - \dfrac{N}{{}_{pm}N_y}}{\beta} \right)^2 + 0.266 \frac{1 - \dfrac{N}{{}_{pm}N_y}}{\beta} \tag{付 2.18b}$$

$${}_{pm}N_y = {}_s\sigma_y {}_sA_{pm} \tag{付 2.18c}$$

ここに,${}_{pm}R_{95}$:最大耐力から 95 % まで耐力低下した状態における塑性変形能力,${}_{pm}N_y$:杭中間部における鋼管杭の降伏軸耐力,N (N):作用軸力($N \leqq 0$ の場合は $N=0$),${}_sA_{pm}$ (mm^2):腐食しろを考慮した鋼管杭の有効断面積,${}_p\phi$:低減係数(ここでは 1.0 とする)

鋼管杭の終局限界塑性変形能力は,文献付 2.14)～付 2.25)の軸力と水平力を受ける鋼管部材

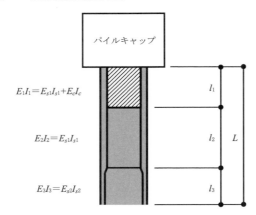

付図 2.9 等価曲げ剛性の算定に用いる記号

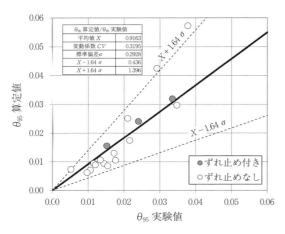

付図 2.10 θ_{95} の実験値と算定値の比較（鋼管内にコンクリートが充填されている場合）

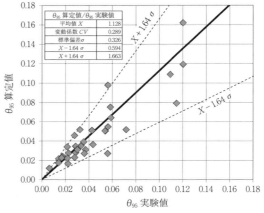

付図 2.11 θ_{95} の実験値と算定値の比較（鋼管内にコンクリートが充填されていない場合）

の繰返し載荷実験結果を，文献付 2.23）における鋼管柱の評価式を参考に式付 2.17a，式付 2.18a として求めている．これらは，片持ち梁形式で実験された固定端部の部材角を基にしているが，最大荷重時から作用荷重が 95％ まで低下したときの部材角を限界部材角として評価したものである．式付 2.17a は鋼管内にコンクリートが充填された試験体の実験結果から，式付 2.18a は鋼管内にコンクリートが充填されてない試験体の実験結果から，回帰式として導き出している．

通常の鋼管杭では，杭頭部には中詰めコンクリートが打設され，杭中間部には中詰めコンクリートが打設されないことから，杭頭部においては式付 2.17a，杭中間部においては式付 2.18a を用いて変形能力を算出することとした．実験値と算定値の比較を付図 2.10，付図 2.11 に示す．ただし，鋼管内にコンクリートが充填されている場合については，ずれ止めの拘束効果を中詰め比に換算し，すべてのデータを対象として近似式を求めている．また，これらの載荷実験におけるせん断スパン長（M/Q）は，鋼管の直径を D とすると，鋼管内にコンクリートが充填されて

いる場合では 3.11D〜4.76D（平均：3.90D）の範囲，充填されていない場合では 2.64D〜8.24D の範囲（平均：4.76D）にある．また，式付 2.17a および式付 2.18a で算定される終局限界塑性変形能力（保有塑性回転角）は，せん断スパン長が大きいほどその値が大きくなる傾向にある．これらを踏まえ，設計では安全性および単純化を考慮して，せん断スパン長は鋼管杭の直径の 4 倍とした．なお，設計用の終局限界変形能力（限界回転角）については，塑性ヒンジ長を 0.5D と仮定し，この区間長さの平均曲率として算出してもよい〔4.杭体の解析モデル参照〕．

　せん断耐力は，軸方向力の影響を考慮して算定する[付2.27]．ただし，せん断耐力に対する曲げモーメントの影響は小さいため，この影響は考慮しなくともよい[付2.28]．一般には，鋼管杭のせん断耐力は非常に大きいため，設計上の問題になることはほとんどないのが実状である．

参 考 文 献

付 2.1) 日本建築学会：コンクリート充填鋼管構造設計指針，2008

付 2.2) 日本建築学会：鋼構造許容応力度設計規準，2019

付 2.3) 日本建築学会：鋼構造限界状態設計指針・同解説，2010

付 2.4) 木村祥裕・時松孝次：液状化地盤において鉛直荷重を受ける鋼管単杭の曲げ座屈応力度，日本建築学会構造系論文集，第 595 号，pp. 73〜78，2005.9

付 2.5) 木村祥裕・時松孝次：液状化地盤において杭頭水平変位を伴う鋼管単杭の曲げ座屈応力度，日本建築学会構造系論文集，第 617 号，pp. 169〜175，2007.7

付 2.6) 木村祥裕・時松孝次：液状化地盤において杭頭回転拘束を受ける鋼管単杭の曲げ座屈応力度，日本建築学会構造系論文集，第 74 巻，第 638 号，pp. 721〜730，2009.4

付 2.7) 木村祥裕・岸野泰典・田村修次：遠心載荷装置を用いた上屋・杭基礎―液状化地盤系における中空円形断面杭の動座屈実験，日本建築学会構造系論文集，第 80 巻，第 717 号，pp. 1707〜1716，2015.11

付 2.8) 木村祥裕・的場萌子・後藤天志郎・田村修次：遠心載荷装置を用いた上屋・杭基礎―地盤系における液状化地盤の杭頭補強鋼管杭の終局耐力評価，日本建築学会構造系論文集，第 82 巻，第 738 号，pp. 1221〜1231，2017.8

付 2.9) 木村祥裕・後藤天志郎・的場萌子・田村修次：遠心載荷実験装置を用いた上屋・杭基礎―地盤系における液状化地盤下の鋼管杭の動的メカニズムと終局耐力，日本建築学会構造系論文集，第 81 巻，第 730 号，pp. 2079〜2089，2016.12

付 2.10) 木村祥裕・時松孝次：液状化地盤において一定軸力及び水平力を受ける鋼管杭の最大耐力と終局曲げモーメント，日本建築学会構造系論文集，第 77 巻，第 665 号，pp. 775〜781，2012.5

付 2.11) 日本建築センター：構造計算指針・同解説 1988 年版，1988

付 2.12) 廣瀬智治・鈴木正明・柳　悦孝・増田敏聡・高野公寿・外山　征・脇屋泰士：鋼管杭の杭頭結合構造に関する研究（その1〜4），日本建築学会大会学術講演梗概集，構造Ⅰ，pp. 529〜536，2006.9

付 2.13) 外山　征・柳　悦孝・廣瀬智治・増田敏聡・高野公寿・鈴木正明・脇屋泰士：鋼管杭の杭頭結合構造に関する研究（その5〜7），日本建築学会大会学術講演梗概集，構造Ⅰ，pp. 547〜552，2007.8

付 2.14) 廣瀬智治・増田敏聡・市川和臣・高野公寿・佐藤睦月・的場萌子・鈴木敦詞・木村祥裕：コンクリート充填鋼管杭の終局曲げ耐力と変形性能の評価 その1〜その4，日本建築学会大会学術講演梗概集，構造Ⅰ，pp. 499〜506，2017.8

付 2.15) 中山裕章・吉田　映・柳本泰伴・嶋津晃臣・龍田昌毅・河野謙治：鋼管杭の水平耐力に関する曲げ圧縮試験，土木学会 年次学術講演会講演概要集第 3 部（B），第 51 巻，pp. 46〜47，1996.8

付 2.16) 秋山充良・内藤英樹・小野　潔・山口恭平・鈴木基行：コンクリート充填スパイラル鋼管柱の正負交番載荷実験とその耐震性能評価法に関する基礎的研究，構造工学論文集，Vol. 55A，pp. 662〜669，2009.3

付 2.17) 折野明宏・井浦雅司：部分的にコンクリートを充填した円形鋼製橋脚の挙動，第 3 回鋼構造物の非線形数値解析と耐震設計への応用に関する論文集，pp. 83〜88，1999.11

付 2.18) 岩岡信一・多賀　章・渡辺朋之：鋼管コンクリート構造の開発（その5）　充填形円形鋼管コ

付 2.19) 山田　誠・倉田光春・Sanjay Pareek・浅里和茂・中村雅俊：一定軸力・正負繰返しせん断力を受ける円形鋼管部材の局部座屈挙動に関する研究　その 1 実験概要及び実験結果，日本建築学会東北支部　研究報告会資料，pp.521～524，1999.6

付 2.20) 藤内繁明・山口種美・松井千秋・堺　純一：円形鋼管の曲げ特性に関する実験的研究，日本建築学会大会学術講演梗概集，構造Ⅱ，pp.1315～1316，1993.9

付 2.21) 川端雄一郎・忽那　惇・加藤絵万・大矢陽介・小濱英司・岩波光保：港湾構造物における鋼管の M-Φ 算定法，港湾空港技術研究所資料，No.1288，2014.9

付 2.22) 小野　潔・西村宣男・西川和廣・高橋　実・中洲啓太：円形断面鋼製橋脚の正負交番載荷実験結果に基づく M-φ モデル設定方法に関する検討，日本鋼構造協会鋼構造論文集，第 8 巻，第 31 号，pp.97～105，2001.9

付 2.23) 津田恵吾・松井千秋：一定軸力と変動水平力を受ける円形鋼管柱の弾塑性性状，日本建築学会構造系論文集，第 505 号，pp.131～138，1998.3

付 2.24) 安井信行：軸力と曲げを受ける円形鋼管の局部座屈挙動解析に関する研究，日本建築学会構造系論文集，第 561 号，pp.201～208，2002.9

付 2.25) 松井千秋・計良光一郎・山口種美ほか：コンクリート充填内面突起付き円形鋼管構造の開発，日本建築学会九州支部研究報告，第 32 号，pp.233～236，1991.3

付 2.26) 吉沢幸仁・岡　扶樹・吉田　映ほか：鋼管杭の保有水平耐力に関する研究（その 2 鋼管杭の変形モードを模擬した載荷試験），日本建築学会大会学術講演梗概集，構造Ⅰ，pp.1049～1050，1995.8

付 2.27) 建設省建築研究所：建設省総合技術開発プロジェクト「新建築構造体系の開発」性能評価分科会　基礎 WG 最終報告書　資料 4-10　鋼管杭のせん断耐力式，2000

付 2.28) 建設省建築研究所：建設省総合技術開発プロジェクト「新建築構造体系の開発」性能評価分科会　基礎 WG 最終報告書　資料 4-11　鋼管の曲げ・軸力・せん断耐力の関係，2000

付 2.29) 廣瀬智治・増田敏聡・市川和臣・高野公寿・木村祥裕：既往の研究に基づく円形鋼管の変形性能の再評価，日本建築学会大会学術講演梗概集，構造Ⅰ，pp.687～688，2016.8

3. 杭頭接合部の保有性能

鋼管杭の杭頭接合部は，定着鉄筋にてパイルキャップに定着する接合方法とする〔付図 3.1 参照〕．これは場所打ち鋼管コンクリート杭の杭頭接合部とほぼ同様の構造であるが，場所打ち鋼

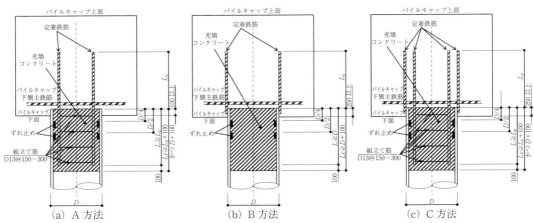

[注] A 方法：鋼管杭の杭頭部をコンクリートで充填し，そのコンクリートとパイルキャップを鉄筋かごで結合した構造
　　B 方法：鋼管杭の杭頭部に溶接した鉄筋をパイルキャップ内へ埋め込んだ構造
　　C 方法：B 方法と A 方法を組み合わせた構造

付図 3.1　鋼管杭の杭頭接合部の構造詳細例

付録　鋼管杭の保有性能　— 439 —

管コンクリート杭の杭頭接合部が従来から存在する鋼管杭の杭頭接合部を基にしているためである．

（1）　損傷限界曲げ耐力と終局限界曲げ耐力

　本会「鉄筋コンクリート基礎構造部材の耐震設計指針（案）・同解説」[付3.1]（以下，RC基礎部材指針（案）という）では，鋼管杭および場所打ち鋼管コンクリート杭の杭頭接合部の損傷限界曲げ耐力は，パイルキャップコンクリートの材料強度を F_c，圧縮限界ひずみ度を 0.003 として，鋼管杭の直径 + 200 mm の直径を有する仮想鉄筋コンクリート円柱の降伏曲げモーメントと同等と評価されている．しかし，近年実施された直径 800 mm および 1 000 mm の鋼管杭を用いた杭頭接合部の曲げ耐力実験[付3.7]では，鋼管杭の直径が大きくなるにつれて，杭頭接合部の降伏曲げモーメントおよび最大曲げモーメントの実験値は，仮想鉄筋コンクリート円柱の直径を鋼管杭の直径 + 200 mm としたときの解析値を上回り，直径を鋼管杭の直径 × 1.25 + 100 mm としたときの解析値にほぼ等しい結果が得られている．付表 3.1 および付図 3.2 は，RC 基礎部材指針（案）

付表 3.1　鋼管杭の杭頭接合部実験結果のまとめ

| 文献番号 | 鋼管杭 | | | | 杭頭接合部 | | | | | | | | 実験値 | | 仮想鉄筋コンクリート円柱による方法(現) | | | |
| | | | | | | | | | | | | | | | (現)(杭径×1.25+100 mm) | | (旧)(杭径+200 mm) | |
	径(mm)	板厚(mm)	降伏点(N/mm²)	軸力(kN)	接合方法	配筋径(mm)	主筋径(mm)	主筋本数	材質	主筋降伏点(N/mm²)	主筋強度(N/mm²)	コンクリート強度(N/mm²)	降伏曲げモーメント(kN·m)	最大曲げモーメント(kN·m)	降伏曲げモーメント(kN·m)	最大曲げモーメント(kN·m)	降伏曲げモーメント(kN·m)	最大曲げモーメント(kN·m)
付3.2)	609.6	9	284	0	B方法	634.6	25	20	SR24	308	470	24	764	1 029	671	969	619	949
	609.6	9	284	1 764	B方法	634.6	25	20	SR24	308	470	23	863	926	1 086	1 344	969	1 053
	609.6	9	331	1 764	B方法	634.6	25	12	SR24	326	471	21	789	897	889	1 058	790	1 053
	609.6	9	331	1 764	A方法	516.6	25	16	SD30	327	499	26	528	970	565	814	507	774
	609.6	9	331	1 764	A方法	516.6	25	16	SD30	327	499	26	926	1 161	1 001	1 197	872	1 161
	609.6	9	331	1 176	A方法	516.6	25	16	SD30	327	499	24	811	1 117	855	1 052	747	1 033
	406.4	6.4	456	0	A方法	336.6	19	12	SD30	365	536	25	176	363	190	268	182	278
	406.4	6.4	456	784	A方法	336.6	19	12	SD30	365	536	29	285	451	336	403	319	417
付3.3)	406.4	7.9	377	282	B方法	425.4	19	8	SD30	353	587	23	202	276	188	247	182	256
	406.4	7.9	377	282	B方法	425.4	19	8	SD30	353	587	22	221	303	188	245	180	255
	406.4	7.9	377	282	A方法	333.6	19	12	SD30	353	587	24	221	413	237	306	225	320
付3.4)	406.4	6.4	235	0	A方法	300	16	12	SD30	358	523	27	—	223	137	203	132	210
	406.4	6.4	235	0	A方法	300	16	12	SD30	358	523	27	—	233	137	203	132	210
	406.4	6.4	235	0	A方法	300	16	12	SD30	358	523	27	117	252	137	203	132	210
	406.4	6.4	235	0	B方法	422	16	12	SD30	358	523	27	167	297	140	205	137	208
	600	12	343	0	A方法	400	22	12	SD30	369	589	39	492	617	395	614	362	569
	600	12	343	0	A方法	400	22	12	SD40	420	597	36	463	728	448	668	407	624
	600	12	343	0	B方法	620	22	12	SD30	369	589	40	507	794	405	611	380	569
付3.5)	800	16	253	0	A方法	700	16	24	SD295	342	512	30	497	615	500	796	456	700
	800	16	253	0	A方法	700	16	24	SD490	502	705	31	753	910	735	1 066	670	955
	800	25	370	0	A方法	659	29	30	SD490	516	680	27	2 559	3 384	2 497	3 092	2 279	2 830
	1 000	25	370	0	A方法	867	29	28	SD490	516	680	32	3 215	4 187	3 204	4 303	2 835	3 787
	800	25	370	0	A方法	659	29	30	SD490	516	680	28	2 536	3 461	2 510	3 121	2 289	2 854
付3.8)	600	12	343	0	A方法	470	22	12	SD30	369	589	39	485	662	394	608	353	566
	600	12	343	0	A方法	550	22	12	SD30	369	589	39	529	691	398	605	370	562
付3.9)〜付3.12)	600	19	358	−300	A方法	493	19	8	SD390	464	658	24	165	372	163	297	152	269
	600	19	358	2 000	A方法	493	19	8	SD390	464	658	25	682	979	803	874	736	799
	600	19	358	4 000	A方法	493	19	8	SD390	464	658	29	966	1 499	1 226	1 263	1 106	1 133
	600	19	358	2 000	A方法	493	19	16	SD390	464	658	28	983	1 244	993	1 115	913	1 023

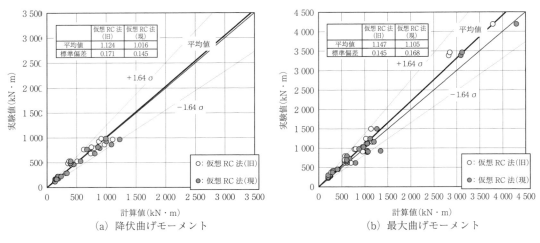

付図3.2 鋼管杭の杭頭接合部曲げモーメントの実験値と計算値の比較

に示される実験結果に新たな実験結果を加え，仮想鉄筋コンクリート円柱の直径を鋼管杭の直径×1.25−100 mm として，断面解析により算定した杭頭接合部の曲げモーメントと実験結果を比較したものである．同表，同図には仮想鉄筋コンクリート円柱の直径を鋼管杭の直径＋200 mm とした場合も併せて示しているが，実験値は仮想鉄筋コンクリート円柱の直径を鋼管杭の直径×1.25＋100 mm とした解析値と概ね一致していることがわかる．

なお，パイルキャップコンクリートの材料強度は F_c，圧縮限界ひずみ度は 0.003 とする．また，設計用限界値算定のための低減係数については，場所打ち鋼管コンクリート杭の場合と同様に，損傷限界曲げ耐力については 1.0 以下，終局限界曲げ耐力については 0.95 以下とする．

（2） 終局限界塑性変形能力

RC 基礎部材指針（案）では，実験結果を基に杭頭接合部の変形能力（限界回転角）は，降伏回転角（引張側の最外縁鉄筋が材料強度に達したときの回転角）との関係式として次式が示されている．

$$_{pc}\theta_u = 15 \ _{pc}\theta_y \quad \text{(付 3.1a)}$$

$$_{pc}\theta_y = {_r\phi_{ty}} L_d \quad \text{(付 3.1b)}$$

$$L_d = {_{pc}\lambda} \ {_{pc}\alpha} \frac{S \ _r\sigma_y \ d_d}{10 f_b} \quad \text{(付 3.1c)}$$

$$f_b = \frac{F_c}{40} + 0.9 \quad \text{(付 3.1d)}$$

ここに，$_{pc}\theta_u$（rad）：鋼管杭の杭頭接合部の変形能力（限界回転角），$_{pc}\theta_y$（rad）：鋼管杭の杭頭接合部の降伏回転角，$_r\phi_{ty}$（mm^{-1}）：杭径×1.25＋100 mm の仮想鉄筋コンクリート断面において，引張側最外縁の定着鉄筋が材料強度に至るときの曲率，L_d（mm）：定着鉄筋の付着長さ，$_{pc}\lambda$：付着長さの補正係数（＝0.86），$_{pc}\alpha$：割裂破壊に対する補正係数（横補強筋で拘束されたコア内に定着する場合は 1.0，それ以外の場合は 1.25），S：必要

長さの修正係数（直線定着する定着鉄筋の場合 1.0），$_r\sigma_y$（N/mm²）：定着鉄筋の材料強度，d_d（mm）：定着鉄筋の呼び名に用いた数値，f_b（N/mm²）：付着割裂の基準となる強度，F_c（N/mm²）：パイルキャップコンクリートの設計基準強度

降伏回転角 $_{pc}\theta_y$ は鋼管杭の直径＋200 mm の仮想鉄筋コンクリート円柱の断面解析より算定される回転角であるが，仮想鉄筋コンクリート円柱の直径を鋼管杭の直径×1.25＋100 mm としても大きな違いはないため，これを用いるものとする．また，設計用限界回転角を設定するための低減係数については，場所打ち鋼管コンクリート杭と同様に，0.95 以下とする．

参 考 文 献

付 3.1) 日本建築学会：鉄筋コンクリート基礎構造部材の耐震設計指針（案）・同解説，2017

付 3.2) 有泉浩蔵・石川文洋・妹尾博明・長尾俊昌・若命善雄：杭頭接合部の力学的挙動に関する研究　第 3 章 鋼管杭杭頭接合部の水平加力実験，建築研究報告，第 129 号，1990

付 3.3) 田沢光弥・若命善雄・小林英雄：鋼管杭頭とフーチング接合部の耐力実験，大成建設技術研究所報，第 12 号，pp. 149〜158，1979.11

付 3.4) 建設省建築研究所：建設省総合技術開発プロジェクト「新建築構造体系の開発」性能評価分科会　基礎 WG 最終報告書 資料 4-15 鋼管杭杭頭接合部 B〜D 方法における曲げ耐力の算定に関して，2000.3

付 3.5) 建設省建築研究所：建設省総合技術開発プロジェクト「新建築構造体系の開発」性能評価分科会　基礎 WG 最終報告書 資料 4-16 鋼管杭杭頭接合部 B〜D 方法の変形性能算定法に関して，2000.3

付 3.6) 土木研究所資料：杭頭部とフーチングの結合部の設計法に関する検討，建設省土木研究所　構造橋梁部基礎研究室，1992.3

付 3.7) 恩田邦彦・大久保浩弥・中谷昌一・白戸真大：高強度鉄筋を用いた杭頭結合構造の正負交番水平載荷実験，土木学会第 64 回年次学術講演会，pp. 225〜226，2009.9

付 3.8) 小林洋一・森本精洋・加藤　敏：杭頭接合部の耐荷特性に及ぼす埋め込み型補強筋のかご径の影響，土木学会第 42 回年次学術講演会，pp. 738〜739，1987.9

付 3.9) 青木　功・日比野信一・三輪紅介・佐伯英一郎：鋼管杭とパイルキャップ接合部の耐震性能に関する研究 その 1 実験目的及び実験概要，日本建築学会大会学術講演梗概集，構造 I，pp. 763〜764，2000.9

付 3.10) 矢島淳二・吉田　茂・稲村利男・蓮田常雄：鋼管杭とパイルキャップ接合部の耐震性能に関する研究 その 2 水平荷重―変位関係および曲げモーメント―回転角関係，日本建築学会大会学術講演梗概集，構造 I，pp. 765〜766，2000.9

付 3.11) 日比野信一・稲村利男・棚村史郎・神田政幸：鋼管杭とパイルキャップ接合部の耐震性能に関する研究 その 3 杭頭接合部の変形性能と接合部の性状，日本建築学会大会学術講演梗概集，構造 I，pp. 767〜768，2000.9

付 3.12) 蓮田常雄・武居　泰・青木　功・中村秀司・史桃開：鋼管杭とパイルキャップ接合部の耐震性能に関する研究 その 4 杭頭回転剛性の評価，日本建築学会大会学術講演梗概集，構造 I，pp. 769〜770，2000.9

付 3.13) 建設省建築研究所：建設省総合技術開発プロジェクト「新建築構造体系の開発」性能評価分科会　基礎 WG 最終報告書 資料 4-22 場所打ち鋼管コンクリート杭杭頭接合部の変形性能算定法に関して，2000

4.　杭体の解析モデル

鋼管杭の杭体および杭頭接合部の解析モデルは，付図 4.1 のとおりとする．また，杭周辺地盤のモデル化方法については，鉛直方向は 6.3 節，水平方向は 6.6 節による．

（1）　杭　　　体

杭体に作用する荷重に対して応力と変形を求める際には，杭部材を等価な曲げ剛性を有する線材に置換する．曲げモーメントと曲率の関係は，2. 鋼管杭の保有性能により求めた曲げモーメ

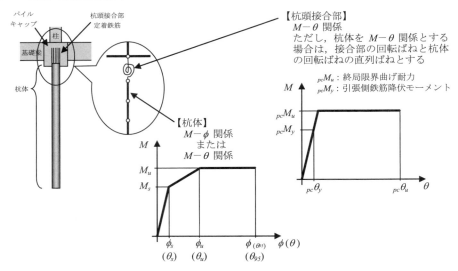

付図 4.1　鋼管杭の杭体と杭頭接合部のモデル化

ントと変形角の関係を基に，バイリニアまたはトリリニアの骨格曲線にモデル化する．付図 4.2 に鋼管杭の応力度とひずみ度の関係を，付図 4.3 に杭体の曲げモーメントと曲率のモデル化方法（例）を示す．なお，鋼管杭の応力度とひずみ度の関係において，降伏応力度に達した後の領域で二次勾配 $_sE_2$ を設定する場合，$_sE_2 = {_sE}/100$ としてよい．なお，θ_{95} に対応する曲率 $\phi_{\theta_{95}}$ は塑性ヒンジ長を $0.5D$ と仮定し，この区間長さの平均曲率として算出する．

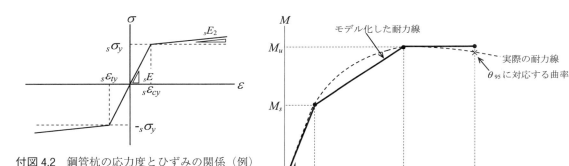

付図 4.2　鋼管杭の応力度とひずみの関係（例）

付図 4.3　杭体の曲げモーメントと曲率のモデル化方法（例）

（2）　杭頭接合部

杭頭接合部における鉄筋の抜出しによる変形のモデル化は，接合部断面（杭径×1.25＋100 mm の仮想鉄筋コンクリート断面）の平面保持を仮定した方法（断面解析）により算定した曲げモーメントと曲率の関係を基に，曲げモーメントと回転角の関係として設定する．断面解析では，コンクリートおよび鉄筋の応力度とひずみ度の関係を設定する必要があるが，コンクリートについては e 関数法等，鉄筋については材料強度を上限値とするバイリニアの骨格曲線として応

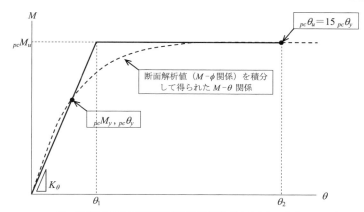

付図 4.4 杭頭接合部の曲げ－モーメントと回転角のモデル化（例）

力度とひずみ度の関係を設定し，軸方向力が作用する場合にはこれを考慮する．付図 4.4 に杭頭接合部の曲げモーメントと回転角のモデル化（例）を示す．

5. 構造規定

（1） 外　　径

JIS 規格（A 5525）では，鋼管杭の外径は 318.5 mm〜2 000 mm となっている．一般には外径 318.5 mm 以上のものが使用されているため，鋼管杭の杭径は 318.5 mm 以上を原則とする．ただし，回転貫入工法において小口径鋼管杭を用いる場合で，実験などによりその性能が確認されている場合はこの限りではない．

（2） 板　　厚

JIS 規格（A 5525）では，鋼管杭の板厚が外径の 1/100 以上（$D/t \leqq 100$）であることを前提に形状・寸法の許容差が定められている．これに加え，鋼管杭では板厚 6 mm 以上のものを使用するのが一般的であることから，鋼管杭の板厚は 6 mm 以上かつ杭径の 1/100 以上とする．ただし，回転貫入工法において小口径鋼管杭を用いる場合で，実験などによりその性能が確認されている場合はこの限りではない．

（3） 杭体内に充填するコンクリート

杭体内に充填するコンクリートは，本来は鋼管とコンクリートの合成構造体の構築を目的としたものではなく，定着鉄筋と併用して杭頭部および杭頭接合部の補強を目的としたものであった．しかしながら近年行われた実験によれば，鋼管内面にずれ止めを取り付けてコンクリートを充填すれば，CFT 構造のような耐力と変形性能が得られることがわかっている[付2.14]．したがって，杭体内にコンクリートを充填する場合は，鋼管とコンクリート間に過大なずれ変形を生じさせないように，鋼管内面の所定位置にずれ止め等の拘束部材を取り付けることを原則とする．ただし，杭頭部のみにコンクリートを充填する場合は，杭頂部から杭径の 1/4 ピッチにてずれ止め

－444－　建築基礎構造設計指針

を2段以上取り付け，パイルキャップの下端位置から杭径以上の充填長さを確保すればよい．ずれ止めの標準寸法は，付表5.1に示すとおりである．文献付2.12)，付2.13)では，この構造における押込み耐力やずれ止め部の支圧強度等が確認されている．また，コンクリートを充填する範囲の鋼管内面に土砂等が付着している場合は，確実に除去した後にコンクリートを打設する．

付表5.1　ずれ止めの標準寸法

鋼管杭の直径	寸法（板厚×幅）
$D \leqq 700$ mm	9 mm×25 mm
700 mm$<D<$1 200 mm	12 mm×25 mm
1 200 mm$\leqq D$	16 mm×25 mm

（4）　杭体内に充填するコンクリートの設計基準強度

コンクリートの設計基準強度については，場所打ち鋼管コンクリート杭に準じて21 N/mm^{2}以上40 N/mm^{2}以下とした．

（5）　施 工 方 法

近年，建築分野の基礎杭として使用される鋼管杭は，騒音・振動などの環境問題から建築基準法第38条による旧建設大臣認定や国土交通大臣の性能評価を取得している低騒音・低振動の埋込み杭工法や回転貫入杭工法で施工されることがほとんどである．この実状を踏まえ，ここでは，これらの性能評価を取得した工法を前提とするが，打込み杭工法についても適切な管理の下で施工される場合には同等として取り扱ってもよい．

（6）　現 場 継 手

鋼管杭の現場継手は，JIS A 5525-2014[付1.1)]に従って適切な施工管理下で溶接がなされていることが前提である．継手部の溶接が完全である場合は，溶接部は母材と同等の性能が確保されており，設計上継手部の強度は杭体と同等と考えてよい．また，最近では，ねじ方式，嵌合方式，あるいは変形を許容するフレキシブルジョイントとする継手などが考案されている．これらの無溶接継手，機械式継手については，性能を実験によって確認したうえで設計に反映させることとし，所定の性能が発揮できるよう，適切な施工管理下で接合がなされていることを前提とする．

（7）　杭頭接合部

鋼管杭の杭頭接合部は，定着鉄筋にてパイルキャップに定着する方法が一般的である〔付図3.1参照〕．

計 算 例

計 算 例

[計算例1]　3.2節　液状化危険度，地盤変形量と液状化程度の予測

　例図 1.1 に示す地盤について，液状化に対する安全率と液状化時の地表の動的水平変位，液状化後の地表の残留沈下量を求める．地下水位は深度 2.0 m，地表面加速度は 2.0 m/s²，地震のマグニチュードは $M=7.5$ とする．なお，深度 20 m 以深の礫混じり砂層は造成地盤ではないので，検討対象深度を 20 m とする．

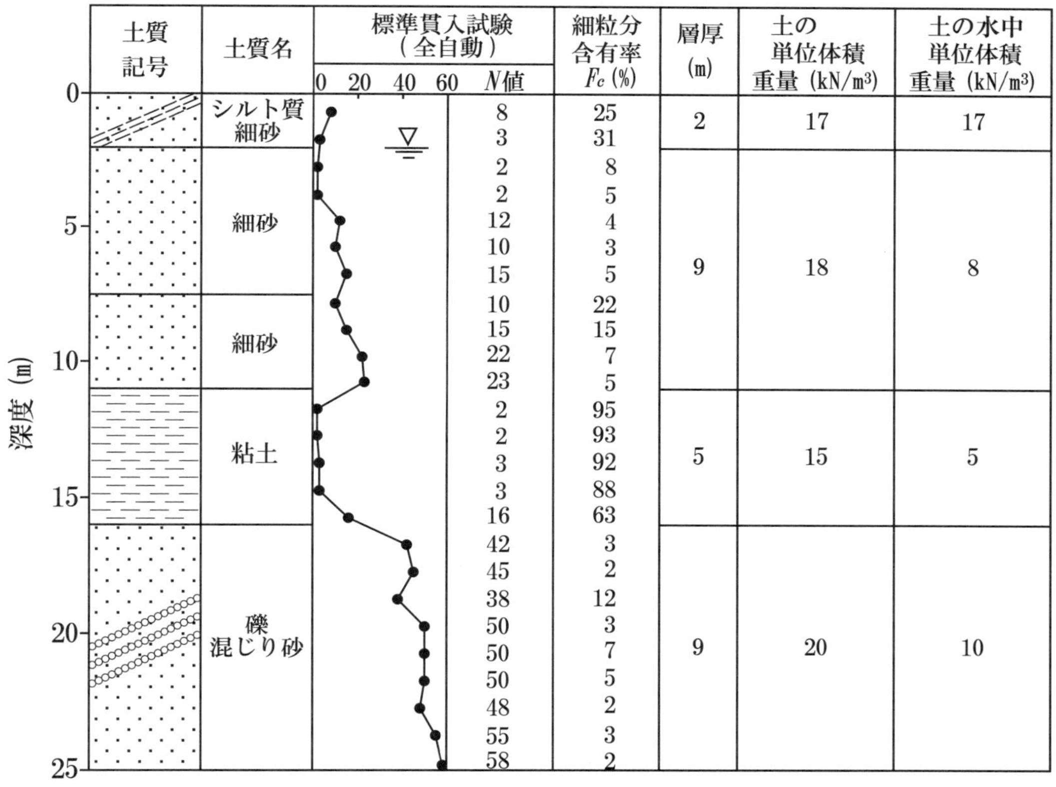

例図 1.1　地 盤 条 件

1. 液状化危険度の予測
（1）深度 4 m における検討

式 3.2.1～3.2.3 において，

$$M=7.5,\ \alpha_{max}=2.0\,\text{m/s}^2,\ g=9.8\,\text{m/s}^2$$

$$\sigma_z=17\times2.0+18\times(4.0-2.0)=70\,\text{kN/m}^2$$

$$\sigma_z{'}=17\times2.0+8\times(4.0-2.0)=50\,\text{kN/m}^2$$

－446－　建築基礎構造設計指針

これらを代入すると，

$$\tau_d/\sigma_z'=0.65\times(2.0/9.8)\times(70/50)\times(1-0.015\times4.0)=0.65\times0.204\times1.40\times0.94$$
$$=0.17$$

式 3.2.4～3.2.6 において，

$$\sigma_z'=50\,\text{kN/m}^2,\ N=2,\ F_c=5\,\%,\ \varDelta N_f=0\,〔図 3.2.2 より〕$$

これらを代入すると，

$$N_a=\sqrt{\frac{100}{50}}\times2+0=2.8$$

図 3.2.1 より，液状化抵抗比 τ_L/σ_z' は，

$$\tau_L/\sigma_z'=0.07$$

よって，液状化発生に対する安全率 F_L は式 3.2.8 より，

$$F_L=0.07/0.17=0.41\leqq1$$

したがって，液状化発生の可能性がある．

（2）　深度 9 m における検討

$$\sigma_z=17\times2.0+18\times(9.0-2.0)=160\,\text{kN/m}^2$$
$$\sigma_z'=17\times2.0+8\times(9.0-2.0)=90\,\text{kN/m}^2$$

式 3.2.1～3.2.3 より，

$$\tau_d/\sigma_z'=0.65\times0.204\times(160/90)\times(1-0.015\times9.0)=0.65\times0.204\times1.78\times0.865$$
$$=0.20$$
$$N=15,\ F_c=15\,\%,\ \varDelta N_f=7\,〔図 3.2.2 より〕$$

式 3.2.4～3.2.6 より，

$$N_a=\sqrt{\frac{100}{90}}\times15+7=15.8+7=22.8$$

図 3.2.1 より，

$$\tau_L/\sigma_z'=0.32$$

式 3.2.8 より，

$$F_L=0.32/0.20=1.60>1$$

したがって，液状化発生の可能性はない．

　（1）および（2）に示す手順に従って，対象地盤の地下水位以深から深度 20 m までの液状化発生の可能性を検討した結果を例表 1.1 に示す．この表より，深度 3～7 m の層で液状化発生の可能性があると判断される．

2.　地盤変形量と液状化程度の予測

　液状化発生の可能性があると判断される層の動的水平変位および残留沈下量を求め，液状化の程度を予測する．対象層における動的水平変位を求めるにあたり，深度 4 m での計算手順を示す．

計　算　例　－447－

例表 1.1　液状化判定結果

深度 (m)	N値	細粒分 F_c (%)	全応力 σ_z (kN/m²)	有効応力 $\sigma_z{}'$ (kN/m²)	低減 係数 γ_d	換算 N値 N_1	N値 増分 ΔN_f	補正 N値 N_a	液状化 抵抗比 $\tau_L/\sigma_z{}'$	繰返しせん断 応力比 $\tau_d/\sigma_z{}'$	安全率 F_L
1	8	25	17.0	17.0	0.985						
2	3	31	34.0	34.0	0.970						
3	2	8	52.0	42.0	0.955	3.1	3.6	6.7	0.11	0.16	0.69
4	2	5	70.0	50.0	0.940	2.8	0.0	2.8	0.07	0.17	0.41
5	12	4	88.0	58.0	0.925	15.8	0.0	15.8	0.17	0.19	0.89
6	10	3	106.0	66.0	0.910	12.3	0.0	12.3	0.15	0.19	0.79
7	15	5	124.0	74.0	0.895	17.4	0.0	17.4	0.19	0.20	0.95
8	10	22	142.0	82.0	0.880	11.0	8.2	19.2	0.22	0.20	1.10
9	15	15	160.0	90.0	0.865	15.8	7.0	22.8	0.32	0.20	1.60
10	22	7	178.0	98.0	0.850	22.2	2.4	24.6	0.41	0.20	2.05
11	23	5	196.0	106.0	0.835	22.3	0.0	22.3	0.30	0.20	1.50
12	2	95	211.0	111.0	0.820						
13	2	93	226.0	116.0	0.805						
14	3	92	241.0	121.0	0.790						
15	3	88	256.0	126.0	0.775						
16	16	63	271.0	131.0	0.760						
17	42	3	291.0	141.0	0.745	35.4	0.0	35.4	0.60	0.20	3.00
18	45	2	311.0	151.0	0.730	36.6	0.0	36.6	0.60	0.20	3.00
19	38	12	331.0	161.0	0.715	29.9	6.4	36.3	0.60	0.19	3.16
20	50	3	351.0	171.0	0.700	38.2	0.0	38.2	0.60	0.19	3.16

［注］　$N_a>26$ の場合は液状化抵抗比を 0.60 とする.

（1）より深度 4 m において,

$\quad N_a=2.8,\quad \tau_d/\sigma_z{}'=0.17$

よって，繰返しせん断ひずみ γ_{cy}（%）は，図 3.2.6 より,

$\quad \gamma_{cy}=8.0\,\%$

同様に体積ひずみ ε_v は，図 3.2.6 において γ_{cy}（%）を ε_v（%）と読み換えればよいので,

$\quad \varepsilon_v=8.0\,\%$

深度 3〜7 m の層における繰返しせん断ひずみ γ_{cy} と体積ひ

例表 1.2　算定ひずみ

深度（m）	γ_{cy}（%），ε_v（%）
3	4.0
4	8.0
5	1.0
6	2.0
7	0.5

ずみ ε_v は例表 1.2 のようになる. この結果から，振動中の最大水平変位 D_{cy}（m）と残留沈下量 S（m）は，式 3.2.13 より,

$\quad D_{cy}=0.04\times1.0+0.08\times1.0+0.01\times1.0+0.02\times1.0+0.005\times1.0$

$= 0.16$ m

$S = 0.16$ m

地下水位以浅は検討を行わないので，上記の D_{cy} および S が，それぞれ地表の動的水平変位，残留沈下量となる．

したがって，液状化の程度は表 3.2.1 より「中」となる．

[計算例2]　4.4 節，4.5 節　レベル 2 地震荷重と地盤の水平変位（1）

　地表面で設計用地震動を設定する場合について，杭基礎に作用するレベル 2 地震荷重を算定する．算定する地震荷重は，上部構造の慣性力（地上部分の 1 階層せん断力，地下部分の慣性力，転倒モーメント）および地盤の水平変位とする．上部構造の慣性力を求める方法は，4.4 節で推奨する方法のうち，保有水平耐力計算等に基づく方法とする．また，地盤の水平変位を求める方法は，地盤が液状化する可能性の低いことから，4.5 節で推奨する算定法のうち，算定法 a1 とする．ここでは，算定手順の説明に重点を置き，具体的な算定式は本文解説に譲る．

1. 建物の概要

建物場所　関東地方
用　途　事務所
敷地面積　860 m²
建築面積　516 m²
延床面積　2741 m²
階　数　地下 2 階，地上 3 階
高　さ　最高高さ 10.35 m
　　　　軒高 9.85 m
構造種別　鉄筋コンクリート造
構造形式　X 方向：ラーメン構造
　　　　　Y 方向：耐震壁付ラーメン構造
基礎形式　杭基礎
　　　　　場所打ち鉄筋コンクリート杭

例図 2.1 に断面図を示す．

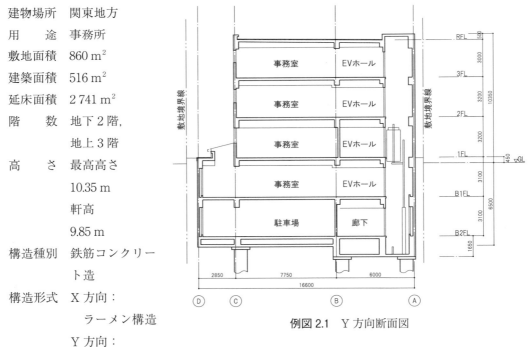

例図 2.1　Y 方向断面図

2. 地盤の概要

敷地地盤の概要を例表 2.1 に示す. 地表から G.L. −9 m 付近までは標準貫入試験 N 値 10〜30 程度の細砂, G.L. −22 m までは N 値 1〜2 程度のシルト, G.L. −31 m までは N 値 4〜20 程度の粘性土, それ以深は N 値 >60 の砂礫であり, 全体的に粘性土が卓越している. 敷地内の地盤性状は概ね水平成層構造で, 各地層に傾斜や起伏は認められない. また, 地下水位（G.L. −1.5 m）以深の細砂（G.L. −8.5 m まで）は, 細粒分が多く, N 値が 20 程度以上あることから, 液状化は発生しないものとする.

3. 上部構造の慣性力

建物の地上 1〜3 階（上部構造の地上部分）の地震時重量は, 各階とも 4 863 kN である. よって, 地上部分の地震時重量 W_1 は 4 863×3≒14 590 kN となる. また, 地下部分の地震時重量 W_f は 25 610 kN である. なお, 地上部分と地下部分の常時重量の和は 44 170 kN である.

（1） 地上部分の 1 階層せん断力

保有水平耐力計算等に基づく方法による場合, レベル 2 地震荷重に相当する 1 階の層せん断力は, 1 階の層せん断力係数 C_0=1.0 に相当する上部構造の地上部分の必要保有水平耐力となる.

当該建物は X 方向がラーメン構造, Y 方向が耐震壁付ラーメン構造であることから, 構造特性係数 D_s は X 方向で 0.3, Y 方向で 0.5 とする. また, 平面的にも断面的にもバランスのとれた建物であることから形状特性係数 F_{es} は 1.0 とし, 地上 3 階建ての鉄筋コンクリート造の建物（短周期の建物）であることから振動特性係数 R_t は 1.0 とする. 地域係数 Z は 1.0 とする.

以上より, 上部構造の地上部分の必要保有水平耐力 Q_{un}（＝$D_s×F_{es}×Z×R_t×C_0×W_1$）は,

X 方向：$0.3×1.0×1.0×1.0×1.0×14\,590＝4\,377$ kN

Y 方向：$0.5×1.0×1.0×1.0×1.0×14\,590＝7\,295$ kN

一方で, 通常, 上部構造の地上部分は上記の必要保有水平耐力 Q_{un} を上回る耐力（保有水平耐力 Q_u）を有し, 基礎構造はその耐力を保障するクライテリアを設定することが多い. そのため, 本計算例では, 上部構造の地上部分の保有水平耐力 Q_u を 1 階の層せん断力とする.

上部構造の地上部分の静的荷重増分解析により求めた保有水平耐力 Q_u は,

X 方向：4 815 kN

Y 方向：8 025 kN

いずれも, 上記の必要保有水平耐力 Q_{un} の約 1.1 倍の値となっている.

（2） 地下部分の慣性力

上部構造の地下部分の慣性力は, 地下部分の重量 W_f に地表面地震動の最大加速度／重力加速度（9.8 m/s²）を乗じて求める. 地表面地震動の最大加速度は, 地域係数 Z=1.0 として, 4.4 節で推奨するレベル 2 地震荷重の値（4.0 m/s²）とする. すなわち, 地下部分の慣性力 Q_f（kN）は,

$$Q_f＝25\,610×4.0÷9.8＝10\,453 \text{ kN}$$

― 450 ―　建築基礎構造設計指針

例表 2.1　敷地地盤の概要

i 層番号	H_i(m) 層厚	Z_i (m) 層下面深さ	土質	N 値	γ_i (kN/m³)	V_{S0i} (m/s)	備考
1	0.80	0.80	埋土	2	15	90	
2	0.70	1.50	砂質シルト	2	15	90	▽W.L.（−1.5 m）
3	1.00	2.50	シルト混じり細砂	6	16	120	
4	1.00	3.50	細砂	21	18	170	
5	1.00	4.50		25	18	170	
6	1.00	5.50		29	18	170	
7	1.00	6.50		25	18	170	▽基礎底（−6.5 m）
8	1.00	7.50		19	18	170	
9	1.00	8.50		18	18	170	
10	1.10	9.60	シルト	1	16	120	
11	0.90	10.50		1	16	120	
12	1.00	11.50		1	16	120	
13	1.00	12.50		1	16	120	
14	1.00	13.50		1	16	120	
15	1.00	14.50		1	16	120	
16	1.00	15.50		1	16	120	
17	1.00	16.50		1	16	120	
18	1.00	17.50		1	16	120	
19	1.00	18.50		2	15	120	
20	1.05	19.55		2	15	120	
21	1.05	20.60		2	15	120	
22	1.05	21.65		2	15	120	
23	1.05	22.70	砂質シルト	4	15	160	
24	0.90	23.60		4	15	160	
25	1.00	24.60		5	15	160	
26	1.00	25.60		5	15	160	
27	1.00	26.60	シルト質粘土	7	15	200	
28	0.80	27.40		9	15	200	
29	0.80	28.20	硬質シルト	10	15	200	
30	1.10	29.30		22	15	200	
31	1.10	30.40	シルト質粘土	60	15	400	
32	0.80	31.20	粘土混じり砂礫	60	20	400	
33	0.80	32.00		60	20	400	
34	0.70	32.70		60	20	400	▽杭先端（−32.7 m）
35	∞				20	400	

（3） 転倒モーメント

上部構造の地上部分の保有水平耐力による転倒モーメント M_T（kNm）は，地上各階の付加水平力に基礎底深さ（G.L. -6.5 m）からの構造階高を乗じた値の総和として求める．

$$\text{X 方向 } M_T = 1\,957 \times (6.5 + 0.45 + 9.4) + (3\,200 - 1\,957) \times (6.5 + 0.45 + 6.4)$$
$$+ (4\,815 - 3\,200) \times (6.5 + 0.45 + 3.2)$$
$$= 64\,983 \text{ kNm}$$

$$\text{Y 方向 } M_T = 3\,017 \times (6.5 + 0.45 + 9.4) + (5\,245 - 3\,017) \times (6.5 + 0.45 + 6.4)$$
$$+ (8\,025 - 5\,245) \times (6.5 + 0.45 + 3.2)$$
$$= 107\,289 \text{ kNm}$$

これに，地下部分の慣性力 Q_f による寄与（$Q_f \times$ 基礎底深さからの地下部分の重心高さ）を加えて，上部構造の転倒モーメント $\sum M_T$（kNm）は，

$$\text{X 方向 } \sum M_T = 64\,983 + 10\,453 \times (6.5 + 0.45) \div 2 = 101\,307 \text{ kNm}$$
$$\text{Y 方向 } \sum M_T = 107\,289 + 10\,453 \times (6.5 + 0.45) \div 2 = 143\,613 \text{ kNm}$$

4. 地盤の水平変位の深さ方向分布

地盤の水平変位は，以下の（1）地表変位 $D_{\max}$ の算定，（2）地盤の水平変位の深さ方向分布の算定，の手順により求める．この際，例表 2.1 の地盤概要において，工学的基盤以浅の表層地盤は，S 波速度 200 m/s 未満の粘性土層が卓越することから，粘性土として扱う．

（1） 地表変位 $D_{\max}$ の算定

例表 2.1 より，表層地盤の厚さ $\sum H_i = 32.7$ m，式 4.5.6 より，

地盤の初期固有周期：$T_0 = 4 \times (0.80 \div 90 + 0.70 \div 90 + \cdots + 0.70 \div 400) = 0.886$ s

また，式 4.5.3〜4.5.5 より，

地盤の固有周期の延び：$\alpha = 1 + 1.0 \times 25 \times 0.886 \div 32.7 = 1.68$

地震荷重の加速度一定領域の影響を考慮する補正係数：$f_A = \min(1.6 \times 1.68 \times 0.886,\ 1) = 1$

地盤の表層と工学的基盤の初期インピーダンス比：

$R_{Z0} = (15 \times 90 \times 0.80 + 15 \times 90 \times 0.70 + \cdots + 20 \times 400 \times 0.70) \div (20 \times 400 \times 32.7) = 0.354$

これらの値を用いて，式 4.5.2 より，

$D_{\max} = 0.0028 \times (1.68^2 - 1) \times 1 \times 32.7 \times \{0.53 \times (1 - 1 \div 1.68^2) + 2 \times 0.354 \div 1.68\} = 0.1274$ m

（2） 地盤の水平変位の深さ方向分布の算定

例表 2.1 に基づいて，地盤を単位面積土柱に対応する基礎固定の多質点-等価せん断ばね系に置換する．地表から第 i 番目の質点の質量 m_i（Mg）は，表層の各層の厚さ H_i（m）と単位体積重量 γ_i（kN/m³）および重力加速度 g（$=9.8$ m/s²）から，式例 2.1 と式例 2.2 により定める．

$$m_1 = \frac{1}{2} \frac{\gamma_1 H_1}{g} \qquad\qquad\qquad (\text{例 2.1})$$

－452－　建築基礎構造設計指針

$$m_i = \frac{1}{2} \frac{\gamma_{i-1} H_{i-1} + \gamma_i H_i}{g} \quad (i \geq 2) \tag{例 2.2}$$

得られた各質点の質量を例表 2.2 の（a）列に示す．なお，1 Mg＝10^3 kg＝1 kNs^2/m である．

式 4.5.9 の $\beta = 0.75 \times (1 - 1 \div 2^{1.68-1}) \div (1 - 0.354) = 0.436$

この β と表層の各層と基盤の単位体積重量および初期 S 波速度から，式 4.5.8 により，各層の等価 S 波速度 V_{SEi}（m/s）を定める〔例表 2.2 の（b）列〕．

$$V_{SE1} = \left(\frac{\gamma_1 V_{S01}}{\gamma_B V_{SB}} \right)^\beta V_{S01} = \left(\frac{15 \times 90}{20 \times 400} \right)^{0.436} \times 90 = 0.460 \times 90 = 41.4 \text{ m/s}$$

$$\vdots$$

$$V_{SE5} = \left(\frac{\gamma_5 V_{S05}}{\gamma_B V_{SB}} \right)^\beta V_{S05} = \left(\frac{18 \times 170}{20 \times 400} \right)^{0.436} \times 170 = 0.658 \times 170 = 112 \text{ m/s}$$

$$\vdots$$

対応する等価せん断ばね剛性を，$k_i = (\gamma_i/g) V_{SEi}^2 / H_i$ の関係から求める〔例表 2.2 の（c）列〕．

$$k_1 = \frac{15}{9.8} \times \frac{41.4^2}{0.80} = 3\,279 \text{ kN/m}$$

$$\vdots$$

$$k_5 = \frac{18}{9.8} \times \frac{112^2}{1.00} = 23\,040 \text{ kN/m}$$

$$\vdots$$

各質点の質量 m_i と対応する等価せん断ばね剛性 k_i から，式 4.5.7 の漸化式により，仮の無次元化水平変位の深さ方向分布 $\{u_i\}$ を，地表における変位 $u_1 = 1$ から工学的基盤の上面における変位 u_{35} まで順次算定する〔例表 2.2 の（d）列〕．

$$u_2 = u_1 - \frac{1}{k_1} \frac{40}{(\alpha T_0)^2} m_1 u_1 = 1 - \frac{1}{3\,279} \times \frac{40}{(1.68 \times 0.886)^2} \times (0.6122 \times 1) = 0.9966$$

$$u_3 = u_2 - \frac{1}{k_2} \frac{40}{(\alpha T_0)^2} (m_1 u_1 + m_2 u_2) = 0.9966 - \frac{1}{3\,748} \times 18.1 \times (0.6122 + 1.148 \times 0.9966)$$

$$= 0.9881$$

$$u_4 = u_3 - \frac{1}{k_3} \frac{40}{(\alpha T_0)^2} (m_1 u_1 + m_2 u_2 + m_3 u_3)$$

$$= 0.9881 - \frac{1}{6\,771} \times 18.1 \times (1.7563 + 1.352 \times 0.9881) = 0.9798$$

$$\vdots$$

その結果，$u_{35} = -0.0963$ となる．この値を用いて，式 4.5.10 により，調整した無次元化水平変位分布 $\{u_i^*\}$ が得られる〔例表 2.2 の（e）列：$u_1^* = 1$，$u_{35}^* = 0$ は自明〕．

$$u_2^* = \frac{u_2 - u_{35}}{1 - u_{35}} = \frac{0.9966 - (-0.0963)}{1 - (-0.0963)} = 0.9969$$

$$u_3^* = \frac{u_3 - u_{35}}{1 - u_{35}} = \frac{0.9881 - (-0.0963)}{1 - (-0.0963)} = 0.9891$$

計 算 例 ─ 453 ─

$$u_4^* = \frac{u_4 - u_{35}}{1 - u_{35}} = \frac{0.9798 - (-0.0963)}{1 - (-0.0963)} = 0.9816$$

:

　以上より，（1）で求めた地表変位 D_{max} と（2）で求めた地盤の水平変位の深さ方向分布 $\{u_i^*\}$ を乗じて，地盤の水平変位とする〔例表2.2の（f）列〕．

例表 2.2　地盤の水平変位の計算過程

層番号／質点番号 i	層厚 H_i (m)	単位体積重量 γ_i (kN/m³)	式例 2.1，例 2.2 (a) 質点質量 m_i (Mg)	初期S波速度 V_{Sbi}(m/s)	式 4.5.8，4.5.9 $(\gamma_i V_{Sbi}/\gamma_B V_{SB})^\beta$	(b) 等価S波速度 V_{SEi}(m/s)	(c) 等価せん断ばね剛性 k_i (kN/m)	式 4.5.7 (d) 仮の無次元化水平変位 u_i	$\Sigma m_i u_i$	式 4.5.10 (e) 調整した無次元化水平変位 u_i^*	(f) 地盤の水平変位 (cm) $D_{max} \times u_i^*$
1	0.80	15	0.6122	90	0.460	41.4	3 279	1.0000	0.6122	1.0000	0.1274
2	0.70	15	1.148	90	0.460	41.4	3 748	0.9966	1.7563	0.9969	0.1270
3	1.00	16	1.352	120	0.537	64.4	6 771	0.9881	3.0922	0.9891	0.1260
4	1.00	18	1.735	170	0.658	112	23 040	0.9798	4.7922	0.9816	0.1251
5	1.00	18	1.837	170	0.658	112	23 040	0.9760	6.5851	0.9781	0.1246
6	1.00	18	1.837	170	0.658	112	23 040	0.9708	8.3685	0.9734	0.1240
7	1.00	18	1.837	170	0.658	112	23 040	0.9642	10.140	0.9673	0.1232
8	1.00	18	1.837	170	0.658	112	23 040	0.9562	11.897	0.9600	0.1223
9	1.00	18	1.837	170	0.658	112	23 040	0.9469	13.636	0.9516	0.1212
10	1.10	16	1.816	120	0.537	64.4	6 156	0.9362	15.336	0.9418	0.1200
11	0.90	16	1.633	120	0.537	64.4	7 524	0.8911	16.791	0.9007	0.1147
12	1.00	16	1.551	120	0.537	64.4	6 771	0.8507	18.110	0.8638	0.1100
13	1.00	16	1.633	120	0.537	64.4	6 771	0.8023	19.420	0.8197	0.1044
14	1.00	16	1.633	120	0.537	64.4	6 771	0.7504	20.645	0.7723	0.0984
15	1.00	16	1.633	120	0.537	64.4	6 771	0.6952	21.780	0.7220	0.0920
16	1.00	16	1.633	120	0.537	64.4	6 771	0.6370	22.820	0.6689	0.0852
17	1.00	16	1.633	120	0.537	64.4	6 771	0.5760	23.761	0.6132	0.0781
18	1.00	16	1.633	120	0.537	64.4	6 771	0.5125	24.598	0.5553	0.0707
19	1.00	15	1.582	120	0.522	62.6	5 998	0.4467	25.305	0.4953	0.0631
20	1.05	15	1.569	120	0.522	62.6	5 712	0.3703	25.886	0.4256	0.0542
21	1.05	15	1.607	120	0.522	62.6	5 712	0.2883	26.349	0.3508	0.0447
22	1.05	15	1.607	120	0.522	62.6	5 712	0.2048	26.678	0.2747	0.0350
23	1.05	15	1.607	160	0.592	94.7	13 073	0.1203	26.871	0.1976	0.0252
24	0.90	15	1.492	160	0.592	94.7	15 252	0.0831	26.995	0.1636	0.0208
25	1.00	15	1.454	160	0.592	94.7	13 727	0.0511	27.069	0.1345	0.0171
26	1.00	15	1.531	160	0.592	94.7	13 727	0.0154	27.093	0.1019	0.0130
27	1.00	15	1.531	200	0.652	130	25 867	−0.0203	27.062	0.0693	0.0088
28	0.80	15	1.378	200	0.652	130	32 334	−0.0392	27.008	0.0521	0.0066
29	0.80	15	1.224	200	0.652	130	32 334	−0.0543	26.942	0.0383	0.0049
30	1.10	15	1.454	200	0.652	130	23 516	−0.0694	26.841	0.0245	0.0031
31	1.10	15	1.684	400	0.882	353	173 389	−0.0901	26.689	0.0057	0.0007
32	0.80	20	1.658	400	1.000	400	408 163	−0.0929	26.535	0.0031	0.0004
33	0.80	20	1.633	400	1.000	400	408 163	−0.0941	26.381	0.0020	0.0003
34	0.70	20	1.531	400	1.000	400	466 472	−0.0953	26.235	0.0009	0.0001
35	∞	20	基盤	400				−0.0963		0.0000	0.0000

[注]　各質点の質量 m_i と水平変位は，対応する各地層の上面位置の値である．

[計算例3]　4.4節, 4.5節　レベル2地震荷重と地盤の水平変位（2）

　解放工学的基盤で設計用地震動を設定する場合について，杭基礎に作用するレベル2地震荷重を算定する．算定する地震荷重は，上部構造の慣性力（地上部分の1階層せん断力，地下部分の慣性力，転倒モーメント）および地盤の水平変位とする．上部構造の慣性力を求める方法は，4.4節で推奨する方法のうち，限界耐力計算に基づく方法とする．また，地盤の水平変位を求める方法は，地盤が液状化する可能性のあることから，4.5節で推奨する算定法のうち，算定法b2とする．ここでは，算定手順の説明に重点を置き，具体的な算定式は本文解説に譲る．なお，地域係数は1.0とし，以下の記述では，その影響の考慮は省略する．

1. 建物の概要

建物場所	関東地方
用途	事務所
敷地面積	2 025 m²
建築面積	1 089 m²
延床面積	12 300 m²
階数	地上8階，搭屋1階
高さ	最高高さ 36.7 m，軒高 32.75 m
常時重量	64 960 kN（地上部分）
	19 700 kN（地下部分）
地震時重量	55 120 kN（地上部分）
	18 500 kN（地下部分）
構造形式	鉄骨鉄筋コンクリート造（柱SRC，梁S）純ラーメン構造
基礎形式	杭基礎　場所打ち鉄筋コンクリート杭

例図3.1に建物断面図を示す．

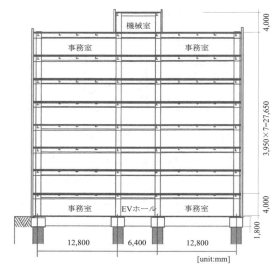

例図3.1　建物断面図

2. 地盤の概要

　例表3.1に敷地地盤の概要を示す．地表から深度1.8 mまでは表土，深度7.5 mまでは標準貫入試験N値10以下の砂質土，深度28.5 mまではN値10以下の粘性土，深度32.5 mまではN値40～50程度の細砂，深度38 mまではN値10～15程度の粘性土，それ以深はN値>60の砂礫である．地下水位は深度3.0 mである．地下水位以深の砂質土（深度3.0～7.5 m）の細粒分含有率は10％程度と少なく，N値は10以下であることから，地震時に液状化の生じる可能性が高い．

例表 3.1　敷地地盤の概要および地盤モデル

上面標尺 (m)	深度 (m)	層厚 (m)	土質	層分割数	単位体積重量 γ (kN/m³)	S波速度 V_s (m/s)	動的変形特性 G/G_0-γ 関係, h-γ 関係	N値	細粒分含有率 F_c(%)	備考
0							H-D モデル	—		
1	1.8	1.8	表土	2	14.7	120	$\gamma_{05}=0.001, h=0.21$	18	—	
2				1	14.7	130		3	—	W.L.
3								3	11	▽
4			シルト混じり砂					5	12	深度
5								4	11	3.0 m
6	7.5	5.7		5	17.6	130	H-D モデル	10	10	
7							$\gamma_{05}=0.001, h=0.21$	8	10	
8								5	28	
9			砂混じりシルト				H-D モデル	8	—	
10	11.2	3.7		4	15.7	200	$\gamma_{05}=0.0018, h=0.17$	8	—	
11								7	—	
12								4	—	
13								4	—	
14								3	—	
15								4	—	
16								3	—	
17								3	—	
18								3	—	
19								4	—	
20								4	—	
21			シルト				H-D モデル	3	—	
22	22.8	11.8		12	15.7	155	$\gamma_{05}=0.0018, h=0.17$	3	—	
23								5	—	
24								7	—	
25								9	—	
26								10	—	
27			砂質シルト	6	15.7	200	H-D モデル	9	—	
28	28.5	5.7					$\gamma_{05}=0.0018, h=0.17$	11	—	
29								43	—	
30								50	—	
31			細砂	4	17.6	280	H-D モデル	48	—	
32	32.5	4.0					$\gamma_{05}=0.001, h=0.21$	50	—	
33								12	—	
34								13	—	
35								12	—	
36			砂混じり シルト				H-D モデル	13	—	
37	38.0	5.5		6	17.6	225	$\gamma_{05}=0.0018, h=0.17$	14	—	
38				2	19.6	400		60	—	杭先端
39								60	—	▲
40								60	—	深度
41								—	—	39.5 m
42			砂礫		19.6	400	弾性	—	—	

3. 地表面地震動の加速度応答スペクトル

　地表面地震動の加速度応答スペクトルおよび地盤の水平変位の深さ方向分布を算定するための地盤モデルを例表 3.1 に示す．地盤モデルは約 1 m 程度の層厚となるように細分割する．限界耐力計算に基づく方法を用いる場合，地盤モデルの固有値解析を行う必要がある．ここでは，工学的基盤上面を固定条件とする多質点系に地盤をモデル化し，その固有値解析から，地盤の固有周期と一次の振動モードを算定する．多質点系のモデル化の方法は計算例 2 と同じである．表層の土の動的変形特性（せん断剛性と減衰定数のせん断ひずみ依存性：G/G_0-γ 関係，h-γ 関係）は H-D モデルとし，文献 2.7.11) を参考に設定する．文献 4.4.7) の手法により，解放工学的基盤で設定された設計用地震動の加速度応答スペクトル〔レベル 2 地震荷重：式 4.4.2〕に表層地盤の増幅率 G_s を乗じて地表面地震動の加速度応答スペクトルを算定する．このとき，地盤は液状化しないものと仮定する．得られた地表面地震動の加速度応答スペクトルを，工学的基盤で設定した設計用地震動のそれとともに，例図 3.2 に示す．なお，解析で得られた地盤の初期固有周期は 0.79 s，レベル 2 地震荷重時の地盤の等価固有周期は 1.17 s である．

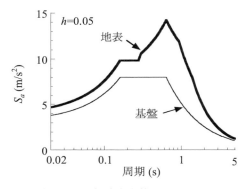

例図 3.2　加速度応答スペクトル

4. 地盤の水平変位の深さ方向分布

　例表 3.1 に基づいて，4.5 節で推奨する算定法 b2 により，地盤の水平変位の深さ方向分布を算定する．具体的な算定手順は次のとおりである．

（1）非液状化時の地盤の水平変位

　3. で地表面地震動の加速度応答スペクトルを算定した際に，各地層の最大せん断ひずみが算定される．これに層厚を乗じることで各地層の上下面間の相対変位が算定され，工学的基盤上面より順次足し合わせることによって，非液状化地盤の相対変位分布が得られる．例表 3.2 に，その結果を示す．

（2）液状化時の地盤の水平変位

　液状化の可能性がある地下水位以深の砂質土（深度 3.0～7.5 m の層）に対して，3.2 節の方法により，レベル 2 地震荷重に対する液状化判定を行い，その結果を例表 3.3 に示す．地表面加速度 3.5 m/s²，マグニチュード 7.5 として液状化判定を行った場合，液状化発生に対する安全率 F_L

はすべての層で1以下となる．また，(1) 非液状化時の地盤の水平変位の算定において得られた最大せん断応力を用いて液状化判定を行った場合も，すべての層で $F_L \leqq 1$ となる．すなわち，レベル2地震荷重に対して，深度3.0～7.5mの砂質土は液状化する（液状化層）と判定される．そこで，液状化層について，図3.2.6より繰返しせん断ひずみ γ_{cy} を求め，液状化による水平変位増分 Δd を算定し，例表3.3に示す．これを (1) 非液状化時の地盤の水平変位に加えることで，液状化地盤の水平変位とする〔例表3.2〕．なお，例表3.3の γ_{cy} に対応する剛性低下率 G/G_0 を図3.2.10より読み取り，液状化層の地盤剛性に反映させた場合の地盤の等価固有周期は，固有値解析より1.45sとなる．

5. 上部構造の慣性力

簡単のため，上部構造の地上部分を多質点系にモデル化して静的荷重増分解析（プッシュオーバー解析）を行う．地上部分の解析モデルを例表3.4に示す．地上部分の弾性時の一次モード形は逆三角形分布であり，一次固有周期は0.64sである．地上部分の各階の層せん断力-層間変形角関係はトリリニアの骨格曲線でモデル化し，1階の降伏層せん断力係数（第2折れ点に相当）は0.3，第2分枝勾配は0.01である．地上部分の各階の降伏層せん断力（第2折れ点の層せん断力）は1階の降伏層せん断力×A_i分布とし，第1折れ点の層せん断力は第2折れ点の層せん断力の1/3である．例表3.4中の剛性低減率 α_{yi} は，初期剛性に対する第2折れ点の等価剛性比である．第2折れ点の降伏層間変形角および限界層間変形角は各階で共通として，それぞれ1/150および1/50である．静的荷重増分解析における各階への加速度分布は弾性時一次モードの刺激関数とする．

例表3.2 地盤の水平変位

質点深度 (m)	非液状化時の相対変位分布 (m)	液状化による変位増分 Δd (m)	液状化時の相対変位分布 (m)
0.0	0.089	0.090	0.179
0.9	0.088	0.090	0.178
1.8	0.088	0.090	0.178
3.0	0.088	0.090	0.178
3.9	0.087	0.068	0.155
4.8	0.086	0.050	0.136
5.7	0.085	0.027	0.112
6.6	0.083	0.018	0.101
7.5	0.080		0.080
8.5	0.079		0.079
9.4	0.078		0.078
10.3	0.078		0.078
11.2	0.077		0.077
12.1	0.075		0.075
13.0	0.072		0.072
13.9	0.070		0.070
14.8	0.067		0.067
15.8	0.063		0.063
16.8	0.059		0.059
17.8	0.055		0.055
18.8	0.050		0.050
19.8	0.044		0.044
20.8	0.038		0.038
21.8	0.032		0.032
22.8	0.025		0.025
23.7	0.023		0.023
24.6	0.021		0.021
25.5	0.019		0.019
26.5	0.017		0.017
27.5	0.014		0.014
28.5	0.012		0.012
29.5	0.011		0.011
30.5	0.010		0.010
31.5	0.009		0.009
32.5	0.008		0.008
33.4	0.007		0.007
34.3	0.006		0.006
35.2	0.004		0.004
36.1	0.003		0.003
37.0	0.002		0.002
38.0	0.000		0.000
38.8	0.000		0.000
39.5	0.000		0.000

例表3.3 液状化判定の結果（深度3.0～7.5m）

上面深度 (m)	下面深度 (m)	N値	F_c (%)	補正N値 N_a	地表 3.5 m/s^2 による F_L	地盤応答による F_L	γ_{cy} (%)	G/G_0	Δd (m)
3.0	3.9	3	11	10.2	0.54	0.69	2.5	0.02	0.090
3.9	4.8	5	12	12.3	0.56	0.70	2.0	0.04	0.068
4.8	5.7	4	11	10.4	0.49	0.60	2.5	0.02	0.050
5.7	6.6	10	10	15.7	0.67	0.80	1.0	0.07	0.027
6.6	7.5	8	10	13.3	0.55	0.65	2.0	0.05	0.018

例表3.4　上部構造の地上部分の解析モデル

i層	地震時重量 W_i (kN)	構造階高 h_i (m)	初期剛性 K_{0i} (MN/m)	第1折れ点荷重 Q_{ci} (kN)	第2折れ点荷重 Q_{yi} (kN)	降伏層せん断力係数 C_{yi}	第1折れ点変形角 R_{ci} ($\times 10^{-2}$ rad)	第2折れ点変形角 R_{yi} ($\times 10^{-2}$ rad)	剛性低減率 α_{yi}
8F	6 890	3.95	530	1 500	4 500	0.66	0.072	0.667	0.32
7F	6 890	3.95	1 000	2 400	7 300	0.53	0.062	0.667	0.28
6F	6 890	3.95	1 390	3 200	9 600	0.47	0.058	0.667	0.26
5F	6 890	3.95	1 730	3 900	11 600	0.42	0.057	0.667	0.25
4F	6 890	3.95	1 990	4 400	13 200	0.38	0.056	0.667	0.25
3F	6 890	3.95	2 190	4 900	14 600	0.35	0.056	0.667	0.25
2F	6 890	3.95	2 320	5 200	15 700	0.33	0.057	0.667	0.26
1F	6 890	4.50	2 410	5 500	16 500	0.30	0.051	0.667	0.23

（1）地上部分の1階層せん断力

例図3.3に，式4.4.3を用いて算定された限界耐力計算[4,4,5]の相互作用係数 β' を示す．相互作用係数 β' は周期によらずほぼ1となっていることから，上部構造への基礎入力動は例図3.2の地表面地震動の加速度応答スペクトルに等しいとする．静的荷重増分解析の結果を例図3.4に，レベル2地震荷重に対する応答値としての各階の層せん断力 Q_{ri} および限界層せん断力 Q_{si}（ある階の層間変形角が限界層間変形角1/50に達したときの値）を例表3.5に，それぞれ示す．例図3.4には Q_{ri} と Q_{si} の分布を表示している．解析から得られたレベル2地震荷重に対する応答値としての1階の層せん断力 Q_{r1} は 16 830 kN である．また，Q_{ri} 時の上部構造の等価固有周期は1.76 s である．

（2）地下部分の慣性力

地下部分の慣性力 Q_f は，上部構造への基礎入力動の最大加速度を重力加速度（9.8 m/s²）で除したものに地下部分の重量 W_f（18 500 kN）を乗じて求める．ここでは，上部構造への基礎入力動 ＝ 地表面地震動の加速度応答スペクトルであるから，その最大加速度は，工学的基盤で設

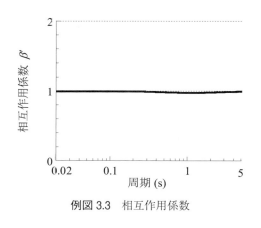

例図3.3　相互作用係数

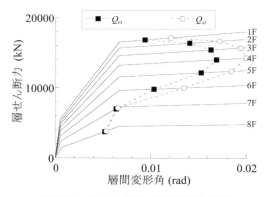

例図3.4　層せん断力-層間変形角関係

計 算 例 　—459—

例表 3.5　レベル 2 地震荷重時の層せん断力および限界層せん断力

i 層	レベル 2 地震荷重時の層せん断力 Q_{ri} (kN)	限界層せん断力 Q_{si} (kN)
8F	3 740	3 810
7F	7 010	7 130
6F	9 820	9 990
5F	12 160	12 370
4F	14 030	14 280
3F	15 440	15 700
2F	16 370	16 660
1F	16 830	17 130

定した設計用地震動の加速度応答スペクトル〔式 4.4.2〕の周期ゼロの値（3.2 m/s²）に，表層地盤の増幅率 G_S の周期ゼロの値（1.23）を乗じて得られる．すなわち，地下部分の慣性力 Q_f は次式で算定される．

$$Q_f = 3.2 \times 1.23 \div 9.8 \times 18\,500 = 7\,430\ \text{kN}$$

（3）　基礎底深さでの上部構造の転倒モーメント

　基礎底深さでの上部構造の転倒モーメント M_b は，1～8 階の Q_{ri} に構造階高を乗じた値と，1 階の Q_{r1} と地下部分の慣性力 Q_f の和に基礎底深さから基礎梁芯の距離を乗じた値の総和として求める．

$$M_b = 3.95 \times (3\,740 + 7\,010 + 9\,820 + 12\,160 + 14\,030 + 15\,440 + 16\,370)$$
$$+ 4.50 \times 16\,830 + 0.90 \times (16\,830 + 7\,430)$$
$$= 408\,000\ \text{kNm}$$

[計算例 4]　5.2 節，5.4 節　直接基礎の鉛直支持力

　例図 4.1 に示す直接基礎の鉛直支持力と抵抗モーメントを算定する．地盤定数等を例表 4.1 に示す．支持層は内部摩擦角 $\phi = 36°$ の砂質土とし，液状化しないものとする．基礎は，幅 $B = 2.2$ m の正方形独立フーチング基礎とし，根入れ深さ $D_f = 2.0$ m を確保する．建物の 1 階柱脚をピン支持とし，梁間方向に基礎梁を設けない計画のため，鉛直支持力は基礎底面に生じる鉛直荷重 V と 1 階柱脚に生じる水平荷重 H による偏心荷重の影響を考慮して求める．例表 4.2 に，建物から基礎に生じる鉛直荷重 V と水平荷重 H を示す．

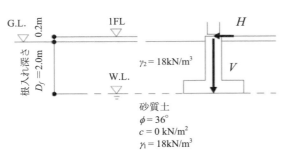

例図 4.1 基礎形状および地盤定数

例表 4.1 地盤定数等

土の内部摩擦角 ϕ	36°
土の粘着力 c	0 kN/m²
土の単位体積重量 γ	18 kN/m³
地下水位	G.L. -2.0 m
基礎の根入れ深さ D_f	2.0 m

例表 4.2 設 計 荷 重

荷重条件	鉛直荷重 V (kN)	水平荷重 H (kN)
常時荷重時	448	30
レベル 1 地震荷重時	460	51
レベル 2 地震荷重時	477	81

1. 常時荷重時

常時荷重時の検討では，使用限界状態を想定する．検討に用いる使用限界支持力 R_a は，式 5.2.1 を用いて，表 5.2 の耐力係数 $\phi_R=1/3$ を考慮して求める．本例では，土の粘着力 c がゼロなので，

$$R_a = \phi_R q_u A = \phi_R (i_\gamma \beta \gamma_1 B \eta N_\gamma + i_q \gamma_2 D_f N_q) A$$

式 5.2.1 において，荷重の傾斜による補正係数 i_γ, i_q は，式 5.2.18 より，ともに 1.0 とする．また，支持層の内部摩擦角 $\phi=36°$ より，支持力係数の値は，表 5.2.1 から $N_\gamma=44.4$, $N_q=37.8$ とする．

荷重の偏心量 e と偏心を考慮した有効基礎幅 B_e は，式 5.2.11〜5.2.12 を用いて，鉛直荷重 $V=448$ kN，水平荷重 $H=30$ kN，水平荷重の作用高さ $h=2.2$ m〔例図 4.1〕より求める．

転倒モーメント $M=Hh=30\times2.2=66.0$ kNm

$e=M/V=66.0/448=0.147$ m

$B_e=B-2e=2.2-2\times0.147=1.91$ m

形状係数 β は，表 5.2.2 より，有効基礎幅 $B_e=1.91$ m，基礎の長辺長さ $L=B=2.2$ m として求める．

$$\beta=0.5-0.2\frac{B_e}{L}=0.5-0.2\times\frac{1.91}{2.2}=0.33$$

地下水位以深にある土の有効単位体積重量 γ_1' は，

$\gamma_1'=18-10=8$ kN/m³

基礎の寸法効果の補正係数 η は，基礎幅 B を有効基礎幅 B_e として，式 5.2.10 から求める．

$\eta=(B_e/B_0)^{-1/3}$ （ただし，B_e の単位は m，$B_0=1$ m）

$=1.91^{-1/3}=0.81$

基礎の端部の浮上りを確認する．使用限界時の基礎の浮上り限界モーメント M_1 は，式 5.4.2 に

より求める．基礎幅 $B=2.2$ m，鉛直荷重 $V=448$ kN より，

$$M_1=\frac{VB}{6}=\frac{448\times2.2}{6}=164.2>66.0 \text{ kNm}（転倒モーメント M）\rightarrow 浮き上がらない．$$

以上より，使用限界支持力 R_a は，有効基礎幅 B_e を考慮して，

$$R_a=1/3\times(1.0\times0.33\times8\times1.91\times0.81\times44.4+1.0\times18\times2.0\times37.8)\times(1.91\times2.2)$$
$$=2\,160 \text{ kN}$$

2. レベル1地震荷重時

レベル1地震荷重時の検討では，損傷限界状態を想定する．検討に用いる損傷限界支持力 R_y は，式5.2.1を用いて，表5.2の耐力係数 $\phi_R=1/1.5$ を考慮して求める．荷重の傾斜による補正係数および支持力係数は，1.の常時荷重時と同じである．

有効基礎幅 B_e は，鉛直荷重 $V=460$ kN，水平荷重 $H=51$ kN，$h=2.2$ m より，

転倒モーメント $M=Hh=51\times2.2=112.2$ kNm

荷重の偏心量 $e=M/V=112.2/460=0.244$ m

$B_e=B-2e=2.2-2\times0.244=1.71$ m

形状係数 β は，表5.2.2より，有効基礎幅 $B_e=1.71$ m，$L=2.2$ m として求める．

$$\beta=0.5-0.2\frac{B_e}{L}=0.5-0.2\times\frac{1.71}{2.2}=0.34$$

基礎の寸法効果の補正係数 η は，式5.2.10を用いて求める．

$$\eta=1.71^{-1/3}=0.84$$

基礎の端部の浮上りを確認する．損傷限界時の基礎の浮上り限界モーメント M_1 は，式5.4.2により求める．基礎幅 $B=2.2$ m，鉛直荷重 $V=460$ kN より，

$$M_1=\frac{VB}{6}=\frac{460\times2.2}{6}=168.6>112.2 \text{ kNm}（転倒モーメント M）\rightarrow 浮き上がらない．$$

以上より，損傷限界支持力 R_y は，有効基礎幅 B_e を考慮して，

$$R_y=1/1.5\times(1.0\times0.34\times8\times1.71\times0.84\times44.4+1.0\times18\times2.0\times37.8)\times(1.71\times2.2)$$
$$=3\,847 \text{ kN}$$

3. レベル2地震荷重時

レベル2地震荷重時の検討では，終局限界状態を想定する．検討に用いる終局限界支持力 R_u は，式5.2.1を用いて，表5.2の耐力係数 $\phi_R=1/1.1$ を考慮して求める．荷重の傾斜による補正係数および支持力係数は，2.のレベル1地震荷重時と同じである．

有効基礎幅 B_e は，鉛直荷重 $V=477$ kN，水平荷重 $H=81$ kN，$h=2.2$ m より，

転倒モーメント $M=Hh=81\times2.2=178.2$ kNm

荷重の偏心量 $e=M/V=178.2/477=0.374$ m

$B_e=B-2e=2.2-2\times0.374=1.45$ m

－ 462 －　建築基礎構造設計指針

形状係数 β は，表 5.2.2 より，有効基礎幅 $B_e = 1.45\,\mathrm{m}$，$L = 2.2\,\mathrm{m}$ として求める．

$$\beta = 0.5 - 0.2\frac{B_e}{L} = 0.5 - 0.2 \times \frac{1.45}{2.2} = 0.37$$

基礎の寸法効果の補正係数 η は，式 5.2.10 を用いて求める．

$$\eta = 1.45^{-1/3} = 0.88$$

基礎の端部の浮上りを確認する．終局限界時の基礎の浮上り限界モーメント M_1 は，式 5.4.2 により求める．基礎幅 $B = 2.2\,\mathrm{m}$，鉛直荷重 $V = 477\,\mathrm{kN}$ より，

$$M_1 = \frac{VB}{6} = \frac{477 \times 2.2}{6} = 174.9 < 178.2\,\mathrm{kNm}\ (転倒モーメント\ M) \rightarrow 浮き上がる.$$

基礎の端部が浮き上がるが，5.4 節 3. の解説により，根入れによる抵抗成分を考慮する．

　以上より，終局限界支持力 R_u は，有効基礎幅 B_e を考慮して，

$$R_u = 1/1.1 \times (1.0 \times 0.37 \times 8 \times 1.45 \times 0.88 \times 44.4 + 1.0 \times 18 \times 2.0 \times 37.8) \times (1.45 \times 2.2)$$
$$= 4\,432\,\mathrm{kN}$$

基礎の最大抵抗モーメント M_u は，式 5.4.3 により求める．最大抵抗モーメント発揮時は，有効基礎幅が最大抵抗モーメント発揮時の地盤反力の作用幅 X_f となるので，鉛直荷重の釣合いから，平面が $X_f \times L$ の基礎の終局限界状態となる鉛直支持力が基礎に作用する鉛直荷重 V と等しいとして，有効基礎幅 X_f を求める．終局限界状態となる鉛直支持力の算定では，表 5.4 の耐力係数 $\phi_R = 1/1.1$ を考慮する．基礎の寸法効果に対する補正係数 η は 1.0 より大きくなるが，安全のため η の上限は 1 とする．荷重の傾斜による補正係数 i_γ，i_q は，式 5.2.18 より，ともに 1.0 とする．有効基礎幅 X_f は，鉛直荷重 $V = 477\,\mathrm{kN}$，水平力が作用する方向（基礎が回転する方向）の基礎幅 $B = 2.2\,\mathrm{m}$，基礎の奥行き幅 $L = 2.2\,\mathrm{m}$ より，0.172 m となる．以上より，最大抵抗モーメント M_u は，

$$M_u = V\left(\frac{B}{2} - \frac{X_f}{2}\right) = 477 \times \left(\frac{2.2}{2} - \frac{0.172}{2}\right) = 483.6\,\mathrm{kNm}$$

[計算例5]　5.3 節　直接基礎の即時沈下量

　例図 5.1 に示す基礎を有する建物の即時沈下量を算定する．地盤条件を例図 5.2 に示す．最下層（砂礫層）の沈下は無視できるものとする．即時沈下量は，図 5.3.2 のフローに示す基礎梁による常時荷重の再配分を考慮した繰返し収束計算を行って求めるが，説明のため，基礎梁を考慮しない場合の結果および基礎梁を考慮するが繰返し収束計算を行わない（荷重の再配分を考慮しない）場合の結果も示す．なお，基礎梁のヤング係数は $E = 2.16 \times 10^7\,\mathrm{kN/m^2}$，ポアソン比は $\nu = 0.2$ とする．

1.　ケース 1 ：基礎梁を考慮しない場合

　本建物の基礎は独立フーチングであることから，各フーチングから地盤に作用する荷重は，フ

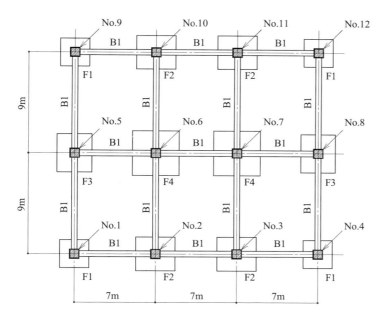

	基礎形状 (m)	荷重P_i (kN)
F1	2.50 × 2.50	500
F2	3.40 × 3.00	816
F3	3.00 × 3.40	816
F4	4.00 × 4.00	1280

基礎梁　B1
断面形状：0.65m×2.0m

例図 5.1　沈下検討建物の基礎伏図

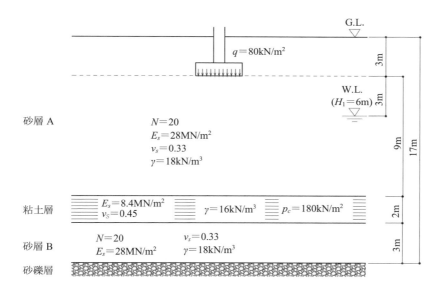

ここに，q（kN/m²）：基礎に作用する荷重度，γ（kN/m²）：土の単位体積重量，
H_1（m）：地下水位，E_s（kN/m²）：地盤の変形係数，v_s：地盤のポアソン比

例図 5.2　地 盤 条 件

ーチング下面の等分布荷重として扱う．

（1）　フーチング自身の荷重により生じる即時沈下量

　各フーチング中央の即時沈下量は，式 5.3.3〜5.3.9 に示すスタインブレナーの近似解と多層地盤への拡張式および図 5.3.5 の考え方に基づいて算定する．すなわち，各フーチングの 1/4 の面

積による即時沈下量を式 5.3.3〜5.3.9 により求め，その値を 4 倍する．

　例えば，F2 フーチング（$B \times L = 3.0\,\mathrm{m} \times 3.4\,\mathrm{m}$）の荷重度 $q = 80\,\mathrm{kN/m^2}$ により F2 フーチング中央に生じる即時沈下量 S_{E0} は，直下の砂層 A，粘土層，砂層 B における即時沈下量 S_{E1}，S_{E2}，S_{E3} をそれぞれ求め，これらを加算して得られる．砂層 A における即時沈下量 S_{E1} は，次のように求められる．なお，記号の意味は図 5.3.4 および式 5.3.3〜5.3.6 による．

$$B = 3.0/2 = 1.5\,\mathrm{m}$$

$$L = 3.4/2 = 1.7\,\mathrm{m}$$

$$l = 1.7/1.5 = 1.13$$

$$E_s = 28\,\mathrm{MN/m^2}$$

$$H = 9.0\,\mathrm{m}$$

$$d = 9.0/1.5 = 6.0$$

$$\nu_s = 0.33$$

$$F_1 = \frac{1}{3.14}\left[1.13 \times \log_e \frac{(1+\sqrt{1.13^2+1})\sqrt{1.13^2+6.0^2}}{1.13 \times (1+\sqrt{1.13^2+6.0^2+1})} + \log_e \frac{(1.13+\sqrt{1.13^2+1})\sqrt{1+6.0^2}}{1.13+\sqrt{1.13^2+6.0^2+1}}\right]$$

$$= 0.478$$

$$F_2 = \frac{6.0}{2 \times 3.14}\tan^{-1}\frac{1.13}{6.0\sqrt{1.13^2+6.0^2+1}} = 0.029$$

$$I_s = (1-0.33^2) \times 0.478 + (1-0.33-2 \times 0.33^2) \times 0.029 = 0.439$$

$$S_E = 80 \times \frac{1.5}{28 \times 10^3} \times 0.439 = 1.88 \times 10^{-3}\,\mathrm{m}$$

この値は，フーチングの 1/4 の面積による即時沈下量なので，砂層 A の即時沈下量 S_{E1} は，

$$S_{E1} = 4 \times 1.88 \times 10^{-3} = 7.5 \times 10^{-3}\,\mathrm{m}$$

また，砂層 A 直下の粘土層における即時沈下量 S_{E2} は，次のように求められる．なお，記号の意味は図 5.3.6 および式 5.3.9 による．

$$H_1 = 9.0\,\mathrm{m}$$

$$H_2 = 11.0\,\mathrm{m}$$

$$\nu_2 = \nu_s = 0.45$$

$$I_s(H_2, \nu_2) = I_s(11.0, 0.45) = 0.400$$

$$I_s(H_1, \nu_2) = I_s(9.0, 0.45) = 0.385$$

$$S_E = 80 \times \frac{1.5}{8.4 \times 10^3} \times (0.400 - 0.385) = 0.214 \times 10^{-3}\,\mathrm{m}$$

この値は，フーチングの 1/4 の面積による即時沈下量なので，粘土層の即時沈下量 S_{E2} は，

$$S_{E2} = 4 \times 0.214 \times 10^{-3} = 0.9 \times 10^{-3}\,\mathrm{m}$$

同様に，粘土層直下の砂層 B における即時沈下量 S_{E3} を求めると，$S_{E3} = 0.3 \times 10^{-3}\,\mathrm{m}$ となる．よって，F2 フーチング自身の荷重により生じる即時沈下量 S_{E0} は，

$$S_{E0} = S_{E1} + S_{E2} + S_{E3} = 7.5 \times 10^{-3} + 0.9 \times 10^{-3} + 0.3 \times 10^{-3} = 8.7 \times 10^{-3}\,\mathrm{m}$$

計　算　例　— 465 —

例表 5.1　各フーチング自身の荷重により生じる即時沈下量

	F1 （No. 1, 4, 9, 12）	F2 （No. 2, 3, 10, 11）	F3 （No. 5, 8）	F4 （No. 6, 7）
砂層 A	6.2	7.5	7.5	9.0
粘土層	0.6	0.9	0.9	1.4
砂層 B	0.2	0.3	0.3	0.4
合　計	7.0	8.7	8.7	10.8

（単位：$\times 10^{-3}$ m）

　他の F1，F3，F4 フーチングについても，同じ手順で，各フーチング自身の荷重により生じる即時沈下量を算定できる．算定された即時沈下量を例表 5.1 に示す．

（2）　他のフーチングの荷重の影響を考慮した即時沈下量

　各フーチング間の距離がフーチングの大きさに比べて十分に大きく，周囲にあるほかのフーチングの即時沈下量に影響を与えない場合は，（1）の即時沈下量〔例表 5.1〕を採用する．しかし，本例〔例図 5.1〕のような場合は，周囲にあるほかのフーチングの即時沈下量に影響を与える可能性がある．この影響を，図 5.3.5 に示す考え方に基づいて，以下のように考慮する．

　例えば，No. 3 フーチングの荷重が No. 4 フーチングの即時沈下量に与える影響を考える．これは，例図 5.3 に示すように，長方形 AGHB に作用する荷重により生じる点 F の即時沈下量を求めることで評価される．載荷面（長方形 AGHB）を長方形 ADEB と長方形 DGHE の二つに分けると，

　　　　　長方形 ADEB の荷重度 $q=80$ kN/m^2 による点 F の即時沈下量

　　　　＝ 長方形 ADFC に荷重度 q が作用したときの点 F の即時沈下量

　　　　　 － 長方形 BEFC に荷重度 q が作用したときの点 F の即時沈下量

点 F 直下の砂層 A について，長方形 ADFC に荷重度 q が作用したときの即時沈下量は，（1）と同様の方法で，以下のように求められる．記号の意味は図 5.3.4 および式 5.3.3〜5.3.6 による．

　　　　$B=1.5$ m

　　　　$L=8.7$ m

　　　　$l=8.7/1.5=5.8$

　　　　$F_1=0.608$

　　　　$F_2=0.109$

　　　　$I_s=0.591$

　　　　S_E（長方形 ADFC）$=2.53\times 10^{-3}$ m

長方形 BEFC に荷重度 q が作用したときの即時沈下量は，

　　　　S_E（長方形 BEFC）$=2.46\times 10^{-3}$ m

よって，長方形 ADEB の荷重度 q による即時沈下量は，

　　　　S_E（長方形 ADEB）$=2.53\times 10^{-3}-2.46\times 10^{-3}=0.07\times 10^{-3}$ m

直線 DF に関する対称性から S_E（長方形 DGHE）$=S_E$（長方形 ADEB）は自明であり，すなわ

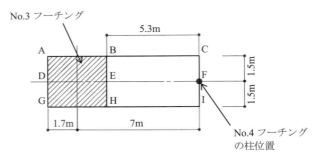

例図 5.3 No.3 フーチングの荷重が No.4 フーチングの即時沈下量に与える影響評価のための載荷面分割

例表 5.2 No.3 フーチングの荷重により生じるほかのフーチングの即時沈下量

	No. 1	No. 2	No. 4	No. 5	No. 6	No. 7	No. 8	No. 9	No. 10	No. 11	No. 12
砂層 A	0.0	0.1	0.1	0.0	0.0	0.0	0.0	0.0	0.0	0.0	0.0
粘土層	0.0	0.3	0.3	0.0	0.1	0.1	0.1	0.0	0.0	0.0	0.0
砂層 B	0.0	0.1	0.1	0.0	0.0	0.1	0.0	0.0	0.0	0.0	0.0
合　計	0.0	0.5	0.5	0.0	0.1	0.3	0.1	0.0	0.0	0.0	0.0

（単位：$\times 10^{-3}$ m）

例表 5.3 ほかのフーチングの荷重の影響を考慮した即時沈下量

	F1 (No. 1, 4, 9, 12)	F2 (No. 2, 3, 10, 11)	F3 (No. 5, 8)	F4 (No. 6, 7)
砂層 A	6.3	7.7	7.7	9.3
粘土層	1.0	1.7	1.6	2.6
砂層 B	0.5	0.8	0.7	1.1
合　計	7.8	10.2	10.0	13.0

（単位：$\times 10^{-3}$ m）

ち，長方形 AGHB の荷重度 q による即時沈下量は，

S_E（長方形 AGHB）$= 2 \times 0.07 \times 10^{-3} = 0.14 \times 10^{-3}$ m → 0.1×10^{-3} m

点 F 直下の粘土層と砂層 B についても（1）と同様の方法で即時沈下量を求める．これら 3 層の即時沈下量を加算して，No.3 フーチングの荷重により生じる No.4 フーチングの即時沈下量を得る．例表 5.2 に，No.3 フーチングの荷重により生じるほかのフーチングの即時沈下量の算定結果を示す．

すべてのフーチングについて，各フーチングの荷重により生じるほかのフーチングの即時沈下量を算定し，これらを，各フーチング自身の荷重により生じる即時沈下量〔例表 5.1〕に足し合わせることで，ほかのフーチングの荷重の影響を考慮した即時沈下量〔例表 5.3〕を得る．

2. ケース2：基礎梁を考慮する場合

図5.3.2のフローに従って，例図5.4に示す格子梁モデルによる検討を行う．各フーチング直下の鉛直地盤ばねの初期剛性 k_i は，例図5.1の各荷重 P_i を例表5.3の即時沈下量 S_{Ei} で除して求める．

$k_i = P_i / S_{Ei}$

$k_1 = 500/(7.8 \times 10^{-3}) = 6.4 \times 10^4 \text{ kN/m}$

$k_2 = 816/(10.2 \times 10^{-3}) = 8.0 \times 10^4 \text{ kN/m}$

$k_3 = 816/(10.0 \times 10^{-3}) = 8.0 \times 10^4 \text{ kN/m}$

$k_4 = 1\,280/(13.0 \times 10^{-3}) = 9.9 \times 10^4 \text{ kN/m}$

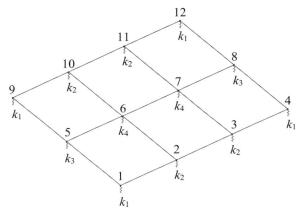

例図5.4　格子梁モデル

　格子梁モデルによる解析結果（荷重の再配分を考慮した繰返し収束計算あり）を，繰返し収束計算なしの場合の結果および基礎梁を考慮しない場合の結果〔例表5.3〕と比較して，例表5.4と例表5.5に示す．基礎梁を考慮することで，沈下量，変形角，地盤反力が変化している．なお，本例では，繰返し収束計算の有無による応答の変化は小さい結果となったが，場合によっては，繰返し収束計算を省略することで応答を小さく評価する可能性もあるため，注意が必要である．

— 468 —　建築基礎構造設計指針

例表 5.4　基礎梁の有無および繰返し収束計算の有無による沈下量と変形角の比較

	基礎梁あり (繰返し収束計算あり)	基礎梁あり (繰返し収束計算なし)	基礎梁なし
No. 1, 4, 9, 12 の沈下量　($\times 10^{-3}$ m)	8.9	8.9	7.8
No. 2, 3, 10, 11 の沈下量　($\times 10^{-3}$ m)	10.2	10.0	10.2
No. 5, 8 の沈下量　($\times 10^{-3}$ m)	9.9	9.8	10.0
No. 6, 7 の沈下量　($\times 10^{-3}$ m)	11.5	11.4	13.0
端部 (No. 5〜No. 6) の変形角　(rad)	2.3×10^{-4}	2.3×10^{-4}	4.2×10^{-4}

例表 5.5　基礎梁の有無および繰返し収束計算の有無による地盤反力の比較

	基礎梁あり (繰返し収束計算あり)	基礎梁あり (繰返し収束計算なし)	基礎梁なし
No. 1, 4, 9, 12	575	570	500
No. 2, 3, 10, 11	822	830	816
No. 5, 8	802	803	816
No. 6, 7	1 130	1 125	1 280

(単位：kN)

[計算例 6]　5.3 節　直接基礎の圧密沈下量

　計算例 5 の検討と同じ建物および地盤条件（例図 5.1, 例図 5.2）を対象とし, 深さ 12〜14 m の粘土層の圧密沈下量を算定する. 粘土層は建設前後の地中応力が圧密降伏応力に近い状態とする. 圧密沈下量は, 計算例 5 の場合と同様に, 図 5.3.2 のフローに示す基礎梁による常時荷重の再配分を考慮した繰返し収束計算を行って求めるが, 説明のため, 基礎梁を考慮しない場合の結果および基礎梁を考慮するが繰返し収束計算を行わない（荷重の再配分を考慮しない）場合の結果も示す.

1. ケース 1：基礎梁を考慮しない場合

　粘土層の厚さが 2 m と厚くないため, 層分割は行わず 1 層として扱う. 粘土層の中央深度（深さ 13 m）における建設前の鉛直有効応力 σ_{1z}' は, 次式により 162 kN/m^2 となる.

$$\sigma_{1z}' = \gamma H_1 + \gamma'(z - H_1)$$
$$= 18 \times 6.0 + (18 - 10) \times (12.0 - 6.0) + (16 - 10) \times 1.0 = 162 \text{ kN/m}^2$$

　各フーチング直下の粘土層における建物荷重による鉛直有効応力増分を, 式 3.1.1〜3.1.2 および図 3.1.3 の長方形分割法を用いて求める. 例えば, No. 7 フーチングの荷重により生じる No. 1 フーチング直下の粘土層の鉛直有効応力増分 $\Delta\sigma_{z1,7}'$ は, 例図 6.1 に示す求め方により得られる.

　例図 6.1 の各長方形の載荷による地中応力を算定するための関数 $f_B(m, n)$ の値は, 図 3.1.2 よ

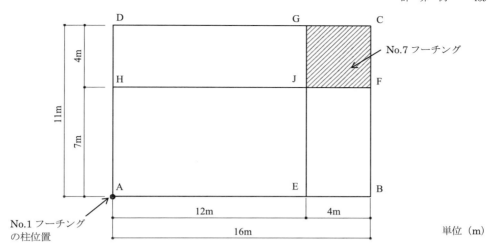

$\Delta\sigma_{z1,7}'$＝長方形 ABCD に 80kN/m² 載荷した場合の点 A 直下の鉛直有効応力増分
　　　　－長方形 AEGD に 80kN/m² 載荷した場合の点 A 直下の鉛直有効応力増分
　　　　－長方形 ABFH に 80kN/m² 載荷した場合の点 A 直下の鉛直有効応力増分
　　　　＋長方形 AEJH に 80kN/m² 載荷した場合の点 A 直下の鉛直有効応力増分

例図 6.1　長方形分割法による鉛直有効応力増分の求め方

り，次のように求められる．なお，記号の意味は図 3.1.2 および式 3.1.1〜3.1.2 による．

　　長方形 ABCD：$m=B/z=11.0/10.0=1.1$，$n=L/z=16.0/10.0=1.6$　より，
　　　　$f_B(m, n)=0.202$

　　長方形 AEGD：$m=B/z=11.0/10.0=1.1$，$n=L/z=12.0/10.0=1.2$　より，
　　　　$f_B(m, n)=0.191$

　　長方形 ABFH：$m=B/z=7.0/10.0=0.7$，$n=L/z=16.0/10.0=1.6$　より，
　　　　$f_B(m, n)=0.165$

　　長方形 AEJH：$m=B/z=7.0/10.0=0.7$，$n=L/z=12.0/10.0=1.2$　より，
　　　　$f_B(m, n)=0.157$

よって，求める鉛直有効応力増分 $\Delta\sigma_{z1,7}'$ は，

　　$\Delta\sigma_{z1,7}'=80\times(0.202-0.191-0.165+0.157)=0.24\ \mathrm{kN/m^2}$

同様に，No.7 以外の各フーチングの荷重についても，それによって生じる No.1 フーチング直下の粘土層の鉛直有効応力増分を求め，結果を例表 6.1 に示す．これらの値を合計して，すべてのフーチングの荷重による No.1 フーチング直下の粘土層の鉛直有効応力増分とする（例表 6.1

例表 6.1　各フーチングの荷重による No.1 フーチング直下の粘土層の鉛直有効応力増分

No. 1	No. 2	No. 3	No. 4	No. 5	No. 6	No. 7	No. 8	No. 9	No. 10	No. 11	No. 12	合計
2.30	1.46	0.26	0.03	0.90	0.80	0.24	0.08	0.07	0.08	0.00	0.00	6.2

（単位：kN/m²）

例表 6.2　各フーチング直下の粘土層の鉛直有効応力増分（基礎梁なし）

F1（No. 1, 4, 9, 12）	F2（No. 2, 3, 10, 11）	F3（No. 5, 8）	F4（No. 6, 7）
6.2	9.2	8.8	13.2

（単位：kN/m²）

の最右列）．

　このようにして得られた各フーチング直下の粘土層の鉛直有効応力増分を例表 6.2 に示す．

　各フーチング直下の粘土層の圧密沈下量は，式 3.1.3 により求める．例えば，No. 1 フーチング直下の粘土層（厚さ ΔH=2.0 m）の圧密沈下量 S は，例図 6.2 に示す粘土層の圧密試験結果から，建設前後の鉛直有効応力の変化に対する間隙比 e の変化 Δe を読み取って，次のように求める．

　　　建設前：鉛直有効応力 σ'_{1z}=162 kN/m²，間隙比 e_1=1.926

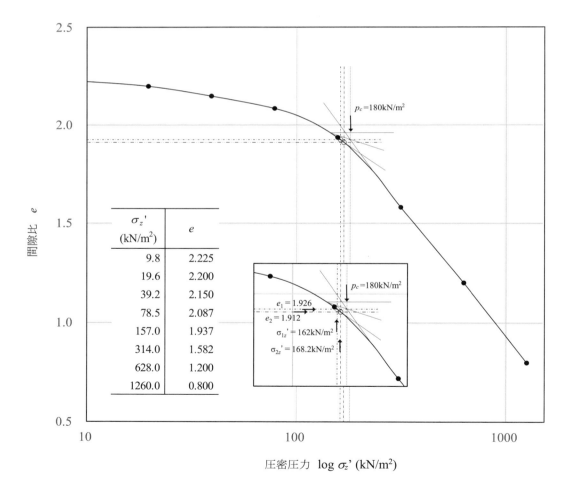

例図 6.2　粘土層の圧密試験結果（●印）および建設前後の鉛直有効応力の変化に対する間隙比の変化の読取り（○印）

計 算 例 —471—

例表 6.3　各フーチング直下の粘土層の圧密沈下量（基礎梁なし）

F1 （No. 1, 4, 9, 12）	F2 （No. 2, 3, 10, 11）	F3 （No. 5, 8）	F4 （No. 6, 7）
9.6	13.8	13.8	20.0

（単位：$\times 10^{-3}$ m）

建設後：鉛直有効応力 $\sigma'_{2z}=162+6.2=168.2$ kN/m^2，間隙比 $e_2=1.912$

$$S=\frac{\Delta e}{1+e_1}\Delta H=\frac{e_1-e_2}{1+e_1}\Delta H=\frac{1.926-1.912}{1+1.926}\times 2.0=9.6\times 10^{-3} \text{ m}$$

このようにして算定された各フーチング直下の粘土層の圧密沈下量を例表 6.3 に示す.

2. ケース 2：基礎梁を考慮する場合

図 5.3.2 のフローに従って，例図 5.4 に示す格子梁モデルによる検討を行う. 各フーチング直下の鉛直地盤ばねの初期剛性 k_i は，例図 5.1 の各荷重 P_i を例表 6.3 の圧密沈下量 S で除して求める. なお，即時沈下による荷重の再配分は考えない.

$$k_i=P_i/S$$
$$k_1=500/(9.6\times 10^{-3})=5.21\times 10^4 \text{ kN/m}$$
$$k_2=816/(13.8\times 10^{-3})=5.91\times 10^4 \text{ kN/m}$$
$$k_3=816/(13.8\times 10^{-3})=5.91\times 10^4 \text{ kN/m}$$
$$k_4=1\,280/(20.0\times 10^{-3})=6.40\times 10^4 \text{ kN/m}$$

格子梁モデルによる解析結果（荷重の再配分を考慮した繰返し収束計算あり）を，繰返し収束計算なしの場合の結果および基礎梁を考慮しない場合の結果〔例表 6.3〕と比較して，例表 6.4 に示す. 基礎梁を考慮することで，沈下量と変形角が変化している. なお，計算例 5 と同様に，本例では，繰返し収束計算の有無による応答の変化は小さい結果となったが，場合によっては，繰返し収束計算を省略することで応答を小さく評価する可能性もあるため，注意が必要である.

例表 6.4　基礎梁の有無および繰返し収束計算の有無による沈下量と変形角の比較

	基礎梁あり（繰返し収束計算あり）	基礎梁あり（繰返し収束計算なし）	基礎梁なし
No. 1, 4, 9, 12 の沈下量（$\times 10^{-3}$ m）	11.9	11.9	9.6
No. 2, 3, 10, 11 の沈下量（$\times 10^{-3}$ m）	14.3	14.0	13.8
No. 5, 8 の沈下量（$\times 10^{-3}$ m）	13.3	13.5	13.8
No. 6, 7 の沈下量（$\times 10^{-3}$ m）	16.3	16.1	20.0
端部（No. 5～No. 6）の変形角（rad）	4.4×10^{-4}	3.8×10^{-4}	9.0×10^{-4}

［計算例 7］　6.2 節，6.5 節　杭の限界鉛直支持力および限界引抜き抵抗力

場所打ちコンクリート拡底杭の地盤から定まる鉛直支持力と引抜き抵抗力および設計用限界値

を算定する．極限鉛直支持力は，支持層が厚い場合に加え，薄い場合を検討するとともに，埋込み杭とする場合も検討する．

1. 建物の概要および設計軸力

建物の概要を例図7.1に示す．鉄骨造の地上9階，地下1階である．地上階の平面形状は長手方向が54m，短手方向が18mの長方形である．地盤と杭の概要を例図7.2に示す．杭は軸径1.6m，先端(有効)径2.7mの場所打ち拡底杭とし，地表面からの杭頭の深さは10m，杭先端の深さは36mとする．杭の設計用軸力を例図7.3に示す．常時荷重時は8910kN，レベル1地震荷重時は2680～15100kN，レベル2地震荷重時は−3540～21500kNである（押込み側が正）．

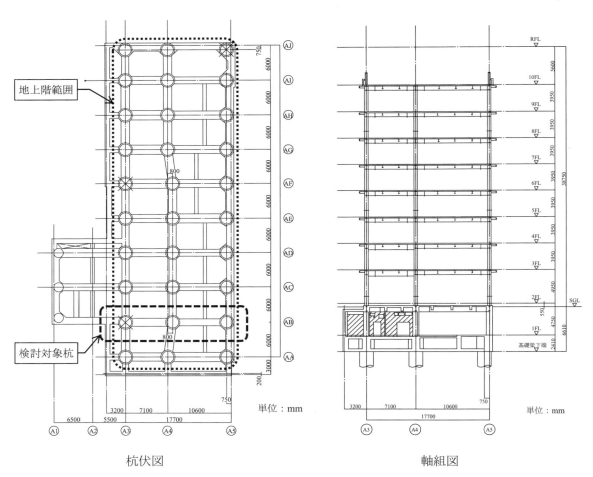

例図7.1　建物概要

2. 限界鉛直支持力

極限先端支持力度 q_p は，表6.3から，

$$q_p = 120\bar{N} \leq 7500 \text{ kN/m}^2$$

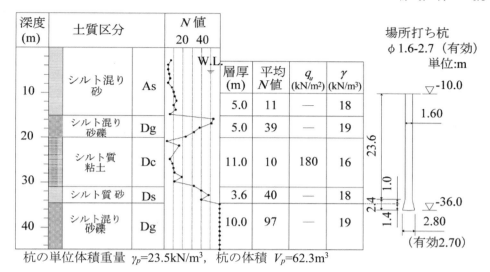

例図 7.2 地盤と杭の概要（支持層が厚い場合）

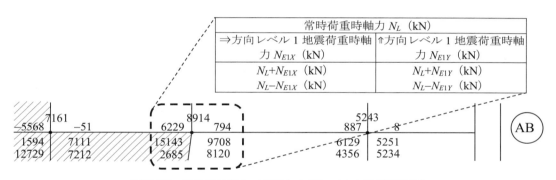

例図 7.3 設計用杭軸力（常時およびレベル 1 地震荷重時）

$\bar{N}$ は杭先端から上 $1d$，下 $1d$（d：先端有効径）の範囲内における地盤の平均 N 値であり，例図 7.2 より 83 とする．

$$\bar{N}=\{1.3\times 40+1.4\times 97+2.7\times 97\}/5.4=83$$

$$q_p=120\times 83=9\,960>7\,500 \quad \therefore \quad q_p=7\,500\ \text{kN/m}^2$$

極限先端支持力 R_p は，式 6.3 より，q_p と杭先端の閉塞断面積の積により求める．

$$R_p=q_p A$$
$$A=\pi\times 2.7^2/4=5.72\ \text{m}^2$$
$$R_p=7\,500\times 5.72=42\,900\ \text{kN}$$

極限周面抵抗力 R_f は，式 6.4～6.6 および表 6.3 から算定する．ここで，液状化の可能性がある As 層および拡底傾斜部と拡底立上り部〔例図 7.2 の杭先端より上 2.4 m の部分〕は算入しない．

$$R_f=R_{fs}+R_{fc}$$

—474— 建築基礎構造設計指針

$$= \sum \tau_s L_s \phi + \sum \tau_c L_c \phi$$

$$= \{(3.3 \times 39) \times 5.0 \times 1.6\pi + (3.3 \times 40) \times 2.6 \times 1.6\pi\} + (0.5 \times 180) \times 11.0 \times 1.6\pi$$

$$= (3\,233 + 1\,724) + 4\,974$$

$$= 9\,931 \rightarrow 9\,930\ \text{kN}$$

極限鉛直支持力 R_u は，式 6.2 より，R_p と R_f の和として得られる．

$$R_u = R_p + R_f$$

$$= 42\,900 + 9\,930 = 52\,830 \rightarrow 52\,800\ \text{kN}$$

支持力の設計用限界値は，R_u に耐力係数 ϕ_R を乗じて算出する．支持力に係る ϕ_R は，表 6.2 より，終局限界状態時は 1，損傷限界状態時は 1/1.5，使用限界状態時は 1/3 とする．各限界状態の設計用限界値 $_dR_u, _dR_y, _dR_s$ は下記となる．

$$_dR_u = 1.0R_u = 52\,800\ \text{kN}$$

$$_dR_y = (1/1.5)R_u = 1/1.5 \times 52\,800 = 35\,200\ \text{kN}$$

$$_dR_s = (1/3)R_u = 1/3 \times 52\,800 = 17\,600\ \text{kN}$$

3. 限界引抜き抵抗力

終局限界状態に対応する残留引抜き抵抗力 R_{TR}，および損傷限界状態に対応する降伏引抜き抵抗力 R_{TY} は，いずれも，地盤から定まる引抜き抵抗力に耐力係数 ϕ_R を乗じた後，杭自重 W を加えることによって算定する．引抜き抵抗力に係る ϕ_R は，表 6.6 より，終局限界状態時は 1/1.2，損傷限界状態時は 1/1.5 とする．拡底部は，支持層への根入れが小さいことを考慮し，安全側の評価として軸径が同じ直杭と見なして算定する．式 6.5.2 と式 6.5.3 より，R_{TR} と R_{TY} は以下のように求まる．

$$W = \gamma_p' V_p = (23.5 - 9.8) \times 62.3 = 854\ \text{kN}$$

$$R_{TR} = (1/1.2)(\sum \tau_{st} L_s + \sum \tau_{ct} L_c)\phi + W$$

$$= (1/1.2)(1/1.5 \times 3.3 \times 39 \times 5.0 + 1/1.5 \times 3.3 \times 40 \times 3.6 + 1/1.5 \times 3.3 \times 50 \times 1.4 + 4/5$$

$$\times 180/2 \times 11) \times 1.6\pi + 854$$

$$= (1/1.2) \times 8\,500 + 854$$

$$= 7\,083 + 854$$

$$= 7\,937 \rightarrow 7\,930\ \text{kN}$$

$$R_{TY} = (1/1.5)(\sum \tau_{st} L_s + \sum \tau_{ct} L_c)\phi + W$$

$$= 1/1.5 \times 8\,500 + 854$$

$$= 5\,667 + 854$$

$$= 6\,521 \rightarrow 6\,520\ \text{kN}$$

4. 薄層支持の限界鉛直支持力

杭下方の支持層厚 H の先端径 d に対する比 H/d がある限界値 $(H/d)_{\min}$ より小さくなると，先端支持力は下層の影響を受けて支持層が厚い場合に比べて低下する．薄層支持の先端支持力

計算例 — 475 —

は，支持層（砂質土）と下層（粘性土）の2層地盤に支持されるものとして算定する．地盤条件と杭を例図7.4に示す．支持層（Dg）の層厚が7.0 m（杭下方でH=5.6 m, H/d=5.6/2.7=2.07）となり，その下にDc層（q_u=300 kN/m²）が分布する場合を想定する．

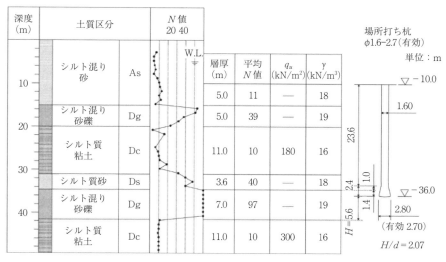

例図7.4 地盤と杭の概要（支持層が薄い場合）

一方，支持層の$\bar{N}$が83，下層のq_uが0.3 MN/m²に対応する$(H/d)_{min}$は，例図7.5〔図6.2.24参照〕より3.1となり，本計算例のH/dより大きい．

$H/d=2.07<(H/d)_{min}=3.1$

よって，本計算例の先端支持力は，薄層支持として算定する．

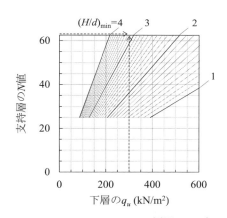

[注] 支持層の$\bar{N}$が62.5（q_pの上限値7 500kN/m²とα=120から定まる数値）を超えるときは62.5に読み替える．

例図7.5 $(H/d)_{min}$の推定

薄層支持の極限先端支持力度q_pは，2層地盤の支持力式を利用した式6.2.26～6.2.27により算定する．先端荷重の分散角θは$\tan^{-1}0.3$（縦1：横0.3），下層の極限支持力q_cは$6c_u$（=$3q_u$）とする．

$q_p=\min(q_{p1}, q_{p2})$

q_{p1}, q_{p2}, q_p は, α が 120(場所打ち杭), $\bar{N}$ が 83 より,

$\qquad q_{p1} = \alpha\bar{N} = 120 \times 83 = 9\,960 > 7\,500 \quad \therefore \quad 7\,500\ \text{kN/m}^2$

$\qquad q_{p2} = (1 + 2 \times H/d \times \tan\theta)^2 \times q_c$

$\qquad\qquad = (1 + 2 \times 2.07 \times 0.3)^2 \times (6 \times 300/2) = 5.03 \times 900 = 4\,527 \to 4\,520\ \text{kN/m}^2$

$\qquad q_p = \min(7\,500, 4\,520) = 4\,520\ \text{kN/m}^2$

q_p は,支持層が厚い場合の値($7\,500\ \text{kN/m}^2$)の 0.60 倍に相当する.極限先端支持力 R_p および極限支持力 R_u は,

$\qquad R_p = q_p A$

$\qquad\quad = 4\,520 \times 5.72 = 25\,854 \to 25\,800\ \text{kN}$

$\qquad R_u = R_p + R_f$

$\qquad\quad = 25\,800 + 9\,930 = 35\,730 \to 35\,700\ \text{kN}$

終局限界状態,損傷限界状態,使用限界状態の設計用限界値 $_dR_u, _dR_y, _dR_s$ は下記となる.

$\qquad _dR_u = 1.0 R_u = 35\,700\ \text{kN}$

$\qquad _dR_y = (1/1.5) R_u = 2/3 \times 35\,700 = 23\,800\ \text{kN}$

$\qquad _dR_s = (1/3) R_u = 1/3 \times 35\,700 = 11\,900\ \text{kN}$

5. 埋込み杭の限界鉛直支持力

地盤条件と杭を例図 7.6 に示す.杭は軸径 1.2 m,根固め径 2.0 m のプレボーリング拡大根固め工法による既製コンクリート杭とする.

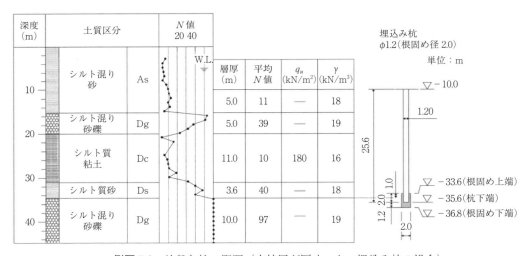

例図 7.6 地盤と杭の概要(支持層が厚く,かつ埋込み杭の場合)

先端支持力は,根固め部が十分な強度を保有するものとして算定する.極限先端支持力度 q_p は,表 6.3 から,

$\qquad q_p = 150\bar{N} \leq 9\,000\ \text{kN/m}^2$

$\qquad q_p = 150 \times 97 = 14\,550 > 9\,000 \quad \therefore \quad q_p = 9\,000\ \text{kN/m}^2$

$$R_p = q_p A$$

$$A = \pi \times 2.0^2/4 = 3.14 \,\mathrm{m}^2$$

$$R_p = 9\,000 \times 3.14 = 28\,260 \to 28\,200 \,\mathrm{kN}$$

極限周面抵抗力 R_f は，式 6.4～6.6 および表 6.3 から算定する．ここで，液状化の可能性がある As 層および根固め部は算入しない．

$$R_f = R_{fs} + R_{fc}$$

$$= \{(2.5 \times 39) \times 5.0 \times 1.2\pi + (2.5 \times 40) \times 2.6 \times 1.2\pi\} + (0.5 \times 180) \times 11.0 \times 1.2\pi$$

$$= (1\,837 + 980) + 3\,730$$

$$= 6\,547 \to 6\,540 \,\mathrm{kN}$$

極限鉛直支持力 R_u は，

$$R_u = R_p + R_f$$

$$= 28\,200 + 6\,540 = 34\,740 \to 34\,700 \,\mathrm{kN}$$

終局限界状態，損傷限界状態，使用限界状態の設計用限界値 $_dR_u, _dR_y, _dR_s$ は下記となる．

$$_dR_u = 1.0 R_u = 34\,700 \,\mathrm{kN}$$

$$_dR_y = (1/1.5) R_u = 1/1.5 \times 34\,700 = 23\,133 \to 23\,100 \,\mathrm{kN}$$

$$_dR_s = (1/3) R_u = 1/3 \times 34\,700 = 11\,567 \to 11\,500 \,\mathrm{kN}$$

[計算例 8]　6.3 節，6.5 節　単杭の鉛直荷重–沈下量曲線および引抜き荷重–引抜き量曲線と杭の
　　　　　　即時沈下量

1. 計算例の概要

単杭の杭頭の鉛直荷重–沈下量曲線と引抜き荷重–引抜き量曲線を荷重伝達法により求め，得られた荷重–変位曲線から杭基礎の即時沈下量を算定する．検討に用いる建物は計算例 7 の例図 7.1 に示す建物とし，想定する地盤と杭は，例図 7.2 に示す厚い砂礫層に支持される場所打ちコンクリート拡底杭とする．

2. 鉛直荷重–沈下量曲線

荷重伝達法では，杭を線材に置換し，先端部に杭先端ばね，軸部の適所に杭周面摩擦ばねを設けた解析モデルを用いる〔図 6.3.3 参照〕．杭先端ばねは，式 6.3.1 により算定する．

$$\frac{S_p}{d_p} = 0.1\left[\alpha\frac{\dfrac{R_p}{A_p}}{\left(\dfrac{R_p}{A_p}\right)_u} + (1-\alpha)\left\{\frac{\dfrac{R_p}{A_p}}{\left(\dfrac{R_p}{A_p}\right)_u}\right\}^n\right]$$

支持層が砂礫であるので，

$$\alpha = 0.12, \quad n = 3.3, \quad R_p = 42\,900 \,\mathrm{kN}$$

$$S_p = 2.7 \times 0.1 \times\left[0.12 \times \frac{R_p}{42\,900} + 0.88 \times\left(\frac{R_p}{42\,900}\right)^{3.3}\right]$$

例表 8.1　杭周面摩擦ばね（押込み側）

対象土層	ばね取付け深さ（m）	R_{fi}（kN）	S_{fi}（m）
Dg	17.5	3 230	0.020
Dc	25.5	4 970	0.006
Ds	32.3	1 720	0.012

$$=7.55\times10^{-7}\times R_p+1.23\times10^{-16}\times R_p^{3.3}$$

杭周面摩擦ばねは，本検討ではバイリニア型の関係を用いる．杭周面摩擦ばねの降伏変位 S_{fi}，および極限周面抵抗力 R_{fi} を例表 8.1 に示す〔計算例 7 参照〕．

杭先端ばねと杭周面摩擦ばねの算定結果を例図 8.1 に示す．杭頭の鉛直荷重-沈下量曲線は，このばねを用いた荷重伝達法によって算定することが可能である．ここでは，場所打ち杭の軸剛性が大きい場合の算定結果を例図 8.1 中に示す．

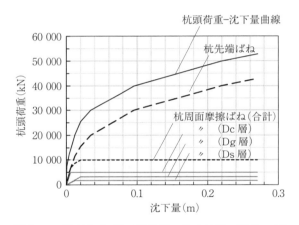

例図 8.1　杭頭荷重-沈下量曲線の算定結果（押込み側）

3. 引抜き荷重-引抜き量曲線

引抜き荷重-引抜き量曲線の算定にあたっては，杭先端ばねは安全側の評価として無視し，杭周面摩擦ばねと杭自重（$W=854$ kN）を考慮する〔例表 8.2 参照〕．杭周面摩擦ばねの引抜き時の極限周面抵抗力 R_{fT} は，残留引抜き抵抗力相当（耐力係数 1/1.2）とする．各層の杭周面摩擦ばねと杭の引抜き荷重-引抜き量曲線（軸剛性が大きい場合）の算定結果を例図 8.2 に示す．

例表 8.2　杭周面摩擦ばね（引抜き側）

対象土層	ばね取付け深さ（m）	R_{fTi}（kN）	S_{fTi}（m）
Dg	17.5，35.3	1 796，645	0.020
Dc	25.5	3 316	0.006
Ds	32.3	1 326	0.012

計 算 例 —479—

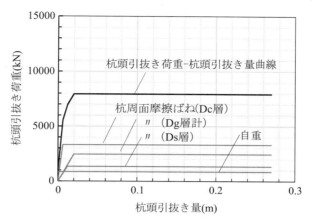

例図 8.2　杭頭引抜き荷重と引抜き量曲線の算定結果

4. 地震時の杭頭荷重-変位曲線

　地震時の杭頭荷重-変位曲線は，杭頭押込み荷重-沈下量曲線と杭頭引抜き荷重-引抜き量曲線の組合せにより算定する〔例図 8.3 参照〕．地震時変位の算定における初期値は，常時荷重時とする〔図 6.3.12 参照〕．なお，常時およびレベル 1 地震時，レベル 2 地震時の杭頭荷重は，計算例 7 の例図 7.3 に示されている．

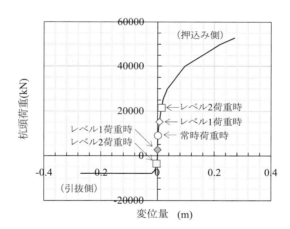

例図 8.3　地震時の杭頭荷重-変位曲線の算定結果

5. 杭基礎の即時沈下量

　各杭の鉛直方向沈下量（杭先端を支持する砂礫層以深の地盤の剛性が十分に大きく，その沈下が小さい場合）は，荷重伝達法により得られた杭頭荷重-沈下量曲線〔例図 8.1〕を用いて算定する．基礎梁の影響を考慮しない場合の各杭頭の沈下量は以下のとおりとなる．

（1）　基礎梁の曲げ剛性を無視した沈下量

　例図 8.4 より，

　P1 杭（常時荷重時反力 7 161 kN）の沈下量

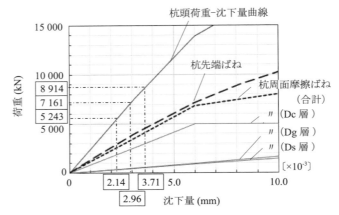

例図 8.4　杭頭荷重-沈下量曲線〔例図 8.1 参照〕

$\delta_{P1}=2.96\times10^{-3}$ m

P2 杭（常時荷重時反力 8 914 kN）の沈下量

$\delta_{P2}=3.71\times10^{-3}$ m

P3 杭（常時荷重時反力 5 243 kN）の沈下量

$\delta_{P3}=2.14\times10^{-3}$ m

杭頭間の最大変形角 θ

$\theta=(3.71-2.14)/10\,600$

$=1.48\times10^{-4}$ rad

（2）基礎梁の曲げ剛性を考慮した沈下量

算定方法は，例図 8.5 に示す杭ばねと基礎梁のモデルで行う．杭ばねは杭頭荷重-沈下量曲線上で杭反力が初期剛性領域なので，杭沈下曲線の初期剛性を採用する．基礎梁の断面は，幅 1.60 m，高さ 2.40 m であり，断面二次モーメント，およびコンクリートのヤング係数は，下記の値とする．

杭ばね：$8\,914/0.00371=2.40\times10^{6}$ kN/m

断面二次モーメント：3.69 m^4（T 型梁として算定，剛性割増率 2.0）

コンクリートのヤング係数：2.1×10^{7} kN/m^2

上記の諸元で常時荷重時の杭反力を作用させたときの杭頭の沈下量は例図 8.6 に示す値とな

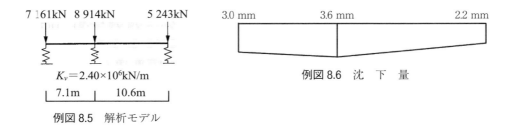

例図 8.5　解析モデル　　　　　例図 8.6　沈　下　量

る．この結果，基礎梁の曲げ剛性を考慮した杭頭間の最大変形角 θ は，下記の値となる．

$$\theta = (3.60 - 2.20)/10\,600 = 1.32 \times 10^{-4}\,\text{rad}$$

［計算例9］　6.6節　地下室の影響を考慮した杭の地震時水平抵抗

1. 計算例の概要

　地下室がある建物の場所打ち杭について，レベル2地震荷重に対する水平抵抗の計算例を示す．対象とする建物と地盤は，計算例2で扱ったものと同一である．地下室の影響は土圧合力ばねで評価する．例図9.1に杭配置，例表9.1に地盤物性値を示す．外力は4.4節の保有水平耐力計算等に基づく方法および4.5節の液状化しない場合の算定法a1に基づいている〔計算例2参照〕．

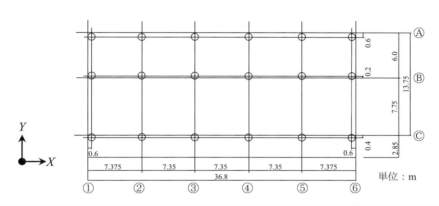

建物規模 $A_g = D \times W = 16.6 \times 36.8 = 610.88\,\text{m}^2$　　常時荷重 $q = 72.3\,\text{kN/m}^2$　　地下階埋め込み深さ $H = 6.5\,\text{m}$
杭径 $B = 1.0\,\text{m}$　　杭間隔比 $R/B = 6.7$(平均)　　杭長 $L_p = 26.2\,\text{m}$（N値60以上の砂礫層に1.5m根入れ）
杭体　場所打ちコンクリート杭　設計基準強度 $F_c = 27\,\text{N/mm}^2$，配筋 SD345
　　　　　　　杭頭部（G.L.-11.5m以浅）の配筋：20-D25, D16@100
　　　　　　　杭頭部以深の配筋：12-D25, D16@300
常時杭軸力　$N_L = 2452\,\text{kN/本}$　　杭本数　$N_p = 18$ 本

例図9.1　杭配置および杭基礎概要

2. 計算に用いる定数

（1）杭体に関する定数

　a）杭径：$B = 1.0\,\text{m}$，杭長：$L_p = 26.2\,\text{m}$，断面積：$A_p = 0.785\,\text{m}^2$，せん断断面積：$A_s = 0.707\,\text{m}^2$　断面2次モーメント：$I_p = 0.0491\,\text{m}^4$，ヤング係数：$E = 2.36 \times 10^7\,\text{kN/m}^2$，ポアソン比：$\nu = 0.2$

　b）杭体の曲げ非線形性：6.6節5.に従い，曲げひび割れモーメント，主筋降伏時の曲げモーメント，曲げ強度の設計用限界値を折れ点とする3折れ点の曲げモーメントと曲率の関係（M-ϕ 関係）でモデル化する．例図9.2に常時杭軸力 $N_L = 2\,452\,\text{kN}$ でのM-ϕ 関係を示す．

例表 9.1　地盤物性値

深度 (m)	杭設置状況	土質名	N値	単位体積重量 γ (kN/m³)	一軸圧縮強さ q_u (kN/m²)	S波速度 V_S (m/s)	ポアソン比 ν	基準水平地盤反力係数 k_{h0} (kN/m³) 上段：700N 下段：$E_{PS}/30$	塑性水平地盤反力度 p_y (kN/m²)	地盤変位 (m)
0.0	地下階	粘性土	2	14.7	56.8	90	0.45	—	—	0.1274
0.8		粘性土	2					—	—	0.1270
1.5		粘性土	6	15.7		120		—	—	0.1260
2.5		砂質土	21	17.7	—	170	0.30	—	—	0.1251
3.5		砂質土	25					—	—	0.1246
4.5		砂質土	29					—	—	0.1240
5.5		砂質土	25					—	—	0.1233
6.5	場所打ちコンクリート杭	砂質土	19					3.36×10^4 / 1.14×10^4	6.64×10^2	0.1224
7.0		砂質土	19					3.36×10^4 / 1.14×10^4	7.07×10^2	0.1219
7.5		砂質土	18					3.19×10^4 / 1.14×10^4	7.54×10^2	0.1213
8.5		粘性土	1	15.7	56.8	120	0.45	1.77×10^3 / 5.63×10^3	2.56×10^2	0.1200
9.6		粘性土	1					1.77×10^3 / 5.63×10^3	2.56×10^2	0.1148
10.5		粘性土	1					1.77×10^3 / 5.63×10^3	2.56×10^2	0.1101
11.5		粘性土	1					1.77×10^3 / 5.63×10^3	2.56×10^2	0.1045
12.5		粘性土	1					1.77×10^3 / 5.63×10^3	2.56×10^2	0.0985
13.5		粘性土	1					1.77×10^3 / 5.63×10^3	2.56×10^2	0.0921
14.5		粘性土	1					1.77×10^3 / 5.63×10^3	2.56×10^2	0.0853
15.5		粘性土	1					1.77×10^3 / 5.63×10^3	2.56×10^2	0.0783
16.5	φ1.0 m	粘性土	1					1.77×10^3 / 5.63×10^3	2.56×10^2	0.0709
17.5		粘性土	2	14.7	56.8	120	0.45	3.54×10^3 / 5.28×10^3	2.56×10^2	0.0632
18.5		粘性土	2					3.54×10^3 / 5.28×10^3	2.56×10^2	0.0544
19.6		粘性土	2					3.54×10^3 / 5.28×10^3	2.56×10^2	0.0448
20.6		粘性土	2					3.54×10^3 / 5.28×10^3	2.56×10^2	0.0351
21.65		粘性土	4	14.7	104.0	160	0.45	7.08×10^3 / 9.39×10^3	4.68×10^2	0.0253
22.7		粘性土	4					7.08×10^3 / 9.39×10^3	4.68×10^2	0.0210
23.6		粘性土	5					8.85×10^3 / 9.39×10^3	4.68×10^2	0.0172
24.6		粘性土	5					8.85×10^3 / 9.39×10^3	4.68×10^2	0.0131
25.6		粘性土	7	14.7	275.0	200	0.45	1.24×10^4 / 1.47×10^4	1.24×10^3	0.0089
26.6		粘性土	9					1.59×10^4 / 1.47×10^4	1.24×10^3	0.0067
27.4		粘性土	10					1.77×10^4 / 1.47×10^4	1.24×10^3	0.0049
28.2		粘性土	22					3.90×10^4 / 1.47×10^4	1.24×10^3	0.0031
29.3		粘性土	60	14.7	275.0	400	0.45	1.06×10^4 / 5.87×10^4	1.24×10^3	0.0007
30.4		砂礫	60	19.6	—	400	0.30	1.06×10^5 / 7.02×10^4	4.33×10^3	0.0004
31.2		砂礫	60					1.06×10^5 / 7.02×10^4	4.51×10^3	0.0003
32.0		砂礫	60					1.06×10^5 / 7.02×10^4	4.67×10^3	0.0001
32.7		砂礫	60					—	—	0.0000

［注］　深度：層上端レベル，地下水位：G.L.－1.5 m

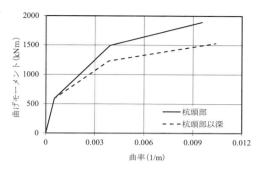

例図 9.2　杭体の M-ϕ 関係（常時杭軸力時）

c）　杭体のせん断強度：6.6 節 5. に従い，円柱を等価断面積の正方形断面に置換し算定する．杭頭部のせん断強度計算例を下記に示す．ここで，$M/(Qd)=3$，$\sigma_0=0$ とした．

$$Q_u=\left[\frac{0.053p_t^{0.23}(18+\xi F_c)}{M/(Qd)+0.12}+0.85\sqrt{p_w\sigma_{wy}}+0.1\sigma_0\right]bj=1\,015\text{ kN}$$

（2）　地盤に関する定数

例表 9.1 に各層の基準水平地盤反力係数 k_{h0}，塑性水平地盤反力度 p_y を示す．また，算定例を下記に示す．なお，杭は，例表 9.1 の層ごとに分割している．

a）　基準水平地盤反力係数 k_{h0}

式 6.6.12 より算定する．

① N 値に基づく基準水平地盤反力係数：G.L. -6.5 m の砂質土（N 値 19）の算定例を示す．

$$k_{h0}=\alpha\xi E_0\bar{B}^{-3/4}=80\times1.0\times(700\times19)\times(1.0/0.01)^{-3/4}=3.36\times10^4\text{ kN/m}^3$$

② せん断波速度に基づく基準水平地盤反力係数：G.L. -13.5 m の粘性土の算定例を示す．なお，式 6.6.14 より E_0 を算定する．

$$E_{PS}=2(1+\nu)\rho V_s^2=2\times(1+0.3)\times1.8\times170^2=1.35\times10^5\text{kN/m}^2,$$
$$E_0=E_{PS}/30=4\,500\text{ kN/m}^2$$
$$k_{h0}=\alpha\xi E_0\bar{B}^{-3/4}=80\times1.0\times(4\,500)\times(1.0/0.01)^{-3/4}=1.14\times10^4\text{ kN/m}^3$$

b）　塑性水平地盤反力度 p_y

式 6.6.18〜6.6.20 と表 6.6.3〜6.6.4 より算定する．砂質土の内部摩擦角を式 2.7.1，粘性土の非排水せん断強度を一軸圧縮強さから設定する．G.L. -6.5 m の砂質土と G.L. -13.5 m の粘性土（$q_u=56.8\text{ kN/m}^2$）の例を示す．

砂質土：$\phi=\sqrt{20N}+15=\sqrt{20\times19}+15=34.5°$，$\sigma_z'=61.3\text{ kN/m}^2$ より

$$p_y=\kappa K_P\sigma_z'=3\times(1+\sin34.5°)/(1-\sin34.5°)\times61.3=6.64\times10^2\text{ kN/m}^2$$

粘性土：$z/B\geqq2.5$　$p_y=\lambda c_u=\lambda(q_u/2)=9\times56.8/2=256\text{ kN/m}^2$

例図 9.3 に，ばねの支配長さを考慮した砂質土と粘性土の地盤ばねを示す．

c）　土圧合力ばね

4.3 節 5. により，土圧合力ばねは地下室側面の地震時土圧を地盤と基礎部の相対変位のみに依存する非線形ばねとして評価する．土圧合力 P_{P0} は受働土圧の合力 P_P と静止土圧の合力 P_0

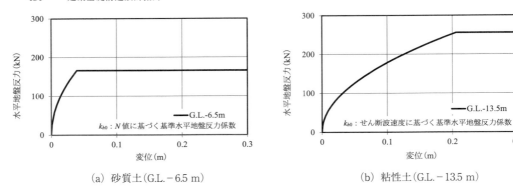

例図 9.3　杭周の水平地盤ばねの非線形性

例表 9.2　静止土圧, 受働土圧（上段：層上端の値, 下段：層下端の値）

深度 (m)	土質名	$\gamma\,(\gamma')$ (kN/m³)	ϕ (°)	c (kN/m²)	$\sum(\gamma z)+q$ (kN/m²)	K_0	K_P	p_0 (kN/m²)	p_P* (kN/m²)
0.0〜0.8	粘性土	14.7 14.7	0.0 0.0	28.4 28.4	0.0 11.8	0.50 0.50	1.00 1.00	0.0 5.9	56.8 68.6
0.8〜1.5	粘性土	14.7 14.7	0.0 0.0	28.4 28.4	11.8 22.1	0.50 0.50	1.00 1.00	5.9 11.0	68.6 78.9
1.5〜2.5	粘性土	5.9 5.9	0.0 0.0	28.4 28.4	22.1 27.9	0.50 0.50	1.00 1.00	11.0 14.0	78.9 84.7
2.5〜3.25	砂質土	7.9 7.9	35.5 35.5	0.0 0.0	27.9 33.8	0.50 0.50	3.77 3.77	14.0 16.9	105.3 127.5
3.25〜3.5	砂質土	7.9 7.9	35.5 35.5	0.0 0.0	33.8 35.8	0.50 0.50	3.77 3.77	16.9 17.9	127.5 134.9
3.5〜4.5	砂質土	7.9 7.9	37.4 37.4	0.0 0.0	35.8 43.6	0.50 0.50	4.09 4.09	17.9 21.8	146.3 178.3
4.5〜5.5	砂質土	7.9 7.9	39.1 39.1	0.0 0.0	43.6 51.5	0.50 0.50	4.41 4.41	21.8 25.7	192.5 227.1
5.5〜6.5	砂質土	7.9 7.9	37.4 37.4	0.0 0.0	51.5 59.3	0.50 0.50	4.09 4.09	25.7 29.7	210.4 242.5

［注］　＊：$p_P=(\gamma z+q)K_P+2c\sqrt{K_P}$

の差で評価し，式 4.3.1〜4.3.22 の静止土圧および受働土圧に基づき算定する．本計算例では，上載圧 $q=0$，受働土圧係数を $\alpha=0, \theta=0, \delta=0$ として算定する．例表 9.2 に静止土圧，受働土圧の算定結果を示す．

例表 9.2 より，土圧合力ばねの支配幅を考慮して土圧合力 $P_{P0}=P_P-P_0$ を算定し，考慮する地下階の幅を乗じ，埋込み部分の土圧合力ばねを算定する．なお，本計算例では地下室側面の地盤変位分布に変化が小さいため土圧合力ばねを分割せず地下階中央レベルに集約してモデル化する．また，本計算例では短辺 Y 方向の検討を行うため地下階の長辺幅 W を考慮する．例図 9.4

に杭本数 N_p で除した土圧合力ばねを示す．

$$P_{Et}W = \frac{Wy}{A+By} = \frac{90P_{P0}Wy}{H+70y} = \frac{2.628 \times 10^6 y}{6.5+70y} \quad (y<0.325 \text{ m}),$$

$$P_{Et}W = 2.92 \times 10^4 \text{ kN} \quad (y \geq 0.325 \text{ m})$$

ここに，$y(m)$：地下壁と地盤の相対変位，$H=6.5$ m，$P_{P0}W=2.92 \times 10^4$ kN

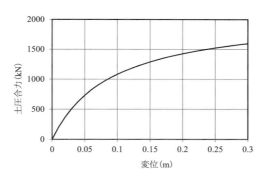

例図 9.4　土圧合力ばね（$P_{Et}W/N_p$：杭 1 本あたり）

3. 外力の設定

計算例 2 で設定した水平力と地盤変位を用いる．

（1）水　平　力

上部構造の地上部分（Y 方向）の保有水平耐力と地表面地震動の最大加速度 4.0 m/s² に基づく水平力を下記に示す．

　　　1 階層せん断力：8 025 kN，地下慣性力：10 453 kN

（2）地　盤　変　位

例図 9.5 に地盤変位分布，例表 9.1 に各層の地盤変位値を示す．

なお，水平力と地盤変位は，同時に同方向に作用させる．

4. 計算の方法

例図 9.6 に解析モデル概要を示す．杭体は軸力・曲げ・せん断を考慮できる梁要素で層分割に応じてモデル化し，例図 9.2 の曲げ非線形性（M-ϕ 関係）を設定する．水平地盤反力ばね，土圧合力ばねをばね要素でモデル化する．解析は水平力と地盤変位を同時に漸増させ静的非線形解析を行う．地盤変位はばね要素の地盤側の節点に作用させ，杭体と地盤間の相対変位に応じた非線形性を考慮する．ここでは，外力を 100 分割して作用させ，各ステップで収束計算を行う．また，計算では以下の仮定をおいている．

① 杭間隔比が $R/B=6.7$ で式 6.6.16 より群杭効率 $e=0.91$，式 6.6.17 より群杭の影響を考慮する係数 $\xi=0.88$ であるが，ここでは単杭（$\xi=1.0$）とする．

② 変動軸力の影響は無視する．

③ 杭頭条件は杭頭回転固定とする．なお，杭頭ヒンジを表現するために杭頭部の部材長を杭

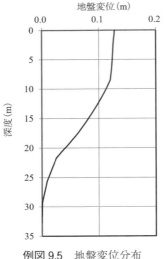

例図9.5 地盤変位分布

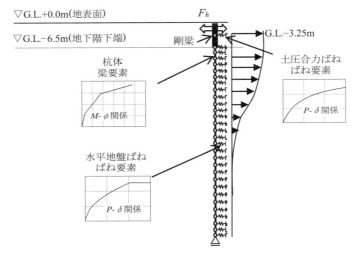

例図9.6 解析モデル概要

径の半分とする．

④ 地下室の影響を考慮する場合，地下室は剛体とし，土圧合力ばねを杭本数N_pで除した値を設定する．また，水平力F_h（1階層せん断力＋地下慣性力）を杭本数N_pで除した値を土圧合力ばねに作用させる．地盤変位は，地下室部分には地下階の中央レベルの地盤変位を用い，杭体部分は杭頭以深の値を用いる．

5. 計算結果

例図9.7，9.8にN値に基づく基準水平地盤反力係数を用いた場合，および例図9.9，9.10にせん断波速度に基づく基準水平地盤反力係数を用いた場合の応答結果を示す．

計 算 例 —487—

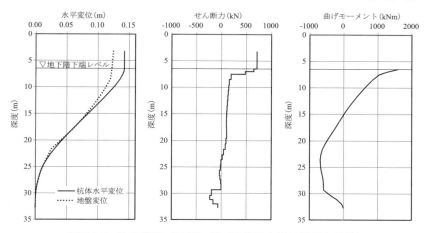

例図 9.7　杭応答図（N 値に基づく基準水平地盤反力係数）

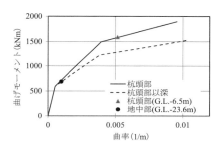

例図 9.8　M-ϕ 関係上の応答値（N 値に基づく基準水平地盤反力係数）

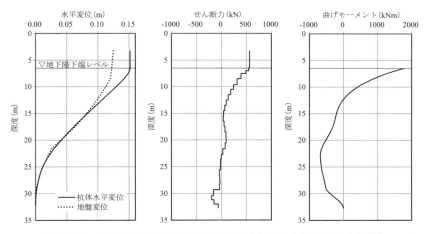

例図 9.9　杭応答図（せん断波速度に基づく基準水平地盤反力係数）

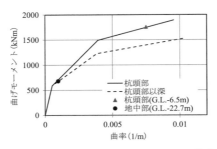

例図 9.10　M-ϕ 関係上の応答値（せん断波速度に基づく基準水平地盤反力係数）

[計算例10]　6.6節　液状化の可能性がある場所打ち杭の水平抵抗

1. 計算例の概要

　液状化の可能性がある地盤に建つ杭基礎建物の場所打ち杭について，レベル2地震荷重に対する水平抵抗の計算例を示す．対象とする建物と地盤は，計算例3で扱ったものと同一であり，これらの概要は計算例3に示されているが，補足する情報として，杭伏図を例図10.1に示す．計算例3の地震外力の向きは例図10.1のX方向であり，Y方向6フレームのうち1フレームを取り出して，変動軸力の大きな両側柱直下の杭2本（押込み側と引抜き側）について検討する．押込み側と引抜き側の杭の水平抵抗は，それぞれ，例図10.2に示す単杭モデルの応答変位法により算定する．この際，2本の杭頭は剛な基礎梁で連結されているものとして，杭頭に等水平変位条件を課すことで，2本杭フレームモデルと同等の解析とする．

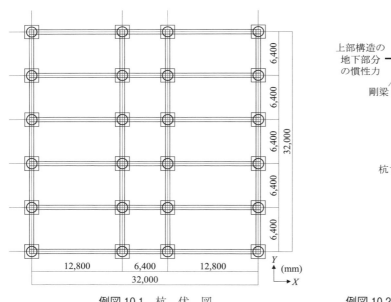

例図 10.1　杭伏図　　　　例図 10.2　杭の応力解析モデル

2. 上部構造の地上部分と地下部分の慣性力および地盤の水平変位の組合せ

　計算例3より，レベル2地震荷重に対応する上部構造の地上部分の1階の層せん断力（慣性

例表 10.1　上部構造の地上部分と地下部分の慣性力および地盤の水平変位の組合せ

解析ケース名称	上部構造の地上部分の等価周期 T_b と地盤の等価周期 T_g の関係	上部構造の地上部分の慣性力（×16 830 kN）	上部構造の地下部分の慣性力（×7 430 kN）	杭1本あたり杭頭水平力（再配分前）(kN)	基礎底深さでの上部構造の転倒モーメント（×408 000 kNm）	杭1本あたり変動軸力(kN)	押込み側（前方杭）軸力(kN)	引抜き側（後方杭）軸力(kN)	地盤の水平変位（×例表3.2）
11		1.0	+0.5	+856	1.0	2 125	5 653	1 403	+0.5
12	$T_b > T_g$	0.5	+1.0	+661	0.5	1 063	4 591	2 465	+1.0
13		1.0	−0.5	+547	1.0	2 125	5 653	1 403	−0.5
14		0.5	−1.0	+41	0.5	1 063	4 591	2 465	−1.0
20	$T_b < T_g$	1.0	+1.0	+1 011	1.0	2 125	5 653	1 403	+1.0

［注］　表中の＋または−の符号は，上部構造の地上部分の慣性力に対して，同方向または逆方向の作用を意味する．

力）は $Q_{n1}=16\,830$ kN，上部構造の地下部分の慣性力は $Q_f=7\,430$ kN，基礎底深さでの上部構造の転倒モーメントは $M_b=408\,000$ kNm，上部構造の地上部分の等価固有周期は $T_b=1.76$ s である．また，液状化の影響を考慮した地盤の水平変位は例表 3.2 に示されており，その等価固有周期は $T_g=1.45$ s である．ここで，表 6.6.2 および図 6.6.7 の解説に照らして，$T_b/T_g=1.76/1.45=1.21$（≒1）となるが，液状化地盤の等価固有周期の評価には未だ大きな不確実性が含まれると考えられる．このため，上部構造の地上部分と地下部分の慣性力および地盤の水平変位の組合せは，図 6.6.7 に示された 5 ケースのすべての解析を想定し，例表 10.1 のとおりとする．

　例表 10.1 において，杭 1 本あたり杭頭水平力，杭 1 本あたり変動軸力，押込み側および引抜き側の杭の軸力は，例えば，解析ケース 14（上部構造の地上部分の慣性力：0.5 倍，地下部分の慣性力：−1.0 倍）の場合，以下のように算定される．なお，押込み側および引抜き側の杭は，上部構造の地上部分の慣性力の向きに対して，それぞれ，前方の杭および後方の杭を指すものとする．

　上部構造の地上部分と地下部分の慣性力の和は，$16\,830 \times 0.5 + 7\,430 \times (-1.0) = 985$ kN である．これが 24 本の杭頭に等しく配分されると仮定して，杭 1 本あたり杭頭水平力は，985/24＝41 kN となる．ただし，後述する杭の応力解析において，押込み側と引抜き側の杭頭水平変位を等しくするため，この水平力は両方の杭頭に再配分される．

　基礎底深さでの上部構造の転倒モーメント 408 000 kNm を Y 方向 6 フレーム（いずれも最大杭間水平距離 32 m）で受け持つと仮定する．上部構造の地上部分の慣性力を 0.5 倍すると，転倒モーメントも概ね 0.5 倍となるので（地下部分の慣性力を −1.0 倍することが転倒モーメントに与える影響は小さいため），杭 1 本あたり変動軸力は，$408\,000 \times 0.5/6/32 = 1\,063$ kN とする．杭 1 本あたり常時軸力は，上部構造の地上部分の常時重量 64 960 kN と地下部分の常時重量 19 700 kN の和が 24 本の杭頭に等しく配分されると仮定して，$(64\,960 + 19\,700)/24 = 3\,528$ kN となるから，押込み側の杭の軸力は $3\,528 + 1\,063 = 4\,591$ kN，引抜き側の杭の軸力は $3\,528 - 1\,063 = 2\,465$ kN とする．

3. 杭の曲げモーメントと曲率の関係
　（1）　杭の仕様
　・場所打ち鉄筋コンクリート杭
　・杭径 $B=1.5$ m，杭長 $L=37.5$ m（打設深さ 2.0〜39.5 m）
　・コンクリート：設計基準強度 $F_c=27$ N/mm^2，ヤング係数 $E_c=2.4\times10^4$ N/mm^2，圧縮限界ひずみ 0.3 %
　・鉄筋：主筋 30-D29（SD345），主筋配置径 1.2 m，せん断補強筋 D16@150（降伏強度 $\sigma_{wy}=295$ N/mm^2）
　（2）　杭の断面力解析
　前述の仕様に基づいて，コンクリートおよび鉄筋の応力-ひずみ関係をバイリニア型にモデル化し，平面保持仮定に基づく杭の断面力解析を行って，曲げモーメントと曲率の関係（M-ϕ 関係）を設定する．この際，杭断面に作用する軸力は，例表 10.1 より，押込み側（前方杭）で 5 653 kN および 4 591 kN，引抜き側（後方杭）で 2 465 kN および 1 403 kN とする．各軸力下での断面力解析から得られた杭の M-ϕ 関係を例図 10.3 に破線で示す．これらを，コンクリートひび割れ時，主筋引張降伏時，コンクリート圧縮限界時を折れ点とする直線〔例図 10.3 の実線〕に簡略化して，後述する応答変位法の解析に用いる．

4. 水平地盤ばね
　例表 3.1 の地盤モデルを深さ方向 1 m 間隔で離散化し，各層の地盤条件に基づいて，式 6.6.9〜6.6.13 および式 3.2.21〜3.2.22 により，図 6.6.11 および図 3.2.12 に示される水平地盤ばね（水平地盤反力度と杭-地盤の相対変位の関係）を設定する．この際，前方杭と後方杭に対して，図 6.6.19 に示される群杭効果を考慮する．すなわち，群杭効果を考慮した基準水平地盤反力係数 k_{h0}，塑性水平地盤反力度 p_y，および地盤の液状化の影響を評価する．

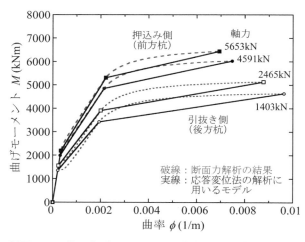

例図 10.3　杭の曲げモーメントと曲率の関係（M-ϕ 関係）

（1） 群杭効率 e と水平地盤反力係数に群杭の影響を考慮する係数 ξ

6.6 節 3. の解説に従って，例図 10.1 より，32 m×32 m の範囲で杭本数 24→25（＝5×5）の正方形配置された等間隔の群杭に置換して評価する．杭間隔 R＝32/(5−1)＝8 m（杭間隔比 R/B＝8/1.5＝5.3）として，式 6.6.16 および式 6.6.17 より，群杭効率 e および水平地盤反力係数に群杭の影響を考慮する係数 ξ は，

$$e=\frac{1.2}{25^{0.65/5.3}}=0.81 \;\rightarrow\; \xi=e^{4/3}=0.76$$

なお，塑性水平地盤反力度に群杭の影響を考慮する係数 κ, μ, λ は後述する．

（2） 基準水平地盤反力係数 k_{h0}

式 6.6.12 により，基準水平地盤反力係数 k_{h0} を算定する．例えば，基礎梁の直下（深さ 2〜3 m）の砂質土（標準貫入試験 N 値 ＝3）について，この地層の基準水平地盤反力係数 k_{h0} は，前方杭と後方杭のいずれに対しても，

$$k_{h0}=\alpha\xi E_0\bar{B}^{-3/4}=80\times0.76\times(700\times3)\times(1.5/0.01)^{-3/4}=2\,979\ \text{kN/m}^3$$

なお，本指針では，標準貫入試験 N 値から地盤の変形係数 E_0 を評価する方法は，原則として砂質土に適用するとされているが，ここでは，粘性土の変形係数 E_0 が適切な試験等により得られていないものとして，粘性土にも準用する．

（3） 塑性水平地盤反力度 p_y

a）砂 質 土

式 6.6.18 および表 6.6.3 により，砂質土の塑性水平地盤反力度 p_y を算定する．この際，砂質土の内部摩擦角 ϕ は，式 2.7.1（大崎の提案式[2.7.4]）を用いて，N 値より仮定する．また，砂質土の塑性水平地盤反力度に群杭の影響を考慮する係数 κ は，

前方杭：$\kappa=3$

後方杭：$\kappa=(0.55-0.007\phi)\times(5.3-1)+0.4=2.8-0.03\phi$ （ただし，$\kappa\leqq3$）

b）粘 性 土

式 6.6.19〜6.6.20 および表 6.6.4 により，粘性土の塑性水平地盤反力度 p_y を算定する．この際，粘性土の非排水せん断強さ c_u は，一軸圧縮強さ q_u の試験値が例表 3.1 の各層で得られているものとして，$c_u=q_u/2$ の関係から求める．また，粘性土の塑性水平地盤反力度に群杭の影響を考慮する係数 μ, λ は，R/B＝5.3≧3.0 より，前方杭と後方杭のいずれに対しても，μ＝1.4, λ＝9 とする．

（4） 地盤の液状化の影響

深さ 3〜8 m の地層では，地盤の液状化の影響を考慮する．そのため，式 3.2.21 および式 3.2.22 により，基準水平地盤反力係数 k_{h0} と塑性水平地盤反力度 p_y に図 3.2.13 の低減率 β_L を乗じる（塑性水平地盤反力度 p_y の低減率 $\alpha_L=\beta_L$ とする）．この β_L の値は，例表 3.3 の補正 N 値 N_a＝10〜15 程度より，0.1 と仮定する．

以上より算定された前方杭と後方杭に対する基準水平地盤反力係数 k_{h0} と塑性水平地盤反力度 p_y（地盤の液状化の影響を含む）を，計算に用いた地盤定数とともに例表 10.2 に示す．

例表 10.2　前方杭と後方杭に対する基準水平地盤反力係数と塑性水平地盤反力度
（地盤の液状化の影響を含む）

地下水位：3.0 m

層番号	層厚 (m)	土質	N値	単位体積重量 γ (kN/m³)	層中央深さの有効上載圧 $\sigma_z{}'$ (kN/m²)	液状化による低減率 β_L	群杭の影響を考慮する係数 ξ	基準水平地盤反力係数 k_{h0} (kN/m³)	砂質土 内部摩擦角 ϕ (度)	砂質土 受働土圧係数 K_P	砂質土 塑性水平地盤反力度 p_y (kN/m²) 前方杭	砂質土 塑性水平地盤反力度 p_y (kN/m²) 後方杭	粘性土 非排水せん断強さ c_u (kN/m²)	粘性土 塑性水平地盤反力度 p_y (kN/m²)
1	1.0	表土	18	14.7	7.4		0.76	17 873	34.0	3.53	77.9	46.2		
2	1.0		18	14.7	22.1		0.76	17 873	34.0	3.53	233.7	138.7		
3	1.0	シルト混じり砂	3	14.7	36.8		0.76	2 979	22.7	2.26	249.2	175.9		
4	1.0		3	17.6	47.9	0.1	0.76	298	22.7	2.26	32.5	22.9		
5	1.0		5	17.6	55.5	0.1	0.76	496	25.0	2.46	41.0	28.0		
6	1.0		4	17.6	63.1	0.1	0.76	397	23.9	2.37	44.8	31.1		
7	1.0		10	17.6	70.7	0.1	0.76	993	29.1	2.90	61.5	39.5		
8	1.0		8	17.6	78.3	0.1	0.76	794	27.6	2.73	64.2	42.1		
9	1.0	砂混じりシルト	5	15.7	85.0		0.76	4 965					48	432
10	1.0		8	15.7	90.7		0.76	7 944					48	432
11	1.0		8	15.7	96.4		0.76	7 944					48	432
12	1.0	シルト	7	15.7	102.1		0.76	6 951					19	171
13	1.0		4	15.7	107.8		0.76	3 972					19	171
14	1.0		4	15.7	113.5		0.76	3 972					19	171
15	1.0		3	15.7	119.2		0.76	2 979					19	171
16	1.0		4	15.7	124.9		0.76	3 972					19	171
17	1.0		3	15.7	130.6		0.76	2 979					19	171
18	1.0		3	15.7	136.3		0.76	2 979					19	171
19	1.0		3	15.7	142.0		0.76	2 979					19	171
20	1.0		4	15.7	147.7		0.76	3 972					19	171
21	1.0		4	15.7	153.4		0.76	3 972					19	171
22	1.0		3	15.7	159.1		0.76	2 979					19	171
23	1.0		3	15.7	164.8		0.76	2 979					19	171
24	1.0	砂質シルト	5	15.7	170.5		0.76	4 965					55	495
25	1.0		7	15.7	176.2		0.76	6 951					55	495
26	1.0		9	15.7	181.9		0.76	8 937					55	495
27	1.0		10	15.7	187.6		0.76	9 930					55	495
28	1.0		9	15.7	193.3		0.76	8 937					55	495
29	1.0		11	15.7	199.0		0.76	10 923					55	495
30	1.0	細砂	43	17.6	205.6		0.76	42 697	44.3	5.64	3 478.0	1 704.5		
31	1.0		50	17.6	213.2		0.76	49 648	46.6	6.32	4 043.5	1 888.7		
32	1.0		48	17.6	220.8		0.76	47 662	46.0	6.12	4 054.6	1 919.8		
33	1.0		50	17.6	228.4		0.76	49 648	46.6	6.32	4 331.8	2 023.4		
34	1.0	砂混じりシルト	12	17.6	236.0		0.76	11 916					70	630
35	1.0		13	17.6	243.6		0.76	12 909					70	630
36	1.0		12	17.6	251.2		0.76	11 916					70	630
37	1.0		13	17.6	258.8		0.76	12 909					70	630
38	1.0		14	17.6	266.4		0.76	13 901					70	630
39	1.0	砂礫	60	19.6	275.0		0.76	59 578	49.6	7.40	6 107.8	2 668.7		
40	1.0		60	19.6	284.6		0.76	59 578	49.6	7.40	6 321.1	2 761.8		

5. 土圧合力ばね

例図 3.1 より，上部構造の地下部分（地表から根入れ深さ $D_f=2$ m までの基礎梁の部分）に作用する土圧を考慮して，式 4.3.16〜4.3.19 および図 4.3.10 に示される土圧合力ばねを設定する．杭 1 本あたりが土圧を受け持つ地下部分の幅を $B_f=32/24=1.33$ m として，土圧合力ばね（土圧合力 P_{Et}（kN）と基礎梁-地盤の相対変位 $\bar{y}$（m）の関係）は，次式で表される．

$$P_{Et}=\frac{(1-0.1)\bar{y}}{2\times 0.05 D_f \times 0.1+(1-3\times 0.1)|\bar{y}|}P_{P0}=\frac{90\bar{y}}{2+70|\bar{y}|}P_{P0} \quad (ただし，|P_{Et}|\leq P_{P0})$$

ここに，式 4.3.18〜4.3.19 および例表 10.1 より，

$$P_{P0}=\int_0^{D_f}(K_P-K_0)\sigma_z'B_f dz$$
$$=(3.53-0.5)\times 7.4\times 1.33\times 1.0+(3.53-0.5)\times 22.1\times 1.33\times 1.0=119 \text{ kN}$$

6. 応答変位法による杭応力評価

上記の 2. で設定した杭頭水平力と軸力および地盤の水平変位の組合せ（例表 10.1 の 5 つの解析ケース）に対して，3.，4.，5. で設定した杭の曲げモーメントと曲率の関係，水平地盤ばね，土圧合力ばねを有する単杭モデルの応答変位法により，レベル 2 地震荷重時の押込み側と引抜き側の杭応力（曲げモーメントとせん断力）を算定する．この際，水平地盤ばねは，杭頭（深さ 2.0 m）から杭先端（深さ 39.5 m）まで 0.5 m 間隔で取り付け，杭頭の境界条件は回転拘束，杭先端の境界条件はピンローラーとする．また，前述したように，2 本杭フレームモデルと同等の解析とするため，押込み側と引抜き側の単杭モデルの解析で得られる杭頭水平変位が等しくなるよう，作用させる杭頭水平力を例表 10.1 の値から再配分する．この再配分の計算は，生じる杭頭せん断力が押込み側（前方杭）＞引抜き側（後方杭）となる範囲で，試行錯誤により同定する．なお，応答変位法の解法は，系の力の釣合い（式 6.6.1 の微分方程式）については有限差分法，系の非線形性（杭の曲げモーメントと曲率の関係，水平地盤ばね，土圧合力ばねの非線形性）に

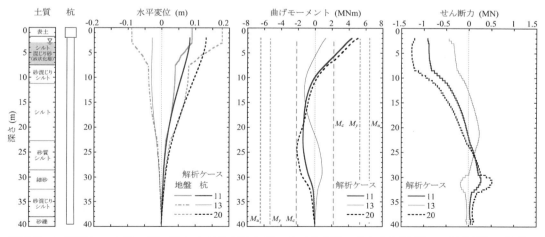

例図 10.4 解析ケース 11，13，20 における押込み側の杭（前方杭：軸力 5 653 kN）の水平変位，曲げモーメント，せん断力の深さ方向分布

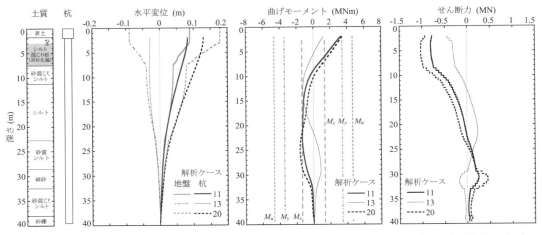

例図 10.5 解析ケース 11, 13, 20 における引抜き側の杭（後方杭：軸力 1 403 kN）の水平変位，曲げモーメント，せん断力の深さ方向分布

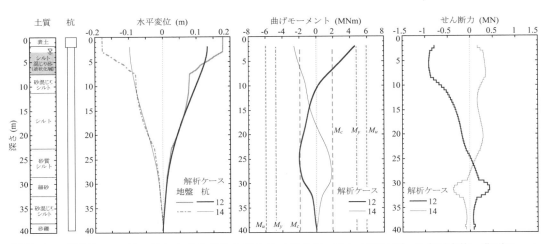

例図 10.6 解析ケース 12, 14 における押込み側の杭（前方杭：軸力 4 591 kN）の水平変位，曲げモーメント，せん断力の深さ方向分布

ついては直接反復法を用いる．

例図 10.4～10.7 に，解析で得られた杭の水平変位，曲げモーメント，せん断力の深さ方向分布を，押込み側（前方杭）と引抜き側（後方杭）の軸力ごとに整理して示す．曲げモーメント図中の M_c, M_y, M_u は，それぞれ，杭の M-ϕ 関係（例図 10.3）におけるコンクリートひび割れ時，主筋引張降伏時，コンクリート圧縮限界時の値を意味している．一方，せん断耐力 Q_u については，杭の円形断面を等価な長方形断面に置換して求めた評価式〔RC 基礎部材指針（案）[6.6.36] の式 5.4.3〕によれば，最小軸力 1 403 kN の場合，杭の施工の品質管理に係わる係数 $\xi=0.75$ として，

$$Q_u = \left\{ \frac{0.053 p_t^{0.23}(18+\xi F_c)}{M/Qd+0.12} + 0.85\sqrt{p_w \sigma_{wy}} + 0.1\sigma_0 \right\} \frac{7}{8} bd = 2\,127 \text{ kN}$$

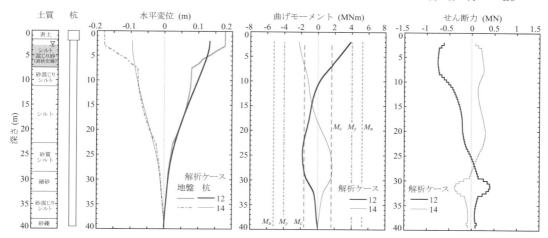

例図10.7 解析ケース12, 14における引抜き側の杭（後方杭：軸力2465 kN）の水平変位，曲げモーメント，せん断力の深さ方向分布

となるが，ここで算定された杭の最大せん断力は，いずれも1500 kN 未満である．なお，上式における各変数の意味と値は下記のとおり．

$$\text{有効幅 } b = \frac{\pi}{4}B = \frac{3.14 \times 1\,500}{4} = 1\,178 \text{ mm}, \quad \text{有効せい } d = 0.9B = 0.9 \times 1\,500 = 1\,350 \text{ mm},$$

$$\text{引張鉄筋比 } p_t = \frac{30 \times (\pi/4) \times 29^2}{4 \times 1\,178 \times 1\,350} = 0.311\%, \quad \text{せん断補強筋比 } p_w = \frac{(\pi/4) \times 16^2}{1\,178 \times 150} = 0.00114,$$

$$\text{平均軸方向応力度 } \sigma_0 = \frac{1\,403 \times 1\,000}{1\,178 \times 1\,500} = 0.794 \text{ N/mm}^2, \quad \text{せん断スパン比 } M/Qd = 1.5$$

[計算例11]　7.2節，7.3節　パイルド・ラフト基礎の沈下量と鉛直荷重分担率

例図11.1，例図11.2 および例表11.1に示すパイルド・ラフト基礎を採用した免震構造の建物

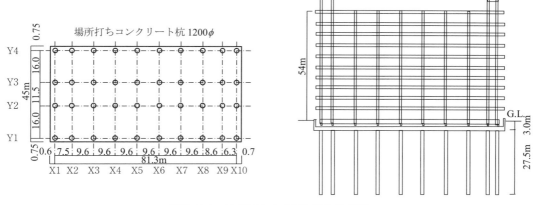

例図11.1　杭伏図およびY2通り軸組図

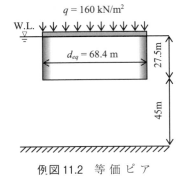

例図 11.2 等価ピア

例表 11.1 地盤定数一覧

z (m)	土質名	γ (kN/m³)	V_s (m/s)	G (kN/m²)	$G_s=$ $0.4×G$	ν_s	E_s (kN/m²)
3～5	砂	17	220	$8.39×10^4$	$3.36×10^4$	0.3	$8.74×10^4$
～12	砂	17	260	$1.17×10^5$	$4.68×10^4$	0.3	$1.22×10^5$
～27	粘土	17	340	$2.00×10^5$	$8.00×10^4$	0.3	$2.08×10^5$
～30.5	砂	17	420	$3.06×10^5$	$1.22×10^5$	0.3	$3.17×10^5$
～32	砂	17	420	$3.06×10^5$	$1.22×10^5$	0.3	$3.17×10^5$
～35	砂礫	17	370	$2.37×10^5$	$9.48×10^4$	0.3	$2.46×10^5$
～47	砂礫	17	440	$3.36×10^5$	$1.34×10^5$	0.3	$3.48×10^5$
～75.5	砂	17	570	$5.63×10^5$	$2.25×10^5$	0.3	$5.85×10^5$

について，基礎の沈下量と鉛直荷重分担率を，ランドルフの方法および土屋らの方法を用いて算定する．

常時荷重 $q=160\,\mathrm{kN/m^2}$，建物面積 $A_g=B×L=45×81.3=3\,660\,\mathrm{m^2}$，杭長 $L_p=27.5\,\mathrm{m}$，杭先端から剛と見なせる基盤までの距離 $h=45.0\,\mathrm{m}$（＝建物短辺幅を沈下影響範囲と仮定），地盤のせん断剛性 G_s はひずみ依存性による剛性低下率を 0.4 とする．

1. 準備計算（共通）

（1）等価ピアへの置換

等価ピアの直径 d_{eq} は，式 7.3.3 より，

$$d_{eq}=1.13\sqrt{A_g}=1.13\sqrt{45×81.3}=68.4\,\mathrm{m}$$

等価ピア周囲の地盤のせん断剛性 G_{ave} は，

$$G_{ave}=(2×3.36×10^4+7×4.68×10^4+15×8.00×10^4+3.5×1.22×10^5)/27.5$$
$$=7.35×10^4\,\mathrm{kN/m^2}$$

等価ピア周囲の地盤のポアソン比 $\nu_s=0.3$

等価ピア周囲の地盤の変形係数 E_s は，式 5.3.12 より，

$$E_s=G_{ave}×2×(1+\nu_s)=1.91×10^5\,(\mathrm{kN/m^2})$$

等価ピア先端深度地盤のせん断剛性 $G_{Lp}=1.22×10^5\,\mathrm{kN/m^2}$

杭のコンクリート強度 $F_c=24\,\mathrm{N/mm^2}$ とし，ヤング率 E_p と $1\,200\phi×40$ 本の断面積 A_p より，

$$E_p=3.35×10^4×(23/24)^2×(24/60)^{1/3}×1\,000=2.27×10^7\,\mathrm{kN/m^2}$$
$$A_p=1.2^2×\pi/4×40=45.3\,\mathrm{m^2}$$

等価ピアの等価変形係数 E_{eq} は，式 7.3.4 より，

$$E_{eq}=E_s+(E_p-E_s)A_p/A_g=1.91×10^5+(2.27×10^7-1.91×10^5)×45.3/3\,660$$
$$=4.70×10^5\,\mathrm{kN/m^2}$$

（2）ラフトの鉛直ばね係数 K_r

例表 11.2 に示すように，G.L.$-3.0\,\mathrm{m}$ 以深にて，スタインブレンナーの方法により直接基礎の沈下量を算定し，式 7.3.18 より，ラフトの平均鉛直ばね定数 K_r を得る．

計　算　例　— 497 —

例表 11.2　平均鉛直ばね定数の算定

i	H_i (m)	E_s (kN/m²)	ν_s	d	F_1	F_2	$I_S\ (H_k, \nu_{sk})$	$I_S\ (H_{k-1}, \nu_{sk})$	ΔI_S	S_{Ei} (m)
1	2	8.74×10^4	0.3	0.0889	0.00143	0.0208	0.0121	0	0.0121	0.0005
2	9	1.22×10^5	0.3	0.400	0.0271	0.0723	0.0622	0.0121	0.0501	0.0015
3	24	2.08×10^5	0.3	1.07	0.140	0.107	0.183	0.0622	0.120	0.0021
4	27.5	3.17×10^5	0.3	1.22	0.168	0.107	0.209	0.183	0.0259	0.0003
5	29	3.17×10^5	0.3	1.29	0.180	0.107	0.219	0.209	0.0107	0.0001
6	32	2.46×10^5	0.3	1.42	0.203	0.106	0.240	0.219	0.0205	0.0003
7	44	3.48×10^5	0.3	1.96	0.285	0.0978	0.310	0.240	0.0703	0.0007
8	72.5	5.85×10^5	0.3	3.22	0.418	0.0746	0.419	0.310	0.109	0.0007

$\Sigma S_{Ei}=$　0.0062　　　　　平均沈下量 $w = 4\Sigma S_{Ei}\ (\pi/4) =$　0.0194

$$K_r = \frac{qBL}{w} = \frac{160 \times 45 \times 81.3}{0.0194} = 3.02 \times 10^7\ \text{kN/m}$$

（3）　等価ピア先端以深の鉛直ばね係数 K_b

　例表 11.3 に示すように等価ピア先端を基礎底と考えて沈下量を求め，等価ピア先端以深の鉛直ばね係数 K_b を，7.3 節 2.（1）b）（i）のスタインブレナーの近似解で沈下剛性を求める考え方および式例 11.1 より変形係数 E_b を，式 5.3.12 よりせん断剛性 G_b を得る．

$$K_b = \frac{qBL}{w} = \frac{160 \times 45 \times 81.3}{0.0080} = 7.32 \times 10^7\ \text{kN/m}$$

$$E_b = q/\varepsilon = qH_k/w = 160 \times 45 / 0.0080 = 9.00 \times 10^5\ \text{kN/m}^2 \qquad (例\ 11.1)$$

$$G_b = E_b/(2(1+\nu_b)) = 9.00 \times 10^5 / (2 \times (1+0.3)) = 3.46 \times 10^5\ \text{kN/m}^2$$

例表 11.3　等価ピア先端以深の鉛直ばね定数の算定

i	H_i (m)	E_s (kN/m²)	ν_s	d	F_1	F_2	$I_S\ (H_k, \nu_{sk})$	$I_S\ (H_{k-1}, \nu_{sk})$	ΔI_S	S_{Ei} (m)
1	1.5	3.17×10^5	0.3	0.0667	0.000807	0.0159	0.00898	0	0.00898	0.0001
2	4.5	2.46×10^5	0.3	0.200	0.00714	0.0428	0.0288	0.00898	0.0198	0.0003
3	16.5	3.48×10^5	0.3	0.733	0.0789	0.0985	0.123	0.0288	0.0942	0.0010
4	45	5.85×10^5	0.3	2.00	0.291	0.0969	0.315	0.123	0.192	0.0012

$\Sigma S_{Ei}=$　0.0025　　　　　平均沈下量 $w = 4\Sigma S_{Ei}\ (\pi/4) =$　0.0080

2.　ランドルフの方法

　各種係数を式 7.3.5〜式 7.3.10 より定め，等価ピアの群杭としての鉛直ばね K_p を算出する．

$$\rho = G_{ave}/G_{Lp} = 7.35 \times 10^4 / 1.22 \times 10^5 = 0.602$$

$$\xi = G_{Lp}/G_b = 1.22 \times 10^5 / 3.46 \times 10^5 = 0.353$$

－498－　建築基礎構造設計指針

$$\zeta = \ln\{5 + [0.25 + (2.5\rho(1-\nu_s) - 0.25)\xi]2L_p/d_{eq}\}$$

$$= \ln\{5 + [0.25 + (2.5 \times 0.602 \times (1-0.3) - 0.25) \times 0.353] \times 2 \times 27.5/68.4\} = 1.69$$

$$\lambda = E_{eq}/G_{Lp} = 4.70 \times 10^5 / 1.22 \times 10^5 = 3.85$$

$$\mu L_p = 2\sqrt{2/\zeta\lambda}\,(L_p/d_{eq}) = 2\sqrt{2/1.69/3.85} \times (27.5/68.4) = 0.446$$

$$\tanh(\mu L_p) = 0.419$$

上記より，

$$K_p = \frac{\dfrac{2}{(1-\nu_s)\xi} + \dfrac{2\pi\rho}{\zeta}\dfrac{\tanh(\mu L_p)}{\mu L_p}\dfrac{L_p}{d_{eq}}}{1 + \dfrac{8}{\pi\lambda(1-\nu_s)\xi}\dfrac{\tanh(\mu L_p)}{\mu L_p}\dfrac{L_p}{d_{eq}}}d_{eq}G_{Lp}$$

$$= \frac{\dfrac{2}{(1-0.3)\times 0.353} + \dfrac{2\pi \times 0.602}{1.69} \times \dfrac{0.419}{0.446} \times \dfrac{27.5}{68.4}}{1 + \dfrac{8}{\pi \times 3.85 \times (1-0.3) \times 0.353} \times \dfrac{0.419}{0.446} \times \dfrac{27.5}{68.4}} \times 68.4 \times 1.22 \times 10^5$$

$$= 3.71 \times 10^7 \text{ kN/m}$$

（1）　適用範囲の確認

$$K_p/K_r = 3.71/3.02 = 1.23 \geqq 0.8$$

より，簡易計算法の適用範囲である．

（2）　平均沈下量と杭頭荷重分担率の算定

パイルド・ラフト基礎の平均鉛直ばね定数 K_{pr} は，式 7.3.1 より，

$$K_{pr} = \frac{1 - 0.6(K_r/K_p)}{1 - 0.64(K_r/K_p)}K_p = \frac{1 - 0.6 \times (3.02/3.71)}{1 - 0.64 \times (3.02/3.71)} \times 3.71 \times 10^7 = 3.96 \times 10^7 \text{ kN/m}$$

平均沈下量 w_{ave} は，7.3 節 2．（1）d）の考え方から，式例 11.2 より，

$$w_{ave} = w \times K_r/K_{pr} = 0.0194 \times 3.02/3.96 = 0.015 \text{ m} \tag{例 11.2}$$

また，杭頭荷重分担率は，式 7.3.2 より，

$$\frac{P_p}{P} = \frac{1 - 0.8(K_r/K_p)}{1 - 0.6(K_r/K_p)} = \frac{1 - 0.8 \times (3.02/3.71)}{1 - 0.6 \times (3.02/3.71)} = 0.68 = 68\,\%$$

3.　土屋らの方法

ピア周面から外側に生じる円環状のせん断変形に起因するばね係数 K_s は，式 7.3.12 より，

$$K_s = \frac{\pi E_s L_p}{\zeta(1+\nu_s)} = \frac{\pi \times 1.91 \times 10^5 \times 27.5}{1.69 \times (1+0.3)} = 0.751 \times 10^7 \text{ kN/m}$$

ピアの圧縮性を考慮したばね係数 K_c は，式 7.3.16，式 7.3.17 より，

$$K_c = \frac{K_s + K_b}{K_s/2 + K_b} \times \frac{E_{eq}A_g}{L_p} = \frac{0.751 \times 10^7 + 7.32 \times 10^7}{0.751 \times 10^7/2 + 7.32 \times 10^7} \times \frac{4.70 \times 10^5 \times 3\,660}{27.5}$$

$$= 1.05 \times 6.26 \times 10^7 = 6.57 \times 10^7 \text{ kN/m}$$

等価ピアの鉛直ばね係数 K_p は，式 7.3.11 より，

$$K_p = \frac{(K_s + K_b)K_c}{K_s + K_b + K_c} = \frac{(0.751 \times 10^7 + 7.32 \times 10^7) \times 6.57 \times 10^7}{0.751 \times 10^7 + 7.32 \times 10^7 + 6.57 \times 10^7} = 3.62 \times 10^7 \text{ kN/m}$$

（1）　適用範囲の確認

$K_p/K_r=3.62/3.02=1.20$　→　$0.5\leq K_p/K_r\leq3.0$ より，文献 7.3.4）に示す簡易計算法の適用範囲である．

（2）　平均沈下量と杭頭荷重分担率の算定

ラフトに対するパイルド・ラフト基礎の鉛直ばね係数比 R およびパイルド・ラフト基礎の杭頭荷重分担率 Ψ は，文献 7.3.4）に示される式例 11.3 および式例 11.4 より算定する．

$$R=\frac{K_{pr}}{K_r}=\frac{1}{4}\left(\frac{K_p}{K_r}\right)^2+1 \tag{例 11.3}$$

$$\Psi=\frac{P_p}{P_r+P_p}=\exp\left\{-0.7\left(\frac{K_p}{K_r}\right)^{-2.6}\right\} \tag{例 11.4}$$

パイルド・ラフト基礎の平均沈下量 w_{ave} は，7.3 節 2.（1）d）の考え方から，式例 11.2 および式例 11.3 より，

$$w_{ave}=w\times K_r/K_{pr}=w/R=0.0194/\left\{\frac{1}{4}\times\left(\frac{3.62\times10^7}{3.02\times10^7}\right)^2+1\right\}=0.014\,\mathrm{m}$$

パイルド・ラフト基礎の杭頭荷重分担率 Ψ は，式例 11.4 より，

$$\Psi=\exp\left\{-0.7\times\left(\frac{3.62\times10^7}{3.02\times10^7}\right)^{-2.6}\right\}=0.65=65\,\%$$

[計算例 12]　7.4 節　パイルド・ラフト基礎の水平抵抗

1.　計 算 条 件

対象の建物は，計算例 11 と同じとする．ここでは，ラフト底面摩擦に伴う地盤の水平変位 $\delta g(z)$ により生じる杭の曲げモーメントを算定する．

水平抵抗検討用として，沈下および鉛直荷重分担率の算定と異なる点を以下に示す．

①　地盤のポアソン比は，地下水位以深かつ動的問題のため 0.49 とする．

②　地盤の剛性低下率は，図 7.4.13 を参考に 0.2 とする．

2.　基礎底面の水平抵抗

基礎底面における地盤の摩擦抵抗を以下のように考える．

地盤の摩擦抵抗 ＝ 有効接地圧×摩擦係数×底面積

ここに，有効接地圧：（建物平均接地圧－水圧）×（1－杭の荷重分担率）

建物平均接地圧：160 kN/m²

建物接地面積：3 660 m²

建物荷重＝160×3 660＝585 600 kN

杭の鉛直荷重分担率：0.65～0.68 より 0.7 とする．

摩擦係数：0.5

水圧：0 kN/m²

— 500 —　建築基礎構造設計指針

$$\text{地盤の摩擦抵抗}=160\times(1-0.70)\times0.5\times3\,660=87\,840\ \text{kN}$$

水平荷重は，4.4 節の地震荷重の評価方法に従って設定する．

レベル 1 地震荷重時：　80 000 kN

レベル 2 地震荷重時：104 000 kN

　以上より，基礎底面における地盤の水平抵抗 87 840 kN は，レベル 1 地震荷重時の水平荷重 80 000 kN に対して十分大きい値であり，レベル 1 地震荷重時には滑動しない．しかし，レベル 2 地震荷重時の水平荷重 104 000 kN に対しては 84 ％までしか抵抗することができず，それ以上の荷重では基礎底面が滑動し，杭の水平荷重分担率は 16 ％以上となる．

　以下，簡易法での計算例としてレベル 1 地震荷重に対する杭応力を検討する．

3. 杭応力の検討

（1）簡易式法

　式 7.4.1～7.4.11 を用いて，ラフトから杭への相互作用を考慮した杭応力を求める．

ラフト面積 $A_r=3\,660\ \text{m}^2$

ラフトの等価半径 $r=\sqrt{\dfrac{A_r}{\pi}}=34.13\ \text{m}$

地盤のせん断剛性 $G=0.2G_0$

ポアソン比 $\nu=0.49$

$a=1.49$ （一様地盤の場合）

$b=0.8889$ （一様地盤の場合）

$a'=1.49/r=1.49/34.13=0.0437\ \text{m}^{-1}$

$G=0.2\times83\,900=16\,780\ \text{kN/m}^2$

$E_0=E_{PS}/30=2(1+\nu)G_0/30=2\times(1+0.49)\times83\,900/30=8\,334\ \text{kN/m}^2$

$k_{h0}=80\times E_0\times100B^{-3/4}=80\times8\,334\times120^{-3/4}=18\,389\ \text{kN/m}^3$

（単杭として算定し，隅杭は応力を割増す．）

水平変位 1 mm 相当の $k_h=k_{h0}\times10^{0.5}=18\,389\times10^{0.5}=58\,152\ \text{kN/m}^2$

$EI=22\,700\,000\ \text{kN/m}^2\times0.10179\ \text{m}^4=2\,310\,579\ \text{kNm}^2$

$\beta=\sqrt[4]{Bk_h/4EI}=0.2948\ \text{m}^{-1}$

杭本数 $n=40$

杭の水平荷重分担率 α_p は，式 7.4.8 より，

$$\alpha_p=\frac{-n\dfrac{ab}{r\beta}\left(-\left(\dfrac{a}{r\beta}\right)^3-2+\left(\dfrac{a}{r\beta}\right)^2\right)\left(\dfrac{(r\beta)^4}{4(r\beta)^4+a^4}\right)4EI\beta^3}{\dfrac{2\pi Gr}{2-\nu}-n\dfrac{ab}{r\beta}\left(-\left(\dfrac{a}{r\beta}\right)^3-2+\left(\dfrac{a}{r\beta}\right)^2\right)\left(\dfrac{(r\beta)^4}{4(r\beta)^4+a^4}\right)4EI\beta^3}=0.206$$

ラフト分担水平荷重 F_r および b' は，式 7.4.3，式 7.4.10 より，

$$F_r=80\,000\times(1-0.206)=63\,520\ \text{kN}$$

$$b' = F_r/2\pi Gr \times (2-0.49) \times 0.8889 = 0.0237 \text{ m}$$

杭頭せん断力 Q_0 は，式 7.4.5 より，

$$Q_0 = a'b'\left(-\frac{a'^3}{\beta} - 2\beta^2 + a'^2\right)\left(\frac{4\beta^4}{4\beta^4 + a'^4}\right)EI = -412 \text{ kN}$$

杭頭曲げモーメント M_0 は，式 7.4.7 より，

$$M_0 = a'b'\left(\frac{a'^3}{2\beta^2} + 2\beta - a'\right)\left(\frac{4\beta^4}{4\beta^4 + a'^4}\right)EI = 1\,306 \text{ kNm}$$

（2） コーンモデル法

コーンモデル法を用いて，ラフトから杭への相互作用を考慮した杭応力を求める．

ラフト面積 $A_r = 3\,660 \text{ m}^2$

ラフトの等価半径 $r_{h0} = \eta\sqrt{\dfrac{A_r}{\pi}} = 34.13 \times 0.96 = 32.8 \text{ m}$

（81.3 m/45 m = 1.81，図 7.4.11 より $\eta = 0.96$ とする．）

地盤のせん断剛性 $G = 0.2G_0$

ポアソン比 $\nu = 0.49$

地表からコーン頂点までの距離 Z_{h0} は，式 7.4.14 より，$Z_{h0} = \pi r_{h0}\dfrac{2-\nu}{8} = 19.4$ m

$$\delta_{g0} = \frac{F_r'}{A_r}\frac{Z_{h0}}{G}, \quad \delta_g(z) = \delta_{g0}\frac{Z_{h0}}{z + Z_{h0}}$$

多層地盤なので，層ごとの水平変位増分（層上端変位と下端変位の差）を G/G_i（G_i：当該層のせん断剛性，G：コーンモデルで用いたせん断剛性）倍して足し合わせる．例図 12.1 は，$F_r' = 80\,000$ kN の時の地盤の水平変位である．

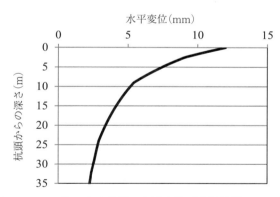

例図 12.1 コーン法による地盤の水平変位（多層地盤，ラフトのみ）

$F_r' = 80\,000$ kN×（1－杭の水平荷重分担率）時の地盤の水平変位，杭頭の水平変位を与条件として，杭頭せん断力を算定し，全本数の杭頭せん断力の和が $80\,000$ kN×杭の分担率となるまで繰返し計算する．梁ばねモデルにおける杭の深度方向の節点と地盤変位作用点の間の地盤反力係数 k_h は，6.6 節〔図 6.6.11〕に従って，杭-地盤相対変位の非線形性を考慮している．

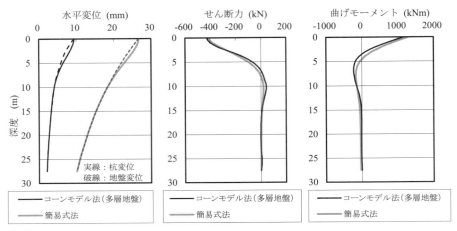

例図 12.2　杭の水平変位とせん断力および曲げモーメントの深さ方向分布

　梁ばねモデルを用いた解析の結果，杭の水平荷重分担率は，21％と算定される．例図12.2に変位代表点における杭の水平変位とせん断力および曲げモーメントの深さ方向分布を示す．なお，隅杭のせん断力および曲げモーメントは，図7.4.3より，変位代表点の値を1.2～1.5倍する．

[計算例13]　8.3節　異種基礎における直接基礎の水平地盤ばね

　異種基礎における，例図13.1に示す直接基礎の水平地盤ばねの算定例を示す．

1. 基礎と地盤の概要
（1）設計条件
　a）基礎形状
　　　$B \times L = 3.0\,\mathrm{m} \times 3.0\,\mathrm{m}$　2基
　　　$B \times L = 3.0\,\mathrm{m} \times 4.0\,\mathrm{m}$　4基
　b）水平力（保有水平耐力時相当）
　　　$Q = 1\,000 \sim 1\,300\,\mathrm{kN/基}$
　c）支持層
　　　土質：洪積粘性土（半無限地盤）
　　　せん断波速度　：$V_s = 250\,\mathrm{m/s}$
　　　ポアソン比　　：$\nu = 0.49$
　　　単位体積重量　：$\gamma = 19\,\mathrm{kN/m^3}$
　　　初期せん断剛性：$G_0 = \dfrac{\gamma V_s^2}{g}$

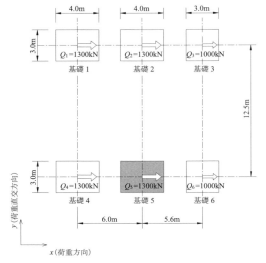

例図 13.1　直接基礎の平面配置

$$= \frac{19 \times 250^2}{9.81} = 1.21 \times 10^5 \,\text{kN/m}^2$$

地盤の剛性低下率：30 %

地盤のせん断剛性：$G = 0.3 \times 1.21 \times 10^5 = 3.63 \times 10^4 \,\text{kN/m}^2$

2. 相互作用を考慮した直接基礎の水平地盤ばね $_RK_i$ の算定

例図 13.1 に示す基礎 1～4 および基礎 6 の水平荷重の影響を考慮した基礎 5 の直接基礎の水平地盤ばねを式 8.3.1～8.3.6 より算定する.

（1） 他の基礎の水平荷重を無視した場合の基礎 5 の水平変位 $_RU_5$ の算定

基礎 5 の辺長比は $2/3 \leqq B_5/L_5 = 0.75 \leqq 3/2$ より，等価断面積の円形基礎（半径：a_5）として算定する.

$$a_5 = \sqrt{\frac{B_5 L_5}{\pi}} = \sqrt{\frac{3.0 \times 4.0}{\pi}} = 1.95 \,\text{m}$$

$$_RU_5 = \frac{2-\nu}{8Ga_5}Q_5 = \frac{2-0.49}{8 \times 3.63 \times 10^4 \times 1.95} \times 1\,300 = 3.46 \times 10^{-3} \,\text{m}$$

（2） 基礎 3 の水平荷重による基礎 5 の水平変位 $_cU_{53}$ の算定

荷重方向が x 方向であることから，荷重方向における基礎間の距離は，

$$\Delta x_{53} = |x_3 - x_5| = |11.6 - 6.0| = 5.6 \,\text{m} \quad \text{となり，}$$

荷重直交方向における基礎間の距離は，

$$\Delta y_{53} = |y_3 - y_5| = |12.5 - 0.0| = 12.5 \,\text{m} \,\text{となる．}$$

$$R_{53} = \sqrt{\Delta x_{53}{}^2 + \Delta y_{53}{}^2} = \sqrt{5.6^2 + 12.5^2} = 13.7 \,\text{m}$$

よって，基礎 3 の水平荷重による基礎 5 の水平変位 $_cU_{53}$ は，

$$_cU_{53} = \frac{Q_3}{2\pi G R_{53}}\left(1-\nu+\frac{\nu \Delta x_{53}{}^2}{R_{53}{}^2}\right)$$

$$= \frac{1\,000}{2\pi \times 3.63 \times 10^4 \times 13.7}\left(1-0.49+\frac{0.49 \times 5.6^2}{13.7^2}\right) = 0.19 \times 10^{-3} \,\text{m}$$

となる．同様に，

$$_cU_{51} = 0.25 \times 10^{-3} \,\text{m}, \quad _cU_{52} = 0.23 \times 10^{-3} \,\text{m}, \quad _cU_{54} = 0.95 \times 10^{-3} \,\text{m}, \quad _cU_{56} = 0.78 \times 10^{-3} \,\text{m}$$

が得られる．

（3） 相互作用を考慮した基礎 5 の水平変位 U_5 および水平地盤ばね $_RK_5$ の算定

$$U_5 = {_RU_5} + \sum_{j=1, j \neq 5}^{6} {_cU_{5j}}$$

$$= 3.46 \times 10^{-3} + (0.25 \times 10^{-3} + 0.23 \times 10^{-3} + 0.19 \times 10^{-3} + 0.95 \times 10^{-3} + 0.78 \times 10^{-3})$$

$$= 5.86 \times 10^{-3} \,\text{m}$$

$$_RK_5 = \frac{Q_5}{U_5} = \frac{1\,300}{5.86 \times 10^{-3}} = 2.22 \times 10^5 \,\text{kN/m}$$

例表 13.1 に各基礎の荷重方向（x 方向）における直接基礎の水平地盤ばねをまとめて示す.

例表 13.1　直接基礎の水平地盤ばね算定結果

基礎 No (i)	$B \times L$ (m)	a_i (m)	Q_i (kN)	$_R U_i$ ($\times 10^{-3}$ m)	$_c U_{i1}$ ($\times 10^{-3}$ m)	$_c U_{i2}$ ($\times 10^{-3}$ m)	$_c U_{i3}$ ($\times 10^{-3}$ m)	$_c U_{i4}$ ($\times 10^{-3}$ m)	$_c U_{i5}$ ($\times 10^{-3}$ m)	$_c U_{i6}$ ($\times 10^{-3}$ m)	U_i ($\times 10^{-3}$ m)	$_R K_i$ (kN/m)
1	3×4	1.95	1 300	3.46	—	0.95	0.38	0.23	0.25	0.19	5.45	238 000
2	3×4	1.95	1 300	3.46	0.95	—	0.78	0.25	0.23	0.19	5.86	222 000
3	3×3	1.69	1 000	3.07	0.49	1.02	—	0.25	0.25	0.18	5.25	190 000
4	3×4	1.95	1 300	3.46	0.23	0.25	0.19	—	0.95	0.38	5.45	238 000
5	3×4	1.95	1 300	3.46	0.25	0.23	0.19	0.95	—	0.78	5.86	222 000
6	3×3	1.69	1 000	3.07	0.25	0.25	0.18	0.49	1.02	—	5.25	190 000

[計算例 14]　9.1 節　免震ピットの立上り壁の応力

例図 14.1 に示す免震ピットの立上り壁について，常時荷重時およびレベル 2 地震荷重時に生じる応力（壁脚部における単位幅あたりのせん断力と曲げモーメント）を算定する．立上り壁の高さは $H=2.0$ m，地下水位は $z_w=0.7$ m，土の単位体積重量は $\gamma=18$ kN/m³，地表面の上載荷重（単位面積あたり）は $q=10$ kN/m² とする．

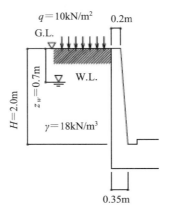

例図 14.1　免震ピット立上り壁の断面図

1. 常時荷重時

立上り壁の側面に作用する土圧は静止土圧（静止土圧係数 $K_0=0.5$），水圧は静水圧とする．地表面の上載荷重による土圧 $_t p_0$ を式例 14.1 により求める．

$$_t p_0 = K_0 q$$
$$= 0.5 \times 10 = 5.0 \text{ kN/m}^2 \tag{例 14.1}$$

また，壁脚部における土圧と水圧の和 $_b p_0$ を，水の単位体積重量 $\gamma_w=10$ kN/m³（地下水位以深の土の有効単位体積重量 $\gamma'=\gamma-\gamma_w=18-10=8$ kN/m³）として，式例 14.2 により求める．

$$_b p_0 = K_0 q + K_0 \{\gamma z_w + \gamma'(H-z_w)\} + \gamma_w(H-z_w)$$
$$= 0.5 \times 10 + 0.5 \times \{18 \times 0.7 + 8 \times (2.0-0.7)\} + 10 \times (2.0-0.7)$$

$$= 5.0 + 11.5 + 13.0 = 29.5 \text{ kN/m}^2 \qquad (例 14.2)$$

立上り壁の側面に作用する土圧と水圧は，例図 14.2（a）に示す深さ方向分布となる．ここでは，安全側の配慮として，両者の和が深さ方向に線形に変化すると仮定し，壁脚部に生じる単位幅あたりのせん断力 Q_L と曲げモーメント M_L を次式により算定する．

$$Q_L = {}_tp_0 H + ({}_bp_0 - {}_tp_0)H/2$$
$$= 5.0 \times 2.0 + (29.5 - 5.0) \times 2.0/2 = 34.5 \text{ kN/m}$$
$$M_L = {}_tp_0 H^2/2 + ({}_bp_0 - {}_tp_0)H^2/6$$
$$= 5.0 \times 2.0^2/2 + (29.5 - 5.0) \times 2.0^2/6 = 26.3 \text{ kNm/m}$$

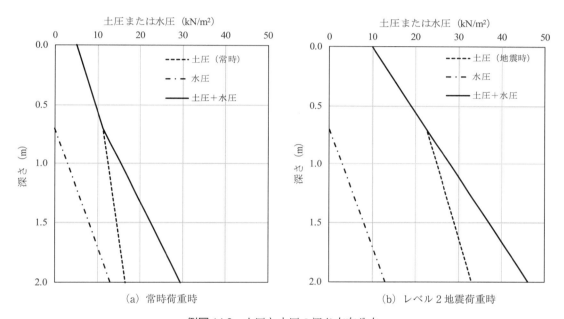

例図 14.2　土圧と水圧の深さ方向分布

2. レベル2地震荷重時

レベル2地震荷重時に立上り壁に生じる応力は，地震時慣性力による応力と地震時土圧および水圧による応力の和とする．

（1） 地震時慣性力による応力

単位断面積あたりの地震時慣性力 w（kN/m²）は，地表面地震動の最大加速度（4.0 m/s²）/重力加速度（9.8 m/s²）に相応する設計用水平震度 $k_h = 0.4$ とし，立上り壁の平均厚さ t_{ave}，コンクリートの単位体積重量 $\gamma_c = 24$ kN/m³ として，立上り壁の平均重量から求める．

$$w = k_h \gamma_c t_{ave} = 0.4 \times 24 \times (0.35 + 0.2)/2 = 2.6 \text{ kN/m}^2$$

地震時慣性力による壁脚部の単位幅あたりのせん断力 ${}_bQ_S$ と曲げモーメント ${}_bM_S$ は次式となる．

$${}_bQ_S = wH = 2.6 \times 2.0 = 5.2 \text{ kN/m}$$
$${}_bM_S = w \times H^2/2 = 2.6 \times 2.0^2/2 = 5.2 \text{ kNm/m}$$

— 506 —　建築基礎構造設計指針

（2）　地震時土圧および水圧による応力

　立上り壁の側面に作用する地震時土圧は，地震時土圧係数 $K_{EA}=1.0$ として求める．水圧は静水圧とする．地表面における地震時土圧 $_tp_{EA}$ を式例 14.3 により求める．

$$_tp_{EA}=K_{EA}q$$
$$=1.0\times10=10\,\text{kN/m}^2 \tag{例 14.3}$$

　また，壁脚部における地震時土圧と水圧の和 $_bp_{EA}$ を式例 14.4 により求める．

$$_bp_{EA}=K_{EA}q+K_{EA}\{\gamma z_w+\gamma'(H-z_w)\}+\gamma_w(H-z_w)$$
$$=1.0\times10+1.0\times\{18\times0.7+8\times(2.0-0.7)\}+10\times(2.0-0.7)$$
$$=10.0+23.0+13.0=46.0\,\text{kN/m}^2 \tag{例 14.4}$$

立上り壁の側面に作用する地震時土圧と水圧は，例図 14.2（b）に示す深さ方向分布となる．両者の和は深さ方向に線形に変化することから，壁脚部に生じる単位幅あたりのせん断力 $_pQ_S$ と曲げモーメント $_pM_S$ を次式により算定する．

$$_pQ_S=_tp_{EA}H+(_bp_{EA}-_tp_{EA})\times H/2$$
$$=10.0\times2.0+(46.0-10.0)\times2.0/2=56.0\,\text{kN/m}$$

$$_pM_S=_tp_{EA}H^2/2+(_bp_{EA}-_tp_{EA})H^2/6$$
$$=10.0\times2.0^2/2+(46.0-10.0)\times2.0^2/6=44.0\,\text{kNm/m}$$

　以上より，レベル 2 地震荷重時に壁脚部に生じる単位幅あたりのせん断力 Q_S と曲げモーメント M_S は，

$$Q_S=_bQ_S+_pQ_S=5.2+56.0=61.2\,\text{kN/m}$$

$$M_S=_bM_S+_pM_S=5.2+44.0=49.2\,\text{kNm/m}$$

建築基礎構造設計指針

1988 年 1 月 25 日	第 1 版第 1 刷	
2001 年 10 月 1 日	第 2 版第 1 刷	
2019 年 11 月 25 日	第 3 版第 1 刷	
2023 年 9 月 20 日	第 4 刷	

編　集
著作人　一般社団法人　日本建築学会

印刷所　三美印刷株式会社

発行所　一般社団法人　日本建築学会

108-8414 東京都港区芝 5-26-20
電話・(03) 3456-2051
FAX・(03) 3456-2058
http://www.aij.or.jp/

発売所　丸善出版株式会社

101-0051 東京都千代田区神田神保町2-17
神田神保町ビル

ⓒ 日本建築学会 2019　　　　　　電話・(03) 3512-3256

ISBN978-4-8189-0652-5 C3052